명리학원리대전
# 命理學原理大全

景巖 申榮大 編著
경암 신영대 편저

운명을 알면 천하가 보인다

春有百花秋有月 夏有涼風冬有雪
若無閑事掛心頭 便是人間好時節

白山出版社

# 서 문 序文

중앙회 회장　白珖 朴珖烈

　금번 ≪명리학원리대전≫이 대학강단에서 활동하고 계신 신영대 선생의 작업으로 세상에 나오게 되었음은 참으로 반가운 일이 아닐 수 없다.
　이 ≪명리학원리대전≫은 本會 역리학술원 중앙학술위원이며 사단법인 한국역술인협회·한국역리학회 제주도지부의 소속으로 동양철학 교육강사로 활동하고 있는 신영대 선생이 사회봉사의 일환으로 다년간 제주지역에서 명리를 공부하는 회원들에게 강의한 역학에 관한 제반 원리와 내용으로써 명리학을 공부하는 분들에게 좋은 교재가 되리라 생각한다.
　고대동방문명의 기원은 태호복희씨께서 시획한 팔대신명괘의 상수원리로서 인문이 비로소 갖추어짐에 따라 이후에 역대 先聖·先賢이 계계승승 발전시켜 온 것이다. 인륜과 도덕을 기강하고 사서오경 중의 第一經인 易經은 처음서부터 음양복서이자 인간수양의 귀감서로서 민생을 이롭게 함에 지대한 공헌을 바쳐왔다. 또한 우리역사와 始原을 같이하고 있는 동양의 易哲學은 천지대자연의 이치를 밝히는 심오한 학문으로서 사랑과 인간존중의 휴머니즘을 대표하고 근본을 중시하는 민족정신의 상징이라 할 수 있으며 21세기가 지향하는 시대정신 그 자체라 할 수 있다.
　동방의 象數문학은 위로는 天文을 보고 아래로는 地理를 살펴 천지자연의 법칙을 인간에게 접목시켜 응용하는 근본학문이기에 이 원리를 응용한 易理철학으로 인간의 미래를 예측하고 개인의 과거와 현재, 미래를 내다볼 수 있는 안목을 지닌 우리 역학인들이 한없이 자랑스럽고 또한 영광으로 여기는 바다.
　본 ≪명리학원리대전≫은 내용이 충실하고 易理의 이치를 상세하게 기술하였을 뿐만 아니라 역리학에 뜻을 둔 분은 물론 명리를 처음 접하는 분과 명리를 연구하는 분들에게 좋은 지침서가 되리라 생각한다.

책 후반부에 실린 <성명학·관상학>은 명리학을 공부하는 분들에게 더욱 도움이 되리라 믿고 본 書가 앞으로 역학중흥에 많은 도움이 되기를 기대한다.

　그동안 어려운 작업을 해주신 申榮大 선생의 노고에 다시 한번 위로의 말씀과 치하의 말씀을 드리지 않을 수 없다.

　앞으로 더욱 심오한 본 학문에 정진, 분발하여 주실 것을 당부 드리며 생활철학인 易理學이 올바르게 정립되고 발전될 수 있도록 저자의 큰 역할을 기대하는 바이다.

　　　　　　　　　　檀紀 四千三百三十六年 七月

　　　　　　　　　사단법인 한국역술인협회
　　　　　　　　　사단법인 한국역리학회

　　　　　　　　　중앙회 회장 백광 박광열　

# 축간사 祝刊辭

제주동양문화연구소 소장　素農 吳文福

사람이 살아가는 데는 먼저 할 일과 뒤에 할 일, 급하게 할 일과 천천히 할 일이 나뉘어져 있는 것이 자연의 원리이다. 하지만 이를 분간하지 못하고 하찮은 것이지만 가까이 보이는 것은 소중히 여겨 먼저 하고, 중요한 것이지만 눈에 보이지 않으면 소홀히 여겨 뒤로 미루게 된다.

하늘이 음과 양과 오행으로 만물을 만들어 낼 때에 천지간에 있는 모든 것들이 공평하게 함께 하여야 할 이치를 부여하였다고 성인은 가르쳤다. 이것이 명리(命理)이다.

이 명리는 어길 수 없고 어겨서도 아니 될 자연의 큰 법칙인 것이다. 그런데 사람들은 어기기도 하고 따르기도 하여 뛰어난 이와 어리석은 이로 나뉘어진다.

예로부터 자연의 큰 법칙을 어기고 그 몸이 욕되지 않은 이 없었고, 한 집안이 편안한 집이 없었으며 한 나라를 잘 다스린 이가 없었다. 어찌 두려운 일이 아닌가? 이 법칙을 따르려면 그 원리를 밝혀 만고에 불변하는 기준을 터득하여야 한다. 그런 뒤에라야 위아래의 차례가 잡히고, 왼쪽과 오른쪽이 뒤틀리지 않으며, 강한 것과 약한 것이 서로 어울리고, 높은 것과 낮은 것이 즐거이 마주하고, 모진 것과 둥근 것이 제 자리를 잡게 될 것이다. 그렇게 되면 흉(凶)과 화(禍)와 더러운 것과 거친 것은 스스로 물러서고, 길(吉)과 복(福), 아름다운 것과 착한 것은 스스로 이르게 되어, 몸이 닦여지고 집안이 가지런하여지며 나라가 다스려지고 천하가 태평하게 된다. 그러므로 인류화평의 도구는 명리를 밝힘에 있나니 어찌 중차대한 일이 아닌가.

세태가 투박하여 지나치게 물질을 중히 여기고 이치를 찾는 학문을 소홀히 하여 이에 뜻을 두려는 학자가 흔치 않다. 설령 있다 하여도 더러는 미래를 예언하는 참위(讖緯)에 젖어들어 정학(正學)에 욕이 돌아가게 하는 이가 있고, 그렇지 않았다 하더라도 그렇게 오해하는 경우도 흔히 있었다.

요즘 들어 다행스럽게도 전통에 눈을 돌려 옛 학문을 탐구하는 이가 늘고 각계에서도 관심을 갖는 이가 많아 한줄기 밝은 빛을 보는 듯하다.

평일에 자주 만나 시구(詩句)를 함께 다듬던 신영대 교수가 어느 날 묵직한 명리대전 초고를 보이면서 첫장 장식을 부탁하므로 졸렬한 솜씨라 다른 곳으로 미루었다. 그랬더니 권두에 몇 줄 적어주기를 요청하였다. 사학(斯學)에 문외한인데다 많은 양의 초고를 다 읽을 겨를이 없어 여러 번 사양하였으나 받아들여지지 않았다. 여러 해 사귄 정리로 끝내 사양할 수 없어 횡설(橫說)을 바삐 적었다.

만쪽 거질(巨帙)이 진정한 명리를 밝히는 지남(指南)이 되어 속류(俗謬)를 깨치기를 기대하며 출간을 축하한다.

癸未年 여름  도남 寓舍에서
제주동양문화연구소 소장  素農 吳文福 씀.

## 추천의 글

부산대학교 중문과 교수  凡山 金世煥

온갖 초목과 禽獸들이 생동하는 생명력으로 활기찬 天壽를 다하고 있을 때, 유독 우리 인간은 그들과 달리 적지 않은 불안과 긴장으로 하루하루를 보내고 있다. 우리는 왜 자연의 섭리 속에서 생활의 여유와 행복을 謳歌하며 살아가지 못하는가?

가장 발달한 지능을 가진 덕분에 우리는 생물체 중에서 가장 바쁜 존재가 되었다. 이러한 지능을 이용하여 우리의 욕심을 키우면서 자연의 질서와 환경을 파괴하다 보니 이제는 우리 스스로가 먹고 마시는 일조차 불안하게 되었다.

물과 공기는 생명의 원천이다. 도대체 이를 오염시키면서 우리가 얻은 것은 무엇인가? 우리가 이룩해 놓은 거대한 현대의 문명 앞에서 우리는 갈수록 왜소해지면서 더욱 허둥댄다. 젊음은 인생의 절정에 속하는 때이다. 그러나 우리는 그 전성기를 거꾸로 노년을 위해 허비한다. 공부를 하여 출세하기 위한 예비로 청소년기를 보내고, 다시 재물을 축적하기 위해 중장년기를 보낸다. 허황된 私慾으로 인생을 거꾸로 엮는 것이다.

최근 사십대 남성의 사망률이 급증하고 있다는 보도가 있었다. 가정과 직장에서 불안한 나날들을 견뎌내지 못한 결과로 보고 있다. 대학교수는 다른 직종에 비해 여유 있는 직업으로 알려져 있다. 그러나 요즘 바삐 돌아가는 이공계 대학의 교수 사망률이 또한 심상치 않다. 가시적인 업적을 강요하는 정부와 대학 사이에서 생명을 담보로 하는 연구를 하고 있는 것이다.

이러한 희생을 통해 우리가 얻고자 하는 것은 과연 무엇인가? 우리가 잃은 것을 보상할 수 있는 것이 있는가? 어쩌다 찾아드는 자그마한 즐거움을 내일의 큰 행복을 위해 기꺼이 접어두지만, 그러나 내일은 다시 내일을 위한 준비일 뿐이고, 설사 그것이 성취되었다 하더라도 우리는 다시 상대적인 빈곤에 빠지게 된다.

대부분의 동물들은 내일의 양식을 비축하지 않고서도 오늘을 편안하게 보낸다. 내일의 양식은 내일로 미루면서도 불안해하지 않는다. 사람은 백년의 양식을 쌓아두고서도 탐욕을 그치지 않는다.
　이 모두가 지능과 욕심으로 자신을 똑바로 보지 못하는 결과이다. 특히 자연의 이치를 떠나 방향 없이 표류하는 인간의 모습인 것이다.
　景巖 선생의 의도는 이러한 우리에게 자연의 이치를 일깨워주고자 하는 것으로 보인다. 우선 우리는 자신을 좀더 구체적으로 이해할 필요가 있을 것이다. 가령 봄에 태어난 사람과 가을에 태어난 사람은 寒暑의 서로 다른 조건을 週期로 하여 생장한다. 모든 사람이 상이한 조건에서 태어나 다른 조건에서 생장하는 것은 곧 사람마다 그 인생의 여정이 서로 다르다는 것을 의미한다. 이러한 생장 배경의 조건을 무시하고 누구나 똑같은 욕심을 내는 것이 곧 현대의 부조화된 모습이 아닌가?
　경암 선생이 우리 대학의 문을 두드려 周易의 학문적 체계를 이루어 보겠다는 뜻을 보였을 때 나는 知己를 만났다는 반가움이 앞섰다. 周易이 우리에게 전래되어 우리의 전통학문이 된지 이미 2000여년으로, 中國이나 우리나라에 있어서 공히 古典의 精髓라 할 수 있다. 그러나 현대의 中國은 유럽 공산주의 사상에 물들어 자신들의 전통을 파괴하고자 하였으며, 우리도 또한 서양의 문물에 밀려 우리의 고전에서 일찌감치 버려두고, 다만 철학이라는 이질적인 포장지에 덮어 골동품으로 다루고 있는 실정이다. 학문의 가치가 외세의 힘에 의해 흔들리고, 우리의 역사를 우리 스스로가 부정하고 있는 이때 이러한 책의 출판에 큰 의미를 두고 싶다.
　특히 이 책은 우리의 전통적인 시각을 재현하여 우리 자신에게 쉽게 접근할 수 있는 충실한 안내서의 역할을 하고자 한 점이 더욱 돋보인다. 이는 수천년의 경험을 바탕으로 하여 이루어진 것으로 우리 스스로에 대한 매우 구체적인 이해 방식이다. 소위 서양의 철학이라고 하는 끝날 줄 모르는 思辨의 논쟁과는 전혀 다르며, 인간을 막연한 가상의 초월적 허상에 예속시키는 종교와도 본질적으로 다른 것이다.
　천지간의 모든 사물이 서로 유기적인 조화 속에서 여유롭게 자신의 절대 가치를 구현한다. 우리도 본래의 모습을 찾아서 바쁘고 힘든 인생으로부터 벗어나 여유를 찾는 것이 중요하지 않을까 하는 생각이다. 우리의 욕심은 영원히 충족될 수 없는 것이 아닌가? 소박한 마음으로 자연의 이치에 순응하는 지혜를 배우는 자세가 우선 긴요하지 않겠는가?

여기에 주제넘게 몇 글자 두서 없는 글을 적는 이유는, 우선 이 책의 안내가 혹여라도 독자들의 소박하고 자연스러운 자신과의 만남에 도움이 될 수 있기를 바라는 마음이며, 그리고 또한 아직은 젊은 저자이기에 많은 분들의 관심과 가르침을 부탁드리고 싶어서이기도 하다.

저자의 학문에 매진하는 정성과 열의에 거듭 경의를 표하며, 앞으로도 우리 先賢들을 이어받아 학계와 역사에 큰 기여를 할 것이라는 신뢰 속에서, 뜻을 같이 하는 사람으로서 깊은 즐거움과 고마움을 전하고자 한다.

        檀紀 四千三百三十六年 七月
        釜山大學校 中文科 敎授　凡山 金世煥

## 저자의 말

　세상의 모든 사람들은 행복한 삶을 꿈꾼다. 그 행복한 삶이란 각자가 추구하는 인생의 방향과 함께 이상과 가치관에 따라 천태만상으로 나타난다. 보편적인 범주로 떠오르는 것이 있다면, 먼저 건강과 장수, 성공, 명예, 부유한 삶, 소망하는 일의 달성, 가족의 건강, 화목, 이상적인 배우자와의 만남 등등 수없이 열거할 수 있으나 이 모든 것은 단편적인 것에 지나지 않으며, 궁극적인 가치라는 측면으로 볼 때 자아실현으로 대변할 수 있을 것이다.

　인생에 있어서 삶은 늘 우리에게 순조롭게 다가오지는 않는다. 인생의 길을 가다보면 때로는 험난한 산과 물이 가로막혀 진행하는 데 어려움을 겪을 때가 있다. 또한 하는 일마다 뜻하지 않은 장애물로 인하여 실패를 거듭하는 경우와 애써 노력한 만큼 성과가 나타나지 않을 때 허탈한 심정으로 실망과 비관에 빠질 때도 있다.

　뜻밖의 사고로 엄청난 시련과 불행의 늪에서 헤어나지 못하거나, 힘들여 일으킨 사업의 실패로 도산하여 모든 것을 잃고 가정이 엉망이 되는 때도 있다. 사랑하는 사람들의 갑작스런 죽음, 이별, 배신, 슬프고 얼룩진 일들을 누구나 한번쯤은 겪고 있는지도 모른다.

　소중한 인생, 단 한번뿐인 인생이기에 사람들은 누구나 건강하고 확신에 찬 삶의 무대 위에서 마음껏 자신의 꿈을 펼치며 풍요한 삶의 주인공이 되길 원할 것이다.

　인생은 인생을 운전하는 자의 몫이다. 다만 어떻게 운전하는가에 따라 그 결과가 주어진다. 비록 같은 목적지일지라도 운전자의 판단에 따라 비포장 도로를 선택하여 가는 경우도 있고, 아니면 현명한 선택으로 곱게 포장된 길을 가는 경우가 있는데 그것은 모두 운전자의 선택과 결단의 행위인 것이다. 다시 말하면, 성능이 떨어지고 낡은 차를 가진 운전자와 성능이 좋고 값비싼 차를 가진 운전자가 동일한 목적지를 향해 같은 지점에서 출발한다고 하였을 때, 낡은 차를 가진 운전자는 현명하게 포장도로를 선택한 결과 비록 성능은 떨어지지만 순조롭게 목적지에 도달할 것이고, 좋은 차를 가진 운전자는 현명한 선택을 하지 못하여 비포장 도로로 잘못 들어 도중에 고생을 하며 목적지에 이르기까지 우여곡절을 겪을 것이다. 차는 사주인 체体와 같고, 도로는 운로運路인 대운과 같다. 사주인 체体가 비록 좋아도 운로를 제대로 만나지 못하면 인생의 여러 가지 어려움을 겪을 것이며, 사주인 체가 비록 부실하여도 운로인 대운을 잘 만나면 순조로운 인생이 전개될 것이다.

비가 올 것 같으면 미리 우산을 준비해 가거나 또한 눈이 오거나 빙판이 되면 자동차를 집에 두고 가거나 아니면 체인을 준비해서 안전하게 운행을 대비하는 것처럼 이러한 일련의 조치들은 모두 인간의 지혜와 사전 예지에 의해서 가능한 것이다. 무릇 사람은 멈출 때를 알고 나아갈 때를 알고 뒤로 물러나는 때를 알아야 한다.

자신의 그릇이 어느 정도를 담을 수 있는지를 알아야 하고, 자신이 가고 있는 인생행로가 제대로, 순리적으로 맞는 길인지를 알아야 한다. 철과 때를 모르고 가는 자를 우리는 철부지라 부른다. 말단 학문에 얽매여 근본을 잊고 사는 현대인에게 역학은 지혜의 학문이며, 인생의 향기와 소중한 해법을 제시해주는 근본학문이다.

시간과 공간의 제약을 받는 현대인의 삶은 자기 자신을 뒤돌아볼 겨를도 없이 숨가쁘게 지나가고 있다. 그러한 환경 속에서 자신의 미래에 대한 불확실성에 대해서 한번쯤은 생각하게 될 것이며, 운명의 행로가 어떠한 방향으로 진행될 것인가를 염려할 것이다. 성공할 것인가 또는 성공하기 위해서 어떻게 해야 할 것인가 등이다. 예컨대, 사업의 성패, 건강, 수요장단, 사회적 성공, 재물운, 사업운, 애정문제, 결혼, 택일, 양택, 음택, 송사문제, 진로문제, 진학문제, 시험운, 건강문제, 투자문제, 돈 문제 등 이해관계에 얽힌 모든 난문제難問題들과 얽히고 설켜 풀리지 않는 기타 삶의 문제를 위시하여 해결하고 결단해야 할 순간에 부딪치는 것이 우리네 인생이라 해도 과언은 아닐 것이다. 이러한 삶의 문제들을 순리와 지혜로 해결하고 탐색해 가는 일 또한 중요한 일이 아닐 수 없으며, 역학을 궁구하다 보면 하나하나 풀리게 될 것이다.

우주본체적 대진리를 규명하고 연구하는 자세로 한 걸음 한 걸음 나아갈 때 삶의 진정한 가치와 행복을 깨닫게 될 것이며, 모든 이에게 훈훈한 삶의 향기와 사랑을 전해주는 세상의 참주인공이 될 것이라 믿는다.

끝으로 이 책이 나오기까지 많은 도움을 주신 모든 분들에게 진심으로 감사한 마음을 전한다.

　먼저 本書의 서문을 써 주신 (사)韓國易術人協會·(사)韓國易理學會 (白珖)朴光烈 중앙회 회장님께 감사를 드리며, 표지의 글과 휘호揮毫를 하사해 주신 이 시대의 진정한 ㄴ자老子요 세정世情에 초연하시며 자연 속에서 묵묵히 통찰과 사유를 통하여 독창적인 서법의 예술세계를 끊임없이 추구해 가시는 한산寒山 강영일姜榮日 선생님, 본서의 권두에 심오한 易의 이치를 담은 소중한 휘호를 해주신 휴당休堂 허연욱許淵旭 선생님, 본서의 발간사를 써 주시고, 향토사학자鄕土史學者·한학자漢學者이시며, 제주동양문화연구소 소장님이신 소농素農 오문복吳文福 선생님, 평소 존경하는 분으로서 오랜 세월 중문학을 위시하여 ≪주역≫의 문학적 탐원과 연구를 통하여 현시대적 사고에 대한 인식의 새로운 가치기준과 전환을 제시하신 부산대학교 인문대학의 중어중문학과에 계시고, 저자의 지도指導 은사恩師님이시며, 추천의 글을 써 주신 범산凡山 김세환金世煥 교수님, 늘 변함 없이 혼탁한 세류 속에서 맑은 바람에 스며드는 난초의 향기처럼 진정한 선비의 모습으로 지역 전통문화의 창달과 학풍學風을 열어주고 계신 현現 제주도문화재위원濟州道文化財委員이시며, 목요강좌강장木曜講座講長으로서, 한학자漢學者이신 산하山霞 김익수金益洙 선생님, 백두산 천지 사진을 제공해 주신 뉴시스의 제주주재 기자이신 강정효 선생님, 교직의 바쁜 일정에도 불구하고 처음부터 끝까지 교정과 윤문을 해 주신 고인명高仁命 선생님, 평소 많은 협조와 도움을 주시는 박윤택朴允澤 회장님을 비롯한 경암 동양역리회 회원 선생님들과 제주서당 목요강좌강독회의 모든 선생님, 시학詩學을 통하여 전통문화 창달에 힘쓰고 계신 영주음사瀛州吟社의 김관옥金琯玉 고시관님을 비롯한 모든 선생님, 그리고 이 책이 나오기까지 아낌없는 격려와 도움을 주신 백산 출판사 인제寅製 진욱상秦旭相 사장님을 위시하여 편집부의 모든 임직원 여러분께 깊은 감사를 드린다.

　　　　　　　　　　　檀紀 四千三百三十六年 七月
　　　　　　　　　　　제주 流水岩 寓居에서　景巖 申榮大 識.

## 차 례

### 제 1 장 명리개론과 음양의 원리 ······················································ 2
제 1 절 동양역리개요 / 2
제 2 절 명리학의 원리 / 12

### 제 2 장 명리학의 기원과 발전 ······················································ 16
제 1 절 역에 대한 총체적 이해 / 16
제 2 절 개념상으로서의 역의 총체적 이해 / 20
제 3 절 사주명리학의 기원 / 41
제 4 절 음양과 팔괘 / 48
제 5 절 주역 64괘 괘의 / 64
제 6 절 64괘사 / 84

### 제 3 장 오행의 소생 ······················································ 92
제 1 절 선천수와 후천수 / 96
제 2 절 천간과 지지 / 99
제 3 절 명리요경 : 암기비결 / 108
제 4 절 간지활용과 육십갑자 함의 / 122
제 5 절 간지의 소생과 음양의 생성 / 133

## 제4장 하도·낙서 ……………………………………… 136

제1절 하도와 음양오행 / 136
제2절 구성자백에 대해 / 147
제3절 문왕후천팔괘도 / 150

## 제5장 음양오행의 기초와 간지의 응용원리 ……………… 162

제1절 간지와 육십갑자 / 162
제2절 논 십간·십이지 / 164
제3절 오행의 상의 / 166
제4절 오행의 특질 / 167
제5절 천간의 자의 / 173
제6절 음양오행과 상생상극 / 176
제7절 육십갑자의 특성 / 202

## 제6장 사주명식과 역법 ………………………………… 208

제1절 사주명식의 구성 / 208
제2절 24절기에 대하여 / 216
제3절 역법의 명리 활용 / 219
제4절 시간의 한계에 대한 연구과제 / 222

## 제7장 사주 정하는 법 …………………………………… 236

제1절 사주 세우는 법 / 236
제2절 오운육기론 / 246
제3절 24절기와 오운육기 입태산출법 / 248

제 8 장 주역신수법(음력기준) ················· 264

　　제 1 절 육효 작국법 및 작명 응용 / 264

제 9 장 육신의 원리와 육신통변 ················· 278

　　제 1 절 오행의 육신통변 / 278
　　제 2 절 육신 해설과 통변 / 281
　　제 3 절 육신의 용어의 해설 / 292
　　제 4 절 육신과 육친관계 / 295
　　제 5 절 육신에 따른 특색 분류 / 302

제10장 사주의 단식판단 ················· 318

　　제 1 절 명리판단법과 종류 / 318

제11장 십이운성(포태법) ················· 322

　　제 1 절 십이운성의 이해 / 322

제12장 합충과 신살정국 ················· 334

　　제 1 절 합과 살의 연구 / 334
　　제 2 절 천간과 지지의 제살 연구 / 339

제13장 기타 신살총론 ················· 358

　　제 1 절 신살해설 / 358
　　제 2 절 십이신살 / 368

## 제14장 대표적인 신살의 응용 ............................................. 400

## 제15장 공망론(친중실) ..................................................... 414
제 1 절 공망간법 / 414

## 제16장 명리판단의 순서와 방법 ........................................... 420
제 1 절 명리판단의 순서 / 420

## 제17장 년·월·일·시의 길흉 ............................................. 424
제 1 절 일주론 / 424
제 2 절 생년론 / 426
제 3 절 생월론 / 428
제 4 절 생시론 / 430

## 제18장 신왕 신약 ............................................................ 436
제 1 절 신왕 신약 / 436

## 제19장 격국과 용신 ........................................................ 442
제 1 절 용신론 / 442
제 2 절 격국론 / 451
제 3 절 격국의 종류 / 452

## 제20장 조후론 연구 ........................................................ 468
제 1 절 오행과 조후 / 468
제 2 절 조후와 십간론 / 477
제 3 절 지지론 / 497

## 제21장 월별 조후법 ················································ 506

제 1 절 갑목 일주 / 506
제 2 절 을목 일주 / 510
제 3 절 병화 일주 / 514
제 4 절 정화 일주 / 517
제 5 절 무토 일주 / 521
제 6 절 기토 일주 / 525
제 7 절 경금 일주 / 529
제 8 절 신금 일주 / 533
제 9 절 임수 일주 / 537
제10절 계수 일주 / 540

## 제22장 대운과 세운 ················································ 556

제 1 절 행운간명법 / 556

## 제23장 육친운 ························································ 564

제 1 절 육친의 소속에 따른 길흉 / 564

## 제24장 남녀 합혼법 ················································ 578

제 1 절 이상적인 남녀 선택법 / 578

## 제25장 질병론 ························································ 586

제 1 절 오행과 질병 / 586
제 2 절 질병의 발생 / 593
제 3 절 오행의 상극과 질병 / 595

## 제26장 격국의 종합 해설 ················································· 598

## 제27장 혼인택일법 ····························································· 610

제 1 절 혼인택일의 吉·凶 / 610
제 2 절 일반택일 / 619

## 제28장 성명학 연구 ··························································· 624

제 1 절 생활속의 성명학 / 624
제 2 절 성명의 조직과 구성 / 628
제 3 절 삼원오행법 / 631
제 4 절 성씨 오행과 발음오행 / 635
제 5 절 성명 발음오행(音靈) / 654
제 6 절 수리길흉론 / 655

## 제29장 관상학 개요 ··························································· 674

제 1 절 관상학의 역사적 고찰 / 674
제 2 절 관상을 위한 고언집 100개조 / 682
제 3 절 마의상 관측비결 / 689
제 4 절 관인팔법 / 697
제 5 절 십이궁 간법에 대해 / 699
제 6 절 마의상법 각궁의 이해 / 708
제 7 절 기색에 대하여 / 715
제 8 절 기색의 동정에 대하여 / 716
제 9 절 십이궁 기색찰법 / 719
제10절 월별 기색 시결(12개월 찰색도 참고) / 723

## 제30장 내공팔단금좌 ············································· 728
　　　제1절 내공도인술 / 728

## 제31장 길신과 각종 흉살표 ································· 740

## 제32장 십이천성과 구궁도 연습 ························· 748

## 제33장 이사방위 및 생기복덕법 ························· 758

## 제34장 인명용 한자 ············································· 766

## 제35장 관상도 ······················································· 782
　　　1. 마의상법 13부위 소속궁도 / 782
　　　2. 남자흑점길흉도 / 783
　　　3. 여자흑점길흉도 / 784
　　　4. 12궁도 / 785
　　　5. 오관도 / 786
　　　6. 오악도 / 787
　　　7. 사독도 / 788
　　　8. 오성육요 / 789
　　　9. 육부·삼재·삼정도 / 790
　　10. 사학당도 / 791
　　11. 팔학당도 / 792
　　12. 연령유년기색행운도 / 793

# 제1장
# 명리개론과 음양의 원리

命理學原理大全

제1절 동양역리개요
제2절 명리학의 원리

# 제1장 명리개론命理槪論과 음양의 원리

## 제1절 동양역리개요東洋易理槪要

### 1. 주역周易 이해理解

처음으로 복희伏羲가 팔괘八卦를 나누고 문왕文王이 주역을 연역演繹하여 동양의 문화를 열어 역경易經은 최고의 경전으로서 모든 경 중에 으뜸이 되었다. 「경經」은 곧 도道이며, 이치理致이며, 천지의 대도리大道理이며, 일체 진리眞理의 원천이다. 천리天理는 곧 인도人道와 부합된다. 우주宇宙 삼라만상森羅萬象은 변화가 막측莫測하여 인생의 필연과 우연, 기회와 인연 등의 착종錯綜 관계를 헤아리는 일은 어렵고 어려운 일이다.

<괘사상전卦辭上傳>에서 다음과 같이 말했다.

> 易與天地準. 故能彌綸天地之道. 仰以觀於天文, 俯以察於地理.
> 是故知幽明之故. 原始反終. 故知死生之說. 精氣爲物, 遊魂爲變.
> 是故知鬼神之情狀

역은 천지에 준한 것이다. 그런 까닭으로 능히 천지의 도를 미봉하고 성립할 수 있다. 우러러 천문을 살피고, 굽어 지리를 살피니 어둠과 밝음의 연유를 알 수 있다. 사물의 처음을 근원으로 하여 사물의 종말을 생각한다. 그러므로 죽고 사는 이치를 알 수 있다. 정기가 모여 유형의 물질이 되고, 변화한 것이 영혼인 것이다. 그러므로 귀신의 동정을 알 수 있는 것이다.

이처럼 역易은 형이상학적形而上學的 우주원리에 기초하여 우주의 변화 묘리를 탐색하고 궁구한 것을 인사人事에 적용시켜 윤리원칙과 미래에 대한 예지능력을 갖게 함은 물론 대자연의 순리를 깨닫게 하여 인간수양人間修養의 근본으로 삼자는 데 그 의의가 있다.

<주역周易>의 원래 뜻은 "역易"이며, 역易은 "변하고 바뀐다"는 의미를 가진

자字이다. 이 속에는 "간역簡易" "변역變易" "불역不易"의 세 가지 함의가 있는데, "간역簡易"은 글자가 뜻하는 것처럼 간단하고 알기 쉬우면서 평이하다는 의미를 이야기하는데 이것은 천지대자연의 현상과 삼라만상의 형태와 생태, 질서, 그리고 사시四時의 변화와 함께 생장소멸生長消滅의 법칙을 인간에게 간단하고 쉽게 보여주는 것을 의미한다. 또한 천지자연이 차별 없이 광대하게 포용하면서도 번거로움이 없이 천체의 운행과 더불어 동정動靜의 작용을 반복하며 대자연의 순리를 한치의 오차도 없이 이끌어 가는 천지의 공덕을 말한다.

또한 "변역變易"이라 함은 우주삼라만상의 변화현상처럼 인간의 운명도 고정불변 한 것이 아니고 사계절의 순환처럼 음양의 일동일정 변화로 끊임없이 변하고 변한다는 의미이다. 다시 말하면 물상物象과 물체物體는 쉬임 없이 변하여 고정불변성과 항구恒久함이 없다는 의미이다

"불역不易"이라 함은 변하지 않는다는 의미로써 천지天地가 변하지 않고 사시四時가 일정하여 변하는 것 같지만 전체적인 면에서는 질서가 정연하여 일정한 법칙 속에서 변화하는 불변의 원리를 의미한다. 다시 말하면, 모든 자연계의 현상은 변하나 그 변한다는 법칙 그 자체는 다른 의미로 환원하면 천지의 위치가 바뀌지 않는 불변의 작용을 말하는 것이다. 결국 세 가지 함의는 각기 다르지 않고 하나의 범주에 귀속된 것이며 결국 같은 의미인 것이다.

이처럼 "역易"은 천지변화의 동정을 살피고 시간과 공간의 신성에서 변화하는 천지만물의 대순환의 기미를 살피고 유추하는 학문이요 자연과 융화되고 동화된 순리의 근본을 따라 지명知命을 깨닫고 인간답게 살아가기 위한 근본학문이며 초과학적 우주학인 것이다.

또한 역易은 상고시대부터 제왕학帝王學이라고 일컬어져 왔으며 변화하는 사물의 동정과 기미를 살펴 다가오는 미래의 길흉화복을 예측하고 판단하는 예지학叡智學으로서의 면모를 갖고 있으며, 정치, 사회 모든 분야에 치도治道의 학문으로서 광범위하게 적용되어 왔다.

이처럼 역易은 천문과 지리의 기미를 살펴 대자연의 순환법칙을 알아내고 파악하여 인간사에 적용시킨 것이다. 주역의 64괘卦384효爻에는 천지음양天地陰陽이 소장消長하는 현상과 인간의 길흉화복이 설명되어 있는 것이다. 천지 대자연의 도道가 함유되어 있으니 대자연의 법칙을 그대로 이어서 우리생활 속에서 실천하고 응용한다면 인간의 삶에 있어서 보다 더 긍정적이고 진취적인 삶을 향하여 나가게 될 것이다. 봄이 가면 여름이 오고 가을이 가면 겨울이 오듯

이 변화하는 삶은 운명에 얽매이지 않고 인간 스스로의 노력으로 개척해 나갈 수 있는 것이다. 현재는 어려움에 봉착해 있더라도 밤이 가면 낮이 다시 찾아오듯이 곧 호전好轉의 기회는 반드시 오는 것처럼 반성과 처세의 진지한 교훈을 우리는 역易에서 얻을 수 있는 것이다. 결과적으로 주역周易은 우리인간에는 더없이 좋은 인생의 귀감서龜鑑書요 수양서修養書이며 시대를 초월한 영원한 진리의 보감寶鑑인 것이다.

## 2. 사주명리학四柱命理學

사주명리학四柱命理學이란 사람의 생년生年·월月·일日·시時의 네 기둥을 가리켜 사주四柱라고 하는데 타고난 명운命運을 연구하는 학문이기 때문에 명리학이라 하는 것이다. 원래 이름은 자평학子平學이며, 추명학推命學·명리학命理學이란 호칭은 중국의 원서原書가운데 보이는 말이다. 명리학의 기원은 지금으로부터 약 1600여년전 이전에 창시되었다고 본다. 처음에는 생년生年을 위주로 보았으며, 명리학이 본격적인 발전의 기틀이 된 것은 명나라 때 서거역徐居易이 생일生日을 주로 하고 생월生月을 용신用神으로 하여 생년生年·생시生時를 보조적으로 보는 방법을 창안하여 명리학의 원류가 된 것이다.

지구상에 살고 있는 우리 인간은 천지의 오행五行과 일월성신日月星辰, 기후氣候, 산천山川, 풍토風土의 기氣를 모체母體 임신 중에 감수하고 출생하였다. 천지대자연의 만물은 우주의 영향을 받지 않은 것이 없고, 특히 태양의 작용, 즉 따뜻하고 더우며 서늘하고 차가운 기후의 변화에 따라 생성화육生成化育되는 것이다. 그 중에서도 인간은 우주를 가장 많이 닮은 동물로서 "소우주小宇宙"라 칭하며, 우주의 변화원리를 그대로 적용하여 인간의 타고난 품성과 운세의 길흉을 알고자 하는 것이 사주명리학인 것이다. 사주팔자를 가지고 사회의 변화관계와 일상생활의 예측도 가능하게 되며, 사물의 기미를 보고 천리밖의 일이나 주변의 변화상태를 모두 알 수 있으므로 "천지도래일장중天地到來一掌中"이라 하는 것이다. 인간 개개인을 대상으로 판단의 기준이 되지만 모든 사물에 통하는 것이다. 사주를 통하여 개인의 심성, 그릇의 크기, 육친간의 인연적 관계, 초·중·말년의 운세와 성공운, 재물운, 건강, 명예, 학문과 소질, 예능과 기예, 삶의 기복과 흥망성쇠, 자녀운, 부부간의 인연, 직업, 사회적 진로, 길성吉星과 제살諸煞, 수명의 장단, 사고, 질병, 친구관계, 용모의 미추, 신체의 대소, 대인관계 등 우리 인간이 살아가는 과정의 모든 것을 유추할 수 있는 것이다.

원명原名의 자평학子平學에서 자평子平의 의미를 살펴보면 '자子'는 북방에 위치하는 수水를 가리키는데 물은 천지를 구성하는 시초의 물질로서 항상 평형을 유지하려는 성질을 가진 것으로 수평水平이라는 말과 같이 인간의 운명도 이와 같이 안락하고 파란이 없는 중용과 화평을 원하기 때문에 평平자를 취하여 "자평子平의 학學"이라 명명한 것이다.

결과적으로 사주명리학은 태어난 생년월일시의 간지干支를 바탕으로 음양오행陰陽五行의 생극제화生剋制化 관계로 인명人命을 알아보는 우주본체원리宇宙本體原理의 초과학적 자연학自然學인 것이다.

## 3. 성명학姓名學

"인재명호재피人在名虎在皮 사람은 죽어서 이름을 남기고 호랑이는 죽어서 가죽을 남긴다"란 말이 있다. 사람은 태어나면서 필연적으로 성과 이름을 부여 받는다. 성姓은 혈족血族의 계보를 이어받아 조상 대대로 이어져 후대로 계속 이어지지만 이름은 본인의 의지에 관계없이 피동적으로 부모로부터 아니면 그 외 사람들로부터 작명을 사사 받는 것이다. 이처럼 이름은 태어나서부터 죽은 후에까지 가문의 족보나 후손들 사이에서 계속 호칭되고 이어지는 것이다. 나머지는 생략하더라도 평생을 따라 다니는 이름을 감히 함부로 짓지는 못할 것이다. 우리가 살아가면서 우주간의 모든 삼라만상은 저마다 고유의 이름을 갖고 있다. 이름 석자로 그 사람의 모든 것을 대표하는 그야말로 한 인간을 그려내는 대명사이며 상표인 것이다. 예를 들어 물건을 만들어 그 물건에 대한 이름 즉, 상품명을 붙인다. 그 상품명이 지니고 있는 위력을 현대인들은 그 누구도 부인할 수 없을 것이다. 상표와 상품명이 좋아야 그 물건이 대중에게 유리하게 부각되거나 전달되는 효과를 가져올 수 있으며, 그러한 이미지 제고에 의하여 물량의 판매가 증가하고 날로 발전되어 가는 것도 당연한 결과이며 이치인 것이다. 자동차 회사에서 새로운 모델의 차종이 나오면 경쟁이라도 하듯 그 자동차에 대한 기발한 이름을 붙여 판촉전에 몰입한다. 그러한 맥락에서 볼 때 이름이 갖는 후천적 유인력이란 실로 막대한 것이다.

천지대자연의 순환은 음양오행의 생극제화生剋制化 관계 속에서 형성되고 상호 연계작용을 하며 관계를 형성하게 된다. 그러한 이치 속에서 인간의 이름은 수리數理가 갖는 기氣의 역동성과 역상易象이 갖는 기의 유도력은 음양의 원리에서 한치도 벗어날 수 없는 것이다. 소리가 갖는 음동력音動力의 역할이나 성명자姓名字의 경중輕重과 후박厚薄, 장단長短과 안정성, 생동력의 유무, 품위와 조화성, 자체字體의 유연성과 탄력성 등 이 모든 것은 한 사람의 인생에 대해 후천적인 연동성과 작용을 유발하여 복운과 복록의 대열에 서게 하느냐 아니면 불운과 고난의 험지에 몰아넣느냐 하는 것에 직·간접적으로 필연과 우연의 연속·상호관계를 지니며 분리되어 질 수 없는 속성을 지니고 있는 것이다.

사주가 선천적인 운명이라면 성명은 후천적인 운명의 발로인 것이다. 이름은 누구나 부르기 좋고 천박하지 않으며 가볍지 않고 품위가 있어야 한다. 남자이름은 남자이름에 걸맞는 자字로 이루어져야 하고 여성 이름은 여성적인 이름자字가 나와야 하는 것이다. 우선 그 사람의 타고난 운명과의 상호조화를 꾀하여야 하고 음양오행의 조후관계가 연계된 후에 역상易象, 음령오행音靈五行, 삼재사격三才四格, 삼원오행三元五行, 사주四柱, 방위方位, 자미두수 등 모든 것을 종합하여 검진한 후에 비로소 소중한 이름이 탄생하게 되는 것이다. 또한 주위 친척간에 중복되는 이름을 피하고 사용해서는 안 되는 자字를 가리고 분류하여 종합적으로 감정한 후에 짓는 성명학이야말로 과학적이고 합리적인 방법학이요 절대의 실용학인 것이다.

## 4. 풍수지리학風水地理學

풍수風水란 자의적字意的으로는 글자 그대로 바람과 물이며, '장풍득수藏風得水' 즉 "바람을 감추고 물을 얻는다"라는 말의 풍자風字와 수자水字를 따서 붙인 말이다. 바람은 우리가 살고 있는 공간에서 유행하는 기운을 이동시키는 역할을 하며, 물은 높은 곳에서 낮은 곳으로 지형地形에서 가장 낮은 곳을 향해 흘러가므로 가장 낮은 공간을 형성하는 지대에서 이루어지는 액체를 말한다. 낮은 곳은 횡으로 바람이 유통하는 길이므로 기운을 경계짓는 곳이 된다.

하늘과 땅은 음양으로 이루어져 하늘은 양陽, 땅은 음陰인데 하늘이란 지표면 바로 위에서부터 천체天體의 모든 공간을 의미한다. 우리가 밟고 있는 땅이 음陰이라고 한다면 공간의 천성天星인 태양은 곧 양陽인 셈이다. 양陽인 태양과 음陰인 지구의 중간 공간을 연결하여 주는 흐름이 천기天氣이며 이 기운은 음양陰陽이 상호 교감되는 기운을 말하며 동시에 바람의 현상을 발생시키는 기운이다.

옛 사람들이 "수水는 기지모氣之母"라 하여 물은 기氣의 모체라고 했고, "수

水는 기지계氣之界"라 하여 물은 기의 경계라고 하였다. "일척고즉산一尺高則山"이라 하여 한 치라도 높으면 산이요, "일척저즉수一尺低則水"라 하여 한 치라도 낮으면 물이라고 하여 풍수학에서 말하는 수水의 개념은 곧 낮은 곳을 의미한다고 할 것이다. 결국 높고 낮음이라 함은 땅을 지칭하는 말이니 땅은 산봉山峰과 하천河川이 되는 것이다. 산山은 높은 곳이 되고 천川은 낮은 곳이 되니 풍수학에서 산山은 용龍이 되고 천川은 수水라하며 용龍은 정靜하여 음陰이 되고 수水는 동動하여 양陽이 된다.

음양의 균등한 형세로서 확실하게 이루어진 명혈明穴이 훌륭한 국세局勢를 만난 곳으로써 우리가 말하는 일명一名 명당明堂인 곳이다. 즉 산맥인 음陰의 용龍이 흘러가다가 양陽인 물을 만나는 지점이 되면 멈추어 서게 되니 이곳이 지기地氣의 경계가 되는 곳이다.

그러므로 풍수風水란 산천山川의 정기正氣가 땅의 지세를 따라 형성되고 변화되어 움직이는 일체의 기운氣運을 말하며 풍수의 취기응결聚氣凝結하는 기운을 연구하여 적립된 학문이 바로 풍수학風水學이다. 또한 풍수학은 음양의 기운을 형세를 따라 살피고 논하는 형기학形氣學과 모양의 형태를 음양으로 수치화數値化하여 추리하는 것이 이기학理氣學이다.

풍수지리학은 삶의 공간인 땅의 지세를 중심으로 하여 모든 삼라만상이 발산하는 물체의 기氣와 자연환경인 산천山川의 기운을 살아 움직이는 인간의 몸과 동일시하여 운용하는 생명력 있는 학문으로서 우리 인간에게 천지자연과 더불어 살아가는 순행의 원리와 법칙을 일깨워주는 심오한 학문이다.

풍수지리의 그 이치는 엄연한 것으로서 물, 바람, 땅 등 자연환경을 중시하고 대자연의 순환하는 법칙과 이치를 공부하고 적용하는 시간과 공간의 환경학문으로서 오늘날 현대 건축주택공학의 뿌리이며 생명의 모체인 자연과학의 시발이라 할 수 있다.

풍수라는 말은 앞에서 이야기 한 '장풍득수藏風得水'를 줄인 말로서 바람과 물의 기운을 삶의 공간 속에 조화로운 이법理法에 맞추어 순응順應하고 동화同化하는 의미를 내포하고 있는 것이다.

풍수지리의 원리는 크게는 돌아가신 분을 모시는 음택陰宅과 살아있는 사람들의 삶의 공간을 풍수의 이법에 맞추어 응용하는 양택陽宅으로 크게 나누어 적용하고 있으며 특히 오늘날 양택은 건축분야는 물론 가족의 행복과 건강을 이루게 하는 주요 생활공간으로서 주택공학의 중요한 부분을 이루는 근간根幹

이 되고 있다.

　음택陰宅은 전통적으로 내려오는 동양의 효孝 사상에 근본을 두고 동기감응同氣感應의 원리로 돌아가신 조상을 산천정기가 취합응기聚合凝氣되는 길지吉地에 편안히 모심으로서 돌아가신 부모 또는 조상의 기氣가 후손에게 전달되는 과정과 미치는 영향을 자연과학의 이법에 맞추어 길흉을 살피고 연구하는 학문이다. 조상과 자손간의 상호 좋은 기가 교감交感된다면 그 작용력은 응당 좋은 영향을 미치게 하여 자손의 번영과 행복은 물론 건강을 추구하고 향수享受하는 데 있는 것이다.

　하늘에는 365일이 있고 사람 또한 365개의 골절이 있다. 하늘에 12시가 있으니 사람에게도 12경락이 있다. 하늘에 5운6기의 변화가 있으니 사람에게도 5장 6부가 있으며, 하늘에 해와 달이 있으니 사람에겐 눈과 귀가 있다. 하늘에 24절후가 있으니 사람에게도 24초焦가 있고, 사시四時의 계절이 있으니 사람에겐 사지四肢가 있다. 땅에 초목과 흙과 돌이 있으니 사람에겐 털과 힘줄과 뼈마디가 있다. 사람의 상반신을 천기天氣라 하고 사람의 하반신을 지기地氣라 하고 사람은 천지간의 정기를 지니고 있으므로 소천지小天地라 한다.

　이렇게 인간은 천지자연의 일부로서 한 순간도 분리될 수 없으며 온갖 천지대자연의 이치를 모두 품수하고 있는 것이다. 태어남도 자연으로부터 왔고 생명이 다 함도 자연으로 돌아가는 것이다. 나고 죽는 것은 어쩌면 하나의 순환과정으로서 영원한 우주의 대진리 속에 기가 흩어졌다 모여졌다 하는 원리라 하겠다. 모든 사물에 영성이 들어있는 이치이다. 돌 하나 풀 하나 그 어디에도 기의 순환이 이루어지고 있는 것이다.

　또한 인간의 신체를 지탱하고 보호하는 모든 뼈에 뼈마디가 있고 구멍이 있는데 어떤 것은 보이고 어떤 것은 보이지 않는 것이다. 땅에도 만갈래 천갈래의 물과 산이 있는데 어떤 것은 서로 얽히고 어떤 것은 안으로 뭉쳐있으며 또 어떤 것은 나타나 있는 형상이다.

　"인걸人傑은 지령地靈"이란 말이 있다. 이것은 산천山川의 수려한 기상과 산천의 둔탁한 기상에 의해 잘나고 못난 사람이 나온다는 말이다. 인간에게 무수한 백해구공百骸九空이 있듯이 땅에도 천갈래 만갈래 각기 수많은 형태를 지닌 만수천산萬水千山의 변화가 있다. 이것은 서로 얽히고 설켜 상호대립과 통일을 이루면서 연관작용을 하고 있으며, 인간은 자연의 일부이기에 자연히 산과 물을 그리워하고 정신이 황폐할 때 우리는 그 자연 속으로 여행을 하면서 몸과 마음을 위안하고 수양하는 것이다.

　예컨대, 산이 수려하고 높으며 물이 맑고 깊으면 인심이 유연하여 너그럽고 도량이 큰 인물이 나오고, 산과 물이 경쾌하지 못하고 협착狹窄하여 조화롭지 못하면 인물됨이 떨어져 졸렬하여 소견이 좁고, 산의 지세가 온전치 못하고 가파르고 험하면 마음이 험상궂고 냉혹하여 표독한 자가 나오며 산이 높고 물이 맑고 유연하게 흐르며 산천이 조응照應하듯 넉넉하면 그 마을이 윤택하여 풍요로움과 부자가 많이 나올 것이다.

　이렇듯 산천이 맑고 수려하면 그곳에 사는 사람들의 마음은 물론 얼굴까지 아름다운 것이다. 멀리 천을태을天乙太乙에 속한 산이 높이 구름 밖에 솟아 호위하듯 있으면 명예와 벼슬이 하늘 높이 충천衝天할 것이고, 유유히 흘러가는 산천강하山川江河의 물줄기를 조수鳥獸의 모습을 한 형국의 산과 바위가 조응하여 안 듯 휘감아주면 뛰어난 문장가와 학사가 나올 것이요, 산 형국의 왼편이 깃발이 펄럭이듯 하고 오른편이 북이 둥둥 울리듯 기세 좋게 솟아 있으면 필시 장군將軍이 나올 자리요. 산의 형국이 병풍을 둘러 친 듯 하고 앞을 강하가 막아주면 한 나라의 재상宰相과 일세一世를 풍미하는 문신文臣이 나올 땅이다. 병 모양의 작은 산이 뾰족하게 위로 솟은 산형山形을 은병銀甁이라 하는데 경제분야에서 일약 세상을 놀라게 하는 사업가와 부자가 많이 나오고 산이 고저高低가 없이 휘고 구부러져 포옹하듯 한 깃을 옥모형工幕形이라 하여 이러한 지리를 얻으면 만인의 존경과 부러움을 사는 한 나라의 명재상이 나올 땅이다.

　또한 산의 형국이 편월片月, 즉 초생달처럼 가느다란 미인의 눈썹인 듯 하면 아미산峨眉山이라 부르며 한나라의 왕후가 아니면 분명 귀비貴妃가 나올 땅이요. 천마天馬의 형국이 남방에 위치하고 옥관玉冠인 듯 머리가 번쩍 들리고 산의 몸체가 낮아 고르고 평평하게 흘러내리다가 꼬리가 되어 툭 떨어진 듯 하면 왕후가 나올 자리이다. 또 전후좌우前後左右로 융기하고 굴곡하면서 기운차게 뻗어 내려오면서 형상이 아름답고 기묘하여 빼어난 듯 하며 대소大小의 수많은 봉우리가 주위를 둘러싼 것이 마치 삼천궁녀가 호위한 기상인 듯 하고, 앞뒤로 이어져 벌어진 낮은 산봉우리가 마치 천자天子를 향하여 팔백형화八白炯火가 비치듯 한 자리는 천하를 호령하는 제왕이 나타날 자리이다. 천산 만산이 다하여 그치는 곳에는 반드시 진혈眞穴이 있고 여러 산이 박환되어 정답게 옹기종기 모이는 곳에는 반드시 명당이 있는 것이다.

　산세山勢가 이탈하듯 모두 등을 지고 흩어져 달아나는 듯 하면 집안이 파산되고 패가하여 허망할 것이고, 한 줄기 물이 한쪽으로 기울어 맥없이 흘러 빠지면 관직에서 물러나고 파직 당하며 명예가 뜬구름처럼 사라질 것이요, 산의 형국이 얽히고 설켜 마치 어지러운 치맛자락 펄럭이고 걸어놓은 듯 하면 여자가 음탕하고 요부妖婦가 출현할 것이요, 물이 당국當局 안으로 꿰뚫고 들어오듯 나가면 자손에 근심있고 절손絶孫의 우려가 있게 된다.

  풍수지리학은 대자연의 순환원리를 이용하는 자연합일自然合一의 심오한 자연과학이며 인간으로서 자연의 합당한 순리에 역행하지 않는 자연사랑의 학문이라고 말할 수 있다. 인위적인 물질문명과 첨단과학이 최고조에 이른 현대에 이르러 인간의 존엄성과 가치기준은 혼돈에 빠져 있으며 그칠 줄 모르는 인간의 탐욕과 이기심은 극에 달하여 개발이라는 명분하에 무분별한 자연파괴가 날이 갈수록 더욱 심하게 자행되고 있으며, 이로 인하여 자연 생태계는 조화와 균형이 깨지고 하나뿐인 지구가 오염과 공해로 지구온난화현상이 증가되고 있으며 하나뿐인 지구는 최악의 상태로 인류의 생존을 위협하고 있는 것이다. 인간의 존엄성과 가치가 물질만능에 의해 떨어지고 있으며 지구 곳곳이 환경문제로 몸살을 앓고 있다.

  오늘 이 순간에도 생태환경을 중시하지 않는 인간의 욕심은 무차별한 환경파괴로 스스로의 무덤을 자청하고 있으며, 이로 인한 자연의 황폐화는 인류의 존망 문제로까지 확산되어 엄청난 자연의 보복과 재해가 인간을 기다리고 있다.

## 5. 기문학奇門學(기문둔갑奇門遁甲)

  바야흐로 오늘날의 세계는 첨단의 현대과학과 더불어 물질만능의 시대로 흘러가고 있으며 동시에 인간의 존엄성과 도덕불감증의 문제를 야기하고 있다.

  비록 과학문명이 최고도에 달하고는 있지만 인간의 운명만큼은 한치의 앞도 내다볼 수 없을 뿐 아니라 인간내면의 근본적인 문제와 존폐길흉存廢吉凶의 현재사와 미래사의 예측에 대해서는 속시원히 밝혀주거나 해결책을 제시해 주지는 못한다.

  앞으로 다가올 불확실한 삶의 변화에 대해 미리 준비하고 대비하려는 자세는 하나의 지혜이며, 삶의 노정路程에서 뜻하지 않은 어려움에 봉착했을 때 유연한 자세로 고난과 장애를 극복하며 보다 밝은 미래를 향해 푸른 희망의 새 삶을 개척하려는 저마다의 욕구는 우리 모두의 공통된 생각일 것이다. 이러한 문제해결의 일환으로 오묘한 대자연의 변화원리를 바탕으로 한 음양오행의 생극제화生剋制化의 이치를 인사人事에 응용한 동양철학은 심원한 역易의 사상에 그 근원을 두고 오랜 역사를 통하여 그 신비성과 오묘함을 체험시켜 왔다.

기문둔갑奇門遁甲의 시원은 중국의 상고시대인 헌원軒轅황제시대로 거슬러 올라간다. 그 근거가 되는 <연파조수가煙波釣叟歌>에 의하면 "옛날 중국의 헌원황제가 전쟁에서 패하고 하늘의 신에게 기도하였더니 구천현녀九天玄女가 태을太乙·기문奇門·육임六壬을 내려주었는데 그것이 기문奇門의 시초가 되었다"라고 되어 있다. 당시 기문국이 방만하고 난해하게 약 1080제로 흩어져 있던 것을 태공太公이 72국으로 정리하고 줄여서 다시 엮었는데 그 후로 한대漢代에 들어와 장자방張子房이 80국으로 다시 정밀하게 정편하였다고는 하나 기문학의 최고 공로자는 역시 삼국시대三國時代에 걸출한 촉蜀의 제갈공명諸葛孔明을 꼽지 않을 수 없다.

전설적인 제왕으로 일컬어지는 황제로부터 그후 삼국시대의 제갈무후諸葛武候에 이르기까지 기문둔갑법은 그 법칙이 정교하고 유현幽玄한 신비성과 진가眞價는 고금의 역사를 통해 입증된 지 오래며 팔진기문병법八陣奇門兵法으로부터 우주변화의 기미機微, 인명人命의 제반사를 추단推斷하는 신묘神妙의 묘산법妙算法에까지 그 무궁한 진가가 고도로 발휘된 천지대자연의 둔환법칙이며 구성九星방위학인 것이다.

우리나라에서는 통일신라시대부터 조선조에 이르기까지 중국의 기문과 홍국수리洪局數理를 조화시킨 홍국洪局(운명학)과 연국煙局(방위술)으로 도선국사를 비롯하여 김암, 서화담徐花潭, 이토정李土亭 등 기학에 정통한 선현들이 깊이 연구하고 정립하여 오늘에 이르고 있고, 특히 서화담과 이토정 두 사람의 의해서 이루어졌다는 홍연진결洪煙眞訣은 기학의 새로운 경지를 세웠다고 할 것이다.

기문은 일반인들에겐 금서禁書로 되었고 위정자爲政者들 사이에서는 제왕학으로서 모든 정치적 통치술에 이용된 신기묘산법神奇妙算法의 하나로 중국의 삼국시대에 기문병법으로 신출귀몰한 전략가 제갈공명이 이 기문법을 병법으로 활용하여 그 위력을 실증한 바가 바로 그것이다.

## 제2절 명리학命理學의 원리原理

### 1. 사주명리학四柱命理學의 원리

우리 인간은 천지의 오행五行과 일월성신日月星辰, 기후, 산천, 풍토의 기氣를 모체母體 임신 중에 감수하고 출생하였다. 우선 천지만물은 우주의 영향을 받지 않은 것이 없고, 특히 태양의 작용, 즉 따뜻하고 더우며 서늘하고 차가운 기후의 변화에 따라 생성화육生成化育되는 것이다.

그 중에서도 인간은 대자연의 삼라만상 중에서 우주를 가장 많이 닮은 동물로서 "소우주小宇宙"라고 칭하며, 천지대자연의 시간과 공간 속에서 사시四時의 기후변화와 동정의 원리를 그대로 적용하여 인간의 타고난 품성과 운세의 길흉吉凶을 알고자 하는 것이 사주명리학四柱命理學인 것이다. 다시 말하면 우주의 모든 작용을 목木·불火·흙土·금金·수水의 오행과 음양으로 구분하여 태어난 년年·월月·일日·시時의 음양오행의 상태 및 작용에 따라 "인명人命"을 알아보는 방법이고 따라서 명리학命理學을 연구하기 위하여는 음양오행의 모든 원리에 통달하지 않으면 안되며, 그 원리를 바탕으로 인간의 길흉관계와 생성과정을 알 수 있고, 반대로 어떤 한 인간형人間形을 보아서 그 사람이 어떠한 사주팔자를 가지고 있나 하는 것도 알 수 있음은 물론이요, 사회의 변화관계와 일상생활의 예측도 가능하게 되며, 사물의 기미를 보고 천리밖의 일이나 주변의 변화상태를 모두 알 수 있으므로 "천지도래일장중天地到來一掌中"이라고 하는 것이다.

인간 개개인을 대상으로 판단의 대상이 되지만 대우주의 구성요소를 가장 많이 품수한 소우주로서 또한 만물중의 가장 영물靈物이므로 모든 사물에 통하는 것이다.

### 2. 사주명리학四柱命理學에 대해

#### 1) 역학易學이란 무엇인가?

역학易學이라 함은 시간과 공간의 상호 착종錯綜을 기초로 하여 여기에서 발전되는 음陰과 양陽의 상호작용으로 우주만물이 변화해 나가는 과정을 논하는 학문이다.

특히 역학은 우주만유宇宙萬有의 변전원리變轉原理를 인간에게 적용시켜 인간행로의 흥망성쇠興亡盛衰를 천지자연天地自然의 삼라만상森羅萬象이 변화해가는 과정을 시공時空의 교차와 기미동정機微動靜의 음양역상陰陽易象의 산법算法으로 예견豫見하고 추리推理하는 인간최고의 지혜의 방편이자 생활철학인 것이다.

## 2) 명리학命理學이란 무엇인가?

인간의 운명을 예지하기에 충분한 천지간에 있는 정묘精妙한 조화 즉, 천天의 오행五行, 지地의 오행五行, 목화토금수木火土金水의 오행을 음양으로 구분하여 상생상극相生相剋 등 기타 물리작용을 활용하여 행幸과 불행不幸을 예지하는 학문이다.

## 3) 사주四柱란 무엇인가?

소우주小宇宙라 칭하는 인간에게 대우주의 변화원리와 이치를 그대로 적용하여 인간의 타고난 품성과 운세의 길흉吉凶을 알고자 할 때에 태어난 년월일시年月日時의 천간天干과 지지地支의 팔자八字로 구성된 네 기둥을 세워 타고난 상象을 판단코자 하는데 이때 세운 네 기둥을 사주팔자四柱八字라 한다.

사주四柱 명리학이란 사람의 생년生年・월月・일日・시時의 네 기둥의 干支를 가지고 인간의 운명을 예지하는 것을 가리켜 사주四柱라 하는데 천명天命의 이치를 탐구하는 학문이기 때문에 명리학命理學이라 한다.

태어난 해 : 년주年柱 즉, 태세太歲 : 조상, 유년기, 잠재력, 뿌리, 근본적인 관계. 성장과정 등

태어난 달 : 월주月柱 즉, 월건月建 : 부모・형제, 청소년기, 대인관계, 사회적 변화. 대인관계. 집안의 분위기 등

태어난 날 : 일주日柱 즉, 일진日辰 : 배우자, 장년기, 주위와 사회적 관계. 현재 자신의 위치와 상태 등

태어난 시 : 시주時柱 : 자손, 노년기, 결과, 일어나는 시상時象의 변화. 부하 직원. 후배. 식솔 등

### 4) 팔자八字란 무엇인가?

사주의 구성요소로 천간天干의 네 글자와 지지地支의 네 글자로 자신을 뜻하는 일주日柱의 천간을 중심으로 타주他柱와 일지日支의 나머지 일곱자를 서로 비교하여 체격, 건강, 모습, 체질(오장육부), 부모, 조상, 형제, 배우자 등 가족관계 및 직업, 사업, 입시의 합격여부 등 대외환경적 길흉을 판단하는 사주추명四柱推命의 구성, 즉 여덟글자를 말한다.

# 제2장
# 명리학의 기원과 발전

命理學原理大全

제1절 역에 대한 총체적 이해
제2절 개념상으로서의 역의 총체적 이해
제3절 사주명리학의 기원
제4절 음양과 팔괘
제5절 주역 64괘 괘의
제6절 64괘사

# 제2장 명리학의 기원起源과 발전

## 제1절 역易에 대한 총체적 이해

### 1. 역의 기원

역易은 고대 동양 문화사상의 시원始原이며, 우주 대자연의 운행법칙과 생장소멸의 변화원리 그리고 사회의 진화법칙을 설명한 심오한 학문이다. 역은 역경易經 또는 주역周易으로서 유교의 중요한 경전經典의 하나로, 5경 중에서 으뜸의 자리에 놓여 예로부터 왕도학王道學 또는 제왕학帝王學의 하나인 치도의 학문으로서 자리잡아 왔다.

사서四書는 논어論語, 맹자孟子, 대학大學, 중용中庸을 말하고 오경五經은 역경易經, 시경詩經, 서경書經, 예기禮記, 춘추春秋를 말한다. 역은 인간의 길흉화복을 논단하는 점복서이자 심원한 철학을 담은 근본학문으로써 인간의 수양서修養書로서 예로부터 최고의 귀감서龜鑑書로 지칭되어 왔다.

역리를 응용한 역술학 전반을 역학易學이라고 하며, 역학의 목적은 길흉화복을 미리 알아내어 피흉취길避凶取吉함으로써 주어진 삶을 평안하고 순조롭게 보다 더 행복해지려는 인간의 염원에서 생긴 것이다.

복희가 처음으로 팔괘를 나누었는데 역易을 이루는 기본은 8卦이다. 영어로 8 trigrames(우주 삼라만상을 형성하는 요소)이다. 최초에 무극無極에서 태극太極이 생기고 양의兩儀가 생기고 사상四象이 생기고 사상에서 팔괘가 나왔다. 팔괘는 거듭 분화작용을 하여 64괘가 되었고 64괘는 386爻로 이루어져 있다.

8괘의 창시자는 6000년전 중국의 상고시대의 성현 태호 복희伏羲씨가 일반적인 통설로 되어있다.

복희伏羲는 구석기시대인 약 6천년전 인간에게 짐승을 사냥하는 법과 땅의 개간, 짐승사육법을 가르치고 화식火食하는 법을 가르쳤으며, 동서남북을 정하고 천지天地, 뇌풍雷風, 수화水火, 산택山澤을 분류하는 등 인간에게 문명을 열고 지혜를 전수한 위대한 동방의 최고 성현이요 과학자이며, 사상가며 인간에게 자연의 이치를 밝힌 동방의 대표적인 예언자요 문화신이요 현자賢者이다.

## 2. 역의 상수원리象數原理에 대해

심원한 우주사상을 담은 동양사상이 태동하게 된 발상의 근원은 자연수自然數 발견에서 시작하였으므로 역易을 상수象數원리라고도 한다.

상의象意 : 상징 부호인 점선點線으로 이루어진 괘획卦劃으로 괘卦마다 대우주와 자연계의 모든 현상과 만물의 추이推移관계를 담아 사물이 변화하고 착종하는 법칙을 설명하는 원리를 부호화 한 것이 태극太極, 양의兩儀, 사상四象, 팔괘八卦, 384효爻를 의미한다.

괘의數意 : 괘상보다 앞서 발견된 수數는 자연수의 발생에서 홀수 짝수로 교차 생성하는 착종錯綜의 과정에 따라 우주대자연의 생성과정을 규명하고 추리한 수리법칙으로서 현상계에 존재하는 유형·무형의 모든 만물의 동정動靜을 설명하고 있다.

음양 오행설을 비롯 10천간天干, 12지지地支, 60화갑자花甲子의 창안, 황극경세, 원회운세법 등으로 발전해 간 상수원리는 동양의 독특한 우주관과 세계관을 산출해 내었고 정치·사회·경제·문화·예술 등 모든 분야에 걸쳐 역의 사상은 그 기본적 토대가 되었다.

## 3. 음양오행설

팔괘와 십간十干(하늘의 기운을 상징) 그리고 십이지十二支(땅의 기운을 상징)는 음양설陰陽說에서 비롯되어 형성되었으며, 상고시대를 거쳐 특히 한漢나라때 융기하여 발전하기 시작했으며, 유儒·불佛·도道 사상과 대립과 통일을 거듭하면서 한편으로 융합하고 한편으로 독립하면서 후대로 발전해 갔다.

음양설 : 음양설은 음기陰氣(마이너스)와 양기陽氣(플러스에너지)의 두 가지 상대적 기운인 일동일정一動一靜의 대립과 통일의 변화와 조화 속에서 이루어졌다는 음양2기의 생성원리로서 우주이원론이다. 즉 동動이 지극하면 정靜으로 화하고 정靜이 지극하면 동動으로 화하는 상대적 기운의 호환성으로서 이로서 만물이 생성되고 오행五行에

의해 화육化育되는 것이다.

음양은 상대적 원리로 설명해야 한다. 예컨대 하늘과 땅, 남자와 여자, 밝음과 어두움, 두꺼운 것과 얇은 것, 무거운 것과 가벼운 것, 부드러운 것과 거친 것, 예리함과 둔탁함, 높은 곳과 낮은 곳 등등 이 우주간에 존재하는 무엇이라도 상대적인 측면에서 보면 무한한 음양의 원리로 설명될 수 있는 것이다. 즉 상대적인 개념으로 구분한다면 우주간에 존재하는 모든 것은 이 개념에서 벗어날 수 없는 것이다.

일설에 의하면 음양 기호는 남녀의 성기를 모양지었다고도 한다.

음양설은 발전하여 현대의 최고 이기利器인 컴퓨터의 발명을 가져왔으며 컴퓨터는 2진법을 이용한 계수법으로서 인간의 영역을 뛰어넘어 갖가지 방대한 계산을 해내면서 인간사회에 편리함은 물론이요 광범위한 영역까지 그 공헌도는 지극하다 할 것이다.

## 4. 팔괘八卦의 생성과정

팔괘는 중국의 복희伏羲가 황하黃河에서 출현한 용마龍馬의 등에 박힌 도형圖形을 보고 창안하였다고 한다.

　　　　역유태극易有太極 시생양의是生兩儀
　　　　→ 양의생사상兩儀生四象
　　　　→ 사상생팔괘四象生八卦. 〈계사전繫辭傳〉

　　　　태허太虛(무극無極)
　　　　 －태극太極
　　　　 －양의兩儀
　　　　 －태양太陽, 소음少陰, 소양少陽, 태음太陰
　　　　 －건태이진손감간곤乾兌離震巽坎艮坤.

효爻를 셋 겹치는 것은 동양의 삼재三才(천지인天地人) 사상으로 만물의 객체마다 소우주를 지니고 있다고 보는 것이다. 태극은 천지음양이 갈라지기 이전의 혼돈한 가운데 움트려는 생성의 기운이다.

## 5. 8괘의 괘상卦象과 괘덕卦德

### 1) 역의 기원과 8괘의 방위

#### (1) 석역설蜥易說(도마뱀)

상형문자 날日은 머리부분, 네모안의 점은 눈, 아래 물勿자는 목, 허리, 꼬리, 발을 의미한다.

도마뱀은 보호색을 가지고 변신하며 하루 열두시간 변한다. 이렇게 변화한다는 의미로 역易이라고 한 것이며, 변화무쌍한 인생행로를 정교하고 세밀하게 한 통변의 법칙이다.

#### (2) 일월설日月說

일日과 월月을 나란히 하면 밝은 명자明字가 된다. 날日은 양이고 달月은 음이다. 일월은 음양의 대표적인 상징이지만 일월설은 문자학적으로 볼 때 불균형의 요소가 있는 설이다.

#### (3) 일경관측설日景觀測說

날씨의 관측으로부터 역이라는 문자가 생겨났다는 설이다. 위는 일日 아래는 물勿, 즉 ~하지 말라는 뜻으로 날씨의 변화에 따라 깃발에 어떤 표식을 해놓는 것으로부터 유래했다고 본다.

### 2) 역의 저자

역의 저자著者에 대해서는 역사적인 사료나史料나 문헌文獻에서 확실하게 밝혀지지 않고 있는 것이 현실이다. <주례周禮>에 '태복삼역太卜三易'이란 말이 나오는데 이것은 일연산一連山, 이귀장二歸藏, 삼주역三周易이란 기록이 보인다. 후한시대後漢時代의 정현鄭玄(127~200)이란 사람이 역易을 찬찬하길 "연산連山이란 산山이 연련해 있다는 의미로 하夏나라때에는 팔괘八卦에서 간艮을 머리괘로 삼았기 때문에 연산이라 한 것이고, 귀장歸藏이란 글자의 함의대로 돌아가 감춘다는 의미로 귀장이라 한 것이고, 주역周易이란 주대周代의 역易이란 뜻으로 인간의 운명과 천지대자연의 현상은 고정불변하는 것이 아니라 바뀌고 바뀐다하여 역易이라 하였다"는 기록이 있다.

다음으로는 일반적으로 인식되고 있는 역易의 저자는 <한서예문지漢書藝文志>에 "역도심의易道深矣 인갱삼성人更三聖 세력삼고世歷三古"라고 하여 상고上古의 복희伏羲와 중고中古의 주문왕周文王 그리고 하고下古의 공자孔子에 의해 이루어졌다고 한다.

복희伏羲[1]는 팔괘八卦를 그리고, 주문왕周文王이 괘사卦辭를 짓고, 그 아들 무왕武王 단旦이 효사爻辭를 부서附敍하여 술작述作하고 공자가 10익翼[2]을 붙여 주역을 완성했다.

총체적으로 역易은 결코 어느 한 시대에 만들어진 것이 아니라 오랜 태고시대부터 역사를 거듭해 오면서 수많은 선천先哲들의 손을 거쳐서 이루어진 것이라고 볼 수 있다.

## 제2절 개념상으로서의 역의 총체적 이해

사물의 근본을 탐구하는 것을 철학이라고 한다. 흔히 철학을 역학이라고 하는데 그 역은 동양에서 발전이 되어서 대표적으로 동양철학東洋哲學이라고 하는 것이다. 동양철학이라고 하면 비단 역易 뿐만이 아니고 논어論語·맹자孟子라든가 도가사상道家思想(노자老子·장자사상莊子思想), 유교儒敎, 양명학陽明學, 성리학性理學 등 여러 가지 학문이 있으나 그 이전에 역易이 먼저 발생되었다.

역학易學의 사상을 아는 현자와 선비들이 앙관천문仰觀天文하고 부찰지리俯察地理하여 역易의 원리를 터득하여 중통인사中通人事의 도道를 깨치고 성인의 경지에 올라섰을 때 그 도道를 행하기 위해 가르친 것이 유학儒學이라고 할 것이다.

공자孔子는 주역周易을 '위편삼절韋編三絶' 즉 가죽끈이 세 번 끊어질 정도로 역易을 읽어 통달했기 때문에 사서四書인 논어·맹자·대학·중용 이러한 모든 학문이 역의 사상에 바탕이 되어 있다. 또한 노老·장莊 도가사상은 더욱이 그렇다고 할 것이다. 무극無極의 사상인 도가사상道家思想, 즉 노老·장莊사상

---

1) 복희의 기원은 <사서>에 癸酉 6488년전 10월이라고 기록되어 있음.
2) 건괘문언전乾卦文言傳, 곤괘문언전坤卦文言傳, 단사彖辭, 대상大象, 소상小象, 계사상전繫辭上傳, 계사하전繫辭下傳, 설괘전說卦傳, 서괘전序卦傳, 잡괘전雜卦傳

은 더욱 역의 근본목적에 도달하려고 한 것이라면, 태극의 이치인 유가사상은, 즉 공자의 사상으로도 볼 수 있다. 맹자孟子도 역시 마찬가지로 중용中庸이라든가 이런 것도 모든 원리가 역을 바탕으로 해서 말을 만들어내어 그 가르침을 준 것이라고 볼 수 있다.

역易은 학문 중에서 가장 깊이 있고 오래된 학문이며 그것의 이치를 알게되면 모든 학문의 발전과정이라든가 모든 학문에서 태생하는 이치와 우주의 삼라만상이 변화하는 작용을 두루 알 수가 있다. 그러므로 역학이라고 하는 것은 '근본학문根本學問'이라고 말을 하는 것이다.

처음에 역이라고 이름 붙인 것은 중국의 상형문자象形文字이다. 그것은 어떠한 형상을 만들어내어 표현한 것이다. 한자漢字를 잘 연구하면은 의미의 대략은 그대로 파악이 가능하다. 예컨대 성명학에서 이름의 뜻만 보아도 그 사람의 후천적 운명이 어떻게 작용할 것이라 유추할 수 있는 것도 모두 易의 이치가 작용하고 있기 때문이다. 그러면 이 역易이라고 하는 글자는 위의 것은 태양이고 밑에는 달이다. 일日자는 낮을 의미하고, 아래의 것은 밤을 의미하는데, 다시 말하면 양陽과 음陰을 상징하는 것이다. 밤과 낮은 끊임없이 상호 교차와 반복을 통하여 바뀌고 바뀐다. 밤이 낮이 되고 낮이 밤이 되는 현상은 변하는 것이라 말할 수 있지만, 일정하게 바뀌는 그 자체는 결국 변함이 없다고 할 것이다. 변함 없이 일정한 주기로 밤낮으로 계속 운행한다는 말이다. 그러므로 역을 한 마디로 말한다면 '변함 없이 변하는 것이다'라고 말을 할 수 있다.

중국의 문자는 상형문자가 가장 기본을 이루고 있으며, 역易이라는 글자는 원래 도마뱀의 형상을 따서 만들어졌다는 석역설蜥易說에서 유래했다고 한다. 도마뱀의 모양은 상형에 나타난 대로 그 속성은 자기변신을 잘 하는 동물이다. 하루 12시각時刻이 있는데 시간에 따라 몸의 색깔이 12번이나 변한다고 한다. 이것은 일종의 자신을 보호하기 위한 보호색이라고 볼 수 있다. 자기 노출을 시키지 않기 위해 밤이면 어두운 색으로 변하고 낮이면 또 그 색깔에 맞게 변하고 또한 꼬리를 밟으면 잘라 버리고 도망친다. 이러한 도마뱀의 적응력은 주어진 기후에 맞추고 주위환경에 맞추어 자신을 변신시키어 본능적으로 자신을 보호하기 위한 희귀한 동물이다. 이렇게 볼 때 곧 역이라고 하는 것은 도마뱀처럼 세상 모든 우주의 변화에다 자기의 모든 생리를 맞추어 가지고 살아가는 것처럼 그러한 이치가 바로 역이라고 말할 수 있다. 그래서 역易자의 형태가 이루진 것이다

밤낮이 바뀌는 것, 그것이 더 나아가서는 춘하추동, 즉 사시四時의 변화에 따라 만물이 싹트고 번창해서 그 기운이 응결되어 열매를 맺고 낙엽이 지고 사멸하는 이 모든 순환작용이 우주의 이법理法에 따라 계속 반복된다. 인간도 그렇고 대자연계에 존재하는 유·무형의 삼라만상의 어떠한 모든 것도 이렇게 생장소멸을 거듭하는 것이다. 정치도 그렇고 국가의 운명도 그렇고 모든 것이 다 역易의 이치에 벗어나는 것이 없는 것이다. 그래서 변하는 것을 일컬어 '역易'이라고 하는 것이다. 그래서 역易을 '변역變易'이라고도 한다. 다시 말하면 역의 삼의三義는 간역簡易, 변역變易, 불역不易이라고 하는데 변역變易은 끊임없이 변한다는 의미이다.

중국 한자漢字는 대개 발음이 같은 것끼리 의미가 서로 통하기도 하는데 주역의 서문에 보면은 '역易은 역逆이러라'라고 되어 있다. 바꾸어 말하면 역은 거꾸로 셈하는 것이다. 왜 '역逆'이라고 하는가하면 과거 모든 학문이 발전되기 이전의 상태로 돌아가서 상고시대의 학문을 우리가 지금 연구하고 공부하여 재조명하듯이, 만약 어떤 사람에 대해 구체적으로 알려고 한다면, 그 사람의 과거지사過去之事를 파악하면 어느 정도 윤곽을 파악할 수 있다. 즉 거꾸로 그 사람의 지난 과거를 되돌아보고 그 사람에 대해 알 수 있다는 말이다.

토인비 교수는 미래를 예언하는 역사 학자로 유명한데, 그는 과거역사를 많이 연구하고 공부했기 때문에 그 지난 역사를 근간根幹으로 미래의 조짐을 파악하는 것으로 볼 수 있는데, 대개 역사歷史에는 일정한 흐름이 있다는 것을 알 수 있다는 것이다. 예컨대, 어느 시기는 어떻게 되고, 어느 때는 공황이 오고, 어느 때는 어떠한 유형의 문화가 형성되고 발전되며 또 지역적으로 풍토에 따라 다른 현상으로 나타나는 것을 심도 있게 연구하다 보니 그 속엔 어떤 일정한 공식이 나오게 된 것이다. 지역적으로 시간적으로 그러한 공식에 맞추어 보니까 미래의 일을 예측할 수 있다는 것이다. 다시 말하면 역사적 전개가 대체적으로 그러한 일정한 주파수대로 흘러간다는 말이다.

'앞으로 문명이 어떻게 발전될 것이다'처럼 추이推移의 변화를 통해 미래를 정확하게 예언할 수 있는 것이다. 다시 말하면 어떠한 스님이 있다고 가정한다면 제일 먼저 그 분이 몇 살에 출가出家했고 어느 문중에서 공부를 했었고 어느 은사를 모시었으며 또한 수행과정과 건강은 어떠했는가 등등을 미루어 안다는 것이고, 그렇다면 이러한 과정을 근간으로 앞으로 어떻게 될 것이다라는 것을 미루어 조명할 수 있다는 것이다. 과거지사를 파악함으로써 미래에 깨달음이 큰스님이 될지 아니면 깨달음을 이루지 못한 땡추가 될지를 미리 알 수 있는 것이다. 그래서 역易이라고 하는 것은 거꾸로 되돌아보는 것이며 거꾸로 지나간 것을 셈하는 것이다.

그 다음으로 역易은 수數라고 했다. 수數라고 하는 것은 숫자를 셈하고 센다는 의미이다. 셈을 하는데 있어서는 현재 이전의 일을 거슬러 되돌아보는 것이 상례였다. 예를 들면, 일년 전에 이 사람은 어떠했고, 2년 전에는 어떠했고, 또 어제 만났던 그 사람은 어떠했고 하는 것처럼 이렇게 숫자라는 개념이 반드시 개입하게 되는 것이다. 또 몇 살 때는 가정 환경이 어떠했고, 몇 살 때는 어떤 상황에 처해 있었다고 하는 등등의 과거의 일들이다. 또 어느 회사의 장래를 내다볼 때 그 회사가 설립된 지가 현재까지 몇 년 몇 개월이 되었으며, 현재까지의 경영실적과 회사의 상품이 가지고 있는 시대적 가치 등등을 고려하여 앞으로의 전망을 예측하고 내다볼 수 있는 것이다. 또한 국가의 운명을 논할 때도 과거의 역사적인 일들을 먼저 헤아려 미래에 일어날 일들을 추측하게 되는 것이다.

예컨대, 제 몇 공화국이 몇 년도에 들어섰으며 그 당시 사회적인 사건과 민심의 전반적인 상황을 근거로 하여 앞으로 닥칠 일들을 예견하는 것이다. 옛날로 말하면 어느 왕조가 예를 들어 건원乾元 몇 년에 어떤 왕이 몇 년에 걸쳐 정치를 이끌었다 등의 방식으로 역사를 따지게 되는 것이다. 이와 같이 그 내부의 일을 알고 예측하는 데에는 역사적인 사실들을 참고로 하여 알 수 있는데 이것은 반드시 셈을 해야 된다.

수數는 숫자로서 보아야 하는데 우리의 인식범위는 막연하지만 역학을 심도 있게 공부해 나가다 보면 아주 기가 막힌 그 숫자가 주위 모든 곳에 산재해 있음을 발견할 수 있다.

예를 들면 한의사들이 어떤 중환자를 진맥하러 갔을 때 맥박 수를 집고서 이 사람은 며칠만에 죽을 것이다라는 것과 또는 얼굴색을 보고 빨간색이 나타나거나 아니면 검은색이 나타났다고 한다면 그 색깔을 보고 몇 일날 죽겠다고 하는 등등의 그 기준이 모두 역학에서 말하는 오행이 대표하는 숫자를 보고 추리해 내는 것이다. 우주 만물 모든 것이 수數로 표시 안된 것이 없다. 그것을 알기 때문에 겉모습만 보고도 이 사람이 며칠만에 죽게 될 것을 알 수 있다. 예를 들어 맥박을 짚어 보니 그 숫자가 38이라고 한다면 38목木은 앞으로 다시 배우겠지만 목木은 간담에 속한다. 그리고 간담이라는 것은 간을 의미하고 담은 양인데

3이라는 것은 양수陽數이니까 이 사람의 이상은 담膽에 있는 것이며, 이러한 식으로 병병을 잡아낸다는 것이다. 이러한 이치대로라면 그것은 간단한 하나의 예에 불과하지만 모든 것엔 숫자가 들어 있다. 토정비결을 보는 데에도 간지干支를 기반으로 하여 그것을 선천수와 후천수로 합해서 88로 제하고 괘를 만들어 일명 토정비결로 신수를 보는 것이다. 여기에서 소개된 이 모든 것은 각기 숫자가 들어 있으므로 수數를 잘 세어야 한다.

역학은 수학을 잘 하는 사람과 특히 계산이 남달리 빠른 사람, 남보다 추리력이 좋은 사람 등이 대체적으로 역학을 잘 하며 명학 분야에서 성공한다.

그 다음에 그러한 것은 모두 상象으로 나타난다. 세 살짜리는 세 살짜리답게 아장아장 걸어간다던가 또는 귀엽게 행동하고, 고령에 나이 드신 분은 얼굴에 주름도 생기고 목소리도 탁해서 병색病色이 자주 드러나는 것과 같다. 또는 병이 들었을 때도 얼굴에 나타난 색으로 그 사람의 상태를 판단한다. 예컨대 얼굴에 사색이 보인다던가 죽은 색깔이 보이면 병이 어느 정도인지를 짐작할 수 있다. 초목도 생기가 없고 잎새가 메말라 가면 가뭄이 들고 있는 것을 알 수 있다.

이렇게 우리가 보고 느끼고 판단할 수 있는 것은 일부에 지나지 않는다. 역학을 공부하다 보면 보이지 않는 부분까지도 전부 파악할 수 있는데 이러한 변화의 이치는 수數로 발전되고 어떤 상象으로 나타나게 된다. 그 속에 모든 대자연의 이치가 숨겨져 있는데 그것을 일컬어 도道라고 하는 것이다. 그래서 역은 변變이요 역逆이요 수數요 상象이요 이치理致요 곧 도道다. 그러므로 역학易學은 곧 도학道學인 것이다. 역학은 예로부터 왕도학王道學으로서 또는 제왕학帝王學으로서 위정자들의 지침서로 활용되었고 그 역학의 이론이 정치에 활용되면서 나온 것이 논어論語·맹자孟子·중용中庸·대학大學 등 천고千古의 고전으로 읽혀지고 있는 경전經典들로서 정치하는 위정자爲政者들이 지켜야 할 규범적인 이야기들을 첨가한 것이다.

그 다음으로는 전쟁에서 군사를 부리는 병법이 있다. 병법은 천지자연天地自然의 환경과 변화를 순응하고 이용하는 사고방식으로써 역易의 원리를 근간으로 하고 있다. 예컨대, 전쟁을 하는데 있어서도 기후의 상황이나 지리적인 형태에 따라서 어느 때는 화공火攻을 쓰고, 어느 때는 수공水攻을 쓰고, 어느 때는 숨고 하는 등등의 온갖 묘책과 방법 등이 모두 역易의 이치로 귀결된다. 그 원리의 하나로 마지막에 가서 어떤 묘책이나 방법이 없을 때에는 퇴각하여 다음의 기회를 보는 36계도 일명 64괘의 천산돈天山遯괘와 일맥상통一脈相通하는 의미로도 볼 수 있다. 또는 시간의 추이에 따라 시시각각 변화하는 날씨의 상태라든가 또는 자연계의 어떤 새소리나 바람소리만 들어도 상대방의 동정을 추리하거나 판단하는 능력도 모두 이 역易의 이치에서 나온다. 특히 역易의 이치로 천문과 지리에 통달하여 신출귀몰한 병법의 운용으로 한 시대를 풍미한 대표적인 귀재鬼才가 바로 그 유명한 삼국시대 촉蜀의 제갈공명이다.

그 다음에 건축학적인 측면에서 역易의 이치를 활용하고 있다는 점이다. 예컨대, 음양오행의 이치로써 풍수학적으로 이루어진 우수한 역사적 건축물 중의 하나인 해인사의 장경각3)은 썩지도 않고 습기도 차지 않는 불가사의한 건축으

---

3) 장경각 : 장경각은 부처님의 가르침인 불경이나 그것을 인쇄하기 위한 목판을 보존하고 있는 전각으로 사찰에 따라 대장전 혹은 판전版殿, 법보전法寶殿 등으로 불리운다. 합천 해인사의 장경각에는 세계의 문화 유산이자 국보 제52호인 고려 팔만대장경이 모셔져 있다.
　판전 건물은 그 중요성으로 인해 몇 가지 특징을 갖는다. 그 하나는, 부처의 말씀을 기록한 경판을 봉안하기 때문에 사격(寺格)을 상징적으로 나타낼 만한 곳에 위치한다는 점이다. 해인사의 일주문, 봉황루, 해탈문, 구광루(九光樓)를 차례로 거치고 부처를 모신 대적광전(大寂廣殿)을 지나 해인사 경내의 맨 뒤쪽, 가장 높은 곳에 판전 건물이 자리한다. 이는 곧 법보사찰 해인사의 상징인 것이다. 다음으로 판전은 그 건물이 자리할 입지와 건물 자체의 과학적·기술적 문제를 해결하여 경판을 잘 봉안할 수 있도록 처리됐다는 점이다. 판전 건물은 이 문제를 훌륭하게 처리해 오고 있으며, 그러한 이유로 건축적 가치 또한 높이 평가받는다. 우선 판전 건물의 입지를 보면, 해발1430m인 가야산의 중턱에 해당되는 약655m 높이에 서남향으로 앉아 있다. 판전 주변 지형은 북쪽이 높고 막혀 있으며, 남쪽 아래로 열려 있다. 따라서 남쪽 아래에서 북쪽으로 불어 올라오는 바람이 자연스럽게 판전 건물을 비스듬히 스쳐 지나게 되어 있다. 특히 습기가 많은 여름 동남풍은 판전을 타고 돌아 옆으로 흘러나간다. 또한 이 지점은 계곡에서 불어온 공기의 습도가 어느 정도 떨어지는 높이이기도 하다. 이는 건물 내부의 적절한 유지와 원활한 통풍에 직결된다.
　바람골에 비켜서 있는 판전 건물의 좌향은 그 어느 산봉우리와도 일직선의 축을 형성하지 않는다. 광역(廣域) 지리조건으로 보아 해인사는 가야산의 품에 안김으로써 명찰이 되었으며, 대적광전 앞의 삼층탑은 마당의 중앙이 아니라 동쪽으로 약간 치우쳐 있는데, 이는 판전 옆으로 통하는 바람골인 좌청룡이 허(虛)하기 때문에 탑을 배치함으로써 풍수지리적인 균형을 맞춘 것이다. 이외에도 판전 건물은 바람이 스쳐지나가도록 서남향을 하고 있는데, 서남향은 건물 주변 어느 곳에도 영구히 음영이 생기지 않게 하는 배치기도 하다.
　판전 건물 자체의 과학적·기술적 문제 해결을 살펴보면, 수다라장과 법보전 두 건물의 각 벽면에는 위아래로 두 개의 창이 이중으로 나 있으며, 아래창과 위창의 크기가 서로 다르게 돼 있다. 건물의 앞면 창은 위가 작고 아래가 크며, 뒷면 창은 아래가 작고 위가 크다. 이것은 큰 창을 통해 건조한 공기가 건물 안으로 흘러 들어오게 함과 동시에, 가능한 한 그 공기가 골고루 퍼진 후에 밖으로 빠져나가도록 하기 위함이다.
　경판의 변형을 최소화하기 위해서는 온도, 습도, 통풍 등 기후의 조절이 중요하다. 건물 내부의 통풍이 원활해야 하며, 낮과 밤, 계절에 따른 온도와 습도의 변화는 적어야 하고, 실내에는 항상 일정한 공기의 흐름이 있어야 한다. 이런 문제들을 판전의 창은 인공이 아닌 자연적인 기후 조절로 해결하고 있다 이외에 숯과 횟가루와 소금을 모래와 함께 차례로 놓은 판전 내부의 흙바닥은 습기가 찰 때는 습기를 내보내며 자연적으로 습도를 조절

로서 잘 알려져 있는데 이것은 역학의 원리를 근간으로 하여 우주자연의 이법을 풍수적으로 이용한 과학적이고 합리적인 배치형태에서 기인한다고 본다. 비근한 예로 그렇게 되는 이치는 땅에다 숯을 놓고 소금을 뿌렸다고 한다. 소금은 벌레를 막고 숯은 썩지가 않기 때문이다. 그렇게 유기질의 성분상 숯은 습기를 빨아들이니까 땅속에서 올라오는 습한 기운을 숯이 다 빨아들이고 소금은 벌레가 못 들어오도록 한다. 왜냐하면 생선도 소금에 절이면 부패가 안되는데 소금기로 절이는 것은 모두 썩지 않게 하기 위함이다. 썩지 않는다는 것은 벌레가 들지 않는다는 것이다. 그렇게 하니까 첫째로 습기가 안차고 벌레가 안 덤빈다. 그 다음으로 통풍의 구조 방법도 역의 원리인 기문둔갑의 좌국에 맞추어 치밀하게 배치의 묘妙를 발휘하게 되어 자연히 통풍의 시설이 음양의 조화를 얻어 잘 순환되면서 항상 통풍이 잘 되어서 습기가 차지 않고 빠진다고 하는 것이다.

또한 경주에 있는 첨성대도 바로 역학의 원리대로 축성되었다고 한다. 첨성대는 4칸으로 되어 있으며 그것은 사상四象을 말하고, 벽돌의 수는 정확치는 않지만 대략 그 수數가 360개나 된다고 한다. 1년은 360일이다 보니 360개를 썼고 그 다음에 전체가 둥글게 한 것은 원圓을 상징해서 만들었다고 한다. 이것은 하나의 예에 불과하지만 이렇게 선현들은 인간과 자연을 불리하지 않고 동체同體로 보았으며 삶의 공간인 주거의 건축물을 비롯하여 모두 이 오묘한 역의 원리를 활용하였다고 한다. 따라서 옛날 고승들은 절을 하나 짓거나 어떤 불사佛事를 할 때에도 역의 이치대로 자연의 이법에 맞추어 했던 것이다.

이렇게 천지의 운행과 변화의 이치에 순응하며 그 순환의 원리를 역의 지혜

---

해 경판의 변형을 줄일 뿐만 아니라 해충의 침입도 막는다. 경판을 진열한 판가(板架)의 진열 장치 역시 매우 과학적이고 합리적으로 만들어졌다. 원래 판전 내부는 두 줄의 판가가 동남에서 서북 방향으로 가운데와 뒤편에 벽면과 평행을 이루며 길게 서 있다. 전면은 벽을 따라 비워 놓은 공간인데, 이곳은 인경(印經)작업을 하는 장소다. 건물 앞면의 아래 창이 큰 것은 통풍뿐 아니라, 대장경 인경 작업을 하는 데 충분한 채광을 얻기 위해서이기도 하다. 또 경판이 뒤흔들리지 않도록 양끝에 각목으로 마구리를 붙였는데, 손잡이 역할을 하는 이 마구리 부분은 두껍고 글씨를 새긴 경판 부분은 얇다. 마구리 부분보다 얇은 경판과 경판 사이의 공간은 공기가 아래위로 자연스럽게 유통할 수 있는 통로가 된다. 모든 경판이 공기에 접하도록 돼 있는 셈이다.

창을 통하여 들어온 공기는 건물 내부에서 앞뒤로 유통하고 또 판가에서는 아래위로 흐르기 때문에 판전 내부의 온도와 습도는 자연 고르게 분포된다. 이런 과학적 처리야말로 대장경판이 지금까지 온전하게 보존되는 중요한 이유 가운데 하나다. 이것은 자연을 이용한 고도의 음양학적 원리에 입각한 것이다. 판전 건물의 형상 및 배치 방식에 깔린 엄격함, 치밀함, 간결함, 소박함의 독특한 구성미와 아름다움은 이러한 과학성과 합리성에 기초한다

— 해인사에서 소개한 자료 인용 —

로 조화시키면서 인간이 추구하는 행복과 가치를 추구하였던 것으로서 역학은 이치학이며 순리학인 것이다.

현대의 건축학자들이 건축학을 거슬러 연구하다 보니까 음양오행설과 풍수학이 깊게 연관되어 있음을 알게 된 것이다. 그래서 요즈음엔 건축학 교수들이 풍수지리학에 지대한 관심을 가지고 동양의 역학을 현대 건축에 접목시켜 응용하려고 역에 많은 관심을 보이고 있으며, 지리학 교수들도 마찬가지다.

현대 과학적으로 도면을 그리고 설계하는 것은 대체적으로 외형과 편리성에 중심을 두고 있지만 자연의 이법에 기인한 해인사의 장경각 같은 심오한 건축술의 이치를 깨닫지 못하는 것이다. 그러한 음양의 이법理法을 알기 위해 역학易學을 공부하는 것이다.

그리고 치수治水, 즉 물을 다스리는데 있어서도 역의 원리는 여전히 적용된다. 예를 들어 한강에 물이 범람한 적이 여러 번 있는데, 이것을 역학 이론으로 보면 물이 범람한다든지 또는 치수治水의 방법을 잘 관찰하여 보면 시대의 정치가 어떻게 돌아가는지 어느 정도는 짐작할 수 있다. 예를 들어, 한강을 억지로 규격화해서 식물·생물들이 생태적으로 기식을 못하도록 깨끗이 시멘트로 바르고 하면 일단은 보기 좋고 물이 잘 빠지고 썩지 않고 좋을 것 같지만 이것은 자연의 이법을 무시하고 인위적으로 물을 다스리려 한 것이며, 자연생태의 부조화로 얼마가지 않아 큰 부작용으로 재해를 초래하게 되는 것이다.

역의 의미로 물이란 수水, 즉 지혜를 상징하며, 지혜라는 것은 학자요 학생을 의미한다. 그렇다면 물을 인위적으로 다스린다는 것은 자연의 이법을 역행하는 것이 되어, 조화의 균형이 깨지고 결국 자정능력自淨能力을 상실하게 되어 마침내 물은 범람으로 이어진다. 이렇게 넘쳐 흘러내린 물은 인위적인 치수治水의 방법으로 인한 것이므로 물은 결국 그 인위적인 것을 이겼다는 의미가 된다. 이것을 인사人事에 환언하면, 물로 상징되는 학생들과 지식인들의 운동을 인위적인 방법으로 다스리려 했기 때문에 그들의 민주에 대한 열망과 의지는 거센 물결로 더욱 치달아 결국 6·29 선언을 가져오게 하였으며 새로운 정부를 탄생시켰다. 일설一說에 의하면, 이웃 나라인 중국에서도 역사적인 정변이 일어나려면 황하나 장강의 수색水色이 변한다든가 아니면 홍수가 나고 물이 뒤집히는 등의 징조가 있다고 하는데, 어쨌든 물이란 아주 신비한 작용을 가지고 있는 것이다.

그 다음에 계산법이 있는데 지금에 와서는 산수 또는 수학이라고 부르고 있지만 그것을 옛날에는 "산算" 또는 셈법이라고 하였으며 그 계산하는 숫자도 결국 역에서 나온 것이다. 그 이전에 무슨 숫자가 있었는지 살펴보면 다음과 같다.

갑을병정무기경신임계甲乙丙丁戊己庚辛壬癸라고 하는 십간十干은 일종의 십진법이고 자축인묘진사오미신유술해子丑寅卯辰巳午未申酉戌亥라고 하는 십이지十二支는 12진법이며 음양陰陽의 상대적인 개념은 이진법二進法에 속한다. 일반적으로 생각하면 이진법二進法이 가장 간단한 것 같지만 가장 오묘한 진리가 많다는 것이다. 이게 바로 음양인데 현대 컴퓨터과학이 이진법을 응용했다고 한다. 그 외에도 7진법도 있고 5진법도 있지만 그것은 모두 음양오행론에서 발전되어 나온 것으로써 오행은 곧 수數인 것이다. 이후에 구성학을 공부해 보면 아주 신출귀몰한 수의 조화법이 많이 있다.

간혹 길거리에서 암산하는 법을 본 적이 있었을 것이다. 예컨대, 곱셈을 할 때에 10단위 6자리 수를 곱한다고 한다면 우리는 곧바로 곱할 수 없다. 그러나 역학의 숫자로 하면 금방 나오는 방법이 있는 것이다. 예를 들어 100이라는 숫자가 있다고 할 때 먼저 100이라는 숫자에 대해 분석해 보는 것이다.

100이라는 것은 첫째 1 더하기 99다. 100이란 것은 10×10이다. 또한 100이라는 것은 25×4다. 100이라는 숫자는 이외에도 2+88도 되고 3+97도 100이 된다. 이렇게 계속 분석해 가다 보면 무엇인가 그 숫자 속에 공통점이 나오게 되는데 바로 이러한 방법을 이용한 것이 암산법으로서 남들이 쉽게 계산하지 못하는 것을 10배 이상으로 빠르게 하는 법이 역학에서 나오는 것이다.

숫자의 활용방법은 역의 전반에 응용되며 특히 수리의 길흉은 성명학이나 구성궁 방위학에서 중시한다. 예를 들어, 사물의 동정과 상황변화의 예측 또는 상대방의 마음을 꿰뚫어 보거나 기후의 변화 또는 방위의 길흉 등 인사人事의 전반적인 분야에 활용되었는데, 이러한 예지술은 오랜 세월을 거치면서 역학의 원리를 근본으로 하여 선현들에 의하여 임상과 연구를 거듭하면서 발전되었고, 인사의 모든 분야에 응용되고 활용되면서 생활의 지혜로서 중요한 부분을 차지하였다.

그 외에 인사, 즉 사람에 관해서 역학원리를 적용시키게 되었는데 첫째는 의학이 나왔으며 그것은 한방의학을 말한다. 그 다음으로 인명人命을 추단하는 명리학命理學이 나오게 된 것이다.

특히 의학분야에서 한의학은 모두가 역학의 원리로 이루어졌으며 고대로부터 현재까지 오랜 역사를 통하여 우주와 자연의 이치를 담고 생활의 일부로 자리해온 한의학은 최고의 동양의학으로써 지혜의 결정체이다.

일설一說에 의하면, 조선조 말기末期 사상의학四象醫學으로 유명한 이제마李濟馬[4]라고 하는 사람은 한의학을 배우려고 어느날 명의로 소문난 선생을 찾아뵙고 스승으로 모실 것을 간청하였다. 그러자 선생은 그에게 먼저 밖에 나가서 이 세상에서 약이 되지 않는 것이 있으면 가지고 오라고 하였으며, 그 다음에 한의학을 가르쳐 주겠다고 이제마에게 말했다. 그렇게 하여 이제마는 밖에 나가서 산야에 있는 각가지 초근목피草根木皮의 온갖 맛을 보면서 효능을 살피고 또한 색깔도 관찰하면서 실험도 해보았지만 인간의 몸에 약이 안 되는 것은 이 세상에 하나도 없다는 것을 알았다. 그리고는 다시 선생을 찾아뵙고 그러한 약은 도저히 찾을 수 없다고 하자 그때서야 선생은 이제마를 제자로 삼았다고 한다.

이 세상에 존재하는 모든 것은 약의 효능을 가지고 있다. 왜냐하면 모든 물질은 상호 착종 속에서 상생상극의 작용이 흙을 바탕으로 얽혀져 있기 때문이다. 흔히 우리는 이성간에 배필을 논할 때 '헌 고무신도 짝이 있다'는 말을 종종 하는데, 이처럼 인간의 몸은 어떠한 증세나 어떠한 병에 걸리더라도 그것에 상응하여 치료할 수 있는 약이 존재한다는 것이다. 이 세상에 존재하는 그 어떤 것을 막론하고 비록 독초毒草라 할지라도 상황에 따라 꼭 쓰임새가 있다는 것이다.

그러나 보편적으로 사용의 정도에 따라 차이는 있지만 대아적인 관점으로 볼 때 우주만물은 모두가 하나의 동일체同一體인 것이다. 이 말은 우주전체를 하나로 놓고 보았을 때 한 몸체를 뜻하며, 존재하는 모든 것은 필요하지 않은 것은 하나도 없다는 의미이다. 사용하고 버린 물도 땅속으로 스며들어 우리가 먹

---

4) 이제마李濟馬 : 조선후기의 한의학자. 위諱는 제마濟馬, 자字는 무평懋平, 호號는 동무東武이다. 본관은 전주全州 이씨李氏, 이성계의 고조되는 2남 안원安原대군의 18세 손자 충원공忠源公의 2남으로 진사인 이반오李攀五의 장남. 헌종 3년(1837년)3월 19일 함남 함흥의 반룡산盤龍山 기슭 사촌沙村에서 서자庶子로 출생, 고종 4년(1900) 8월 21일 64세를 일기로 세상을 떠남. 묘소는 함주군 율동. 별선무과別選武科, 무위장武衛將, 진해현감鎭海縣監, 병마절도사兵馬節度使, 정상품 통정대부通政貸付 선유위원宣諭委員, 고원군수高原郡守 등을 역임. 저서로는 <동의수세보원東醫壽世保元>, <천유초闡幽抄>, <광제설廣濟說>, <격치고格致藁>, <제중신편濟衆新編> 등이 있다.
사상의학의 특징은 <주역周易>의 태극설인 태양太陽, 소양少陽, 태음太陰, 소음少陰의 사상을 체질에 적용하고, 기질과 성격에 따라 인간을 4가지형으로 체질을 분류하고 임상학적으로 환자의 체질을 중심으로 치료방법을 제시한 점에 의의가 있다.

는 채소나 식물이 다시 빨아들이게 되고, 또는 수증기가 되어 하늘로 올라가서 우로雨露가 되어 다시 땅으로 내려오는 것이다. 오물이나 배설물도 언젠가는 우리 몸이 다시 받아들이게 되는 것으로서 버렸다고 아주 버린 것이 아닌 것이다. 이렇게 우주 전체를 하나로 보았을 때 비록 쓸모없이 버린 것일지라도 언젠가는 우리 곁으로 다시 돌아오는 원리이다.

동양의학이라고 하는 것은 모두 다 천지자연의 주역원리를 바탕으로 하여 성립된 것으로서 주역에 통달한 사람은 명의名醫가 될 수 있다. 그러므로 한의사들은 동양의학의 원천인 역易을 배우고 알아야 한다. 그러한 이치 때문에 최근에는 양약국에서도 한약을 취급하는 실정이며, 그 근본적인 약성을 알려면 음양오행학인 역학易學의 운기론運氣論을 모르면 안되기 때문이다.

그 다음에 인명人命을 추단하는 방법으로 여러 가지 추명술推命術이 있지만은 바로 역학 그 자체가 도道이므로 천지운행의 변화 속에서 운명의 성패와 길흉의 판단, 미래의 예지와 수요장단壽夭長短 등 인간 삶의 전반에 대한 변화와 추이의 관계를 하나의 정립된 학문의 기반 위에서 여러 가지 방법으로 전개되었는데 이것을 우리는 추명학·명리학·운명학·역리학이라고 말하는 것이다.

역리를 터득한다는 것은 자신의 수양을 근본으로 인사人事의 원리와 의학에 통하게 되어 인명人命의 길흉을 판단하고 재액을 미연에 방지하며, 인간의 가치와 행복을 유도하고 화평과 중화의 도를 이룬 건강한 사회를 구현하는데 있는 것이다.

추명학에서 가장 기본이 되는 것을 열거하면 다음과 같다.

가장 근본이 되는 주역이 있고, 사람의 생년월일시生年月日時로 따져 보는 사주명리학四柱命理學이 있고, 그 다음에 제갈공명의 병법에 속하는 기문둔갑奇門遁甲이 있고, 그 다음에 중국에서 많이 사용하는 자미두수紫微斗數가 있다. 또 육임六壬이라는 것이 있는데 이것은 주로 점사를 보는 것이며 육효六爻와 더불어 그 외에도 많이 있다. 또는 "하락이수河洛理數"라든지 "황극책수皇極策數"라든가 토정 이지함 선생의 토정비결土亭秘訣 등이 있다. 사실 토정비결도 그 원리는 좋은 것인데 해설이 중간에 변형된 것이다. 그 다음에 상학相學 즉 상相을 보는 관상학이 있다. 관상이라고 하면 면상面相, 수상手相, 족상足相, 골상骨相, 등이 있는데 이것을 통틀어서 관상이라고 할 수 있다. 땅의 상相을 풍수風水라고 하는데 다른 말로는 "지상地相"이라고 하는 것이다. 풍수지리에는 양택과 음택이 있다. 글씨체를 보는 필상筆相이라는 것도 있는데 글씨의 모양으로서 그 사람의 성격과 모든 것을 알 수 있다.

　모든 추단술推斷術의 근본이 되는 것이 주역인데 그렇다면 왜 주역이라고 했는가 하면은 주역 이전에도 역易이 있었다. 글자가 나오기 이전에 역이 생겼기 때문에 중국의 상고시대 최초의 임금은 복희씨이다. 복희씨로부터 삼황오제 시대를 따진다. 고대로부터 중국의 역사는 삼황三皇·오제五帝로부터 시작되었다는 것이 통례로 되어 있다. 삼왕은 복희씨伏羲氏·여와씨女氏·신농神農씨, 혹은 천황씨天皇氏·지황씨地皇氏·인황씨人皇氏로 기록되어 있으며 여와씨 대신 축융씨祝融氏 또는 수인씨燧人氏로 기록한 문헌도 있다. 오제란 황제黃帝·전욱顓頊·제곡帝嚳·제요提要·제순帝舜을 말한다.

　주역 이전에 있었던 역易은 은殷나라때 있었던 귀장역歸藏易이라고 하는 것과 연산역連山易이 있다. 귀장이라고 하는 것은 곤토坤土 즉 모든 만물이 흙으로 감추어진다 해서 곤토坤土를 위주로 본 것이고, 연산역은 간괘艮卦, 즉 산이 연해있다 해서 간괘艮卦를 으뜸으로 하여 제일 첫 머리에 설명된 것이 연산역인데, 그것을 공자가 "위편삼절韋編三絶" 하면서 연구를 해서 십익十翼이라는 것을 뒤에다 붙였다. 십익은 곧 해설인데 주나라 때 공자가 십익十翼을 붙여 완성했으므로 주역周易이라고 한 것이다. 사실 주역은 주역 이전에 문왕文王이 계사繫辭을 썼고 그의 아들 주공周公 단旦이 효사爻辭를 술작述作하였으니 주역은 한 사람에 의해 완성된 것이 아니고 그 이전부터 있었던 귀장역과 연산역을 기반으로 문왕이 보충을 하고 문왕의 아들 주공이 또 보충을 하고 그리고 공자 대에 와서 십익을 붙임으로써 비로소 주역은 완성된 것이다.

　중국에서는 한대漢代의 황노黃老사상으로부터 위진魏晉의 현학玄學과 도교道敎, 송대宋代 주염계周濂溪의 <태극도설太極圖說>과 <통서通書>를 위시하여 소옹邵雍과 장재張載의 우주론적宇宙論的 수리학數理學과 상수역학象數易學에 치중한 본체론本體論, 정호程顥와 정이程頤의 천리설天理說과 이기본체론理氣本體論, 성리학性理學을 집대성한 주희朱熹에 이르기까지 주역은 더욱 더 발전하였으며, 그 주역이 다시 한국에 넘어와서 퇴계退溪 선생이나 서화담 경덕이라든가 토정 선생이 더욱 발전을 시켜서 한국에 맞는 역의 사상을 발전시켰다. 그래서 기문도 동국기문이 있고 홍국기문으로 나뉘는 것이다. 중국기문과 한국기문은 이론상에서 약간의 차이가 있고 주역도 원래의 주역은 그대로 있지만 한국 사람들에 의해 해설을 붙이고 번역된 것은 내용상 어느 정도 차이가 따른다. 그 뒤를 이어서 150여년전에 김일부金一夫5)라고 하는 역학자는 주역에 통달한 사람으로서 앞으로 천지의 시공이 기존의 윤역閏曆에서 정역正曆으로 바뀐다고 하는 것이 정역正易이다. 과학자들은 지축地軸이 23.5도 가량 동쪽으로 기울어져 있다고 한다. 주역에서는 이것을 흔히 축미丑未, 즉 북동과 서남 방향으로 기울어져 있다고 하는 것이다. 김일부 선생은 현재의 기울어진 지축이 정립正立한다는 것을 암시하는 것이 정역사상正易思想이다. 정역에 보면 축궁득왕丑宮得旺하니 자궁퇴위子宮退位로다' 라는 글귀가 나옵니다. 이 뜻은 正北의 자리에 위치했던 자궁子宮이 물러가고, 축궁丑宮이 들어선다는 말로서, 즉 丑未방향으로 기울어졌던 지축이 똑바로 선다는 것을 은유적으로 표현한 말로 본다.

정역사상은 100년전에 후천사상의 이상향을 담고 민간 신앙화되어서 정역을 바탕으로 많은 신흥종교들이 생겨나는 계기가 되었으며, 한국에 넘어온 주역이 정역으로 발전되면서 일부 뜻 있는 학자들의 연구와 학회를 중심으로 정기적인 학술토론회를 열기도 한다.

어쨌든 중요한 것은 역은 변하는 것이고, 역학이라고 하는 것은 우주만상이 변화하는 이치를 공부하는 최고의 학문으로서 인생의 수양서이자 귀감서인 것이다.

다시 한번 정리하면 역易은 변하는 것이고, 거꾸로 셈하는 것이고, 역은 수數요 상象이므로 역이란 우주의 이치와 도道가 담겨져 있는 것이다.

최초에 천지가 나누어지기 이전을 혼돈이라 하고, 음양이 분리되지 않았을 때를 배혼이라고 하여, 위로는 태양, 달, 별과 음양과 차고 더운 것과 비와 이슬, 바람, 구름이 없었고, 아래로는 초목, 산천, 금수, 사람이 없는 칠흑처럼 아득하고 컴컴한 암흑뿐이었다. 그러면 그 이전에는 우주가 없었는가? 표면적으로 생각하면 없었지만 그것은 인식의 한계일 뿐 좀더 생각의 여지가 있는 것이다. 전혀 없는 것이 아니고 그 이전에 있었다가 모두 소멸되고 가루가 되어 허공이 되어 버렸을지도 모른다. 예컨대, 기체가 변하여 액체가 되고, 액체가 변하여 고체가 되고, 고체가 변하여 다시 액체로 되는 이치로 순환반복의 원리로 생각할

---

5) 김일부(金一夫, 1826~1898) : 지금으로부터 150년전인 조선후기때의 사람. 평생 주역을 연구하였으며 54세에 이르러 주역에 암시된 궁극적 이치를 깨닫고 앞으로 천지의 시공질서가 바뀌게 된다는 정역사상正易思想으로 인류가 지금까지 적응하여 살고 있는 선천의 시간대는 1년 365일의 윤역閏曆의 세상인데, 앞으로의 후천세계는 1년 360일의 정역正曆 시대로 바뀐다는 사상이다.

수 있다. 텅 빈 허공엔 아무것도 없는 것 같지만, 사실 우주가 발생될 수 있는 온갖 물질로 가득한 것으로 볼 수 있다. 우리가 숨쉬고 있는 이 공간에도 공기를 비롯하여 여러 가지 냄새가 있고 비록 육안으로는 보이지 않지만 소립자의 형태로 무엇인가는 허공에 가득 차 있는 것이다.

　그런 허공상태에서 기운이 같은 것끼리 서로 뭉치기 시작한다. 난로를 피우면 가벼운 것은 위로 올라가고 무거운 것은 아래로 가라앉는다. 비근한 예로, 연탄가스는 공기보다 무겁기 때문에 아래로 가라앉아 가스가 스며드는 경우 대체적으로 낮은 곳에서 잔 사람이 먼저 가스에 중독이 되며, 침대나 높은 곳에서 잔 사람은 중독의 정도가 낮은 것이다. 먼지가 가라앉는 것처럼 무겁고 탁한 것은 가라앉고 가볍고 맑은 것은 위로 상승을 한다. 이렇게 가벼운 것은 위로 올라가고 무거운 것은 아래로 가라앉아서 서로 분리되기 시작한다. 이러한 이치대로 음양이 나뉘어지게 되었는데, 그 과정에서 오행의 작용으로 제일 먼저 수水가 생겼다.

　수水, 즉 물이 제일 먼저 생겼는데, 그렇다면 물이라는 것은 무엇이냐 하면 한마디로 씨앗, 즉 핵核으로 말할 수 있다. 사람이 태어나는데는 남자의 정소와 여자의 음소가 서로 만나서 잉태가 되게 된다. 그것의 성분은 물인 것이다. 또 볍씨가 여무는데도 제일 먼저 껍질이 생기면 물이 찼다가 여물기 시작해서 마지막으로 단단하게 된다. 그렇다면 볍씨뿐만 아니라 모든 씨앗이 다 그렇다. 사과도 물이 먼저 생기고 거기에 단맛이 생기고 짐승 또한 모두가 그러한 이치다. 태어날 때는 사람이나 동물이나 모두가 같은 이치로 음陰·양수陽水가 만나서 되는데 이렇게 모든 삼라만상이 수수로부터 이루어졌다고 한다면 그 수수라는 것은 단지 우리가 보고 느끼는 그러한 물은 물론이지만 더 나아가 그 어떤 작용을 대표적인 상징성으로 수수라고 설명한 것이다. 바꾸어 말하면 최초에 생명이 잉태되고 또는 어떠한 사상이 새롭게 시작되는 그러한 상태, 즉 무엇인가 씨앗처럼 움트고 싹트고 하는 것을 수수로 표현한 것이다.

　사계절로 보면 일반적으로 우리가 알고 있는 것은 봄부터 계절이 시작되는 것 같지만 사실은 겨울부터 시작되는 것이다. 즉 동지부터 일양一陽이 시생始生하는 것이다. 겨울에 땅을 파 보면 이미 싹이 움트고 있는 것이다. 겨울에 또 얼어붙은 것 같지만 땅속에는 개구리, 뱀 등이 겨울잠을 자고 있다. 단지 움츠리고 준비를 하고 있는 것에 불과한 것이다. 만약 겨울이 없으면 다 타 버려 가지고 씨앗조차도 존재할 수가 없는 것이다. 계속 여름만 있다고 한다면 또 낮만 있고 밤만 있다면 인간은 피로에 지쳐 살수가 없는 것이다. 이렇게 수水라고 하는 것은 대표적으로 최초에 씨앗과 같은 그러한 상태를 말하는 것이다. 인간으로 말하면 이것을 정핵精核이라고 하는 것이다.

 화火의 작용이라고 하는 것은 온기溫氣, 즉 따뜻한 봄기운과 같은 기운인데 그 핵, 즉 씨앗이 따뜻한 온기에 의해 싹을 틔우는 이치이다. 볍씨도 싹을 틔울 때는 물에다 소금물을 담그는데 수水는 짠맛으로 본다. 수水의 작용이 최초이니까 소금물에 담그는 이치라는 것이다. 그래야만 병균을 없애고 씨앗을 여물게 만들고 그렇게 한 다음 따뜻하게 만드는 것이다. 온상溫床을 할 때에도 비닐하우스를 지어서 온기溫氣를 받아들인다. 또 지난날 유리겔라라고 하는 심령학자가 텔레비전에서 쇼를 한 적이 있는데 그때 그는 씨앗을 손에다 놓고 자꾸 비비니까 손에서 싹이 트는 것을 보았을 것이다. 일단 손에다 쥐었다는 것은 온기를 집어넣었다는 이야기다.

 그리고 병아리를 부화시키려면 따뜻하게 품어 주어야 한다. 이것은 따뜻한 것이 들어가야만 생명체가 생기는데 그 다음엔 계란에서 핏줄이 생기고 피가 생기어 핏줄이 서로 얽히고 구성되기 시작한다. 그 다음으로 뼈대가 생성되는데 그것은 바로 금金의 작용이라는 것이다.

 금金작용이라는 것은 숙살지기肅殺之氣로 견실해져서 딱딱해지고 여물게 하는 작용을 한다. 그리고 나서 살이 붙는다. 여기에서 핵核이라고 하는 것은 예컨대, 계란 속에 노른자와 흰자가 있는데 노른자는 양陽이고 흰자는 음陰이다. 음양이 서로 결합하게 되는데, 입자粒子가 처음부터 그렇게 된 것은 아니고 점차적으로 그렇게 되어서 노른자가 생기게 되는 것이다. 그 다음 사람으로 보면 수水는 곧 정핵이 만난 것이고 화火는 곧 사람의 체온과 같은 것이다. 그 다음으로 목木이라는 것은 힘줄에 비교할 수 있는데, 즉 신경계통으로 보는 것이다. 금金은 그대로 뼈대가 되고 토土는 살이 생기는 것이다. 이렇게 하여 병아리의 부화가 완성되는 것이다. 그렇다면 부화가 다 되었다고 모두 완성된 것은 아니고 지금까지는 단지 병아리로서 태어난 것에 불과한 것이다. 다시 말하면, 병아리로 태어나면 그 다음으로 또 성장해서 깃털이 나고 걸음마도 배우고 나는 것도 배우고 나서야 성계成鷄, 즉 닭이 되는 것이다. 모든 생명체 역시 그 과정을 겪어야 되는 것이다. 그래서 이렇게 낳는 작용이라고 해서 한자로 생生자를 쓰는 것이다. 이것은 발생된다는 뜻인데, 사람도 이와 마찬가지로 여기에서 비로소 출생이 되고, 출생이 되고 나면 다시 성장이 되어야 하는 것이다.

어떤 건축으로 보았다고 한다면 수水라는 것은 계획, 즉 설계를 하는 것이고, 화火라는 것은 실제로 출발, 즉 실행을 하는 것이고, 목木이라는 것은 동력과 전기를 끌어들이고, 금金이라는 것은 골조를 세우는 것이다. 토土라는 것은 미장이, 즉 벽을 바르는 것인데 여기까지 건축이 다 완성된 것은 아니다. 내장內裝, 즉 내부장식을 하고 구들을 놓고 또 전화를 놓고 주방기구를 설치하는 등 아직도 할 일이 많다는 것이다. 이렇게 어떤 단계에서 기초적인 것이 완성된다는 것은 하나의 생生의 과정이며, 生의 과정이 이루어지면 다시 성장의 과정이 반복되는 것이다. 출생이 이루어지면서 '성장成長'을 통한 완성의 과정이 있는데, 병아리로 말하면 부화가 되어 알에서 깨어나면서 생명을 유지하기 위해 병아리가 물을 먹는 것이 된다. 사람과 동물 같으면 젖을 먹는 일인 것이다. 그렇다면 화火는 성장, 즉 자라나는 것이고, 목木은 두뇌가 발달되는 것이며, 금金은 다시 장년기로 완성되고, 토土는 노년기로 접어드는 것으로 비교할 수 있는데 이것은 어떤 식물이든 동물이든 간에 사람도 매 마찬가지이다. 이것을 완성단계로 보는 것이다. 그렇다면, 이 순서대로 숫자를 붙여 본다면 1 2 3 4 5 6 7 8 9 10이 된다. 즉 1 2 3 4 5는 생수生數가 되고, 6 7 8 9 10은 성수成數가 되는 것이다. 다시 반복해서 말하면 1·6은 수水, 2·7은 화火, 3·8은 목木, 4·9는 금金, 5·10은 토土다. 대한민국은 동방의 나라이기에 동방 목木에 속한다.

언젠가 일간지에도 소개된 바가 있지만 이상하게도 한국의 지명地名은 한자의 뜻과 연관이 있다. 예를 들어 '온溫'자가 있으면 이런 곳에 반드시 온천이 생긴다는 것이다. 예를 들면 '온정리溫井里' 같은 곳은 따스할 온溫에 우물 정자井字인데 그곳에 우물을 파니 온천이 생겼다는 것이다. 이러한 예로 이름에는 어떤 이치가 숨겨져 있는 것이다. 또 청주에 비하리飛下里, 비산리飛山里가 있는데 거기에 비행장이 생기고 공주에 신관리新官里가 있는데 거기에 새로운 관청이 들어섰다. 또 수만리水滿里가 있는데 온 마을이 물에 잠겨 수몰水沒되었다. 이러한 일들은 전혀 생각지도 않은 일인 것이다. 일설에 하루는 모 개발공사 사장이라는 사람이 역학에 고명한 분을 찾아 큰 지도를 지참하고 와서는 지도를 보고 온천이 나는 곳을 가르쳐 달라고 하여 온천을 발견한 사람도 있다고 한다. 부곡釜谷도 마찬가지이다. 부釜자는 가마솥 부자釜字이고, 온양溫陽, 온정溫井 등 솥 정鼎자 등이 들어간 곳은 대개 온천이 있다는 것이다. 이렇게 이름에는 반드시 어떤 이치가 숨겨져 있는 것이다.

역易의 상象은 문자가 없어서 상징적인 기호로 나타낸 것이며 양陽은 그냥

하나로 표시하고 음陰은 둘로 갈라서 표시한 것이다. 양이란 홀수이고 음은 짝수인 것이다. 숫자에서도 마찬가지로 홀수는 양이고 짝수는 음이다. 음과 양이 둘로 갈린 것을 양의兩儀라고 한다. 이것이 다시 나뉘어져서 사상四象을 이루게 되는데 이 위에서 항상 음양이 교차가 된다. 밤과 낮이 바뀌듯 음양이 교차하면서 양은 올라가고 음이 올라가고 또 음이 바탕이 되어 양이 올라가고 음이 올라간다. 그리고 순수하게 양陽만 두 개 있으니 큰 양陽이라고 해서 태양太陽이라고 하며, 양陽 위에 음陰이 있으니까 작은 음陰, 작다는 것은 젊다는 의미이니 소음少陰이라고 하고, 마찬가지로 음陰 위에 양陽이 발생되었는데 이것은 작은 양陽, 즉 젊은 양으로 소양少陽이라고 하는 것이다. 이陰이 두 개는 순수한 음陰끼리 많이 모여 태음太陰이라고 하는 것이다. 이것을 사상四象이라고 하는 것이다.

동양의학을 흔히 한의학韓(漢)醫學이라고 한다. 중국은 중의학中醫學 또는 한의학漢醫學이라 하고, 한국은 한의학韓醫學라고 하는데 중국의 한의학과 한국의 한의학은 어느 정도 차이가 있다. 중국의 이론은 이론대로 주역周易을 바탕으로 하여 그러한 의학이 생겼는데 이것이 한국에 넘어와서는 한국인의 체질에 맞게 그 이론이 수정되고 연구되면서 많이 바뀌게 된 것이다. 그래서 한나라 한漢자를 쓰지 않고 우리나라 이름인 한자韓字를 쓰는 것이다. 사람들이 약藥을 지으러 가면 한의사들은 예컨대 당신은 무슨 체질이니까 무슨 음식은 자제하고 무슨 음식은 권장하는 등등 이런 이야기들을 한다. 약을 주는 데도 모두 그렇고 음식을 먹는 데도 이와 같은데 이것은 결과적으로 모든 음식이 체질의 영향을 받게 된다는 말과 같은 것이다.

이 사상四象이 다시 나뉘게 된다. 태양太陽이 바탕이 되어 양이 올라가고 음이 올라가고, 소음少陰이 바탕이 되어 양이 올라가고 음이 올라가고, 소양少陽이 바탕이 되어 양이 올라가고 음이 올라가고, 태음太陰이 바탕이 되어 양이 올라가고 음이 올라간다. 이렇게 해서 양陽중에 양陽, 양만 셋이 모인 것을 건乾이라 하고, 두 개의 양위에 음이 있는 것을 태兌라고 하고, 음을 중심으로 양이 상·하로 있는 것을 이離라 하고, 두 개의 양 밑에 음이 있는 것을 손巽이라고 하고, 두 개의 음 위에 양이 있는 것을 간艮이라 하고, 순수한 음陰이 셋이 모인 것을 곤坤이라고 하는 것이다.

건乾이라고 하는 것은 하늘을 상징한다. 양이 모이면 자꾸 올라간다. 그래서 가볍고 맑은 양의 기운은 하늘 꼭대기까지 올라가서 하늘을 이루어서 건乾은 하늘을 상징한다.

 태兌라는 것은 가운데가 푹 패여서 물이 고여 있는 상이라고 하여 연못을 의미한다.

 이離라고 하는 것은 가운데가 비어있는데, 불이란 속이 텅 빈 것이라 하여 허虛한 것이다.

 진震은 밑에서부터 기운이 강렬하게 움직여서 꿈틀거리며 올라오는 상이다. 그래서 진은 우레의 의미로 본다.

 손巽은 바람이 밑으로 흘러 들어가는 복입伏入의 상이다. 그래서 바람이다.

 곤坎이라는 것은 글자 모양의 의미로 토土가 부족한 것인데 수水를 나타내며 이것은 물이 흐르는 상이다.

 간艮은 속이 비어 있고 더 이상 올라갈 수 없는 그친 상이다. 갈려고 하는데 위가 막혀서 더 이상 나아갈 수가 없는 상이다. 이렇게 하여 산이 된 것이다.

 곤坤은 만물을 배양하고 기르는 땅과 같다. 어머니와 같은 것이다.

 불과 물을 비교할 때 불은 체體로 보면 양陽이지만, 용用은 음陰으로 쓰인다. 왜냐하면 본래 가진 성격은 불이지만 속은 허虛하기 때문이다. 반대로 물은 원래 음陰과 같지만은 쓰임은 물은 동적으로 강렬하게 흘러가고 속이 꽉 차 있기 때문에 양陽으로 본다. 위의 것을 팔괘八卦라 하는 것이다.

 그래시 주역에 보면 무극에서 대극이 생기고 대극에서 동하고 정해시 음양이 생기고 음양은 다시 양의를 이루고 양의는 다시 합성해서 사상을 이루고 사상은 다시 합치면서 팔괘가 되었다.

 이렇게 하여 팔괘八卦의 체계가 이루어 졌지만, 여기에서 건천乾天이라는 것은 단순하게 하늘만 상징하는 것이 아니고 여러 가지 의미를 포용하고 있는 것이다. 다시 말하면 건乾은 하늘같이 높은 것, 즉 대통령, 임금, 황제에 비교할 수 있고, 한 가정에서는 남편, 스승, 은사, 존경심, 회사에서는 사장, 회장 등 이렇게 제일 높은 것을 말하고, 짐승 중에서 제일 높은 것은 말(마馬), 사람으로는 존귀한 사람, 귀인 등 상대적인 것들을 얼마든지 열거할 수 있는 것이다. 예컨대 건괘乾卦는 중병으로 본다. 병이 생겨도 높은데 생긴다. 이렇게 괘상卦象 하나를 가지고도 온갖 우주만물을 다 추리할 수 있는 것이다.

 우리가 지금 있는 이곳에도 어느 분은 건괘乾卦에 속하고, 어느 분은 감괘坎卦에 속하고, 어느 분은 태괘兌卦에 속하는 등 우리 인간은 이 팔괘 안에 모두 다 속해 있는 것이다.

건괘乾卦는 사람이 귀해 보이고 강하며 어딘가 모르게 존경스럽고 그 앞에서 함부로 처신할 수 없는 등 중심이 있고 무게를 잡는 사람은 건괘乾卦에 속한다고 본다. 건괘는 권위를 내세우며 잘난 체 하고 으스대기도 한다.

  태괘兌卦는 연못과 같은데 이것은 괘상이 입의 모양과 같다. 말을 잘 하고 나쁘게 말하면 말이 많은 사람, 즉 입방아를 잘 찍는 사람, 또는 입이 에쁘게 생겼거나 입이 큰 사람이다. 이런 사람은 대체적으로 말주변이 좋은 반면 이런 사람은 늘 구설이 따른다. 또한 친절하고 말이 많으며 말주변이 좋아서 연애도 잘 한다. 말하는 것을 좋아하고 말솜씨도 좋아서 주변에 구설도 많이 일으키고 금전 낭비도 잘 하는 편에 속한다.

  이괘離卦에 속한 사람은 불과 같이 밝고 화려한 사람이다. 명랑하고 얼굴도 볼그스레하고 항상 웃고 돌아다닌다. 항상 흔들대고 움직이고 운동을 좋아하며 화려하게 멋을 내지만 대체적으로 그런 사람들은 실속이 없다. 겉으로 멋을 내고 외면적으로 화려한 사람들은 속이 찬 사람이 별로 없다. 어떤 것에 대해 본인이 몰라도 남 앞에서 아는 체하는 스타일이다. 연예인이라든가 대체적으로 화려하게 사는 사람들, 멋쟁이들이 여기에 속한다고 볼 수 있다.

  진괘震卦에 속하는 사람은 양陽이 밑으로 깔려 있다. 위는 비어 있는데 이런 사람은 비장의 무기를 가지고 있거나 속으로부터 우러나오는 어떤 힘이 있다. 박력이 있고 불끈하는 힘도 있으며 추진력도 좋고 어떤 때는 남 앞에 나와서 말도 불쑥불쑥 나서서 하고 무엇인가 배짱이 좋고 나설 때 나서고 하는 사람이다. 여자도 그럴 수가 있다. 진괘에 속하는 사람은 동動하는 힘이 강하다.

  손괘巽卦에 속하는 사람은 속성이 바람과 같아서 이리저리 흘러 다니기 좋아하고 스님 같으면 만행을 좋아한다. 주의하기를 싫어하고 어떤 소문이나 바람을 일으켜 주위의 관심을 사며, 홀연 바람같이 나타나고 바람같이 사라지기도 한다. 그런 사람은 또 소문을 잘 얻고 정보도 빠르다. 여기저기 잘 돌아다니며 정보통이므로 손괘를 소문으로도 본다. 그렇게 잘 돌아다니니까 당연히 이곳저곳 소식을 잘 알게 된다.

  감괘坎卦는 속성이 물이며, 흐르는 물처럼 속이 꽉 차 있다. 머릿속에 아는 것이 많고 사람됨이 실속이 있으며 자신의 것을 감추고 밖으로 잘 드러내거나 나타내지 않는다. 실제로 있으면서도 없는 척 하고 겉모습은 수수하고 털털하게 하고 다닌다. 겉은 빈 것같이 하고 속은 채우고 다닌다. 실제로 이런 사람과 말을 해보면 속이 꽉 차 있는 경우가 대부분이다. 겉은 비었지만 속이 차 있다는 말이다.

 간괘艮卦에 속하는 사람은 화통하지 못하고 답답한 사람이다. 꽉 막혀서 답답하고 도대체 고집불통이다. 누가 뭐라고 해도 꼼짝도 안하고 요지부동搖之不動이며 무슨 말을 쭉 하다가 어느 정도에서 막힌다. 예컨대 어떤 사람들이 처음 만나 모임을 가졌다고 가정한다면, 그곳에 모인 사람들이 이제 막 모임을 끝내고 서로 친목차원에서 주점에 들어가서 술이나 한잔하자고 제안했을 때 참석한 대부분의 사람이 동의하였는데 어떤 사람이 갑자기 툭 튀어나와서 '나는 그런 곳에 가기 싫습니다. 굳이 갈 필요가 있겠습니까'라고 하였다면 분위기는 물론 거기서 막히게 된다는 말이다. 곧 이 의미는 잘 나가다가 도중에서 막혀버렸다는 것이다. 그래서 간괘는 허물어질 염려가 많은 것이다.

 곤괘坤卦는 만물을 기르고 포용하는 흙과 대지와 같다. 가장 낮은 곳에 임하여 건괘와는 정반대의 위치에 있다. 가장 밑에 있는 땅이라 온갖 만물을 모두 수용한다. 즉 포용을 한다는 것이다. 나무도 길러 주고 물도 간직하고 불도 비쳐 주고 모든 오곡을 다 자라게 한다. 또한 오행 중에서 수화목금水火木金은 토土를 밟지 않고는 존재할 수 없는 것이다. 그래서 곤괘에 속한 사람은 묵묵히 뒷바라지를 잘하고 남을 위해 헌신하며 자신의 할 일을 불평불만 없이 꾸준히 잘 한다. 성질은 유순하고 부드러우며 모성애가 지극한 어머니와 같은 역할을 하는 사람이다. 여자로서 며느리감으로는 곤괘가 이상적이라고 할 수 있다.

 대표적인 의미로 팔괘를 말하면 다음과 같다.

> 건乾은 하늘이며, 건乾은 건야健也라. 즉 굳센 것이다.
> 태兌는 열리는 것이고, 즐거운 것이며 말하는 것이다.
> 이離는 허한 것이며 속은 비어있고 염상炎上하는 것이다.
> 진震은 우레와 강한 뇌성처럼 기운이 용출하는 것이다.
> 손巽은 바람처럼 복입伏入의 현상이며 스며들어가는 것이다.
> 감坎은 가라앉는 것이며, 함陷, 즉 함정에 빠지는 거와 같다.
> 간艮은 더 이상 나아갈 수 없는 것이며 그치는 것이다.
> 곤坤은 포용하고 순종하는 것이며 따르는 것이다.
> 팔괘八卦가 다시 연역演繹을 통한 합성으로 64괘가 된다.

 팔괘에 나온 순서대로 1·2·3·4·5·6·7·8식으로 순서를 짚어보니까 일건천一乾天, 이태택二兌澤, 삼리화三離火, 사진뢰四震雷, 오손풍五巽風, 육감수

六坎水, 칠간산七艮山, 팔곤지八坤地가 된다. 이것은 괘卦의 이름이고 끝자는 괘卦의 뜻이다.

  괘상의 형태를 말하면 다음과 같다.

  건괘乾卦는 효爻 세 개가 모두 양陽으로 되어 있고, 셋이 모두 연결되어 있다. 그래서 건삼연乾三連이라고 했다.

  태괘兌卦는 윗 부분이 음효陰爻로 떨어져 있다. 그래서 태상절兌上絶이라 하였고, 이괘離卦는 가운데가 음효로 떨어져 비었다고 하여 이허중離虛中이라 하였고, 진괘震卦는 아래가 양효陽爻로 이어져서 진하연震下連이라 하였고, 손괘巽卦는 아래가 음효로 떨어져 있어서 손하절巽下絶이라 하였고, 감괘坎卦는 가운데가 양효陽爻로 이어져 감중연坎中連이라 하였다. 간괘艮卦는 윗부분이 양효로 연결되어 간상연艮上連이라 하였고 곤괘坤卦는 삼효三爻 모두가 음효로 떨어져 있어서 곤삼절坤三絶이라고 하는 것이다.

  괘상을 암기하는 요령은 다음과 같다.

  먼저 소성괘小成卦에서 삼효三爻의 가장 아래에 있는 것은 초효初爻, 가운데가 이효二爻, 위에 있는 것이 삼효三爻라고 하는데, 이것을 왼손 세 손가락을 사용하여 검지를 초효初爻, 중지를 이효二爻, 약지를 삼효三爻라고 한다면 이것은 바로 괘상卦象을 나타낸다. 세 손가락을 다 붙이면 건삼연乾三連이 되고, 위의 검지가 떨어지면 태상절兌上絶, 가운데 중지가 떨어지면 이허중離虛中, 아래 약지가 붙으면 진하연震下連, 아래 약지가 떨어지면 손하절巽下絶, 가운데 중지가 붙으면 감중연坎中連 식으로 나타낸다.

  다음으로 팔괘를 사람에게 적용시키면 다음과 같다. 초효는 가장 첫 번째 자리이고, 그 다음으로 중간, 그 다음으로 위에 있는 삼효가 마지막 자리이다. 암기요령은 가장 적은 효爻를 인칭의 중심으로 삼는다.

  건괘乾卦는 양중陽中에 양陽이라 늙은 아버지와 같고, 감괘坎卦는 가운데가 양陽이므로 중남中男이고, 간괘艮卦는 위가 陽으로 소남少男이고, 진괘震卦는 초효가 양陽이므로 장남長男이고, 손괘巽卦는 초효가 음陰이므로 장녀長女이고, 이괘離卦는 가운데가 음陰이므로 중녀中女이고, 곤괘坤卦는 삼효 모두 음陰이므로 어머니이고, 태괘兌卦는 위가 음陰이므로 소녀少女이다. 위에서 말했지만 이해하는 법은 가장 적은 효爻를 중심으로 삼는다. 양괘陽卦일때는 남자가 붙고 음괘陰卦일때는 여자가 붙는다. 즉 양괘나 음괘가 하나 있는 것을 삼으면 된다. 주역에서 괘는 항상 밑에서 위로 올라간다. 모든 기운이 아래에서 위로 올라가는 이치이다. 내괘와 외괘가 합쳐 대성괘가 된다. 즉 이러한 이치로 양택陽宅이나 음택陰宅, 인사人事에 모두 적용되는 것이다. 집안의 가족일원의 상태는 이것을 보고 판단하는 것이다.

그 다음으로 팔괘의 오행은 다음과 같다.

건乾은 금金이고 태兌도 금金이고 이離는 화火이고 진震과 손巽은 목木이며, 감坎은 수水이고 간艮과 곤坤은 토土이다. 그 외에도 상징하는 의미가 많이 있다. 그리고 나서 소속방위를 알아야 한다. 그 법을 알려면 구궁도九宮圖를 이해하면 된다. 즉 선천팔괘도先天八卦圖와 문왕文王의 후천팔괘도後天八卦圖를 이해하면 된다. 그래서 이상방위로부터 사계절 소속, 그래서 구궁도가 역易을 풀어가는 데 있어서 가장 중요한 것이다. 이사방위, 풍수지리학, 사주 등 광범위한 분야까지 역리易理를 응용하고 풀어가는 데 가장 기본이 되는 것이다. 이것은 반드시 외워야 한다. 외우는 방법은 앞전에서 이야기한 것처럼 '건감간진손이곤태乾坎艮震巽離坤兌'라고 한 다음 건상연, 감중연, 간상연, 진하연, 손하절, 이허중, 곤삼절, 태상절 하고, 그 다음으로 건금乾金, 감수坎水, 간토艮土, 진목震木, 손목巽木, 이화離火, 곤토坤土, 태금兌金 하고, 수화목금토水火木金土 오행을 외우고, 그 다음으로 12지지地支 해자축亥子丑, 인묘진寅卯辰, 사오미巳午未, 신유술申酉戌을 외우고, 동방목東方木, 남방화南方火, 서방금西方金, 북방수北方水를 외우고, 춘목春木, 하화夏火, 추금秋金, 동수冬水를 자유자재로 손바닥에 집어넣어야 '천지도래일장중天地到來一掌中' 즉 천지 돌아가는 이치가 손바닥에서 나온다' 라고 하는 것이다.

다시 정리하면 역易은 변하는 것이며, 수數이며, 상象이며, 거꾸로 셈하는 것이다, 이치理致이며, 도道이며, 상象으로 나타나는 자연의 이치이니 이것은 곧 도道라고 하는 것이다. 오행이 생겨나는 이치가 수화목금토水火木金土이고, 암기요령은 달력의 일요일과 월요일만 빼고 수水만 제일 앞으로 빼내면 수화목금토水火木金土가 된다. 1·6 수水, 2·7 화火, 3·8 목木, 4·9 금金, 5·10 土, 1·2·3·4·5까지는 생수生數이고, 6·7·8·9·10까지는 성수成數이다.

## 제3절 사주명리학의 기원

사주四柱 명리학이란 사람의 생년生年·월月·일日·시時의 네 기둥의 간지干支를 가지고 인간의 운명을 예지하는 것을 가리켜 사주四柱라 하는데 천명天

命의 이치를 탐구하는 학문이기 때문에 명리학命理學이라 한다. 사주학은 기문奇門・육임六壬・자미두수紫微斗數・오성술五星術등과 더불어 일종의 간지술干支術이며 원명原名은 자평학子平學인데 추명학推命學・명리학命理學이란 호칭은 중국의 원서原書에서 나온 말이다.

따라서 사주 추명학은 사람이 출생할 당시의 연월일시年月日時 네 기둥과 천간天干과 지지地支의 자수字數인 여덟 글자, 즉 팔자八字에 나타난 음양오행의 상생상극相生相剋에 의한 제화制化의 길흉배합을 보고서, 그 사람의 건강과 질병・수요장단壽夭長短・부귀빈천富貴貧賤・선조・부모・형제・처자의 길흉과 운명의 변화를 추단하며, 자신을 중심으로 오행의 상호작용을 비교하여 육친의 운기運氣와 관계를 아는 것이다. 또한 운로의 발전과 사회적인 지위, 사업의 성패와 직업운, 애정운과 결혼운・성공과 쇠퇴의 시기・인생의 진로와 타고난 적성 등 인생에 관한 제반 사항을 판단하고 유추하는 천지의 자연과학이면서 우주 대원리를 규명하는 심원한 근본학문이다. 고대 중국에서 복희伏羲가 황하에서 나온 용마龍馬의 등에 박힌 점의 형상을 가지고 처음으로 주역팔괘를 제정하고 선천수를 창안하였다. 이때부터 역易에 의한 음양陰陽학설이 태동하면서, 신농神農이 상하上下 64괘를 만들어 주역 64괘를 완성하였고, 황제黃帝(BC2700~2600년)가 문학文學・산법算法・역법易法 등을 발명하고, 육십갑자六十甲子를 만들어 사용하였으며 황제내경黃帝內徑이란 의서醫書도 만들었다. 그 후 은대殷代에 이르러 60갑자로 60일을 1주기로 하여 날짜를 계산하여 일진日辰을 사용하였으며, 주대周代로 넘어오면서 한층 더 발전하게 된다.

주周왕조는 기원전 12세기에서 기원전 249년까지 은殷나라에 이어 성립된 중국의 고대왕조이다. 처음에는 은나라에 귀속된 속국이었으나 문왕文王의 뒤를 이은 무왕武王이 은殷의 폭군 주紂를 몰아내고 건국했다. 주周의 문왕文王 창昌은 황하에서 신령한 거북의 등에 박힌 점을 보고 후천수後天數를 만들고 64괘에 사辭를 붙였으며, 그의 아들 무왕武王 단旦이 효사爻辭를 술작述作하였다. 그 다음으로 춘추전국시대春秋戰國時代는 주周왕실의 동천東遷(B.C 770)에서 진秦의 중국통일(B.C 221)까지 약 550년간을 말한다.

춘추전국시대는 춘추시대春秋時代와 전국시대戰國時代로 양분할 수 있는데 춘추시대의 명칭은 공자孔子가 찬술한 <춘추春秋>에서 유래한 것이고, 전국시대의 명칭은 전국시대의 사실을 기록한 <전국책戰國策>에서 유래하였다. 춘추전국시대는 서주西周에서 동주東周로 옮기게 되면서 기원전 256년 진秦에 멸망하기까지 약 25명의 제왕이 514년간 동주東周왕조를 이끌었다.

춘추전국시대의 나라들은 모두 주왕실의 제후들이었으나 당시 정치가 문란해서 주周왕실의 위력이 제후들에게 미치지 못했다. 이러한 혼란의 와중에 공자孔子, 노자老子, 맹자孟子 등 많은 사상가들이 출현했으며 이 시기 공자는 위편삼절韋編三絶하여 주역周易에 십익十翼을 붙여 주역을 완성했다. 또한 이 시기는 제자백가諸子百家라는 학술사상이 발달했는데, 대표적인 유파로는 유가儒家, 도가道家, 묵가墨家, 법가法家, 음양가陰陽家, 명가名家, 종횡가縱橫家, 농가農家, 병가兵家, 소설가小說家, 잡가雜家등 10대가 있었다. 각 유파는 상호 논박하면서 사상적 발전을 이루었는데 이로 인하여 당시 학술문화가 크게 발흥하는 계기를 가져왔다. 현재 우리가 사용하고 있는 한자숙어漢字熟語의 대부분이 이 춘추전국시대에 만들어 졌다고 해도 과언이 아닐만큼 이 시대는 하루가 멀게 잦은 전쟁과 사회적인 혼란이 가중되던 시기였다. 그러므로 동주시대는 곧 춘추전국시대春秋戰國時代에 해당한다.

춘추전국시대에는 음양에 근거한 천지의 순환이치를 가지고 소우주인 인간의 운명을 판단하는 오행학설이 유포되기 시작하였으며 이때부터 명리학 발전의 기조가 마련된 셈이다. 이때는 주로 낙녹자珞碌子, 귀곡자鬼谷子 등이 연구했으며, 중국에서 연월일시의 천간天干과 지지地支를 사용하여 본격적으로 시간을 기록한 것은 동한순제東漢順帝(서기 126년) 이후로 추정한다. 한대漢代에는 장량張良, 동중서董仲舒, 동방삭東方朔, 엄평균, 관로管輅, 제갈량諸葛亮 등이 역易에 밝았다.

본격적인 사주추명학의 기원은 지금으로부터 약 1600여년전 이전에 창시되었다고 보며, 처음에는 생년을 위주로 추명推命하였는데, 당말唐末 송초宋初에 이허중李虛中 선생이 오성술五星術을 약간 변형하여 년주年柱의 납음오행을 위주하여 신살神殺을 취하고 녹명祿命(년간을 녹祿이라 하고, 년지年支를 명命이라 하며, 간지干支를 합한 납음오행을 신身이라 하여 이것을 삼명三命이라고 하였음)을 추산推算하여 운명을 판단하는 이론을 세웠는데, 그의 저서로는 <이허중명서李虛中命書>가 있다. 또한 진이희陳夷希(867~984)에 의해서 만들어진 <자미두수紫微斗數>가 있는데 구성은 성요자표대星曜座標對와 명좌교응론命座交應論이고, 진이희陳夷希와 소강절邵康節의 공저인 <하락이수河洛理數>는 역易의 이치로 작괘성상作卦成象하여 역리易理로 추단하였으며, 그 밖에도 당대에 역易에 밝았던 사람들은 원천강袁天綱, 일행선자一行禪子 등이 있었다.

이전의 년주 위주의 사주명리학을 일간日干 위주의 사주명리학으로 개발한 사람이 서자평徐子平이었고, 금세기 사주 추명학의 가장 핵심으로 활용되고 있는 일간日干 중심법은 중국의 송대宋代에 태화서봉당太華西峰堂에서 머물던 서대승徐大升(일명 서자평徐子平)이 <연해자평淵海子平>을 저술하여 학문적인 이론체계로 완성시킨 이후부터 서자평徐子平이란 이름으로 세상에 더 알려졌다. 생일을 주主로 하고 생월生月을 용신用神으로 하여 생년生年・생시生時를 보조적으로 보는 방법을 창안하여 명리학의 조祖가 된 것이다. 그러면 원명原名의 자평학에서 "자평子平"의 뜻은 무엇인가? 자子는 북방에 위치하는 수水인데 천天은 수水를 낳고 수水는 천지를 구성하는 시초의 물질이다. 그리고 물은 항상 평균이 되려는 성질을 가진 것으로 수평水平이라는 말과 같이 평균을 유지하는 대표적인 물질인 것이다. 사람도 평균 즉, 중용과 화평을 원하기 때문에 평平자를 취하여 "자평지학子平之學"이라 칭한 것이다.

수水가 평평하여 파도가 일지 않으면 사람의 운명도 이와 같아서 파란이 없으면 안락한 처세를 할 수 있으므로 그 중용의 처세론이 즉 사주학四柱學인 것이다.

인간의 미래를 점치는 방법에는 여러 가지가 있으나 동양의 역학易學내지 음양오행을 이용한 방법에는 미치지 못한다. 원래는 서대승徐大升이 <연해淵海>라는 사주명서를 저술하였는데, 그 후에 당금지라는 사람이 <연해淵海>와 비결집인 <연원淵原>을 합본하여 <연해자평淵海子平>이라는 책을 발행했는데, 이것이 현재까지 전해 오는 <연해자평>이다. 서자평徐子平은 송대宋代 고종高宗 때의 사람으로 1135년경에 <낙록자삼명소식부주珞碌子三命 消息賦註>를 썼고, 그와 비슷한 시기에 일간日干 위주의 사주명리학을 창안했다. <연해자평> 안에 수록된 <계선편 繼善篇>은 그의 저술이다. 현재 사용되고 있는 일간日干중심의 이론 체계에 대한 공로가 지대하다. 연해자평이 나온 이후 명대明代에 들어와서는 장신봉張神峰(장남張楠)이 <명리정종命理正宗>을 저술했고, 만육오萬育吾가 <삼명통회三命通會>를 저술했다.

<궁통보감窮通寶鑑>의 원명은 <난강망欄江網>인데 서명이 이속俚俗(속된 풍속)으로 되어 있는 것으로 보아 아마도 저자著者는 무명인사無名人士로 생각되며, 이것을 청대淸代 초기初期에 여춘대가 <궁통보감窮通寶鑑>을 발행했다. 명사明史 예문지에 <삼명담적천수三命談滴天髓>라는 것이 실려 있는데, 그것이 명대明代 초기 유백온劉伯溫이 지은 <적천수滴天髓>가 약 사四・오백년五

百年동안 비전되어 오다가 청나라 초엽에 진소암이 <적천수> 원본을 주해한 <적천수집요滴天髓輯要>를 저술하여 세상에 알려지면서 사주추명학의 일대 발전을 가져왔다. 진소암은 강희 5년(1666년)에 사망했으니, 그의 저술 연대는 그보다 앞선 것으로 추정된다. 청나라 중엽에 심효첨沈孝瞻이 <자평진전子平眞詮>을 저술했는데, 건륭乾隆 41년 병신丙申년 1747년에 호공보가 이를 발행했다. 심효첨은 건륭 4년 서기 1665년 기미년에 진사에 급제한 사람이다. 임철초任鐵樵는 건륭乾隆 38년 서기 1773년 음력 4월 18일 진시辰時에 출생하여 73세 되는 1846년에 <적천수천미滴天髓闡微>를 저술했다. 민국民國 초기 1933년에 원수산이 <적천수천미>를 발행하면서 진소암의 주석도 함께 넣었다. 1935년에는 서락오徐樂吾가 <적천수징의滴天髓徵義>를 발행했는데 <적천수천미>에서 진소암의 주석 부분을 삭제한 것이다. 그 후에 서락오徐樂吾는 다시 <적천수보주滴天髓補註>와 <자평수언子平粹言>을 저술했고, 원수산이 <명리탐원命理探原>과 <명보命譜>를 저술했다. 위의 사항이 지금까지 사주추명학이 시대의 변천과 함께 하면서 발행된 대표적인 사주추명학의 연구서로서 세상에 알려진 명학계의 유명한 저서들이다.

## 1. 역(易)의 발전

주역周易 및 역학易學의 발상지는 중국의 황하유역黃河流域이다. 그 시원始原은 앞에서도 말했지만 복희伏羲라는 성현이 지금으로부터 약 4500~5000년 전 중국의 황하黃河에 출현한 용마龍馬의 등에 박힌 도형을 보고 계시를 얻어 위로는 천문을 보고 아래로는 지리를 살피고 중간으로는 만물의 동정을 관찰하여 처음으로 팔괘를 만들었다고 되어있다.

<괘사하전卦辭下傳>에 "고자포희씨지왕천하야古者包犧氏之王天下也, 앙즉관상항어천仰則觀象於天, 앙즉관법어지俯則觀法於地, 관조수지문觀鳥獸之文, 여지지의與地之宜, 근취제신近取諸身, 원취제물遠取諸物, 어시시작팔괘於是始作八卦, 이통신명지덕以通神明之德, 이류만물지정以類萬物之情 옛날 포희씨까 천하에서 임금으로 계실 때, 우러러 하늘의 상을 살피고, 굽어서는 땅의 이치를 관찰하였으며, 새와 짐승의 무늬와 땅의 마땅한 바를 관찰하여 가까이는 몸에서 취하고, 멀게는 천지만물에서 취하여 처음으로 팔괘를 만드니 신명한 덕에 통하고, 이로써 만물의 정상情狀을 유추하여 알게 되었다"라고 하였다.

## 1) 선사시대(先史時代)

### (1) 삼황시대(三皇時代)

삼황三皇이란 천신天神, 지신地神, 인신人神을 말하거나 수인燧人, 복희伏羲, 신농神農을 말한다.
① 수인燧人 : 나무를 마찰시켜 불을 만들었다.
② 복희伏羲 : 목축을 가르쳤고 황하에서 잡아온 용마龍馬 등에 박힌 점의 형상을 보고 주역팔괘周易八卦를 제정하고 선천수先天數를 창안하였다.
③ 신농神農 : 농사짓는 일을 가르치고 상하64괘를 만들어 주역 64괘를 완성했다.
  ※ 천신天神은 하늘에서 준 은혜 즉, 불을 발명한 수인燧人같고 지신地神은 땅의 이로움을 발견하고 가축을 기르며 유목생활을 했던 복희씨로 추정되며 인신人神은 사람이 농사짓는 것이므로 신농神農씨라 생각하는 설도 있다.

### (2) 오제시대(五帝時代)

오제五帝란 황제黃帝, 전욱顓頊, 제곡帝嚳, 요堯, 순舜 등 5名을 지칭한다.
■ 황제(BC2700~2600년) : 문학文學, 산학算學, 역법易法 등을 발명했다 하며 이때부터 육십갑자六十甲子를 만들어 사용했다. 황제내경黃帝內經 : 오장육부五臟六腑의 기형氣血의 문답을 기록한 의서醫書이다.

## 2) 은殷나라(BC 1751~1111)

은나라는 지금부터 3500년전 640년간 있었던 나라로 은나라 사람들은 1년을 365일 1/4일로 잡았으며 사祀라 불렀는데 이는 1년에 한차례씩 제사를 지냈기 때문이다. 1년은 12개월로 정하고 육십갑자六十甲子의 끝인 계해일癸亥日까지 60일을 1주기로 하여 날짜를 계산해서 그때부터 지금까지 일진日辰을 사용해 왔다.

## 3) 주周나라 시대

주周의 문왕文王 창昌은 황하에서 신령한 거북이의 등에 박힌 점을 보고 후천수後天數를 만들었고 64괘에 사辭를 붙여 주역을 만든 사람이다. 주문왕의 아들이 단旦은 무왕인데 주나라를 일으킨 사람이고 그는 효사爻辭를 술작述作하였다.

### 4) 춘추전국시대春秋戰國時代와 공자

춘추전국시대의 나라들은 모두 주왕실의 제후들이었으나, 당시 정치가 문란하여 주周왕실의 위력이 제후들에게 미치지 못했다. 이 혼란기에 많은 사상가들이 출현했으며, 제자백가諸子百家 사상이 발달하였고, 공자孔子는 가죽끈이 세 번 끊어질 정도로 주역周易을 읽고[6] 십익十翼을 붙여 주역을 완성했다.

중국의 전국시대에는 낙녹자珞琭子, 귀곡자鬼谷子 등이 연구했다.

### 5) 한漢나라 시대에서 남북조南北朝 시대까지

중국의 한漢나라때는 장량張良(張子房), 동중서董仲舒, 동방삭東方朔, 사마리司馬李, 엄군평嚴君平, 관로管輅, 제갈량諸葛亮, 진의 곽박郭璞, 북제北齊의 위정魏定 등이 널리 알려졌다.

### 6) 당唐나라 시대

원천강袁天綱, 일행선자一行禪子, 이허중李虛中 등이 명리학의 체계적인 발전을 이루어 냈다. 특히 이허중李虛中은 천간天干을 중심으로 오행의 생극제화를 유추하여 학문의 체계적인 이론을 시도하였다.

### 7) 송宋나라 시대

금세기 사주 추명학의 가장 핵심으로 활용되고 있는 일간日干 중심법은 중국의 송대宋代에 태화서봉당太華西峰堂에서 머물던 서대승徐大升(일명 서자평徐子平)이 <연해자평淵海子平>을 저술하여 학문적인 이론체계로 완성시킨 이후부터 서자평徐子平이란 이름으로 세상에 더 알려졌다. 현재 사용되고 있는 일간日干중심의 이론 체계에 대한 공로가 지대하다.

---

6) 韋編三絶

## 8) 명明나라 시대

장남張楠의 <명리정종>, 삼명통회三命通會로 유명한 만육오萬育吾 등이 있다.

## 9) 청淸나라 시대

<적천수滴天髓>의 유백온劉伯溫, 진소암의 <적천수집요>, 심효첨의 <자평진전>, 임철초任鐵樵의 <적천수천미>, 서락오의 <적천수징의><적천수보주><자평수언>, 작자미상의 궁통보감窮通寶鑑 등이 있다.

# 제4절 음양과 팔괘

### 팔괘변화도

| 진공상태 | 無極(무극) ○ | | | | | | | |
|---|---|---|---|---|---|---|---|---|
| 一元(일원) | 太極(태극) ☯ | | | | | | | |
| 兩儀(양의) | 陰(음) -- | | | | 陽(양) — | | | |
| 四象(사상) | 太陰(태음) ⚏ | | 少陽(소양) ⚎ | | 少陰(소음) ⚍ | | 太陽(태양) ⚌ | |
| 地支(지지) | 미신<br>未申 | 축인<br>丑寅 | 자<br>子 | 진사<br>辰巳 | 묘<br>卯 | 오<br>午 | 유<br>酉 | 술해<br>戌亥 |
| 八卦(팔괘) | 팔곤지<br>八坤地<br>☷ | 칠간산<br>七艮山<br>☶ | 육감수<br>六坎水<br>☵ | 오손풍<br>五巽風<br>☴ | 사진뢰<br>四震雷<br>☳ | 삼리화<br>三離火<br>☲ | 이태택<br>二兌澤<br>☱ | 일건천<br>一乾天<br>☰ |
| 卦象(괘상) | 곤삼절<br>坤三絶 | 간상연<br>艮上連 | 감중연<br>坎中連 | 손하절<br>巽下絶 | 진하연<br>震下連 | 이허중<br>離虛中 | 태상절<br>兌上絶 | 건삼연<br>乾三連 |
| 性質(성질) | 온순<br>적막 | 고요<br>정지 | 정착<br>지혜 | 출입<br>유순 | 결단<br>분발 | 온열<br>밝음 | 기쁨<br>온화 | 건강<br>굳셈 |
| 人間(인간) | 모친<br>여자 | 소남 | 중남 | 장녀<br>상인 | 장남 | 중녀 | 소녀<br>친구 | 부친<br>남자 |
| 季節(계절) | 늦여름<br>초가을 | 늦겨울<br>초봄 | 겨울 | 늦봄<br>초여름 | 봄 | 여름 | 가을 | 늦가을<br>초겨울 |
| 方位(방위) | 서남 | 동북 | 북 | 동남 | 동 | 남 | 서 | 서북 |
| 動物(동물) | 소<br>(牛) | 개<br>(狗) | 돼지<br>(豚) | 닭<br>(鷄) | 용<br>(龍) | 꿩<br>(雉) | 양<br>(羊) | 말<br>馬 |
| 身體(신체) | 배<br>(腹) | 손<br>(手) | 귀<br>(耳) | 넓적<br>다리<br>(股) | 발<br>(足) | 눈<br>(目) | 입<br>(口) | 목<br>(項) |

## 1. 태극太極의 개요概要

### 1) 태극이란?

태극[7]이란 우주를 구성하고 있는 물질과 물체의 근본이 되는 원소元素를 말한다. 우주가 아무리 넓고 또 그 안에 있는 물질이 제아무리 수가 많다 해도 그 근본은 태극太極이라는 본바탕 하나로써 이루어진다는 것이 역易의 근본 이론이다.

다시 말해서 태극은 우주의 본질인 하나의 절대적인 원기元氣로서 이것이 움직일 때에는 음과 양 즉, 마이너스(-)와 플러스(+)의 두 가지 작용을 나타내

---

[7] 周敦頤(주돈이)의 우주론(太極圖說);
周敦頤(1017~1073, 字 茂叔 號 濂溪, 湖南省 道縣人)는 「太極圖說」과 「通書」를 지었는데 宋史에 의하면 그는 博學力行하여 "太極圖"를 지어 天理의 근원을 밝히고 萬物의 終始를 究明했으며 또한 "通書" 四十篇을 지어 太極의 깊은 뜻을 밝혔다. 이 周濂溪의 두 著書는 宋學에 새로운 전기를 가져왔는데 本體論에 대한 체계적인 설명을 담고 있었기 때문이다. 그 가운데서도 특히 「太極圖」는 그의 新創物은 아니었지만 圖說속에서 道·佛이나 傳統 儒家의 說과 章을 달리하는 新創의 見解를 나타냈던 것이다. 周敦頤의 太極圖說은 宋初 道士 陳搏(진단)의 無極圖에서 힌트를 얻어 그린 것이다. 그는 말년에 慧遠과 道生이 佛法을 강론한 곳으로 이름난 盧山에서 살았다. 그의 太極說은 다음과 같다.
　無極而太極. 太極動而生陽, 動極而靜, 靜而生陰. 靜極復動. 一動一靜互爲其根. 分陰分陽, 兩儀立焉. 陽變陰合而生水火木金土, 五氣順布, 四時行焉. 五行一陰陽也, 陰陽一太極也, 太極本無極也. 五行之生也, 各一其生. 無極之眞, 二五之精, 妙合而疑. 乾道成男坤道成女. 二氣交感, 化生萬物, 萬物生生, 而變化無窮焉. 惟人也得其秀而最靈. 形旣生矣. 神發知矣. 五性感動, 而善惡分, 萬事出矣. 聖人定之以中正仁義而主靜(自注無欲故靜), 立人極焉.(周子全書 ; 1卷)
　無極(ultimateless)이면서 太極(supreme ultimate)이다. 태극이 움직여 陽을 낳고 움직임이 극에 달하면 고요하여지고, 고요하면 陰을 낳는다. 고요함이 극에 달하면 움직임으로 되돌아간다. 한번 움직이고 한번 고요함이 서로 그 뿌리가 되어 음으로 갈리고 양으로 갈리나니 곧 음과 양이 성립하게 된다. 양의 변화와 음의 결합으로 말미암아 火水木金土가 생겨난다. 五氣가 순조롭게 퍼져서 사계절이 운행한다. 오행은 하나의 음양이요, 음양은 하나의 태극이다. 태극은 본래 무극이다. 오행이 생성되면 각각 그 독특한 본성을 갖게 된다. 무극의 참된 본체(眞)와 음양·오행(二五)의 정수가 묘하게 결합하여 응결된다. 乾道는 남자가 되고 坤道는 여자가 된다. 二氣(음양)가 서로 감응되어 만물을 생성한다. 만물은 생기고 또 생기어 변화가 끝이 없다. 오직 사람만이 빼어남을 얻어 가장 영특하다. 인간의 형체가 이미 생겨났으니 정신은 지각을 개발시킨다. 오성이 감동하여 선악의 분별이 생기고 만사가 생겨난다. 성인은 자신을 中正과 仁義로써 규정하고 고요함(욕심이 없는 마음)을 주요소로 삼아 人極을 세운다.(周易 「繫辭篇」에 "易에 태극이 있으니 이것이 음과 양을 낳았다"라고 되어 있는데 周敦頤의 사상은 이 구절의 사상을 발전시킨 것이다. 또한 그 구절은 朱熹(주희:1136~1200)의 宇宙論의 기초적 개요를 제공하여 주었다. 朱子로 널리 세인들에게 알려진 朱熹는 新儒家에서 가장 위대한 인물의 한 사람이다.

어 그 두 작용으로부터 만물이 생겨나는 것이다.

물질과 물체는 물론 모든 힘과 시간·공간 등 우리가 인식할 수 있는 모든 것은 모두 다 태극에서 생겨지는 것이며 또한 그 자체가 태극이므로 태극은 바로 우주의 본체인 것이다.

또한 태극은 응경凝結하여 상합교응上合交應하면 만물이 되고, 흩어지면 다시 우주의 본기本氣로 돌아가 그 자체는 더 생기지도 않고 더 없어지지도 않는 그야말로 불생불멸不生不滅하는 우주의 도리道理이니 현대 물리학에서 말하는 에너지불멸의 원칙이라고 인식하면 될 것이다.

이 우주안의 만물 중에는 결코 똑같은 사물은 하나도 없는 것이니 이것은 역易에서나 과학에서나 다같이 인정하는 것으로서 이와 같이 천차만별한 물질이나 모든 일들이 태극이라는 이기理氣로서 이루어져서 생겼다 없어지고 없어졌다 생기면서 처음도 끝도 없이 순환무단循環無斷의 되풀이를 계속하는 이치를 밝힌 것이 역리易理의 가장 중요한 이론理論인 것이다.

다시 말해서 우주의 삼라만상은 태극이라는 단 하나의 근본 원소元素로 구성되어 있는 것이고 둘이나 셋 이상의 각각 다른 재료들로서 구성되어진 것이 아니라 단일의 본체가 태극이라는 것을 역易에서는 규정지은 것이다. 그러므로 우리주변에서 보는 생물이나 무생물을 비롯하여 모든 천체는 물론 공간과 시간까지도 똑같은 한가지 재료인 태극으로 이루어졌다는 것이다. 이런 관계로 고인古人들께서는 상하사방上下四方인 공간을 우宇라 했고 지나간 과거過去와 앞으로 올 미래未來인 시간을 주宙라 해서 우주宇宙라 했고 우리가 살고 있는 지구地球는 물론 천지天地 전체를 우주라고 명명한 것이다.

上下四方曰宇, 往古來今日曰宙＝淮南子

상하사방왈우, 왕고래금일왈주＝회남자

이와 같이 시간과 공간을 비롯한 만유萬有를 포괄하는 우주는 단 하나인 태극으로 구성되어 그 태극은 더 생기지도 않고 더 없어지지도 않는 불생불멸不生不滅의 원칙 밑에서 모든 물질의 생성과 소멸을 되풀이시키고 있는 것이다.

그러나 이 같은 태극은 태극이 운동을 시작하기 이전, 다시 말해서 태극작용을 시작하기 이전의 상태를 말하는 것으로서 태극이 이미 작용을 시작하면 태극은 이미 그 형태를 벗어나서 음양陰陽이라는 두 가지의 작용상태를 나타내게 되는 것이다. 그러니까 우주의 모든 만물이나 에너지는 어떤 힘이 부가되어 작용을 했다고 하면 그것은 이미 음과 양으로 분열된다는 것을 깊이 인식해야 할 것이다.

태 극

太極의 本體    古太極圖    來氏 太極圖

2) 음양陰陽이란?

음 양

| 陰 | 陽 |
|---|---|
| -- | — |

## 2. 음陰과 양陽

### 1) 음양상의 陰陽象意

양陽 : 하늘(天), 태양(日), 낮(晝), 강건(剛), 튼튼함(健), 남자(男), 임금(君), 남편(夫), 크고(大), 많고(多), 위(上), 나아감(進), 움직임動, 가득참(盈), 표면表面, 참된 것(眞), 귀한 것(貴), 부유함(富), 바른 것(正), 착한 것(善), 자람(生), 맑음(淸), 열림(開), 오름(昇), 기氣, 원리理 등등

음陰 : 땅(地), 달(月), 밤(夜), 부드러움(柔), 순함(順), 여자女子, 신하(臣), 아내(妻), 작고(小), 젊고(少), 아래(下), 물러감(退), 고요함(靜), 빈 것(虛), 속(裏), 거짓(僞), 천한 것(賤), 가난(貧), 거짓(邪), 악한 것(惡), 죽음(死), 탁함(濁), 닫힘(閉), 내림(降), 형체(形), 기氣 등등

## 2) 음양陰陽의 생성生成(양의兩儀)

음양陰陽이 나뉘기 이전을 태극太極이라 하고 맑고 가벼운 기운이 모여 양陽이 되고 탁하고 무거운 기운이 모여 음陰이 되어 비로소 양의兩儀가 생성된 것이다. 하늘은 위에 있어서 능동적이며 땅은 밑에 있어서 수동적이다. 양자兩者는 대립하지만 대립을 통해 통일되어 있다. 건乾과 곤坤의 대립이 곧 음陰과 양陽의 대립이며 다시 통일되는 법칙이 우주구성과 변화의 근본 원리이다. 모든 사상事象은 제각기 고립해서 존재하는 것이 아니고 반드시 대립된 것이 있고 그것들이 상호 작용하는 관계에서 존재하는 것이다. 이른바 대립과 통일의 모순, 토인비 교수의 <도전과 응전>의 연속인 것이다.

만물은 서로 높고 낮은 것으로 갈라져 귀천의 질서를 형성하고 동적動的인 것과 정적靜的인 것의 작용으로 강강과 유유의 관계를 맺는다. 만물은 또 그 성질이나 운동법칙에 따라서 제나름대로의 무리로 갈라지고 상호작용 함으로써 길흉吉凶을 자아내는 것이다.

양陽은 태양太陽이요, 낮이요, 봄, 여름에 해당하니 만물을 생장生長하고 무성하게 하며, 음陰은 달이요, 밤이요, 가을, 겨울에 해당하니 자라나는 만물을 여물고 단단하게 하여 견실堅實하게 하는 작용을 한다. 양陽만 존재한다면 자라고 팽창하는 것이 멈춤이 없어져 결국엔 연약하고 기운이 흩어져 오므로 음양의 조화가 없이 존재할 수 있는 것은 아무것도 없는 것이다.

우주의 근원인 태극은 그대로 한 곳에 정지해 있는 것이 아니라 일분一分 일초一秒도 쉬지 않고 움직이고 있다. 이를 주역周易에서는 동動이라고 하고 물리학에서는 운동運動이라고 한다.

이 운동이란 것은 구체적으로 말하면 일정한 점點이나 기타의 기하학적 형태, 또는 물리학적 대상對象이 시간의 경과함에 따라서 그 위치를 변경하는 것을 말한다.

우주의 모든 물질이나 물체는 어느 것을 막론하고 한순간도 머물지 않고 운동을 계속하고 있다는 사실은 역학易學에서 뿐 아니라 현대 물리학에서도 이를 증명하고 있는 것으로 만유萬有는 운동함으로서만 존재를 하게 되어 있다.

그런데 이같이 우주간에 존재하는 모든 것은 어느 것이든 음양으로 구성되어 있지 않은 것은 하나도 없다.

하늘이 있는가 하면 땅이 있고 해와 달이 있으며 낮과 밤, 추위와 더위, 암컷과 수컷(빈모牝牡・남녀男女), 강강과 약약, 상上과 하下, 선善과 악惡, 생생과 사死, 정신精神과 육체肉體, 나아감과 물러남, 적극적인 것과 소극적인 것, 원심력과 구심력, 시간과 공간, 연역演繹과 귀납歸納, 작용과 반작용, 파동성波動性과 입자성粒子性, 확장과 선회, 규칙과 불규칙, 변역變易과 불역不易, 과거와 미래, 색色과 공空, 팽창과 수축, 앞면과 뒷면, 부드러움과 거칠음, 내면과 외면, 두꺼움과 가느다란 것, 처음과 끝, 수축과 팽창, 무한과 유한, 생성과 소멸, 냉혹冷酷과 정열情熱, 미려美麗와 추악醜惡, 나와 너, 영광榮光과 오욕汚辱, 고등과 저질, 성공과 실패, 전쟁과 평화, 악마와 천사, 우아優雅와 속탁俗濁, 밝음과 어두움, 높은 곳과 낮은 곳, 날숨과 들숨(호흡) 등 그 수를 헤아릴 수 없이 많다. 이와 같이 모든 우주의 물질과 정신은 대칭으로 구성되어 있는 것인데 이것을 즉, 상대성원리相對性原理라고 과학적으로도 말하는 바 그것을 주역의 계사전繫辭傳에서는 "일음일양一陰一陽은 곧 도道라고 이른다"라고 한마디로 요약해 놓고 있다.

### 3) 사상四象이란?

사 상

| ☷ | ☳ | ☶ | ☰ |
|---|---|---|---|
| 태음인 | 소양인 | 소음인 | 태양인 |

사상四象이란 네 가지의 상태, 즉 네 종의 형태를 말한다. 태극이라는 우주의 본체가 음양이라는 두 가지 작용으로써 만물을 구성하는데 있어 음양陰陽이 상합相合되면 완성되는 것인데 또 무슨 네 가지 상태가 있을까 하고 의아하게 생각할 지 몰라도 만약 이 세상을 창조하는 작용이 음과 양 두 가지뿐이고 또한 그 음양의 작용력이 양陽이면 양陽, 음陰이면 음陰으로만 똑같은 작용을 되풀이한다면 이 세상은 음양이 다시 합하여 태극으로 되돌아가게 되는 외에는 아무것도 만들어내지 못했을 것이다. 그러나 다행하게도 이 음陰과 양陽의 작용은 강하고 약한 것이 각각 달라[8] 그 어느 것도 똑같은 강도를 가진 것은 하나

---

8) 이기일원理氣一元의 우주관宇宙觀
현현묘묘玄玄渺渺하고 신비스러운 우주宇宙의 진리를 누구나 다 알아들을 수 있는데서부터 말을 시작해 보면 다음과 같이 이야기 할 수 있다. 저 대자연大自然, 즉 우주허공으로 보이는 아득한 곳에는 사실은 공기뿐만 아니라 전기電氣・자기磁氣・우주선宇宙線 등등

이름도 모를 여러 가지 기적존재氣的存在로 충만充滿되어 있다. 이것을 우리는 일반적으로 대기大氣라고 칭한다. (보통 사람들이 대기권이라고 말하며 공기만을 관념觀念하는 대기와는 구별하여 주기 바란다)

이 대기大氣는 파동적존재波動的存在인 것이다. 대기는 저 바닷물처럼 요동搖動하는 것이 사실이다. 요동搖動은 곧 진동振動이다. 이 진동 현상이 어느 정도 심해질 때에는 소리로 되어 사람의 귀에 들리게 된다. 소리로 들리는 진동수 보다 더욱 진동이 심해질 경우에는 빛(光)으로 되어 인간의 눈에 보이게 된다. 이 빛보다 진동수가 더욱 심해질 경우에는 색色으로 보이게 되는 것이다.

색은 곧 물질이다. 이리하여 허공에서 물질이 생기는 것이다. 우리가 매일 듣고 보는 라디오와 텔레비전을 예로 들어보자. 1초간의 진동수를 사이클이라고 한다. 우리 인간의 귀에 소리로 들리는 진동수는 10사이클서부터 1만 사이클 사이인 것이다. 그 이하의 진동수振動數는 너무 작아서 사람의 귀에 들리지 아니하고 1만사이클 이상의 큰소리는 또 너무 커서 사람의 귀에 들리지 아니한다. 남자의 목소리는 대개 150사이클 정도이며 여자의 목소리는 대개 300사이클 정도이다. 1만 사이클 이상의 음音을 전파電波라고 한다. 1만 사이클부터 10만 사이클의 전파를 장파長波라고 한다. 10만 사이클부터 삼백만 사이클까지를 중파中波라고 한다. 이 중파가 라디오 방송의 전파인 것이다. 그 이상 삼백만 사이클부터 삼천만 사이클까지를 단파短波라고 한다. 이것이 곧 텔레비전 방송의 전파인 것이다. 그 이상이 되면 초단파超短波 또는 극초단파極超短波 라고 불리우고 이것이 레이더 등에 이용되는 전파인 것이다. 이와 같이 진동수가 많음에 따라서 처음에는 소리로 귀에 들리고 다음에는 사람의 오관五官으로 감각하지 못하는 전파가 되었다가 그 이상이 되면 이번에는 눈으로 보이는 빛으로 변한다. 이 빛 가운데서 가장 진동수振動數가 적은 것을 적외선赤外線이라고 하는데 점점 진동수가 많음에 따라 직접 눈에 색으로 감각하게 된다.

이와 같이 설명하는 것은 진동수를 주로 이야기하는 것이므로 진동되는 본체本體는 물이거나 나무이거나 금속이거나 음파이거나 전파이거나 세분細分하지 않고 간접적이든 직접적이든 간에 다만 진동의 변화를 말한 것이다.

색은 곧 물질의 입자粒子 현상인 극미전자極微電子라는 것이 현대과학에서 이미 증명된 사실이다. 저 오색五色이 찬란한 무지개는 고공高空중의 수포水泡가 집결集結된 물질이다. 즉 진동수에 따라서는 소리가 되고 빛이 되고 색色 즉, 물질이 된다. 저 반야심경般若心經에 부처님의 말씀이 색불이공色不異空, 공불이색空不異色, 색즉시공色卽是空, 공즉시색空卽是色 이라고 하신 것은 곧 물질을 말씀하신 것이다. 이와 같은 이치로 음양조화陰陽調和가 생기고 일월성신日月星辰이 생기고 우리가 사는 지구地球도 생기고 온갖 천지만물天地萬物이 생기고 수많은 세월이 경과하는 동안에 모든 것이 다 생기고 그 중에 사람이 생긴 것은 자명自明한 일이라고 할 것이다.

그러므로 우주간의 모든 물건과 사람은 파동적 존재이며 진동적 상응적 존재인 것이다. 심리현상心理現象도 역시 상응적相應的 파동적 진동적 현상인 동시에 마음이라든가 정신상태라든가 하는 것도 역시 극미전자적極微電子的 현상現象인 것이다. 저 돌과 같이 단단한 물건도 외부로 봐서는 대단히 견고堅固하나 내부를 분광기分光機로 관찰하면 음전자陰電子를 중심으로 양전자陽電子들이 움직이고 있는 사실들을 알게 된다. 다시 방향을 달리해서 말해본다. 모든 물질은 세포細胞로 되어있고 세포는 분자分子가 모인 것이고 분자는 원자原子가 모인 것이고 원자는 전자電子가 모인 것이고 전자는 다시 음전자와 양전자로 되어 있는 것이다. 돌과 같이 외부가 견고한 물질도 내부는 위에서 말한바와 같이 음전자를 중심으로 양전자들이 항상 음전자 주위를 돌고 움직이고 있는 것이다.

이와 같이 우주의 모든 물질과 사람은 파동적존재波動的存在이며 진동적존재振動的存在인 것이다. 그 특성은 다음과 같다.

1. 밸런스를 취하며 변화하면서 움직이고 있다.

도 없는 것이다.(남녀가 서로 상합하기만 하고 자손을 만들지 못한다면 모든 동식물動植物은 이미 멸종되고 마는 이치이다)

이 이론은 가장 중요한 이론으로서 그 요점을 추려 말하면 음양의 두 작용은 일률적인 것이 아니라 같은 음陰이라도 강약이 있는 것이고 같은 양陽이라도 역시 강약强弱이 있다는 사실이다.

4) 팔괘八卦란?

팔 괘

| 八卦(팔괘) | 팔곤지<br>八坤地<br>☷ | 칠간산<br>七艮山<br>☶ | 육감수<br>六坎水<br>☵ | 오손풍<br>五巽風<br>☴ | 사진뢰<br>四震雷<br>☳ | 삼리화<br>三離火<br>☲ | 이태택<br>二兌澤<br>☱ | 일건천<br>一乾天<br>☰ |
|---|---|---|---|---|---|---|---|---|
| 卦象(괘상) | 곤삼절<br>坤三絶 | 간상연<br>艮上連 | 감중연<br>坎中連 | 손하절<br>巽下絶 | 진하연<br>震下連 | 이허중<br>離虛中 | 태상절<br>兌上絶 | 건삼연<br>乾三連 |
| 人間(인간) | 모친<br>여자 | 소남 | 중남 | 장녀<br>상인 | 장남 | 중녀 | 소녀<br>친구 | 부친<br>남자 |

제1단계에서 음양으로 분화되고 제2단계에서 사상四象으로 분화된 태극의 에너지는 제3단계에서는 사상四象이 다시 분화分化하여 8개의 새로운 음양陰陽그룹을 형성한다. 주역周易에서는 이것을 팔괘八卦라 부르고 양성陽性이 가

---

2. 동류파동同類波動은 서로 끌어당기며 서로 감응感應한다.
3. 부족한 점은 서로 보충한다.
좀 자세히 말하면 파동현상은 정반대의 양극이 있고 그것이 서로 밸런스를 취하며 상하좌우上下左右로 움직이므로 다음과 같은 현상이 생기며 음양변화가 생기게 마련이다. 이리하여 형성된 물질과 모든 것은 다시 파괴되고 다시 형성되고 천태만상千態萬象으로 순환반복循環反復하여 마지않는다. 이러한 현상을 현대물리학現代物理學에서는 물질불멸의 원칙이라고 한다. 위에 부처님이 말씀하신 색불이공色不異空 색즉시공色卽是空이라는 말씀도 저간這間의 소식을 전하는 것이다. 그러므로 만법귀일萬法歸一 일귀만법一歸萬法이 되는 것이다. 즉 모든 이치가 하나에서 생기고 다시 하나로 돌아간다는 말씀이다. 이것이 우주본연宇宙本然의 모습인 것이다. 이 진리를 벌써 3000여년전에 석가세존釋迦世尊이 갈파喝破하셨으니 대재大哉라 불음仏音이여!! 현현묘묘玄玄渺渺하여 실로 말하기 어렵다 할 것이다. 이러므로 무無에서 유有가 생긴다. 그러나 일단 물체物體로 형성된 이후에는 물리법칙物理法則의 지배를 받아야 한다. 우리가 사물事物을 설명할 때 항상 육담적肉談的이오 물리적物理的이어야 절실히 느껴지는 것이다. 그것은 우리 몸이 비록 우주적宇宙的이요 허공적虛空的이기는 하나 우선 지금의 육신肉身을 갖추어 있고 물리적 생리적으로 생生을 영위營爲하고 있으므로 그 현존입장現存立場에서 설명하는 것이 가장 현실적이므로 그렇게 되는 것은 당연當然한 것이다. 그러므로 부처님이 사람을 봐서 법法을 설설하라 하신 것이다.

장 강한 괘의 순서로 건乾, 태兌, 이離, 진震, 손巽, 감坎, 간艮, 곤坤이라고 명명하였다. 왜 이와 같은 순서로 나열되었는가 궁금하겠지만 팔괘배치八卦配置 도표圖表를 보면 의문이 풀릴 것이다. 이것은 자연발생적이기 때문에 추호도 엇바꾸어 놓을 수 없는 것이다. 그러면 왜 양성陽性을 위주로 나열한 이유는 이후 주역周易을 연구해 나감에 따라 자연히 이해하게 되겠지만 그것은 주역의 64괘 384爻의 설명은 한 마디로 말해서 양성陽性을 위주로 하고 있다는 이론인데 이것은 인간최고人間最高의 이상理想과 목적目的을 담고 있는 것으로서 중정론中正論이라 할 수 있는 것이다.

바꾸어 말하면, 무능無能한 것을 유능有能한 것으로, 혼란混亂한 것을 안정安靜된 것으로, 실패失敗를 성공成功으로, 무기력無氣力한 것을 유기력有氣力한 것으로, 냉혹冷酷한 것을 열정적熱情的인 것으로, 파괴적破壞的인 것을 건설적建設的인 것으로, 우매愚昧한 것을 지혜智慧로운 것으로, 소멸消滅을 생성生成으로, 간사奸邪한 것을 正大한 것으로 이끄는 그야말로 인간 최고의 지혜이자 보고寶庫인 역경易經의 사명使命은 바로 이 양성陽性에 대한 철저한 규명糾明(억음抑陰·부양扶陽)에 있기 때문에 양陽을 위주로 나열하고 설명하는 것이다.

이와 같이 팔괘八卦가 생성되는 과정은 위에서 설명한 사상四象의 생성과 똑같이 태양太陽, 소음少陰, 소양少陽, 태음太陰 의 네 종으로 나뉘어졌던 사상四象이 다시 음陰과 양陽으로 연화演化되어 여덟가지의 각기 다른 음양陰陽의 강도로 팔괘의 그룹을 만드는 것이다. 이 원리는 일생이一生二, 이생사二生四, 사생팔괘四生八卦 하는 이치인데 이것은 우주의 모든 천체가 창조될 때나 기타 모든 사물이 발생할 때에 있어 그 작용은 내부로부터 외부로 향하여 진행된다는 것을 의미한다.

이와 같이 太極이라는 우주의 소원素原에서 연화演化된 음양이라는 두 가지 힘의 작용은 사상四象으로 연화演化되고 그 사상四象은 다시 팔괘八卦로 연화演化되는데 이것이 다시 연화演化를 거듭하면 16, 32, 64, 128, 256, 512.... 등으로 기하급수적인 분화작용分化作用을 일으켜 한없이 분화分化하다가 종래는 우주의 소원素原인 태극太極으로 되돌아가는 수밖에 없을 것이다.

예를 들면, 남북양극南北兩極을 가진 자석磁石을 수없이 쪼개 나가면 나중에는 분자分子에서 원자原子로, 원자原子에서 소립자素粒子로 돌아갔다가 다시 에너지로 화化해 버리는 것과도 비교할 수 있음을 말한다. 이와 같이 한없이 양분화兩分化되는데 태극의 음양작용을 왜 팔괘八卦에서 그쳤느냐 하는 문제이다.

이것은 주역周易에서 뿐만 아니라 우주의 원칙을 규명하는데 있어 가장 중요한 문제로서 이 단계를 소홀히 취급하게 되면 우주의 모든 현상을 규명해 내는데 질서를 잃고 혼돈에 빠지게 될 것이다. 전자前者에서와 같이 2진법식 등비수열로 끝없이 확장되어 나가는 대자연의 변화현상을 3단계 변화인 8에서 끊어 가지고 팔괘로서 역변화易變化의 기본단위를 삼은 데 대해 서강절邵康節 선생이나 주자朱子같은 대역학자大易學者들도 속시원하게 이유를 분명하게 밝혀 놓지는 못했다. 그러나 처음부터 끝까지 주역의 이론을 해명해 나가다 보면 자연히 그러한 이치를 터득하게 된다.

팔괘의 단위성은 팔괘의 8이라는 숫자에 깊은 함의含意가 있는 것이 아니라 태극의 동태動態를 세 번 연화演化케 한 三[9]이라는 숫자에 깊은 뜻이 있는 것

---

9) 3과 한국인韓國人
3은 한국인들이 특별한 애착을 가진 숫자이다. 우리 민속신앙民俗信仰의 하나로 하늘과 땅의 매개자로서 마을의 안녕과 풍요를 빌어주는 이 솟대 위에서도 세 마리의 오리가 앉아 있는 것을 볼 수 있다.
천天·지地·인人 삼제三才를 기본으로 음양의 조화가 비로소 완벽하게 이루어진 이 숫자는 오랜 옛날부터 길수吉數, 또는 신성수神聖數라 하여 우리 민족의 생활과 철학에 뿌리깊게 스며있다. 유별나게 3을 선호한 우리민족은 신화시대부터 역사시대를 거쳐, 오늘의 과학문명 시대에 이르기까지 끊임없이 민족의 가슴에서 이 3이란 숫자는 숨쉬고 있다. 단군사화檀君史話에서의 환인桓因, 환웅桓雄, 단군檀君의 삼위일체적 존재는 곧 완성된 하나를 상징한다. 불교佛敎에서도 불佛·법法·승僧 이 세 개가 모일 때 불교가 성립되며, 민속에서는 출산 후 금줄을 칠 때 아들의 경우는 고추와 숯을 각각 세 개씩 매달았다. 사람이 죽으면 삼년동안 집안에 머물다가 승천한다는 믿음에서 3년상을 치루었는데, 이처럼 3은 관혼상제를 비롯하여 우리의 모든 일상생활과 속담, 격언 등에서 친근하게 사용되어 왔다.
우리의 전통춤에서도 그 기본이 어르고, 맺고, 푸는, 삼박자로 되어있고 간장, 고추장, 된장의 3장은 기본적인 우리의 민족음식이다. 신神을 모셔도 삼신三神을 모시며, 내기를 해도 삼세번을 한다. 한복에 착용하여 우아함과 화려함을 더해주는 장식용 노리개도 대부분이 삼작이다.
1. 삼월삼짇날(삼진일三辰日 음력陰曆3월3일)
길수로 알려진 양수陽數 3이 겹친 삼월 삼짇날은 특히나 3을 선호하는 한국인들에게 더 없이 소중한 날로 새겨지고 있다. 산과 들에 꽃이 피고 강남갔던 제비가 돌아온다고 하는 이날은 처음 보는 짐승을 보고 신수점을 치는 데 개구리는 복福을, 노랑나비, 호랑나비는 좋은 일을, 흰나비는 상喪을 의미한다.
아들이 없는 집에서는 절에 가서 아들을 낳게 해달라고 하는 <삼짇불공>을 드리며, 무당을 불러 굿을 하거나 용왕신 산신 등에게 아들을 점지해 달라고 빌기도 하였다. 또한 <삼짇고사>라 하여 상주喪主가 아니라도 목욕재계沐浴齋戒하고 조상에게 제사를 지내기도 했으며, 부녀자들은 들판에 나가 진달래꽃을 뜯어다가 화전花煎을 해 먹는가 하면 풀싸움과 꽃놀이로 하루를 보내기도 했다.

이다.

각 가정에서는 대개 삼짇날 장을 담그는데 담근 장에는 고추나 숯을 띄워놓고 부정한 것을 막기 위해 왼세끼를 꼬아 금줄을 쳤다.

2. 한글/훈민정음訓民正音

15세기 중엽에 세종과 그 주변 학자들에 의해 창제된 훈민정음은 우리나라의 여러 학문 중에서도 가장 독창적이며, 확고한 전통을 가진 우리 고유의 문자이다.

훈민정음은 한자漢字와는 전연 별개의 독자적인 체계에서 발생한 문자文字로 놀라운 창조적 정신을 보여주며 음운音韻연구의 커다란 성과로서 그 이론의 가장 기본적인 것은 음절音節의 삼분법, 즉 초성, 중성, 종성이다. 이것은 중국中國 음운학音韻學의 이분법의 전통을 비판 수정한 것으로서 훈민정음이 그처럼 훌륭한 문자 체계일 수밖에 없는 것은 이 삼분법의 기초 위에서 이루어졌기 때문이다. 천天·지地·인人의 구성으로 우주가 형성되어 있는 것과 마찬가지로 우리의 한글 역시 그 우주를 반영하고 있다. 자음子音으로 이루어진 초성과 종성은 하늘과 땅을 상징하며 모음母音으로 이루어진 중성은 사람을 뜻한다. 이처럼 우리 문화의 상징인 한글에도 음절의 삼분법, 즉 3과 관련된 한국인의 사상思想과 수數에 대한 관념을 미루어 알 수 있다.

3. 삼작노리개

한복韓服 저고리의 겉고름이나 안고름, 또는 치마허리에 차는 여성 장신구의 하나인 노리개는 매우 화려하고 그 모양도 갖가지로 다양하고 섬세하여서 우리의 고유 의상에 아름다움을 한층 더 강조해 주고 있다.

단조로운 의상에 액센트를 주어 의상 전체와의 아름다운 조화를 이루는 노리개는 보통 홍紅, 남藍, 황黃의 삼색을 비롯하여 분홍, 자주, 보라, 옥색 등의 열두색에 이른다. 흔히 삼자 노리개로 불리워지는 이유는 이처럼 3색을 기본으로 하여 다양한 색상의 고운 빛깔의 다회로 매듭을 맺고 술을 드리운 노리개 세점을 한 벌로 쳤기 때문이다.

궁중에서는 8월 한가위를 비롯하여 가례, 생일 등 특별한 축의일에 왕비王妃를 비롯하여 행사에 참가하는 귀부인들까지 모두 삼작노리개를 찼으며 평상시에도 왕비가 대비전에 문안을 드릴 때 금박을 찍은 치마에 당의唐衣를 입고 삼작노리개를 찼다고 한다. 보통 삼작노리개는 금, 은, 백옥, 비취, 산호 등 각종 보석을 세공한 패물을 중심으로 위아래에 매듭을 맺고 봉술, 딸기술 등을 쌍으로 늘어뜨렸다. 장도를 중심으로 박쥐 등의 은세공을 한 이 삼작노리개는 주로 일반인들이 착용하던 것이다.

4. 삼색나물

나물은 반찬 가운데 가장 기본적이고 일반적인 우리 음식이다. 도라지, 시금치, 고사리를 각각 끓는 물에 살짝 데쳐서 갖은 양념을 하거나 물에 불렸다가 삶아서 볶아 보기 좋게 한 접시에 올린 이 삼색나물은 혼례, 상례, 제례를 비롯하여 명절 등의 음식에 빠지지 않는다.

이와 같은 음식에서도 볼 수 있듯이 한국인은 숫자 3을 유달리 선호했으며 더불어 일상의 모든 개념에 천지인을 내포하고 있다는 것을 알 수 있다. 삼색三色을 의미한 이 나물은 시금치는 청靑, 도라지는 황黃, 고사리는 홍紅을 상징한다고 할 수 있다.

5. 삼성혈三姓穴 ; 사적 제 134호. 제주시 이도동 소재

전설에 의하면 탐라국耽羅國을 처음 연 시조始祖는 고을나高乙那·양을나梁乙那·부을나夫乙那 세 사람인데 이들이 바로 이 구멍에서 태어났다고 한다. 이 전설의 구멍은 평지에 각각 수 미터를 간격으로 삼각형을 이루고 있는데 한국인에게 전통적으로 특별한 의미가 있는 3이라는 숫자를 여기에서도 발견할 수 있는 것이다.

특히 세 개의 구멍이 삼각형을 이루고 있다는 것은 그 의미로 볼 때 안정적이며 완벽한 출발을 상징하고자 하는 탐라국 사람들의 의지가 담겨 있는 것이라 생각된다. 근처에는 이곳을 기념하는 석비石碑가 있고 시조를 모시는 사당인 삼성전三姓殿이 있다.

주자朱子는 말하기를 三이라는 수는 우주만물의 근본수가 되는 것이니 그것은 우주만물의 운행은 바로 원운동圓運動인데, 이 원운동이란 것은 직경을 1로 한 삼배三倍의 원주圓周를 회전하는 것이므로 만유萬有의 운행을 표시하는 것은 곧 3이요, 이 3이란 수數는 우주진리宇宙眞理의 근본根本이 되는 수數라 했고 또한 3은 셋 이상의 끝없이 무궁한 수數를 전부 내포하고 있는 것이라고 설명하였다. 그러므로 예부터 3이라는 글자의 뜻은 셋이라는 뜻 외에 인위人爲를 떠난 신비적인 자연의 극치수極致數라 하여 수천년에 걸쳐 많이 써온 관계로 3이라는 글자로 된 한문상漢文上의 숙어가 삼천여三千餘 단어가 넘는 것만 보더라도 3수가 가지고 있는 무궁한 뜻을 가히 짐작할 수 있으며 노자老子도 일생이一生二하고 이생삼二生三하며 삼생만물三生萬物한다 하여 삼三은 만물萬物을 생성하는 기본수基本數라고 규정했다.

## 3. 팔괘설명八卦說明

① 무극無極 : 진공상태眞空狀態, 형형, 질질, 기기氣가 태동하기 전전을 말한다.
② 태극太極 : 원기元氣, 일기一氣를 말한다.
③ 양의兩儀 : 태극太極이 동동하여 양陽을 생생하고 정정하여 음陰을 생생한다
④ 사상四象 : 음양陰陽이 변變하고 합합한 것
⑤ 팔괘八卦 : 오기五氣(五行)가 섞여서 된 것. 거듭나면 주역周易 64괘卦가 된다.

## 4. 괘상卦象 암기법暗記法

괘상 암기법

| | | |
|---|---|---|
| 일건천一乾天 ☰ | 삼연건三連健 暗記法 : | 건삼연乾三連 |
| 이태택二兌澤 ☱ | 상절열上絶悅 | 태상절兌上絶 |
| 삼리화三離火 ☲ | 허중려虛中麗 | 이허중離虛中 |
| 사진뢰四震雷 ☳ | 하연동下連動 | 진하연震下連 |
| 오손풍五巽風 ☴ | 하절입下絶入 | 손하절巽下絶 |
| 육감수六坎水 ☵ | 중연함中連陷 | 감중연坎中連 |
| 칠간산七艮山 ☶ | 상연지上連止 | 간상연艮上連 |
| 팔곤지八坤地 ☷ | 삼절순三絶順 | 건삼절坤三絶 |

## 5. 팔괘함의 八卦含意

### 1) 건乾(☰)천天(강금剛金)(양금陽金)

- 원형原形 : 천天을 가리키며 즉 하늘을 의미한다.
- 괘의卦意 : 굳세고 단단하며 둥글다. 진실眞實하고 강건剛健하다.
- 색상色相 : 백색白色을 나타낸다.
- 사물事物의 형태形態 : 대천大川(큰 내), 대평원大平原, 큰 들판, 사원寺院, 금속물질金屬物質, 대형건물大形建物, 고층건물高層建物 등을 나타냄.
- 계절季節 : 늦가을(만추晚秋)-맹동孟冬까지를 이른다.
- 시각時刻과 방위方位 : 하오下午 9~11시까지(즉, 해시亥時)이고, 서북西北 간방間方에 속한다.
- 일기日氣 : 맑고 고온高溫, 청명淸明하고 따사롭다.
- 인간관계人間關係 : 남자男子를 말하고 부친父親, 웃사람, 노인老人, 촌장村長 등을 말한다.
- 동물動物 : 말(馬).
- 인간의 신체身體 : 머리(頭)부분.

### 2) 태兌 ☱ 택澤(못) 음금陰金(유금柔金)

- 원형原形 : 택澤 즉 못을 말한다.
- 괘의卦意 : 기쁨, 웃음, 수다스러움, 온화, 친밀, 중도좌절 등의 함의가 있다.
- 색상色相 : 백색白色, 황금색黃金色 등을 표시한다.
- 사물事物의 형태形態 : 골짜기, 협곡, 단단한 흙이나 토지, 그릇, 입(口), 고인물 등을 말한다.
- 계절季節 : 가을철(秋).
- 시각時刻과 방위方位 : 하오下午 9시時이고 서방西方을 말한다.
- 일기日氣 : 흐림.
- 인간관계人間關係 : 젊은 여인女人, 소녀少女, 친구親舊, 여배우女俳優 등을 말한다.
- 동물動物 : 양羊.

-인간의 신체 : 입(口).

## 3) 이離 ☲ 화火(음화陰火)

- 원형原形 : 화火를 말하며 즉 불이다.
- 괘의卦意 : 태양, 격렬, 열熱, 미려美麗, 명지明知, 총명聰明, 눈(目), 목적目的, 대상對象 등을 말한다.
- 색상色相 : 적색赤色, 보라색을 표시한다.
- 사물事物의 형태形態 : 편지, 문서, 장부帳簿, 액세서리, 부뚜막 등을 의미한다.
- 계절季節 : 여름철을 나타낸다.(夏).
- 시각時刻과 방위方位 : 정오正午, 정남쪽을 말한다.
- 일기日氣 : 맑음, 화창함.
- 인간관계人間關係 : 미녀美女, 여성, 딸(맏딸)을 말한다.
- 동물動物 : 꿩(치雉).
- 인간人間의 신체身體 : 눈(目).

## 4) 진震 ☳ 뇌雷(우뢰나 번개)(양목陽木)(강목剛木)

- 원형原形 : 우레(뇌雷) 즉 천둥, 번개를 말한다.
- 괘의卦意 : 성공, 결단, 분려奮勵, 소리, 음악, 역동力動 등을 말한다.
- 색상色相 : 청색靑色, 초록색을 말한다.
- 사물事物의 형태形態 : 나무, 수레, 전화戰禍, 불 등을 함의한다.
- 계절季節 : 봄(춘春).
- 시각時刻과 방위方位 : 오전午前 5시時를 말하고 정동쪽(동東)을 말한다.
- 인간관계人間關係 : 아들(장남), 형兄.
- 동물動物 : 용龍.
- 인간人間의 신체身體 : 발(족足).

## 5) 손巽 ☴ 풍風(바람)

- 원형原形 : 풍風 즉 바람을 말한다.
- 괘의卦意 : 출입出入, 냄새, 종사하다, 길다.

- 색상色相 : 청색青色, 초록색, 흰색을 표시한다.
- 사물事物의 형태形態 : 초목, 집, 종자種子, 세공물細工物, 종이를 말한다.
- 계절季節 : 만춘晚春, ~맹하孟夏
- 시각時刻과 방위方位 : 오전午前 7시~9시까지를 말한다. 동남東南을 말한다.
- 일기日氣 : 비는 오지 않으나 강풍強風이 분다.
- 인간관계人間關係 : 여성, 맏딸(장녀), 부인, 장사꾼을 말한다.
- 동물動物 : 닭(계鷄)
- 인간人間의 신체身體 : 넓적다리

6) 감坎 ☵ 수水(물)

- 원형原形 : 수水 곧 물을 말한다.
- 괘의卦意 : 지혜, 정착, 법률, 번뇌, 장해, 분망奔忙을 함의含意한다.
- 색상色相 : 검은색(흑黑)
- 사물事物의 형태形態 : 독毒, 술, 얼음, 피, 샘, 수레 등을 말한다.
- 계절季節 : 겨울철을 말한다.
- 시각時刻과 방위方位 : 자정子正, 정북방正北方을 말한다.
- 일기日氣 : 비나 눈
- 인간관계人間關係 : 남성(청년), 교활한 자, 쓸데없이 근심하는 자 등을 말한다.
- 동물動物 : 돼지
- 인간人間의 신체身體 : 귀(이耳)

7) 간艮 ☶ 산山

- 원형原形 : 산山을 말한다.
- 괘의卦意 : 머물다. 근면, 완고, 독립, 거부 등을 함의한다.
- 색상色相 : 황색, 검은색
- 사물事物의 형태形態 : 집, 문, 책상, 성, 묘, 머리, 소로小路 등을 말한다.
- 계절季節 : 맹동孟冬
- 시각時刻과 방위方位 : 오전午前 1시~2시까지를 말한다. 동북간방東北間方.
- 일기日氣 : 흐림
- 인간관계人間關係 : 청년, 소년을 말한다.

―동물動物 : 개(견犬)
―인간人間의 신체身體 : 손

### 8) 곤坤 ☷ 지地

―원형原形 : 지地 즉 땅을 말한다.
―괘의卦意 : 순종, 조용함, 두꺼움, 겸양, 허虛 등을 함의한다.
―색상色相 : 노랑색, 검은색.
―사물事物의 형태形態 : 옷감, 시골, 음식, 마루 등을 말한다.
―계절季節 : 만하晚夏~맹동孟秋까지를 말한다.
―시각時刻과 방위方位 : 오후後 1시 반~4시 반, 서남간방西南間方.
―일기日氣 : 흐리고 가랑비.
―인간관계人間關係 : 모친, 친척, 아내, 아랫사람, 백성 등을 말한다.
―동물動物 : 소(우牛) ― 인간人間의 신체身體 : 배(복腹).

### 64괘 편람

| 上卦<br>下卦 | 천天 ☰ | 택澤 ☱ | 화火 ☲ | 뇌雷 ☳ | 풍風 ☴ | 수水 ☵ | 산山 ☶ | 지地 ☷ |
|---|---|---|---|---|---|---|---|---|
| 천天 ☰ | 건위천<br>乾爲天 | 택천쾌<br>澤天夬 | 화천대유<br>火天大有 | 뇌천대장<br>雷天大壯 | 풍천소축<br>風天小畜 | 수천수<br>水天需 | 산천대축<br>山天大畜 | 지천태<br>地天泰 |
| 택澤 ☱ | 천택리<br>天澤履 | 태위택<br>兌爲澤 | 화택규<br>火澤睽 | 뇌택귀매<br>雷澤歸妹 | 풍택중부<br>風澤中孚 | 수택절<br>水澤節 | 산택손<br>山澤損 | 지택림<br>地澤臨 |
| 화火 ☲ | 천화동인<br>天火同人 | 택화혁<br>澤火革 | 이위화<br>離爲火 | 뇌화풍<br>雷火豊 | 풍화가인<br>風火家人 | 수화기제<br>水火旣濟 | 산화비<br>山火賁 | 지화명이<br>地火明夷 |
| 뇌雷 ☳ | 천뢰무망<br>天雷无妄 | 택뢰수<br>澤雷隨 | 화뢰서합<br>火雷噬嗑 | 진위뢰<br>震爲雷 | 풍뢰익<br>風雷益 | 수뢰준<br>水雷屯 | 산뢰이<br>山雷頤 | 지뢰복<br>地雷復 |
| 풍風 ☴ | 천풍구<br>天風姤 | 택풍대과<br>澤風大過 | 화풍정<br>火風鼎 | 뇌풍항<br>雷風恒 | 손위풍<br>巽爲風 | 수풍정<br>水風井 | 산풍고<br>山風蠱 | 지풍승<br>地風升 |
| 수水 ☵ | 천수송<br>天水訟 | 택수곤<br>澤水困 | 화수미제<br>火水未濟 | 뇌수해<br>雷水解 | 풍수환<br>風水渙 | 감위수<br>坎爲水 | 산수몽<br>山水蒙 | 지수사<br>地水師 |
| 산山 ☶ | 천산돈<br>天山遯 | 택산함<br>澤山咸 | 화산려<br>火山旅 | 뇌산소과<br>雷山小過 | 풍산점<br>風山漸 | 수산건<br>水山蹇 | 간위산<br>艮爲山 | 지산겸<br>地山謙 |
| 지地 ☷ | 천지비<br>天地否 | 택지췌<br>澤地萃 | 화지진<br>火地晉 | 뇌지예<br>雷地豫 | 풍지관<br>風地觀 | 수지비<br>水地比 | 산지박<br>山地剝 | 곤위지<br>坤爲地 |

# 제5절 주역周易 64괘 괘의卦意

## 1. 주역 · 상경上經

### 1) 건위천乾爲天 ☰☰

건은 하늘이며, 건장할 건健이며, 크고 굳세며, 하늘(天)의 작용, 지도자의 법칙, 군주와 아버지(家長)의 도리이다. 용이 승천하기까지의 각 단계이며, 비룡飛龍을 꿈꾸며 쉬지 않고 꾸준히 노력하는 시기이다. 무리하게 너무 높이 상승하면 위험한 의미도 포함한다. 건괘는 소성괘의 건乾을 둘 겹쳐 포갠 것으로 6효가 모두 양효로서 양기의 가장 순수한 것이다.

### 2) 곤위지坤爲地 ☷☷

곤은 땅이며. 유순하고 순순한 것이다. 만물을 포용하는 땅의 작용이며, 근로대중의 세상법칙이며, 신하 · 어머니 · 부녀의 도리이다. 넓은 대자연의 땅처럼 모든 만물을 키우고 양육함으로 만사가 길하다. 검소하고 근면하며 결과가 큰 성과로 나타난다. 끊임없이 부단한 노력과 인내로 결실을 맺는다. 곤괘는 내괘와 외괘가 모두 곤坤으로서 음기陰氣의 가장 순수한 것이다.

### 3) 수뢰준水雷屯 ☵☳

물과 우레는 어려울 준屯이다. 가득히 찬다(盈)는 의미이며, 눈 덮인 땅 속의 새싹으로서 낳는 아픔과 괴로움이다. 초창기의 수난과 고생이며, 머리를 부딪히고 전방에 장애물이 가로 놓여 있는 상이다. 현재의 상황은 체념이며, 성장하고 전진하기 위한 험난한 고생길이다. 준屯괘의 외괘는 감坎으로 구름과 비의 상징이고, 내괘는 진震으로 우레의 상징. 내괘의 우레가 밑에 있어서 아직 하늘로 오르지 못하고 외괘의 구름은 위에 있는 상태로 아직 비로 내리지 못하는 상태이다.

### 4) 산수몽山水蒙 ☶☵

산과 물은 어릴 몽이며, 어릴 치稚이다. 미개발 부문이며, 세상을 모르는 어린 이이다. 경험과 배움이 없어서 무지無知의 계몽 단계이며, 교육적 이념을 불어 넣어주는 단계이다. 오리무중, 실력부족, 지식결핍과 외롭고 고독함을 의미한다. 배움의 단계로 공부 시작은 좋다. 안개나 지형이 험하고 깊은 계곡에선 안내판을 확인하고 따라간다. 몽괘의 외괘는 간산艮山이고, 내괘는 감수坎水로 안개나 구름으로 산 아래에서 안개가 피어올라 운해雲海가 되어 주변을 어둡게 만든 형상이다.

### 5) 수천수水天需 ☵☰

물과 하늘은 기다릴 수需이다. 기다리고 대기하는 시기이며, 좋은 때가 오기를 기다리며 관망하는 것이다. 바라고 기다림이며, 수水요 술과 음식이며 잔치이다. 학수고대하며 기다리므로 마음은 초조하다. 희망은 다른 모양과 다른 형태로 생각지 않은 다른 곳에서 결국 이루어지며, 은인자중隱忍自重하다보면 반가운 배는 온다. 수괘의 외괘는 감수坎水로 비나 구름이고, 내괘는 건천乾天, 즉 하늘로서, 하늘에 비구름이 형성되어 비가 오기를 기다리는 모습이다.

### 6) 천수송天水訟 ☰☵

하늘과 물은 송사 송訟이다. 신의와 믿음이 없다. 소송과 배신행위이며, 국론이 분열되고 한 곳으로 힘이 모이지 않고 융합이 안되는 상이다. 싸울 일과 소송사건이 발생하며, 억울함을 호소해도 허공의 메아리일 뿐이다. 헛수고이며 싸우면 불리하다. 최선의 방법은 화해하는 길이다. 송괘訟卦의 외괘는 건천乾天으로 강건하고 내괘는 감수坎水로 간난艱難, 즉 어려움에 빠진 상이니 위는 너무 군세어 너무 엄격하고, 아래는 험난하고 가혹한 정치를 만나 고통 속에 괴로워하는 백성의 형상이니 참다못해 소송을 일으키는 상이다.

### 7) 지수사地水師 ☷☵

땅과 물은 스승이며 군사 사師이다. 무리·단체이며 대중 중衆이다. 집단과 집단의 투쟁이며, 군사행동의 법칙이며 통솔과 지휘이다. 민중을 영도하고 필사의 힘을 다해 싸움에 도전하는 시기이다. 큰 규모의 부대를 거느리고 출전하면 초반에 고생은 따르나 반드시 승리한다. 사괘師卦의 외괘 곤坤은 따르는 형상이고, 내괘 감수坎水는 험난의 형상이니, 어려움에 빠진 백성들이 위의 지도자를 따르는 전쟁의 형국이다.

### 8) 수지비水地比 ☵☷

물과 땅은 견줄 비比이다. 서로 도울 보補이며, 친목과 상부상조의 의미이다. 친부보좌親父補佐, 즉 아버지를 보좌하는 것이며, 옹호영수擁護領袖, 즉 임금을 옹호하는 상이다. 동반자로서 서로 의지하고 힘을 합하면 대성공이며, 결혼, 교섭 등에 길하다. 사람들이 모이고 짝을 이루는 형세 등에 길하다. 비比의 외괘는 감수坎水, 내괘는 곤지坤地로 물은 땅 위에 있어서 땅 속에 스며들어 축축하게 습윤해져서 다정하고 친밀한 모습이다. 또 다섯 음효가 1양인 군주에게 친화하고 따르는 모습이다.

### 9) 풍천소축風天小畜 ☴☰

바람과 하늘은 작게 머무를 소축小畜이다. 힘을 기르고 준비할 시기이며 미약한 제지制止이다. 작은 힘을 길러 만일의 사태에 준비하고 때를 기다린다. 진보와 성찰이며 저축도 어느 정도 되었다. 여성의 충고는 이롭고, 우회하거나 되돌아가면 길하다. 기다려지는 단비이다. 소축괘의 외괘는 손풍巽風, 내괘는 건천乾天으로, 바람이 하늘에서 불어와 비가 내릴 수 없는 형상이며, 또 5양1음으로 음양이 조화를 아직 이루지 못한 형국으로 비가 오지 않는 형상이다.

### 10) 천택이天澤履 ☰☱

하늘과 못은 밟을 이履이다. 예도禮度 예禮이다. 계획한 일의 실천과 이행이며, 질서있게 단계적으로 실행하는 일이다. 약간의 모험성을 가지고 새로운 환경에 뛰어드는 형상으로 밟는다는 의미이다. 함정이나 위험한 곳이 도처에 있다. 경험과 전례를 거울삼고 선배와 윗사람의 의견을 참고하고 존중한다. 매사에 신중히 처신하면 해로움이 없다. 발 밑을 조심하며 앞으로 전진한다. 이履괘의 외괘는 건천乾天, 내괘는 태택兌澤으로, 강건하고 굳센 것이 앞서서 진행하고 태兌의 유약柔弱한 것이 그 뒤를 밟아 가는 모습이다. 전체의 괘상으로는 1

음이 강한 5양의 틈에 끼어 밟고 가는 형국이다.

### 11) 지천태地天泰 ☷☰

땅과 하늘은 통할 태泰이다. 다스릴 치治이다. 크게 안정되고, 평화롭다. 서로 조화롭게 화합하면서 돕는 형상이며, 새우로 도미를 낚는 격으로 적은 것을 잃고 큰 것을 얻는 의미이다. 모든 일이 순풍에 배 가듯 순조로운 듯 하지만 점차적으로 상황은 험악해진다. 결속한 사람들의 마음이 흔들리기 쉽다. 태괘의 외괘는 곤지坤地로 땅의 기운이고, 내괘는 건천乾天으로 하늘의 기운이다. 반대로 하늘의 기운이 내려오고 땅의 기운이 올라간 형국이니 음양의 두 기운, 즉 천지의 두 기운이 서로 화합하고 친밀하게 사귀는 형상이다. 천지의 기운이 화합한 상이다.

### 12) 천지비天地否 ☰☷

하늘과 땅은 비색할 비否(천지가 서로 화합하지 못하고 음양이 조화롭지 못한 것)이다. 어지러울 난亂이며, 상하가 서로 반목하고, 서로가 비색한 기운으로서 상호 패색의 기운이 감도는 상이다. 하늘과 땅이 서로 통하지 않고 만물이 질식하여 어려움에 봉착한 격이며, 앞뒤로 나갈 수 없는 사면초가四面楚歌의 형국에서 그래도 궁즉통窮則通하는 경우도 있다. 모래 위에 쌓은 성이니 발 밑을 굳건히 다지고 관리한다. 비否괘의 외괘는 건천乾天이고, 곤지坤地가 아래 자리하고 있으니 하늘의 기운이 상승하는 모습이고, 땅의 기운이 내려가는 모양이다. 하늘의 기가 올라가고 땅의 기운이 내려오면 서로 화합하지 않고 사귀지 않는 모습이다.

### 13) 천화동인天火同人 ☰☲

하늘과 불은 뜻을 같이하는 동인同人이다. 동지이며 협력자이다. 서로 동화하고 대동화합大同和合한다. 뜻을 같이하는 동지들의 결집과 단결이며, 시작을 알리는 봉화 불이다. 많은 사람이 서로 협력하고 화합하면 일의 진척이 빠르다. 다만 조급하거나 성급하게 일을 다루면 일을 그르칠 우려가 있다. 연인은 부정하고 병자는 위독한 상이다. 동인괘의 외괘는 건천乾天이고, 내괘는 이화離火로서 불과 태양이며, 아름다운 려麗의 모습을 나타내고 있다. 태양이 하늘에서 빛나고 모든 백성들의 눈이 이곳을 모아진다. 그래서 회동의 의미가 있고, 5양이 1음을 바라보며 구하고 얻으려는 모습이다.

### 14) 화천대유火天大有 ☲☰

불과 하늘은 부유할 대유大有이다. 물질적으로 부유하고 큰 업을 이루는 형상이며, 기세를 살려 세력을 키운다. 현 시점은 최고의 권위를 유지하고 당당하게 자신의 분야를 점유하고 있는 형상이며 경쟁자가 사라지고 추진하고 있는 방향이 크고 유리하게 환하게 열려 있다. 한낮의 뜨거운 태양처럼 밝고 찬란하게 빛난다. 운이 고조되고 힘이 넘치고 있는 상황이라 오히려 방심은 금물이다. 대유大有괘의 외괘는 이화離火로 태양을 나타내고, 내괘는 건천乾天으로 하늘을 나타낸다. 해가 하늘에 나와 온 세상을 비추는데, 그 비추는 곳이 광활하고 넓고 넓은 형국이다. 1음과 5양으로 이루어졌으니 또한 크고 넓은 형상이다.

### 15) 지산겸地山謙 ☷☶

땅과 산은 겸손할 겸謙이다. 한 걸음 물러선다. 양보와 후퇴를 미덕으로 삼는다. 겸손은 최고의 선이며, 매사 공평하고 균등하게 일을 처리하고 겸허의 덕용을 견지한다. 무슨 일이건 혼자서 독점하지 말고 고집을 부리지 않고 겸양의 미덕으로 사람들을 대한다. 오히려 내 것을 상대방에게 주고 배려해 줄 때 자신의 주가가 높아진다. 여인들에게 인기를 얻는 상이다. 겸謙괘의 외괘는 곤지坤地로 땅이고, 내괘는 간산艮山으로 산. 산이 높이 솟아 있으면서도 겸손한 자세로 땅의 낮음에 굽히는 형상이다.

### 16) 뇌지예雷地豫 ☳☷

우레와 땅은 먼저 예豫(기쁠 예)이다. 즐길 락樂이다. 사전에 예비하고 예방하며, 화락하고 마음이 가는 대로 유유히 살아간다. 준비의 시기로서 좋은 기회를 위해 대비하고 미리 준비를 하는 시기다. 노력한 만큼 결과와 보람도 있고 좋은 열매를 맺는다. 때가 온 것이다. 상괘는 우레진으로 움직일 동動이고, 하괘는 땅곤으로 만물을 포용하는 순할 순順이다. 상괘는 움직여 일을 하는 상이고 하괘는 민초들이 기쁘게 순종하는 모습이며, 구사九四의 양효가 위에서 임금주가 되어 상하의 오五음효가 기쁘게 순종하는 모습이다.

### 17) 택뇌수澤雷隨 ☱☳

못과 우레는 따를 수隨다. 따를 從이다. 복종과 순종이며, 순응과 자비로운 덕을 의미한다. 따른다는 것은 두 번째로 매우 좋아진다는 의미이다. 첫째가 됨은 무리이고 남의 뒤를 따라 이득을 보는 시기이다. 수하인의 말을 따른다. 직업·직장을 바꾸고 변화하는 일에 길하다.

### 18) 산풍고山風蠱 ☶☴

산과 바람은 고혹蠱惑할 고蠱다. 해혹解惑이다. 부패의 극복과 어려운 일의 처리이다. 그릇 위에 구더기가 꼬이고 완전히 부패한 모습이다. 어찌할 도리가 없다. 모두 다 버리고 새롭게 시작함이 좋다. 당장의 성과와 결과는 기대하기 어렵다. 상괘는 간괘로 산, 하괘는 바람으로 손巽, 바람이 산에 불어서 산림 속의 오염된 기운을 깨끗하게 일소하는 모습이다. 또 하괘는 바람이 스며드는 형상이다. 상괘는 간괘로 머무는 상이니 즉 스며들어 그치는 일이 생긴다는 모습이다.

### 19) 지택림地澤臨 ☷☱

땅과 못은 임할 임臨이다. 친민親民이다. 지배와 보호이며, 대외활동의 시기이다. 기회가 다가왔다. 기미와 변화에 응해서 활동한다. 마음껏 펼치며 뛰어들어도 좋다. 임전무퇴의 임臨이요, 임기응변의 길운이다. 이 괘는 두 양효가 아래에 거하고 점진적으로 나아가고 자라나고 왕성하게 임하려는 모습이다. 상괘는 곤괘로 순응順應하고, 하괘는 태괘兌卦로 기쁠 열悅이다. 화순하여 사람에게 임하는 모습이다.

### 20) 풍지관風地觀 ☴☷

바람과 땅은 볼 관觀이다. 취법取法이며, 보고 가리키는 것이다. 국민교화와 자계自戒의 상이며 가르치고 교육하는 일에 좋은 시기이다. 세상이 소란스러울 때 나 홀로 고요히 밤하늘의 별을 쳐다보는 기분이다. 침착하고 허둥대지 말 것이다. 꾹 참고 상황이 어찌 돌아가는지 관망하면서 열심히 연구하고 공부한다. 물질면은 흉하나 정신면은 길하다. 여행도 길하다. 양효 둘이 위에 있어서 대중이 이를 우러러 쳐다보는 모습이다. 하괘는 곤괘로 순할 순이다. 상괘는 손풍으로 겸손할 손遜이다. 구오九五는 중정성실의 덕을 지니고 4음위에 있다. 첨앙瞻仰, 즉 우러러 쳐다보는 모습이다.

### 21) 화뢰서합火雷噬嗑 ☲☳

불과 우레는 씹고 깨물 서합噬嗑이다. 강하게 깨문다. 형벌과 죄를 꾸짖고 벌을 주고받는 상이다. 고뇌를 뚫고 나가면 결국 환희로 바뀐다. 무슨 일이나 장애와 저항이 만만치 않다. 후퇴는 불가하다. 감언이설과 결혼사기에 주의하며, 치통과 식중독에 조심하여야 한다. 괘상은 초初와 상上은 양효로 턱 이頤의 모습이다. 4효에 1양효가 있어서 입안에 물건이 들어있는 상이다. 상괘는 이괘離卦로 밝을 명明이요, 하괘는 진괘震卦로 끊을 단斷이다. 과단果斷하고 명민明敏함은 재판의 요건이므로 소송을 판결하는데 이롭다. 그래서 이용옥利用獄이라 한다.

### 22) 산화비山火賁 ☶☲

산과 불은 꾸밀 비賁다. 문식文飾이다. 문명과 문화의 법칙이다. 저녁 노을이 아름답다. 화려하게 너무 나서지 말 것이다. 그러나 학력 향상이나 면허증 취득 또는 향토의 명예가 걸린 일에는 길하다. 돈보다는 명예면에 길하다. 상괘는 간괘로 산이고, 하괘는 이화離火로서 불인데, 산아래 불이 있는 모습으로 불빛이 산에 비쳐 초목이 빛나서 문채가 아름다운 상이다. 그래서 장식하고 꾸밀 비라 한 것이다. 하괘 이화는 2양이 1음을 싸고 있고 상괘의 간산艮山은 2음 위에 1양이 덮고 있다. 음은 추하고 양은 아름답다. 그러므로 이 괘를 꾸밀 비賁라 했다.

### 23) 산지박山地剝 ☶☷

산과 땅은 깎을 박이다. 쇠락함이다. 깎여 떨어지고 삭감 당하는 형세로 운세의 바닥이다. 허물어지는 산이며 몰래 스며드는 위기이다. 도난과 사기, 횡령 등의 우려가 있다. 배탈, 설사로 뱃심도 안 나온다. 내리막길의 운세이다. 상괘는 간산艮山, 하괘는 곤지坤地로, 이 괘는 음의 세력을 얻어서 아래에서부터 차례로 양을 압박해가서 상구上九의 1양을 남겨 놓을 뿐이나 장차 남은 이것까지도

깎여서 박탈되어지려고 하는 모습이다. 불길한 상이다.

### 24) 지뢰복地雷復 ☷☳

땅과 우레는 다시 복復이다. 부흥復興이다. 일양一陽이 다시 돌아온 것이다. 회복의 원칙이다. 처음으로 되돌아오는 것이다. 다시 한번 되풀이됨은 크게 길한 것이다. 처음 시작하는 일은 되풀이 될 우려가 있다. 재혼에 길하다. 초혼은 이혼이 되는 수가 있다. 상괘는 곤지坤地, 하괘는 진뢰震雷, 산지박山地剝괘의 상구上九의 1양효가 아래로 되돌아와서 복괘復卦가 된 것이다. 또 초구初九와 육사六四는 정응正應, 1괘는 6효, 위로 올라갔다가 다시 아래로 돌아온 것이다.

### 25) 천뢰무망天雷无妄 ☰☳

하늘과 우레는 거짓 없을 무망无妄이다. 성실과 믿음이며 순백한 마음과 자연의 순조로운 운행이며, 하늘이 내리는 시련이며, 흐르는 대로 맡기는 것이다. 내버려두고 결과를 기다리면 호전될 가능성이 보인다. 상괘는 건천乾天으로 하늘, 하괘는 진뢰震雷로서 진동하고 벼락칠 진으로 우레가 온 세상에 울려 퍼지는 상이다. 행하는 일이 부정하면 재해가 발생한다.

### 26) 산천대축山天大畜 ☶☰

산과 하늘은 크게 기를 대축大畜이다. 기르는 덕이고 대축적과 대포용이며, 대사업과 실력의 축적이다. 곡물이 가득한 창고이며, 저축하고 공부하는 것이며, 사업 등 모든 일에 최고의 자리이며, 적극적인 행동이다. 상괘는 간산艮山, 하괘는 건천乾天, 건상乾象은 금옥金玉으로도 보니 산 속에 금옥을 갈무리한 모습이다.

### 27) 산뢰이山雷頤 ☶☳

산과 우레는 턱 이頤이다. 양정養正하고 양정養正의 도리와 욕망의 문제이다. 윗 턱과 아래턱의 상이다. 밥을 먹는 일은 인간의 기본 생활의 문제이며 일상의 일에 지나지 않는다. 많은 욕심을 내어도 가능하지만 결과는 기대에 못 미친다. 건강과 말씨를 조심하여야 한다. 상괘는 간산艮山으로 머무른다는 지止며 하괘는 진뢰震雷로서 움직일 동動의 상이다. 아래턱이 움직이는 모습이고 초구初九

와 상구上九는 양효로서 윗턱과 아래턱의 모습이며 가운데 4 음효는 입안의 음식물이다.

### 28) 택풍대과澤風大過 ☱☴

못과 바람은 크게 지날 대과大過이다. 지나치게 굳세고 너무 무겁고 불균형한 것이며, 안에 있으면 해를 받고 밖으로 나가면 화액을 모면한다. 큰 사업이며 결의決議에 붙이는 것이다. 무슨 일이든 너무 지나치면 무리를 초래하고 책임이 너무 무거운 상이다. 참을성과 포용하는 인간성은 광채가 난다. 노총각·노처녀는 결혼에 절호의 기회다. 상괘는 태택兌澤이고 하괘下卦는 손풍巽風이다. 양陽을 큰 주축으로 삼고 음陰을 작은 소소로 삼고 있다. 4양이 가운데 모이고 2음은 밖에 밀려 있는 모습이다. 양이 너무 지나치게 가운데 모여있고 초初와 상上의 양끝이 약함은 대들보가 휘어 과중한 모습이다.

### 29) 감위수坎爲水 ☵☵

구덩이 감은 물이다. 고여있는 상이며 빠질 함정이다. 어려움과 위난에 빠져 있다. 험난한 일이 닥치고 의지의 원칙을 세울 때다. 잘못하면 둘 사이에 끼여서 고생한다. 불길하고 나쁜 일들이 하나 둘씩 발생한다. 물과 물 사이에서 헛물을 들이키는 모습이다. 신불神佛에게 치성을 드리는 것이 좋다. 이 괘는 밖으로 나가면 사람들에게 존경을 받는다. 감괘坎卦는 1양이 2음 사이에 빠져 들어가 있다. 그래서 구덩이와 함정의 의미이다.

### 30) 이위화離爲火 ☲☲

떠날 리는 불이다, 고을 려麗이며, 부착附着과 태양이다. 이성의 원칙이며 서로 사랑하고 생각하는 감정과 이별도 있다. 위도 불이고 아래도 불이며 뜨겁게 활활 타오른다. 문화관계는 길하고 모든 일을 급히 서둘러야 한다. 상괘도 하괘도 모두 불이다. 1음이 2양 사이에 붙어있다. 떨어지며 또한 부착附着과 부리附離의 뜻이 있다. 이 괘의 상은 불이며 태양이며 번개며 밝은 것을 나타내며 옛 글자는 리离, 암소인 빈우牝牛는 육이六二를 가리키는데 소의 성질은 유순하다. 육이六二는 음유陰柔로서 음위陰位에 있는 모습을 암소에 비유하였다.

## 2. 주역하경周易下經

### 31) 택산함澤山咸 ☱☶

못과 산은 다함이며, 느낄 감感이며, 연애감정과 감응의 이치이다. 애정문제는 대길하며 좋은 반응이 있다. 물질적인 면은 지지를 얻지 못하고 애정문제 결혼 등은 대길하다. 상괘는 태택兌澤으로 소녀이며, 하괘는 간산艮山으로 소남이다. 소남이 소녀에게 내려와 서로 마음이 통하여 기쁨으로 감동하는 모습이다.

### 32) 뇌풍항雷風恒 ☳☴

우레와 바람은 항상 항恒이며 오랠 구久이다. 항구적이고 영속적이며 영구적인 도리이다. 부부이며 천지와 더불어 조화를 이루어 경사스럽다. 지속적으로 길하나 중간의 변화는 흉하다. 너무나 평온하여 생활의 변화를 원하기도 하며 바람기에 조심하여야 한다. 상괘는 진뇌震雷로 우레이며, 하괘는 손풍巽風으로 바람이다. 우레와 바람이 서로 고동을 치니 변화가 극심하여 만물의 생육활동이 멈추지 않는 항구적인 의미가 있다.

### 33) 천산돈天山遯 ☰☶

하늘과 산은 달아날 돈遯이다. 멀리 이끄는 것이며 숨고 은둔하는 상이다. 해탈의 길이며 중간에서 빠지는 상이며 36계이며 인생에 있어서 도망치는 방법도 여러 가지이다. 처한 상황과 당면한 문제에서 일단 손을 빼는 것이 좋고 상대가 사람이건 사업이건 가능한 한 빨리 손 빼고 달아날수록 상처와 손해가 적다. 다시 재기의 시기를 기다림이 최선이다. 2음이 아래로부터 커져 4양이 달아나 숨으려는 상이다.

### 34) 뇌천대장雷天大壯 ☳☰

우레와 하늘은 장대할 대장大壯이다. 강장剛壯이며 양기가 왕성하고 큰 사업이며 선처이다. 하늘에서 나는 요란한 천둥소리이며 세력이 강하여 폭주하기 십상이다. 내실의 충실함이 필요하며 신중함이 길하다. 걸려서 나가지 못한다. 상괘는 진괘震卦로 우레며 하괘는 건천乾天으로 하늘이나. 우레가 하늘에서 울려 뇌성소리가 크게 왕성하고 장대한 모습이다. 또 4양이 장성하여 2음의 기세가 쇠약해지는 모습이다.

### 35) 화지진火地晉 ☲☷

불과 땅은 나아갈 진進이며 욱일승천旭日昇天하는 기상이고 성공의 길이다. 순조로운 상승의 기운을 타고 나가는 운이며 동녘에 해가 뜨는 상이다. 기다리는 사람은 오고 잃은 것은 찾고 연인과의 관계가 좋게 마무리되며 모든 일이 호전된다. 상괘는 이화離火로 태양이며 하괘는 곤지坤地로 땅이다. 이 모습은 해가 지상에 떠오르는 기상이다.

### 36) 지화명이地火明夷 ☷☲

땅과 불은 해가 저물 명이明夷이며 어두울 명暝이다. 다치고 패하는 것이며 암흑시대요 불우한 시대이다. 어진 이가 패하고 다치며 타는 불에 흙과 모래를 끼얹는 상이다. 날씨가 찬데 불은 꺼지고 고생길은 산넘어 산이다. 불운의 시기이며 화나고 분통터질 일만 생긴다. 상괘는 곤지坤地로서 땅이고 하괘는 이화離火로서 태양으로 해가 땅 아래로 숨어드는 모습이다.

### 37) 풍화가인風火家人 ☴☲

바람과 불은 집사람 가인家人이다. 내부를 다스리고 가족, 가정생활, 화목과 친애의 도리이다. 집안을 지키는 주부이며, 모든 일이 안정되어 침착하게 인생을 즐길 수 있다. 연애와 결혼생활은 평온 무사하고 다만 심심해서 엉뚱한 생각이나 바람피울 궁리도 해 볼 수 있다. 상괘는 손풍巽風으로 장녀이고 하괘는 이화離火로 중녀이다. 장녀와 중녀가 함께 살면서 서로 친숙하게 지내고 가정이 원만한 모습이다.

### 38) 화택규火澤睽 ☲☱

불과 못은 어그러질 규睽다. 어길 위違며 반목과 대립과 통일이다. 동질과 이질의 상이다. 모든 일이 고부姑婦간의 사이와 같다. 여성끼리 힘 겨루기이며 작은 일엔 길하나 큰일엔 흉하며 취직 등에 길하다. 상괘 이화離火는 불이고 하괘 태택兌澤은 못으로 불의 성질은 움직여서 위로 타오르는 염상炎上의 상이며,

못의 성질은 물이라 움직여 아래로 흘러 스며드는 강하降下의 상이다. 서로 그 성질이 등지고 어그러지는 모습이다.

### 39) 수산건水山蹇 ☵☶

물과 산은 다리 절룩거릴 건蹇이다. 험난한 길이며 발이 병들어 절면서 가는 형상이다. 어려운 과정과 불화의 상이다. 산길은 강이 되고, 길을 잃고 헤매다가 조난 당하나 겨우 구조는 된다. 연애도 맞선은 허탕이고, 어두운 밤길에 치한이 출현하지만 위기일발에서 구조대가 때마침 나타난다. 상괘는 감수坎水로 험난함을 나타내고 하괘는 간산艮山으로 머문 상이다. 험난이 앞을 가로막아 더 이상 나갈 수 없고 멈춘 모습이다. 서남이 이롭다.

### 40) 뇌수해雷水解 ☳☵

우레와 물은 풀릴 해解이며 험난한 지역에서의 탈출이다. 해결되고 해빙되어 얽혔던 일들이 하나하나 풀려서 해방이 되는 것이다. 봄소식의 첫 뇌성이 터져 얼음이 녹고 새싹이 돋아 시냇물이 졸졸 흐르기 시작한다. 운세 타개의 시기이나 직장에서는 해고나 해직을 조심하여야 한다. 상괘는 진뇌震雷로서 움직일 동動이고 하괘는 감수坎水로 험난을 의미한다. 험난한 가운데서 능히 움직여 험난을 탈출하는 모습이다. 하괘는 진감震坎을 합친 것으로 동북의 괘이다. 그러므로 서남에 이롭다는 것이다.

### 41) 산택손山澤損 ☶☱

산과 못은 감할 손損이다. 위쪽을 덜어내는 것이다. 감손되고 봉사하는 것이며 극기와 통제이다. 호수에 비친 산이며 먼저는 손해보나 나중에는 혜택과 덕을 본다. 금전 지출은 있으나 그에 상응하는 이문이 생긴다. 남에게 잘하면 길하다.
상괘가 간산艮山이고 하괘는 태택兌澤이며 지천태地天泰에서 온 것이다. 지천태에서 구삼九三의 1양이 상효上爻로 가고 상육上六의 음이 삼三으로 내려온 것. 이것은 아래를 감손해서 위를 더할 익益하는 모습이다.

### 42) 풍뢰익風雷益 ☴☳

바람과 우레는 더할 익益이며 아래를 보탬이다. 이익과 혜택이며 자유와 위임이다. 공익과 우선투자이다. 바람과 함께 천둥 우레가 치는 것이며 비가 내려 땅위에 만물이 자라난다. 온 천지에 혜택을 내린 만큼의 힘을 지닌다. 크게 이득을 보는 상이다. 상괘는 손풍巽風, 하괘는 진뢰震雷이며 원래는 천지비天地否에서 온 것이다. 비否괘에서 상구上九의 1양이 초효로 내려오고 구사九四의 양이 음으로 바뀐 것이다. 위를 덜어서 아래를 더하는 익益이다.

### 43) 택천쾌澤天夬 ☱☰

못과 하늘은 결단할 쾌夬며 결단할 결決이다. 결정하고 결행하는 큰 흐름의 결단과 행동이다. 독재자는 단죄되고 일의 향방을 놓고 결단을 내릴 때이다. 그렇지 않으면 목이 달아날 때이니 처한 상황이 중대한 국면이며 불안하고 희망적이지 못하다. 온 전력을 다해 추진하는 것이 좋다. 다섯 양효가 오르고 마지막 위에 있는 음효 1개를 결단하여 없애려는 모습이다.

### 44) 천풍구天風姤 ☰☴

하늘과 바람은 서로 만날 구姤며, 만남을 뜻하고 계획에 없는 우연히 만나는 상봉이며 신규조우이다. 마치 여왕벌 같은 미녀의 상이며, 대체로 여성의 운이 강할 때이다. 더불어 여성관계의 사업이나 사건에 유리하다. 뜻하지 않은 일이 발생하고 밑으로 떨어지는 추락을 조심해야 한다. 누군가 주는 선물에 독이 있으며 가시 돋친 장미를 조심하고 꽃뱀을 조심한다. 상괘는 건천乾天이고 하괘는 손풍巽風이다. 하나의 음효가 아래에 생겨 갑자기 다섯의 양효를 만나는 모습이다. 하괘 손巽은 장녀로서 여장女壯을 의미한다.

### 45) 택지췌澤地萃 ☱☷

못과 땅은 모을 췌萃며 모을 취聚다. 인물의 집합과 번영이며 이변이 속출하는 상이다. 잉어가 용문에 오르고 땅위에 시냇물이 흘러내려 그 물이 모이고 모여 하나의 바다가 된다. 기쁨이 모여 성대하고 화려한 잔치가 벌어지는 상이다. 한편으로는 들뜨기 쉬우므로 행동거지에 있어서 신중한 처신을 해야 한다. 본괘는 양이 둘이고 음이 넷이다. 위로는 구오九五의 임금과 구사九四의 재상이 있으며 온 백성은 이 2양의 덕망에 모이고 돌아가는 모습이다.

### 46) 지풍승地風升 ☷☴

땅과 바람은 오를 승升이며 위로 상승하는 것이다. 향상과 승진의 운이며 시운이 발달해 가는 상이다. 순조로운 성장이며 행선지에서 멋지고 훌륭한 것이 있다. 이럴 때는 과감히 떠나고, 바람이 땅위에서 하늘로 솟는 기상이다. 만사에 길하고 형통하며 건전하고 발전해 가는 상이다. 상괘는 곤지坤地로서 땅이며 하괘는 손풍巽風으로 나무이다. 나무 뿌리가 땅 속에 내려 점차적으로 나뭇가지가 성장하여 위로 뻗어 오르는 모습이다. 손방巽方은 동남방이고 곤방坤方은 서남방이다. 모두가 남쪽과 가까운 괘이며 남쪽은 원래 양명한 땅이라 남쪽 정벌은 길하다.

### 47) 택수곤澤水困 ☱☵

못과 물은 곤할 곤困이며 곤핍과 결핍이다. 고생과 궁핍을 의미하며 어렵고 곤궁한 처지에 놓여 있는 상이다. 물이 고갈된 연못이며 3년 동안 옥살이 신세 같은 비운의 시기이다. 하는 일마다 지체되어 막히고 절망의 연속이다. 오해와 중상으로 궁지에 몰리고 모략으로 몰매를 당하는 상이다. 이럴 때 배수진의 각오로 목숨을 걸고 싸워 결사적으로 이겨내야 한다. 상괘는 태택兌澤으로 못이고 하괘는 감수坎水로 물이다. 못에 있던 물이 아래로 새어나온 형상이며 또한 하괘 구이九二가 2음 사이에 빠져서 상괘 구사九四·구오九五의 2양이 상육上六의 1음으로 인해 눌리고 있는 모습이다.

### 48) 수풍정水風井 ☵☴

물과 바람은 우물 정井이며 변화가 없는 것이다. 샘과 우물이며 스스로의 깊은 수양이다. 맑고 깨끗한 물이 차 있는 우물로 만약 두레박이 없으면 길어 올릴 수 없다. 서로 엇갈림이 많은 때이므로 남이 나를 알아주지 않는다. 이럴 때 마음을 비우고 실력양성에 힘쓴다면 머지않아 때와 기회가 온다. 상괘는 감수坎水이고 하괘는 손풍巽風이다. 감수는 물이고 손풍은 나무로서 두레박을 의미한다. 또 입入자 모양으로 이것은 나무 두레박을 넣어서 물을 퍼 올리는 모습이기도 하다.

### 49) 택화혁澤火革 ☱☲

못과 불은 고칠 혁革이며 옛것을 없애고 새 것으로 바꾸는 것이다. 혁명과 변혁이며, 신구 교대의 시기다. 큰 변혁을 완수하기 전까지의 각각의 단계이다. 무엇이든 개혁하면 길하고 좋다. 개혁의 시기가 다가온 것이다. 다만 병환자는 흉하다. 상괘는 태택兌澤이고 하괘는 이화離火이다. 물이 왕성하면 불을 꺼버리고 불이 왕성하면 물을 말리므로 상호 상대방을 멸망시키는 모습이다.

### 50) 화풍정火風鼎 ☲☴

불과 바람은 솥 정鼎이며, 삼족수三足數의 안정을 의미하는 정함이다. 안정된 것이며 조정이 도리로 제수祭水를 끓이는 세발 솥이다. 석삼, 즉 셋이 관계하고 있으면 크게 길하다. 만사가 삼박자로 안정되고 안심해도 좋은 시기다. 삼각 관계도 그대로 보존하면 길하고 협력하면 아주 길한 괘이다. 초효 음陰은 발의 모습이고 2효에서 4효까지는 복부腹部의 모습이고 5효의 음은 솥귀의 모습이다. 상괘는 이화離火로 불이고 하괘는 손풍巽風으로 나무이다. 나무를 넣어서 불을 태워 음식을 끓이는 솥의 모습으로 본다.

### 51) 진위뢰震爲雷 ☳☳

진동할 진震은 우레이며 움직일 동動이다. 우레, 천둥, 번개, 벼락치는 소리에 놀라고 두려워하는 상이다. 이변이 속출하므로 경계하고 신중하는 때이다. 천둥만 요란하고 비가 없다. 소리만 요란하고 무서우나 실속이 없으므로 큰 피해는 없다. 그렇다고 실제적인 이익도 없으며 주위의 잡음에 흔들리지 말고 소신껏 밀고 나가야 한다. 상하가 모두 진괘震卦로 진은 1양이 2음 아래에 있는 상으로 양기陽氣가 때를 만나 떨쳐 일어나는 모습이다. 진은 천둥·우레·번개·벼락·진동으로 움직일 동動이다.

### 52) 간위산艮爲山 ☶☶

그칠 간艮은 산을 말하며 그칠 지止다. 정지며 부동이며 사사로움이 없으며 그침을 아는 것이다. 가볍게 동하지 말고 산 넘어 산이다. 고생이 많고 일은 되

제2장 명리학의 기원과 발전   79

풀이된다. 움직이고 출전하는 것은 흉하고 다시 한 고개를 넘을 각오로 매사 임해야 한다. 상하괘가 모두 간산艮山이다. 간은 1양이 2음 위에 머문 모습이다. 간산의 괘상은 산으로 머물고 그치는 의미이다. 그 몸체는 구삼九三을 가리키고 사람은 상구上九를 가리킨다.

### 53) 풍산점風山漸 ☴☶

바람과 산은 점차 점漸이며 점진漸進이다. 서서히 나아가는 것이며 성장이며 진보의 단계이다. 날아오르는 물새떼이며 순서를 밟아 나아가면 길하다. 산에다 나무도 심어 놓으면 점차적으로 자란다. 매사 진행에는 길하나 오히려 그물을 쳐 놓고 기다리면 효과는 더욱 좋다. 상괘는 손풍巽風으로 나무 목木이며 하괘는 간산艮山으로 산이다. 나무가 산 위에 심어져 점점 자라나는 형상이다.

### 54) 뇌택귀매雷澤歸妹 ☳☱

우레와 못은 늦게 시집갈 귀매歸妹이며 유종有終이다. 비정상적인 혼사이며 사랑해선 안될 사랑이다. 여자가 시집갈 때 상대가 원해서 가는 것이 좋고 그렇지 않으면 불리하다. 움직이는 것은 흉하고 판단력에 착오가 생긴다. 기대한 만큼의 실소득은 없다. 하괘는 태택兌澤으로 소녀이며 상괘는 진뇌震雷로 장남이다. 소녀가 장남에게 시집가는 모습이다. 하괘 태택兌澤은 기쁠 열悅이고 상괘 진괘는 움직일 동動이므로 기뻐서 움직이는 상이며 혼인의 모습이다.

### 55) 뇌화풍雷火豊 ☳☲

우레와 불은 풍성할 풍豊이며 성대盛大한 것이다. 성대한 시기로서 쇠미의 조짐도 보인다. 풍만에 처하는 도리이며 풍요로운 시기이다. 문화관계에 특히 좋으며 풍요로운 시기로 주변으로부터 질시의 과녁이 되기 쉽다. 많이 베풀고 장차 다가올 미래의 쇠운에 서서히 대비하여야 한다. 하괘는 이화離火로 불이고 상괘는 진괘震卦로 움직일 동動이다. 안은 밝고 밖은 움직이고 있다. 성대함을 뜻하는 것이다.

### 56) 화산려火山旅 ☲☶

불과 산은 나그네 여旅이며 과소寡少이다. 이동하고 여행하며 고독한 나그네의 길과 같다. 고생도 따르고 불안이 많다. 이동 중에 재해나 갑작스런 사고에 조심해야 한다. 어떤 일이든 엄중히 경계해서 나아가도록 해야 한다. 순수한 여행은 견문을 넓히고 지식을 얻으므로 복잡할 때 마음을 비우고 여행을 하는 것도 괜찮다. 상괘는 이화離火로 불이고 하괘는 간산艮山으로 산이다. 불이 산을 불태울 때는 이곳 저곳으로 옮겨다니며 불타며 멈추지 않는 모습으로 나그네가 이리저리 전전하면서 고달프게 숙사를 옮기는 것에 비유한다.

### 57) 손위풍巽爲風 ☴☴

 유순할 손은 바람이며 복입伏入의 상으로 바람이 스며드는 상이다. 손巽은 순한 바람이고 손양遜讓으로서 겸손하고 유순함을 의미한다. 명령과 선배에게 복종하는 상이며 바람에 운반되는 씨앗과도 같다. 모든 일이 부산하고 어수선하며 마음도 바람처럼 둥둥 떠 있다. 유연하게 대처하며 이리저리 우왕좌왕도 해 보며 경험을 쌓는 것도 좋다. 상하괘 모두 유순할 손巽이다. 손은 1음이 2양 아래 들어와 있어서 마치 양陽에게 순종하는 모습이다. 또 1음이 2양 아래 들어와 엎드린 모습이다. 손巽의 괘상은 바람이며 나무이며 순할 순順이며 들입入의 의미가 있다. 대인大人은 구오九五를 가리킨다.

### 58) 태위택兌爲澤 ☱☱

 기꺼울 태兌는 못이며 화설和說이다. 희열이며 친목이다. 강습이며 깔깔 웃는 아가씨들의 모습이다. 사람들이 모여 경사가 많을 때이며 서비스 분야나 정보 산업에 유리하고 음식업이나 특히 젊은 여성 등에 길하다. 다만 구설수나 식중독에 조심하여야 하니 입을 조심해야 한다. 상하괘 모두 태택兌澤이다. 태兌는 아래 2양효陽爻가 있고 위에 1음陰이 있어서 내부는 강하고 밖은 부드럽다. 외유내강外柔內剛격이다. 사람들이 옷을 가지고 오니 기쁨이 외부로 나타나는 모습이다.

### 59) 풍수환風水渙 ☴☵

 바람과 물은 흩어질 환渙이다. 이산離散이며 환산渙散이다. 대사大事와 공사公私이다. 해산과 재결합이며 집합과 이산의 시기이다. 돈이 흩어지는 형상으로 광고나 보도매체, 운송 분야는 길하다. 전염성 질환이나 이혼에 주의해야 한다.

상괘는 손풍巽風으로 나무이며 하괘는 감수坎水로 물이다. 바람이 물에 불어 닥쳐 파도가 일어나고 물보라가 튀기며 흩어지는 상이다. 하괘의 감수坎水는 물로서 큰 내나 대천大川이고 상괘는 손풍巽風으로 나무 목木으로서 주舟의 모습이다. 그러므로 큰 내를 건너면 이롭다고 했다.

### 60) 수택절水澤節 ☵☱

물과 못은 대마디 절절節이며 제도制度이다. 절도節度이며 인사와 절의節義이다. 물이 가득 담긴 저수지로 괴로운 고난과 고생이 끝나는 시점이다. 버릴 것은 버리는 것이 빠를수록 좋다. 근검절약을 명심하고 절조를 지키면 모든 일이 순조로와 진다. 상괘는 감수坎水로서 물이고 하괘는 태택兌澤으로 못이다. 물이 못에 유입되어 너무 많으면 자연 밖으로 흘러나가 늘 일정한 분량의 물이 고여 있는 모습이다. 이 괘의 6효가 음양陰陽이 제각기 3효爻씩 평분되어 있으므로 절도가 있는 모습이기도 하다.

### 61) 풍택중부風澤中孚 ☴☱

바람과 못은 믿을 중부中孚이며 믿음이 충만한 것이다. 성심과 성의로서 참다운 믿음이다. 어미새가 알을 따뜻이 품은 형상이며 둥지 안에 주둥이를 크게 벌린 새끼 새들이 우짖는 모습이다. 육성하고 기르는 일은 길하고 만사에 성실하면 크게 통한다. 경사가 연이어 생겨난다. 상괘는 손풍巽風으로 바람이며 하괘는 태택兌澤으로 못이다. 바람이 연못위로 불어서 물이 살며시 일고 움직이는 모습이다. 통치자가 성심으로 백성들에게 임하면 백성들 또한 이에 감동하여 잘 따른다고 하는 의미이다. 본 괘는 2음이 4양 한가운데 있어서 2효와 5효가 모두 강중剛中의 덕이 있고 중심이 견고하여 성실한 모습이다.

### 62) 뇌산소과雷山小過 ☳☶

우레와 산은 작게 지나갈 소과小過이며 부드럽게 지나가는 것이다. 자신을 알고 수분지족守分知足의 도리를 지키는 시기다. 두 사람이 등을 대고 있는 형상이며 모든 일을 진행하기엔 좀 무리이다. 그러나 큰 일은 흉하지만 작은 일은 길하다. 일을 진행시키더라도 가능한 작게 하고 목표를 낮게 잡으며, 소규모로 조심스럽게 진행할 때다. 만약 무모하게 뛰쳐나가면 큰 재난을 당한다. 상괘는 진뢰震雷, 하괘는 간산艮山이다. 양陽을 대大로 삼고 음陰은 소小로 삼은 것이다. 이 괘는 2양이 한가운데 모여있고 4음이 밖에 있다. 음이 양을 제압하는 모습이다.

### 63) 수화기제水火旣濟 ☵☲

물과 불은 모두 건널 기제旣濟다. 큰 성공이다. 완성이며 유종의 도리이다. 성공하여 이름을 사해에 크게 드날리는 상이다. 일단 완성을 한 모양으로 결론은 이미 나온 것이다. 이후는 한번 쉬고 다음 국면에 서서히 대비하여 기운을 재충전해 둠이 좋다. 상괘는 감수坎水로 물이고 하괘는 이화離火로 불이다. 이화離火의 불은 아래에 있으므로 타올라 염상炎上하고 감수坎水의 물은 위에 있어서 아래로 습윤하고 윤하潤下한다. 물은 불 위에 얹어서 끓이면 끓어올라 비등沸騰한다. 이것은 물과 불이 서로 상제相濟하여 쓰임을 이루는 모습이다.

### 64) 화수미제火水未濟 ☲☵

불과 물은 못 건널 미제未濟이며 미완성이며 아직 이루지 못한 것이다. 무종지도無終之道이며 저 멀리 아득히 바다 위에 떠오르는 밝은 태양이다. 중천에 떠오르려면 아직 기다려야 하므로 시기와 기회를 기다리는 상이다. 힘은 충만하지만 아직 형태를 이루지 못했다. 진행하면 쓸데없이 꼬리를 잡히고 긁어 부스럼이다. 계획하고 준비하는 것이 최상이며 길하다. 상괘는 이화離火로 불이고 하괘는 감수坎水로 물이다. 불은 위로 올라가 염상炎上하고 물은 아래에 있어 윤하潤下하니 둘은 서로 상반相反되어 쓰임을 이루지 못한다. 이것은 사물이 성취하지 못하는 모습이다.

64괘 암기법

| 팔괘 | 일건천 | 이태택 | 삼리화 | 사진뢰 | 오손풍 | 육감수 | 칠간산 | 팔곤지 |
|---|---|---|---|---|---|---|---|---|
| 괘수 | 11 | 12 | 13 | 14 | 15 | 16 | 17 | 18 |
| 괘사 | 건위천 | 천택리 | 천화동인 | 천뢰무망 | 천풍구 | 천수송 | 천산돈 | 천지비 |
| 괘수 | 21 | 22 | 23 | 24 | 25 | 26 | 27 | 28 |
| 괘사 | 택천쾌 | 태위택 | 택화혁 | 택뢰수 | 택풍대과 | 택수곤 | 택산함 | 택지췌 |

| 괘수 | 31 | 32 | 33 | 34 | 35 | 36 | 37 | 38 |
|---|---|---|---|---|---|---|---|---|
| 괘상 | 화천대유 | 화택규 | 이위화 | 화뢰서합 | 화풍정 | 화수미제 | 화산여 | 화지진 |
| 괘수 | 41 | 42 | 43 | 44 | 45 | 46 | 47 | 48 |
| 괘상 | 뇌천대장 | 뇌택귀매 | 뇌화풍 | 진위뢰 | 뇌풍항 | 뇌수해 | 뇌산소과 | 뇌지예 |
| 괘수 | 51 | 52 | 53 | 54 | 55 | 56 | 57 | 58 |
| 괘상 | 풍천소축 | 풍택중부 | 풍화가인 | 풍뇌익 | 손위풍 | 풍수환 | 풍산점 | 풍지관 |
| 괘수 | 61 | 62 | 63 | 64 | 65 | 66 | 67 | 68 |
| 괘상 | 수천수 | 수택절 | 수화기제 | 수뢰준 | 수풍정 | 감위수 | 수산건 | 수지비 |
| 괘수 | 71 | 72 | 73 | 74 | 75 | 76 | 77 | 78 |
| 괘상 | 산천대축 | 산택손 | 산화비 | 산뇌이 | 산풍고 | 산수몽 | 간위산 | 산지박 |
| 괘수 | 81 | 82 | 83 | 84 | 85 | 86 | 87 | 88 |
| 괘상 | 지천태 | 지택림 | 지화명이 | 지뢰복 | 지풍승 | 지수사 | 지산겸 | 곤위지 |

## 3. 대성괘大成卦의 6位(爻位) 배속관계

| 六位 | 국가 | 사회 | 인간신체 | 동물 | 가족 | 연령 |
|---|---|---|---|---|---|---|
| 上位 | 상왕・국사・고문 | 회장 | 머리 | 머리 | 조부모 | 60 |
| 5位 | 천자・국가원수 | 사장 | 어깨・가슴・등 | 앞발 | 부 | 50 |
| 4位 | 재상・대신・장관 | 지배인 이사 | 복부・몸통 | 몸의 앞면 | 모 | 40 |
| 3位 | 지방장관・도지사・시장 | 부장 차장 과장 | 허리, 넓적다리, 사타구니 | 몸의 뒷면 | 맏형・누나 | 30 |
| 2位 | 지방관리・구청장・읍・면장 | 대리 계장 주임 | 정갱이 | 뒷발 | 누나・중형 | 20 |
| 初位 | 백성・서민 | 평사원 | 발・다리 | 꼬리・엉덩이 | 막내・제매・손자 | 10 |

## 4. 사상수四象數의 음양변화

- 노양老陽(태양太陽) : 9 (3×3=9) : 부父(삼양三陽)
- 노음老陰(태음太陰) : 6 (2×3=6) : 모母(삼유三陰)
- 소양少陽 : 7 (3×1+2×2=7) : 장남·중남·소남
- 소음少陰 : 8 (2×1+2×3=8) : 장녀·중녀·소녀

# 제6절 64괘사卦辭

## 1. 상경괘사上經卦辭

1) 건乾은 건健이며 굳건하고 강건, 하늘의 작용, 군주·부친의 도리, 신념과 노력의 시기이다.
2) 곤坤은 순順이며 유순, 포용, 땅의 작용, 신하와 모친의 도리, 양육과 검소, 노력의 결실이다.
3) 준屯은 어려울 준屯이며 초기의 아픔이며, 찰 영盈이며, 낳는 괴로움, 초창기의 수난이다.
4) 몽蒙은 어릴 몽蒙이며 무지와 미개발이며, 어릴 치稚이며, 교육이념, 실력부족, 결핍과 고독이다.
5) 수需는 기다릴 수需이며 대기의 상태이며, 술과 음식잔치, 초조, 은인자중이며 희망이 곧 온다.
6) 송訟은 소송, 싸우고 배신하며, 국론 불통일, 소송사건, 헛수고, 싸우면 불리, 화해하면 길하다.
7) 사師는 스승이며 군사, 무리이며, 집단과 투쟁, 군사행동, 통솔과 지휘, 출전과 승리이다.
8) 비比는 견줄 비比이며 도울 보補이며, 친목과 상부상조, 동반자, 대성공, 결혼, 교섭에는 길하다.
9) 소축小畜은 작게 머무르며, 힘을 기르고, 준비하고, 되돌아가면 길하며, 진보와 성찰, 여성충고는 길하다.
10) 리履는 밟을 리며 예禮, 실천과 이행, 함정과 험지 조심, 선배존중과 전례

에 순응하고, 신중처신한다.
11) 태泰는 통할 태, 치治이며 태평과 조화이며, 새우로 도미 낳고, 차츰 정세 험악, 후반을 대비한다.
12) 비否는 비색할 비며 어지러울 난亂, 반목, 서로가 패색, 상하반목, 천지불통, 만물질식의 상이다.
13) 동인同人은 같은 동지이며 대동단결이며, 봉화불, 협력과 진척, 여인은 부정, 병자는 위독하다.
14) 대유大有는 부유할 대유며 세력과 부강, 경쟁자 사라지고 찬란, 성운이나 방심은 금물이다.
15) 겸謙은 겸손할 겸, 양보와 후퇴, 평등과 공평, 겸양미덕, 베풀면 길하고, 여인들의 인기를 받는다.
16) 예豫는 먼저 예며 기쁠 예며 즐기고 화락함, 준비의 시기, 일한 만큼 보람이며, 시기가 곧 당도하는 것이다.
17) 수隨는 따를 수며 순종과 복종이며 두 번째이며, 타인을 따라하면 이득, 직장 이직에 길하다.
18) 고蠱는 고혹할 고며 부패한 것이며 모두 버리고 새로 시작, 어려운 일의 처리, 해혹이다.
19) 임臨은 임할 림이며 친민이고 보호와 내외활동이며 기회가 나아온 것, 임기응변은 길하다.
20) 관觀은 볼 관이며 취법이며 보고 가리키고 국민교화와 고요히 별을 보고 정세를 관망한다.
21) 서합噬嗑은 씹고 깨물고 하는 서합이며, 형벌과 죄, 판결, 저항의 극복, 치통과 식중독, 감언이설이다.
22) 비賁는 꾸밀 비며 문식이며, 문명과 문화의 법칙, 화려, 면허증 취득, 향토명예에 길하다.
23) 박剝은 깎을 박, 쇠락, 삭감, 운세의 바닥, 무너지는 산, 위기, 배탈, 설사이며 내리막길이다.
24) 복復은 다시 복이며 부흥이고 회복이며 되풀이되고, 재혼에 길하고 초혼은 이혼의 우려있다.
25) 무망无妄은 거짓없을 무망이며 순백한 마음과 자연의 운행이며 호전되어 가는 것이다.

26) 대축大畜은 크게 기를 대축이며 포용, 실력축적, 번영과 최고의 자리, 저축, 공부, 사업이다.
27) 이頤는 턱이며 욕망의 문제이며 양정養正의 도리이며 건강과 말씨를 조심하는 것이다.
28) 대과大過는 크게 지날 대과이며, 지나치게 굳세며 불균형과 무리, 만혼에 길하며, 인내력이다.
29) 감坎은 물이며 함정이며 위기에 빠져 고생하고 중간에 끼여 어려움을 당하는 것이다.
30) 이離는 불이며 고을 려麗이고 이성의 원칙이며, 활활 타오르는 정열이며, 사랑과 이별, 문화관계에 길하다.

## 2. 하경괘사下經卦辭

31) 함咸은 다함이다. 느낄 감感이며 연애감정과 감응의 이치 등 애정문제, 결혼 등의 일이다.
32) 항恒은 항상 항이다. 오랠 구久이며 항구적이고 영원한 도리와 경사이며 지속과 평온이다.
33) 돈遯은 달아날 돈이며 멀리 이끄는 것이며 은둔과 해탈이며 손을 빼는 것과 36계이다.
34) 대장大壯은 장대할 대장이며 강장剛壯이며 양기陽氣가 왕성하고, 천둥소리이며, 그러나 일에는 신중함이 길하다.
35) 진晋은 나아갈 진進이다. 승천과 성공의 길이며 순조롭게 상승하는 기운이니 만사여의萬事如意하다.
36) 명이明夷는 해저물 명暝이다. 다치고 패함이며 암흑과 불운의 시기이며, 나쁜일만 발생한다.
37) 가인家人은 집사람 가인이며 내부의 일과 가정에 충실할 시기, 연애와 결혼은 평온하다.
38) 규睽는 어그러질 규이며, 어길 위違며 반목, 대립과 통일, 동질과 이질, 큰 일에는 흉하다.
39) 건蹇은 다리절 건이며 험난과 발에 이상이 생기며 험로, 불화, 조난과 구조요청이다.
40) 해解는 풀릴 해다. 험지에서 탈출이며 해결, 해방, 해빙이며 운세 타개의

시기이다.
41) 손損은 감할 손이며 봉사와 지출, 극기와 통제, 감손, 선손후덕先損後德이며 베풀면 길하다.
42) 익益은 더할 익이며 보탬이며 혜택과 위임이며 공익우선의 투자, 베푼만큼 이득이다.
43) 쾌夬는 결단할 쾌이며, 결단할 결決이며, 결단과 행동이며, 단죄와 벌이며, 온힘을 기울여 양단兩斷할 때다.
44) 구姤는 만날 구이며, 우연상봉, 미녀와 여성이 강하고 추락과 꽃뱀이며 화려한 꽃 속의 독을 조심한다.
45) 췌萃는 모을 췌이며 번영과 집합, 시냇물이 바다 되고, 기쁨과 화려한 잔치이며, 신중처신한다.
46) 승升은 오를 승이며 상승과 향상, 승진과 시운, 성장과 과감한 실행이며, 만사발전한다.
47) 곤困은 곤할 곤이며 곤핍과 고생, 물이 마른 연못이며 비운의 시기, 오해와 중상모략이다.
48) 정井은 우물정이다. 변하지 않는 것이며, 샘과 우물이며 자아수양, 엇갈리고 불안정, 되돌아보고 준비하는 시기이다.
49) 혁革은 고칠 혁이며 옛것을 없애고 혁명, 변혁, 신구교대시기, 각 단계, 환자는 흉하다.
50) 정鼎은 솥 정이며 안정과 조정의 도리, 셋이 협력하면 길, 만사안정, 협력과 삼각관계이다.
51) 진震은 우레이며 움직일 동動이며 놀라움과 두려움, 이변과 계신戒慎이며, 소리만 요란하고 비는 오지 않는다.
52) 간艮은 산이며 그칠 지止이며 정지, 부동, 무사, 산 넘어 산, 고생과 되풀이, 움직이면 흉하다.
53) 점漸은 점차 점이며 진보의 단계, 순서에 따르면 길, 점차적으로 호운, 때를 기다리는 것이다.
54) 귀매歸妹는 늦게 시집갈 귀매이며, 유종有終이며 비정상 혼사, 동하면 흉하고, 판단착오, 실소득이 없다.
55) 풍豊은 풍성 풍이며 성대한 시기이며 문화관계 길하고 장래의 쇠운에 대비하고 겸손한다.

56) 여旅는 나그네 여, 이동과 여행이며 고독한 나그네 길, 사고에 조심하고, 일에 심사숙고한다.
57) 손巽은 바람이며 복입伏入이며 선배 복종, 운반되는 씨앗, 마음이 어수선, 유연성 필요하다.
58) 태兌는 못이며 화설和說이며 희열과 친목, 강습, 경사, 서비스 업종, 구설과 식중독에 조심한다.
59) 환渙은 흩어질 환이며 이산離散이며, 대사大事와 공사公私, 해산, 광고, 매체, 운송에는 길하고, 이혼주의한다.
60) 절節은 대마디 절이다. 제도이며 절도節度이며 물 찬 저수지, 고생의 막바지, 근검절약, 절조를 유지한다.
61) 중부中孚는 믿을 중부며, 믿음과 성심, 알 품은 어미새, 성실과 육성하는 일은 길하다.
62) 소과小過는 작게 지나갈 소과, 수분지족의 도리, 작은 일은 길하고 무리수는 재난을 초래한다.
63) 기제既濟는 다건널 기제다. 대성과 완성, 유종의 도리, 입신양명, 결론, 다음 국면에 대비한다.
64) 미제未濟는 못 건널 미제다. 미완성이며 무종지도無終之道, 시기를 기다리고, 계획을 준비하는 일에는 길하다.

## 3. 12월괘 및 24절후·24방위도

12월괘 및 24절후·24방위도

| 월 | 1월 | 2월 | 3월 | 4월 | 5월 | 6월 | 7월 | 8월 | 9월 | 10월 | 11월 | 12월 |
|---|---|---|---|---|---|---|---|---|---|---|---|---|
| 괘명 | 泰 | 大壯 | 夬 | 乾 | 姤 | 遯 | 否 | 觀 | 剝 | 坤 | 復 | 臨 |
| 괘상 | ☷☰ | ☷☰ | ☱☰ | ☰☰ | ☰☴ | ☰☶ | ☰☷ | ☷☷ | ☷☶ | ☷☷ | ☷☷ | ☷☱ |
| 지지 | 寅 | 卯 | 辰 | 巳 | 午 | 未 | 申 | 酉 | 戌 | 亥 | 子 | 丑 |
| 24방위 | 艮寅 | 甲卯 | 乙辰 | 巽巳 | 丙午 | 丁未 | 坤申 | 庚酉 | 辛戌 | 乾亥 | 壬子 | 癸丑 |
| 24절후 | 입춘 우수 | 경칩 춘분 | 청명 곡우 | 입하 소만 | 망종 하지 | 소서 대서 | 입추 처서 | 백로 주분 | 한로 상강 | 입동 소설 | 대설 농지 | 소한 대한 |
| 태극 | 元 | | | 亨 | | | 利 | | | 貞 | | |
| 오행 | 木 | | | 火 | | | 金 | | | 水 | | |
| | 土 | | | | | | | | | | | |
| 방위 | 동 | | | 남 | | | 서 | | | 북 | | |
| 계절 | 봄 | | | 여름 | | | 가을 | | | 겨울 | | |
| | 중앙 | | | | | | | | | | | |

# 제3장
# 오행의 소생

제1절 선천수와 후천수
제2절 천간과 지지
제3절 명리요경 : 암기비결
제4절 간지활용과 육십갑자 함의
제5절 간지의 소생과 음양의 생성

# 제3장 오행五行의 소생所生

천지가 아직 나뉘지 않았을 때에는 그 이름을 혼돈混沌이라고 하였다. 건곤乾坤이 아직 나뉘지 않았을 때를 배혼胚渾이라고 하였다. 이때는 일월성신日月星辰이 아직 생하지 아니하였고 음양한서陰陽寒暑가 아직 나뉘지 않았을 때이다.

위로는 비도 이슬도 없고 눈과 서리도 없고, 번개·우뢰도 없이 아득하고 어둠만 있을 뿐이고, 아래에 있어서는 초목도 없고, 산천이 없고, 가축이나 새나 짐승도 없고, 사람도 없으며 그저 어두컴컴하기만 한데 이 때 한갓 기운氣運이 반중盤中에 굳어져 기氣가 나뉘어졌다.

    태역太易 생생 수水 하고 ( 一·六 ) : 알에 비유
    태초太初 생생 화火 하며 ( 二·七 ) : 부화孵化에 비유
    태시太始 생생 목木 하고 ( 三·八 ) : 핏줄에 비유
    태소太素 생생 금金 하고 ( 四·九 ) : 뼈대에 비유
    태극太極 생생 토土 하여 ( 五·十 ) : 피부 및 살에 비유

이렇게 오행五行이 발생하니 수水는 1이요, 화火는 二·목木은 三·금金은 사四·토土는 오五의 숫자가 정해지고 이를 "생수生水"라 하며 다시 육六·칠七·팔八·구九·십十을 이루어 이를 "성수成數"라 한다.

맑고(淸) 가벼운 것(輕)은 하늘이 되고 탁(濁)하고 무거운(重) 것은 가라 앉아서 땅(地)이 되었다. 이어서 우주만물이 구성되고 그 때에 성현이 세상에 나타나(복희, 신농, 황제) 이치를 세상에 알리니 군신부자君臣父子의 분별과 예의관악禮儀冠樂의 제도가 이루어졌다.

## 팔괘의 상의

| 괘명卦名 | 괘상卦象 | 괘덕卦德 | 괘상色象 | 괘의卦意 | 물상物象 |
|---|---|---|---|---|---|
| 건乾<br>건삼연<br>乾三連 | 天 하늘 | 강건剛健 | 赤色<br>白色 | 大明. 창시.<br>弘大. 尊榮.<br>고귀. 正道.<br>向上. 誠信.<br>將盛. 大器 | 태양.大寶. 금.<br>은. 玉鏡. 관청.<br>霰氷. |
| 태兌<br>태상절<br>兌上絶 | 澤 못 | 유열愉悅 | 白色 | 유화. 환희.<br>和順. 厚情.<br>웅변. 설명.<br>강습. 담소.<br>호흡 | 月. 星. 이슬.<br>雪. 霰. 地. 井.<br>戶. 水. 악기.<br>扇 |
| 이離<br>이허중<br>離虛中 | 火 불 | 명지明智 | 赤色<br>紫色 | 문명. 美麗.<br>예의. 履行.<br>발명. 성급.<br>의혹. 장식.附着.<br>顯著 | 태양. 宮社.<br>서적. 印章.<br>편지. 詩歌.<br>花木 |
| 진震<br>진하연<br>震下連 | 雷 우뢰 | 분동奮動 | 靑色 | 진동. 發奮.<br>용감. 활발.<br>성공. 재능.<br>결단. 분노.<br>조급 | 浮雲. 花竹.<br>果實 |
| 손巽<br>손하절<br>巽下絶 | 風 바람 | 복입伏入 | 白色<br>靑色<br>綠色<br>香氣 | 출입. 이익.<br>번창. 명령.<br>의뢰. 多感.<br>不決斷. 분노.<br>조급 | 扇. 袋(부대).<br>초목. 花園.<br>隨從. 果實. 魚 |
| 감坎<br>감중연<br>坎中連 | 水 물 | 함험陷險 | 黑色 | 함험. 辛苦.<br>곤난. 궁박.<br>방해. 간계.<br>인내. 인자.<br>狡猾 | 月. 川. 弓.<br>鐵器. 水晶. 酒 |
| 간艮<br>간상연<br>艮上連 | 山 산 | 정지靜止 | 黃色 | 독실. 丁寧.경용.<br>高尙. 완고.<br>장해. 謝絶 | 石. 小路. 丘. 墓<br>城. 안개. 門 |
| 곤坤<br>곤삼절<br>坤三絶 | 地 땅 | 유순柔順 | 黃色 | 온후. 안정.<br>검양. 공경.<br>정절. 자상.<br>복종. 검약.<br>법제 | 토지. 창고.<br>村屈. 布綿.<br>五穀. 안개.<br>粉末 |

| | 인상人象 | 방위方位 | 계절季節 | 수상數象 | 기상氣象 | 잡상雜象 |
|---|---|---|---|---|---|---|
| ☰ | 군주. 父. 上長. 노인. 군자. 관리. 首領. 肺腸 | 서북西北 | 晩秋 初冬 | 四九 | 晴 갬 | 말. 사자. 코끼리. 용 |
| ☱ | 少女. 妾. 小室. 通譯官. 口. 頰(협). 폐장. 咳嗽 | 서西 | 秋 | 四九 | 曇(담) | 저수지의 물. 매운맛. 닭. |
| ☲ | 中女. 文人. 학자. 예술가. 군인. 目眼. 耳. 心臟 | 남南 | 夏 | 二七 | 晴. 여름이면 旱 | 치稚. 나는 새. 반딧불. 쓴맛 |
| ☳ | 장남. 賢人. 足. 肝臟. 성급한 사람. 肋膜. | 동東 | 春 | 三八 | 雷鳴 | 전기. 용. 뱀. 말. 달리다. 짐승. 나는 새. 신맛 |
| ☴ | 長女. 秀才. 僧尼. 肋膜(늑막).股. 額廣人. | 동남東南 | 晩春 初夏 | 三八 | 風. 계절풍. 태풍 | 뱀. 닭. 신맛 |
| ☵ | 中男. 맹인. 도적. 방랑인. 腎臟. 귀. 血 | 북北 | 冬 | 一六 | 雨 | 돼지. 물고기. 여우. 짠맛 |
| ☶ | 少男. 獄吏. 코. 손. 가슴. 허리. 손가락. 背 | 동북東北 | 晩冬 初春 | 五十 | 曇天 | 개. 쥐. 호랑이. 단맛 |
| ☷ | 母. 臣下. 妻. 女. 老女. 농부. 小人. 樂人. 肉. 消化器. 血 | 서남西南 | 晩夏 | 五十 | 曇天 | 소. 젖소. 물고기. 단맛 |

## 60甲子 納音五行

| 干支 | 갑자 甲子<br>을축 乙丑 | 갑술 甲戌<br>을해 乙亥 | 갑신 甲申<br>을유 乙酉 | 갑오 甲午<br>을미 乙未 | 갑진 甲辰<br>을사 乙巳 | 갑인 甲寅<br>을묘 乙卯 |
|---|---|---|---|---|---|---|
| 納音 | 해중금<br>海中金 | 산두화<br>山頭火 | 천중수<br>泉中水 | 사중금<br>沙中金 | 복등화<br>覆燈火 | 대계수<br>大溪水 |
| 干支 | 병인 丙寅<br>정묘 丁卯 | 병자 丙子<br>정축 丁丑 | 병술 丙戌<br>정해 丁亥 | 병신 丙申<br>정유 丁酉 | 병오 丙午<br>정미 丁未 | 병진 丙辰<br>정사 丁巳 |
| 納音 | 노중화<br>爐中火 | 간하수<br>澗下水 | 옥상토<br>屋上土 | 산하화<br>山下火 | 천하수<br>天河水 | 사중토<br>沙中土 |
| 干支 | 무진 戊辰<br>기사 己巳 | 무인 戊寅<br>기묘 己卯 | 무자 戊子<br>기축 己丑 | 무술 戊戌<br>기해 己亥 | 무신 戊申<br>기유 己酉 | 무오 戊午<br>기미 己未 |
| 納音 | 대림목<br>大林木 | 성두토<br>城頭土 | 벽력화<br>霹靂火 | 평지목<br>平地木 | 대역토<br>大驛土 | 천상화<br>天上火 |
| 干支 | 경오 庚午<br>신미 辛未 | 경진 庚辰<br>신사 辛巳 | 경인 庚寅<br>신묘 辛卯 | 경자 庚子<br>신축 辛丑 | 경술 庚戌<br>신해 辛亥 | 경신 庚申<br>신유 辛酉 |
| 納音 | 노방토<br>路傍土 | 백랍금<br>白鑞金 | 송백목<br>松柏木 | 벽상토<br>壁上土 | 차천금<br>釵釧金 | 석류목<br>石榴木 |
| 干支 | 임신 壬申<br>계유 癸酉 | 임오 壬午<br>계미 癸未 | 임진 壬辰<br>계사 癸巳 | 임인 壬寅<br>계묘 癸卯 | 임자 壬子<br>계축 癸丑 | 임술 壬戌<br>계해 癸亥 |
| 納音 | 검봉금<br>劍鋒金 | 양류목<br>楊柳木 | 장류수<br>長流水 | 금박금<br>金箔金 | 상자목<br>桑自木 | 대해수<br>大海水 |
| 空亡 | 술해 戌亥 | 신유 申酉 | 오미 午未 | 진사 辰巳 | 인묘 寅卯 | 자축 子丑 |

# 제1절 선천수先天數와 후천수後天數

## 1. 선천수

선천수

| | |
|---|---|
| 갑 기 자 오 甲 己 子 午 | 9 |
| 을 경 축 미 乙 庚 丑 未 | 8 |
| 병 신 인 신 丙 辛 寅 申 | 7 |
| 정 임 묘 유 丁 壬 卯 酉 | 6 |
| 무 계 진 술 戊 癸 辰 戌 | 5 |
| 사 해 속 지 巳 亥 屬 之 | 4 |

## 2. 선천수 기원

갑자甲子에서 임신壬申까지 9번째가 되고 갑甲은 기己와 6섯번째 자리에서 간합干合하고 자子와 오午는 7곱번째 자리에서 상충相沖한다.

을축乙丑에서 임신壬申까지는 8번째가 되고 을乙은 경庚과 6섯번째 자리에서 간합干合하고 축丑과 미未는 7곱번째 자리에서 상충相沖한다.

병인丙寅에서 임신壬申까지는 7번째가 되고 병丙은 신辛과 6번째 자리에서 간합干合하고 인寅과 신申인 7곱번째 자리에서 상충相沖한다.

정묘丁卯에서 임신壬申까지는 6번째가 되고 정丁은 임壬과 6섯번째 자리와 간합干合하고 묘卯와 유酉는 7곱번째 자리에서 상충相沖한다.

무진戊辰에서 임신壬申까지는 5번째가 되고 무戊는 계癸와 여섯 번째 자리에서 간합干合하고 진辰과 술戌은 일곱 번째 자리에서 상충相沖한다.

사巳에서 임신壬申까지는 4번째가 되고 사巳는 해亥와 일곱 번째 자리에서 상충相沖한다.

## 3. 후천수後天數의 기원起源

최초우주 생성순서

| 수水 | 화火 | 목木 | 금金 | 토土 |
|---|---|---|---|---|
| 1 | 2 | 3 | 4 | 5 |

(태역생수太易生水) : 1(생수)+5=6(성수) : 북방 1・6 수水
(태초생화太初生火) : 2(생수)+5=7(성수) : 남방 2・7 화火
(태시생목太始生木) : 3(생수)+5=8(성수) : 동방 3・8 목木
(태소생금太素生金) : 4(생수)+5=9(성수) : 서방 4・9 금金
(태극생토太極生土) : 5(생수)+5=10(성수) : 중앙 5・10 토土

- 천지생수天地生水 : 1 2 3 4 5
- 천지성수天地成數 : 6 7 8 9 10

생수+성수=55수(천지본체수天地本體數)
천지본체수(55)−오행수(5)=50
50수−태극수(1)=49(대연수大衍數)

예를 들어 납음오행納音五行으로 갑자을축甲子乙丑은 해중금海中金인데 이것을 선천수로 계산하면 34가 된다. 대연수大衍數 49에서 34를 빼면 15수가 남고, 15수를 생수生水의 만수인滿數인 오행수 5로 나누면 남는수가 없다. 이때는 오행수 5수를 남는수로 보아야 한다. 5는 오행에서 토土에 속하니 토土는 토생금土生金하여 금金을 낳으니 갑자을축甲子乙丑은 해중금海中金이 되는 이치이다.

## 4. 오행五行의 상생相生·상극相剋

### 오행의 相生

| | | |
|---|---|---|
| 상생相生 | 목생화 木生火 | 불은 나무가 없으면 발생할 수 없고 나무를 태워 불을 생하고 불은 나무를 먹고 불의 존재를 유지한다. 불의 모체는 목木이고 목木이 낳은 자식(설기)은 불이 된다. |
| | 화생토 火生土 | 흙은 불이 타서 남은 재로 형체를 만들 수 있고 화火는 토土를 낳고 토土는 화火의 기운을 빼내어 먹고산다. 토土의 모체는 불이고 불이 낳은 자식(설기)은 토土이다. |
| | 토생금 土生金 | 금은 땅 속에 있으며 흙이 없으면 생길 수 없다. 토土는 금金을 낳고 금金은 토土의 기운을 빼먹고 산다. 금金의 모체는 토土이고 토土가 낳은 자식(설기)은 금金이다. |
| | 금생수 金生水 | 물은 돌이나 쇠에서 생겨나고 금金은 수水를 낳고 수水는 금의 기운을 빼먹고 산다. 수水의 모체는 금金이고 금金이 낳은 자식은 수다 |
| | 수생목 水生木 | 나무는 물을 빨아먹으며 살고 수水는 목木을 낳고 목木은 수水의 기운을 빼먹고 산다. 목木의 모체는 수水이고 수水가 낳은 자식은 목木이다 |

### 오행 상극도

| | | |
|---|---|---|
| 상극相剋 | 목극토 木剋土 | 나무는 흙에 뿌리를 박고 살면서 자라면서 굳게 땅을 감싸며 밀쳐낸다 |
| | 토극수 土剋水 | 흙은 물을 흐르지 못하게 막을 수 있으며, 흙은 물을 메우고 땅을 만들 수 있다. |
| | 수극화 水剋火 | 물은 능히 불을 끄며 더위를 식힐 수 있다. |
| | 화극금 火剋金 | 불은 능히 금을 녹일 수 있으며 제련하여 모양을 바꿀 수 있다. |
| | 금극목 金剋木 | 금은 능히 나무를 베어 자를 수 있고 깎아서 갖가지 공예품을 만들 수 있다. |

## 제2절 천간天干과 지지地支

- 양수陽數 : 1·3·5·7·9이다.
- 양간陽干 : 갑병무경임甲丙戊庚壬.
- 양지陽支 : 자인진오신술子寅辰午申戌.
- 음수陰數 : 2·4·6·8·10이다.
- 음간陰干 : 을정기신계乙丁己辛癸.
- 음지陰支 : 축묘사미유해丑卯巳未酉亥.

### 1. 천간天干(십간十干) : 하늘을 상징

천 간

| 1 | 2 | 3 | 4 | 5 | 6 | 7 | 8 | 9 | 10 |
|---|---|---|---|---|---|---|---|---|---|
| 갑 | 을 | 병 | 정 | 무 | 기 | 경 | 신 | 임 | 계 |
| 甲 | 乙 | 丙 | 丁 | 戊 | 己 | 庚 | 辛 | 壬 | 癸 |
| 양 | 음 | 양 | 음 | 양 | 음 | 양 | 음 | 양 | 음 |

### 2. 지지地支(십이지十二支) : 땅을 상징

지 지

| 1 | 2 | 3 | 4 | 5 | 6 | 7 | 8 | 9 | 10 | 11 | 12 |
|---|---|---|---|---|---|---|---|---|---|---|---|
| 자 | 축 | 인 | 묘 | 진 | 사 | 오 | 미 | 신 | 유 | 술 | 해 |
| 子 | 丑 | 寅 | 卯 | 辰 | 巳 | 午 | 未 | 申 | 酉 | 戌 | 亥 |
| 양 | 음 | 양 | 음 | 양 | 음 | 양 | 음 | 양 | 음 | 양 | 음 |

## 3. 십이지十二支 소속所屬 동물

### 소속 동물

| 자 | 축 | 인 | 묘 | 진 | 사 | 오 | 미 | 신 | 유 | 술 | 해 |
|---|---|---|---|---|---|---|---|---|---|---|---|
| 子 | 丑 | 寅 | 卯 | 辰 | 巳 | 午 | 未 | 申 | 酉 | 戌 | 亥 |
| 쥐 | 소 | 호랑이 | 토끼 | 용 | 뱀 | 말 | 양 | 원숭이 | 닭 | 개 | 돼지 |
| 5/4 | 2 | 5 | 4 | 5 | 2(허) | 1 | 4 | 5 | 4 | 5 | 2 |

## 4. 오행五行의 속성屬性

### 천간 속성

| 천간 天干 | | 천간天干의 함의含意 및 자의字意 해설 |
|---|---|---|
| 갑 甲 | 대림목 大林木 | 큰 나무. 인寅의 의미. 고목. 사목. 목재. 원목. 대목. 송목. |
| 을 乙 | 화초목 花草木 | 작은 나무. 묘卯의 의미. 화초. 잡초. 덩굴. 잎사귀. 채소. 꽃. 소목. |
| 병 丙 | 태양화 太陽火 | 큰 불덩어리. 사巳의 의미. 태양. 밝은 불. 큰불. 허황. 광양. 허풍. |
| 정 丁 | 등촉화 燈燭火 | 작은 불. 오午의 의미. 달빛. 화촉花燭. 횃불. 등촉. 산소불. 촛불. 불씨. |
| 무 戊 | 성원토 城垣土 | 큰 흙덩이. 진술辰戌의 의미. 제방. 토성土城. 제방. 태산. 산야. 큰 건물. 운동장. 벽. |
| 기 己 | 전원토 田園土 | 전원. 작은 흙. 축미丑未의 의미. 토기土器. 초원. 화분. 흙. 도자기. 전답. 마당. |
| 경 庚 | 검극금 劍戟金 | 큰 쇠덩이. 원석금. 신申의 의미. 자동차. 연장. 칼. 총. 무기. 중장비. 원둥칫쇠. |
| 신 辛 | 주옥금 珠玉金 | 보석금. 유酉의 의미. 바늘. 침. 보석. 면도칼. 작은쇠. 수저. 세공된 금금. |
| 임 壬 | 강호수 江湖水 | 큰물. 해亥의 의미. 강호江湖. 대해수. 바닷물. 우물. 동이물. 강. 큰물. |
| 계 癸 | 우로수 雨露水 | 작은물. 子의 의미. 빗물. 이슬. 시냇물. 약수물. 눈물. 샘물. 진액. |

## 지지 속성

| 지지<br>地支 | 상<br>象 | 인 물<br>人物 |
|---|---|---|
| 자子 | 천수<br>泉水 | 아이들 국소. 임산부. 매춘부. 어부. 야맹인. 맹인. 익사체. 승려. 철학자. 저술가. 도적. 도둑 등 |
| 축丑 | 동토<br>凍土 | 군인. 은행원. 세무관리. 경리원. 소년. 중개인. 어린이. 갇힌 사람. 기사. 여관업자 등 |
| 인寅 | 수근<br>水根 | 무서운 사람. 건망증환자. 장사. 학자. 법인. 발명가. 언론인. 문화인. 교육가. 판사 등 |
| 묘卯 | 초근<br>草根 | 신경환자. 노동자. 건축업자. 목공인. 유아. 지휘자. 마부. 당구인. 야바위꾼. 골프인 등 |
| 진辰 | 습토<br>濕土 | 불청객. 범법자. 범인. 미용사. 목공. 집배원. 재목상. 중개인. 조종사. 광고업자. 법관 등 |
| 사巳 | 지열<br>地熱 | 장녀. 부녀자. 열처리 기사. 용접공. 보일러. 미용사. 전자 기술직. 전자제품취급 등 |
| 오午 | 화산<br>火山 | 문화인. 도시인. 마부. 교육자. 염직공. 화가. 서예가. 풍류가. 호색가. 발명자. 방화자 등 |
| 미未 | 조토<br>燥土 | 주색. 요리사. 석공. 재봉사. 부관. 토목기사. 농부. 도자기 상인. 잡역부. 빈곤한 사람 등 |
| 신申 | 광석<br>鑛石 | 군인. 운전기사. 항공관계자. 통신사. 기능인. 철도인. 행인. 노모. 노파. 부사장. 부관 등 |
| 유酉 | 금석<br>金石 | 소녀. 가수. 접대부. 호스티스. 요리집. 식모. 비처녀. 군인. 은행원. 마취사. 침술사 등 |
| 술戌 | 사토<br>死土 | 비밀자. 사기꾼. 기사. 공예인. 수위. 경찰관. 교도관. 변호사. 형사. 예술인. 두목. 자본가 등 |
| 해亥 | 해수<br>海水 | 투기업자. 술 주정꾼. 융통성 없는 장사꾼. 부친. 임산부. 어부. 선장. 산부인과 의사. 공예인 등 |

## 오행 속성

| | | 간지<br>天干 | 지지<br>地支 | 띠별 | 오방<br>五方 | 오계<br>五季 | 오색<br>五色 | 오성<br>五性 | 오정<br>五情 | 오장<br>五臟 | 육부<br>六腑 | 오미<br>五味 | 오진<br>五塵 | 오성<br>五聲 | 五音 |
|---|---|---|---|---|---|---|---|---|---|---|---|---|---|---|---|
| 목<br>木 | 양陽 | 갑甲 | 인寅 | 범 | 동東 | 춘春 | 청靑 | 인仁 | 노怒 | 간장<br>肝臟 | 담膽 | 산酸 | 색色 | 각角<br>ㄱㅋ | 牙어금니 |
| | 음陰 | 을乙 | 묘卯 | 토끼 | | | | | | | | | | | |
| 화<br>火 | 양陽 | 병丙 | 오午 | 말 | 남南 | 하夏 | 적赤 | 예禮 | 악樂 | 심장<br>心臟 | 소장<br>小腸 | 고苦 | 성聲 | 징徵<br>ㄴㄷㄹㅌ | 舌혓소리 |
| | 음陰 | 정丁 | 사巳 | 뱀 | | | | | | | | | | | |
| 토<br>土 | 양陽 | 무戊 | 진술<br>辰戌 | 용·개 | 中央 | 사유<br>四維 3월<br>6월<br>9월<br>12월 | 황黃 | 신信 | 희사<br>憙思 | 비장<br>脾臟 | 위장<br>胃腸 | 감甘 | 향香 | 궁宮<br>ㅇㅎ | 喉목구멍 |
| | 음陰 | 기己 | 축미<br>丑未 | 소·양 | | | | | | | | | | | |
| 금<br>金 | 양陽 | 경庚 | 신申 | 원숭이 | 서西 | 추秋 | 백白 | 의義 | 비悲 | 폐장<br>肺臟 | 대장<br>大腸 | 신辛 | 미味 | 상商<br>ㅅㅈㅊ | 齒잇소리 |
| | 음陰 | 신辛 | 유酉 | 닭 | | | | | | | | | | | |
| 수<br>水 | 양陽 | 임壬 | 자子 | 쥐 | 북北 | 동冬 | 흑黑 | 지智 | 공恐 | 신장<br>腎臟 | 방광<br>膀胱 | 함鹹 | 촉觸 | 우羽<br>ㅁㅂㅍ | 脣진놀램 |
| | 음陰 | 계癸 | 해亥 | 돼지 | | | | | | | | | | | |

## 5. 간지속성 해독법 干支速成 解讀法

### 지지 인체 속성

| 지지<br>地支 | 발병증상<br>發病症狀 | 신 체 身 體 |
|---|---|---|
| 子 | 비뇨기<br>泌尿器 | 신장. 뇨도. 자궁. 생식기. 귀. 요통. 음부. 정자. 월경. 갑상선. 고환. 족소음신경 |
| 丑 | 위장<br>胃腸 | 비장. 복부. 손과 발. 횡경막. 맹장. 취장. 입. 접촉물. 족태음비경 |
| 寅 | 심장<br>心臟 | 머리. 담낭. 눈. 근육. 동맥. 무릎. 팔. 족소양담경 |
| 卯 | 간장<br>肝臟 | 간장. 이마. 눈. 모세혈관. 근육. 말초신경. 수족. 손가락. 발가락. 정강이. 족궐음간경 |
| 辰 | 망각증<br>忘却症 | 위장. 피부. 등과 허리. 가슴. 코. 맹장. 겨드랑이. 족양명위경 |
| 巳 | 치통<br>齒痛 | 소장. 얼굴. 치아. 복부. 인후. 편도선. 삼초. 심포. 혓바닥. 수태양수장경 |
| 午 | 정신병<br>精神病 | 심장. 눈. 혀. 신경통. 정신. 심포. 시력. 열. 수소음심경 |
| 未 | 허로병<br>虛勞病 | 위장. 배. 입. 입술. 잇몸. 척추. 복부. 수족. 족태음비경 |
| 申 | 대장염<br>大腸炎 | 대장. 폐. 근골. 경락. 음성. 피부병. 피부. 골수염. 신경통. 정맥. 수양명대장경 |
| 酉 | 폐결핵<br>肺結核 | 폐장. 코. 음성. 혈관. 피부. 모발. 입. 월경. 뼈골. 신경. 타박. 수태음폐경 |
| 戌 | 공포증<br>恐怖症 | 위장. 명문. 갈비. 두뇌. 대퇴부. 가슴. 대변. 항문. 위신경. 족양명위경 |
| 亥 | 방광염<br>膀胱炎 | 고환. 생식기. 월경. 혈맥. 대소변. 자궁. 장딴지. 머리. 흑점. 족태양방광경 |

## 6. 天干의 성정性情과 상징·함의

### 천간의 속성

| 양 | 음 | 소속함의 所屬含意 |
|---|---|---|
| 甲 | 乙 | 갑을인묘甲乙寅卯는 동방東方 3·8목木이요, 봄이며 청색이며 바람이요. 맛은 신맛이고 성정은 어질며, 오장은 간장과 방광에 속하며 청룡靑龍이다. |
| 寅 | 卯 | |
| 丙 | 丁 | 병정사오丙丁巳午는 남방南方 2·7화火요, 여름이며, 적색이며, 뜨거운 열熱이며, 맛은 쓴맛이고, 성정은 예의바르며, 오장은 심장과 소장에 속하며 주작朱雀이다. |
| 巳 | 午 | |
| 戊 | 己 | 무기진술축미戊己辰戌丑未는 중앙방위 5·10토土요, 사계절(사유四維)며, 색은 노랑색이고, 습한계절이며, 맛은 단맛이고, 성정은 신의, 즉 믿음직스럽고, 오장은 비장과 위장에 속하며 구진句陳과 등사螣蛇이다. |
| 辰 | 戌 | |
| 丑 | 未 | |
| 庚 | 辛 | 경신신유庚申辛酉는 서방西方 4·9금金이요, 계절은 가을이며, 색은 백색이고, 서늘한 계절이며, 숙살肅殺기운이며, 맛은 매운맛이요, 성정은 의리바르고, 오장은 폐장과 대장에 속하며 백호白虎이다. |
| 申 | 酉 | |
| 壬 | 癸 | 임계해자壬癸亥子는 북방北方 1·6수水요, 계절은 겨울이요, 색은 흑색이며, 추운 계절이요, 맛은 짠맛이고, 성정은 지혜가 총명하고, 오장은 신장과 방광에 속하며 현무玄武이다. |
| 亥 | 子 | |

## 천간의 상징과 함의

|  | 갑(甲) | 을(乙) | 병(丙) | 정(丁) | 무(戊) | 기(己) | 경(庚) | 신(辛) | 임(壬) | 계(癸) |
|---|---|---|---|---|---|---|---|---|---|---|
|  | 양(陽) 목(木) | 음(陰) 목(木) | 양(陽) 화(火) | 음(陰) 화(火) | 양(陽) 토(土) | 음(陰) 토(土) | 양(陽) 금(金) | 음(陰) 금(金) | 양(陽) 수(水) | 음(陰) 수(水) |
|  | 사(死) 목(木) | 생(生) 목(木) | 사(死) 화(火) | 생(生) 화(火) | 사(死) 토(土) | 생(生) 토(土) | 사(死) 금(金) | 생(生) 금(金) | 사(死) 수(水) | 생(生) 수(水) |
|  | 갑(甲) | 알(軋) | 병(炳) | 장정(壯丁) | 무(茂) | 기(起) | 경(更) | 신(新) | 임(姙) | 규(揆) |
| 적요 | 동(棟) 량(樑) 지(之) 목(木) | 지(枝) 엽(葉) 목(木) | 태(太) 양(陽) 지(之) 화(火) | 등(燈) 촉(燭) 화(火) | 산(山) 야(野) | 전(田) 답(畓) | 완(頑) 금(金) 장(丈) 철(鐵) | 금(金) 은(銀) | 해(海) 수(水) | 유(柔) 수(水) |
|  | 무(無) 근(根) 지(之) 목(木) | 양(楊) 유(柳) 목(木) | 노(爐) 치(治) 지(之) 화(火) | 유(柔) 화(火) | 황(荒) 야(野) | 진(眞) 토(土) | 강(剛) 금(金) | 주(珠) 옥(玉) | 호(湖) 수(水) | 유(流) 수(水) |
|  | 대(大) 림(林) 목(木) | 유(柔) 목(木) | 광(光) 선(線) | 성(星) | 고(高) 원(原) | 유(柔) 토(土) | 병(兵) 혁(革) | 제(製) 련(鍊) 금(金) | 포(捕) 수(水) | 활(活) 수(水) |
|  | 강(剛) 목(木) | 습(濕) 목(木) | 전(電) 기(氣) | 월(月) | 제(堤) 방(坊) |  | 무쇠 | 연(軟) 금(金) | 만(滿) 수(水) | 우(雨) 로(露) 수(水) |
|  | 생(生) 육(育) 시(始) 작(作) | 묘(苗) 목(木) 풍(風) | 적(赤) 외(外) 선(線) |  | 산(山) 안(岸) |  | 변(變) 혁(革) | 비(非) 철(鐵) 금(金) 속(屬) | 정(停) 지(止) 수(水) | 강(江) 천(泉) 천(川) |

## 7. 십이지지의 성정과 배속

### 十二地支의 性情과 配屬

| 地支<br>구분 | 자(子) | 축(丑) | 인(寅) | 묘(卯) | 진(辰) | 사(巳) | 오(午) | 미(未) | 신(申) | 유(酉) | 술(戌) | 해(亥) |
|---|---|---|---|---|---|---|---|---|---|---|---|---|
| | 쥐 | 소 | 범 | 토끼 | 용 | 뱀 | 말 | 양 | 원숭이 | 닭 | 개 | 돼지 |
| | 음수 | 음토 | 양목 | 음목 | 양토 | 양화 | 음화 | 음토 | 양금 | 음금 | 양토 | 양수 |
| | 陰水 | 陰土 | 陽木 | 陰木 | 陽土 | 陽火 | 陰火 | 陰土 | 陽金 | 陰金 | 陽土 | 陽水 |
| | 일양 | 이양 | 삼양 | 사양 | 오양 | 육양 | 일음 | 이음 | 삼음 | 사음 | 오음 | 육음 |
| | 一陽 | 二陽 | 三陽 | 四陽 | 五陽 | 六陽 | 一陰 | 二陰 | 三陰 | 四陰 | 五陰 | 六陰 |
| | 한寒<br>냉冷<br>지之<br>수水 | 습濕<br>토土 | 동棟<br>량樑<br>지之<br>목木 | 습濕<br>목木 | 가稼<br>색穡<br>지之<br>토土 | 노爐<br>치治<br>지之<br>화火 | 등燈<br>촉燭<br>지之<br>화火 | 왕旺<br>토土 | 완頑<br>금金<br>장丈<br>철鐵 | 금金<br>은銀<br>주珠<br>옥玉 | 제堤<br>방坊<br>왕旺<br>토土 | 온溫<br>난暖<br>지之<br>수水 |
| | 천泉<br>수水 | 동凍<br>토土 | 조燥<br>목木 | 활活<br>목木 | 습濕<br>토土 | 강剛<br>화火 | 유柔<br>화火 | 조燥<br>토土 | 강剛<br>금金 | 연軟<br>금金 | 조燥<br>토土 | 해海<br>수水 |
| | 활(活)<br>수(水) | | 강(剛)<br>목(木) | 생(生)<br>목(木) | 제(堤)<br>방(坊) | 사(死)<br>화(火) | 활(活)<br>화(火) | | 무쇠 | 청(淸)<br>백(白) | | 호(湖)<br>수(水) |
| | 종縱<br>수水<br>천川<br>수水 | 사死<br>목木 | | 유柔<br>목木<br>초草<br>근根 | 사死<br>토土 | 강强<br>렬烈<br>지之<br>화火 | 생生<br>화火 | | 비非<br>철鐵<br>금金<br>속屬 | 강剛<br>토土<br>사死<br>토土 | | 정停<br>지止<br>수水<br>횡橫<br>류流 |
| 방위<br>方位 | 정북 | 동북<br>간방 | 동북<br>간방 | 정동 | 동남<br>간방 | 동남<br>간방 | 정남 | 서남<br>간방 | 서남<br>간방 | 정서 | 서북<br>간방 | 서북<br>간방 |
| 색色 | 흑黑 | 황黃 | 청靑 | 청靑 | 황黃 | 적赤 | 적赤 | 황黃 | 백白 | 백白 | 황黃 | 흑黑 |
| 팔괘<br>八卦 | 감坎 | 간艮 | 간艮 | 진震 | 손巽 | 손巽 | 이裏 | 곤坤 | 곤坤 | 태兌 | 건乾 | 건乾 |

## 8. 구궁배치도九宮配置圖

구궁배속도

|  | 남南 |  |  |  |
|---|---|---|---|---|
|  | 사巳 | 오午 | 미未 |  |
| 진辰 | 손巽 ☴ | 이離 ☲ | 곤坤 ☷ | 신申 |
| 동東 묘卯 | 진震 ☳ | ☯ | 태兌 ☱ | 유酉 서西 |
| 인寅 | 간艮 ☶ | 감坎 ☵ | 건乾 ☰ | 술戌 |
|  | 축丑 | 자子 | 해亥 |  |
|  | 북北 |  |  |  |

구궁도九宮圖

| 4 | 9 | 2 |
|---|---|---|
| 3 | 5 | 7 |
| 8 | 1 | 6 |

## 제3절 명리요경命理要經 : 암기비결

    天地未判천지미판 其名混沌기명혼돈
    乾坤未分건곤미분 是名胚渾시명배혼

천지가 아직 나누어지기 이전 그 이름을 혼돈이라 하고, 음양이 아직 나누어지지 않았을 때 그 이름을 배혼이라 했다.

    在上則無재상즉무 日月星辰일월성신
    陰陽寒暑음양한서 雨露風雲우로풍운

위로는 해와 달, 별과 음양, 차고 더운 것, 비와 이슬, 바람과 구름이 없었고,

    在下則無재하즉무 草木山川초목산천
    禽獸人民금수인민 昧昧昏暗매매혼암

아래로는 초목과 산천, 금수와 사람이 없이 그저 컴컴하고 어두움뿐이었는데,

    於是盤中어시반중 太易生水태역생수
    太初生火태초생화 太始生木태시생목

우주간에 최초로 물이 생기고 태초에 불이 생기며 태시에 나무가 생기고,

    太素生金태소생금 太極生土태극생토
    所以水一소이수일 火二木三화이목삼

태소에 금이 생기고 태극에 흙이 생기므로 해서 물이 첫 번째요 불은 두 번째요 나무는 세번째요,

    金四土五금사토오 三元旣極삼원기극
    混沌一判혼돈일판 胚渾乃分배혼내분

금이 네 번째요 흙은 다섯 번째니 삼원의 극이 이루어져 혼돈은 가려지고 배혼이 나누어지니,

    輕淸爲天경청위천 重濁爲地중탁위지

## 二氣相成이기상성 兩儀旣生양의기생

가볍고 맑은 것은 하늘이 되고 무겁고 탁한 것은 땅이 되니 이로써 음양이 생성되어 양의가 생겼다.

## 黃帝治時황제치시 天降示現천강시현
## 天干地支천간지지 天圓地方천원지방

황제가 나라를 다스릴 때 하늘의 계시를 받아 하늘은 간干이라 하였고 땅은 지支라 하였으며 하늘은 둥글고 땅은 모지다 하였다.

## 天干甲乙丙丁戊己庚辛壬癸갑을병정무기경신임계

천간은 갑을병정무기경신임계라 하였고,

## 十二地支子丑寅卯辰巳午未申酉戌亥
## 십이지지자축인묘진사오미신유술해

12지지는 자축인묘진사오미신유술해라 하였다.

## 自後大撓 干支分配 六十甲子
## 사후내요 간시배분 육십갑자

후에 대요씨가 간지를 분배하니 육십갑자가 이루어졌다.

## 甲子·乙丑 海中金 丙寅·丁卯 爐中火
## 갑자·을축 해중금 병인·정묘 노중화

갑자을축甲子乙丑은 물 속에 잠겨있는 금이고 병인정묘丙寅丁卯는 화로 속의 불을 말한다.

## 戊辰·己巳 大林木 庚午·辛未 路傍土
## 무진·기사 대림목 경오·신미 노방토

무진기사戊辰己巳는 평지의 무성한 나무이고 경오신미庚午辛未는 표면에 화기火氣를 받은 흙이다.

## 壬申·癸酉 劍鋒金 甲戌·乙亥 山頭火

임신·계유 검봉금 갑술·을해 산두화

임신계유壬申癸酉는 강하고 날카로운 쇠이고 갑술을해甲戌乙亥는 서산의 지는 해가 발하는 빛이다.

丙子·丁丑 澗下水 戊寅·己卯 城頭土
병자·정축 간하수 무인·기묘 성두토

병자정축丙子丁丑은 강하江河를 이루지 못하는 적은 물이고 무인기묘戊寅己卯는 산을 이룰만한 흙이다.

庚辰·辛巳 白鑞金 壬午·癸未 楊柳木
경진·신사 백납금 임오·계미 양류목

경진신사庚辰辛巳는 견고하지 못한 납금이고 임오계미壬午癸未는 부드럽고 약한 나무이다.

甲申·乙酉 泉中水 丙戌·丁亥 屋上土
갑신·을유 천중수 병술·정해 옥상토

갑신을유甲申乙酉는 갇혀있는 샘물 속의 물이고 병술정해丙戌丁亥는 태양의 따스한 기운을 받는 土다.

戊子·己丑 霹靂火 庚寅·辛卯 松柏木
무자·기축 벽력화 경인·신묘 송백목

무자기축戊子己丑은 번개불이고, 경인신묘庚寅辛卯는 견고한 소나무이다.

壬辰·癸巳 長流水 甲午·乙未 沙中金
임진·계사 장류수 갑오·을미 사중금

임진계사壬辰癸巳는 샘물이 마르지 않는 물이고 갑오을미甲午乙未는 힘없는 모래 속의 금이다.

丙申·丁酉 山下火 戊戌·己亥 平地木
병신·정유 산하화 무술·기해 평지목

병신정유丙申丁酉는 서산으로 기우는 해이고 무술기해戊戌己亥는 평지의 나무이다.

    庚子·辛丑 壁上土 壬寅·癸卯 金箔金
    경자·신축 벽상토 무인·계묘 금박금

경자신축庚子辛丑은 진흙을 말하고 임인계묘壬寅癸卯는 힘없는 얇은 금이다.

    甲辰·乙巳 覆燈火 丙午·丁未 天河水
    갑진·을사 복등화 병오·정미 천하수

갑진을사甲辰乙巳는 정오에 가까워지는 세력이 강한 양기陽氣이고 병오정미丙午丁未는 불 속에서 나온 물의 상이니 하늘의 은하수에 비유되는 수水이다.

    戊申·己酉 大驛土 庚戌·辛亥 釵釧金
    무신·기유 대역토 경술·신해 차천금

무신기유戊申己酉는 두텁고 바탕이 될 수 있는 흙이고 경술신해庚戌辛亥는 쇠하고 병든 유약한 금이다.

    壬子·癸丑 桑自木 甲寅·乙卯 大溪水
    임자·계축 상자목 갑인·을묘 대계수

임자계축壬子癸丑은 갓 피어난 뽕나무를 꺾어 누에(蠶)에게 먹이는 상이고 갑인을묘甲寅乙卯는 시냇물이나 연못의 물이 합쳐 돌아오는 상이다.

    丙辰·丁巳 沙中土 戊午·己未 天上火
    병진·정사 사중토 무오·기미 천상화

병진정사丙辰丁巳는 약한 토土를 햇빛이 생기를 불어 넣어주는 상이고 무오기미戊午己未는 화력이 강한 불길이 올라가는 상이다.

    庚申·辛酉 石榴木 壬戌·癸亥 大海水
    경신·신유 석류목 임술·계해 대해수

경신신유庚申辛酉는 껍질이 단단한 열매를 맺는 석류나무에 비유한 상이고 임술계해壬戌癸亥는 큰 호수나 바다의 물을 상징한다.

陰陽分配　甲陽乙陰　丙陽丁陰　戊陽己陰
음양분배　갑양을음　병양정음　무양기음

음양을 분배하니 갑甲은 양, 을乙은 음, 병丙은 양, 정丁은 음, 무戊는 양, 기己는 음이고,

庚陽辛陰　壬陽癸陰　경양신음　임양계음

경庚은 양, 신辛은 음, 임壬은 양, 계癸는 음이다.

地支所屬　子寅辰午申戌屬陽　丑未巳卯酉亥屬陰
지지소속　자인진오신술소양　축미사묘유해속음

지지地支소속을 말하자면 자인진오신술子寅辰午申戌은 양이고 축묘사미유해丑卯巳未酉亥는 음이다.

干支五行　所屬方位　甲乙寅卯　屬木東方
간지오행　소속방위　갑을인묘　속목동방

지지오행의 소속방위를 말하자면 갑을인묘甲乙寅卯는 동방 목木에 속하고,

丙丁巳午　火屬南方　庚辛申酉　屬金西方
병정사오　화속남방　경신신유　속금서방

병정사오丙丁巳午는 불이며 남방에 속하고 경신신유庚辛申酉는 금이며 서방에 속한다.

壬癸亥子　屬水北方　戊己辰戌　丑未屬土　四維散在　中央方位
임계해자　속수북방　무기진술　축미속토　사유산재　중앙방위

임계해자壬癸亥子는 물이며 북방에 속하며 무기진술축미戊己辰戌丑未는 흙이며 사계절을 이어주며 방위는 중앙에 속한다.

天干相合　甲己合土　乙庚合金　丙辛合水
천간상합　갑기합토　을경합금　병신합수
丁壬合木　戊癸合火　運氣作用　主運客運
정임합목　무계합화　운기작용　주운객운

천간이 서로 합하는 것으로 갑기甲己가 서로 합해서 토土가 되고 을경乙庚이 서로 합해서 금金이 되고 병신丙辛이 서로 합해서 수水가 되고 정임丁壬이 서로 합해서 목木이 되고 무계戊癸가 서로 합해서 화火가 되어 운기작용을 하니 주체적인 운과 객체적인 운이 상호 교차한다.

오방신五方神<br>
東方有神 太昊氏 동방유신 태호씨

동방에 신이 있으니 태호씨라 하고,

乘震執規 司春神 生仁風和 萬物發生<br>
승진집규 사춘신 생인풍화 만물발생

진震으로서 규칙을 삼아 봄을 관장하며 어짐과 풍화를 낳고 만물을 발생시킨다.

南方有神 神農氏 남방유신 신농씨

남방에 신이 있으니 신농씨라 한다.

乘離執衡 司夏神 生炎陽酷 萬物咸濟<br>
승리집형 사하신 생염양혹 만물함제

이離로서 가름대를 삼아 여름을 관장하며 뜨거움과 더위를 낳으며 만물을 두루 키운다.

西方有神 小昊氏 서방유신 소호씨

서방에 신이 있어 소호씨라 한다.

乘兌執矩 司秋神 肅殺精氣 萬物收斂<br>
승태집구 사추신 숙살정기 만물수렴

태兌로서 규칙을 삼아 가을을 주관하고 숙살기운과 정기를 맡아 만물의 결실을 이루게 하여 거두어들인다.

北方有神 顓帝氏 북방유신 전제씨

북방에 신이 있어 전제씨리 한다.

乘坎執權 司冬神 生嚴凝結 萬物臟伏
승감집권 사동신 생엄응결 만물장복

감坎으로서 가름대 삼아 겨울을 관장하고 자란 것을 응결시켜 만물을 거두어 저장한다.

中央有神 皇帝氏 중앙유신 황제씨

중앙에 신이 있으니 황제씨라 한다.

乘坤執繩 司中土 稼穡連繫 萬物歸宿
승곤집승 사중토 가색연계 만물귀숙

곤坤으로서 법도를 삼아 중앙 토를 관장하고 가색稼穡(심고 거두는 일) 작용과 연계작용을 하며 만물을 포용하고 쉬게 한다.

木火金水 不可無土 天若無土 不能圓蓋
목화금수 불가무토 천약무토 불능원개

나무·불·금·물은 흙이 없이는 안되고 하늘도 흙이 없으면 둥글게 덮을 수 없다.

地若無土 不能厚載 五穀不生 草木是亦
지약무토 불능후재 오곡불생 초목시역

땅에 흙이 없으면 두텁게 실을 수 없으며 오곡이 자랄 수 없고 초목 또한 그러하다.

人若無土 不能行運 是以三才 不可闕土
인약무토 불능행운 시이삼재 불가궐토

사람이 흙이 없으면 살아갈 수 없으며 이것은 삼재로서 집을 지을 수 없다.

木若無土 不能栽培 火若無土 不能照燭
목약무토 불능재배 화약무토 불능조촉

나무가 흙이 없으면 자랄 수 없으며 불이 흙이 없으면 환하게 밝힐 수 없다.

金若無土 難施鋒銳 水若無土 不能納水
금약무토 난시봉예 수약무토 불능납수

쇠가 흙이 없으면 칼끝을 날카롭게 하는 것이 어려우며 물이 흙이 없으면 물을 빨아들일 수 없다.

土若無水 不能長養 天地萬物 不可無土
토약무수 불능장양 천지만물 불가무토

흙이 물이 없으면 온갖 식물을 배양할 수 없으며 천지만물이 흙이 없으면 안 된다.

### 十二地支 六合(십이지지 육합)

子丑合土 寅亥合木 卯戌合火 辰酉合金 巳申合水 午未合天(太陽太陰)
자축합토 인해합목 묘술합화 진유합금 사신합수 오미합천(태양태음)

자축子丑이 합하여 토土가 되고 인해寅亥가 합하여 목木이 되며 묘술卯戌이 합하여 불이 되고 진유辰酉가 합하여 금金이 되며 사신巳申이 합하여 물이 되고 오미午未가 합쳐서 하늘이 이루어진다(태음태양).

### 十二地支 三合(십이지지 삼합)

申子辰水局 亥卯未木局 寅午戌火局 巳酉丑金局 辰戌丑未土局
신자진수국 해묘미목국 인오술화국 사유축금국 진술축미토국

신자진申子辰이 합하여 수국水局을 이루고 해묘미亥卯未가 합하여 목국木局을 이루고 인오술寅午戌이 합하여 화국火局을 이루고 사유축巳酉丑이 합하여 금국金局을 이루며 진술축미辰戌丑未는 사유四維로서 중앙 토土이다.

### 十二地支相沖(십이지지상충)

子午相沖 丑未相沖 寅申相沖 卯酉相沖 辰戌相沖 巳亥相沖
자오상충 축미상충 인신상충 묘유상충 진술상충 사해상충

자오子午가 서로 충하고 축미丑未가 서로 충하며 인신寅申이 서로 충하고 묘유卯酉가 서로 충하며 진술辰戌이 서로 충하고 사해巳亥가 서로 충한다.

### 十二地支 相穿(六害) 십이지지 상천(육해)

子未相穿 丑午相穿 寅巳相穿 卯辰相穿 申亥相穿 酉戌相穿
자미상천 축오상천 인사상천 묘진상천 신해상천 유술상천

자미子未가 서로 해하고 인사寅巳가 서로 해하며 묘진卯辰이 서로 해하고 신해申亥가 서로 해하며 유술酉戌이 서로 해한다.

十二地支相刑 십이지지상형
寅刑巳 巳刑申 申刑寅 인형사 사형신 신형인

인寅은 사巳하고 형살이 되고 사巳는 신申하고 형살이 되며 신申은 인寅하고 형살이 된다(지세지형持勢之刑).

丑刑戌 戌刑未 未刑丑 축형술 술형미 미형축

축丑은 술戌하고 형살이 되고 술戌은 미未하고 형살이 되며 미未는 축丑하고 형살이 된다(무은지형無恩之刑).

子刑卯 卯刑子 자형묘 묘형자

자子는 묘卯하고 형살이 되며 묘卯는 자子하고 형살이 된다.

(무례지형無禮之刑)
辰午酉亥自刑之刑 진오유해자형지형

辰午酉亥(진오유해)는 서로 얽어매는 형상으로 자형살이라 한다.

十二地支六破 십이지지육파
子酉相破 丑辰相破 寅亥相破 戌未相破 巳申相破 午卯相破
자유상파 축진상파 인해상파 술미상파 사신상파 오묘상파

자유子酉는 서로 파살破煞이 되고 진축辰丑은 서로 파살破煞이 되며 인해寅亥는 서로 파살破煞이 되고 술미戌未는 서로 파살破煞이 되며 사신巳申은 서로 파살破煞이 되고 오묘午卯는 서로 파살破煞이 된다.

十二支地 元辰 십이지지 원진
子未元辰 丑午元辰 寅酉元辰 卯申元辰 辰亥元辰 巳戌元辰
자미원진 축오원진 인유원진 묘신원진 진해원진 사술원진

자미子未는 서로 미워하고 축오丑午는 서로 미워하며 인유寅酉는 서로 미워하고 묘신卯申은 서로 미워하며 진해辰亥는 서로 미워하고 사술巳戌은 서로 미워한다.

### 선천수先天數
甲己子午九 乙庚丑未八 갑기자오구 을경축미팔

갑기자오甲己子午는 구九가 되고 을경축미乙庚丑未는 팔八이 된다.

丙申寅申七 丁壬卯酉六 병신인신칠 정임묘유육

병신인신丙辛寅申은 칠七이 되고 정임묘유丁壬卯酉는 육六이 된다.

戊癸辰戌五 巳亥屬之四 무계진술오 사해속지사

무계진술戊癸辰戌은 오五가 되며 사해巳亥는 사四가 된다.

### 후천수後天數
甲乙寅卯 東方三八木 갑을인묘 동방삼팔목

갑을인묘甲乙寅卯는 동방삼팔목三八木이다.

丙丁巳午 南方二七火 병정사오 남방이칠화

병정사오丙丁巳午는 남방이칠화二七火이다.

庚辛申酉 西方四九金 경신신유 서방사구금

경신신유庚申辛酉는 서방사구금四九金이다.

壬癸亥子 北方一六水 임계해자 북방일육수

임계해자壬癸亥子는 북방일육수一六水이다.

戊己辰戌丑未 中央五十土 무기진술축미 중앙오십토

무기진술축미戊辰戌丑未는 중앙오십토五十土이다.

己獨百 기독백

## 節侯歌(절후가)

正月立春雨水節 二月驚蟄及春分
정월입춘우수절 이월경칩급춘분

정월절은 입춘·우수이고 이월절은 경칩·춘분이다.

三月淸明幷穀雨 四月立夏小滿万
삼월청명병곡우 사월입하소만만

삼월절은 청명·곡우이고 사월절은 입하·소만이다.

五月芒種幷夏至 六月小暑大暑當
오월망종병하지 유월소서대서당

오월절은 망종·하지이고 유월절은 소서·대서이다.

七月立秋還處暑 八月白露秋分忙
칠월입추환처서 팔월백로추분망

칠월절은 입추·처서이고 팔월절은 백로·추분이다.

九月寒露又霜降 十月立冬小雪藏
구월한로우상강 시월입동소설장

구월절은 한로·상강이고 시월절은 입동·소설이다.

子月大雪冬至節 丑月小寒大寒節
자월대설동지절 축월소한대한절

십일월은 대설·동지이고 십이월은 소한·대한이다.

## 相生(상생)

木生火 火生土 土生金 金生水 水生木
목생화 화생토 토생금 금생수 수생목

나무는 불을 생하고 불은 흙을 생하며 흙은 쇠를 생하고 쇠는 물을 생하며 물은 나무를 생한다.

相剋(상극)
木剋土 土剋水 水剋火 火剋金 金剋木
목극토 토극수 수극화 화극금 금극목

나무는 흙을 극하고 흙은 물을 극하며 물은 불을 극하고 불은 쇠를 극하며 쇠는 나무를 극한다.

년상기월예年上起月例
甲己之年 丙寅頭 乙庚之年 戊寅頭
갑기지년 병인두 을경지년 무인두

갑기지년甲己之年은 병인丙寅이 처음 자리이고 을경지년乙庚之年은 무인戊寅이 처음 자리이다.

丙辛之年 庚寅頭 丁壬之年 壬寅頭
병신지년 경인두 정임지년 임인두

병신지년丙辛之年은 경인庚寅이 처음 자리이고 정임지년丁壬之年은 임인壬寅이 처음 자리이다.

戊癸之年 甲寅頭 무세시년 무인두

무계지년戊癸之年은 갑인甲寅이 처음 자리이다.

일상기시법日上起時法
甲己之日 甲子時 乙庚之日 丙子時
갑기지일 갑자시 을경지일 병자시

갑기지일甲己之日은 갑자시甲子時가 처음 자리이고 을경지일乙庚之日은 병자시丙子時가 처음 자리이다.

丙辛之日 戊子時 丁壬之日 庚子時
병신지일 무자시 정임지일 경자시

병신지일丙辛之日은 무자시戊子時가 처음 자리이고 정임지일丁壬之日은 경자시庚子時가 처음 자리이다.

戊癸之日 壬子時 무계지일 임자시

무계지일戊癸之日은 임자시壬子時가 처음 자리이다.

句中空亡(天中殺) 공망
甲子旬中 戌亥空 甲戌旬中 無辛酉
갑자순중 술해공 갑술순중 무신유

갑자순중甲子旬中에 술해戌亥가 공망이고 갑술순중甲戌旬中은 신유申酉가 공망이다.

甲申旬中 無午未 甲午旬中 無辰巳
갑신순중 무오미 갑오순중 무진사

갑신순중甲申旬中은 무오戊午가 공망이고 갑오순중甲午旬中은 진사辰巳가 공망이다.

甲辰旬中 無寅卯 甲寅旬中 子丑空
갑진순중 무인묘 갑인순중 자축공

갑진순중甲辰旬中은 인묘寅卯가 공망이고 갑인순중甲寅旬中은 자축子丑이 공망이다.

오행소속五行所屬
木春 火夏 金秋 水冬 土四季 목춘 화하 금추 수동 토사계

나무는 봄 불은 여름 금은 가을 물은 겨울 흙은 사계절이다.

오성소속五性所屬
木仁 火禮 金義 水智 土信主 목인 화례 금의 수지 토신주

나무는 어짊이고 불은 예의禮義이며 쇠는 의리義理이고 물은 지혜智慧이며 흙은 믿음이다.

오미속지五味屬之
木酸 火苦 金辛 水鹹 土甘味 목산 화고 금신 수함 토감미

나무는 신맛이고 불은 쓴맛이며 물은 짠맛이고 흙은 단맛이다.

## 오장분야五臟分野
木肝 火心 金肺 水腎 土脾陰 수간 화심 금폐 수신 토비음

나무는 간장肝臟이고 불은 심장心臟이며 금은 폐장肺臟이고 물은 신장腎臟으로 흙은 비장脾臟에 속한다.

## 육부양속六腑陽屬
木膽 火小腸 金大腸 水膀胱 土胃
목담 화소장 금대장 수방광 토위

나무는 담낭膽囊이고 불은 소장小腸이며 쇠는 대장大腸이고 물은 방광膀胱이며 흙은 위장胃腸이다.

## 오음오성五音五聲
木牙角 火舌徵 金齒商 水脣羽 土喉宮
목아각 화설치 금치상 수순우 토후궁

나무는 어금니 소리로 각角음이며 불은 혀소리로 치徵음이며 쇠는 잇소리로 상商음이며 물은 입술소리로 우羽음이며 흙은 목구멍소리로 궁宮음이다.

## 오색논시五色論之
木靑 火赤 金白 水黑 土黃色 목청 화적 금백 수흑 토황색

나무는 청색이며 불은 적색이고 쇠는 백색이며 물은 흑색이고 흙은 황색이다.

## 오정지상五情之上
木怒 火樂 金悲 水恐 土思當 수노 화락 금비 수공 토사당

나무는 성냄을 나타내고 불은 즐거움을 상징하고 쇠는 슬픔을 뜻하며 물은 두려움을 표시하고 흙은 생각을 의미한다.

## 오행발용五行發用
寅申巳亥 四孟 四生 四偶地 인신사해 사맹 사생 사우지

인신사해寅申巳亥는 사맹四孟・사생四生・사우지四偶地이다.

子午卯酉 四正 四旺 四冲地 자오묘유 사정 사왕 사충지

자오묘유子午卯酉는 사정四正·사왕四旺·사충지四冲地이다.

辰戌丑未 四庫 四墓 四季地 진술축미 사고 사묘 사계지

진술축미辰戌丑未는 사고四庫·사묘四墓·사계지四季地이다.

## 제4절 간지활용干支活用과 육십갑자六十甲子 함의含意

간지오행활용법干支五行活用法

| 五行 | 木 | 火 | 土 | 金 | 水 |
|---|---|---|---|---|---|
| 人體疾病 | 간장질환 | 심장질환 | 비장질환 | 폐장질환 | 신장질환 |
| | 쓸개질환 | 소장질환 | 위장질환 | 호흡질환 | 방광질환 |
| | 신경계통 | 눈병질환 | 복부질환 | 대장질환 | 혈액이상 |
| | 두통질환 | 편두질환 | 피부질환 | 근골질환 | 자궁질환 |
| | 얼굴질환 | 고혈압증 | 당뇨질환 | 사지질환 | 생식질환 |
| 五官 | 目 | 舌 | 脣 | 鼻 | 耳 |
| 五意 | 인정 仁情 | 명랑 明朗 | 후중 厚重 | 냉정 冷情 | 비밀 秘密 |
| 五格 | 곡직 曲直 | 염상 炎上 | 가색 稼穡 | 종혁 從革 | 윤하 潤下 |
| 五塵 | 색 色 | 성 聲 | 향 香 | 미 味 | 촉 觸 |
| 五聲 | 각음 角音 | 치음 徵音 | 궁음 宮音 | 상음 商音 | 우음 羽音 |
| 五鬼 | 목귀 木鬼 | 화귀 火鬼 | 토귀 土鬼 | 금귀 金鬼 | 수귀 水鬼 |
| 五畜 | 양 羊 | 마 馬 | 우 牛 | 계견 鷄犬 | 돈 豚 |
| 五事 | 교육 敎育 | 사업 事業 | 영농종교 | 군인혁명 | 법관 法官 |
| 五穀 | 맥 麥(보리) | 서 黍(기장) | 속 粟(조) | 도 稻(벼) | 두 豆(콩) |
| 行音 | 가·카 | 나·다·라·타 | 아·하 | 사·자·차 | 마·바·파 |
| | ㄱ·ㅋ | ㄴ·ㄷ·ㄹ·ㅌ | ㅇ·ㅎ | ㅅ·ㅈ·ㅊ | ㅁ·ㅂ·ㅍ |
| 五帝 | 태호 太昊 | 염제 炎帝 | 황제 皇帝 | 소호 少昊 | 전욱 顓頊 |
| 五音 | 아 牙 | 설 舌 | 후 喉 | 치 齒 | 순 脣 |
| 五微 | 한 旱 | 열 熱 | 풍 風 | 우 雨 | 한 寒 |
| 五心 | 희열 喜悅 | 다변 多辯 | 건체 蹇滯 | 급속 急速 | 음흉 陰凶 |
| 五體 | 견 肩 | 흉 胸 | 족 足 | 두 頭 | 복 腹 |

# 1. 육십갑자六十甲子

## 육십갑자

| 갑자甲子 | 갑술甲戌 | 갑신甲申 | 갑오甲午 | 갑진甲辰 | 갑인甲寅 |
| --- | --- | --- | --- | --- | --- |
| 을축乙丑 | 을해乙亥 | 을유乙酉 | 을미乙未 | 을사乙巳 | 을묘乙卯 |
| 병인丙寅 | 병자丙子 | 병술丙戌 | 병신丙申 | 병오丙午 | 병진丙辰 |
| 정묘丁卯 | 정축丁丑 | 정해丁亥 | 정유丁酉 | 정미丁未 | 정사丁巳 |
| 무진戊辰 | 무인戊寅 | 무자戊子 | 무술戊戌 | 무신戊申 | 무오戊午 |
| 기사己巳 | 기묘己卯 | 기축己丑 | 기해己亥 | 기유己酉 | 기미己未 |
| 경오庚午 | 경진庚辰 | 경인庚寅 | 경자庚子 | 경술庚戌 | 경신庚申 |
| 신미辛未 | 신사辛巳 | 신묘辛卯 | 신축辛丑 | 신해辛亥 | 신유辛酉 |
| 임신壬申 | 임오壬午 | 임진壬辰 | 임인壬寅 | 임자壬子 | 임술壬戌 |
| 계유癸酉 | 계미癸未 | 계사癸巳 | 계묘癸卯 | 계축癸丑 | 계해癸亥 |

## 육십갑자 납음오행

| 干支 | 갑자 甲子<br>을축 乙丑 | 갑술 甲戌<br>을해 乙亥 | 갑신 甲申<br>을유 乙酉 | 갑오 甲午<br>을미 乙未 | 갑진 甲辰<br>을사 乙巳 | 갑인 甲寅<br>을묘 乙卯 |
| --- | --- | --- | --- | --- | --- | --- |
| 納音 | 해중금<br>海中金 | 산두화<br>山頭火 | 천중수<br>泉中水 | 사중금<br>沙中金 | 복등화<br>覆燈火 | 대계수<br>大溪水 |
| 干支 | 병인 丙寅<br>정묘 丁卯 | 병자 丙子<br>정축 丁丑 | 병술 丙戌<br>정해 丁亥 | 병신 丙申<br>정유 丁酉 | 병오 丙午<br>정미 丁未 | 병진 丙辰<br>정사 丁巳 |
| 納音 | 노중화<br>爐中火 | 간하수<br>澗下水 | 옥상토<br>屋上土 | 산하화<br>山下火 | 천하수<br>天河水 | 사중토<br>沙中土 |
| 干支 | 무진 戊辰<br>기사 己巳 | 무인 戊寅<br>기묘 己卯 | 무자 戊子<br>기축 己丑 | 무술 戊戌<br>기해 己亥 | 무신 戊申<br>기유 己酉 | 무오 戊午<br>기미 己未 |
| 納音 | 대림목<br>大林木 | 성두토<br>城頭土 | 벽력화<br>霹靂火 | 평지목<br>平地木 | 대역토<br>大驛土 | 천상화<br>天上火 |
| 干支 | 경오 庚午<br>신미 辛未 | 경진 庚辰<br>신사 辛巳 | 경인 庚寅<br>신묘 辛卯 | 경자 庚子<br>신축 辛丑 | 경술 庚戌<br>신해 辛亥 | 경신 庚申<br>신유 辛酉 |
| 納音 | 노방토<br>路傍土 | 백랍금<br>白鑞金 | 송백목<br>松柏木 | 벽상토<br>壁上土 | 차천금<br>釵釧金 | 석류목<br>石榴木 |
| 干支 | 임신 壬申<br>계유 癸酉 | 임오 壬午<br>계미 癸未 | 임진 壬辰<br>계사 癸巳 | 임인 壬寅<br>계묘 癸卯 | 임자 壬子<br>계축 癸丑 | 임술 壬戌<br>계해 癸亥 |
| 納音 | 검봉금<br>劍鋒金 | 양류목<br>楊柳木 | 장류수<br>長流水 | 금박금<br>金箔金 | 상자목<br>桑自木 | 대해수<br>大海水 |
| 空亡 | 술해 戌亥 | 신유 申酉 | 오미 午未 | 진사 辰巳 | 인묘 寅卯 | 자축 子丑 |

## 2. 육십갑자六十甲子와 납음오행納音五行

갑자甲子가 언제부터 누구에 의해 사용되었는지는 정확하게 헤아리기 어려우나 대략 설명하자면 다음과 같다.

내경內徑에 이르기를 천기天氣는 갑甲에서 시작되고 지기地氣는 자子에서 시작되었다. 갑甲에다 자子를 더하고 을乙에다 축丑을 더하여 차례대로 배열配列해 나가면 육십六十번째 가서 천간天干과 지지地支가 나란히 끝난다. 이것을 이름하여 육십갑자六十甲子라 한다.

상고上古에 천지天地가 개벽開闢한 후로 삼황三皇(천황天皇·지황地皇·인황人皇)시대부터 간지干支(구갑자舊甲子)의 이름이 성립되었고 복희伏羲씨가 팔괘를 이루었으며 황제黃帝씨가 대요大撓씨에게 명하여 오행五行의 정情을 탐구하고 북두칠성北斗七星의 자루(두병斗柄)가 가리키는 바를 살펴 비로소 갑자甲子를 지어 천간天干과 지지地支로써 음양陰陽을 나누고 오운육기五運六氣[1]로서 경위經緯를 삼아 하루하루 시간을 추산推算하여 세시歲時를 정하되 수 천년을 거슬러 올라가 월月과 일日의 도수度數가 여분餘分이 없이 십일월十一月초하루 정자시正子時에 동지절冬至節이 교입交入되는 날을 얻게 되어 이로부터 갑자년甲子年, 갑자월甲子月, 갑자일甲子日, 갑자시甲子時가 기원起源되어 지금까지 전한다고 하였다.

또 육십갑자六十甲子에는 납음오행納音五行이라는 것이 있다. 수數로서 음音을 붙이고 이치로서 상象을 취하여 목화토금수木火土金水의 성정性情과 형질形質의 공용功用과 변화를 밝힌 것이다.

---

[1] 운기運氣란 천운天運과 지기地氣 즉 천기와 지기의 상호교차로서 태양의 조화로 땅이 움직이는 우주의 기운을 말한다. 다시 말해서 하늘의 태양과 땅을 오르내리는 삼양삼음三陽三陰의 작용에 의하여 일어나는 힘을 일컫는 것이다. 이 힘을 형용하여 수화목금토의 오행(오원소五元素)으로 운기를 구분한다.
오행의 운행은 목화토금수木火土金水에서 목木의 상생순서대로 질서를 어기지 않고 운행하면서 한해동안 운運은 오회五回, 기氣는 육회六回로 회귀하여 년년年年이 반복하는데 일운一運이 하늘과 땅을 오르내리는 기간은 73일 1시간 15분이 걸리고 일기一氣는 60일 23시간이 걸린다.
운기의 시초는 매년 대한大寒부터 기산하여 춘분春分 전까지를 초운初運이라 하고, 춘분에서 73일인 소만小滿까지를 이운二運, 이러한 순서로 돌아가면 그 해의 마지막 운은 오운五運이 되며, 기氣는 육기六氣가 된다. 이 오운육기가 개개인의 오장육부를 출생시에 허실을 결정하고 결정된 오장육부가 년년히 회귀되는 오운육기의 바탕 위에 혹은 상극으로 혹은 상생으로 반영됨에 따라 인체에 영향을 미치게 되어 병이 발생된다.

당唐나라 이허중李虛中 선생이 오성술五星術을 약간 변형시켜 년年을 위주하여 납음納音의 화기오행化氣五行으로 신살神煞을 취하고 녹명祿命을 추산推算하였으나 (년간年干을 록祿이라 하고, 년지年支를 명命이라 하며, 간지干支를 합한 납음오행納音五行을 신身이라 하여 삼명三命이라 하였다) 후에 서거역徐居易 자평子平선생이 이를 무시하고 일간日干을 위주로 하여 십신十神과 오행五行의 생극제화生剋制化됨과 용신用神을 살펴 길흉吉凶을 정하였으니 이로부터 납음納音오행으로 간명看命하는 법은 점점 멀어지고 일간日干을 위주로 하는 자평학설子平學說이 명리命理를 추단推斷하는데 일대혁신一大革新을 가져온 것이다.

음양학자 중에는 일진日辰이 언제부터 무슨 근거로 시작되었는지 믿기 어려우니 사주팔자四柱八字가 어찌 적중하겠느냐 하는 학자들을 간혹 볼 수 있는데, 그러나 시계가 아무리 정확하여도 볼 줄 모르는 사람에겐 필요없는 물건이 되듯이 눈에 보이고 과학적으로 증명되는 것만 믿으려 하는 현대인의 사고방식에는 의혹되는 점이 있다 하겠으나 이는 고대의 정신문명이 극도화 했을 때 우주만유宇宙萬有의 변화법칙을 달관達觀한 철인들이 추산推算하여 밝혀 놓은 음양이기陰陽理氣의 오묘함을 현대과학이나 인간의 지혜로서 완전히 파악하지 못한 처사라 할 수 있다.

현시대에는 음양학陰陽學을 미신시迷信視하는 경향을 간혹 보게 된다. 이늘은 한결같이 과학적으로 근거가 없다고 주장한다. 일정한 목적과 방법에 의거依據하여 원리原理를 탐구하고 체계화하는 것이 과학일진대 인간의 부귀빈천富貴貧賤과 수요궁통壽夭窮通을 전문파악專門把握할 수 있는 음양오행학陰陽五行學이야 말로 어찌 철학적 과학이라 하지 않을 수 있겠는가. 현대과학이 물질문명에 치우쳐 최고도로 발전하고 있는 것은 사실이다. 이것은 우주만유의 이기理氣와 상수象數를 헤아리는 무형無形의 동양철학에 비하면 극極히 미미微微한 일부분에 지나지 않는 것이다.

이것은 유한有限한 과학의 척도로 무한無限한 철학의 장단長短을 재고저 함이니 어찌 우습지 않겠는가? 아무리 과학만능을 주장하지만 과학科學의 이기利器로 어찌 인간의 미래사未來事를 조금이라도 추측할 수 있으며 산과 들에 무성하게 자라는 이름모를 잡초의 씨앗 하나라도 만들 수 있겠는가 이것은 대자연의 순환법칙에 따라 생장生長하고 소멸衰滅하는 것이니 이 법칙을 헤아리는 오행학五行學이 아니면 가능할 수 없는 것이다. 그러니 갑자일甲子日을 오늘이나 내일이나 정하고 싶은 날로 정한 것이 아니고 태양太陽의 도수를 헤아려 십일十一월 초하루 정자正子시에 동지절冬至節이 들어오는 날로부터 갑자甲子가 시작됨을 기억해 두기 바란다.

납음오행納音五行을 화갑자花甲子라고도 한다. 육십갑자六十甲子가 목화토금수木火土金水의 오행에 속하지 않는 것이 없다. 그러면 갑자甲子와 을축乙丑이 합해서 왜 해중금海中金이라고 한 이유를 밝혀 보고저 한다.

오행학五行學은 결국 자연 수리數理학이다. 수數의 시작은 일一이고 수數의 끝은 십十이다. 일一부터 십十까지를 합하면 오십오五十五가 된다.

주역周易에 천일天一, 지이地二, 천삼天三, 지사地四, 천오天五, 지육地六, 천칠天七, 지팔地八, 천구天九, 지십地十 이라는 구절이 있다. 고로 천지天地의 수를 오십오五十五라 하는 것이다. 그중에 일一, 이二, 삼三, 사四, 오五를 생生하는 수數라 하고 육六, 칠七, 팔八, 구九, 십十을 성成하는 수라 한다.

일一이 생수生數의 극極인 오五를 만나 일육수一六水가 되고, 이二가 오五를 만나 이칠화二七火가 되고, 삼三이 오五를 만나 삼팔목三八木이 되고, 사四가 오五를 만나 사구금四九金이 되고, 오五가 오五를 만나 오십토五十土가 된 것이니 즉 수화목금水火木金이 토土를 만나 이루어지는 이치와 같다.

오五라는 수는 중앙토中央土가 되며 조祖라고 한다. 이 오五수를 소연小衍수라 하며 각 오행五行의 수數의 만수滿數인 십十까지 하여 합合하면 오십五十이 되니 오십五十을 대연수大衍數라고 하는 것이다. 음양陰陽으로 나누어지기 전의 태극수太極數인 일一을 제외해 놓고 사십구四十九로 용用을 한다.

여기에서 선천수先天數라는 것이 있다. 이 선천수의 원리는 일양一陽이 시생始生하여 노성老成하는 과정을 관찰하는 원리라고 볼 수 있다.

천간天干은 갑甲에서 시작하고, 지지地支는 자子에서 시작하는데, 갑자甲子부터 세어가면 임신壬申까지가 구九수가 된다. 구九라는 수數는 일一, 삼三, 오五, 칠七, 구九인 양陽수의 만수滿數가 되어 노양老陽이라고 한다.

갑자甲子에서 임신壬申까지는 구九인데 갑甲이 기己를 합해 오고, 자子가 오午를 충冲하여와 갑기자오甲己子午는 한 집단을 이룬다. 이리하여 갑기자오甲己子午는 구九가 된다.

을축乙丑에서 임신壬申까지는 팔八이 되는데 을乙이 경庚을 합해 오고, 축丑이 미未를 충冲하여와 을경축미乙庚丑未는 팔八이 된다. 병신인신칠丙辛寅申七, 정임묘유육丁壬卯酉六, 무계진술오戊癸辰戌五가 다 이와 같은 이치이고 천간天干은 십간十干이 끝나고 이지二支가 남아있는데 사巳에서 신申까지는 사四가 되는 고로 사巳가 해亥를 충冲하여와 사해巳亥는 사四가 되는 것이다.

갑자을축甲子乙丑을 선천수先天數로 계산하면 삼십사三十四가 되고 삼십사三十四를 대연大衍수인 사십구四十九에서 제하면 십오十五가 남고 십오十五를 생생수의 만수滿數인 오五로 나누면 오五가 남는다. 오五는 즉 토土인데 토土는 금金을 생생함으로써 갑자을축甲子乙丑은 금金이 되는 것이다. 또 무진기사戊辰己巳를 선천수先天數로 계산하면 이십삼二十三인데 대연수大衍數인 사십구四十九에서 제하면 이십육二十六이 남고 이십육二十六을 생생수의 만수滿數인 오五로 나누면 일一이 남는다. 일一은 즉 수水인데 수水는 목木을 생생하는 고로 무진기사戊辰己巳는 목木이 되는 것이다. 납음오행納音五行이 모두 이러한 원리로 구성되어 있다.

## 3. 선천수 암기법先天數 暗記法

  甲己子午9 乙庚丑未8 丙辛寅申7 丁壬卯酉6 戊癸辰戌5 巳亥屬之4
  갑기자오구 을경축미팔 병신인신칠 정임묘유육 무계진술오 사해속지사

### ● 갑자을축甲子乙丑 해중금海中金

기氣가 안으로 감추어져 이름만 있고 형상은 없으니 즉 사람이 어머니 뱃속에 있는 거와 같다. 자子는 수水에 속하고 또 수왕절水旺節이 되며 금金은 자子에서 사死하고 축丑에 묘墓가 된다. 금金이 물 속에 잠겨 있는 형상이라 해중금海中金이라 한 것이다.

### ● 병인정묘丙寅丁卯 노중화爐中火

인寅은 삼양三陽이 되고 묘卯는 사양四陽이 된다. 병정화丙丁火는 인묘목寅卯木이 생생해 줌으로써 점점 빛을 발하니 만물이 시생始生하게 된다. 천지天地는 화로(爐)가 되고 음양은 화火가 된다. 고로 노중화爐中火라 한 것이다.

### ● 무진기사戊辰己巳 대림목大林木

무토戊土는 평원이 되고 사巳는 육양六陽이 된다. 이때엔 목木의 지엽枝葉이 무성해 진다. 무성한 나무는 평원에 있는 고로 대림大林木이라 한 것이다.

### ● 경오신미庚午辛未 노방토路傍土

오午월에 화화火가 왕왕旺하니 토기土氣가 자연히 생생生을 받는다. 생생生을 받으면 형형形이 있고, 형형形이 있으면 창연彰然히 드러난다. 고로 노방토路傍土라 한 것이다.

### ● 임신계유壬申癸酉 검봉금劍鋒金

신유辛酉는 금금金의 자리이며 금금金의 왕지旺地가 된다. 왕 하면 강한 것인데 강하고 날카로운 것은 칼끝보다 더한 것이 없는 고로 검봉금劍鋒金이라 한 것이다.

### ● 갑술을해甲戌乙亥 산두화山頭火

술해戌亥는 천문天門이라고 한다. 화화火가 천문天門에 비치니 지극히 광명光明하다 술해戌亥는 시간으로 저물어 가는 태양이 산머리에 빛날 때라 산두화山頭火라 한 것이다.

### ● 병자정축丙子丁丑 간하수澗下水

수水는 자子에서 왕왕旺해지나 축丑에서는 쇠쇠衰해진다. 쇠한 수水는 강하江河가 될 수 없는 고로 간하수澗下水라 한다.

### ● 무인기묘戊寅己卯 성두토城頭土

천간天干의 무기戊己는 토土가 되고 인寅도 간괘艮卦의 자리라 토土와 산山이 되므로 성두토城頭土라 한 것이다.

### ● 경진신사庚辰辛巳 백납금白鑞金

경진庚辰은 진辰에서 양양養이 되고 사巳에서 생생生하니 형질形質이 처음 이루어져 견고堅固하지 못한 고로 백납금白鑞金이라 한 것이다.

### ● 임오계미壬午癸未 양류목楊柳木

오午는 목木의 사지死地이고 목木은 미未의 장지葬地이다. 목木이 사장지死葬地를 만났으니 천간天干에 비록 임계수壬癸水를 만났으나 부드럽고 약한 나무에 불과 함으로 양류목楊柳木이라 한 것이다.

### ●갑신을유甲申乙酉 천중수泉中水

신유申酉는 금金의 왕지旺地이다. 금金이 왕旺하면 수水는 절로 생기生氣를 얻는다. 그러나 수水가 아직 왕기旺氣는 얻지 못한 고로 천중수泉中水라 한 것이다.

### ●병술정해丙戌丁亥 옥상토屋上土

병정丙丁은 화火가 되고 술해戌亥는 천문天門이 된다. 병정화丙丁火가 천간天干에 있으니 토土가 위에서 생生을 받는 고로 옥상토屋上土라 한 것이다.

### ●무자기축戊子己丑 벽력화霹靂火

자子는 수水에 속하고 축丑은 토土에 속한다. 자子에서 일양一陽이 생生하는데 자子는 수방水方이라 납음화納音火가 수중水中에 있는 화火라 수중화水中火는 번개불 밖에 없는 고로 벽력화霹靂火라 한 것이다.

### ●경인신묘庚寅辛卯 송백목松柏木

인寅과 묘卯는 목木이 왕旺한 자리라 이미 왕旺하였으면 약弱한 목木은 아니다. 그러나 천간天干에 경신금庚辛金이 개두蓋頭하고 있으니 금金은 가을 기운이라 쌀쌀하고 추울 때 견고한 것은 소나무 밖에 없는 고로 송백목松柏木이라 한 것이다.

### ●임진계사壬辰癸巳 장류수長流水

진辰은 수고水庫가 되고 사巳는 금金이 장생長生한다. 창고 속에 들어있는 물을 금金이 생生하여 주니 샘물이 마르지 않는 상이라 장류수長流水라 한 것이다.

### ◦ 갑오을미甲午乙未 사중금沙中金

오午는 화왕火旺한 자리다. 금金이 패배하고 미未는 화火가 쇠衰한 자리라 금金이 관대冠帶한다. 패한 금金이 겨우 관대冠帶하여 능히 극벌剋伐을 하지 못하는 고로 사중금沙中金이라 한 것이다.

### ◦ 병신정유丙申丁酉 산하화山下火

신申은 지호地戶가 되고 유酉는 일입日入하는 문門이라 이때에 태양이 빛을 감추게 되는 고로 천간天干에 개두蓋頭한 병정화丙丁火가 서산西山으로 기우는 상이라 산하화山下火라 한 것이다.

### ◦ 무술기해戊戌己亥 평지목平地木

술戌은 평야平野가 되고 해亥는 목木의 장생지長生地가 된다. 목木이 평원平原에 생생한 즉 한 나무에 비한 것이 아니므로 평지목平地木이라 한 것이다.

### ◦ 경자신축庚子辛丑 벽상토壁上土

자子는 수水가 되고 축丑은 토土가 된다. 토土가 비록 축丑을 만났으나 자수子水와 합합하여 진흙이 되었으므로 벽상토壁上土라 한 것이다.

### ◦ 임인계묘壬寅癸卯 금박금金箔金

인寅과 묘卯는 목木이 왕旺한 자리라 금金이 약해진다. 금金은 인묘寅卯에 절절하여 무력無力한 고로 금박금金箔金이라 한 것이다.

### ◦ 갑진을사甲辰乙巳 복등화覆燈火

진辰은 시간으로 밥 먹을 때가 되고 사巳는 간식할 때라 장차 정오正午에 가까워지는 때다. 양기陽氣의 세력이 천하天下를 밝히고자 하는 고로 복등화覆燈火라 한 것이다.

● 병오정미丙午丁未 천하수天河水

천간天干의 병정丙丁은 화火에 속하고 오午는 화火가 왕旺한 자리이나 납음納音으로 수水가 되니 화중火中에서 나온 수水의 상이라 천상天上의 은하수銀河水에 비유되는 고로 천하수天河水라 한 것이다.

● 무신기유戊申己酉 대역토大驛土

신申은 곤괘坤卦의 자리며 곤坤은 지地가 된다. 유酉는 태괘兌卦의 자리며 태兌는 연못(澤)이 된다. 천간天干의 무기토戊己土가 지택地澤의 위에 있으니 다른 부박浮薄한 토土와 비할수 없는 고로 대역토大驛土라 한 것이다.

● 경술신해庚戌辛亥 차천금釵釧金

금金은 술戌에 이르면 쇠衰하고 해亥에 이르면 병病이 된다. 쇠하고 병들은 금金이 유약柔弱한 상이 있는 고로 차천금釵釧金이라 한 것이다.

● 임자계축壬子癸丑 상자목桑自木

자子는 수水에 속하고 축丑은 토土에 속하나 금고金庫가 된다. 수水에서 목木이 겨우 생하였으나 금金이 극벌剋伐하는 격이라 뽕나무가 피어날 무렵 사람이 꺾어가 누에(蠶)에게 먹이는 상이므로 상자목桑自木이라 한 것이다.

● 갑인을묘甲寅乙卯 대계수大溪水

인寅은 동북東北간 방方의 모퉁이가 되고 묘卯는 정동방正東方이 된다. 물이 정동正東으로 흐르게 되면 수생목水生木하기 때문에 그 성질이 순하여져 시냇물이나 연못의 물이 다 모여 돌아오는 고로 대계수大溪水라 한 것이다.

● 병진정사丙辰丁巳 사중토沙中土

진辰은 토고土庫가 되고 사巳는 토土의 절지絶地가 된다. 고절庫絶되어 약한 토土를 천간天干의 병정화丙丁火가 다시 생生하여 주므로 사중토沙中土라 한 것이다.

### ● 무오기미戊午己未 천상화天上火

오午는 화火가 왕旺한 자리이고 미未는 토土가 되나 미중未中의 을목乙木이 화火를 생하여 화성火性이 염상炎上하는 고로 천상화天上火라 한 것이다.

### ● 경신신유庚申辛酉 석류목石榴木

신申은 월령月令으로 7월이 되고 유酉는 팔월八月이 된다. 이때엔 목기木氣가 절絶하여 쇠약衰弱하다. 그러나 오직 석류나무는 약하면서도 껍질이 단단한 열매를 맺어 놓는 고로 석류목石榴木이라 한 것이다.

### ● 임술계해壬戌癸亥 대해수大海水

술戌은 수水의 관대冠帶자리가 되고 해亥는 수水의 관록官祿자리가 되니 수기水氣가 왕旺하다. 또 해亥는 호수에 비유할 수 있는데 천간天干에 임계수壬癸水가 덥고 있으니 다른 물과 비할 수 없는 고로 대해수大海水라 한 것이다.

### 납음오행 궁합표(남녀 년주 기준 · 일주는 참고)

| 남녀 궁합 해설 | 男水女水 양수가 상합하니 재산이 흥왕하며 영화가 무궁하고 공명을 얻고 자손이 만당하니 일생 태평하리라 |
|---|---|
| 男金女金 길흉이 많고 빈한한 상. 부부의 정이 없고 자손은 창성하나 정이 없으며 형제 불화하고 패가 망신한다 | 男水女火 수화가 상극하니 부부 불순하고 자손이 불효하며 일가 친척이 화목치 못하여 자연히 패가하리라 |
| 男金女木 금극목하니 만사에 구설이 분분. 패망지격이요 자손이 불화하고 가도가 쇠잔하여 재물이 궁핍하리라 | 男水女土 수토가 상극하니 금슬이 불화하고 자손불효하며 일가친척이 화목치 못하고 자연히 패가하리라 |
| 男金女水 금생수하니 부귀부록이 많고 가도가 넉넉하고 자손이 영귀하여 명망이 높고 부부간 금슬이 아주 좋다 | 男火女金 화극금하니 매사가 막히고 자손궁이 극히 귀하다 인륜이 어지럽고 재물이 흩어진다 |
| 男金女火 화극금하니 백년을 근심하고 재산이 점점 사라지고 부부 이별수와 자손 운이 불길하다 | 男火女木 목생화하니 만사 대길하다 부부 화합하고 자손이 효도하며 부귀영화와 이름이 사방에 진동한다 |
| 男金女土 금토가 상생하니 부귀공명지격이고 자손이 번창하고 노비 전답이 즐비하여 거룩한 이름이 진동한다 | 男火女水 수극화하니 만사가 대흉하고 상부상처할 것이고 일가친척이 화목치 못하고 재물이 자연 사라지리라 |

| | |
|---|---|
| 男木女金 금극목하니 불길. 부부 해로하기 어렵고 일생 곤궁하며 자손이 창성치 못하고 재앙이 간간이 침노한다 | 男火女火 양화가 서로 만나니 길한 것이 없고 흉한 것이 많다 재물이 부족하고 부부불화하며 화재수 있도다 |
| 男木女木 평생에 길흉이 상반. 부부 화락하여 생남생녀하고 간간 성패수로 재물은 못 보나 궁색은 면한다 | 男火女土 화생토하니 부부 해로하며 자손이 창성하고 부귀공명이 겸전하여 재물이 넉넉하니 만사가 여의하다 |
| 男木女水 수생목하니 부부 금슬이 지극하고 자손이 효도하고 친척이 화목하여 복록이 무궁하여 부귀장수한다 | 男土女金 토생금하니 재물이 풍족하고 일생 근심이 없으며 부귀와 공명을 누리니 그 이름을 세상에 전하리라 |
| 男木女火 목생화하니 자손이 만당하고 금슬이 화락하다 일생을 금의옥식할 것이고 만인의 숭앙을 받게 된다 | 男土女木 목극토하니 부부불화하고 관재구설이 따르며 집이 비록 부유하나 재물이 사라지고 근심이 중중하리라 |
| 男木女土 목극토하니 부부 금슬이 불화하도다 친척이 불목하고 자손이 불효하여 패가망신하리라 | 男土女水 토극수하니 자손이 비록 있어도 동서로 흩어질 것이요 부부간에 생이별하고 가업도 쇠잔하리라 |
| 男水女金 금생수하니 부귀 혼연하고 자손이 창성이며 생애가 족하고 친척이 화목하며 노비전답이 많으리라 | 男土女火 화생토하니 부부간에 금슬이 좋고 자연 치부하여 재물이 산과 같고 효자효부를 두어 태평성대하리라 |
| 男水女木 수생목하니 부귀지격이로다 부부 금슬이 중하고 일가가 화순하여 노비전답이 즐비하다 | 男土女土 양토가 상합하니 자손이 창성하고 부귀할 격이며 금의옥식에 고루 거각에 앉아 태평세월을 보내리라 |

## 제5절 간지干支의 소생所生과 음양陰陽의 생성

### 1. 천간天干과 지지地支의 소생所生

　우주만물宇宙萬物이 발전하고 인간 세상이 점차 복잡해짐에 따라 이를 다스려서 질서를 잡을 필요가 생기게 되었을 즈음 황제黃帝시에 인민人民의 고통을 근심하고 목욕재계沐浴齋戒 하시고 제단을 마련하여 천제天帝님께 기원하니 십간十干과 십이지十二地支의 계시를 받게 되었다. 황제黃帝께서 강시降示된 십간十干을 둥글게 펴서 하늘을 상징하고 십이지十二支를 모나게 펴서 땅의 형상을 본뜨게 하였다. 이러므로 간干은 천天이 되고 지支는 땅이 되었으니 이를 각 부문에 적용함으로써 나라를 다스릴 수 있었다.

그 후 대요씨大撓氏께서 집정執政하실 때 후인後人을 근심하고 십간十干과 십이지十二支를 분배하시어 육십갑자六十甲子를 작성하시었다.

천간天干 : 갑을병정무기경신임계
　　　　　甲乙丙丁戊己庚辛壬癸

지지地支 : 자축인묘진사오미신유술해
　　　　　子丑寅卯辰巳午未申酉戌亥

천간天干 : 양陽 : 갑병무경임甲丙戊庚壬
　　　　　음陰 : 을정기신계乙丁己辛癸

지지地支 : 양陽 : 자인진오신술子寅辰午申戌
　　　　　음陰 : 축묘사미유해丑卯巳未酉亥

이 십간十干과 십이지十二支는 육십갑자六十甲子의 모체母體가 되는 바 동방문화東方文化 일반에 미친 영향이 지대하여 음양오행陰陽五行 철학을 떼어놓고 동방사상東方思想을 탐구하고 동방문화를 관찰한다는 것은 흙을 떠나서 산山을 연구하고 물을 떠나서 바다를 살피듯 어리석은 일이다.

또 십간十干과 십이지十二支에는 음양陰陽이 있고 오행五行이 배속되는 바 예컨대 천간天干의 갑을甲乙이 목木이 되고 병정丙丁은 화火가 되며 지지地支의 인묘寅卯는 목木이 되고 사오巳午는 화火가 됨이 그것이요, 갑甲은 양陽이 되고 을乙은 음陰이 되며 인寅이 양陽이며 묘卯가 음陰이 되는 것이다.

# 제4장
# 하도 · 낙서

제1절 하도와 음양오행
제2절 구성자백에 대해
제3절 문왕후천팔괘도

# 제4장 하도河圖 · 낙서洛書

## 제1절 하도河圖와 음양오행陰陽五行

하 도

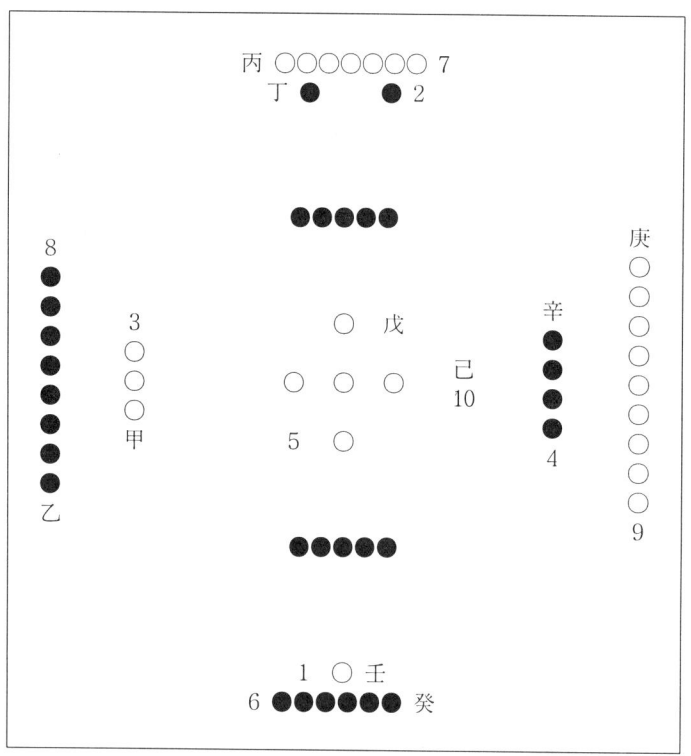

## 1. 용마하도龍馬河圖

약 오천년전 중국의 하수河水에서 용마龍馬가 (팔척八尺 이상을 용龍이라 함) 출현하였는데 말등에 터럭이 군데군데 똘똘 말려 마치 별이 하늘에 널려 있듯이 오십오五十五개의 무늬가 별모양과 같이 질서 있게 배열되어 있으므로 복희伏羲씨가 이것을 보고 비로소 팔괘八卦를 긋고 천지天地의 수數를 깨달았다고 한다. 위의 그림을 보면 중앙에 五수가 처하므로 태극太極을 상징하고 양陽의 수 일一, 삼三, 오五, 칠七, 구九가 있어 합수가 20이요, 음陰의 수數 이二, 사四, 육六, 팔八을 합해 20이니 이것이 양의兩儀가 된 것이다. 즉 그림에서 백점白点은 양陽을 뜻하고 흑점黑點은 음陰을 상징한다. 곧 일양수一陽數가 하下에서 생하니 흑점 2음수陰數가 상上에서 대응하였다. 삼양三陽이 좌내左內에 생生하니 흑점 4음陰은 우내右內에서 대응하고 5양수가 중앙에 있어서 변화와 조화의 균형이 유지되어 있음을 볼 수 있다. 5는 생生수의 끝 수로서 양수이므로 성成수의 만수滿數인 10이 중앙의 전후로 대응되어 있어 조화의 극치를 이룬다.

천간天干 지지地支를 나누어 배열하면 아래와 같이 된다.

| | |
|---|---|
| 갑을인묘甲乙寅卯 | 동방삼팔목東方三八木 |
| 병정사오丙丁巳午 | 남방이칠화南方二七火 |
| 무기진술축미戊己辰戌丑未 | 중앙오십토中央五十土 |
| 경신신유庚辛申酉 | 서방사구금西方四九金 |
| 임계해자壬癸亥子 | 북방일육수北方一六水 |

생수生數 : 일一 · 이二 · 삼三 · 사四 · 오五
성수成數 : 육六 · 칠七 · 팔八 · 구九 · 십十

## 2. 복희선천팔괘도伏羲先天八卦圖

복희선천팔괘도

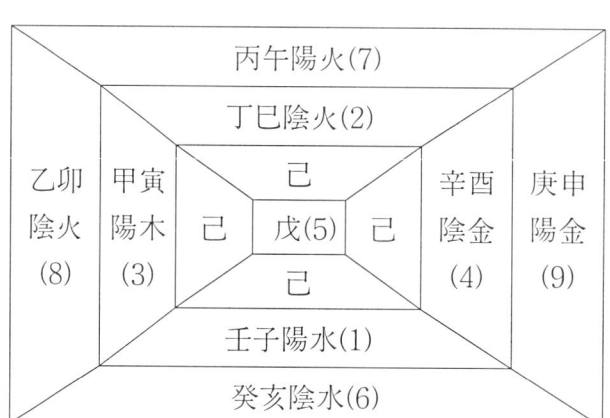

하도河圖는 5000년전 상고上古의 복희伏羲씨가 하수河水(황하黃河)에서 용마龍馬(8척 이상)가 출현한 것을 보았는데, 말 등에 터럭이 군데군데 똘똘 말려 마치 별이 하늘에 널려 있듯 55개의 무늬가 별 모양처럼 질서 있게 배열된 것을 보고 착안하여 복희가 처음으로 팔괘八卦를 긋고 천지의 수數를 깨달았다고 한다. 이것을 엄격히 분석하면 천문天文의 구조학이며 기학氣學이다.

하도 양수陽數 : 1·3·5·7·9=25(천수天數) : 홀수(기奇) : 백점白點

하도 음수陰數 : 2·4·6·8·10=30(지수地數) : 짝수(우偶) : 흑점黑點

총 천지天地의 수數 : 55 (변화를 이루는 수)

하도의 중앙 5·10 태극太極

천수天數 25와 지수地數 30은 양의兩儀

### 원 리

양수陽數 백점白點 1이 상上에서 생하니 음수陰數 흑점黑點 2가 하下에서 대응한다.

삼양三陽은 왼쪽 상단에서 흑점 4음수가 우측 안쪽에서 대응한다.

5양수가 중앙에 위치하면서 변화와 조화의 균형을 유지하고 있는데 5는 생수의 끝 수로서 성수의 만수滿數인 10이 중앙의 전후로 대응되어 조화의 극치를 이룬다.

## 3. 선천수先天數의 응용

### 1) 선천수先天數

| 사巳 | 무戊 | 정丁 | 병丙 | 을乙 | 갑甲 |
|------|------|------|------|------|------|
| 해亥 | 계癸 | 임壬 | 신辛 | 경庚 | 기己 |
| 속屬 | 진辰 | 묘卯 | 인寅 | 축丑 | 자子 |
| 지之 | 술戌 | 유酉 | 신申 | 미未 | 오午 |
| 사四 | 오五 | 육六 | 칠七 | 팔八 | 구九 |

예) 갑자을축甲子乙丑 해중금海中金 : 갑甲9자子9을乙8축丑8
=8+8+9+9=34 대연수大衍數50태극수1=49
49-34=15 15÷3=0(나머지가 없을 때는 기본수5) 5
=토土. 토생금土生金=해중금海中金이 된다.

## 4. 하도와 선천팔괘도

선천팔괘는 태극이 삼변三變하여 음양陰陽(양의兩儀)-사상四象-팔괘八卦로 이루어지는 이치이다. 이 배열은 자연히 생성되는 것이다. 선천팔괘의 가운데에는 수數와 괘卦가 없는 허虛한 상이다. 우주의 이치는 상생하는 데 상극이 있고, 상극하는 데 상생이 있다. 선천은 원래 상생하는 이치로 약육강식의 치열한 생존경쟁이 일어난다.

## 5. 음양오행

사실 하도는 2개의 원이 겹쳐 있다고 보면 된다. 이 하도는 음양의 이치인 근본법칙이다. 상생의 이치인 것이다. 상생의 이면에는 상극이 존재하는 것이다.

## 6. 복희선천팔괘도

복희선천팔괘도

| 兌澤☱ 소녀 | 乾天☰ 부친 | 巽風☴ 장녀 |
|---|---|---|
| 離火☲ 중녀 | ☯ | 坎水☵ 중남 |
| 震雷☳ 장남 | 坤地☷ 모친 | 艮山☶ 소남 |

　복희씨가 하도의 이치를 따라 삼재三才의 도道로 팔괘를 자연의 운행원리에 부합시켜 작한 것이다. 팔괘의 순서는 양선음후陽先陰後의 이치를 따른다. 선천팔괘도는 하늘과 땅에 속한 건곤乾坤을 양축으로 삼아 상하로 남북의 경經(세로)을 세우고, 불인 이괘離卦와 물인 감괘坎卦를 동서(좌우)의 위緯(가로)로 놓은 것이다. 경은 체體(부동의 근본축)를 의미하고, 위는 항구한 운행의 섭리인 용用을 나타낸다.

　방위는 시계방향으로 돌아가며 해가 북에서 동-남-서로 하여 본래의 북으로 다시 운행하는 이치이다. 동양철학은 방위의 기준을 북으로 삼는데 천체의 중심이 북극성이고 하루의 출발점이 해가 북방에 있을 때이다. 그림으로 표시할 때도 아래로 북방을 삼는 것이다.

　선천팔괘도를 보면 전체적으로 왼쪽이 양의陽儀에 속하는 괘로 모여있는데 즉 진震-이離-태兌-곤坤으로 양이 점차적으로 자라나는 오전의 과정을 의미하고, 오른쪽은 음의陰儀에 속한 괘들로 즉 손巽-감坎-간艮-곤坤은 음이 점차적으로 자라나는 오후의 과정을 의미한다. 하늘의 뿌리에 해당하는 초효를 놓고 보았을 때 왼쪽은 모두 초효가 양이고, 월근月根에 해당하는 왼쪽은 모두 초효가 모두 음효이므로 오전(후천)은 양이 주관하고 오후(후천)는 음이 주장하는 때임을 알 수 있다. 계사전에서도 일음일양지위도一陰一陽之謂道라 하였으며, 양陽은 변變(점장漸長)의 과정이요 음陰은 화化(점성漸盛)의 과정이다. 결과적으로 선천팔괘 방위도는 사시四時의 변화와 24절기의 운행에 자연 합치되는 것이다.

선천팔괘의 특징으로 사정방四正方은 부동의 괘를 본체로 한 건곤감리乾坤坎離이고, 나머지 사유방四維方(간방間方)은 변동괘를 용用으로 한 것을 알 수 있다.

## 7. 삼천양지參天兩地

공자가 "옛날에 성인이 역을 작할 때 삼천양지參天兩地로서 수를 의지했다"라고 했다. 3은 하늘을 대표하고, 2는 땅을 대표한다. 이 원리는 하도에서 기인한다. 즉 생수와 성수의 이치인 것이다. 근본수인 생수 1, 2, 3, 4, 5에서 천수天數인 홀수는 1, 3, 5 셋 뿐이고, 지수地數인 짝수는 2, 4 둘 뿐이다. 그래서 홀수인 1+3+5는 9가 되었고, 짝수인 2+4는 6이 되었다. 그래서 양효와 음효를 대표하는 수가 구九와 육六이 나온 것이다.

- 일정팔회一貞八悔 : 소성괘 하나가 각각 8괘씩을 만나 대성괘를 이루는 과정을 말한다.

- 종즉유시終則有始 : 6位에 기초하여 순환반복하는 이치를 말한다.

## 8. 구궁론九宮論(공전과 자전의 원리)

구궁九宮은 대우주의 조직과 운행섭리가 그대로 땅과 우리 인간에게도 적용된다는 원리다. 구궁은 하늘과 땅에 동시에 적용된다. 그래서 하늘은 천반天盤이라 하고 땅은 지반地盤이라 한다. 우리 인간의 마음 성질 등이 어디서 비롯하여 본뜨게 되었느냐 하면 바로 하늘보고 하늘이 하는 그대로 본뜬 것이고 또 자연의 여파가 인간의 마음이 그렇게 되지 않으면 안되도록 하였기 때문이다. 예를 들어 불쾌지수不快指數가 높으면 사람 성질도 짜증나고 흐리고 비가 오기 전 우울해지는 것과 같은 이치이다.

땅의 내부성질도 같다고 본다. 조직은 그대로 하늘의 섭리가 깃들어 있다. 그것은 천간이 그대로지지 속에 암장되어 있는 것과 같은 것이다. 결국 그것은 하늘과 땅이 상호 작용하면서 음양의 착종으로 모든 만물을 자라게 하고 생성 발전시키는 것이다. 즉 생장소멸의 순환법칙이 상호교류하면서 대자연의 질서가 이루어지는 것이다. 동·서·남·북·중앙·간방間方·상하 이것은 모두 방향의 기본이다. 하늘 그대로이다.

　동쪽에선 해가 뜨니 아침때로 비유되고 아침은 절기로 따져 봄에 해당되고 봄은 모든 만물을 소생시키니 생목生木이 된다. 그래서 동東은 목木이 된다.

　남쪽은 해가 중천에 오니 점심때로 비유되고 점심은 절기로 따져 더우니 여름에 해당되고 여름은 모든 만물을 무성하고 울창하게 자라게 하는 고로 불볕이 쏟는다 하여 화火라 하니 생화生火가 되어 남南은 화火가 된다.

　서쪽은 해가 지니 저녁때에 비유되고 해가 지는 때를 절기로 비유하면 가을에 해당된다. 가을은 열매로 결실되니 딱딱하게 여문다 하여 금金이라 하니 생금生金이 되어 그래서 서西는 금金이라 한 것이다.

　북은 밤에 비유되니 절기로 겨울에 해당된다. 겨울은 추어 땅이 어는데 물기가 있어야 얼게되고 그래서 물이 근본이 되니 수水라 하여 생수生水가 되니 북은 수水가 된 것이다.

　중앙은 환절기가 되도록 조종을 하니 즉 환절기에 해당된다. 중앙中央은 동서남북 모두를 관장하고 있다하여 튼튼한 기반터인 토土가 된다.

　다시 오행五行을 표시하면 동東은 목木, 남南은 화火, 서西는 금金, 북北은 수水, 중앙中央은 토土가 된다.

## 9. 낙서洛書와 구궁九宮

　상고上古의 하나라 대우大禹씨가 홍수洪水를 다스릴 때 낙수洛水에서 신구神龜가 나왔는데 등에 45점의 무늬가 자획字劃처럼 구궁에 배열되어 있어 이것을 보고 홍범구주洪範九疇와 정전법井田法을 만들었는데 이것을 낙수라고 이름한 것이다. 구궁의 수는 거북이 모양과 흡사하고 9는 머리, 1은 꼬리, 2와 4는 어깨가 되고, 3과 7은 좌우 몸통, 6과 8은 발이 된다. 하도와 낙서는 상호 표리관계이다. 하도는 10수까지 있으나 낙서는 9수 밖에 없다. 그러나 낙서는 마주보는 자리와 합하여 10이 된다. 하도가 체體라면 낙서는 용用이다. 하도는 상생하는 수리요 낙서는 상극하는 수리로 배열되었다. 낙서를 깊이 분석하면 이 역시 천문지리의 변천 운행섭리를 알리는 오묘한 학문이며 모든 것의 구조로서 근본법칙이다.

## 10. 낙서洛書

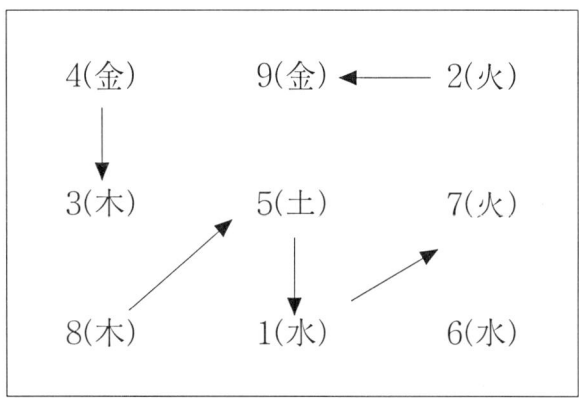

　대우大禹씨가 홍수洪水를 다스릴 때 낙수洛水에서 큰 거북이가 나왔는데 등에 사십오四十五점의 무늬가 자획字劃같이 구궁九宮에 배열되었으므로 이것을 보고 홍범구주洪範九疇와 정전법井田法을 만들었다. 그리하여 이것을 낙수洛水라고 이름한 것이다.

　중앙 오토五土가 토극수土克水하여 1(수水)을 생하고, 수극화水剋火하여 7(화火)을 생하고, 화극금火克金하여 9(금金)를 생하고 금극목金克木하여 3(목木)을 생하고, 목극토木剋土하여 중앙의 5(토土)를 생하니 그사이(간방間方)에서 2·4·6·8의 수가 나온다. 구성九星의 방위와 지지地支가 모두 이 낙서도洛書圖에서 나온 것이다.

　가로, 세로, 대각선 어느 곳에서 더해도 똑같이 15가 나오는데, 15는 천도변화天道變化 24절후節侯의 한 마디인 15일을 뜻하는 것이다. 낙서의 수는 모두 합아여 45가 되는데, 이는 8괘 중에서 한 괘(1괘)에 해당되는 수이다(1년 360일＝팔괘八卦×45일 낙서합수洛書合數).

　하도수河圖數 55와 낙서수洛書數45를 합하면 체體와 용用을 합한 완수完數인 100이 나온다.

　■ 마방진魔方陣 : 방진方陣이라고도 하며, 자연수를 구궁 안에 1~9까지 배열하여 가로, 세로, 대각선 어느 곳에서든지 그 합한 수가 똑같이 나오는 것을 말한다. 그러므로 낙서의 수는 마방진魔方陣과 같이 배열된 것이다.

## 11. 구궁의 원리가 된 낙서론洛書論

하도河圖가 나온 후에 대우大禹씨가 신구낙서新龜洛書를 창출하였다.

하도수河圖數가 천지자연의 상징인 체體가 될 때, 낙서洛書는 변화하는 용用이 되어 마치 사람이 집을 지어 놓고 그 집에 기거하며 활동하는 모습에서 부동不動한 상태의 집을 하도河圖의 원리로 보고 기거하며 활동하는 사람을 낙서洛書의 원리로 볼 수 있다.

하도河圖의 수는 전체를 주主로 했으니 10에서 끝나고, 낙서洛書의 수는 주로 용사用事하고 극尅하므로 9에서 끝남으로써 하도河圖는 천지자연의 홍범洪範이요, 낙서洛書는 생존의 이치인 것이다.

낙서洛書의 구성을 살펴보면 9는 위의 남방에 있고, 1은 아래의 북방에 있으며, 3은 왼쪽의 동방에 있고, 7은 오른쪽의 서방西方에 있으며, 2와 4는 어깨에 해당하고 6과 8은 발에 해당하며 5는 중앙에 위치하여 팔방八方을 관할하니 오른쪽으로 돌아 이기는(극尅)것이 낙서의 수이다. 즉 변화하는 수數라 할 수 있다.

## 12. 구궁 낙서도九宮洛書圖

구궁九宮의 수가 거북이 모양과 흡사한 점이 있으니 구九를 머리에 이고 일一은 꼬리가 되며 육六과 팔八은 발이 되었다. 하도河圖와 낙서洛書는 서로 표리관계를 맺고 있다.

하도河圖는 십十까지 있으나 낙서洛書는 구九수밖에 없다. 그러나 낙서洛書는 마주보는 자리와 합합하여 십十수를 이루게 된다. 하도河圖가 체體라면 낙서洛書는 용用인 것이다. 그러므로 하도河圖는 상생相生하는 수리數理로 배열되었지만 낙서洛書는 상극相尅하는 수리로 배열된 것이다.

다시 설명하자면 낙서洛書는 복희씨 시대의 하도河圖출현 이후 2천년이 경과된 후 문왕文王 당시에 신구神龜가 낙수洛水에서 위의 그림과 같은 무늬를 등에 지고 출현한 것이다.

이 그림을 살펴보면 기수奇數(홀수)는 사정방四正方에 위치하여 군주君主가 되고 우수偶數(짝수)는 사측방四側方에 위치하여 신하臣下가 되어 있으며 하도河圖에서는 기우수奇偶數를 합하여 사정방四正方에 배속하고 생수生數는 안에 성수成數는 바깥에 있는 점이 다르다.

낙서도

| 巳(巽木四綠) ●  ● ● 辰   ● | 午(南火 九紫) ○○○○○○○○○ | 未(坤土二黑) ●  ● 申 |
|---|---|---|
| 卯(震木 三碧) ○ ○ ○ | 五黃 ○ ○○○ ○ | 酉(兌金七赤) ○ ○ ○ ○ ○ ○ ○ |
| 寅(艮土八白) ● ● ● ● ● ● ● 丑 | 子(坎水 一白) ○ | ● 戌 ● ● ● ● ● 亥(乾金6白) |

즉 천존天尊하고 지비地卑한 관계와 양陽이 주主가 되고 음陰이 보필의 신臣이 되는 상대적 관계를 표시하고 있다.

중앙中央에 오五를 중심으로 서로 대칭되는 숫자의 합合은 십十이 되며 오五까지 합하면 15라는 완성의 숫자가 된다. 흑과 백의 짝수·홀수의 구분은 양의兩儀를 상징하고 대칭수끼리의 합合이 되어 사상四象을 나타낸다. 숫자로 표시하면 아래 그림과 같이 되는데 구궁九宮 구성九星등으로 응용하기도 하고 기문奇門에서는 중요한 이론이 된다. 하도河圖는 선천적 정적靜的인 체體가 되고 낙서洛書는 후천적後天的이고 동적動的인 용用이 된다.

## 13. 수數로 표시한 구궁도

이 대우주의 조직 운행섭리가 위의 표시대로 가로 세로 대각선 어느쪽으로 보나 모두가 15라는 숫자가 나오는데 이것은 환절기에서 다음 절기까지가 15일씩이라는 공전과 자전의 이치를 그대로 살려 표시한 것이다.

예를 들면 입동에서 소설까지가 15일, 소설에서 대설까지가 15일.

九宮數

| 4 | 9 | 2 |
|---|---|---|
| 3 | 5 | 7 |
| 8 | 1 | 6 |

## 14. 구궁으로 물길 잡는 법

지구 위를 보면 언제나 북은 위에 남은 아래에 동과 서는 양옆으로 되어 있다. 여기서 당연히 북은 깊은 곳이라도 북으로 보아야 하나 물줄기를 찾는 데는 언제나 아래로 흐르기 때문에 방위는 관계없이 서쪽이든 남쪽이든 위를 북으로 보고 아래를 남으로 보고 아래서 위를 볼 때 오른쪽은 동, 반대는 서西로 본다.

다시 말하면 물길을 볼 때는 방향 그대로를 보지 말고 위아래를 남북南北으로 보고 높은 곳은 북, 낮은 곳은 남으로 보라는 것이다.

그렇다고 울퉁불퉁한 곳에까지 그렇게 보라는 게 아니고 경사진 산山이나 비탈 같은데서만 그렇게 보고 나머지는 큰물이 어디서 어디로 흘러가는가를 보고 흘러가는 곳을 언제나 남으로 보고 자꾸 축소해 좁히면 반듯이 4·9(금金)궁宮에서 물이 나오는데 이것은 98% 정확성이 있는 말이다. 즉 금생수金生水의 이치로 金에는 반드시 수水가 머무는 법이다. 큰 물결이 흘러가는 곳을 언제나 구九로 놓으면 빗나가는 예가 거의 없다.

또 하나는 평지에서의 방향 문제인데 평지에서는 다소의 차이는 있겠지만 어디를 파든 물은 나오게 마련이나 그래도 애를 먹으면 다음과 같이 계산한다. 본궁에서 동서남북을 차례로 한번씩 무조건 구九로 놓고 계산하면 4·9궁에서 반듯이 물이 나온다. 이유는 물은 가장 낮은 곳 남南으로 흐른다는 원리가 바로 그것이다.

## 제2절 구성자백九星紫白에 대해

### 구궁도

| 4 | 9 | 2 |
|---|---|---|
| 3 | 5 | 7 |
| 8 | 1 | 6 |

### 팔괘오행

| 손목巽木 | 이화離火 | 곤토坤土 |
|---|---|---|
| 진목震木 |  | 태금兌金 |
| 간토艮土 | 감수坎水 | 건금乾金 |

### 구성자백

| 사록목성<br>四綠木星 | 구자화성<br>九紫火星 | 이흑토성<br>二黑土星 |
|---|---|---|
| 삼벽목성<br>三碧木星 | 오황토성<br>五黃土星 | 칠적금성<br>七赤金星 |
| 팔백토성<br>八白土星 | 일백수성<br>一白水星 | 육백금성<br>六白金星 |

## 1. 삼원三元(180년) 구성構成

옛 중국의 역법에서는 중국의 시조로 불리우는 황제皇帝때인 611년 갑자甲子를 상원갑자上元甲子로 하고, 우리나라에서는 조선조 연산군(서기 1504년) 때인 갑자甲子를 상원갑자上元甲子로 기산起算한다.

- 상원갑자上元甲子는 음양일국陰遁一局을 기준하여 설국設局하고, 중원갑자中元甲子는 음둔사국陰遁四局을 기준하여 설국하고, 하원갑자下元甲子는 음둔칠국陰遁七局을 기준하여 설국한다.

- 1564년(명종明宗, 15년) : 중원갑자中元甲子
- 1624년(인조仁祖,  2년) : 하원갑자下元甲子
- 1684년(숙종肅宗, 10년) : 상원갑자上元甲子
- 1744년(영조英祖, 20년) : 중원갑자中元甲子
- 1804년(순조純祖,  4년) : 하원갑자下元甲子

위의 방법으로 이어서 아래와 같이 기산起算한다.

상원갑자上元甲子 : 1864년(역순 60년간). 일백수성에서 시작
중원갑자中元甲子 : 1924년(역순 60년간). 사록목성에서 시작
하원갑자下元甲子 : 1984년(역순 60년간). 칠적금성에서 시작

자오묘유子午卯酉년 : 팔백토성에서 일년을 시작
진술축미辰戌丑未년 : 육백금성에서 일년을 시작
인신사해寅申巳亥년 : 삼벽목성에서 일년을 시작

## 2. 년가年家 구성표

구성자백 년가 구성

| 상원 | 중원 | 하원 | 육십갑자 소속 | | | | | | |
|---|---|---|---|---|---|---|---|---|---|
| 1백 | 4록 | 7적 | 갑자 | 계유 | 임오 | 신묘 | 경자 | 기유 | 무오 |
| 9자 | 3벽 | 6백 | 을축 | 갑술 | 계미 | 임진 | 신축 | 경술 | 기미 |
| 1백 | 2흑 | 5황 | 병인 | 을해 | 갑신 | 계사 | 임인 | 신해 | 경신 |
| 7적 | 1백 | 4록 | 정묘 | 병자 | 을유 | 갑오 | 계묘 | 임자 | 신유 |
| 6백 | 9자 | 3벽 | 무진 | 정축 | 병술 | 을미 | 갑진 | 계축 | 임술 |
| 5황 | 8백 | 2흑 | 기사 | 무인 | 정해 | 병신 | 을사 | 갑인 | 계해 |
| 4록 | 7적 | 1백 | 경오 | 기묘 | 무자 | 정유 | 병오 | 을묘 | |
| 3벽 | 6백 | 9자 | 신미 | 경진 | 기축 | 무술 | 정미 | 병진 | |
| 2흑 | 5황 | 8백 | 임신 | 신사 | 경인 | 기해 | 무신 | 정사 | |

## 3. 본명성本命星 득법得法

본명성 소속

| 年星 | 일백<br>수성 | 이흑<br>토성 | 삼벽<br>목성 | 사록<br>목성 | 오황<br>토성 | 육백<br>금성 | 칠적<br>금성 | 팔백<br>토성 | 구자<br>화성 |
|---|---|---|---|---|---|---|---|---|---|
| 연령공제수 | 0 | 8 | 7 | 6 | 5 | 4 | 3 | 2 | 1 |

예) 올해로 기준할 때 : 계미癸未년은 육백금성이므로 연령공제수는 −4이다.
 그러면 금년 57세인 경우 : 57세−4=53=5+3=8이다.

## 구성자백 오행의 뜻

일백수성 : 풍파, 고난, 고생, 어려움, 비밀, 눈물, 병액, 강하(江河)
이흑토성 : 가정, 집, 여자, 땅, 노모, 직장, 취직, 노력, 일, 인내, 내구성
삼벽목성 : 공포, 놀램, 벼락, 진동, 유성무형有聲無形, 자극

사록목성 : 무역, 해외, 여행, 상업, 사업, 거래, 자격, 이동, 긴 것
오황토성 : 침체, 죽음, 부패, 장의사, 파괴, 문제발생, 하자품, 묵은 일
육백금성 : 지도자, 대통령, 국가, 조상, 회장, 회사사장, 정치인, 윗사람
칠적금성 : 연애, 오락, 유희, 식도락, 돈, 재물, 작은 말
팔백토성 : 개혁, 변화, 혁명, 상속, 친척, 형제, 친구, 가정, 상속, 계승, 고산高山
구자화성 : 명예, 학문, 연구, 공부, 문서, 인감, 시험, 재판, 이별, 직위좌천

## 제3절 문왕후천팔괘도文王後天八卦圖

문왕 후천 팔괘도

| ☴<br>4巽 | ☲南<br>9離 | ☷<br>2坤 |
|---|---|---|
| ☳東<br>3震 | 5<br>中 | ☱西<br>7兌 |
| ☶<br>8艮 | ☵北<br>1坎 | ☰<br>6乾 |

　주周나라 문왕文王이 낙서洛書의 이치를 적용하여 팔괘의 위치를 정한 것이며 오행이 유행하는 작용의 이치로 후천적인 인사의 법리를 설명하고 있다.
　후천팔괘도는 사상四象의 자리수가 왕래교역하면서 오행을 생성하는 상이다. 구궁수를 다른 말로 중천교역中天交易이라고도 하는데, 오전에 속한 선천이 한낮인 중천을 지나 오후인 후천으로 바뀌는 것이 성숙해진 남녀가 마침내 결혼을 하여 자식을 출산함으로써 세대가 바뀌는 것과 같다. 후천팔괘는 선천팔괘가 각각 동류를 따라 교합하고 배열된 것으로 인사적인 남녀관계의 조화를 이룬다. 서쪽과 남쪽에 음괘인 손이곤태巽離坤兌가 위에 놓여있고, 북쪽과 동쪽에 양괘인 건감간진乾坎艮震이 아래에 놓여 상하로 음양이 교차하고 남녀가 서로

상합하는 이치가 그대로 나타난다. 또한 후천팔괘의 중심은 황극皇極(5)이 위치하여 밖의 팔괘를 고르게 조화(종횡이 모두 15수)하는 대연大衍의 주체임을 증명한다. 결국 선천(정신)과 후천(물질)은 허실이 조화를 이루고 있다. 후천팔괘는 오행이 상극하는 이치로 배열되었지만 시계방향인 괘의 운행흐름은 오행이 상생하는 순서로 돌아간다. 이것으로 바로 후천세계는 오행의 생극이 조화를 이루며 후천팔괘도는 후천낙서의 이치에 기초하여 괘위는 역행상극逆行相剋하고 있으나 방위운행은 순행상생順行相生하는 조화의 작용으로 되어있다. 안은 오행상극이요 밖은 오행상생이다. 즉 극이생剋而生의 이치가 후천팔괘도인 것이다.

　종합적으로 후천팔괘를 정리하면 다음과 같다.
1) 하도원리처럼 북방감수北方坎水－동방진목東方辰木－남방이화南方離火－서방태금西方兌金이 정위치에 자리한다.
2) 인사人事에 비추어 동쪽과 북쪽은 남성男性의 괘(양陽)이 자리하고, 서쪽과 남방엔 여성女性의 괘인 음陰이 자리한다. 즉 아래인 서西와 남南은 음陰의 방위로 여괘女卦가 자리하고 위인 동과 북은 양의 방위로 남괘가 자리하여 같은 동류끼리 무리를 짓고 있는 모습이다.
3) 감수坎水는 진목辰木을 수생목水生木하지만 물이 과다하면 나무의 뿌리가 썩으므로 뿌리를 내리지 못하므로 간토艮土(양토陽土)가 감수坎水를 토극수土克水하여 막고 동방의 진목辰木이 뿌리내리도록 조절작용을 하고 있다. 또 이화離火가 태금兌金을 화극금火克金하여 열매가 익도록 하지만 너무 강하면 익기도 전에 한여름에 곡식이 타버리므로 흙이 없으면 결실을 이룰 수 없다. 그래서 남방의 화기火氣를 서남의 음토陰土로 설기하여 금기金氣를 생하는 고로 조절의 묘용을 다하고 있다.
4) 후천팔괘의 방위는 해가 진행하는 방향으로 오행상생의 조화를 이루고 있다.

　공자孔子가 "설괘전"에서 다음과 같이 말했다.

　제출호진帝出乎辰(장남)하여　제호손齊乎巽(장녀)하고　상견호리相見乎離(중녀)하고　치역호곤致役乎坤(모친)하고　설언호태說言乎兌(소녀)하고　전호건戰乎乾(부친)하고　노호감勞乎坎(중남)하고　성언호간成言乎艮(소남)하니라.

　서남득붕西南得朋, 동북상붕東北相朋 음의 입장에서 같은 음끼리 모여있는 서남방은 득붕得朋이지만, 양끼리만 배열된 동북방으로 가면 동류를 벗어나므

로 상봉喪朋인 것이다. -문왕-

　임금이 진방辰方에서 나와, 손방巽方에서 가지런히 하고, 이방離方에서 서로 만나고, 곤방坤方에서 일을 이루어, 태방兌方에서 기뻐하고, 건방乾方에서 전쟁하며, 감방坎方에서 위로하고, 간방艮方에서 이룬다.

### (1) 제출호진帝出乎辰

　장남에 속한 진震은 정동쪽에 자리하며 봄에 속하므로 절기는 춘분이고, 오행으로는 양목陽木이다. 진괘는 우레이므로 땅속에서 초목이 움터나오는 덕이 있고 머리(제帝)가 나오는 시기이다. 동방은 청룡青龍이다.

### (2) 제호진齊乎震

　장녀에 속한 손巽은 동남쪽에 자리하며 절기는 초여름인 입하立夏이고 오행은 음목陰木이다. 손괘는 바람이나 수풀이므로 깨끗이 쓸어내는 덕이 있으며 날씨도 정제되어 맑고 청아하다.

### (3) 상견호리相見乎離

　중녀에 속한 이離는 정남에 위치하여 한여름에 속하고 절기는 하지夏至이고 오행은 화火이다. 이괘는 불이므로 밝은 덕이 있으며 모든 훤히 드러나는 한낮에 서로 만나는 것이다. 남방은 주작朱雀이다.

### (4) 치역호곤致役乎坤

　모친에 속한 곤坤은 서남에 자리하며 절기는 초가을인 입추立秋이며 오행은 평평한 음토陰土다. 여름에서 가을로 접어드는 시기이므로 일을 모두 이룬다고 했다. 본래 땅과 어머니는 헌신과 희생의 덕이 있다.

### (5) 설언호태說言乎兌

　소녀에 속한 태兌는 정서쪽에 자리하며 한가을에 속하고 절기는 추분秋分이며 오행은 서늘한 음금陰金이다. 결실과 수확의 계절이므로 기쁨이 있는 때다. 못을 의미하는 태괘는 원래 입을 벌리고 기뻐하는 모습이다. 서방은 백호白虎다.

### (6) 전호건戰乎乾

부친에 속한 건乾은 은벽隱僻한 서북에 자리하며 절기는 초겨울인 입동立冬이고 오행은 차고 단단한 양금陽金이다. 음기陰氣가 극성한 때라 음양교전을 하여 새로운 생명을 잉태하려 하고 있다.

### (7) 노호감勞乎坎

중남에 속한 감坎은 정북쪽에 자리하며 한겨울이며 절기는 동지冬至이고 오행은 수水이다. 만물이 쉬며 잠드는 때라 피로를 풀도록 위로하는 것이다. 북방은 현무玄武다.

### (8) 성언호간成言乎艮

소남에 속한 간艮은 동북쪽에 위치하고 절기는 초봄인 입춘이고 오행은 두텁고 높은 양토陽土다. 1년을 마치고 다시 봄을 시작하는 때이므로 모든 일이나 공업을 이룬다고 했다.

## 1. 선천과 후천의 이해

선천先天 : 양물陽物을 대표하는 하늘을 의미하여 건도乾道라 한다. 원래 몸에 지니고 있는 성격이나 체질. 앞선 천시天時이므로 생장의 과정인 봄·여름에 속한다. 또한 오전은 햇빛이 길어지는 과정이고, 활동적이며 강건한 양陽이 주관하는 때다.

후천後天 : 음물陰物을 대표하는 땅을 의미하여 곤도坤道라 한다. 세상에 출생한 이후 환경이나 조건 또는 노력에 의해 변한 성격이나 체질. 뒤에 이어지는 천시天時이므로 수장收藏하는 과정인 가을과 겨울에 속한다. 안정적이며 유순한 기운이 정당함을 얻는 때이다.

## 2. 천간天干과 지지地支

일찍이 기원전 1562년에서 기원전 1066년까지 존재한 은상殷商대에 간지干支와 지지地支가 있었으며, 상왕조 세계世系의 이름에 사용되었다. 예컨대 성탕成湯의 이름을 천을天乙, 그의 아들 이름을 대정大丁 등으로 한 것과 이러한 방식을 주왕紂王대까지 모두 17대 33왕이 전해졌다. <사기史記>에서는 십간十干을 십모十母라 하였고, 십이지를 십이자十二子라 하였다.

<후한서後漢書>에 "대요시작갑을이명일大橈始作甲乙以名日, 위지간謂之幹, 작자축이명월作子丑以名月, 위지지謂之枝 대요가 처음 갑·을 등으로 해를 이름하여 이것을 간干이라 일컬었고, 자子·축丑 등으로 달을 이름하여 이를 지支라 일컬었다"고 실려있다.

## 3. 십간十干

십간十干은 상고上古의 은대殷代에서 날짜를 기록하는데 사용하여 천간天干이라고도 한다. 달을 기록하기 이전에는 "순旬"을 단위로 삼았으며, 갑甲일에서 계癸일까지는 10일이므로 이것을 "일순一旬"이라고 했다. 출토된 은허殷墟의 유물을 보면 날짜의 기록에 십간을 위주로 하고 있다. 예컨대 "기축복己丑卜, 경일庚雨" 등등이다.

십간十干이 어떻게 하여 날짜가 나아가는 진행순서를 나타낼 수 있는가에 의문을 갖기 쉽다. <후한漢書·율력지律曆志>에 보면 이 부분에 대해 설명하고 있다.

> "출갑어갑出甲於甲, 분알어을奮軋於乙, 명병어병明炳於丙, 대성어정大盛於丁, 풍무어무豐楙於戊, 이기어기理紀於己, 염갱어경斂更於庚, 실신어신悉新於辛, 회임어임懷妊於妊, 진규어계陳揆於癸 갑甲은 새싹이 껍질을 깨고 처음 나는 것이고, 을乙은 어린 싹이 점점 돋아서 자라는 것이고, 병丙은 양기가 충만되어 특별히 두드러지게 자라는 것이고, 정丁은 끊임없이 성장하는 것이고, 무戊는 더욱 무성해지는 것이고, 기己는 성숙함이 극에 달하는 것이고, 경庚은 과실이 수확되고 교체되려는 것이고, 신辛은 성숙함이 아프게 사라지고 새로운 기가 다시 잠복하는 것이고, 임壬은 양기가 다시 새로운 생명을 잉태하는 것이고, 계癸는 차세대의 생명이 다시 시작되고 뿌리가 착근하기를 기다리는 것이다"

위의 십간으로 태양이 변천하는 순서를 계산하였음을 알 수 있다.

<황극皇極·내편內篇>에 "십간자十干者, 오행유음양야五行有陰陽也 십간과 오행은 음과 양이 있다"라 하였고, <주역周易·계사상繫辭上>에 "일음일양지

위도一陰一陽之謂道 하나의 음과 하나의 양이 대립해서 변화하는 것을 도라 한다"라고 했다. 즉 음양의 규율은 대립과 통일의 두 양면을 가지고 있다는 의미이다.

갑병무경임甲丙戊庚壬은 어째서 양에 속하고, 을정기신계乙丁己辛癸는 어째서 음에 속하는 가는 <상한직격傷寒直格>에 "범선언자위강위양凡先言者爲剛爲陽, 후언자위유위음後言者爲柔爲陰 무릇 먼저 말한 것은 강이고, 양이며, 나중에 말한 것은 부드러움이고 음이 된다"라 했다는 것은 순서에 의한 것을 볼 수 있다.

자원字源으로 천간은 다음과 같다.

갑甲 : 절折, 갑匣. 갑의 뿌리를 땅 속에 감춘다는 의미와 자르는 아픔의 뜻이다.
을乙 : 얼蘖. 어린싹이 꼬불꼬불 돋아나는 의미를 나타낸다.
병丙 : 병炳. 싹이 튼 것이 밝게 나타난다는 의미이고 확연하게 몸을 드러냄을 나타낸다.
정丁 : 장壯. 드러난 생물이 실實하고 분명해진 것을 의미한다.
무戊 : 무茂. 보기좋은 모습으로 무성하게 자란다는 의미이다.
기己 : 기紀. 기초, 단계를 나타내며, 자신의 몸이 완숙해진 성립의 뜻이다.
경庚 : 겨堅, 갱更. 성숙한 모습을 고침(更). 수렴收斂하여 열매를 맺는(堅)것이다.
신辛 : 신新, 통痛. 모습을 고친 몸이 완전히 새로워 진 것으로 거듭나는 아픔을 의미한다.
임壬 : 임妊. 모든 생물이 수액을 포태한다는 의미이며 회임의 뜻이다.
계癸 : 규揆. 헤아리고 분별함. 생각이 많고, 또 잉태한 생물을 남녀로 분별한다.

<군서고이群書考異>라는 책에 천간을 다음의 동물에 비유하고 있다.

갑甲 : 호狐(여우)　　　　을乙 : 학貉(담비)
병丙 : 록鹿(사슴)　　　　정丁 : 장獐(노루)
무戊 : 표豹(표범)　　　　기己 : 원猿(원숭이)
경庚 : 오烏(까마귀)　　　신辛 : 치稚(꿩)
임壬 : 연燕(제비)　　　　계癸 : 복蝮(독사) 복蝠(박쥐)

## 4. 지지地支

　은대殷代 사람들은 태음太陰의 역법曆法을 표준으로 삼았으므로 달이 기울고 차는 것을 표준으로 삼았다. 한 달은 30일로 나누지만 달이 한차례 차고 이지러지는 것은 30일을 채우지 못할 때도 있으므로 이것을 대건大建과 소건小建으로 나누었다. 즉 대건은 30일, 소건은 29일이다. 1년은 12개월로 나누지만 태양과 합치되어야 하므로 부득불 윤달을 두게 되었다. 윤달을 두지 않는다면 1년의 시간이 맞지 않아 혼란을 초래할 수 있다.

　인묘진사오미신유술해寅卯辰巳午未申酉戌亥는 순서대로 1월, 2월, 3월, 4월, 5월, 6월, 7월, 8월, 9월, 10월, 11월, 12월이다. <이아爾雅·석천釋天>편의 학의행郝懿行(1757~1825)의 소疏에 "인지추구이십이진寅至丑爲十二辰, 진위음辰爲陰 인에서 축까지 12진이 되는데, 진은 음이다"라고 되어 있다.

　여기서 "진辰"은 월건月建을 지칭하고 건建은 "건健 꾸준하다"로 해석하며 주역周易에 천행건天行健과 같은 의미이다. 진辰은 시時의 의미이며 즉 사시四時(춘하추종春夏秋冬)가 된다. 그래서 일시一時는 3개월(맹중계孟仲季)이 되며, 12지를 세음歲陰이라고도 한다.

　12지로 달을 세운 뒤 인寅에서 시작하여 축丑에서 끝나는데 이 이유가 궁금할 것이다. <유경도익類經圖翼·기수통론氣數統論>에 다음의 내용이 실려있다.

　　　주자왈朱子曰: 동지전사십오일속금년冬至前四十五日屬今年, 후사십오일속명년後四十五日屬明年. 이동지지일而冬至之日, 정당과병어자중正當斗柄(북두칠성의 표杓(자루)인 옥형玉衡·개양開陽·요광搖光)建於子中, 시위일세지수미야是爲一歲之首尾也. 고십일월건재자故十一月建在子, 일양개복一陽卦復, 개이건자지월蓋以建子之月, 양기수시어황종陽氣雖始於黃鍾, 연유잠복지하然猶潛伏地下, 미견발생지공未見發生之功, 급기력축전인及其歷丑轉寅, 삼양시비三陽始備, 어시화풍지이만물생於是和風至而萬物生, 맹아동이칩세진萌芽動而蟄歲振, 편만환구遍滿寰區, 무비생의無非生意, 고양수시어자故陽雖始於子, 이춘필기어인而春必起於寅, 시이인묘진위춘是以寅卯辰爲春, 사오미위하巳午未爲夏, 신유술위추申酉戌爲秋, 해자축어동亥子丑爲

冬, 이각분기맹중계언而各分其孟仲季焉.

　주자가 말했다. 동지 전 45일은 금년에 속하고, 동지 후 45일은 내년에 속한다. 동짓날은 바로 두병이 자子중에 세워진 것으로, 이는 1년의 처음과 끝이 된다. 그러므로 11월의 월건은 자子이고 일양一陽의 괘가 돌아오는 것이다. 대개 자子가 월건인 달은 양기가 비록 황종에서 시작된다 하더라도 여전히 땅 속에 잠복하여 발생의 효과가 아직 나타나지 않으며, 축丑을 거쳐서 인寅을 돌아야 삼양이 비로소 갖추어진다. 이에 화풍이 불어와 만물이 생겨나고 새싹이 돋아나서 침묵해 있던 만물이 움직이게 되는데, 세상 전체가 어느 한 곳이라도 활기차지 않은 곳이 없게 된다. 그래서 비록 양이 자子에서 시작하지만 봄은 반드시 인寅에서 비롯하는 것이다. 이러한 연유로 인묘진寅卯辰은 봄, 사오미巳午未는 여름, 신유술申酉戌은 가을, 해자축亥子丑은 겨울이 되며, 맹·중·계로 나누어지는 것이다.

십이지의 순서에서 자子를 처음 삼은 것은 양기陽氣의 처음을 상징한다. 월건月建에서 인寅을 처음으로 삼는 것은 양기가 갖추어졌음을 상징한다. 십이지의 차례는 십간과 동일한 의미를 가지고 있다. 중요한 것은 사물의 발전이 미약한 것에서 왕성해지고 왕성한 것에서 쇠퇴하면서 반복적으로 변화·변천하는 과정을 설명하는 데 있다. <한서漢書·율력지律曆志>에 다음과 같은 말이 있다.

- 자子(11월) : 자맹어자孳萌於子. 동지. 양기陽氣가 소생하고, 생명이 땅 속에 감추어져 있으며 번식의 계기를 의미한다.
- 축丑(12월) : 뉴아어축紐牙於丑. 음기가 사라지고 양기의 끈이 생겨나 땅을 나오려고 하는 것이다.
- 인寅(정월) : 인달어인引達於寅. 정월은 삼양三陽으로 생기生氣가 이미 맺힌 것이다.
- 묘卯(2월) : 묘언무야卯言茂也. 중춘仲春으로 양기가 장차 성하여 생물의 성장이 점점 무성해지는 것이다.
- 진辰(3월) : 진미어진振美於辰. 계춘季春으로 봄의 양기가 진동하여 생물이 점점 무성하고 아름답게 자라는 것이다.
- 사巳(4월) : 이성어사巳盛於巳. 양기가 더욱 성하게 자라나는 것이다.

오午(5월)　：　음양교陰陽交, 악포萼布. 양기가 성하면서 음기陰氣가 생겨나 생물의 성장은 꽃받침이 많아지고 잎사귀가 활짝 핀다.
미未(6월)　：　물성유미物成有味. 생물이 무성하게 자라나 과실이 익는다.
신申(7월)　：　신적만물申賊萬物. 서늘한 기운이 처음으로 이르러 생물의 성숙함이 점점 쇠잔해진다.
유酉(8월)　：　만물지로萬物之老. 음기陰氣가 더욱 성해지고 양기가 더욱 쇠퇴하여 생물이 노쇠해진다.
술戌(9월)　：　만물진멸萬物盡滅. 계추季秋로서 생물이 모두 쇠잔해진다.
해亥(10월)　：　양기장어하陽氣藏於下. 음기가 밖에서 점점 성해지고 양기가 안에서 가만히 감추어져 있다.

1후候는 5일, 일기一氣는 3후, 일시一時는 6기氣, 1세歲는 4시時이다.

양지陽支 : 인진오신술자寅辰午申戌子(홀수)
음지陰支 : 묘사미유해축卯巳未酉亥丑(짝수)

<소문·태음양명론太陰陽明論>에 "비脾는 오행에서 토土에 속하고 오방에서는 중앙을 주관하며 사계절 중 네 개의 장기가 주관할 때 각기 왕성하기 때문에 네 개 장기의 우두머리가 되며 계절이 끝날 무렵에 잠깐 18일간을 주관한다.

즉 진미술축辰未戌丑(3월, 6월, 9월, 12월)은 입춘立春, 입하立夏, 입추立秋, 입동立冬, 절기 전의 18일은 모두 중앙 토土에 붙어 있는 때이다. 1년 365일을 사계四季로 나누면 90일이 되는데 이 90일 가운데 18일을 제하면 매계절마다 각기 72일이 된다. 이러한 5분법은 360일로 1년의 수를 이루는 데 부족함이 없다.

## 5. 이지二至에 대해

동지冬至와 하지夏至를 말한다.
동지는 1양陽에서 시작하고 하지는 1음陰에서 시작한다.
태양太陽 : 양절陽節은 동지부터, 즉 11월, 12월, 1월, 2월, 3월, 4월까지이다.
태음太陰 : 음절陰節은 하지부터, 즉 5월, 6월, 7월, 8월, 9월, 10월까지이다.
하지夏至부터는 해가 짧아지고 음기陰氣가 시작되고 동지冬至부터는 해가 길어지고 양기陽氣가 시작된다.

## 6. 월령月令과 절기節氣

월령과 절기

| 地支 | 寅 | 卯 | 辰 | 巳 | 午 | 未 | 申 | 酉 | 戌 | 亥 | 子 | 丑 |
|---|---|---|---|---|---|---|---|---|---|---|---|---|
| 月 | 1 | 2 | 3 | 4 | 5 | 6 | 7 | 8 | 9 | 10 | 11 | 12 |
| 節氣 | 입춘 우수 | 경칩 춘분 | 청명 곡우 | 입하 소만 | 망종 하지 | 소서 대서 | 입추 처서 | 백로 추분 | 한로 상강 | 입동 소설 | 대설 동지 | 소한 대한 |

## 7. 12지지地支의 자원字源

■ 자子(기르다)

자孳. 자滋. 기르다. 새끼치다. 천개어자天開於子. 1양陽이 처음 땅 속에서 꿈틀거리는 한겨울로 11월에 해당하며 자양의 뜻이며 젖을 나타내고 순수한 것이며 식수食水이다.

■ 축丑(얼굴)

뉴紐. 맺다. 굴뉴屈紐, 뉴대紐帶. 지개어축地開於丑. 종자가 싹을 맺고 땅 밖으로 나오려고 하는 준비단계로 굳은 표정, 얼굴, 피부 긴장감, 차고 딴딴해 보이며, 동상에 잘 걸린다.

■ 인寅(종지뼈)

빈憤, 인寅(연관될 인). 인생어인人生於寅. 하루를 시작하는 시간이며, 종지뼈 마디이고, 얼굴이 울퉁불퉁하며 관절염이 많이 발생한다.

■ 묘卯(내뿜다)

모冒. 묘昴(별자리). 돋다. 내밀다. 밝다. 동쪽에 해가 뜨고 만물이 나오는 의미이며, 머리를 내민 형상이고, 풀뿌리, 약초뿌리, 원예, 약재, 최초의 성장과 발전을 의미한다.

■ 진辰(늘어남)

신伸. 진振. 만물이 활발하게 움직이는 의미. 확장과 진출의 의미이고, 지방질 피부이며, 늘어진 기운, 습진, 게으름 등을 의미한다.

■ 사巳(그침)

이巳. 손巽(공손할 손). 몸과 마음이 공손하고 정결함을 의미하며, 확장과 진출의 끝이며, 성장의 멈춤, 성장의 완성단계를 의미한다.

■ 오午(증오)

오忤. 오旿(밝음). 미워하고 증오하다. 밝다. 한낮. 해가 중천에 떠 있는 모습이며 음양의 교차, 활달함, 서로 놀라서 미워하는 모습이다.

■ 미未(어둠 · 미명)

매昧(새벽). 미昧. 어둠과 미명. 만물이 맛이 나기 시작함. 매몰의 의미이며, 마른버짐, 기미, 주근깨, 분식, 밀가루, 분말을 의미한다.

신申(신속伸束) : 신伸. 속束. 거두어들이고 잡아들임. 거칠고 딴딴하며, 만물이 활짝 피는 것을 의미한다.

■ 유酉(완성 · 성취)

취就. 유槱(태우다). 다 끝마침. 제련된 금붙이. 햇불을 켜고 천제天祭를 지낸다. 초저녁 햇불을 켜고 햇곡식으로 천제를 지내는 중추가절仲秋佳節을 의미한다.

■ 술戌(없어짐)

멸滅, 만물이 쇠락하여 없어짐. 멸진, 휴식, 저장, 은둔, 사토死土를 의미한다.

■ 해亥(충전)

핵核. 씨앗. 감추어진 알맹이. 12지지의 끝인 해亥에서 씨가 생겨 자子에서 다시 새끼치는 것으로 종즉유시終則有始이다.

# 제5장

# 음양오행의 기초와 간지의 응용원리

命理學原理大全

제1절 간지와 육십갑자
제2절 논 십간·십이지
제3절 오행의 상의
제4절 오행의 특질
제5절 천간의 자의
제6절 음양오행과 상생상극
제7절 육십갑자의 특성

# 제5장 음양오행陰陽五行의 기초基礎와 간지干支의 응용원리

## 제1절 간지干支와 육십갑자六十甲子

사주명리학四柱命理學의 근간根幹을 이루는 천간天干인 10간干과 지지地支라 칭하는 12지支의 음양오행과 육십갑자에 대해 논하겠다.

### 1. 천간天干(십간十干)

십간十干은 갑을병정무기경신임계甲乙丙丁戊己庚辛壬癸로 고정되어 있으나 여기에도 음간陰干과 양간陽干으로 나누어지며 이것을 만유萬有의 십분법十分法이라고도 한다.

양간陽干 : 갑병무경임甲丙戊庚壬
음간陰干 : 을정기신계乙丁己辛癸

그리하여 각각 본질이 다르므로 속하는 곳도

갑을甲乙은 동방목東方木
병정丙丁은 남방화南方火
무기戊己는 중앙토中央土
경신庚辛은 서방금西方金
임계壬癸는 북방수北方水에 각기 배치한다.

## 1. 천간天干의 음양

천간의 음양 및 오행

| 간명干名 | 갑甲 | 을乙 | 병丙 | 정丁 | 무戊 | 기己 | 경庚 | 신辛 | 임壬 | 계癸 |
|---|---|---|---|---|---|---|---|---|---|---|
| 음양陰陽 | 양 | 음 | 양 | 음 | 양 | 음 | 양 | 음 | 양 | 음 |
| 오행五行 | 목木 | | 화火 | | 토土 | | 금金 | | 수水 | |

## 2. 지지地支(십이지十二支)

십이지十二支 소속 동물

| 자 | 축 | 인 | 묘 | 진 | 사 | 오 | 미 | 신 | 유 | 술 | 해 |
|---|---|---|---|---|---|---|---|---|---|---|---|
| 쥐 | 소 | 호랑이 | 토끼 | 용 | 뱀 | 말 | 양 | 원숭이 | 닭 | 개 | 돼지 |

상기사항을 십이지十二支라 하는데 여기에도 음陰과 양陽으로 나누었는데 상징하는 동물動物의 발톱의 숫자가 홀수일 때는 양陽에 속하고 짝수일 때는 음陰에 속한다.

양지陽支 : 자인진오신술子寅辰午申戌
음지陰支 : 축묘사미유해丑卯巳未酉亥

그리고 속하는 오행은

인묘寅卯는 동방목東方木
사오巳午는 남방화南方火
진술축미辰戌丑未는 중앙토中央土
신유申酉는 서방금西方金
해자亥子는 북방수北方水이다

## 3. 지지地支의 음양

지지 음양 및 오행

| 지명支名 | 자子 | 축丑 | 인寅 | 묘卯 | 진辰 | 사巳 | 오午 | 미未 | 신申 | 유酉 | 술戌 | 해亥 |
|---|---|---|---|---|---|---|---|---|---|---|---|---|
| 음양陰陽 | 양 | 음 | 양 | 음 | 양 | 음 | 양 | 음 | 양 | 음 | 양 | 음 |
| 오행五行 | 수水 | 토土 | 목木 | 목木 | 토土 | 화火 | 화火 | 토土 | 금金 | 금金 | 토土 | 수水 |

# 제2절 논論 십간十干·십이지十二支

## 1. 음양陰陽과 사상四象

　천지간天地間에 일기一氣가 이루어져 동동動動하고 정정靜靜하여 일기一氣가 음양陰陽으로 나뉘었다. 각기 노소老少로 나뉘어 사상四象을 이루었으니 음陰과 양陽이 극極을 이루어 태음太陰·태양太陽이 되고 최초의 동정動靜으로 소음少陰·소양少陽이 되었으니 수水가 태음太陰이요, 화火는 태양太陽, 목木은 소양少陽, 금金이 소음少陰이 된다.

　천지간에 일日·월月·한寒·서暑·주晝·야夜·남녀男女가 있으니 이것이 곧 음양陰陽의 작용이며 사상四象은 곧 춘하추동春夏秋冬 사시四時의 기운氣運이다. 우주만물 중 생명체는 종자가 있고 종자에서 싹이 움트는 것이 목기木氣의 작용이며, 금목수화金木水火가 그대로 천지자연天地自然의 질질質인 것이다.

　사람도 천지天地의 기氣를 타고나니 난기暖氣가 화火에 속하고 유질流質은 수水이며 철질鐵質은 금金, 혈기血氣는 목木에 속해 인신人身의 골육을 이루는 질질質인 것이다. 따라서 인생人生은 기氣를 받고 형形을 이루어 기다리지 않아도 때에 따라 변하게 되니 천지자연의 기氣의 작용을 떠나서 살 수가 없는 것이다.

## 2. 오행의 작용

오행의 작용

| 목木 | 화火 | 금金 | 수水 | 토土 |
|---|---|---|---|---|
| 소양少陽 | 태양太陽 | 소양少陰 | 태음太陰 | 중성中性 |
| 춘春 | 하夏 | 추秋 | 동冬 | 사계四季 |
| 혈질血質 | 난기暖氣 | 철질鐵質 | 류질流質 | 귀숙歸宿 |
| 생장生長 | 이산離散 | 숙살肅殺 | 수장收藏 | 연계連係 |

## 3. 천간天干

오행五行 중엔 각기 음과 양이 있어서 갑甲과 을乙이 목木의 음양陽陰으로 갑甲은 을乙의 기氣가 되며 을乙은 갑甲의 질질이 된다.

하늘의 유행流行하는 생기生氣가 갑甲이며 땅에서 생기生氣를 얻어 자라는 만물이 을乙이다. 생기生氣가 산포된 것을 갑중甲中의 갑甲이라며 생기生氣가 응고凝固되어 이루어진 것이 갑중甲中의 을乙이다.

또한 만물의 지엽枝葉은 을중乙中의 갑甲이요, 만물의 가지 중 샛가지의 잎이 을중乙中의 을乙이다.

오행五行은 각각 음양陰陽으로 나뉘며 천간天干은 오행의 재천유행지기在天流行之氣이고 지지地支는 사시유행四時流行의 순서이다.

갑甲과 을乙은 같은 천간으로서 지지地支에 비할 땐 하늘의 기氣로 본다.

## 4. 천간天干과 지지地支의 관계

갑을甲乙이 하늘의 기氣로서 갑甲은 양화지기陽和之氣의 초전初轉이며 을乙은 생기生氣로서 싹을 트게 하는 것이고 인묘지지寅卯地支는 시령時令의 순서로서 땅에 비한다.

유행지기流行之氣 즉 천기天氣는 시령時令에 따라 돌아가며 갑을甲乙은 인묘寅卯에 뿌리하고 있는 것이다. 또한 해미진亥未辰이 목木의 근根이 된다.

천간天干이 월령月令에 통근通根하였으면 왕기旺氣를 받은 것이 되어 그 쓰임이 현저히 빛나는 것이요, 월령月令을 얻지 못하면 쓰여도 역부족이 된다. 비유컨대 관리가 다스릴 땅을 얻지 못함과 같은 것이 되어 능력을 펴지 못한다.

## 5. 육십갑자六十甲子

천간天干의 한 글자와 지지地支의 한 글자씩 배합해 나가면 육십갑자六十甲子가 된다.

예) 갑자甲子 을축乙丑 병인丙寅 정묘丁卯 무진戊辰 기사己巳 …

## 6. 육십갑자의 응용(일주日柱의 육십갑자)

① 계절에 따른 천간天干의 상象
② 일지육신日支六神
③ 포태법胞胎法(포태법 또는 십이운성12運星)
④ 기타신살其他神煞
⑤ 지장간地藏干

# 제3절 오행五行의 상의象意

## 1. 천간天干의 상의象意

천간 상의

| 간명干名 | 갑甲 | 을乙 | 병丙 | 정丁 | 무戊 | 기己 | 경庚 | 신辛 | 임壬 | 계癸 |
|---|---|---|---|---|---|---|---|---|---|---|
| 象상 | 대림목 大林木 | 초목 草木 | 태양 太陽 | 등촉 燈燭 | 성원 城垣 | 전원 田園 | 검봉 劍鋒 | 주옥 珠玉 | 대해 大海 | 우로 雨露 |
| 意의 | 고목/ 古木/ 사목/ 死木/ 목재/ 木材/ 갑옷 | 花草 화초/ 넝쿨/ 잎/ 꽃/ 싹/ 채소 | 태양/ 빛/ 밝은불/ 허황/ 허풍 | 달/ 햇불/ 등촉 燈燭/ 산소/ 불 | 제방/ 산/ 건물/ 벽 | 전답/ 초원/ 초지 | 칼/ 연장/ 총/ 주사 | 보석/ 세공품/ 바늘침/ 면도날 | 江/ 호수/ 포용력/ 大海水 대해수 | 시냇물/ 샘물/ 실개천 |

## 제4절 오행五行의 특질性質

십간의 특질

| 십간十干 | 특특 성성性 | 비고備考 |
|---|---|---|
| 갑甲 | 독립. 강직. 고집. 독단. 낭비. 두각 | |
| 을乙 | 민감. 유약. 소박. 인자. 의지. 담백 | |
| 병丙 | 변설. 과장. 허영. 명랑. 개방. 적극 | 양중양陽中陽 |
| 정丁 | 정열. 소극. 개혁. 폭조. 집요. 연구 | |
| 무戊 | 우둔. 고중高重. 덕망. 신의. 중립. 중용 | 중中 |
| 기己 | 온화. 충실. 근검. 비굴. 순종. 겸손 | |
| 경庚 | 결단. 과감. 용단. 개혁. 의협. 정의 | 강중강剛中强 |
| 신辛 | 실제. 단순. 청결. 분석. 치밀. 섬세 | |
| 임壬 | 포용. 지략. 활달. 사려. 음험. 이해 | |
| 계癸 | 지식. 시비. 겸손. 분별. 냉정. 소극 | 음중음陰中陰 |

### 1. 오행에 따른 성정性情의 특질

태어난 날의 일간日干에 따라 다음과 같은 특성을 가지고 있다. 절대적인 것은 아니고 격국과 용신 및 기타 오행의 강약强弱에 따라 달라진다.

일간日干에 있을 때 위의 성격이 강하게 나타나고 기타 년年·월月·시時에 있을 때도 영향을 받으며 특히 많을수록 특성이 강하게 나타나며 없으면 없는 천간天干의 성격이 부족한 것으로 본다.

## 2. 일간日干 음양陰陽의 착종관계錯綜關係

### 1) 목기木氣의 성격性格

목木은 그 성격이 인仁에 속하고 맛은 신맛이며 측은지심惻隱之心이 있고 자비스러우며 자상하고 얼굴의 기상이 화락하고 단아하여 사물을 잘 다루어서 유익하게 하는 공이 있다. 인민을 이롭게 하고 외로운 고아나 과부, 홀아비 등을 불쌍히 여겨 도와주고 온화하고 조용하여 청고淸高한 생활을 즐기며 인물이 청수淸秀하다. 체격은 키가 후리후리하고 안색은 청백하며 목이 긴 것이 특색이다. 따라서 목주木柱가 왕성하면 어진 마음이 많으나 반면 태과太過할때는 꺾어지는 것이니 성질이 편벽되며 불급신약不及身弱하면 인자한 마음이 부족하여 질투심이 있다.

#### (1) 태과太過

집요, 편굴하고 고집이 세고 지나치게 강직하여 굽히고 타협할 줄 모르고 타인의 충고를 듣지 않는다.

#### (2) 불급不及

의지가 약하여 변덕이 많고 의타심이 있으며 질투하고 은둔적인 생활을 하며 학문, 종교, 예술을 좋아한다.

#### (3) 화다火多

목일주木日柱가 화火가 많으면 총명하며 문장이 뛰어나고 비판, 평론하는 능력이 있으며 겉으로 꾸미기를 좋아하고 허영심이 있다.

#### (4) 토다土多

목일주木日柱가 토土가 많으면 자기를 과신하고 재물에 집착이 있으며 인색하고 검소한 편이며 매사에 유능하고 끈기와 인내심이 있다.

#### (5) 금다金多

목일주木日柱가 금金이 많으면 결단력은 있으나 동작은 명쾌하지 않고 좌절하게 되며 막히고 위축된 생활을 한다.

(6) 수다水多

목일주木日柱가 수水가 많으면 중심이 흔들리고 실천력은 적고 생각만 많다. 군자와 같은 생각을 가지고 있으나 주위에서 알아주지 않고 왜곡하는 결점이 있으며 행동에 절도가 없다.

## 2) 화기火氣의 성격

화火는 염상炎上하는 것이니 맛이 쓰고 마음은 사양심이 많으며 공경심과 위엄이 있고 웃는 모습에 낙천적인 기질이 많다. 항상 명랑하고 실천력이 좋고 부지런하며 활동적이고 자기를 드러내고 앞에 나서기를 좋아하며 얼굴은 위가 뾰족하고 아래는 둥글며 인당印堂은 좁고 콧구멍은 드러나고 정신은 번쩍번쩍 빛나는 듯 하며 언어의 발음이 급하고 음성이 높으며 성격도 급하고 색色은 붉은 색을 띄고 앉아 있을 때 무릎을 흔든다. 태과太過하면 과장과 허영심이 많고 성질이 불같이 급하고 얼굴색이 붉다. 불급不及하면 누렇게 말라있고 얼굴이 뾰족하며 질투심이 혹독하고 모든 것이 성과가 적다.

(1) **태과太過**

폭조하고 지나쳐서 물건을 상하고 즉흥적으로 실행에 옮기어 실패가 있고 과장하고 허례허식이 많으며 허풍을 떨고 허둥대며 주위사람의 미움을 산다.

(2) **불급不及**

기교를 좋아하고 위사스럽다. 작은 재주를 뽐내고 같은 말을 반복하고 쉰 목소리를 낸다.

(3) **목다木多**

자기가 잘난 체하고 자만심이 강하며 스스로 행복과 세력을 빙자하여 위세를 떨치고 싶어한다. 시비와 의론을 좋아하고 다분히 정치적인 사람이다.

(4) **토다土多**

비밀이 적고 언행이 불일치하며 경솔하여 구설에 오르고 남의 일에 참견이 심하고 비판하고 냉소적이며 행동이 앞선다.

### (5) 금다金多

사람을 다루는 능력이 있고 남에게 시키기를 좋아하며 타인에게 무리한 행동을 보여 미움을 사고 비방받기 좋은 성격이다.

### (6) 수다水多

마음이 조급하고 소심하며 덕행을 하여도 균형이 맞지 않고 기교를 부리나 졸렬하고 계획이 심오하여도 결과는 도리어 해를 가져온다. 좌절이 많다.

## 3) 토기土氣의 성격

토일주土日柱는 가색稼穡(백곡을 심고 거두는 일, 즉 만사를 성취하여 실업적으로 소득을 거두는 일)에 해당하니 맛은 달고 믿음이 있으며 성실하고 후중하며 언행이 신중하고 신불神佛을 신앙하는 마음이 있다.

등이 둥글고 허리가 활대活大하며 코가 크고 입은 모가 났으며 미목眉目이 청수淸秀하다. 얼굴은 담이나 벽과 같이 광활한 가운데 누런색이고 처세술이 경망스럽지 않고 도량이 관대하다.

태과太過하면 지나치게 순박하고 고집이 지나쳐서 어리석고 답답한 듯 보인다. 불급不及하면 안색에 근심이 보이고 코는 낮으며 얼굴도 일그러진 듯 균형을 잃으며 음성도 탁하고 신기神氣가 있다.

### (1) 태과太過

집요하며 반성을 못하므로 사물에 막힘이 많고 우둔하다.

### (2) 불급不及

사리에 맞지 않는 행동을 하며 비굴하고 인색하며 자기위주로 일을 처리한다. 만사를 귀찮게 생각하고 저급한 사고방식을 가졌다.

### (3) 목다木多

노력은 많이 하나 성공이 없고 근본을 잃고 지엽말단적인 일만 한다. 정에 약하고 타인의 일을 보아주며 비관적인 생각을 한다. 얼굴이 얽었거나 이목구비가 낮은 타입이다.

### (4) 화다火多

노력이 없이 주위사람의 도움으로 생활하고 실속이 없어 공허하고 언제 무너질지 모르는 위험 속에서 살며 결단력과 실행력이 부족하며 남에게 베풀고 봉사하는 마음이 부족하다. 자신을 과신하므로 이기적인 사람이다.

(5) 남에게 베풀기를 좋아하고 주위에 신경을 많이 쓰며 이것저것 간섭한다.

### (6) 수다水多

공명심이 강하고 주위 사람들을 괴롭히며 여자에게 빠지고 재물 등으로 패가망신하며 재주가 졸렬하다.

## 4) 금기金氣의 성격

개혁하는 성격이니 맛은 맵고 정의를 위주하며 수치심이 있다. 의義를 중히 여기는 관계상 재물을 소홀히 하는데 용감한 호걸의 기상이 있으며 염치심을 가지고 있다. 절도와 결단력이 있으며 골육이 상응하여 얼굴이 모가 났으며 얼굴색은 희고 눈썹은 높고 눈은 깊다. 코가 우뚝하며 귀는 솟아있다. 음성은 맑아서 쇳 소리나는 것 같고 결단심이 강하다. 태과太過하면 마음이 독하고 의협심이 강하고 불급不及하면 생각만 많고 결단력이 없으며 인색하고 일에 임하여 좌절이 많다.

### (1) 태과太過

용기를 자랑하고 지나치게 설치는 편이다. 너무 강하게 행동하기 때문에 손실을 초래한다. 살생을 좋아하고 개혁하는 마음이 강하다.

### (2) 불급不及

결단력과 의리를 생각하는 마음은 있으나 실행에 옮기지 못하고 일에 끼어들고 뒷감당을 하지 못하며 생각이 단순하여 실패한다.

### (3) 목다木多

타산적이며 금전에 집착심이 강하고 시비是非와 경우에 밝으며 이해득실을 판별하는 능력이 있다. 어진마음이 결여된 것이 흠이다.

### (4) 화다火多

조급하고 주위에 괴로움이 많고 권력에 아부하며 권력가와 인연을 맺고 세력을 떨치고자 한다. 독자적으로는 뜻을 펴기 어렵다.

### (5) 토다土多

자기 자신을 과신하고 이기적이며 허풍과 과장으로 딴 사람을 이용하여 높은 지위를 유지하려 하며 남에게 베푸는 것이 적다.

### (6) 수다水多

총명하고 영리하나 행동이 앞서고 깊은 생각과 계획이 없으니 나중에 후회하게 되며 경솔하다는 평을 듣고 남의 일에 간섭이 심하며 미움을 산다.

## 5) 수기水氣의 성격

수水는 윤하潤下(물은 높은 곳에서 낮은 곳으로 흐르고 깨끗이 씻어주고 적시어 준다)의 성질에 속하니 맛은 짜고 정신의 특성은 지혜를 주도하여 시비에 분명한 것이다. 지혜가 많으므로 모사謀事가 깊으며 마음속은 깊은 바다와 같고 학문을 좋아하니 박식하다.

태과太過하면 허위가 많고 유랑방탕하며 의지가 약하고 한가지 일에 몰두하거나 안정된 생활을 하지 못한다.

음모와 색色을 좋아하고 불급不及하면 무모한 행동을 하고 얕은 모계를 하나 자기의 꾀에 자기가 넘어간다. 말을 반복하고 따지기를 좋아한다.

### (1) 태과太過

시비가 지나치고 항상 모계와 꾀를 써서 해결하려 하나 지나쳐서 실패하고 중심을 잃고 음험하여 의심을 사고 일의 진행에 변화가 많고 속과 겉이 다르다(표리부동表裏不同).

### (2) 불급不及

온순하나 말을 반복하고 항상 도사리고 의심이 많으며 소극적인 성격이 강하여 손해를 본다. 자기를 지키기에만 급급한다.

### (3) 목다木多

지혜와 모계를 많이 쓰나 결과는 졸렬하고 속이 좁으며 아는 체하고 남을 돕고 생색을 내며 대가를 바란다.

### (4) 화다火多

형식과 허례에 흐르고 정신이 산만하며 항상 초조하고 불안하여 안정성이 없고 정신적 갈등이 많다. 돈을 벌어도 재산이 늘수록 불안하고 걱정이 많다.

### (5) 토다土多

일이 막히고 지체되며 옳다고 주장하는 일이 통하지 않고 우물안 개구리식의 사고방식이다.

### (6) 금다金多

총명하며 포부가 크나 음한 마음이 있고 태만한 성격에 지식을 자랑하고 지혭는 있어도 발표 표현력이 약하다.

## 제5절 천간天干의 자의字意

### 1. 갑甲

- 자원字源 : 절折(자르다)
- 의意 : 출생出生, 자르는 아픔을 뜻하고 강직한 성품, 우뚝 솟은 상象, 여자의 경우는 남성적인 성격을 가졌다 하고, 독립심이 강하다.
  예) 목사, 전도사 등

### 2. 을乙

- 자원字源 : 얼蘖 : 싹
- 의意 : 2~3세 유년기, 연약한 싹을 의미한다. 연약하고 부드럽고 예쁘다. 남을 의지하는 경향, 즉 의타심이 있다.

예) 화초, 채소상, 기생 등

3. 병丙

- 자원字源 : 병炳 : 밝다
- 의意 : 소년시절을 나타낸다. 태양太陽의 빛과 같이 환히 비추고, 남 앞에 나서기를 좋아한다. 과시욕이 있고, 화려하고 밝으며 비밀이 없다. 다소 허황되고 허풍기도 있다. 혀가 길다.
  예) 탤런트, 가수, 웅변가 등

4. 정丁

- 자원字源 : 장壯(굳셈, 씩씩함)
- 의意 : 굳세고 실함(장실壯實). 속으로 불을 간직하고 있고 어둠 속의 빛이다. 은은하고 온화한 분위기, 달빛에 비유, 차가운 빛이며 만물을 여물게 한다.
  예) 종교인, 스님, 야간영업하는 장사 등

5. 무戊

- 자원字源 : 무茂(무성함, 풍족함)
- 의意 : 무성함을 나타내고, 살찌우고 번창함의 의미, 팽창을 뜻하며 얼굴이 둥글고 두툼하고 넓다. 또한 육중하며 마음이 믿음직하다. 답답한 면도 있으며 코가 넓다.
  예) 운동선수, 건설업자, 자영업자, 자본가 등

6. 기己

- 자원字源 : 기紀(기초 및 다지는 단계)
- 의意 : 기식紀識(주초柱礎의 단계, 성장의 완성, 가장 낮은 땅, 소극적, 겸손하고 희생적이다. 납작하고 빈약해 보이는 수도 있다.
  예) 현모양처 규수감

## 7. 경庚

- 자원字源 : 견堅(단단함)
- 의意 : 견고堅固하다. 열매가 맺어 굳어진 상태. 용감하고 단단해 보인다. 가까이 하면 다칠 것 같은 위험성
  예) 군인, 경찰, 공업(선반기계류), 박대통령은 경금생庚金生이다.

## 8. 신辛

- 자원字源 : 통痛(아픔)
- 의意 : 참신하고, 체体와 실實이 수거되고 격리되는 아픔. 가공된 금金으로 샤프하고 세련되었다. 민감하고 목소리도 여성은 맑고 아름답기도 하며 한편으로 날카롭다. 즉, 앙칼지고 찌르는 듯한 말투가 엿보인다.
  예) 보석상, 재봉사, 침구사, 면도사, 교환원 등

## 9. 임壬

- 자원字源 : 임姙(잉태의 뜻)
- 의意 : 회임懷妊의 뜻이 있으며 음양의 상교相交를 의미한다. 음이 극하여 양이 시생始生하는 동지절冬至節의 작용을 나타내며 마음이 하해와 같아 포용력이 좋고 속이 깊고 이해심이 있으나 반면에 응큼하고 목소리는 쾰쾰하고 털털하다.

## 10. 계癸

- 자원字源 : 규揆
- 의意 : 겨울을 맞아 만물을 헤아리는 규도揆度하는 역할, 춘목절春木節의 준비, 이슬 빗물과 같아 목소리가 시냇물 흐르듯 쫄쫄거리며 일에 재는 것과 따지기를 좋아한다.
  예) 역대 검찰총장, 검사가 많다.

# 제6절 음양오행陰陽五行과 상생상극相生相剋

## 1. 오행의 속궁屬宮

오행 속궁

| | | 간지<br>天干 | 지지<br>地支 | 띠별 | 오방<br>五方 | 오계<br>五季 | 오색<br>五色 | 오성<br>五性 | 오정<br>五情 | 오장<br>五臟 | 육부<br>六腑 | 오미<br>五味 | 오진<br>五塵 | 오성<br>五聲 | 五音 |
|---|---|---|---|---|---|---|---|---|---|---|---|---|---|---|---|
| 목<br>木 | 양<br>陽 | 갑甲 | 인寅 | 범 | 동東 | 춘春 | 청靑 | 인仁 | 노怒 | 간장<br>肝臟 | 담膽 | 산酸 | 색色 | 각角<br>ㄱㅋ | 牙<br>어금<br>니 |
| | 음<br>陰 | 을乙 | 묘卯 | 토끼 | | | | | | | | | | | |
| 화<br>火 | 양<br>陽 | 병丙 | 오午 | 말 | 남南 | 하夏 | 적赤 | 예禮 | 악樂 | 심장<br>心臟 | 소장<br>小腸 | 고苦 | 성聲 | 치徵<br>ㄴㄷㅌ<br>ㄹ | 舌<br>헛소<br>리 |
| | 음<br>陰 | 정丁 | 사巳 | 뱀 | | | | | | | | | | | |
| 토<br>土 | 양<br>陽 | 무戊 | 진술<br>辰戌 | 용·개<br>사유<br>四維<br>소·양 | 중앙<br>中央 | 3월<br>6월<br>9월<br>12월 | 황黃 | 신信 | 희사<br>憙思 | 비장<br>脾臟 | 위장<br>胃腸 | 감甘 | 향香 | 궁宮<br>ㅇㅎ | 喉<br>목구<br>멍 |
| | 음<br>陰 | 기己 | 축미<br>丑未 | | | | | | | | | | | | |
| 금<br>金 | 양<br>陽 | 경庚 | 신申 | 원숭<br>이 | 서西 | 추秋 | 백白 | 의義 | 비悲 | 폐장<br>肺臟 | 대장<br>大腸 | 신辛 | 미味 | 상商<br>ㅅㅈㅊ | 齒<br>잇소<br>리 |
| | 음<br>陰 | 신辛 | 유酉 | 닭 | | | | | | | | | | | |
| 수<br>水 | 양<br>陽 | 임壬 | 자子 | 쥐 | 북北 | 동冬 | 흑黑 | 지智 | 공恐 | 신장<br>腎臟 | 방광<br>膀胱 | 함鹹 | 촉觸 | 우羽<br>ㅁㅂㅍ | 脣<br>진놀<br>램 |
| | 음<br>陰 | 계癸 | 해亥 | 돼지 | | | | | | | | | | | |

- ● 봄 : 목왕절木旺節　　◎ 여름 : 화왕절火旺節
- ○ 가을 : 금왕절金旺節　● 겨울 : 수왕절水旺節
- ◎ 육부六腑 중 삼초三焦는 상초上焦 · 중초中焦 · 하초下焦로 나누고 육안으로는 보이지 않음.

## 2. 지지地支의 자의字意

지지 字意

| 지지地支 | 자원字源 | 意 |
|---|---|---|
| 자子 | 자滋(기르다) | 자양滋養의 뜻, 젖, 순수하다, 식수 |
| 축丑 | 뉴紐(얼굴) | 굴뉴屈紐, 뉴대紐帶, 굳은 표정, 얼굴, 피부가 긴장감이 있고 추워 보여 딴딴해 보인다. 동상에 걸릴 염려가 있다 |
| 인寅 | 빈髕(종지뼈) | 종지뼈마디, 얼굴이 울퉁불퉁하다, 관절염 |
| 묘卯 | 모冒(덮다) | 모두冒頭, 풀뿌리, 약초뿌리, 원예, 약제, 최초의 성장과 발전 |
| 진辰 | 신伸(늘어남) | 진振(떨침), 지방질 피부, 늘어진 기운, 습진, 괴으름 |
| 사巳 | 이巳(그침) | 확장 진출의 극으로 성장이 멈춤, 성장의 완성단계 |
| 오午 | 오忤(증오) | 음양이 교차됨, 서로 놀라 미워하는 의미, 활달하다 |
| 미未 | 매昧(어두움, 미명未明) | 매몰昧沒(지기시작함), 마른버짐, 기미, 죽은깨, 분식, 밀가루, 분말 |
| 신申 | 신속伸束 (펴고동여맴) | 신속伸束, 거두어들이고 잡아들임, 거칠고 딴딴하다 |
| 유酉 | 취취就 (완성, 성취) | 성취成就, 다 끝마침, 제련된 금붙이에 비교 |
| 술戌 | 멸滅(없어짐) | 멸진滅盡(멸진), 휴식, 저장, 은둔, 죽은 흙을 상징 |
| 해亥 | 핵核(충전) | 핵核, 감추어진 알맹이 |

예) 인일생寅日生은 호랑이처럼 목덜미가 두툼하고 이마에 주름이 있는 경향이 짙다.

## 3. 지지地支의 상의象意

### 지지 상의

| 지지<br>地支 | 자子 | 축丑 | 인寅 | 묘卯 | 진辰 | 사巳 | 오午 | 미未 | 신申 | 유酉 | 술戌 | 해亥 |
|---|---|---|---|---|---|---|---|---|---|---|---|---|
| 띠<br>이름 | 쥐 | 소 | 호랑이 | 토끼 | 용 | 뱀 | 말 | 양 | 원숭이 | 닭 | 개 | 돼지 |
| 상象 | 천수<br>泉水 | 동토<br>凍土 | 목근<br>木根 | 초근<br>草根 | 습토<br>濕土 | 지열<br>地熱 | 화산<br>火山<br>화火 | 조토<br>燥土 | 광석<br>鑛石 | 금석<br>金石 | 사토<br>死土 | 해수<br>海水 |
| 의意 | 야행<br>夜行,<br>수집<br>收集,<br>번식<br>繁殖 | 일복,<br>곤고<br>困苦,<br>끈기,<br>우직<br>愚直,<br>희생<br>犧牲,<br>회고<br>回顧,<br>되세김질 | 용맹,<br>저돌,<br>위협,<br>威脅,<br>자식에 냉정 | 채식<br>菜食,<br>소심<br>小心,<br>겁많고,<br>궁리<br>窮理,<br>생각 | 신비<br>神秘,<br>공상<br>空想,<br>존귀<br>尊貴,<br>모습을 감춘다,<br>습진,<br>술 | 민첩<br>敏捷,<br>날카롭고,<br>기회<br>機會<br>포착<br>捕捉<br>빠름,<br>미움 살 수 있음 | 고달프고,<br>활동<br>活動,<br>분주<br>奔走,<br>쾌활<br>快活,<br>개방<br>開放<br>적的 | 온순<br>溫順,<br>착실<br>着實,<br>성실<br>誠實,<br>근검<br>勤儉,<br>희생<br>犧牲,<br>순종<br>順從,<br>건성피부 | 재주,<br>변덕,<br>고독<br>孤獨,<br>고생<br>苦生,<br>깨트린다 | 고상<br>高尙,<br>자존심<br>自尊心,<br>멋,<br>첨단성<br>尖端性 | 의리<br>義理,<br>관리하고 지킨다,<br>충성심 | 무사<br>안일,<br>식복,<br>식성좋고<br>호인<br>好人 |

■ 일반적으로 상징 동물의 특성에 따라 생시生時가 좋아야 한다.

■ 쥐띠 : 밤이어야 좋고 가을이면 좋다.

■ 소띠 : 여물을 주는 때면 좋고 봄, 여름은 고단하다.

## 4. 12지지 띠에 대한 속성과 이야기

한국사람이면 누구를 막론하고 각자 나이에 따른 띠를 갖고 있다. 띠란 동물 이미지를 각자의 심성에 투영한 것을 의미한다. 띠의 유래 중에 석가유래설釋迦由來說이 있는데, 그것은 석가가 이 세상을 하직할 때에 모든 동물들을 다 불러 들였는데 열 두 동물만이 하직인사를 하기 위해 모였다고 한다. 석가는 동물들이 도착한 순서에 따라 그들의 이름을 각 年(해)마다 이름을 붙여 주었는데 도착한 순서는 쥐(子), 丑(소), 호랑이(寅), 토끼(卯), 용(辰), 뱀(巳), 말(午), 양(未), 원숭이(申), 닭(酉), 개(戌), 돼지(亥) 순서였다.

이것이 오늘날 우리가 사용하고 있는 12지지가 된 것이라 하며. 간지(干支), 즉 십간과 십이지(十干・十二支)의 사용은 상고시대 중국 은殷나라 때부터라고 한다. 십이지를 방위와 시간에 대응시킨 것은 한대(漢代) 이후부터이며, 당대(唐代)에 이르러 십이지 생초(十二支 生肖)라 하여 수면인신상獸面人身像의 십이지신상十二支神像이 무덤에 비치되어 있다. 이 십이지 신앙이 우리나라에 전래된 것은 그 시기가 확실하지는 않으나 대략 신라의 삼국통일 전후로 본다.

### 1) 쥐띠

―水(물)・火(불)를 물어다 준 현자―

쥐는 쥐만이 지니고 있는 생태적 특성이 있는데, 자식사랑이 깊고 눈치가 아주 빠르다. 또한 애교가 많고 의타심도 강하다. 총명・영리하고 사교성이 있으며 영적능력과 순발력이 뛰어나다. 특히 생태적인 특성이 있는데 이를테면 은밀한 곳에 숨어서 살고, 또 숨어 다니기 좋게 체구가 아주 왜소하고 민첩하다. 한배에 7~8마리나 되는 새끼를 낳는 다산성의 동물이며, 쉴새 없이 움직이는 부지런함이 있고 야행성이다. 먹을 것을 저장하는 저축성을 갖고 있으며 아울러 지진이나 풍랑 등의 재난을 미리 감지하는 능력도 있다. 따라서 쥐는 그러한 성격을 상징하는 역할기능을 지닌 상징동물로 쥐는 그 왜소함과 은밀성 때문에 불순분자나 간신, 다산성으로 인한 생식력, 근면성과 저장성으로 부자, 예감력 때문에 신앙의 대상으로 상징되고 있다.

### 쥐띠의 장점

쥐는 옛날부터 왕성한 활동력으로 인간에게 근면성으로 인하여 부富를 얻는 상으로 인식되었는데 대표적인 장점은 다음과 같다.

매력적이고 상상력이 풍부하다. 신중하고 정직하다. 검소하고 이지적이다. 영리하고 독립적이다. 낭만적이고 독특하다. 정열적이고 관대하다. 주변의 사람을 기쁘게 하려고 노력하는 반면 몹시 긴장한다.

### 쥐띠의 단점

쥐는 토끼처럼 양면성을 지니고 있는 동물로 인식되어 왔는데, 현실적으로는 병을 옮기거나 식량을 축내는 부정적인 면을 함께 갖고 있는데 대략적으로 다음과 같다.

공격적이고 탐욕스럽다. 방자하고 의심이 많다. 기회주의자며 캐묻기를 좋아한다. 항상 자신을 위한 이익추구를 한다. 내성적이면서 불안감을 감추지 못한다. 대상에 관계없이 누구든 착취할 수 있다고 생각하며 바겐세일 하는 가게는 그냥 지나치지 못한다.

### 쥐띠의 대표적인 직업

판매직 회사원, 대리점업, 예술가, 슈퍼마켓, 전당포, 부동산 중개업자, 비평가, 생산업 등.

### 쥐띠의 인연

가장 좋은 만남은 辰(용띠), 丑(소띠), 申(원숭이띠)다. 용띠는 쥐띠에게 힘을 주고, 소는 안정감을 주며, 원숭이는 꾀를 제공한다.

가장 불리하고 상극을 이루는 만남은 말띠인데 개인주의인 말띠와 이기적인 쥐띠가 상호충돌한다.

## 2) 소띠

― 세상을 일깨우는 쟁기질 ―

소는 우리민족이 농경문화를 정착시킨 이래 매우 중요한 동물로 여겨져 왔으며, 선천적으로 매우 부지런하며 희생정신이 강하고, 일복을 타고나서 고생이 많은 동물이기도 하다. 인내심이 강하고 근면·성실하여 큰 재물을 모을 수 있는 복을 타고났는데 후천적인 복에 해당한다. 또한 위기상황에서는 매우 용맹스러우며 꾸준히 노력하고 성실하여 사람과 함께 농사일을 해온 친한 동물이다. 심성이 여유롭고 낭만적인 성향도 갖고 있으면서 명예욕도 강하다. 대체적으로 이성에게 인기가 좋고, 사람을 잘 믿어서 배신을 당하면 마음을 앓고 고통의 정도가 심한 편이다. 순박한 성품에 근면하고 검소하나 고집이 있게 되면 외통수이다. 한반도에서 소를 사육하기 시작한 것은 역사적으로 대단히 오래전의 일로서 이미 기원전 1~2세기 때의 유적으로 추정되는 김해金海의 '조개무지'에서 소의 치아가 출토되고 있으며 그 이후의 기록에서도 소와 관련된 기록들이 군데군데 나타나고 있다. 특히 <삼국지> <위지魏志> <동이전東夷傳> <부여조> 등의 기록에 의하면 부여에서는 소를 비롯한 육축을 사육하고 이를 관명으로 사용하였고, 군사가 있을 때 소를 잡아 하늘에 제를 지냈으며 삼한 시대에는 국가의 중요사를 결정하는데 있어서 소의 발굽을 관찰하여 점을 쳤다고 한다.

이처럼 역사적으로 오랜세월 대략 2,000여년 이상 우리 민족과 함께 한반도에서 생활해온 소는 생구(生口)로서 취급받았다. 식구가 한집에 사는 가족체라면 생구는 한 집에 사는 하인이나 머슴을 이르는 말로서 대변된다. 이렇게 소를 생구로 여기는 것은 소를 자의 인격 수준으로 대접하였다는 것을 의미한다. 이처럼 친연성의 기반 위에서 소는 우리 전통민속과 생활 속에서 깊고 넓게 자리잡고 있는 것이다.

### 소띠의 장점

성실하여 신뢰와 믿음성이 있다. 검소하고 정직하다. 열심히 일하며 참을성이 있다. 책임감이 있고 능률적이다. 독립적이며 논리적이다. 균형성이 있으며 조직적이다. 독창적이며 현실적이다. 침착하고 좀처럼 성을 내지 않는다. 이지적인 사색가며 자립적이다.

### 소띠의 단점

완고하고 오만하다. 권위적이며 우두머리의 기질이 있다. 동작이 둔하고 법을 중시하는 규범주의자다. 낭만이 없고 거침없이 말한다. 일단 화가 나면 폭발적으로 분노하며 자신을 감당하지 못한다.

### 소띠의 대표적인 직업

토지관련업, 숙련공, 건축사, 요리사, 근로자, 외과 의사, 주임 상사, 경찰, 농작물재배 등

### 소띠의 인연

가장 좋은 만남은 酉(닭띠), 子(쥐띠), 巳(뱀띠)이다. 소와 닭은 보수주의자적인 완벽한 한 쌍이다. 쥐는 평생동안 충성을 다한다. 뱀은 소의 비위를 맞추는 지혜가 있다.

좋은 만남은 辰(용띠), (卯)토끼띠다. 丑(소띠), 亥(돼지띠)는 서로의 노력이 필요하다.

불리한 만남은 午(말띠), 戌(개띠), 申(원숭이)띠다. 그 중에서 특히 원숭이는 더욱 불리한 편이다.

가장 불리하고 상극을 이루는 만남은 未(양띠)와 寅(범띠)로서, 이유는 양띠의 변덕을 참아내기가 힘들며 범띠와는 싸움으로 결판나게 되는 이치이다.

## 3) 범띠

### －귀신을 쫓는 벽사－

호랑이는 옛부터 우리민족과는 밀접한 관계에 있었던 상징적인 동물로서 옛날부터 산신으로 모셔왔다. 사람들은 호랑이를 영물靈物로 여겼으며 민간 속에서 호랑이에 대한 전설이 많다. 호랑이는 동물의 왕으로 군림하면서 그 용맹성 때문에 사람들에게 위엄, 용맹의 표본으로 매우 신성한 자리를 지켜온 동물로 상징되어 왔다. 결단력 있고 정열적이며 덕을 쌓으면 많은 사람 위에 설 수 있어 정·재계를 막론하고 호랑이 띠는 남을 다스리는 대표적인 우두머리 감이다. 통이 크고 소원성취형이며 권위적이다. 한편 게으르고 염세적이며 성급하고 감상적인 면이 있어 까다롭다. 종교계나 예술가로서 이름을 알리기도 하며 속세를 등지는 일도 있다. 특히 공예에 소질이 있으며 신체적으로는 위장병을 조심한다. 의욕과 지배욕이 강하며 대체적으로 부하가 많다.

### 호랑이띠의 장점

용감하고 두둑한 배짱이 있다. 지도자적인 리더십과 무게가 있다. 관대하고

의리가 있다. 의지와 신념이 있고 혁신적이다. 과감하고 힘이 있으며 추진성과 일관성이 있다.

### 호랑이띠의 단점

반항적이고 거칠다. 싸움을 잘하고 사려가 깊지 않다. 해를 끼치고 완고하다. 천박함이 있고 자기주장과 고집이 세다. 이기적이고 너무 신중하기도 하다. 의심이 많고 소견이 좁다. 인생의 변화가 많고 격렬하다.

### 호랑이띠의 대표적인 직업

예술분야, 독립적인 사업, 식당업, 공사장 감독, 스턴트맨, 국가 원수, 공수부대원, 군인, 투기, 금융업, 특수기술업 등

### 호랑이띠의 인연

가장 좋은 만남은 午(말띠), 戌(개띠), 亥(돼지띠)이다. 이중에 午(말띠)는 진실한 성격 때문에, 개띠는 고난을 참아 주기 때문에 좋다.

좋은 만남은 子(쥐), 未(양), 寅(범띠)다.

불리한 만남은 酉(닭), 辰(용띠)다. 허나 용띠는 힘과 분별력을 주기도 한다.

가장 상극을 이루는 만남은 丑(소), 卯(토끼), 巳(뱀), 申(원숭이띠)이다. 소는 힘이 강해 범이 파멸할 때까지 물고늘어진다. 토끼는 범을 약올리나 범은 이해한다. 지나치게 지혜로운 뱀은 범을 칭칭 휘감고, 재주와 장난기가 심한 원숭이는 거짓 충성으로 범을 바보로 만드는 경향이 있다.

### 4) 토끼띠

―불사약을 찧는 속임수의 명수―

토끼는 우리민족에게 매우 친근한 존재로 인식되고 있으며, 영리함과 연약함의 상징을 나타낸다. 성격이 온순하고 꾀가 많아 예로부터 매우 신성한 동물로 여겨 왔고 강한 번식력으로 사람들에게 행복을 주는 동물이다. 또한 토끼는 달 속에 산다고 하는 이상세계의 신성한 동물로서 달과 동일시되며 영원한 생명력을 가진 최고의 장수동물로 각인되어 사람들의 마음속에 상징화되어 있다. 또한 현실세계에서는 지상의 어느 동물보다도 지략이 뛰어난 동물로서 지혜의 상징으로 알려져 있다. 토끼는 논리적인 사고방식을 지니고 있으며 인내심 또한

강하다. 선천적으로 머리가 좋고 학문적인 기질을 타고난 선비형이 많다. 총명하고 날쌔며 사교적인 기질은 없고 가능한 안전한 길을 택한다. 성격이 날카롭고 질투심과 멸시가 있고, 소극적인 면과 내성적인 성격으로 중도에 학업을 포기하는 일도 있으며, 육친이 무덕하고 객지팔자가 많다. 토끼띠가 학업에 정진하면 교육계통으로 진출하며 신체적으로 여자는 우울증이나 심장질환 또는 장기능이 약하다. 자신의 체질에 맞는 직업을 만나면 의욕적인 자세로 열심히 일하는 편이다. 다만 자만심과 민첩성으로 꾀가 많다는 평가도 받는다.

### 토끼띠의 장점

사려가 깊고 주의력이 있다. 환경적응을 잘하고 수단과 방법이 좋다. 붙임성이 좋아 사교성이 있으며 사리를 판단하는 분별력이 있다. 우아하고 신중하다. 지성적이며 멋을 좋아하고 세련되었다. 사교적이고 진지하며 직관력이 있다. 관대하고 유순하다. 철저하고 정직하다. 상냥하고 친근하며 동정적이다. 사교성이 좋아 친구를 좋아한다.

### 토끼띠의 단점

망설이며 감상적이다. 나약하고 쉽게 화를 낸다. 피상적이며 행동과 생각이 예측 불허이다. 이기주의적이며 속물적인 근성이 있다. 변덕스럽고 주관적이다. 쾌락적인 면이 있고 양보력이 부족하고 손해를 안 보려 한다.

### 토끼의 대표적인 직업

모델, 실내장식가, 수집가, 평론가, 기자, 변호사, 배우, 공증인, 여관 주인, 아이디어산업 등

### 토끼띠의 인연

가장 좋은 만남은 未(양띠), 戌(개띠), 亥(돼지띠)이다. 양과는 취미가 같아서 좋고, 개는 순응적이고 진실하여 잘 맞는다. 돼지는 꼼꼼해서 좋은 짝이다.

좋은 만남은 丑(소)이다.

불리한 만남은 辰(용띠)과 午(말띠)다. 卯(토끼)와 巳(뱀)은 상호 노력이 필요하다.

가장 상극을 이루는 만남은 酉(닭)와 寅(범)이다. 토끼는 닭의 허영을 참아내지 못하고 범과는 파멸을 초래한다. 토끼가 범의 속임수를 알기 때문에 범의 간

섭을 싫어하는 것이다.

5) 용띠

-신화와 상상의 동물-

　상상의 동물인 용은 우리민족과 중국민족의 정신과 문화에 영향을 끼친 것은 실로 엄청난 것이었다. 특히 용은 다른 동물들과는 달리 현실세계에 존재하지 않는 신화와 전설의 상징적인 동물이다. 그러나 예로부터 용에 대한 상징은 민간 속에서 대단히 큰 자리를 차지하고 있다. 호랑이와 겨룰 수 있는 용맹스러운 이상세계의 신선한 동물로, 복을 기원하고 모든 재앙에서 우리 인간을 지켜주는 환상의 동물로 상징되어 있다. 용은 권력의 상징으로 인식되었으며, 불교의 전래와 더불어 호국의 화신으로 자주 등장한다. 따라서 신격의 존재로 용은 각인되었으며, 역사 속에서 용은 신이나 왕을 의미하는 상징으로 부각되었다. 또한 중국과 마찬가지로 용은 왕이나 남성 및 권력을 상징한다. 그리하여 꿈도 용꿈이면 좋은 꿈이고 길지(吉地)도 용이 있는 곳이면 상서로운 곳이라 믿는다. 성격은 대의적이고 신앙심이 강하다. 통도 크고 리더격이다. 자신의 일에 현실적인 적응력이 강하고 실천력이 뛰어나다. 처세술, 권모술수, 예지력이 있으며 반면 신경성 노이로제도 있다. 신체적으로 내장이 약하며 하반신 중풍이나 간경화, 당뇨병, 신장염 등 있다. 사치성이 있으며 고상하고 진취적인 행동과 재치로 주위의 이목을 끈다. 선천적으로 공상과 상상이 풍부하여 미래를 예측하는 예지력도 지니고 있으며, 초년에 관재조심하고 해외로 나갈 수 있는 인연이 있다. 계획이 무산되거나 꿈이 이루어지지 않을 경우 각종 질병에 시달리게 되고, 남녀 공히 큰물에서 생활하기를 원한다. 후천적으로 학업을 이루면 부와 명예를 함께 누리고 만약 중도에 학업을 포기하면 정신적인 스트레스와 질환에 시달린다.

**용띠의 장점**

　정력적이고 매력적이다. 성격이 강인하고 의지력이 있다. 격렬하고 활동력이 있다. 운이 좋고 직선적이다. 성공적이고 계획이 주도면밀하다. 이지적이고 열망이 강하다. 관대하고 외향적인 성향을 지녔다. 자기 확신이 강하고 끊임없이 활동에 집중한다.

### 용띠의 단점

너무 요구가 많고 생각이 편협하다. 위압적이고 무례하며 무모하다. 위협적이고 자신감이 지나쳐서 오만하다. 완고하고 재치가 없다. 성급하고 낭만이 없다. 간혹 정상 궤도를 잘 벗어나서 자신의 위치나 명예에 흠집을 내고 식상한다. 불만족스럽고 말이 많다.

### 용띠의 대표적인 직업

철학가, 예술가, 소설가, 건축가, 제조업자, 변호사, 의사, 상점주인, 성직자, 예언가, 국가원수, 독창적인 사업분야 등

### 용띠의 인연

가장 좋은 만남은 子(쥐띠), 巳(뱀띠), 酉(닭띠), 申(원숭이띠)이다. 따스한 가슴을 가진 쥐도 좋으며, 유머 감각이 뛰어난 뱀과도 좋다. 허풍을 좋아하는 닭은 용띠의 성공의 일조를 한다. 계략과 책략이 뛰어난 원숭이는 용과는 삼합三合이 되어 완전한 반쪽으로 용의 힘과 결합한다.

좋은 만남은 丑(소띠)나 亥(돼지띠)다. 未(양띠), 辰(용띠)의 만남은 상호 노력이 필요하다.

불리한 만남은 寅(범띠), 卯(토끼띠), 午(말띠)다.

가장 상극을 이루는 만남은 戌(개띠)다.

## 6) 뱀띠

### -전설의 시대를 지배한 뱀-

뱀에 대한 일반적인 사람들의 인식은 징그러운 동물로서, 성서에서는 매우 교활한 동물로 표현하고 있다. 12지지 동물 중에서 유독 발과 털이 없는 동물인데, 뱀의 서식지는 나무나 땅굴속, 물 등으로 지혜를 갖고 있다. 뱀의 성정은 유혹과 허영심을 타고났으며 교태를 부리고 섹시하며 명석하다. 만약 지智·덕德·체體를 구비하였으면 명석한 두뇌와 꾸준한 인내로 부귀현달한다. 문학적·예술적인 감각이 강하고 대체적으로 부富 보다는 귀貴를 좋아한다. 모든 일을 조심스럽고 신중하게 처리하며 지진 등을 예감하는 매우 영악한 신성한 동물로 상징되어 온 뱀은 그 생김새 때문에 사람들이 징그러워하고 또한 뱀에

물렸을 때에는 맹독성 때문에 생명을 잃기도 하므로 더욱 두려워한다. 서양에서는 지혜가 있고 교활한 짐승이라고 해서 뱀을 흔히 '악마의 사자(Satan)'라고 하는 반면, 우리는 구렁이가 오랜 세월이 지나면 용(龍)이 된다고 믿고 또 집을 지켜 주는 수호신이라고 믿어 민간에서 신앙의 대상으로 삼기도 한다. 후천적으로 학업을 이루면 해외로 나갈 수 있는 인연이 있고, 만약 중도에 학업을 포기하면 쾌락과 문란한 생활에 빠져들어 자신을 그르치기 쉽다. 평생 화재를 조심하고, 신체적으로 냉증이나 치질을 조심하며, 신경통, 알레르기, 편도선 등을 앓을 우려가 있다. 대체적으로 35세 전후로 과부나 홀아비가 많은 편이다.

### 뱀띠의 장점

명석하고 현명하며 인기가 있다. 직관력과 예지력이 뛰어나고 차분하다. 카리스마적인 기질이 있고 부드럽다. 우아하며 매사 심사숙고한다. 세련되고 분위기가 있으며 로맨틱하다. 분별력이 있고 매력적이다. 이타적이고 조용하다. 결단력이 있고 겸손하며 자기 비판적이다.

### 뱀띠의 단점

욕심과 소유욕이 강하다. 질투가 심하고 냉정하다. 게으르고 적의를 품고 있다. 인색하며 정직하지 않다. 유혹적이며 혼외정사의 소지도 있다. 고집과 편집이 강하다. 능글맞고 너무 끈적거리는 경향이 있다.

### 뱀띠의 대표적인 직업

교사, 작가, 법률가, 정신과 의사, 철학가, 외교관, 중개업자, 정치가, 유흥업, 사치성 유락업 등

### 뱀띠의 인연

가장 좋은 만남은 丑(소띠), 酉(닭띠), 辰(용띠)이다. 소와의 인연은 행복하게 살 수 있고 닭과의 만남은 싸우면서 서로 보완하며 원만하게 살게 된다. 용과는 뱀이 지혜를 제공하여 화합을 이룬다.

좋은 만남은 戌(개띠), 未(양띠), 子(쥐띠)이다. 卯(토끼띠), 巳(뱀띠)는 보통의 관계로 상대에 따라 달라진다.

불리한 만남은 午(말띠), 申(원숭이띠)이다.

가장 상극 관계는 寅(범띠), 亥(돼지띠)이다. 뱀띠는 범의 횡포성을 참지 못하

고, 돼지띠는 뱀의 영특함과 지략을 참아내지 못하여 못마땅하게 생각한다.

### 7) 말띠

－제왕의 출현을 알리는 상서로운 동물－

말은 인류사에서 생활에 이용된 것은 대략 청동기시대로 추정된다. 말은 역사적으로 운송수단과 교통수단의 하나였다. 특히 전쟁시에 없어서는 안될 귀중한 동물이었다. 말은 통치자의 정통성과 권위를 상징하며 날쌔고 용감하고 전쟁 때는 훌륭한 병기로서 유용하게 이용되었다. 평상시에는 농사일로 사람과 친하게 지내온 의기양양하고 진취성이 있는 모습으로 사람들에게 각인되었으며, 한편 天神의 사자로 왕의 출현을 알리는 매우 신성한 동물로 상징되어 왔다. 이미 청동기 시대에 제작된 청동제靑銅制 마형대구馬形帶鉤나 고구려 벽화壁畵의 수렵도狩獵圖와 신라新羅 천마총天馬冢의 신마도神馬圖 등 말을 소재로 한 많은 부장품에서도 알 수 있듯이 말과 우리 민족과의 관계는 아주 밀접하였고 생활 속에서 중시되어 왔음을 알 수 있다. 말띠의 특징은 자연의 순리에 적응하고, 실리적이고 거국적이며 궤변에 능하고 큰 일을 성취한다. 시기를 기다릴 줄 알고, 지혜가 있으며 통이 크다. 절제력은 부족하나 초능력이 있으며, 재물운이 있으며 여자는 바람기가 있어서 이혼율이 대체로 높다. 눈물도 많고 현실도피를 잘하며 선천적으로 양면성을 지니고 있어서 부지런함과 게으름을 함께 지니고 있다. 미래지향적인 생각을 많이 하는 현실주의자가 많다. 신체적으로 체력이 강하고, 물과 인연이 있으며 정보수집에 남다른 재능이 있다. 후천적으로 학업을 이루면 일찍이 상업분야에 뛰어들면 길하다.

### 말띠의 장점

인기가 있고 밝고 명랑하다. 건강미가 넘치며 섹시하다. 미래지향적이고 현실적이다. 정력적이며 활동력이 강하고 쾌활하다. 재치가 있고 유머가 있으며 사회성이 있다. 진취적이며 성실하다. 성격이 강건하고 사교적이다. 동작이 기민하고 실제적이다. 독립적이고 설득력이 있다. 스스로 안전을 책임지고 남에게 항상 관심을 사게 하는 편이다.

### 말띠의 단점

대체로 자기 중심적이며 기백과 혈기가 넘쳐흐른다. 매사 사려가 깊지 못하고 돌발적인 화를 잘 낸다. 모순된 성격으로 양면성을 가지고 있으며 이기적이다. 편협하고 철이 없어 어린애 같다. 조심성이 부족하고 변덕스러우며 행동의 예측이 어렵다. 매사 요구조건이 많고 지구력이 부족하며 일의 실패를 두려워하며 자신감이 없다.

### 말띠의 대표적인 직업

정보계통, 상업, 숙련공, 운전수, 약제사, 물리학자, 의사, 정치가, 모험가, 작가, 비행사, 바텐더, 체육계통 등

### 말띠의 인연

가장 좋은 만남은 寅(범띠), 戌(개띠)인데, 개와 범띠 이 둘은 서로에 대해 신경쓰지 않기 때문에 아주 좋다. 그러나 마음이 서로 통하고 공범 의식을 함께 가진 서로는 그것이 실제적으로 좋은지를 잘 모르는 편이다.

좋은 만남은 申(원숭이띠), 亥(돼지띠), 午(말띠)이다. 그러나 말띠와 말띠끼리는 이기심이 있어서 상호 많은 노력이 필요하다.

불리한 만남은 酉(닭띠), 丑(소띠), 卯(토끼띠), 辰(용띠), 巳(뱀띠)이다.

가장 불리하고 상극을 이루는 만남은 子(쥐띠)이다.

## 8) 양띠

### -온순함과 고지식함의 상징-

우리나라에 양이 들어온 것은 대략 고려시대 때 금나라로부터 제사용으로 사용하기 위한 것으로 추정된다. 양은 면양緬羊과 산양山羊으로 구분한다. 산양은 염소를 의미하는데, 원래 양과 염소는 신체적 특징으로 큰 차이가 있다. 양은 성정이 착하고 온순하며 무리를 지어 살면서 서로 싸우지 않고 화목하게 살아가므로 평화롭고 행복한 생활을 하는 동물로 상징되어 왔다. 양은 비록 우리나라 토종은 아니지만, 세계 가축사로 보면 개와 더불어 가장 오래된 가축의 하나이기도 하다. 양띠의 특징은 자존심이 강하고 고고하다. 재물의 욕심이 없고 식성이 까다로우며 학자타입이 많다. 성격은 꼼꼼하고 계획적이고 꾸준하다. 두뇌가 맑고 깨끗하며 타인의 지배하에서 발전하기도 하며 이용을 잘 당한다. 후천적으로 학업을 이루면 큰 명예를 얻기도 하지만 중도에 학업을 포기하거나 중단하면 대인관계가 원만하지 못하고 고독해지며 자존심만 있게 된다. 원숭이띠

는 평생 유혹을 조심해야 좋다.

### 양띠의 장점

유순하고 인정이 많으며 자비롭다. 성격이 온화하고 친근감이 있다. 이해심과 포용심이 많고 평화를 사랑한다. 사람됨이 진실하고 운이 좋다. 관대하며 생활의 적응력이 있다. 분위기를 좋아하고 로맨틱하다. 품위가 있고 창조적이며 지구력과 인내심이 있다.

### 양띠의 단점

소심하고 책임감이 없다. 의지가 박약하고 일의 처리가 무질서하다. 비관적이고 곧잘 위축되어 용기가 없다. 망설이고 남에게 감언이설을 잘한다. 예민하고 연민에 잘 빠진다. 돈 관리를 못하고 계획성이 없다. 항상 무뚝뚝하고 타인과의 약속 시간을 잘 안 지킨다. 마음이 변덕스럽고 남의 것을 소중한 줄 모르는 자기중심적인 면이 있다.

### 양띠의 대표적인 직업

학자, 특수분야, 기술자, 배우, 예술가, 정원사, 직업 댄서 등

### 양띠의 인연

가장 좋은 만남으로는 卯(토끼띠), 亥(돼지띠), 午(말띠)가 있다. 대체로 양의 변덕도 어느 정도는 잘 참아주는 편이다.

좋은 인연은 巳(뱀띠)다. 申(원숭이띠), 未(양띠), 寅(범띠), 辰(용띠)은 상호 노력이 필요하다.

불리한 만남은 戌(개띠), 酉(닭띠), 子(쥐띠)이다.

가장 불리하고 상극을 이루는 만남은 丑(소띠)이다.

## 9) 원숭이띠

### -재주와 지혜의 상징-

원래 원숭이는 우리나라에서 살지 않은 동물이다. 고려시대에는 원숭이형 인장을 청자로 만들어 사용하는 것이 유행했었다. 그것은 대체적으로 손잡이 부분을 원숭이 모양으로 만들었는데 아마도 원숭이의 총명함과 관련이 있는 것으

로 본다. 특히 원숭이는 모방과 흉내를 잘 내는 동물로 알려져 있으며, 같은 무리를 지어 살면서 집단생활을 한다. 특히 뛰어난 사랑으로 새끼를 품에 안고 기르는 모습은 가히 '숭고한 모성애' 그 자체이다. 원숭이는 전통적으로 세시풍속, 혼인풍속, 장례풍속, 민간의학, 조형예술 방면에서 길흉(吉凶)을 예지하거나 수호신 또는 길상(吉祥) 등을 상징하는 동물이다. 원숭이띠의 성정은 기발한 재주와 지식을 지니고 있으며 낭만과 유머의 소유자이기도 하다. 공상과 과학, 야외생활을 즐기며 고정적인 직업을 반기지 않는다. 의처증이 있고 자가당착적인 불행도 있으며, 자기의 꾀에 자신이 넘어가는 경우도 있다. 여자는 히스테리와 신경질이 많고, 연극배우나 연예인 등에 어울린다. 선천적으로 언변과 술수가 뛰어나고 놀라운 재주와 유머가 발달하였다. 남편 또는 처보다 자식에 대한 사랑이 더 깊고, 후천적으로 학업을 이루면 언론계통이나 변호사 등으로 성공하는 예가 많고, 공학이나 과학 등이 적성에 맞다. 만약 중도에 학업을 중단하거나 포기하면 다양한 직업을 갖게 된다.

### 원숭이띠의 장점

사회적이고 대인관계가 좋으며, 이지적이다. 의로운 사람이며 낙천적인 기질을 갖고 있다. 단호하며 자신감이 있다. 재미있고 유머가 있으며 사교적이다. 동작이 재빠르고 모든 방면에 다재다능하다. 풍자적이고 직관과 관찰력이 있다. 독창적이며 합리적이고 이성적이다. 객관적이며 창의력이 있고 독립적인 편이다.

### 원숭이띠의 단점

교활하고 비열하다. 자기만 제일인 줄 알고 잘난 체 한다. 비판적이고 시기심과 질투심이 많다. 복수심이 강하고 장난끼가 심한 편이다. 사치와 허영심이 강하고 야심적이다. 지구력이 부족하고 참을성이 없다. 사기성이 있고 가짜 예술가다. 힘이 세고 협잡꾼이다. 날카롭고 일에 있어서 무모하다. 교묘하고 남의 의심을 받는 짓을 잘 한다.

### 원숭이띠의 대표적인 직업

연예인, 연극인, 중개인, 사업가, 작가, CF감독, 상점주인, 외교관, 과학분야, 제품디자인 등

### 원숭이띠의 인연

가장 좋은 만남은 辰(용띠), 子(쥐띠)가 좋다. 용은 힘을 제공하고 쥐는 길하다.

좋은 만남은 亥(돼지띠), 戌(개띠)가 좋다. 申(원숭이띠), 未(양띠), 午(말띠)는 상호 노력이 필요하다.

상호 노력이 필요한 만남은 丑(소띠), 酉(닭띠), 卯(토끼띠)이다.

가장 불리하고 상극을 이루는 만남은 寅(범띠)이며 만나더라도 상호 적극적인 이해심과 노력이 필요하다.

### 10) 닭띠

―새벽을 알리며 영기靈氣를 지닌 천조天鳥―

예로부터 닭은 태양을 상징하며 인식되어 왔으며, 새벽을 알리는 닭의 울음소리는 우리 인간에게 새로운 깨달음을 전해주는 영혼의 소리로 천지개벽, 위대한 인물의 탄생을 알려주는 예지적인 영물로 상징되어 왔다. 또한 닭은 태양이 밝아옴을 전해주면서 어둠속의 모든 陰鬼를 쫓아내는 능력으로 표현되었다. 닭의 울음소리를 통해 상서로운 일의 조짐을 믿었는데, 특히 우리나라에서 닭이 사육된 것은 삼국시대 이전으로 거슬러 올라간다. 야생의 멧닭이 울 안에서 사육되면서 가축화되었으며 다산성으로 번식이 용이하고 인간에게 많은 달걀을 제공하여 식생활에 도움은 물론 건강에 지대한 공헌을 해왔다. 그리고 풍부한 영양가를 지니기 때문에, 식용으로서의 효용성도 높다. 그래서 더운 여름철에 인삼을 첨가해서 삶은 삼계탕은 더위를 이기는 음식으로 최고의 인기를 끌고 있다. 닭의 성정은 신경과민과 성급함이 있고, 인정이 많으며 불면증도 있다. 신과의 교접을 하며 참을성이 없고 직선적인 경향이 있다. 봉사정신이 투철하고 연예인이나 무용가, 가수 등의 직업이 알맞다. 남자가 목젖이 없으면 매사 까다롭고 폭력범이나 범죄자가 될 수 있다. 선천적으로 까다로운 성격을 타고 났으며 암기력과 창의력이 뛰어나다. 어려서 다치거나 질병으로 고생하고, 부모나 친한 사람이 떠나는 경우도 있다. 지구력이 부족하여 끝맺음이 약한 편이고, 후천적으로 학업을 이루면 이름을 떨치거나 해외로 나갈 인연이 있다. 만약 덕을 쌓으면 외교관이나 사회 지도층이 될 수 있으며 중간에 학업을 포기하거나 중단하면 까다로운 성격으로 변할 수 있으며, 악성 기질이 있으면 폭력범이나 범죄자가 될 수 있다.

### 닭띠의 장점

의리가 있고 신념과 확신이 있다. 노력가이며 꿈과 이상이 크다. 거짓을 모르고 솔직하다. 상상력이 뛰어나며 호기심과 모험심이 있다. 無에서 有를 창조하는 뛰어난 힘이 있다. 자신의 미래에 대한 꿈과 계획에 대해서는 참으로 성실하게 노력하며 이루어나가는 편이다.

### 닭띠의 단점

독선적이고 몽상가이다. 자기자랑을 좋아하며 과대포장을 한다. 바른 말을 잘 하고 사려가 깊지 않다. 낭비벽이 심하며 자신의 내적 충고에는 약한 편이다. 의욕이 지나쳐서 생각보다 실천력이 떨어진다. 자신을 표현하는데는 호전적이지만 대체로 인생의 굴곡이 심한 편이다.

### 닭띠의 대표적인 직업

철학가, 예술인, 사치성 판매업자, 광고업자, 카페 주인, 여행가, 미용 전문가, 의사, 군인 등

### 닭띠의 인연

가장 좋은 만남은 丑(소띠), 辰(용띠), 巳(뱀띠)이다.

좋은 만남은 亥(돼지띠), 酉(닭띠)다. 가정적이고 헌신적인 소띠와는 행복하다. 용띠는 세련미가 있으며 뱀띠와의 만남은 이상이 맞고 철학자적인 기질로 조화를 이룬다.

불리한 만남은 午(말띠), 未(양띠), 子(쥐띠), 戌(개띠), 申(원숭이띠), 寅(범띠) 이다.

가장 불리하고 상극을 이루는 만남은 卯(토끼띠)로 닭의 화려함과 허풍을 잘 믿으려 하지 않는다.

## 11) 개띠

### -순응과 충직함의 상징-

우리민족에게 있어서 개는 주인을 잘 따르고 충직한 동물로서 사람과 친한

동물로 상징된다. 개는 주인이 위험에 처했을 때 주인을 구하는 동물로도 잘 알려져 있다. 특히 한국인의 개에 대한 인식은 각별하다. 개는 사람을 잘 따르는 순응성이 있으며 먼 곳에서도 집을 찾는 귀향성으로 영리함과 주인을 위해 목숨까지 바치는 충직한 동물로 상징된다. 개는 역사적으로 고대사회에서 가축의 한 구성원이 된 이래로 사람의 곁에서 줄곧 살아왔다. 이것은 한편 인간과 더불어 공생하여 왔다는 것을 의미하며, 원래 개가 인간을 좋아한다는 속성에 기인한 것이기도 하다. 물론 여기에는 개가 인간의 마음과 말귀를 잘 알아듣거나 명령에 따라 행동하는 충직성이나 영리성과도 무관할 수 없는 것이다. 이러한 개의 속성을 크게 순응성, 작업욕, 과민성, 후적 추구력 등 네 가지로 나누어 볼 수 있다. 순응성은 명령에 따라 개가 움직일 수 있는 심리적 동작을 말하고, 작업욕은 개가 직접적인 명령을 받지 않고도 어떠한 자극에 의해서 스스로 행동하는 욕구를 말하는 것이다. 대표적인 예가 경찰견이나 군용견과 같이 특수한 목적에 이용되는 개를 들 수 있다. 과민성은 청각과 촉각에 관련된 것이 대부분으로 일반적인 자극에 보통이상으로 과민한 반응을 보이는 개를 말한다. 후적 추구력은 개의 대표적인 특징으로서 특히 범죄의 해결을 위해 범인을 추적하는 경찰견 등은 후각의 존재가 절대적으로 필요한 것이다. 개의 성정은 개발과 개척심이 강하고 자립심과 애착심이 두드러진다. 색욕이 강하며 기초가 약한 것이 흠이다. 임기응변과 궤변에 능하며 어학과 학술적인 면에 소질도 지니고 있다. 간혹 타인의 중상모략에 곧잘 휘말리기도 하나 대체적으로 건강한 몸을 지니고 있어 스포츠나 활동적인 직업에 많이 종사한다. 선천적으로 음량이 풍부하고, 언변의 탁월함이 돋보인다. 예술과 기술적인 재능이 많고 후천적으로 학업을 이루면 법 계통에 적성이 맞다. 중도에 학업이 중단되면 기타 연예인이나 기술직 또는 스포츠 계통에 어울린다.

### 개띠의 장점

헌신적이며 충직하고 믿음성이 있다. 강인하고 의지가 있으며 신뢰할 수 있다. 끈기가 있고 관대하다. 지략이 풍부하고 책임감이 있다. 품위가 있고 주위와 사려가 깊다. 열심히 일하고 남에게 도움을 준다. 생각이 깊고 너그럽다. 겸손하고 솔직하며 성품이 열정적이다.

### 개띠의 단점

냉소적이며 고집이 세다. 심술이 많고 입바른 말을 잘 한다. 방어적이며 지구력과 참을성이 없다. 반사회적이고 쟁투를 좋아한다. 스스로를 학대하고 괴롭히며 경계심이 많다. 타인을 부담스럽게 한다.

### 개띠의 대표적인 직업

이동사업, 노조원, 공사 감독, 비평가, 성직자, 판사, 탐정, 정치가, 경영자, 도덕론자, 학자, 성우, 무역업 등

### 개띠의 인연

가장 좋은 만남은 午(말띠), 寅(범띠), 卯(토끼띠)이다. 개띠의 냉소적인 입장도 문제가 되지는 않는 잘 어울리는 띠다.

좋은 만남은 子(쥐띠), 亥(돼지띠), 巳(뱀띠), 申(원숭이띠)이다. 같은 개띠와는 상호 노력여하에 따라 호악好惡이 결정된다.

노력이 필요한 만남은 丑(소띠), 酉(닭띠), 未(양띠)이다.

가장 불리하고 상극을 이루는 만남은 대체적으로 자존심 강한 辰(용띠)이다.

## 12) 돼지띠

### —재물과 다산의 상징—

부산 동삼동 조개무지에서 출토된 돼지형 토우는 다산성을 바탕으로 한 풍요로움의 상징으로 돼지가 제작되었음을 짐작케 한다. 돼지는 잡식성으로 아무 음식이나 게걸스럽게 잘 먹고 음식에 대한 욕심이 남다르며, 욕심쟁이의 대표적인 상징이기도 하고, 인간의 식성과 매우 비슷하다. 또한 신체가 건강하며 새끼를 잘 낳아 기른다. 다산多産하고 근심 걱정이 없는 평화와 건강, 그리고 재물을 상징하는 동물이다. 굿판에서 으레 등장하는 죽은 돼지 머리를 볼 때마다 잊혀지지 않는 것은 역시 그 착하디 착하게 다가오는 입가의 미소이다. 어느 동물이 죽고 나서 그렇듯 행복한 잠에 도취하는 듯한 모습을 띄우고 있단 말인가. 그래서 이러한 돼지의 모습을 보면 죽어서까지 남을 원망하지 않고 죽는 동물은 돼지 뿐이라 생각된다. 성정은 독선적이고 욕심이 많으며 지구력은 타의 추종을 불허한다. 직업의 귀천을 가리지 않고 다혈질로 곧잘 위기타개를 잘한다. 선천적으로 천재적인 두뇌와 식복·장수복 등을 위시하여 12가지 재주를 타고났으므로, 후천적으로 학업을 이어 덕을 겸비하면 평생이 안락하고, 만약 중간에 학업이 중단되면 덕을 상실하고 말년에 고독과 외로움으로 생을 마감할 수

도 있으며 근본적으로 덕을 쌓지 못하면 하천이 운명이 되며 주위의 사람들이 자신의 곁을 떠난다. 신체적으로는 고혈압이나 당뇨를 조심하고, 심장마비, 건망증, 실어증 등이 나타날 수 있다. 강점과 약점을 동시에 지니고 있으며 천재나 정신박약자가 많이 나온다.

### 돼지띠의 장점

예의가 바르고 공평하다. 마음이 진실하고 믿을 수 있다. 용맹스럽고 씩씩하다. 활발하며 점잖다. 매사 충동적이며 본시 평화를 사랑한다. 자신만만하고 침착하다. 자상하며 관용이 두텁고 용기가 있다. 주위의 인기가 있고 매사 부지런하다. 성격이 발랄하고 사교적이다. 마음이 너그럽고 관대하다. 비밀이 없고 적의를 숨기지 못한다.

### 돼지의 단점

타인으로부터 잘 속는다. 천박하고 순진하다. 고집이 세고 꾀가 없다. 무방비 상태로 남에게 잘 당한다. 지혜가 부족하고 바보스럽다. 비관과 슬픔에 잘 빠진다. 유혹과 관능에 잘 빠진다. 뻔뻔하고 유혹에 잘 넘어간다. 상대의 부탁을 거절할 줄 모르고, 미래를 보지 못한다. 끊고 맺음이 희미하고, 다른 소유물을 자신의 것처럼 다루며 단순하다.

### 돼지띠의 대표적인 직업

학자, 의사, 건축가, 제조업자, 영화 관계자, 작가, 화가, 연예인, 과학자, 연구가, 예술가, 기예분야 등

### 돼지띠의 인연

가장 좋은 만남은 卯(토끼띠), 未(양띠), 寅(범띠). 시비와 언쟁을 피하기는 토끼띠가 좋다. 양띠의 변덕도 돼지띠는 잘 이해하고 문제삼지 않는다. 범띠와는 범의 노력에 따라 좋아지는 편이다.

좋은 만남은 申(원숭이띠), 辰(용띠), 戌(개띠), 子(쥐띠)이다.

노력이 필요한 만남은 丑(소띠), 酉(닭띠), 亥(돼지띠), 午(말띠)이다.

가장 불리하고 상극을 이루는 만남은 巳(뱀띠)다. 뱀은 자신의 꾀로 돼지를 칭칭 감아 버리기 때문이다.

## 5. 오행五行의 상생상극相生相剋

천지만물은 오행의 성분, 즉 목화토금수木火土金水의 다섯 가지로 이루어진 것이니 음양과 오행은 만물이 생성사멸生成死滅하는 근본으로 인간의 부귀빈천과 수요장단壽夭長短도 이 음양오행陰陽五行의 원리에 기인하여 그 성질작용性質作用이 친화親和·상생相生의 관계에 있는 것과 배반背反·상극相剋의 관계에 있는 이치를 잘 알아야 사주판단四柱判斷이나 기타 길흉화복吉凶禍福을 예지할 수 있다.

### 1) 상생相生

상생이란 평화적이고 합법적이며 전진적이고 순리적인 질서를 유지하며 서로 生해주는 뜻으로 즉, 도와준다, 만든다, 낳는다, 이어준다는 뜻으로 해석한다.
(1) 오행五行의 유행流行순서를 말한다
(2) 만물의 생장生長과정을 말한다. 즉, 가계의 형성, 사계四季의 변화, 밤낮의 바뀜 등이다.
(3) 이어준다. 즉 자라고 발전하고 분열하는 뜻을 의미한다.

다시 부연 설명하면 아래와 같다.
목생화木生火 : 나무는 불을 타게 하고,
화생토火生土 : 불이 타면 재가 남고,
토생금土生金 : 쇠는 땅에서 캐내고,
금생수金生水 : 쇠가 녹으면 물이 되고,
수생목水生木 : 물은 나무를 키운다.

### 2) 상극相剋

**목극토木剋土, 토극수土克水, 수극화水剋火, 화극금火克金, 금극목金克木**

만물萬物은 상극相剋이라는 계기契機의 대립과 모순 속에서 자란다. 극剋이란 해치려는 것이 아니고 오히려 생성生成하려는 목적으로 그렇게 하는 것이므로 필요악必要惡인 것이다.

　목木이 자기의 형形과 화火의 신神을 조성하자면 금金으로 쪼개고 다듬어서 이루어진다(나무를 벨 수 있는 것은 도끼와 톱이고 그리하여 재목으로 쓰이는 것이다). 화火는 수水의 극剋을 받음으로써 토土를 생하고(불길이 타오르기만 한다면 생존할 수 없다. 물로서 불을 제어해야 온도관계를 조정하고 만물이 생할 수 있는 분진이 마련되는 것이다) 토土가 목木으로서 존재하여 금金을 생하게 되며(흙이 온전함은 나무가 뿌리를 땅에 박고 있는 것임), 금金은 화火의 극剋을 받음으로써 수水가 이루어진다(쇠는 용광로나 뜨거운 고온의 불로 녹일 수 있음). 또한 수水 역시도 토土의 극剋(댐이나 수로, 흡수작용과 물이 흘러갈 수 있는 발판)을 받아쓰이며 목木을 생생할 수 있는 것이다.

　즉, 성장과 팽창, 발전의 이면에는 억제와 정지시키는 작용이 존재하는 것이다. 사람이 사람다울 수 있는 것은 교육과 학습을 통하여 인격을 기르고 어릴 적부터 부모의 보호와 간섭, 억제, 통제, 보양 등의 조화 속에서 자질과 단계의 기틀을 다져나갈 수 있는 것이다. 국가는 법과 규율로서 백성을 다스리고 사회는 조직이라는 틀 속에서 지위와 권한의 한계를 분명히 하여 질서가 바로 잡히고 순환해 가는 것이다.

　결과적으로 말한다면 상생相生은 자라고 발전하고 분열하는 과정이며 상극相剋은 성물成物(결실의 작용과 완성)의 과정으로 극剋의 작용이 없으면 공중에 흩어지고 허물어져 존재할 수 없는 것이다.

## 6. 상모相侮

　서로 고유의 권역을 침범하는 것

　극剋하는 입장에 있던 것이 반대로 능모凌侮당하는 것이 상모相侮의 작용이다.

　예를 들면 수극화水剋火하던 수水(물)가 화火(불)에게 도리어 능모凌侮당하는 것을 화모수火侮水라고 한다. 즉 수水가 화火를 극하나 불길이 강하면 수水가 증발하는 것과 같은 이치이다. 인사에 적용하면 부조화 현상 또는 하극상下剋上 등과 같은 위치이며 인체의 오장육부五臟六腑가 허실虛實의 차이에 따라 병이 발생하는 이치와 같다. 예를 또 하나 들면 쇠가 나무를 극하나 고목나무가 너무 크고 딱딱하여 걸맞지 않은 쇠톱으로 자르려다 오히려 톱의 날이 으스러

제5장 음양오행의 기초와 간지의 응용원리   199

지거나 톱 자체가 부러지는 현상과도 같은 것이다. 비근한 예로 여름에 아무리 강한 댐이 있다하더라도 홍수가 범람하여 간혹 댐이 무너지거나 둑이 유실되어 큰 화를 당하는 예가 허다한 것이다. 이것은 흙이 물을 극하나 물이 너무 많아 흙이 오히려 물에게 극을 당하는 꼴이 되는 것이다.

화극금火克金이 금모화金侮火되는 형상이요, 금극목金克木이 목모금木侮金 되는 형상이요, 목극토木剋土가 토모목土侮木이 되는 형상이요, 토극수土克水가 수모토水侮土가 되는 형상이요, 수극화水剋火가 화모수火侮水가 되는 형상이니 천지간의 이치가 이처럼 천변만화千變萬化하여 종잡을 수가 없는 것이니 깨달음이 있는 인사人士들은 불휴불식不休不息하여 저 오묘한 우주의 법계를 갈파함이 마땅할 것이다.

## 7. 상모相母

**목모수木母水, 수모금水母金, 금모토金母土, 토모화土母火, 화모목火母木**

수水는 원래 목木을 생생하는 것인데 목木이 생생하기 위하여 수水의 자양분을 빨아먹음으로써 수水가 빈약하게 되는 경우로 목모수木母水라고 한다.

## 8. 변극變極

**토극생수土剋生水, 수극생화水剋生火, 화극생금火剋生金**
**금극생목金剋生木, 목극생토木剋生土**

(1) 토土가 지극하면 금金으로 변화하여 수水를 생하고,
(2) 수水가 지극하면 목木으로 변화하여 화火를 생하고,
(3) 화火가 지극하면 토土로 변화하여 금金을 생하고,
(4) 금金이 지극하면 수水로 변화하여 목木을 생하고,
(5) 목木이 지극하면 화火로 변화하여 토土를 생한다.

## 9. 오행생극제화의기五行生剋制化宜忌

■ 금뇌토생金賴土生 토다금매土多金埋 : 금은 흙에 의지해 살며, 흙이 많으면 금金이 묻힌다. (모다母多현상)

- 토뢰화생土賴火生 화다토초火多土焦 : 흙은 불에 의지해 살며, 불이 많으면 흙이 마른다. (변비현상)
- 화뢰목생火賴木生 목다화멸木多火滅 : 불은 나무에 의지해 살며, 나무가 많으면 불이 꺼진다. (손발이 차다)
- 목뢰수생木賴水生 수다목표水多木漂 : 나무는 물에 의지해 살며, 물이 많으면 나무가 물에 뜬다. (이동, 해외출입)
- 수뢰금생水賴金生 금다수탁金多水濁 : 물은 금에 의지해 살며, 금金이 많으면 물이 탁해진다. (간장, 혈액이상)
- 금능생수金能生水 수다금침水多金沈 : 금은 능히 물을 생하며, 물이 많으면 금金이 물에 빠진다. (익사사고 조심)
- 수능생목水能生木 목다수축木多水縮 : 물은 능히 나무를 생하며, 목木이 많으면 물이 말라 버린다. (젖 부족현상)
- 목능생화木能生火 화다목초火多木焚 : 목은 능히 불을 생하며, 불이 너무 많으면 나무가 탄다. (고혈압, 중풍현상)
- 화능생토火能生土 토다화회土多火晦 : 불은 능히 흙을 생하며, 흙이 많으면 불이 흐려진다. (시력약함, 정신혼탁)
- 토능생금土能生金 금다토약金多土弱 : 흙은 능히 금을 생하며, 금金이 많으면 흙은 약해진다. (체구빈약, 마른다)
- 금쇠우화金衰遇火 필시소용必是銷鎔 : 쇠한 금金이 불을 보면 금이 녹는다. (폐장, 대장이 이상)
- 화약봉수火弱逢水 필위식감必爲熄減 : 약한 불이 물을 보면 불이 꺼진다. (심장이상이나 냉병)
- 수약봉토水弱逢土 필위어새必爲淤塞 : 약한 물이 흙을 만나면 물이 흐르지 못하고 막힌다. (방광, 콩팥이상)
- 토쇠봉목土衰逢木 필조경함必遭傾陷 : 약한 흙이 목木을 보면 흙이 꺼지고 무너진다. (위장, 비장이상)
- 목약봉금木弱逢金 필위파절必爲破折 : 약한 목木이 금金을 보면 필시 목木이 부러진다. (신경통, 사지四肢이상)
- 금능극목金能克木 목견금결木堅金缺 : 금은 능히 목木을 극하나, 목木이 단단하면 금金이 부서진다. (폐장, 대장 이상, 간장이상)
- 토능극수土能克水 수다토류水多土流 : 수水는 능히 물을 극하나, 물이 많으

면 흙이 떠내려간다. (피부가 창백, 건성피부)
- 목능극토木能克土 토중목절土重木折 : 목木은 능히 흙을 극하나, 흙이 많으면 나무가 부러진다. (습진, 무좀, 간장이상)
- 수능극화水能克火 화염수작火炎水灼 : 수水는 능히 화火를 극하나, 불이 많으면 물이 증발해 버린다. (허열, 혈액이상, 두통)
- 화능극금火能克金 금다화식金多火熄 : 화火는 능히 금金을 극하나, 금金이 많으면 불은 꺼져버린다. (몸이 차거나 동상, 심장약)
- 강금득수强金得水 방좌기봉方挫其鋒 : 강한 금金이 물을 보면 칼날이 무디어 진다. (설기작용)
- 강수득목强水得木 방완기세方緩其勢 : 강한 물이 목木을 보면 기세가 약해진다. (설기작용)
- 강목득화强木得火 방설기영方洩其英 : 강한 목木이 불을 보면 정영精英을 뿜는다. (설기작용)
- 강화득토强火得土 방염기염方斂其燄 : 강한 불이 흙을 보면 빛이 흐려진다. (설기작용)
- 강토득금强土得金 방화기완方火其頑 : 강한 흙이 금金을 보면 완고함이 풀어진다. (설기작용)

이상과 같이 오행은 상생, 상극뿐 아니라 서로 만남에 따라 다양한 변화작용을 하게 되고 상대의 세력에 따라 상생·상극의 원리가 뒤바뀌기도 하므로 자세히 살피지 않으면 오판을 면치 못하게 된다. 곧 오행의 상호작용은 우주만물의 변화작용을 그대로 비추어 낸 것이다.

## 제7절 육십갑자의 특성

(태어난 날의 일진으로 본다)

| 甲子<br>갑자 | 강직, 온순하고 담백, 온화, 옛것을 좋아한다. 자존심이 강하고, 지기 싫어하며 창의력이 좋고 감정과 색정에 빠질 우려가 있다. 군자다운 성품이다. |
|---|---|
| 甲寅<br>갑인 | 강인하고 배짱이 좋으며 위협적이고 통솔력이 있으며 영웅심, 투지력이 왕성하고 독립심과 자존심이 강하다. 부부이별수가 있고 지기 싫어함. 손재가 따른다. |
| 甲辰<br>갑진 | 호탕하고 명쾌한 성격, 理財능력, 금전, 재물관리 능력이 탁월, 풍류를 좋아한다. 대범하고 통솔력과 융통성이 있다. 배우자를 잘 다스린다. |
| 甲午<br>갑오 | 재주가 있다. 영리하고 수단이 좋다. 오만심, 비평 멋 내고, 꾸미는 일에 유능. 자기표현능력이 좋다. 상대방을 꺾어누르는 특성과 학문, 예술, 기술 방면에 유능하다. |
| 甲申<br>갑신 | 絶處逢生(절처봉생)의 상으로 불구인 경우가 많고 체구가 작으면 괜찮다. 잔질이나 고생이 따르고 각박한 마음이다. 배우자로부터의 괴로움이 있고 궁지에 몰리는 수가 많다. |
| 甲戌<br>갑술 | 난폭하고 일을 잘 저지른다. 호쾌한 성품, 직선적이고 때 지난 일에 손대며 일에 장애가 많다. 남의 일에 적극적이고 희생 봉사심이 강하다. |
| 丁丑<br>정축 | 외유내강. 내심 강렬한 기상과 정신력이 있다. 내향성, 생활력이 강하다. 여자는 남편을 먹여살린다. 부지런하나 경솔, 실수가 있다. 자기주장이 강하다. |
| 丁卯<br>정묘 | 예술, 공상, 신비적인 특성. 성격이 까다롭다. 비현실적. 재복이 부족. 온화하다. 조용한 것, 깨끗한 것을 좋아한다. 재물의 손실이 많고 금전에 항상 궁박하다. |
| 丁巳<br>정사 | 정신력이 강하다. 눈빛이 강렬함. 집요하게 파고드는 성격이며 기미 주근깨가 보인다. 화가 나면 강렬한 성격이 나타난다. 민첩하고 판단력이 빠르다. |
| 丁未<br>정미 | 고독하고 선량하며 복잡한 것을 싫어한다. 배우자 주위사람에 친절한 편이다. 대화를 즐긴다. 부지런하고 비밀이 없다. |
| 丁酉<br>정유 | 명쾌한 성격. 금전운이 좋고 발랄하다. 복이 있고 의식주가 편안하다. 돈도 잘 버나 쓰기도 잘 쓰며 대인관계를 많이 갖는 편이고 단순한 성격이다. |
| 丁亥<br>정해 | 대체로 용모가 잘난 사람이 많고 겁이 많고 소심하다. 특히 어둠에 대한 공포가 있고 밤눈이 어두우며 여자는 남편 덕 좋고 가끔 염세생각 해본다. |

| | |
|---|---|
| 乙을<br>丑축 | 성품이 온순 인자하고 조용하고 청고함을 좋아한다. 건강이 안 좋고 학문, 예술, 종교를 좋아한다. 소심하고 배짱이 없다. 처를 아낀다. |
| 乙을<br>卯묘 | 식록이 좋고, 안정되고 성실한 생활을 한다. 치밀하고 분명한 성격, 외유내강, 대쪽같은 성품이다. 내심 강인하고 일의 끝맺음을 잘하는 타입. |
| 乙을<br>巳사 | 용모가 준수하고 멋을 부린다. 사치 허영기가 있다. 여자는 소실살이 하는 수가 있고 보통 가정을 꾸미면 남편, 처에 불만. 변덕이 심하다. |
| 乙을<br>未미 | 단정, 명쾌한 성품. 치밀하고 섬세한 일에 유능하고 타산적이다. 약과 인연있고, 살림살이나 일처리능력이 탁월하며, 독약 등에 중독되는 수가 있다. |
| 乙을<br>酉유 | 깔끔하고 단정하다. 유순, 소심하다. 생활안정이 안된다. 질병이 있거나 신경과민, 남에게 의지하여 얹혀 사는 수가 많다. |
| 乙을<br>亥해 | 인자, 청고하고, 학문 예술을 숭상. 기획, 창의력이 능하나 재복이 부족. 생각은 깊으나 열매가 없고 결단 실행력이 부족, 끈기와 배짱이 부족하다. |
| 丙병<br>子자 | 본인이나 배우자가 美人이다. 단정, 수려하다. 여명은 남편덕이 있고 남자는 처에 의지하는 수가 많다. 소심, 좌절이 따른다. |
| 丙병<br>寅인 | 아침, 봄의 따뜻한 기운이다. 포부가 크고 허영이 있고 꾸미고 멋을 내는 특성. 실속이 없다. 재물낭비가 있고 부부궁이 좋지 않다. |
| 丙병<br>辰진 | 일에 장애가 많고 좌절이 따른다. 흥행업에 종사한다. 체격은 대체로 좋고 낙천적, 유흥을 즐긴다. 비밀이 없고 적극적인 성품. 대화를 즐김. |
| 丙병<br>午오 | 명랑, 쾌활하고 적극적이며 언변이 유능하고 화려하게 살며 자기표현이 좋고 나서기 좋아하며 화려한 성격. 개방적이고 부지런히 활동하는 타입. |
| 丙병<br>戌술 | 체격은 좋은 편. 낙천적. 쓸데없는 일을 저지른다. 유흥을 즐기거나 그런 직업종사. 운동에 소질이 있다. 흥분을 잘하고 경솔한 편. |
| 丙병<br>申신 | 서산에 지는 태양. 검약하고 노력은 많으나 공이 적다. 건강이 좋지 않다. 시력도 약하다. 일의 끈기가 부족. 남자는 처덕을 본다. |
| 戊무<br>子자 | 부지런하고 매사를 이롭게 처리한다. 금전운이 좋고, 재산관리 잘 하며 중개역할에 유능하다. 음주, 색에 빠질 염려가 있다. |
| 戊무<br>寅인 | 절처봉생. 겉으로 강한 듯하나 내심 검약하고 좌절, 포기가 많다. 뒷감당 못할 일에 큰소리만 친다. 항상 괴롭히고 방해하는 사람이 따른다. 부부불화가 있다. |
| 戊무<br>辰진 | 똑똑하고 안정되어 있으며 어디가나 쓸모가 있다. 핵심적 인물. 남의 일도 보아주고 덕망이 있어 사람이 잘 따른다. 고집이 지나치게 강하여 여명에 꺼린다. |
| 戊무<br>午오 | 성급한 성격. 허영이 있고 배짱이 두둑하여 지기 싫은 성격에 인덕은 좋은 편이고 덕망이 있으나 부부이별수가 있고 위장질환 심하면 수술한다. |

| | |
|---|---|
| 戊무<br>申신 | 편안하고 안정된 생활. 식복이 따르고 대화를 즐기며 친절한 편이다. 식성이 좋다. 상대방을 꺾어누르는 특성이 있다. 실속이 있다. |
| 戊무<br>戌술 | 인기가 있고 기가 강하며 자기 주장이 강하다. 여자는 집안을 이끌고 사회활동을 하는 사람이 많고 남의 일을 잘 처리해 준다. 투지가 왕성. |
| 己기<br>丑축 | 온화 착실하고 검소하며 묵묵히 자기일을 해내는 겸손. 빈틈이 없다. 남의 뒷바라지 잘 하고 살림꾼. 희생적으로 산다. 꾸준히 견디는 힘이 있다. |
| 己기<br>卯묘 | 소심하고 마음이 약하며 마음이 자주 흔들려 변덕이 많고 남에게 의지하며 비굴한 정도로 겸손하다. 남의 앞에서 자기주장을 펴지 못한다. |
| 己기<br>巳사 | 겸손 성실한 편이나 공상이 많고 신분을 숭상하며 학문과 책을 좋아한다. 소심한 편이고 나서기를 싫어하며 소극적으로 처신한다. 안정된 생활을 원한다. |
| 己기<br>未미 | 야무지고 빈틈이 없으며 외유내강의 성격으로 겉으로 겸손 나약해 보이나 일에 임하면 양보하지 않고 끈질기며 어려움을 근면과 인내로 버텨낸다. |
| 己기<br>酉유 | 상냥 친절하고 말이 친절하나 잔소리가 많은 편. 대화를 즐기고 음식을 잘하는 편이며 너무 치밀하고 세심한 것이 흠이다. 남의 일에 간섭, 관심이 많다. |
| 己기<br>亥해 | 꾸준히 저축하며 재산을 모으고 소유욕이 남보다 강하여 재물운은 좋은 편이다. 처를 잘 다스리고 실속을 차리며 현실적이고 부지런하다. |
| 庚경<br>子자 | 결단력이 좋고 일처리는 잘한 상대방을 꺾어 누르려는 성격이 강하여 가끔 시비, 구설이 따르고 손재주도 좋은 편이며, 여자는 남편덕이 없는 경우가 많으나 돈벌이에 나서는 수가 많다. |
| 庚경<br>寅인 | 통솔력 좋고 호탕하며 풍류를 즐기고 다분히 정치적인 사람이다. 대개 허리나 관절이 아픈 병이 있고 심하면 중풍도 있다. 억지를 부려서 관철하는 특성이 있다. |
| 庚경<br>辰진 | 위협심이 강하고 허풍과 과장이 있다. 일에 장담을 잘하며 약자를 도와준다. 여명은 거의 부부이별이 있거나 사회활동을 한다. 금전운은 좋지 않다. |
| 庚경<br>午오 | 겉으로 큰소리치고 위협을 주나 일에 임하면 뒷감당을 못하고 포기하거나 좌절하는 수가 많다. 책임감은 강한 편이나 평생 질병, 재난 등 어려움이 있다. |
| 庚경<br>申신 | 배짱 좋고 결단력이 빠르며 강한 성품에 투쟁을 좋아하고 주위가 시끄럽다. 부부운이 좋지 않아 이별하게 되며 돈이 잘 모이지 않는다. |
| 庚경<br>戌술 | 대장부다운 기질에 정의감이 투철하다. 어려운 일을 떠맡으며 남의 일로 분주하고 힘을 과시하며 자기를 희생하여 무공을 세우기 좋아한다. |
| 辛신<br>丑축 | 깐깐하고 고집이 세며 깔끔하다. 지기 싫고 자기 마음에 들어야만 움직이는 성품. 재운은 좋지 않으나 재능은 많은 편이다. 부부운이 별로 좋지 않다. |

| | |
|---|---|
| 辛申 卯묘 | 날카로운 성격. 맺고 끊는 것이 분명하고 처세는 분명한 편이다. 너무 선을 긋고 깐깐하여 주위사람들이 싫어한다. 인자심을 기르면 좋다. |
| 辛申 巳사 | 여명은 남편운이 좋고 멋을 자내는 편이다. 단정하고 품위있는 것을 좋아하며 자제심이 강하다. 성품이 강렬한 편은 못된다. |
| 辛申 未미 | 까다롭고 자존심이 강하다. 재주는 있으나 남이 알아주지 않고 단순하면서도 갈등이 있고 이기적이다. 기계적이고 분석적인 사고방식을 가졌다. |
| 辛申 酉유 | 깔끔하고 지기싫은 성격에 고집이 센 편이고, 실속을 차리며 기분에 따라 돈을 잘 쓴다. 단순한 것이 흠이고 몸이 빠르다. 똘똘하다는 평을 듣는다. |
| 辛申 亥해 | 얼굴 피부가 맑고 깨끗하며 구설이 따르고 여자는 남편을 극하여 고독하고 청상이 많으며 재복을 스스로 차버린다. 냉정하다. |
| 壬임 子자 | 속이 깊고 이해심과 포용력이 있다. 활발한 성격에 돈을 잘쓰고 부부이별수가 있으며 물장사, 운수업 등에 많고 지략이 뛰어나다. |
| 壬임 寅인 | 식록이 좋고 음식에 인연있어 먹고 즐긴다. 착하고 남을 도와주며 여명은 자녀 잘 낳고 잘 기르며 마음도 너그럽다. 부자가 많다. |
| 壬임 辰진 | 속이 깊으며 생각이 많고 곤경에 처하면 염세 생각을 한다. 여명은 재취, 재혼 등을 하나 재물운은 좋은 편. 약간 거친 성격이다. |
| 壬임 午오 | 의식 걱정이 없으며 돈을 많이 만져 보고 자유롭게 살며 타산적이고 꾀를 부리며 건강은 안 좋다. 사람과 재물을 잘 다룬다. |
| 壬임 申신 | 자상고 냉성하며 선상이 안 좋아 음식에 탈이 나고 돈을 살 쓰니 항상 직사생활. 스스로 일을 조급히 저질러 손해를 본다. |
| 壬임 戌술 | 활발한 성품에 활동적이고 꾀가 많으며 겉으로 큰소리 치나 좌절이 따르고 강약이 교차되며 노력보다 공과가 적다. |
| 癸계 丑축 | 소심하고 잔꾀가 많으며, 소극적이고 공상이 많으나 학문에 열중하면 좋다. 의타심이 있으며 의심이 많고 일에 주저하는 성격이 강하다. |
| 癸계 卯묘 | 음식솜씨가 좋아 스스로 음식을 만들어 먹는 취미. 조용하게 담소하며 예술, 문학에 소질이 있고, 비밀이 탄로나고, 여자는 남편에 희생적. |
| 癸계 巳사 | 계산에 빠르고 실속을 차리며 치밀한 장부정리 잘하고 내부관리 잘한다. 남자는 처덕을 보며 가정적이고 내성적인 성격. |
| 癸계 酉유 | 음주를 즐기는 편이며 여명은 첩살이하는 수가 많고 귀염을 받으며 혼자 조용히 어떤 일에 몰두한다. |
| 癸계 未미 | 나약하고 실패가 많으며 남에게 이용당하고 겁이 많아 기회를 놓치고 여명은 재취로 가면 좋다. 움츠리고 사는 타입이다. |
| 癸계 亥해 | 외모로는 얌전하나 성격은 개방적. 활달하고 유능하며 무능한 척 하면서 최종 이익을 노린다. 부부이별, 손재가 따른다. |

# 제6장
# 사주명식과 역법

命理學原理大全

제1절 사주명식의 구성
제2절 24절기에 대하여
제3절 역법의 명리 활용
제4절 시간의 한계에 대한 연구과제

# 제6장 사주명식四柱命式과 역법曆法

## 제1절 사주명식四柱命式의 구성構成

### 1. 사주명식의 함의

사주명식 함의

| | |
|---|---|
| 년주年柱<br>(근根) | 선조대 출신가문. 조상의 덕德 유무. 유소년기의 가정환경. 과거이며 현재의 원인. 사당. 안방. 상석上席. 뿌리. 할아버지. 할머니. 은사. 회사의 고문. 초년기. |
| 월주月柱<br>(묘苗) | 나의 생가生家. 부모의 덕德 유무. 형제관계. 모태母胎이며 명원命元이며 핵심적인 중추. 골격이 된다. 현재의 가까운 원인. 해당일의 사상과 성격. 잠재능력. 청·장년기. 용신用神의 주체. |
| 일주日柱<br>(화花) | 자기자신. 배우자(地支). 나의 집. 사실私室. 나체. 규방. 개인적인 성격. 체질. 용모. 처덕. 천덕天德관계. 결혼후의 가정환경. 현재의 상태. 위치. 건강. 중년기. |
| 시주時柱<br>(실實) | 자녀. 고용인. 후배. 상속자. 말년운. 자녀덕의 유무. 일의 종말. 문밖. 대인관계. 부하. 미래의 상태. 외부인. 손자대孫子代. 노년기. |

 생년生年은 뿌리와 같으니 조선祖先이 되고 월간月干은 부父·형兄으로 보며 월지月支는 모母·제매弟妹이고 일간日干은 자신, 일지日支는 배우자로 본다. 시간時干은 자子, 시지時支는 여식女息이 되니 뿌리에서 싹이 트고 꽃이 피며 열매가 맺히는 순서에 의하여 근묘화실根苗花實이라고 부른다. 년年은 대본大本이 되고 월月은 제강提綱이 되니 시時는 보좌역이 된다.

## 2. 역법曆法에 대하여

### 1) 고대의 역법

역법曆法은 공전과 자전의 운동과 같은 천체의 천문학적 주기를 바탕으로 하여 이루어졌으며, 예로부터 우리가 사용해온 역법은 태음태양력太陰太陽曆이었다. 태음태양력은 달에 의한 삭망월과 태양에 의한 회귀년의 결합적 상호관계가 역법의 근본이 된다. 즉, 음력의 삭朔과 양력의 기氣를 기본 요소로 하여 기와 삭을 결합하는 것이 기본 원리이다. 중국의 역법은 일월日月에 의한 단순한 음양력陰陽曆으로부터 출발하고 있지만 한漢나라의 태초력太初曆 이후부터는 음양력의 추산뿐만 아니라 일월식日月食의 추보推步와 오행성의 운행과 위치를 계산하는 방법 등이 포함된 광범위한 내용의 천체력으로 발전하게 된다. 진이 멸망하고 한대漢代에 들어와 왕조의 교체에 따라 "정삭定朔을 고친다"라는 원리가 확립되었고 그 후 왕조의 교체에 따라 천명사상天命思想에 입각한 개력改曆이 진행되었다. 개력의 주된 내용은 윤달을 넣는 방법인 치윤법置閏法과 크고 작은 달의 배치법 그리고 절기節氣와 삭을 정하는 방법과 1년이나 1달의 길이 등을 나타내는 천문 상수의 개정을 포함하고 있으며, 개력의 과정을 통하여 역법의 모든 계산과 방법 등이 개량되고 정밀화되었다. 또한 천문관측 기술의 발달에 따라 일월日月의 운동에 완급緩急의 현상이 있다는 사실과 황도黃道와 백도白道의 교점이 이동하며 동지 때 태양의 위치도 변화하고 있다는 사실 등이 발견되면서 관측에 의한 새로운 방법들이 고안되었다. 따라서 중국의 역법은 정확한 관측과 이에 의하여 얻어진 수치들의 계산 기술의 발달과정에서 변화를 거듭하여 발전하였다.

### 2) 중국 역법의 변천과정

- 고육력古六曆 : 전국시대와 진대秦代에 만들어진 황제력黃帝曆, 전욱력顓頊曆, 하력夏曆, 은력殷曆, 주력周曆, 노력魯曆 등 6가지의 역법.
- 전욱력顓頊曆 : 진대秦代
- 태초력太初曆 : 한漢나라때 무제武帝가 실시한 역법.
- 삼통력三統曆 : 전한前漢 수화綏和 2년(기원전 7년) 천문학자이자 경학가

인 유흠劉歆이 태초력을 수정하여 만듦.
- 사분력四分曆 : 후한後漢에 실시한 역법.
- 건상력乾象曆 : 후한後漢의 건안建安 11년(206) 유홍劉洪에 의해 완성되었으며, 삼국의 오吳나라 황무黃武 2년(223)에 사용하기 시작하여 오나라 말년(280)까지 모두 58년 동안 사용됨.
- 경초력景初曆 : 위魏의 경초景初 원년(237) 양위楊偉에 의해 완성됨.
- 원가력元嘉曆 : 하승천何承天이 제작한 원가력으로 개력하여 원가元嘉 22년(445)부터 사용되었음.
- 대명력大明曆 : 남북조의 송宋나라 대명大明 6년(462)에 조충지에 의해 완성됨.
- 황극력皇極曆 : 수隋의 유작에 의해 604년에 제작됨.
- 대업력大業曆 : 수隋의 장위현張胃玄에 의해 편찬되었음.
- 무인원력戊寅元曆 : 부인균傅仁均에 의해 만들어진 역법으로 무덕武德 2년(619)부터 사용된 역법.
- 인덕력麟德曆 : 인덕麟德 2년(665) 이순풍李淳風이 고종에게 새로이 만든 역법을 진상한 역법. 인덕력은 건봉乾封 원년(666)부터 개원開元 16년(728)까지 63년에 걸쳐 사용되었으며 일본에서는 의봉력儀鳳曆란 이름으로 사용되었음.
- 대연력大衍曆 : 승僧 일행一行에 의해 편찬된 것으로, 개원開元 13년(725)부터 편찬을 시작하였는데 개원 15년(727)에 초고가 완성됨.
- 오기력五紀曆 : 762년의 월식 예보가 적중하지 못하고 빗나가자 인덕력麟德曆과 대연력大衍曆의 양법을 절충하여 만든 오기력五紀曆을 시행함.
- 선명력宣明曆 : 당唐에서 목종穆宗의 장경 2년(822)부터 소종昭宗의 경복景福 원년(893)까지 71년간 시행한 역법.
- 숭현력崇玄曆 : 경복景福 2년(893) 변강邊岡에 의해 제작되어 14년간 시행한 역법.
- 구집력九執曆 : 당대唐代에 번역된 인도의 천문서.
- 숭천력崇天曆 : 송행고宋行古에 의해 제작되어 천성天聖 원년(1023)부터 42년간 시행되었으며, 북송을 통해 가장 오랫동안 사용된 역법임.
- 점천력占天曆 : 휘종때의 관천력觀天曆이 숭녕崇寧 2년 11월에 요순보姚舜輔가 점천력을 만들어 11월의 삭을 정유로 고쳤으나 시행하지 않았고 산실됨.

제6장 사주명식과 역법　211

- 기원력紀元曆 : 송宋을 대표하는 선력善曆으로 요순보姚舜輔에 의해 제작되어 숭령崇寧 5년에 시행됨.
- 통원력統元曆 : 남송 초기에는 기원력을 사용하였으나 소흥紹興 6년(1136)에 진득일陳得一이 상납한 통원력을 반포 시행함.
- 통천력統天曆 : 송대宋代 경원慶元 5년(1199)에 사용한 역법으로써 양충보陽忠輔에 의해 만들어 짐.
- 대명력大明曆 : 기원력紀元曆을 바탕으로 제작된 금金의 역법으로 1127년 양급楊級에 의해 편찬됨.
- 중수대명력重修大明曆 : 양급楊級에 의해 편찬되었던 대명력大明曆에 다시 보완을 가하여 1180년에 새로이 제정한 금金의 역법.
- 경오원력庚午元曆 : 요遼의 일족으로 천문역법에 능했던 야율초재耶律礎材란 사람이 1216년에 '서정경오원력西征庚午元曆'을 편찬하여 태조인 징기스칸에게 바친 역법.
- 수시력授時曆 : 원대元代에 사용되었던 역법으로 왕순王恂, 곽수경郭守敬과 허형許衡등에 의해 만들어짐.
- 대통력大統曆 : 명明나라 때의 역법으로 우리나라에서는 고려 말기에 전해져 1653년(효종 4) 시헌력時憲曆을 쓸 때까지 통용되었음.
- 숭정역서崇禎曆書 : 명대明代 천문역법의 총서임.
- 역상고성曆象考成 : 청대淸代 강희康熙황제의 명에 의해 1721년 새롭게 편찬된 천문역산서이다. 티코브라헤(Tycho Brahe)의 천문학을 근간으로 서양신법역서의 단점을 보완하였다. 이것은 다시 서양인 선교사 코글러(Igatius Kogler)에 의해 역상고성후편曆象考成後編으로 개정되었다.
- 역상고성후편曆象考成後編 : 청대淸代에 예수회 선교사인 코글러(Igatius Kogler)가 옹정제雍正帝의 명으로 케플러(Johannes Kepler)의 타원궤도설과 카시니(Cassini)의 관측치와 관측법을 도입하여 1742년에 편찬된 역법서이다.
- 시헌력時憲曆 : 청대淸代에 사용한 역법으로 서양신법역서라고 불렀으며, 이것을 근거로 만든 일용역서를 시헌력으로 불렀다. 청淸의 순치順治 2년(1645)에 반포하였으며, 우리나라는 1444년 이순지李純之, 김담金淡 등이 칠정산외편을 편찬하면서 회회력이 도입되었다.
- 회회력回回曆 : 명대明代 홍무洪武 17년(1384)에 아라비아 천문학자인 마

샤이헤이(馬沙亦黑, Mashayihei)에 의해 번역되어 편찬되었다. 원리는 고대 그리스의 알마게스트(Almagest)를 기본으로 하고 있으며, 원대元代에 중국에 들어와 명대明代까지 사용되었다. 회회력은 윤월閏月을 쓰지 않는데 365일을 1세歲로 하고 1세를 12궁宮으로 해서 궁에 윤일閏日을 두었다. 모두 128년에 궁윤宮閏 31일을 두게 되고, 또한 354일을 1주周로 해서 1주周를 12월月로 하고 월月에 윤일閏日을 두었다. 모두 30년 동안에 월윤月閏 11일을 두었고, 1941년만에 궁宮, 월月, 일日, 신辰이 다시 만나게 된다. 일식과 월식의 추산법은 수시력보다 우수하며, 기하학적인 방법과 방대한 관측자료에 의한 수표數表를 사용하고 있는 것이 특징이다.

- 칠정산내편七政算內篇 : 조선조 세종 26년(1444)에 편찬된 우리나라 최초의 역법으로 元나라의 수시력을 기본으로 明代에 편찬된 대통력통궤大統曆通軌를 참고한 것이며, 우리나라에 기준을 맞추어 한양漢陽에서 하지와 동지, 해 그림자의 실제 길이에 의거하여 일출과 일몰 그리고 주야의 시각을 구해 사용하였다.
- 칠정산외편七政算外篇 : 명대明代에 편찬된 이슬람의 회회력을 연구·교정하여 세종 26년(1444)에 만들어진 역법으로 한역漢譯상의 오류를 발견하고 조선의 세종은 이순지와 김담에게 명하여 교정하도록 명하여 편찬된 것이다.

## 3) 우리나라의 역법曆法

한국에서 역법曆法이 사용된 기록은 삼국시대로 추정되고 있지만, 기록의 신빙성이 부족하며, 역법의 기록이 확실한 것은 삼국시대의 역법부터이다.

다음 표는 각 역법을 사용한 시대별로 나누어 역법에 따른 1년의 길이, 1월의 길이 등을 비교하여 본 것이다.

한국의 역曆

| 역법 | 사용국가 | 1년길이 | 1월길이 |
|---|---|---|---|
| 원가력 | 백제 | 365.24671일 | 29.530585일 |
| 무인력 | 고구려 | 365.2446일 | 29.53060일 |
| 인덕력 | 신라 | 365.24477일 | 29.530597일 |
| 대연력 | 신라 | 365.2441일 | 29.530592일 |
| 선명력 | 신라·고려 | 365.24464일 | 29.530593일 |
| 수시력 | 고려 | 365.2425일 | 29.530593일 |
| 대통력 | 고려·조선 | 365.2425일 | 29.530593일 |
| 칠정산내편 | 조선 | 365.2425일 | 29.530593일 |
| 칠정산외편 | 조선 | 365.242188일 | 29.530556일 |
| 시헌력 | 조선 | 365.2422일 | 29.53059일 |
| 명시력 | 조선 | 365.2422일 | 29.53059일 |
| 역시대 | 조선 | 365.2422일 | 29.53059일 |
| 조선민력 | 일제시대 | | |
| 조선민력 | 일제시대 | | |
| 역서시대 | 해빙이후·현재 | 365.24219일 | 29.530589일 |

※ 역법 부분 참고자료[1]

### 4) 음양력陰陽曆의 조정 결합

역법에 있어서 사실 음력과 양력은 알맞게 배합되기 어려운데, 이유는 달이 지구를 도는 주기와 지구가 태양을 도는 공전주기가 알맞게 배합될 수 없기 때문이다.

예컨대, 달(月)이 지구를 한바퀴 도는 데 소요되는 시간은 29일 12시간 44분

---

1) 참고서적
  · 국역 증보판 조선왕조실록 CD, 1998, 서울시스템, 서울
  · 고려사, 1991, 북한사회과학연구원편, 신서원고전연구실(편집), 서울
  · 국조역상고, 1982, 한국과학사학회 편, 성신여대 출판부, 서울
  · 삼국사기, 1991, 북한사회과학연구원편, 신서원고전연구실(편집), 서울
  · 이은성, 1985, 역법의 원리분석 제11장, 1985, 정음사, 서울
  · 전상운, 2000, 한국 과학사 p.373, 사이언스북스, 서울
  · 증보문헌비고 : 상위고, 1980, 세종대왕기념사업회, 서울

2.8초이고, 지구가 태양을 한 바퀴 도는 데 걸리는 시간은 365일 5시간 48분 46초이다. 이 두 개의 주기는 딱 맞게 나눌 수 없는 것이다.

고대의 농력農力은 음력과 양력을 적정하게 배합하여 조화시켰는데, 음력은 큰 달이 30일, 작은 달이 29일, 그래서 1년이 12개월로 354일 뿐이다. 즉 음력은 양력보다 11일이 적다. 그래서 음력은 3년마다 윤달을 두지만 이렇게 해도 며칠이 남는다. 그러나 19개의 음력해에 7개의 윤달을 더하면 결과적으로 19개의 양력해와 거의 맞게 된다.

고대 중국은 춘추시기 중엽에 이미 19년에 7개의 윤달을 두는 방법을 알고 있었다. <상서尙書·효전堯典>에 다음과 같이 기록되어 있다. "기삼백유순유육일期三百有六旬有六日, 이윤월정사시성세以閏月定四時成歲" 1주년은 366일인데, 윤달을 더하는 방법을 이용하여 춘하추동春夏秋冬의 사계를 확정해서 1년이 되는 것이다. 이 말은 음력과 양력을 병용한 것이다.

서양에서도 바빌론 시대나 그리스·로마 시대에도 음력과 양력을 혼용하여 사용하였다. 그러나 같은 시기 중국의 역법은 서양보다 발달되어 있었다.

### 5) 역학曆學의 모든 원칙

**태양력太陽曆 : 오늘날 일반적으로 사용하고 있는 역법曆法**

지구 공전운동의 반영으로 태양은 황도 위를 1년에 1바퀴씩 타원궤도를 그리며 회전한다. 현대 천문학에서 태양의 운동을 정의할 때, 항성을 기준으로 하여 진공전주기를 계산하는 것처럼 당시 고대에서는 이러한 태양의 운동을 표현하는데 있어서 28수라는 28개의 별자리를 사용하여 온 것으로 생각된다

태양력은 다른말로 양력陽曆 또는 신력新曆으로 불리며, 서기西紀 1582년 로마법왕 "그레고리"13세에 의하여 제정된 것이다. 그래서 양력을 "그레고리"역이라고도 부른다.

구체적으로 말하면, 태양력은 1년의 길이를 365일 소여小餘소여 5시간 48분으로 정하고 있는데 소여小餘가 쌓여 4년마다 1일(하루)이 증가한다. 이 증가한 년年의 2월에 윤閏을 두어 1년을 통해 대월大月(큰달)을 31일, 작은달(소월小月)을 30일, 2월은 평년을 28일로 하고, 윤년閏年은 29일로 하여 대소大小(크고 작음)가 일정불변하게 되어 있다.

　－큰달 : 1·3·5·7·8·10·12월이고

− 작은달 : 4・6・9・11월이고
− 2월은 평년이 28일, 윤년閏年은 29일이다.

양력의 윤년법은 자년子年, 진년辰年, 신년申年에 국한局限한다. 시차는 3천년동안 약 1일이 결缺한다.

### 6) 태음력(구력舊曆)

달의 위상을 월상月相이라고 한다. 달이 태양보다 빠르게 움직임으로 인해 달의 위상 변화를 볼 수 있는데, 달의 위상 변화는 1삭망朔望월 동안에 합삭合朔→상현上弦→망望→하현下弦의 순서로 일어난다. 태음太陰은 정삭正朔과 달의 근지점 그리고 황백 교점의 위치와 이들의 위치 간격을 계산의 기점으로 하여 합삭과 망・현일 때 달의 위치 및 그때의 시각을 계산하였다.

태음력은 고대 중국의 역법이 전래하여서 지금까지 이르고 있는 것이다. 주로 농어촌에서 인습因襲적으로 사용되고 있으며, 달(月)의 삭망朔望을 주로하여 추력推曆의 근본을 삼고 있다. 태음력은 1개월을 29일과 760분으로 한다. 환산하면 12시간 44분을 1순환循環으로 한다. 그래서 대월大月은 30일, 소월小月은 29일로 정해져 있다.

음력은 1개월 기간이 태음력에 비해 부족하므로 1년을 통하여 11일 전후의 차이가 생긴다.

예로부터 중국 한국 일본 등은 위도국緯度國으로 농어업農漁業 중심으로 산업이 발전하였으므로 계절의 변화를 매우 중시하였으며 태양력과 조화를 이루기 위하여 3년 내외에 1개월의 윤월을 설치하여 기후를 조절하고 있다. 따라서 평년平年은 1년이 12개월이 되지만 윤년은 13개월이 되고 1년의 길이가 자연 384일 내외가 된다. 이렇게 계절을 조절하여 크게 어긋나는 일은 없다.

법령상 태음력은 일정한 규칙은 없으나 태음太陰의 삭朔과 망望은 천문의 일정한 현상이므로 완전히 폐지할 수 없는 것이며 고기잡는 어부가 조석潮汐을 알고 농사를 경작하는 농부가 계절을 미리 예측해야 되기 때문에 태음력은 우리의 생활 속에서 매우 중요한 것이다. 태음력은 달의 기울고 차는 것에 의하여 삭朔과 망望을 완전히 추구하므로 역학曆學상 합리적이고 합법적이며 오히려 이렇게 볼 때 태양력은 합리성이 미약하고 인위적으로 만들어진 경향이 보인다. 음력의 윤치법은 24절기를 추리하고 중기中氣가 없는 월月에 윤치하며 전월과 동일월同一月이라 칭한다. 태양력은 매년 일정불변의 크고 작은 대소大小

가 있으나 태음력은 일정하지 않다. 사대삼소四大三小라고 하여 이 이상 계속되는 대소大小는 없다.

대소大小를 정하는 기준은 삭일朔日, 즉 그날의 천간과 후월後月의 천간을 비교하여 다음 원칙에 준하여 정한다.

(1) 동일천간同一天干의 선先을 대로 정하고 후後는 소小로 정한다.

(2) 단독의 천간天干은 언제든지 동일하게 소小로 정한다.

## 제2절 24절기節氣에 대하여

사계절이 차례로 바뀌는 현상으로 이분二分(춘분과 추분)·이지二至(하지와 동지)는 이미 <상서尙書·효전堯典>편에 기록되어 있다. 이로부터 고대 중국 전국戰國 진한秦漢시기에 오면서 24절기의 명칭이 있게 된다. <대대예기大戴禮記·하소정夏小正>편과 <관자管子>등의 저작 가운데 기록이 되어 있지만 완전하게 갖추고 있지는 않다. 24절기가 완전하게 기록된 것은 <회남자淮南子·천문훈天文訓>이라 할 수 있다.

- 춘계春季는 입춘부터 입하전까지
- 하계夏季는 입하부터 입추전까지
- 추계秋季는 입추부터 입동전까지
- 동계冬季는 입동부터 입춘전까지

태음력은 윤치閏置의 관계에 의하여 계절을 밀합密合케 할 수는 없으나 24절기는 완전히 계절을 나타낸다. 태음력은 중국에서 역원曆元을 천정동지天正冬至라 칭하고 태양이 남극에 도달하고 그로부터 북에서 음陰의 극이 한 번 바뀌어 양전陽展한 신新12월 중기中氣 동지의 시각을 역원으로 한다.

태양력은 태양이 춘분선상에 순환하여 0도로 하고 이것을 역원曆元으로 삼는다.

1년중 동지와 하지를 이지二至라 하고, 춘분과 추분을 이분二分이라 한다. 이지二至는 음양의 극전極轉이 되고 이분二分은 주야晝夜의 균등을 표시한다. 이렇게 볼 때 결국 태양의 순환에 의하여 정한 것이다. 그래서 평균계절을 밀합密合케 하는 봄을 1년의 시작으로 하고 세수歲首는 입춘에서 그 해의 년이 새로 바뀌어지는 소이所以가 된다.

사계四季의 전환은 사립四立으로 입춘, 입하, 입추, 입동을 말한다.

기후의 변천은 5일을 1후候라 하고, 3후候인 15일을 1기氣라 한다. 2기氣를 합하면 1절節이 된다. 그래서 1년 365일은 72후候에 해당한다.

1기氣는 15일 314분여分餘가 된다. 이것을 항기恒氣라 한다. 이것은 1년 365일 5시간 48분의 24등분의 1에 해당한다. 이 항기를 누가累加하여 각 절기를 추측하게 된다.

24절기는 진眞의 태양력이다. 현행력은 이 24절기를 교묘하게 계산하여 인위적으로 작력作曆한 것으로 매년 큰 차가 없고 절기가 순합循合한다.

현행력(양력)을 대략 표준을 세워보면 다음과 같다. 경우에 따라 1~3일 이내의 차가 생긴다.

   1월 : 6일 – 소한, 20일 대한
   2월 : 4일 – 입춘, 19일 우수
   3월 : 6일 – 경칩, 21일 춘분
   4월 : 5일 – 청명, 20일 곡우
   5월 : 6일 – 입하, 21일 소만
   6월 : 6일 – 망종, 22일 하지
   7월 : 7일 – 소서, 23일 대서
   8월 : 8일 – 입추, 23일 처서
   9월 : 8일 – 백로, 23일 추분
   10월 : 5일 – 한로, 24일 상강
   11월 : 8일 – 입동, 23일 소설
   12월 : 7일 – 대설, 22일 동지

동지는 자월子月, 하지는 오월午月로 역술曆術의 원리 자오선子午線을 통과하는 분계점이다.

24절기는 태양년을 24등분한 일日의 명칭이다. 그리하여 태양이 황도黃道상에 움직여 행하는 위치를 태양황도상의 위치 황경黃經이 270도를 동지로 하여 이것을 15도씩 분할하여 소한, 대한 등으로 정하여 행한다.

태양이 적도의 가장 남쪽 낮은 곳에 있을 때를 동지라 하고, 적도의 가장 북쪽 높은 곳에 있을 때가 하지가 된다. 적도赤道에 있을 때는 춘분과 추분이다.

춘분을 0도로 하고 이것을 기산점으로 하여 360도를 돈다. 그리하여 15도 마다 기氣와 절節을 나누고 1년간 24절기를 득한다.

　동지에서 소한에 이르는 사이는 14일 4분일이고, 하지에서 소서에 이르는 사이는 16일 약 4분의 1이다. 이것은 일행日行이 영축零縮에 의하여 생기는 차差이다.

　우리는 북반구北半球에 임하는 동지 때는 태양이 적도의 남쪽에 위치하는 고로 낮은 짧고 밤은 길어지고, 일광은 사사斜射하므로 광열은 약하고 기후는 한랭하다.

　하지때는 태양은 북쪽에 있고 밤은 길어지고 기후는 뜨겁다. 춘분과 추분의 2분때는 태양이 적도에 위치하므로 밤과 낮의 길이가 평균적으로 나누어지고 기후는 화순하다.

　더욱 월月과 지구의 주위를 설명하기 전에 먼저 태양계의 행성은 대소大小가 있는데 이것을 위성衛星이라 한다.

　화성火星은 위성 2개가 있고 목성木星은 위성 8개가 있다. 토성土星은 위성 10개가 있고, 천왕성天王星은 위성 4개가 있다. 해왕성海王星은 위성 1개가 있다.

　그래서 지구의 위성은 달이고 태음太陰이라 한다. 달이 지구를 일주一周하는데는 27일 유여有餘에 지나지 않는다.

　태양을 도는 데는 29일 2분일이다. 그러므로 구력舊曆은 태양 대행도對行度를 가지고 추보推步하는 것이다.

　원래 달은 빛이 없고 햇빛에 의하여 빛을 발한다. 삭일朔日은 태양과 지구사이에 있다. 사람은 땅 위에 있어서 그 등을 보는 고로 빛은 회晦가 된다.

　삭일을 떠나 7일여에 달은 동쪽의 90도에 있다. 사람은 그 뒤에 있으므로 그 반면을 본다. 빛은 서쪽에 향하는 고로 상현上弦이 된다. 다시 7일이 지나 달과 해는 서로 상대하여 망望이 된다. 사람은 달의 앞에 있으므로 빛은 전면을 보게 된다. 이것이 만월滿月이다. 망望에서 7일여를 지나서 달은 태양의 서쪽 90도에 있는 고로 달은 그 모습이 반형태가 된다. 그 빛은 동쪽으로 향한다. 이것이 하현下弦이다. 다시 7일을 지나 태양과 지구사이에 개재하는 고로 빛은 완전히 어둡게 된다. 달은 지구의 주위에서 회삭晦朔 현망弦望이 되고 흡인력에 의하여 조석潮汐의 만간滿干을 나타낸다.

　삭시朔時는 해와 달의 흡인력이 합하여 바닷물은 섭攝하여 고조高潮가 된다. 망시望時는 해와 달의 흡인력이 상대적으로 분섭分攝하여 극단極端이 되어 조석潮汐은 크다.

　상하上下 병현幷弦일 때는 해와 달이 상거相距하여 직각이 되므로 흡인력은 일종一從 일횡一橫이 되어 조석潮汐은 대체적으로 작아진다.

## 제3절 역법의 명리 활용

　사람의 생년, 월, 일, 시時를 따다 육갑법六甲法상으로 천간지지天干地支를 붙이는 방법으로 우리나라의 역법曆法은 태음태양력太陰太陽歷을 쓴다.

　－태음太陰 : 월月

　－태양太陽 : 일日

### 1. 태세太歲

　육십갑자六十甲子의 순서에 의하여 태세太歲가 정해지고 60년씩 상원上元, 중원中元, 하원下元으로 순환이 된다.
- 양둔국陽遁局은 순행 : 확산, 번창, 발전
- 음둔국陰遁局은 역행 : 정리, 노쇠, 야물어진다

　1984년 갑자甲子는 상원갑자上元甲子의 첫해이며 기문奇門에서는 중요하게 취급된다. 한해를 立春부터 시작으로 보기 때문에 인묘진사오미寅卯辰巳午未까지를 양陽으로 보고 신유술해자축申酉戌亥子丑을 음陰으로 구분한다.

　양둔국陽遁局 : 동지冬至를 기점으로 순행

　상원 : 60년

　중원 : 60년

　하원 : 60년

　음둔국陰遁局 : 하지夏至를 기점으로 역행

　상원 : 60년

　중원 : 60년

　하원 : 60년

양둔국과 음둔국을 합하면 360년이 된다

## 2. 월건月建

절후節侯를 기준으로 월건月建을 세우므로 십이절十二節은 필이 암기하여야 한다.

월건

| 월별 | 1월 | 2월 | 3월 | 4월 | 5월 | 6월 | 7월 | 8월 | 9월 | 10월 | 11월 | 12월 |
|---|---|---|---|---|---|---|---|---|---|---|---|---|
| 월月지支 | 인寅 | 묘卯 | 진辰 | 사巳 | 오午 | 미未 | 신申 | 유酉 | 술戌 | 해亥 | 자子 | 축丑 |
| 절節기氣명名 | 입춘立春 우수雨水 | 경칩驚蟄 춘분春分 | 청명淸明 곡우穀雨 | 입하立夏 소만小滿 | 망종芒種 하지夏至 | 소서小暑 대서大暑 | 입추立秋 처서處暑 | 백로白露 추분秋分 | 한로寒露 상강霜降 | 입동立冬 소설小雪 | 대설大雪 동지冬至 | 소한小寒 대한大寒 |

5일을 일후一候라 하고 삼후三候를 일기一氣라 한다. 즉 육기六氣는 90일(15×6=90)이고 이를 시時라 하고 춘하추동春夏秋冬 사시四時는 일세一歲가 된다.

일년一年은 삼후三候마다 일기일절一氣一節을 두어 이십사절기二十四節氣로 구성된다.

사람은 절기에 따라 변화하는 기후에 영향을 받으므로 음력陰曆과 양력陽曆을 가리지 않고 월절月節을 위주로 한다. 월지月支를 알았으면 월간月干을 알아야 하는데 이는 순행循行을 설명할 때 표표로 정리한다.

■ 인간의 척추도 절후의 숫자인 24마디로 凸 : 12 凹 : 12마디이다.

■ 84.000이란 우주의 총체수로서 인간의 유형수이며 땀구멍수이다.

## 3. 일진日辰

태세太歲와 마찬가지로 육십갑자六十甲子의 순서대로 반복하여 돌아가므로 만세력萬歲曆에 의하여 알 수 있다.

## 4. 생시간지生時干支

지지地支의 상징인 동물動物의 발가락 숫자를 기준으로 음양陰陽을 나누어 만들었다.

1) 자시子時 : 23:30~01:29(23:00~01:00)
2) 축시丑時 : 01:30~03:29(01:00~03:00)
3) 인시寅時 : 03:30~05:29(03:00~05:00)
4) 묘시卯時 : 05:30~07:29(05:00~07:00)
5) 진시辰時 : 07:30~09:29(07:00~09:00)
6) 사시巳時 : 09:30~11:29(09:00~11:00)
7) 오시午時 : 11:30~13:29(11:00~13:00)
8) 미시未時 : 13:30~15:29(13:00~15:00)
9) 신시申時 : 15:30~17:29(15:00~17:00)
10) 유시酉時 : 17:30~19:29(17:00~19:00)
11) 술시戌時 : 19:30~21:29(19:00~21:00)
12) 해시亥時 : 21:30~23:29(21:00~23:00)

■ 양시陽時에 해당하는 동물은 발가락이 홀수이고 음시陰時에 해당하는 동물은 발가락이 짝수이다.

## 5. 지지상징동물地支象徵動物의 발가락 수

1) 쥐 : 앞-5개 뒤-4개
2) 소 : 2개
3) 호랑이 : 5개
4) 토끼 : 4개
5) 용 : 5개
6) 뱀 : 2개(혀가 둘로 갈라져 있다)
7) 말 : 1개
8) 양 : 4개
9) 원숭이 : 5개

10) 닭 : 4개
11) 개 : 5개
12) 돼지 : 2개

## 제4절 시간의 한계에 대한 연구과제

### 1. 시차의 정확성과 표준시의 적용 문제

사주 명리학에서 정확한 시간의 적용은 운명감정에 있어서 중요한 부분의 하나이다. 현재 우리가 사용하고 있는 동경표준시의 적용에 대한 시차의 문제가 역학계의 연구과제가 되고 있으며 또한 논란의 대상이 되고 있다.

현재 우리나라는 일본의 동경표준시를 사용하고 있으며, 한반도는 일본보다 태양동출太陽東出하는 시간이 일본보다 30분 늦기 때문에 동경표준시는 우리 나라와 기본적으로 약 30분 전후의 시차가 발생하고 있으며, 그 외 지역에 따라 한국 내에서도 경도經度에 따라 약 20분 전후의 시차가 난다. 뿐만 아니라, 연도에 따라 1시간의 차이가 나는 서머타임(일광절약제)도 있으니 단순하게 12진 시進時로만 적용하는 것은 다시 고려해볼 필요가 있는 것이다.

원래 한국의 표준시는 한반도중심을 지나는 동경 127° 30분을 표준자오선標準子午線으로 삼아야 하지만 현재 한국에서는 일본의 표준시(J.S.T)인 동경 135°를 채택하여 태양시太陽時 기준보다 30분(정확히 32분)을 빠르게 생활하고 있다, 그러니까 일본에서 낮 12시면 한국에서는 11시30분인데 일본과 같이 12시로 생활하고 있다는 말이다.

조선말기까지는 우리나라 표준자오선標準子午線은 동경 120° 경선을 기준으로 삼고 있다가 1910년 4월1일부터 일본에 의해 동경 135°로 변경했다.

사실 동경 135° 경선은 울릉도의 동쪽350Km를 남북으로 지나는 경선이므로 한반도를 지나지 않는다.

또한 서울의 경선은 동경 127°이므로 동경 135°를 기준으로 한 표준시標準時는 서울의 지방평균시보다 약 32분 빠르다. 이러한 이유와 식민지하의 일제잔재日帝殘在의 청산차원淸算次元에서 1954년 3월 21일 다시 동경 127° 30분으로 표준자오선標準子午線을 정정했지만, 5·16군사정변이후 1961년 8월 10일 다시 표준시를 동경 135°로 바꾸었다.

표준시 변경 과정

| 변경 및 적용기간 | 기준 표준시 경선 | 적용법령 |
|---|---|---|
| 1908년 4월 1일~1911년 12월 31일 | 동경 127°30분 | 관보 제3994호<br>(칙령 제5호) |
| 한일합방후<br>1912년 1월 1일~1954년 3월 20일 | 동경 135°00분 | 조선총독부 관보 제367호<br>(고시 제338호) |
| 한국전쟁이후<br>1954년 3월 21일~1961년 8월 9일 | 동경 127°30분 | 대통령령 제876호<br>(1954년 3월 17일) |
| 5·16군사정변후<br>1961년 8월 10일~현재까지 | 동경 135°00분 | 현재 법률<br>제676호(1961년 8월 7일)<br>법률 제3919호<br>(1986년 12월 31일) |

## 2. 동경 127°30분을 적용할 때의 시간정법時間定法

■ 시간을 정하는 법

자시(子時) — 오후 11시 30분~오전  1시 30분 전까지

축시(丑時) — 오전  1시 30분~오전  3시 30분 전까지

인시(寅時) — 오전  3시 30분~오전  5시 30분 전까지

묘시(卯時) — 오전  5시 30분~오전  7시 30분 전까지

진시(辰時) — 오전  7시 30분~오전  9시 30분 전까지

사시(巳時) — 오전  9시 30분~오전 11시 30분 전까지

오시(午時) — 오전 11시 30분~오후  1시 30분 전까지

미시(未時) — 오후  1시 30분~오후  3시 30분 전까지

신시(申時) — 오후  3시 30분~오후  5시 30분 전까지

유시(酉時) — 오후  5시 30분~오후  7시 30분 전까지

술시(戌時) - 오후 7시 30분~오후 9시 30분 전까지

해시(亥時) - 오후 9시 30분~오후 11시 30분 전까지

## 3. 표준시에 관한 법률

### 1) 제정년도 : 86년 12월 31일(법률 제3919호)

표준시는 동경 135°의 자오선을 표준 자오선으로 하여 정한다. 다만, 대통령령이 정하는 바에 따라 일광절약시간제의 실시를 위하여 연중 일정기간의 시간을 조정할 수 있다.

**부 칙**

(1) (시행일) 이 법은 공포한 날로부터 시행한다.

(2) (폐지법률) 표준자오선 변경에 관한 법률은 이를 폐지한다.

### 2) 시대상황에 따라 바뀐 대한민국 표준시

위에서 언급하였지만 한국의 표준시는 시대적 상황에 의하여 몇 차례 변화를 거듭했다. 대한제국시는 동경 127° 30분이 표준자오선이었으며, 1912년 한일합방에 따라 일본의 식민지통치 편의상 우리나라를 일본과 동일한 동경 135°로 변경하였다. 해방 후 이승만 정부는 1954년 동경 127° 30분으로 원상회복했으나, 5·16군사정변이후 국가재건최고회의는 다시 동경 135°로 변경하여 지금에 이르고 있는 것이다.

※ 1954년 양력 3월 21일 0시부터 1961년 양력 8월 10일 0시까지는 한국의 진정한 시간을 사용했으므로 오전 11시 정각부터 오시가 시작됨에 유의할 것

## 4. 위도緯度와 경도經度

위도는 경도經度와 함께 지구상에 있는 지점의 위치를 나타내기 위하여 만든 좌표. 동서 방향의 눈금으로 나타낸다.

위도(緯度latitude)에는 지리위도地理緯度·지심위도地心緯度·천문위도天文緯度의 3종류가 있다.

## 1) 지리위도

지표면의 어떤 지점에서 지표면에 대하여 수직선을 세우고, 이것과 적도면이 만나는 각도로 나타낸다. 지구는 완전한 구球가 아니라 근사적인 회전타원체이므로, 지표면에 대하여 수직인 선은 지심을 지나지 않는다.

## 2) 지심위도

지표면에 있는 지점과 지심을 연결하는 직선이 적도면과 이루는 각도로 나타낸다. 이 지심위도는 지구를 전체적으로 계산할 때 사용된다. 지리위도와 지심위도의 차는 가장 클 때 11′30″이다.

## 3) 천문위도

지표면에 있는 한 지점에서의 수준면水準面에 대하여 연직선鉛直線을 세우고, 이것과 지구의 자전축自轉軸이 이루는 각도로 나타낸다. 이 연직선은 지심을 지나지 않으며, 또 지리위도의 수직신파도 다르다. 천문위도와 시심위도의 차는 최대 20″ 정도이며, 실용적으로도 같다고 생각된다. 같은 위도를 나타내는 선을 위선緯線이라고 하고, 북반구에서는 북위北緯, 남반구에서는 남위南緯라고 한다. 또, 적도를 위도 0°로 하고 남북으로 각각 90°까지 있는데, 북극점은 북위 90°, 남극점은 남위 90°에 해당한다. 양극兩極에 가까워질수록 고위도高緯度라고 하고, 적도에 가까워질수록 저위도低緯度라고 한다.

경도는 본초자오선이 통과하는 영국의 그리니치 천문대를 중심으로 하여 지구를 동서로 각각 180°씩 나눈 것이다.

그리니치 천문대의 동쪽은 '동경 *도'로 표기되어지며, 경도 15°마다 시간씩 빨라지는 것으로 계산한다. 그리니치 천문대의 서쪽은 '서경 *도'로 표기되어지며, 15°마다 본초 자오선 시간보다 1시간 늦다. 우리나라의 중앙을 통과하는 중앙 경선은 동경 127.5°이지만, 표준시는 동경 135°로 하여 우리나라는 영국의 그리니치 천문대 보다 9시간 빠른 것으로 나타난다. 이러한 세계의 시간대에 따른 각 지역의 시간의 차이를 시차라고 부른다.

## 5. 한국의 수리적 위치

우리나라는 경선과 위선으로 북위 33°~43°, 동경 124°~132° 사이에 해당되며, 위도상으로는 북반구의 중위도에 위치하여 기후가 온난하고 사계절의 변화가 뚜렷한 온대성 기후에 속한다. 또한 남북의 길이가 길기 때문에 생태계의 변화, 양식분포, 식생 등에 남북간의 차이가 현저하게 나타난다. 현재 한국의 표준시는 동경 135°선을 사용하기 때문에 영국의 그리니치 천문대의 본초자오선상의 표준시보다 9시간 빠르다.

## 6. 지리적 위치

지리적 위치는 지형지물과 관련된 대륙·해양 등과 관련된 위치이다. 한반도는 대륙과 해양사이에 위치하여 계절풍의 영향을 받는 계절풍 기후에 속하며 대륙의 동안東岸에 위치하여 동일한 위도상의 대륙 서안西岸에 비해 한서寒暑의 차가 비교적 큰 대륙성 기후에 속한다.

반도국가로서 대륙과 해양의 문화교류·원양어업·해외무역 등에는 유리하며 한편, 국력이 쇠약할 때는 주변국의 침입으로 국난을 당하기도 하였다.

## 7. 서머타임 적용기간

서머타임(일광절약제)이란 하절기 여름에는 낮이 길기 때문에 일광 시간을 절약하려고 인위적으로 표준시를 고쳐서 사용하는 것을 말한다. 그 때문에 서머타임이 실시되는 기간 동안에 출생한 사람의 사주를 볼 때 시주時柱를 정함에 있어 세심한 주의가 필요하게 된다. 그렇지 않으면 한시간 빨라지기 때문에 서머타임 기간 동안에는 오전 11시 30분이 되어도 오후시가 아니고 사巳시인 것이다. 왜냐하면 실제 시간은 10시 30분이기 때문이다. 서머타임은 우리나라에서는 미군정 때부터 실시하였고 정부 수립 후에도 실시되었다. 이에 관계된 최초의 공포문은 다음과 같다.

## 8. 일광절약시간에 관한 공포

조선 인민에게 고함. 재조선 미육군 사령관으로서의 본관에게 부여된 권한에 의하여 본관은 아래와 같이 공포함.

일광절약 시간을 1948년 5월 31일 자정부터 1948년 9월 22일 자정까지 시행하여 이를 '표준일광절약시간'이라 칭함. 1948년 5월 31일 자정에 모든 시계를 한 시간 앞세우고(즉 자정에 오전 1시가 되게 하고) 1948년 9월 22일 자정에 모든 시계는 한 시간 뒤세움(즉 복구함)을 요함.

서기 1948년 5월 20일 조선 서울에서 서명함.

-조선 미육군사령관 미육군 중장 존 R.하지-

이리하여 시작된 서머타임 제도는 매년 시행되다가 13년간(1948년~1960년까지)의 수명으로 끝나는가 했더니 1987년부터 다시 시작되었다. 아래에 한국 표준시의 변경 사항과 서머타임 실시기간을 기록하니 이 책을 읽는 독자는 만세력 위에 표시하여 사주를 잘못 정하는 일이 없도록 하기 바란다.

위에서 살펴본 바와 같이 한반도의 원래 표준자오선인 127°30분을 기준하지 않고 5·16후인 신축년辛丑年(1961년) 8월 10일 표준시를 동경 135°로 바꾼 것을 기준으로 할 때 출생한 사람은 30여분의 시차로 인하여 사주 감정시 시주時柱가 바뀌게 되어 감정에 많은 오차가 생기게 된다.

또한 서머타임도 지역적인 편의를 위해 임시로 만들어 적용시키는 제도이다. 아울러 서머타임(일광절약제)이 적용되는 시기에 출생한 사람은 1시간 30여분의 오차가 생긴다. 만약 이 서머타임 시간을 사주의 시時로 정하였다면 전혀 엉뚱한 시時가 될 수밖에 없는 것이다. 서머타임 적용기간에 출생한 사람은 서머타임이 아닌 원래의 시간을 적용해야 하는 것이다. 어쨌든 명학계는 앞으로 이 밖에도 풀어야 할 연구과제가 많이 있다. 역학계의 많은 학인들이 이 문제들을 하나하나 밝혀나가길 기대한다.

## 서머타임 적용기간

| 년도 | 기 간 | 공포일 | 적용법령 |
|---|---|---|---|
| 1948년 | 5월31일 00~<br>동년 9월22일 00 | 동년 5월 20일 | 재조선미육군사령부 |
| 1949년 | 4월3일 00~<br>동년 9월10일 00 | 동년 4월 2일 | 대통령령 제74호 |
| 1950년 | 4월1일 00~<br>동년 9월 10일 00 | 동년 9월 10일 | 대통령령 제182호 |
| 1951년 | 5월6일 00~<br>동년 9월일 00 | 동년 9월 6일 | |
| 1955년 | 5월5일 게시 | 동년 5월 2일 | 국무원 공고 제58호 |
| 1956년 | 5월20일 00~<br>동년 9월 29일 00 | 동년 4월 28일<br>동년 9월 8일 | 국무원 공고 제62호 |
| 1957년 | 5월5일 00~<br>동년 9월 22일 00 | | |
| 1958년 | 5월4일 00~<br>동년 9월 21일 00 | | |
| 1959년 | 5월3일 00시~<br>동년 9월19일 24시 | 동년 4월 30일 | 국무원 공고 제74호 |
| 1960년 | 5월1일 00~<br>동년 9월 18일 00까지 | | |
| 1961년 | 서머타임<br>실시폐지(5월1일) | 동년 4월 20일 | 국무원령제 250호 |
| 1987년 | 5월10일 02시~<br>동년 10월11일 03시 | | 국무회의 |
| 1988년 | 5월8일 02시~<br>동년 10월 9일 03시 | | 국무회의 |

## ■ 경도의 차이에 따른 진태양시의 추산

태양이 남중한 시각이 각 지점의 정오이다. 동경 135°를 표준시로 사용하고 있는 현 실정에서 동경 135°의 기준 경선에서 1°씩 서쪽으로 경선이 이동할 때마다 4분이 빨라진다. 그러므로 동경 128°가 지나가는 강원도 원주 지방은 동경 135°-128°=7°의 차이가 생기므로 7°×4분=28분이 빠르게 된다. 그러므로 현재의 동경 표준시를 쓰는 기간에 원주에서 오전 11시 정각에 출생한 사람은 28분 앞당긴 셈이므로 진정한 기상학적 진태양시에서는 오전 10시 32분에 태어난 셈이고 따라서 午시가 아닌 巳시에 태어난 것이 된다. 이와 같이 출생한 지역의 경도와 동경 135°의 차이로 정확한 출생 시간을 측정하여 출생시를 정해야 한다. 그러므로 지도를 펴놓고 출생지를 알아보아야 하고, 출생 당시의 표준시가 어떤 자오선을 기준으로 한 시간인지, 그리고 서머타임 기간동안에 출생하지 않았는지를 정확히 계산한 후에 사주를 정해야 정확할 것이다.

그리고 위도에 대해 참고로 말한다면 한국 같은 북반구에서는 남쪽으로 내려갈수록 기온이 높아지므로 같은 시간, 같은 경선상에서 출생한 사람일지라도 북쪽에서 출생한 사람은 한랭寒冷한 기氣가 많고 남쪽에서 출생한 사람은 온난한 기氣가 많으니 사주를 볼 때 참고해야 하며, 출생시에 불(火) 옆에서 낳는지 물(水) 옆에서 낳는지도 알아두면 적중률이 높아진다. 그러나 위도의 차이보다 경도의 차이가 더욱 중요한 것이니 이것은 사주가 달라지기 때문이다.

## 9. 조자시朝子時와 야자시夜子時

야자시夜子時는 밤 11시 30분부터 다음날 12시 30분까지이고, 조자시朝子時는 12시 31분부터 다음날 01시 30분까지이다. 조자시와 야자시의 구분은 우주과학적인 측면에서 이치와 논리가 합리적이고 분명한데 대부분 야자시와 조자시를 구분하지 않고 있는 실정이므로 이후 이러한 문제를 현명하게 해결하는 역학인의 공동체적인 노력이 필요하다 하겠다.

- 전날 야자시夜子時와 당일 조자시朝子時는 일주日柱가 바뀌고, 시주時柱는 그날의 일간에 의하여 변한다.

예) 기묘일己卯日의 전날 야자시夜子時가 병자시丙子時이고, 당일의 조자시朝子時는 시주時柱는 변하지 않고, 다만 일주日柱가 기묘己卯일에서 경진일庚辰日로 바뀐다.

- 당일의 조자시朝子時와 야자시夜子時는 시간時干은 다음날 일간을 기준하여 바뀌고, 일주日柱는 변함이 없다.

예) 예를 들어 기묘일己卯日의 당일 조자시朝子時가 갑자시甲子時인데, 당일의 야자시는 병자시丙子時가 되고, 일주日柱는 그대로 기묘일己卯日이 된다.

■ 다시 말하면, 야자시夜子時는 그날 23시 31분부터 24시 30분까지를 말하며 일진日辰은 바꾸지 아니하고, 시간은 그 다음날 일간을 기준하여 적용한다. 조자시朝子時 00시 31분부터 01시 30분까지를 말하며 시간은 그 날의 일간에 의하여 적용한다.

야자시·조자시 구분표

| 日干 | 야자시 | 조자시 |
|---|---|---|
| 갑기일甲己日 | 병자丙子시 | 갑자甲子시 |
| 을경일乙庚日 | 무자戊子시 | 병자丙子시 |
| 병신일丙辛日 | 경자庚子시 | 무자戊子시 |
| 정임일丁壬日 | 임자壬子시 | 경자庚子시 |
| 무계일戊癸日 | 갑자甲子시 | 임자壬子시 |

■ 야자시와 조자시를 구분하지 않은 경우

예) 1956년 1월 10일밤 11시 40분의 경우는 11시부터 다음날 자시子時로 하여 기미일己未日 갑자시甲子時로 본 경우이다(야자시夜子時, 조자시朝子時를 구분하지 않은 경우).

　　甲 己 庚 丙
　　子 未 寅 申

예) 위의 것을 야자시夜子時와 조자시朝子時로 구분하여 11시 30부터 12시 30까지는 야자시夜子時로 보아서 전날의 일진日辰에 야자시夜子時로 본 것이다.

　　甲 戊 庚 丙
　　子 午 寅 申

■ 순간循干 : 생일과 생시에 천간을 붙이는 방법이다. 월시月時의 지지地支는 언제나 변동이 없으나 월간月干과 시간時干은 순환한다.

- 월간月干 : 육십갑자 즉 60개월=12개월×5년

- 시간時干 : 육십갑자 즉 60刻=12×5일

## 10. 년두법年頭法(순호법循虎法)
### -월주月柱에 천간天干 즉 월간月干을 정하는 법-

(음력기준 : 당해월 절입 기준) : 천간합의 오행을 생해주는 오행이 해당월 머리

월건법

| 구분 | 1월 | 2월 | 3월 | 4월 | 5월 | 6월 | 7월 | 8월 | 9월 | 10월 | 11월 | 12월 |
|---|---|---|---|---|---|---|---|---|---|---|---|---|
| 갑기년<br>甲己年 | 병인<br>丙寅 | 정묘<br>丁卯 | 무진<br>戊辰 | 기사<br>己巳 | 경오<br>庚午 | 신미<br>辛未 | 임신<br>壬申 | 계유<br>癸酉 | 갑술<br>甲戌 | 을해<br>乙亥 | 병자<br>丙子 | 정축<br>丁丑 |
| 을경년<br>乙庚年 | 무인<br>戊寅 | 기묘<br>己卯 | 경진<br>庚辰 | 신사<br>辛巳 | 임오<br>壬午 | 계미<br>癸未 | 갑신<br>甲申 | 을유<br>乙酉 | 병술<br>丙戌 | 정해<br>丁亥 | 무자<br>戊子 | 기축<br>己丑 |
| 병신년<br>丙辛年 | 경인<br>庚寅 | 신묘<br>辛卯 | 임진<br>壬辰 | 계사<br>癸巳 | 갑오<br>甲午 | 을미<br>乙未 | 병신<br>丙申 | 정유<br>丁酉 | 무술<br>戊戌 | 기해<br>己亥 | 경자<br>庚子 | 신축<br>辛丑 |
| 정임년<br>丁壬年 | 임인<br>壬寅 | 계묘<br>癸卯 | 갑진<br>甲辰 | 을사<br>乙巳 | 병오<br>丙午 | 정미<br>丁未 | 무신<br>戊申 | 기유<br>己酉 | 경술<br>庚戌 | 신해<br>辛亥 | 임자<br>壬子 | 계축<br>癸丑 |
| 무계년<br>戊癸年 | 갑인<br>甲寅 | 을묘<br>乙卯 | 병진<br>丙辰 | 정사<br>丁巳 | 무오<br>戊午 | 기미<br>己未 | 경신<br>庚申 | 신유<br>辛酉 | 임술<br>壬戌 | 계해<br>癸亥 | 갑자<br>甲子 | 을축<br>乙丑 |

■ 月 기준 : 인(1월), 묘(2월), 진(3월), 사(4월), 오(5월), 미(6월), 신(7월), 유(8월), 술(9월), 해(10월), 자(11월), 축(12월)

① 갑기지년甲己之年은 병인두丙寅頭
② 을경지년乙庚之年은 무인두戊寅頭
③ 병신지년丙辛之年은 경인두庚寅頭
④ 정임지년丁壬之年은 임인두壬寅頭
⑤ 무계지년戊癸之年은 갑인두甲寅頭

## 11. 시두법時頭法(순서법循鼠法)
— 시주時柱의 천간天干 즉 시간時干을 정하는 법 —

시두법

| 구분 | 자子 | 축丑 | 인寅 | 묘卯 | 진辰 | 사巳 | 오午 | 미未 | 신申 | 유酉 | 술戌 | 해亥 |
|------|------|------|------|------|------|------|------|------|------|------|------|------|
| 갑기일 甲己日 | 갑자 甲子 | 을축 乙丑 | 병인 丙寅 | 정묘 丁卯 | 무진 戊辰 | 기사 己巳 | 경오 庚午 | 신미 辛未 | 임신 壬申 | 계유 癸酉 | 갑술 甲戌 | 을해 乙亥 |
| 을경일 乙庚日 | 병자 丙子 | 정축 丁丑 | 무인 戊寅 | 기묘 己卯 | 경진 庚辰 | 신사 辛巳 | 임오 壬午 | 계미 癸未 | 갑신 甲申 | 을유 乙酉 | 병술 丙戌 | 정해 丁亥 |
| 병신일 丙辛日 | 무자 戊子 | 기축 己丑 | 경인 庚寅 | 신묘 辛卯 | 임진 壬辰 | 계사 癸巳 | 갑오 甲午 | 을미 乙未 | 병신 丙申 | 정유 丁酉 | 무술 戊戌 | 기해 己亥 |
| 정임일 丁壬日 | 경자 庚子 | 신축 辛丑 | 임인 壬寅 | 계묘 癸卯 | 갑진 甲辰 | 을사 乙巳 | 병오 丙午 | 정미 丁未 | 무신 戊申 | 기유 己酉 | 경술 庚戌 | 신해 辛亥 |
| 무계일 戊癸日 | 임자 壬子 | 계축 癸丑 | 갑인 甲寅 | 을묘 乙卯 | 병진 丙辰 | 정사 丁巳 | 무오 戊午 | 기미 己未 | 경신 庚申 | 신유 辛酉 | 임술 壬戌 | 계해 癸亥 |

■ 야자시夜子時와 조자시朝子時법이 있으나 시時가 정확치 않는 사람이 갖고 있는 특성을 보아 맞는 시간時干을 결정하는 것이 좋다.

① 갑기일생甲己日生은 갑자시甲子時
② 을경일생乙庚日生은 병자시丙子時
③ 병신일생丙申日生은 무자시戊子時
④ 정임일생丁壬日生은 경자시庚子時
⑤ 무계일생戊癸日生은 임자시壬子時

## 12. 부지출생시不知出生時 시정법時定法

■ 부지출생시不知出生時, 정시법定時法
　　(출생시 모를 때 시간 잡는 법)

먼저 출생시간이 오전, 오후, 아침, 새벽인가를 알아야 함.

- 남자는 아버지의 출생년 천간으로 기준
- 여자는 어머니의 출생년出生年 지지地支로 기준

不知出生時定法

| | 초 | 중 | 말 | | 초 | 중 | 말 |
|---|---|---|---|---|---|---|---|
| 자시 | 갑을년 | 병정년 | 무기년 | 축시 | 경신년 | 임계년 | 갑을년 |
| 인시 | 병정년 | 무기년 | 경신년 | 묘시 | 임계년 | 갑을년 | 병정년 |
| 진시 | 무기년 | 경신년 | 임계년 | 사시 | 갑을년 | 병정년 | 무기년 |
| 오시 | 경신년 | 임계년 | 갑을년 | 미시 | 병정년 | 무기년 | 경신년 |
| 신시 | 임계년 | 갑을년 | 병정년 | 유시 | 무기년 | 경신년 | 임계년 |
| 술시 | 갑을년 | 병정년 | 무기년 | 해시 | 경신년 | 임계년 | 갑을년 |

## 13. 얼굴 상相으로 시時를 아는 법

- 인신사해寅申巳亥 : 얼굴이 길고 대체로 귀가 크다.
- 자오묘유子午卯酉 : 얼굴이 좁고 아래 하관이 좁다.
- 진술축미辰戌丑未 : 얼굴이 둥글고 후하게 보이며 신체가 대체로 비대하게 보인다.

### 1) 생시生時 추정법

사주감정시에 보통 나이 드신 분들은 당시 생활의 여건상 생시(生時)를 정확히 모르고 새벽닭 울 때, 아침밥을 할 때, 해 넘어갈 때 등이라고 말하며 생시(生時)를 정확히 기억하시는 분들이 많지 않다. 이 경우에는 부득이 잠자는 습관과 머리의 가마를 보고 시간을 추정하는 방법이 있다.

### 2) 잠자는 습성(習性)

자오묘유(子午卯酉) 출생시는 반듯하게 누워서 잠을 잔다.
인신사해(寅申巳亥) 출생시는 옆으로 누워서 잠을 잔다.
진술축미(辰戌丑未) 출생시는 어려서는 엎드려 자고, 성장 후는 엎치락뒤치락 하며 잔다.

### 3) 머리의 가마

인신사해(寅申巳亥) 출생시는 가마가 머리 중심에서 약간 옆으로 있고, 진술축미(辰戌丑未) 출생시는 가마가 두 개가 많고 한 개가 있을 때는 경사진 곳에 있고, 자오묘유(子午卯酉) 출생시는 가마가 머리 중심에 있다.

# 제7장
# 사주 정하는 법

命理學原理大全

제1절 사주 세우는 법
제2절 오운육기론
제3절 24절기와 오운육기 입태산출법

# 제7장 사주四柱 정정定하는 법法

## 제1절 사주 세우는 법

### 1. 년주年柱

출생出生한 해의 간지干支가 된다. 즉 갑자년甲子年에 출생하였으면 갑자甲子가 년주年柱가 된다. 나이나 출생한 년도年度에 따라 만세력萬歲曆에서 쉽게 찾을 수 있다.

주의할 것은 언제나 입춘절立春節부터 해가 바뀌므로 가령 1월 10일일지라도 입춘立春이 지나지 않았으면 전년도의 12월 干支로 보아야 한다.

### 2. 월주月柱

월지月支는 어느 해가 되어도 변함이 없다. 즉 1월은 항상 인寅이요, 2월은 항상 묘卯가 되는 등의 이치이다. 그러나 월간月干은 태세太歲에 따라 즉 해에 따라 달라지고 이것의 붙이는 방법은 년두법年頭法에 의해 따라서 붙여나가면 되고, 예를 들어 갑년甲年이나 기년己年은 병인월丙寅月(즉, 갑기합甲己合은 토土가 되니 이 토土를 생해 주는 오행의 양간陽干이 병丙(화생토火生土)이니까 병인월丙寅月이 되는 것이다. 기타 다른 년도 이와 같이 하면 된다) 그러나 월간지月干支도 절기節氣에 따라 정해지므로 항상 해당 절입節入을 정확히 살펴야 한다.

### 3. 일주日柱

명원命元의 핵심중추가 되는 것으로 실수 없이 정하여야 한다. 셈법이 복잡하므로 만세력을 이용하여 생일의 간지를 찾으면 된다. 주의할 것은 야자시夜

제7장 사주 정하는 법   237

子時와 조자시朝子時에 의하여 일주日柱가 바뀌므로 자시子時에 태어난 사람들은 반드시 구분하여야 이상이 없다.

## 4. 시주時柱

앞에서 설명한 시時의 분류방법에 의하여 정하되 0시를 기준하여 전날 오후 자정까지는 야자시夜子時, 0시부터 새벽 1시가지는 조자시朝子時로 본다. 이 방법에다 해당인의 얼굴모습, 성격, 목소리, 체질과 과거의 운세를 참고로 하여 정하는 것이 바람직하다.

이에 해당하는 사람은 양쪽날의 성격을 가지고 있는 것을 경험으로 알 수 있다. 즉 지방의 道의 경계에 사는 사람은 양쪽지방의 중간성격을 가진 것과 같은 이치이다

## 5. 만세력 看法의 예

1) 1934년 2월 5일 사시생巳時生이면 그해의 간지干支는 갑술甲戌이고 2월은 즉, 갑기지년甲己之年은 병인두丙寅頭했으니까 병인丙寅은 그 해의 1월이니까 병인丙寅다음에 정묘월丁卯月이 되는 것은 당연한 것이다. 이것은 육십갑자六十甲子순으로 월月을 붙여가면 되는 것이다. 또한 5일은 기축일己丑日, 시時는 기사시己巳時이다. 특히 시간時干을 잡는 방법은 천간합天干合으로 이루어진 오행을 극하는 오행의 양간陽干이 바로 시두時頭가 되는 것이다.

　　己 己 丁 甲

　　巳 丑 卯 戌

2) 1942년 1월 22일 오후 3시 30분 출생인을 사주로 뽑아보면, 1월에 태어났으나 경칩驚蟄이 지난 3일째이므로 계묘일癸卯日이 된다.

　　甲 庚 癸 壬

　　申 申 卯 午

3) 1947년 12월 30일 축시丑時인 경우는 12월이나 입춘立春이 지났으므로 다음해 무자戊子도 보며 월선月建도 정월正月에 해당하는 갑인월甲寅月이

되어 시時는 그대로 을축시乙丑時이다.

乙 甲 甲 戊

丑 子 寅 子

4) 1954년 1월 1일 오후 2시 30분 출생인 경우인데, 이 해는 1월1일이 바로 입춘立春이다. 이럴 때는 시각을 보아야 한다. 입춘시각이 유시酉時이므로 입춘전에 태어난 것이 되어 전해 12월로 본다.

乙 辛 乙 癸

未 卯 丑 巳

## 6. 대운大運 정하는 법

대운大運이란 지구의 공전과도 같고 인간을 소우주小宇宙로 보아 계절의 변화에 따라 원명元命이 어떠한 영향을 받는가를 보는 자료이다. 즉 원명元命은 타고난 선천先天의 체체가 되고 대운大運을 용용으로 하여 후천의 흥망성쇠의 시기를 아는 자료이다.

원명元命에 해당하는 사주의 조화에 따라 요구하는 용신用神의 오행을 보면 발복發福하고 반대되는 방향方向의 운運에서는 흉凶하다고 본다.

누구나 월주月柱를 기준으로 하여 시작하며, 양년생陽年生 남자男子와 음년생陰年生 여자女子는 순행順行하고, 양년생陰年生 남자男子와 양년생陽年生 여자女子는 역행逆行한다.

예) 순행順行의 경우(남자) : 건명乾命

壬 戊 戊 庚

戌 申 寅 戌

― 위의 사주四柱는 고故 이병철씨의 것으로 건명乾命 즉 남자가 경술생庚戌生 양년생陽年生이므로 대운大運은 순행한다.

병을갑계임신경기丙乙甲癸壬辛庚己 ←

술유신미오사진묘戌酉申未午巳辰卯 ←

예) 순행順行의 경우(여자) : 곤명坤命

　　　己 庚 丁 己
　　　卯 申 卯 卯

을갑계임신경기무乙甲癸壬辛庚己戊
해술유신미오사진亥戌酉申未午巳辰

- 위의 사주는 전전 대통령 부인 모씨某氏의 것이다.

예) 역행逆行의 경우(남자)

　　　戊 戊 壬 己
　　　午 子 申 卯

- 위의 사주는 안중근安重根 의사의 것으로 남자가 기묘己卯 음년생陰年生 이므로 역행逆行한다.

예) 역행逆行의 경우(여자)

　　　丁 己 辛 甲
　　　酉 卯 未 申

갑을병정무기경甲乙丙丁戊己庚
자축인묘진사오子丑寅卯辰巳午

- 위의 사주는 양년생陽年生 여자女子이므로 역행하는 대운을 잡아감이 맞으나 쌍둥이의 경우이므로 합사주합四柱 보아야 한다.

　　　壬 甲 丙 己
　　　辰 戌 午 巳

임계신경기무정壬癸辛庚己戊丁
축자해술유신미丑子亥戌酉申未

## 7. 입운수入運數의 결정決定

입운수入運數를 가장 쉽게 결정하는 방법은 만세력으로 일진日辰 및 남녀男女의 입운수入運數가 각각 적혀 있으니 이를 택하여 쓰면 되고 이때 순旬이라 적혀 있으면 이는 10을 뜻한다.

## 8. 입운수入運數 계산방법

먼저 대운大運의 흐름이 순행인지 역행인지 확인한다.

### 1) 순행順行의 경우

생일生日로부터 다음 절입節入까지의 날수를 계산하여 3으로 나눈다.

### 2) 역행逆行의 경우

생일生日로부터 지나간 앞 절기節氣날까지 거꾸로 세어 3으로 나눈다.
- 여기서 순행과 역행 모두 계산된 날수를 3으로 나눈후 나머지 숫자가 1이 남으면 4개월, 2는 8개월 운으로 본다.

여기서 3은 1살운 즉 1년 12개월을 뜻한다.

예) 1980년 10월 5일 인시생寅時生

      丙 己 丁 庚

      寅 丑 亥 申

- 위 사주의 경우 대운大運은 남자男子는 순행하고 여자女子는 역행하므로 9월30일(입동立冬), 10월5일(생일), 11월1일(대설大雪).

순행順行의 경우 : 26일÷3=8……2(8개월)

그러므로 8+1(8개월 올림수)=9(입운수入運數)가 된다.

예) 1932년 7월 16일 축시생丑時生

      丁 庚 戊 壬

丑 戌 申 申

- 위의 사주는 1932년 그해의 간지干支는 임신壬申이고, 7월은 정임지년丁壬之年 임인두壬寅頭하여 무신월戊申月이 되며, 16일은 경술일庚戌日로 7월의 절입節入은 입추立秋로 7일에 입절入節되어 있고, 시時는 을경일생乙庚日生 병자시丙子時하여 정축시丁丑時이다.

예) 1989년 1월30일 오후 3시30분생

丙 丙 丁 己
申 寅 卯 巳

- 위의 사주는 최근에 태어난 아이의 것으로 1989년은 기사년己巳年이고 1월에 태어났으나 절입節入상태가 2월의 경칩驚蟄이 지난 1월 28일에 이미 절입節入되어 정묘월丁卯月이 되고 30일은 병인일丙寅日이고 시時는 병신丙申이다.

예) 1931년 12월 6일 오시생午時生

戊 癸 辛 辛
午 酉 丑 未

- 위의 사주는 전전 대통령 모某씨의 것으로 1931년 신미생辛未生이고 12월은 만세력으로 찾을시에 거의 당년의 월月이 11월로 채워져 다음해의 페이지로 넘어가니 임신년壬申年 페이지에 신미년辛未年 12월 축월 즉 신축월辛丑月을 만나게 되고 6일은 계유일癸酉日이다. 시時는 무오시戊午時이다.

예) 1987년 12월17일 10시30분 (해시亥時)

乙 己 甲 戊
亥 丑 寅 辰

- 위의 사주는 1987년에 태어났으므로 자칫 정묘년생丁卯年生으로 년주年柱를 세울 수 있으나 그 해 12월 17일에 다음해 무진년戊辰年 정월正月의 절기節氣에 입춘立春이 들어왔으므로 년간지年干支도 무진戊辰이요 월月도 갑인월甲寅月이 되고 17일은 기축일己丑日이고 시時는 을해시乙亥時이다.

예) 1956년 1월10일 밤11시40분의 경우

　　　甲 己 庚 丙 甲 戊 庚 丙
　　　子 未 寅 子 子 午 寅 申

-위의 사주는 시주時柱에 그 특징이 있는 경우로 11시부터 다음날 자시子時로 하여 기미己未일 갑자시甲子時로 본 경우이다.

그 다음의 것은 11시부터 0시까지는 야자시夜子時로 보아 전날의 일진日辰에 야자시夜子時로 본 것이다.

예) 본인本人의 생년월일시生年月日時는? 한번 작성해 보십시오.

예) 1928년 12월 4일 술시생戌時生

　　　甲 己 乙 戊
　　　戌 未 丑 辰

　　　癸 壬 辛 庚 己 戊 丁 丙
　　　酉 申 未 午 巳 辰 卯 寅
　　　77 67 57 47 37 27 17 7

-이 사주는 정치가 모씨某氏의 것으로 양년생陽年生 남자男子로 대운大運이 순행順行하는 경우로 다음 절입節入인 입춘일立春日까지 21일 남았으므로 입운수入運數는 7이 되는 것이다.

예) 1957년 윤潤 8월 15일 오전 8시생

　　　丙 癸 己 丁
　　　辰 丑 酉 酉

　　　癸 甲 乙 丙 丁 戊
　　　卯 辰 巳 午 未 申

-위 사주는 음년생陰年生 남자이므로 역행하는 경우로 앞 절기節氣 백로白

露까지 계산된 날수 30일은 3으로 나누면 10이 되므로 이를 대운수로 쓴다.

## 9. 지장간법地藏干法

십이지지十二地支속에 숨어 있는 십간十干을 지장간地藏干이라 하는데, 천간天干은 천天이요, 지지地支는 지원地元이요, 천지의 중간에 살고 있는 인간은 지지地支속에 암장되어 있는 장간藏干으로 인원人元을 삼는다.

### 1) 여기餘氣(초기初氣)

앞 절기節氣의 영향을 받고 있다고 하여 전전 월지月支의 오행과 동일한 오행五行을 취한다.

### 2) 중기中氣

삼합三合하여 변한 오행의 간干을 쓰되 사맹사지四孟地支(인신사해寅申巳亥)는 양간陽干을 쓰고 사고지지四庫地支(진술축미辰戌丑未)일 때는 음간陰干을 쓴다.

### 3) 정기正氣

해당 지지地支와 동일同一한 오행五行을 쓴다. 예컨대 자子는 수水인데 수水와 동일한 천간은 계수癸水가 된다.

子午卯酉 : 제왕처럼 왕성한 기氣로 10~20일 관장한다.
寅申巳亥 : 장생처럼 약한 경우 분할하여 7일 7일 16일 담당.
辰戌丑未 : 묘묘墓로 기氣가 약하여 9일 3일 18일 교대로 육성.

자오묘유子午卯酉 – 양정養正의 기氣
인신사해寅申巳亥 – 왕세旺勢의 기氣
진술축미辰戌丑未 – 잡기雜氣의 기氣

## 월률장간속견표月律藏干速見表
### 지장간표

| 生日\支 | 子 | 丑 | 寅 | 卯 | 辰 | 巳 | 午 | 未 | 申 | 酉 | 戌 | 亥 |
|---|---|---|---|---|---|---|---|---|---|---|---|---|
| 절입후 | 壬 | 癸 | 戊 | 甲 | 乙 | 戊 | 丙 | 丁 | 己 | 庚 | 辛 | 戊 |
| 5日 |  |  |  |  |  | 庚 |  |  |  |  |  |  |
| 6日 |  |  |  |  |  |  |  |  |  |  |  |  |
| 7日 |  |  |  |  |  |  |  |  |  |  |  |  |
| 8日 |  |  | 丙 |  |  |  |  |  |  | 戊 |  | 甲 |
| 9日 |  |  |  |  |  |  |  |  |  |  |  |  |
| 10日 |  | 辛 |  |  | 癸 |  |  | 乙 |  |  | 丁 |  |
| 11日 | 癸 |  | 乙 |  |  |  | 己 |  | 壬 | 辛 |  |  |
| 12日 |  |  |  |  |  |  |  |  |  |  |  |  |
| 13日 |  | 巳 |  |  | 戊 |  |  | 己 |  |  | 戊 | 壬 |
| 14日 |  |  |  |  |  |  |  |  | 庚 |  |  |  |
| 15日 |  |  |  | 甲 |  | 丙 |  |  |  |  |  |  |
| 16日 |  |  |  |  |  |  |  |  |  |  |  |  |
| 17日 |  |  |  |  |  |  |  |  |  |  |  |  |
| 18日 |  |  |  |  |  |  |  |  |  |  |  |  |
| 19日 |  |  |  |  |  |  |  |  |  |  |  |  |
| 20日이후 |  |  |  |  |  |  | 丁 |  |  |  |  |  |

(예례)

① 일주日柱가 갑甲이라 하고 생일生日이 1월月 5일日이면?

일월寅月 즉 1월의 초기初氣(여기餘氣)는 무토戊土가 7일을 관장하므로 이 경우는 무토戊土가 생산生産해낸 갑甲임을 알 수 있다.

② 日柱가 甲木이라 하고 生日이 1월 16일이면?

인월寅月의 무토戊土가 7일, 병화丙火가 7일하면 합한 일日인 14일이 지나야 16일인 생일生日이므로 이는 갑甲이 생산生産한 것이다.

즉, 정기正氣를 알았다면 이것을 일간日干에 대조하여 육신六神을 찾아내야 하는데 그 찾는 방법은 육신六神찾는 법法과 동일同一하다.

■ 일간日干이 갑목甲木일 경우

통변 적용

| 子의 正氣는 癸水이므로 印綬 | 午의 正氣는 丁火이므로 傷官 |
|---|---|
| 丑의 正氣는 己土이므로 正財 | 未의 正氣는 己土이므로 正財 |
| 寅의 正氣는 甲木이므로 比肩 | 申의 正氣는 庚金이므로 偏官 |
| 卯의 正氣는 乙木이므로 劫財 | 酉의 正氣는 辛金이므로 正官 |
| 辰의 正氣는 戊土이므로 偏財 | 戌의 正氣는 戊土이므로 偏財 |
| 巳의 正氣는 丙火이므로 食神 | 亥의 正氣는 壬水이므로 偏印 |

## 10. 지장간 암기요령

자계임子癸壬, 축기신계丑己辛癸, 인갑병무寅甲丙戊, 묘을갑卯乙甲, 진무계을辰戊癸乙, 사병경무巳丙庚戊, 오정기병午丁己丙, 미기을정未己乙丁, 신경임무申庚壬戊, 유신경酉辛庚, 술무정신戌戊丁辛, 해임갑무亥壬甲戊.

지장간 월률 분야표

| 구분 | 자子 | 축丑 | 인寅 | 묘卯 | 진辰 | 사巳 | 오午 | 미未 | 신申 | 유酉 | 술戌 | 해亥 |
|---|---|---|---|---|---|---|---|---|---|---|---|---|
| 정기<br>正氣 | 계癸 20 | 기己 18 | 갑甲 16 | 을乙 20 | 무戊 18 | 병丙 16 | 정丁 10 | 기己 18 | 경庚 16 | 신辛 20 | 무戊 18 | 임壬 16 |
| 중기<br>中氣 |  | 신辛 3 | 병丙 7 |  | 계癸 3 | 경庚 7 | 기己 10 | 을乙 3 | 임壬 7 |  | 정丁 3 | 갑甲 7 |
| 여기<br>餘氣 | 임壬 10 | 계癸 9 | 무戊 7 | 갑甲 10 | 을乙 9 | 무戊 7 | 병丙 10 | 정丁 9 | 무戊 7 | 경庚 10 | 신辛 9 | 무戊 7 |

지장간법

| | 정기正氣 | 중기中氣 | 여기餘氣 |
|---|---|---|---|
| 寅<br>申<br>巳<br>亥 | 54% 甲 16일<br>60% 庚 16일<br>53% 丙 16일<br>60% 壬 16일 | 23% 丙 7일<br>10% 壬 7일<br>30% 庚 7일<br>17% 甲 7일 | 23% 戊 7일<br>20% 戊 7일<br>17% 戊 7일<br>23% 戊 7일 |
| 子<br>午<br>卯<br>酉 | 65% 癸 20일<br>50% 丁 10일<br>65% 乙 20일<br>65% 辛 20일 | 11% 己 10일 | 35% 壬 10일<br>39% 丙 10일<br>35% 甲 10일<br>35% 庚 10일 |
| 辰<br>戌<br>丑<br>未 | 60% 戊 18일<br>60% 戊 18일<br>60% 己 18일<br>60% 己 18일 | 10% 癸 3일<br>10% 丁 3일<br>10% 辛 3일<br>10% 乙 3일 | 30% 乙 9일<br>30% 辛 9일<br>30% 癸 9일<br>30% 丁 9일 |

## 제2절 오운육기론五運六氣論

### 1. 운기運氣의 개념

　운기학설은 음양오행설을 근간으로 삼고 있으며 이것을 이용하여 기상·기후 운동의 기본 규율인 동적균형을 설명하는 것이다. 낮과 밤이 한 번 회전하는 것이 환도圜圖이다. 달은 28수를 운행하는데 각角에서 시작하여 진軫에서 마치고, 진과 각이 서로 상종하는 것이 환도이다. 이것을 사물에 비교하면 싹이 나고, 싹이 나서 출생하며, 출생하여 성장하고, 성장하여 장대해지고, 장대해져서 사물을 이루고, 사물을 이룬 뒤에는 점차 쇠락하고, 쇠락하는 것은 바로 죽는 것이고, 죽는 것은 수장收藏하는 것인데, 싹이 나는 것으로부터 수장하는 것까지가 환도이다.

　하늘에는 5운이 있고 땅에는 6기氣가 있으니 이것은 1년중에 기후가 왕래하는 진리를 설명한 것이다. 5운運을 분류하면 1운運에 72일로 되어 있으니 이것을 5로 곱하면 360일이 된다. 6기氣를 분류하면 1기氣에 60일이 되니 6으로 곱하면 360일이 된다. 5운이란 천운天運이 1년중에 순환하는 진리를 설명하는 것이고, 6기는 지기地氣가 1년중 순환하는 진리를 설명하는 것이니 이것을 5운6기라 하는 것이다. 즉 5운運은 천간天干 갑을병정무기경신임계甲乙丙丁戊己庚辛壬癸를 말하고 지地의 6기氣는 바로 십이지지十二地支의 자축인묘진사오미신유술해子丑寅卯辰巳午未申酉戌亥로 되어있다.

　5운은 갑甲부터 시작하여 계癸에 끝나며 6기는 자子부터 시작하여 해亥에서 끝난다. 세상에는 남자가 있으면 여자가 있는 것과 같이 천간의 갑甲은 양이고 기己는 음이 되어 양과 음이 남자와 여자가 된다는 진리이다. 남자와 여자가 상봉하면 애정이 생기고 애정의 뒤에 변하는 것이 자식子息을 생산하는 것이다. 이것은 곧 자연의 진리이다. 그러므로 을경乙庚이 합하면 금金을 생산하고, 병신丙辛이 합하면 수水를 생하고, 정임丁壬이 합하면 목木을 생하고, 무계戊癸가 합하면 화火를 생한다. 모든 것이 오행五行이 기본이 되는 것이다. 땅인 지지地支도 상합相合하는 이치가 같다.

　운기는 천운天運과 지기地氣, 즉 태양의 조화로 땅이 움직이는 우주의 기운이다. 다시 말해서 하늘과 땅을 오르내리는 삼양삼음三陽三陰의 기운을 말함이다. 오행의 운행은 목화토금수木火土金水가 상생의 질서대로 한해동안 운運은 오회五回, 기氣는 육회六回로 회귀하여 년년 반복하는 이치이다.

　1운이 하늘과 땅을 오르내리는 기간이 72일이고, 1기는 60일시간이 걸린다. 운기의 시조는 매년 대한大寒부터 기산起算하여 청명淸明선 4일까시 초운初運이고, 춘분에서 72일인 망종芒種후 2일까지를 2운 등등 이런 순서대로 진행하다보면 그해 마지막운은 5운이 되고 6기가 되는 이치이다. 바꾸어 말하면 지구는 5년만에 제자리에 돌아오고, 이 5년이 6회전하면 30년을 1기紀년이라 하고, 12회전으로 60년을 환갑還甲이라 한다. 환갑還甲은 회갑回甲이라고도 하는데 이것은 똑같은 해가 돌아왔다는 말이다. 사실 알아보면 60년 역시 상원上元·중원中元·하원下元 삼갑자三甲子의 기후가 모두 다른 것을 보면 지구상의 동일한 기후의 움직임은 180년만에야 완전한 제자리에 환원됨을 알 수 있는 것이다.

# 제3절 24절기와 오운육기 입태산출법

## 1. 이십사절기표二十四節氣表

### 24절기표

| 1월 | 2월 | 3월 | 4월 | 5월 | 6월 | 7월 | 8월 | 9월 | 10월 | 11월 | 12월 |
|---|---|---|---|---|---|---|---|---|---|---|---|
| 立春 입춘 | 驚蟄 경칩 | 淸明 청명 | 立夏 입하 | 芒種 망종 | 小暑 소서 | 立秋 입추 | 白露 백로 | 寒露 한로 | 立冬 입동 | 大雪 대설 | 小寒 소한 |
| 雨水 우수 | 春分 춘분 | 穀雨 곡우 | 小滿 소만 | 夏至 하지 | 大暑 대서 | 處暑 처서 | 秋分 추분 | 霜降 상강 | 小雪 소설 | 冬至 동지 | 大寒 대한 |

24절기節氣(1년) : 15일마다 절입節入이 된다.

  1월 : 입춘立春 · 우수절雨水節
  2월 : 경칩驚蟄 · 춘분절春分節
  3월 : 청명淸明 · 곡우절穀雨節
  4월 : 입하立夏 · 소만절小滿節
  5월 : 망종芒種 · 하지절夏至節 (하지夏至~동지冬至전까지 음陰)
  6월 : 소서小暑 · 대서절大暑節
  7월 : 입추立秋 · 처서절處暑節
  8월 : 백로白露 · 추분절秋分節
  9월 : 한로寒露 · 상강절霜降節
10월 : 입동立冬 · 소설절小雪節 (동지冬至~하지夏至전까지 양陽)
11월 : 대설大雪 · 동지절冬至節
12월 : 소한小寒 · 대한절大寒節

## 2. 24절기에 대하여

### 24절후 태양 黃經

| 절기節氣 | 황경黃經 | 절기節氣 | 황경黃經 |
|---|---|---|---|
| 동지 | 270° | 하지 | 90° |
| 소한 | 285° | 하반생半夏生 | 100° |
| 토용土用 | 297° | 소서 | 105° |
| 대한 | 300° | 토용土用 | 117° |
| 입춘 | 315° | 대서 | 120° |
| 우수 | 330° | 입추 | 135° |
| 경칩 | 345° | 처서 | 150° |
| 춘분 | 0° | 백로 | 165° |
| 청명 | 15° | 추분 | 180° |
| 토용土用 | 27° | 한로 | 195° |
| 곡우 | 30° | 토용土用 | 207° |
| 입하 | 45° | 상강 | 210° |
| 소만 | 60° | 입동 | 225° |
| 망종 | 75° | 소설 | 240° |
| 입매入梅 | 80° | 대설 | 255° |

### (1) 춘절기春節期(봄)

#### ① 입춘立春

태양의 황경黃經이 315°에 임했을 때로 24절기 중에서 첫 번째 절기로 봄의 시작을 알리며, 음력으로는 1월, 양력으로는 보통 2월 4일경이다. 입춘은 새해를 상징하는 절기로서 이날은 입춘첩立春帖을 쓰는데 이것을 입춘축立春祝 또는 춘축春祝이라고도 하며 각 가정의 대문이나 기둥, 대들보 또는 천장 등에 좋은 의미의 글귀를 써 붙이는데 이것은 새해를 맞이하여 한해의 건강과 행복을 기원하는 마음을 담고 있다. 대한大寒이 지났지만 아직은 한기寒氣가 왕성한 때이다. 삼양三陽이 시생始生한다 해도 아식 땅 속은 얼어 있다. 지표면에는 동풍東風이 불면서 얼어붙은 땅을 서서히 녹이기 시작한다.

② 우수雨水

태양의 황경黃經이 330°에 오는 때로서, 24절기 중에서 두 번째 절기이다. 입춘후 15일로 음력으로는 정월 중기에 해당하고, 양력으로는 보통 2월 19일 혹은 20일이 된다. 이때는 날씨가 풀려 봄기운이 돌아 초목이 싹트기 시작한다. 입춘이 지나고 보름 후면 우수雨水가 되는데 이때는 비가 내리기 시작하며 모든 초목이 뿌리를 내리고 새순이 돋기 시작한다. 옛 중국에서는 우수부터 경칩까지 5일씩 3후候로 나누어, 초후初候는 수달이 물고기를 잡아 늘어놓고, 중후中候는 기러기가 북쪽으로 날아가며, 말후末候는 초목에 싹이 튼다고 하였다.

③ 경칩驚蟄

황경黃經이 345°에 임할 때이며, 24절기 중에서 세 번째 절기로 음력으로는 2월의 시작이며 양력으로는 보통 3월 5일경이 된다. 겨울내내 동면冬眠을 하던 동물들이 깨어나서 서서히 움직이기 시작하는 때이다. 초목들의 성장이 활력을 더하면서 땅속에 동면冬眠하던 모든 생명들이 땅 속으로부터 나오는데 우레와 번개로 만물을 자극하여 모든 생명체들을 겨울잠에서 깨우고 있는 것이다.

④ 춘분春分

태양황경이 0°에 임하는 때라 태양의 중심이 춘분점에 임하며 이것은 태양이 남쪽에서 북쪽을 향해 적도를 통과하는 지점이다. 24절기 중에서 네 번째로 음력으로는 2월 중기이며, 양력으로는 3월 21일경이 된다. 태양은 이때 적도 위를 비추고 지구상에서는 주야晝夜의 길이가 같아진다. 춘분을 시작으로 농가의 일손이 농사준비로 바빠진다. 대체로 찬바람이 많이 부는 때이기도 하다. 춘분이 지나면서 모든 초목들이 꽃망울을 피우고 훈훈한 춘풍에 사람들의 옷차림도 가벼워지기 시작한다.

⑤ 청명清明

태양 황경이 15°에 임할 때이며, 24절기중 다섯 번째로 음력으로 3월의 시작이며 양력은 4월 5일경이 된다. 이 날은 한식의 전날이나 같은 날이 된다. 농가의 봄 일이 본격적으로 시작되는 시점이며 모든 초목이 생동적으로 뿌리를 내리는 시기라 보통 화초나 나무를 많이 심는다. 청명이 지나면서 봄은 무르익어 가기 시작하고 꽃향기가 바람에 날리고 초목이 왕성한 성장을 더한다.

⑥ 곡우穀雨

태양 황경이 30°에 임할 때이며 24절기중 여섯 번째로, 음력으로 3월 중기이고, 양력으로는 4월 20일경이 된다. 이때부터 본격적인 농경이 시작되며 봄비가 많이 내리는 시점이며 봄의 다하는 기간이다. 곡우가 지나면서 단비가 내리고 촉촉한 대지위에 보리가 패기 시작한다. 본격적인 농사철이 시작된 것이다.

(2) 하절기夏節期(여름)

① 입하立夏

태양 황경이 45°에 임할 때이며, 24절기중 일곱 번째로 음력으로 4월의 시작이고 양력은 보통 5월 6일경이 된다. 신록을 재촉하는 시기로 농작물이 무럭무럭 자라고 아울러 해충과 잡초도 함께 자라는 때라 농사일이 더욱 바빠진다. 촉촉한 대지위에 초목이 성장을 더하면서 지렁이가 땅 속에서 나오기 시작한다.

② 소만小滿

태양 황경이 60°에 임할 때이며, 24절기중 여덟 번째로 음력으로는 4월의 중기中氣이다. 양력은 보통 5월 21일경이 되며 이때부터 초여름의 분위기가 익어가며 식물이 성장을 더하는 기간이다. 특히 농부들은 이 시기 모내기 준비에 바쁘다. 소만이 지나면서 산야가 태양의 힘을 받아 화사한 꽃으로 뒤덮이고 서서히 꽃받침은 열매를 맺기 시작한다. 옛 중국에서는 소만부터 망종까지 5일씩 3후로 나누어, 초후初候에는 씀바귀가 나오고, 중후中候에는 냉이가 누렇게 시들어가고, 말후末候에는 보리가 익는다고 했다.

③ 망종芒種

태양 황경이 75°에 임할 때이며, 24절기중 아홉 번째로 음력으로 5월의 시작이고 양력은 보통 6월 6일이나 7일께가 된다. 망종은 곡식의 종자를 뿌린다는 의미로 이때쯤이면 보리나 벼 등 모내기와 보리베기에 알맞다. 망종이 지나면서 산야의 꽃들은 만개하여 그 아름다움이 절정에 달한다. 또한 망종절에는 보리를 베기 시작한다.

④ 하지夏至

태양 황경이 90°에 임할 때이고, 북반구에 임하는 때라 낮이 가장 길고 정오의 태양 높이가 가장 높다. 일사량도 가장 많은 날로서 북극 지방에서는 하루종

일 해가 지지 않고 남극에서는 수평선상에 해가 나타나지 않는다. 1음陰이 시생始生하는 때라 낮 시간이 14시간 35분 정도로 1년중에서 낮이 가장 길고, 밤 시간은 조금씩 짧아지기 시작한다. 24절기중 열 번째로 음력으로는 5월의 중기中氣에 속하고 양력은 보통 6월 21일경이 된다. 하지가 지나면서 태양은 작열하기 시작하고, 하지까지 일조량이 높아 그늘진 구석구석까지 못다핀 꽃들을 피게 해준다. 이때는 습한 기운이 없고 대체적으로 건조하다.

### ⑤ 소서小暑

태양 황경이 105°에 임할 때이며, 24절기중 11번째로 음력으로 6월의 시작이고, 양력으로는 보통 7월7일이나 8일이 된다. 이 시기는 습도가 높아지고 장마전선이 형성되는 때이기도 하다. 이 시기는 벼포기가 땅 속에 깊이 뿌리를 내린다. 이 때는 태양열이 극도로 힘을 발할 때이다. 이 시기는 습냉한 것을 원치 않으므로 장마가 들면 곡식이 여물지 않는다. 날씨가 맑고 일사량日射量이 많아야 충실하게 미토未土의 감미甘味를 함유한다.

### ⑥ 대서大暑

태양 황경이 120°에 임할 때이고, 24절기중 12번째로 음력으로는 6월의 중기中氣이고 양력으로는 7월 23일경이 된다. 이 시기는 더위가 극성을 부리는 중복 때이며 한편으로 장마전선이 동서로 뻗치는 기간이기도 하다. 대서大暑가 지나면서 더운 바람이 불고 땅은 토양의 氣를 다하며 만물의 성장을 최고로 돕는 시기이다. 옛 중국에서는 대서 입기入氣일부터 입추까지 3후候로 나누면, 1후候는 5일이 된다. 초후初候는 썩은 잡초더미가 반딧불이 되고, 중후中候에는 흙이 습하고 무더워지며, 말후末候는 큰비가 내린다고 하였다.

## (3) 추절기秋節期(가을)

### ① 입추立秋

태양 황경이 135°에 임할 때이며, 24절기중 13번째로 음력으로는 7월의 시작이며, 양력은 보통 8월 8일경이 된다. 이 때는 극성하던 여름이 한풀 꺾이고 이제 막 가을로 접어들었다는 의미이다. 늦더위가 아직은 남아 있지만 칠월칠석七月七夕을 전후로 밤에는 서늘한 바람이 불기 시작한다. 비로소 벼알을 맺기 시작하며 가을준비를 시작하는 시기이다. 이때는 어느 정도 수기水氣가 부조扶助해 주어야 한다. 이때부터 과일이 서서히 여물며 붉은 색을 띠게 된다.

② 처서處暑

태양 황경이 150°에 임할 때이며, 24절기중 14번째로 음력으로는 7월 중기中氣에 속한다. 양력은 보통 8월 23일경이 된다. 이 시기는 무더운 여름이 지나고 조석으로 서늘한 바람을 맞이한다 해서 더위가 물러가는 처서處暑라고 했다. 이제는 작열하던 태양도 누그러져서 산야나 조상의 산소에 벌초하는 때이기도 하다. 모든 과일과 곡식은 여물기 시작하며 햅쌀과 햇과일 맛을 어느 정도 내기 시작하는 결실의 계절이 온 것이다.

③ 백로白露

태양 황경이 165°에 임할 때이며, 24절기중 15번째로 음력은 8월의 시작이며 양력은 보통 9월 9일경이 된다. 이 시기는 밤에는 기온이 어느 정도 내려가고 풀잎에는 이슬이 맺히기 시작하는 가을의 기온이 완연히 나타난다. 이 때는 장마도 물러가고 맑은 날씨가 이어지는데 간혹 태풍이 불어와 곡식을 해치는 때도 있다. 옛 중국에서는 3후候로 나누어 초후初候는 기러기가 날아오고, 중후中候에는 제비가 강남으로 날아가며, 말후末候에는 뭇새들이 먹이를 저장한다고 하였다. 백로白露후 10일 정도는 입추立秋의 여기餘氣가 등등하고, 추분秋分이 지나면서 완연한 가을의 분위기에 젖는다.

④ 추분秋分

추분점에 임할 때라 주야晝夜의 길이가 같다. 추분점은 황도黃道와 적도赤道의 교차점에서 태양이 북으로부터 남으로 향해 적도를 통과하는 지점으로 적경赤經·황경黃經이 모두 180°이고, 적위赤緯·황경黃緯 모두 0°가 되는 때이다. 추분이 지나면서 점차 밤의 길이가 낮의 길이보다 길어지면서 가을의 분위기를 실감하게 된다. 24절기중 16번째로 음력으로는 8월의 중기中氣이며 양력은 보통 9월 23일경이 된다. 이때가 결실의 계절이며 수확의 계절이라 농부들의 손길도 바빠진다. 추분후는 이슬은 차고 냉하며, 들판의 곡식과 과일은 완전히 익어서 수확을 재촉한다. 저녁이 오면 어디선가 귀뚜라미가 울어대고 기러기는 무리지어 어디론가 하늘 속으로 날아간다.

⑤ 한로寒露

태양 황경이 195°에 임할 때이며, 24절기중 17번째로 음력으로는 9월의 시작이고 양력은 보통 10월 8일경이 된다. 이때부터는 조석으로 공기가 차가워지고 찬이슬이 맺힌다. 중양절이 9월9일인데 이때를 전후하여 국화술을 담기도 하고 중양절에는 수유를 머리에 꽂고 등고登高, 즉 높은 곳에 올라가 고향을 바라보며 망향望鄕의 정을 달래기도 한다. 중국의 유명한 당대唐代시인인 두보杜甫를 비롯하여 많은 문사들이 이때를 노래한 시들이 많이 있다. 수유를 꽂는 이유는 잡귀를 쫓을 수 있다고 믿기 때문이다. 또한 이때는 찬이슬이 내리는 가운데 국화菊花가 피기 시작한다.

### ⑥ 상강霜降

태양 황경이 210° 되는 때로서, 24절기중 18번째로 음력으로는 9월의 중기中氣에 속하고, 양력은 보통 10월 23일이나 24일경이 된다. 이때는 쾌청한 날씨가 계속 이어지고 기온 또한 낮아지므로 서리가 내리는 완연한 늦가을이다. 옛날 중국에서는 삼후三候로 나누어 초후初候에는 승냥이가 산 짐승을 잡고, 중후中候에는 초목이 단풍지고 떨어지며, 말후末候에는 동면冬眠하는 모든 생물이 땅에 숨는다고 하였다. 또한 농부들은 마늘과 보리를 파종하느라 바쁜철이기도 하다.

### (4) 동절기冬節期(겨울)

### ① 입동立冬

태양 황경이 225°에 임할 때이며, 24절기중 19번째로 음력으로는 10월의 시작이며, 양력은 보통 11월 8일경이 된다. 이때는 겨울동안에 먹을 김장·김치를 담그는 시기다. 이 시기에 담그면 맛이 제대로 난다고 한다. 해월亥月로 수기水氣가 득령得令하여 한기寒氣가 침입하는 때이고, 입동이 지나고 나면 본격적인 겨울의 추위가 다가오면서 얼기 때문이다.

### ② 소설小雪

태양 황경이 240°에 임할 때이며, 24절기중 20번째로 음력으로는 10월의 중기中氣에 속하고, 양력은 보통 11월 22일이나 23경이 된다. 이 시기는 살얼음이 얼기 시작하며 한편으로는 따스한 기운이 돌고 한편으로는 겨울의 분위기로 잡혀가는 때이다. 옛날 중국에서는 소설부터 대설까지 삼후三候로 나누어 초후初候는 무지개가 걷혀서 나타나지 않고, 중후中候에는 천기天氣는 상승하고, 지기地氣는 하강下降하며, 말후末候에는 겨울이 된다고 하였다. 보통 소설小雪을 전후하여 날씨가 차갑거나 바람이 극심하다.

### ③ 대설大雪

태양 황경이 225°에 임할 때이고, 24절기중 21번째로 음력으로는 11월의 시작이며, 양력은 보통 12월 7일 또는 8일경이 된다. 이 시기는 눈이 많이 내린다고 하여 붙여진 이름이며, 이것은 재래역법의 발생지인 중국의 화북지방을 기준으로 한 것이기 때문에 적설량의 차이는 있다. 옛 중국에서는 대설에서 동지까지 3후候로 나누어 초후初候에는 산박쥐가 울지 않고, 중후中候에는 범이 교접하여 새끼치며, 말후末候에는 여주(박과에 딸린 일년생 넝쿨풀로 여름과 가을에 걸쳐 피고, 꽃이 진 뒤에는 우상돌기疣狀突起 열매가 맺히는데 일반적으로 苦瓜라고 함)가 돋아난다고 하였다. 이때부터 본격적인 동한지절凍寒之節로 접어들면서 수기水氣가 왕성해지는 때이다.

### ④ 동지冬至

태양 황경이 270°에 임할 때이며, 24절기중 22번째로 음력으로는 11월의 중기中氣에 속하고, 양력은 보통 12월 22경이다. 일년중에서 밤이 가장 길고 낮이 가장 짧은 날이다. 하지부터 1음陰이 시생始生하기 시작하여 점차 낮이 짧아지고 밤이 길어지는데, 동지冬至에 이르러 극에 달하게 되는 것이다. 동지는 1양陽이 시생始生하는때라 이후부터는 밤이 서서히 짧아지고 낮이 길어지기 시작하는 것이다. 옛날 중국에서 동지를 설로 삼은 것은 이때부터 양陽의 기운이 움트는 시기라 이날을 생명력이 솟아나는 의미로 판단하여 괘상卦象으로도 지뢰복地雷復괘가 11월을 나타내고 있는 것이다. 동한지절凍寒之節로 더욱 수기水氣가 사령司令하여 강왕强旺하여지는 계절이다.

### ⑤ 소한小寒

태양 황경이 285°에 임할 때이며, 24절기중 23번째로 음력으로는 12월의 시작이고, 양력은 보통 1월 6일경이다. 사실 계절상으로 소한은 가장 추운 때이다. 옛날 중국에서는 소한에서 대한까지 15일을 5일씩 3후候로 나누어 초후初候에는 북으로 기러기가 날아가고, 중후中候에는 까치가 나무에 집을 짓기 시작하며, 말후末候에는 산과 들에서 꿩이 운다고 했다. 한기寒氣가 극심한 동토지절凍土之節로 겉은 추우나 이미 동지 때부터 양기는 만물의 생육을 위해 내면에서 서서히 상승하고 있는 때이기도 하다.

### ⑥ 대한大寒

태양 황경이 300°에 임할 때이며, 24절기중 마지막 절기인 음력 12월의 중기中氣에 해당된다. 양력은 보통 1월 20일경이며, 음력 섣달로 한해를 마무리하는 절후이다. 대한은 가장 추운 때라는 의미로, 실제로는 1월 15일경으로 다소 차이는 있다. 동지부터 일양一陽이 시생하기 시작하여 대한大寒, 즉 축월丑月에 들어서 축중丑中 신금辛金이 서서히 만물의 생명력에 활력을 가하고 있는 것이다.

## 3. 명궁 속견표

명궁표

| 월·절기<br>시간 | 정월<br>대한 | 2월<br>우수 | 3월<br>춘분 | 4월<br>곡우 | 5월<br>소만 | 6월<br>하지 | 7월<br>대서 | 8월<br>처서 | 9월<br>추분 | 10월<br>상강 | 11월<br>소설 | 12월<br>동지 |
|---|---|---|---|---|---|---|---|---|---|---|---|---|
| 묘시 | 子 | 亥 | 戌 | 酉 | 申 | 未 | 午 | 巳 | 辰 | 卯 | 寅 | 丑 |
| 인시 | 丑 | 子 | 亥 | 戌 | 酉 | 申 | 未 | 午 | 巳 | 辰 | 卯 | 寅 |
| 축시 | 寅 | 丑 | 子 | 亥 | 戌 | 酉 | 申 | 未 | 午 | 巳 | 辰 | 卯 |
| 자시 | 卯 | 寅 | 丑 | 子 | 亥 | 戌 | 酉 | 申 | 未 | 午 | 巳 | 辰 |
| 해시 | 辰 | 卯 | 寅 | 丑 | 子 | 亥 | 戌 | 酉 | 申 | 未 | 午 | 巳 |
| 술시 | 巳 | 辰 | 卯 | 寅 | 丑 | 子 | 亥 | 戌 | 酉 | 申 | 未 | 午 |
| 유시 | 午 | 巳 | 辰 | 卯 | 寅 | 丑 | 子 | 亥 | 戌 | 酉 | 申 | 未 |
| 신시 | 未 | 午 | 巳 | 辰 | 卯 | 寅 | 丑 | 子 | 亥 | 戌 | 酉 | 申 |
| 미시 | 申 | 未 | 午 | 巳 | 辰 | 卯 | 寅 | 丑 | 子 | 亥 | 戌 | 酉 |
| 오시 | 酉 | 申 | 未 | 午 | 巳 | 辰 | 卯 | 寅 | 丑 | 子 | 亥 | 戌 |
| 사시 | 戌 | 酉 | 申 | 未 | 午 | 巳 | 辰 | 卯 | 寅 | 丑 | 子 | 亥 |
| 진시 | 亥 | 戌 | 酉 | 申 | 未 | 午 | 巳 | 辰 | 卯 | 寅 | 丑 | 子 |

## 4. 명궁命宮(태양궁)

명궁은 출생한 월月과 출생한 시時를 기준하여 태양의 위치를 추산하는 법이며 중기中氣로서 기준한다. 항상 1월달을 자子에서 기산하여 역으로 생월을 세워가며 그 생일처에 이르면 그 자리에서 다시 순행으로 세어가다가 묘卯궁에 이르면 그 자리가 명궁이 된다.

명리학은 오성학五星學과 자평학子平學으로 두 파를 이룬다. 오성학은 년年과 태양을 위주하여 출생월에 태양이 어느 궁(월장月將)에 임하였는 가를 추산하여 생시生時에 태양이 임한 궁도宮度로 명궁을 삼아 추명하는 방법이고, 자평학은 생일을 위주로 기후氣候의 심천深淺을 중심으로 하여 월과 시를 중요시한다. 월月은 1년중 기후의 순서요 시時는 하루 중 기후의 순서이므로 태원胎元(입태월)은 잉태할 당시의 기후를 보는 것이니 중요하다 하겠다.

## 5. 오운五運

일운一運 : 대한大寒부터 시작하여 입춘立春, 우수雨水, 경칩驚蟄, 춘분春分, 청명전淸明前 사일四日까지
이운二運 : 청명전淸明前 삼일三日부터 곡우穀雨, 입하立夏, 소만小滿, 망종芒種후 이일二日까지
삼운三運 : 망종芒種후 삼일三日부터 하지夏至, 소서小暑, 대서大暑, 입추立秋후 오일五日까지
사운四運 : 입추立秋후 육일六日부터 처서處暑, 백로白露, 추분秋分, 한로寒露, 상강霜降, 입동立冬후 팔일八日까지
오운五運 : 입동立冬후 구일九日부터 소설小雪, 대설大雪, 동지冬至, 소한小寒, 대한大寒전까지

## 6. 육기六氣

일기一氣 : 대한大寒, 입춘立春, 우수雨水, 경칩驚蟄까지 사해巳亥 궐음풍목厥陰風木.
이기二氣 : 춘분春分, 청명淸明, 곡우穀雨, 입하立夏까지 자오子午 소음군화少陰君火.
삼기三氣 : 소만小滿, 망종芒種, 하지夏至, 소서小暑까지 축미丑未 태음습토太陰濕土.
사기四氣 : 대서大暑, 입추立秋, 처서處暑, 백로白露까지 인신寅申 소양상화

少陽相火.
오기五氣 : 추분秋分, 한로寒露, 상강霜降, 입동立冬까지 묘유卯酉 양명조금 陽明燥金.
육기六氣 : 소설小雪, 대설大雪, 동지冬至, 소한小寒까지 진술辰戌 태양한수 太陽寒水.

## 7. 오운육기 운기한방처방표

### 오운표

1운 : 대한. 입춘. 우수. 경칩. 춘분.
2운 : 청명. 곡우. 입하. 소만.
3운 : 망종. 하지. 소서. 대서.
4운 : 입추. 처서. 백로. 추분. 한로. 상강.
5운 : 입동. 소설. 대설. 동지. 소한.

### 육기표

1기 : 대한. 입춘. 우수. 경칩.
2기 : 춘분. 청명. 곡우. 입하.
3기 : 소만. 망종. 하지. 소서.
4기 : 대서. 입추. 처서. 백로.
5기 : 추분. 한로. 상강. 입동.
6기 : 소설. 대설. 동지. 소한.

- 장臟은 운運에서 취하여 천간天干오행에서 결정하고,
- 부腑는 기氣에서 취하여 지지地支오행에서 정하고,
- 성격은 간지干支오행에서 결하고,
- 질병은 오행상생상극에서 정한다.

## 8. 태격胎隔 속견표(본명일진本命日辰)

자오일생子午日生 : 276일
축미일생丑未日生 : 266일
인신일생寅申日生 : 256일
묘유일생卯酉日生 : 246일
진술일생辰戌日生 : 296일
사해일생巳亥日生 : 286일

## 9. 대중소기론大中小器論

어떤 사람이 중병重症일 때 질병을 고칠 수 있느냐 없느냐 가릴 때

### 1) 대기大器

306일, 296일 만에 출생자 : 수명의 한계가 180년. 어떠한 중병일지라도 용약만 잘하면 능히 치유된다.

### 2) 中器

286일, 276일. 266일 만에 출생자 : 수명의 한계가 120년. 만약 사주와 당년운에 칠살과 육충이 들어있고 포태법(12운성법)에서 목욕沐浴, 사死, 묘墓가 들어있으면 소생하기 어렵다. 그러나 용약의 묘를 얻으면 능히 치유된다.

### 3) 小器

256일. 246일 만에 출생자 : 수명의 한계가 60년. 중병일 경우 환생의 가능성이 거의 희박하다.

## 10. 사상 체질에 따른 음식

### 1) 태양인 : 폐대이간소자肺大而肝小者
   (폐기 크고 간이 작은 자)

태양인은 폐가 상대요 간이 몸이다. 몸을 보호하려면 간을 도와야 한다.
주요음식 : 모과. 솔잎. 오가피. 머루. 다래. 앵두.

### 2) 소양인 : 비대이신소자脾大而腎小者
   (비장이 크고 신장이 작은 자)

비장의 상대 장기는 신장이며 비장 기능이 항진되고 신장기능이 저하하는 사람. 신장을 도와주어야 한다.
주요 음식 : 돼지고기. 생지황. 숙지황. 대체로 인삼이 몸에 안 맞다. 구기자. 옥수수 수염. 택사. 복령(소나무 뿌리). 수박. 고삼.

### 3) 소음인 : 신대이비소자腎大而脾小者
   (신장이 크고 비장이 작은 자)

신장 기능이 항진되고 상대적인 비장 기능이 떨어지는 사람.
주요 음식 : 산삼. 부자. 뱀. 양. 닭. 개. 꿀. 홍삼. 염소. 인삼. 계피. 감초. 당귀. 백출. 누룩. 복숭아. 사과.

### 4) 태음인 : 간대이폐소자肝大而肺小者
   (간이 크고 폐가 작은 자)

간기능이 항진되고 폐기능이 떨어지는 사람. 폐를 도와주어야 한다. 우리나라 50%가 태음인이다.
주요 음식 : 쇠고기. 율무. 밤. 잣. 호도. 우황. 녹용. 웅담. 참외. 무. 살구씨. 백과. 도라지. 오미자. 갈근. 뽕나무뿌리의 껍질. 도라지. 더덕. 연밥. 포도. 중국대추시. 상백피. 맥문동. 천문동. 마. 두부. 콩나물. 메주콩.

※ 인체는 소우주요 1년은 12개월이고 인간의 경락은 12경락이요 1년은 365일이요 365 침혈이 있으며 우주는 천지인 삼재로다.

머리뼈는 33개요 목뼈는 7개요 흉추는 12개요 요추는 5개요 척추는 24개요 손뼈는 62개요 다리뼈는 64개로다. 그러니 총 210개로다.

오운육기 치방약법

| 입태년 | 지충오행 | 장부소속 | 사상체질 | 혈액형 | 장부특징 | 태격(본명일지 기준) | 육기순서 |
|---|---|---|---|---|---|---|---|
| 卯酉년 | 金 | 양명조금 | 소양인 | O형 | 脾大而腎小者 | 246일 | 3기 |
| 辰戌년 | 水 | 태양한수 | 태양인 | AB형 | 肺大而肝小者 | 296일 | 3기 |
| 巳亥년 | 木 | 궐음풍목 | 소음인 | B형 | 腎大而脾小者 | 286일 | 3기 |
| 子午년 | 火 | 소음군화 | 소음인 | B형 | 腎大而脾小者 | 276일 | 3기 |
| 丑未년 | 土 | 태양습토 | 태음인 | A형 | 脾大而肺小者 | 266일 | 3기 |
| 寅申년 | 火 | 소양상화 | 소양인 | O형 | 脾大而腎小者 | 256일 | 3기 |

五運표
1운 : 대한. 입춘. 우수. 경칩. 춘분.
2운 : 청명. 곡우. 입하. 소만.
3운 : 망종. 하지. 소서. 대서.
4운 : 입추. 처서. 백로. 추분. 한로. 상강.
5운 : 입동. 소설. 대설. 동지. 소한.

六氣표
1기 : 대한. 입춘. 우수. 경칩.
2기 : 춘분. 청명. 곡우. 입하.
3기 : 소만. 망종. 하지. 소서.
4기 : 대서. 입추. 처서. 백로.
5기 : 추분. 한로. 상강. 입동.
6기 : 소설. 대설. 동지. 소한.

## 11. 오행과 모든 인체기관과의 관계

오행과 인체 관계

| 木(풍風) | 筋節(근절). 血管(혈관). 肝臟(간장). 神經痛(신경통). 眼(안). 左腹(좌복). 手足(수족). 胃腸(위장). 筋骨(근골). 呼吸器(호흡기). 左肩(좌견). |
|---|---|
| 火(열熱) | 心臟(심장). 腦(뇌). 神經(신경). 頭部(두부). 面部(면부). 眼(안). 血液(혈액). |
| 土(습濕) | 脾臟(비장). 腰部(요부). 掌(장). 指(지). 左足(좌족). 皮膚(피부). 胃腸(위장). 右手(우수). 右肩(우견). 筋肉(근육). 子宮(자궁). |
| 金(조燥) | 骨格(골격). 背柱(배주). 頭部(두부). 腦(뇌). 肺(폐). 皮膚(피부). 右足(우족). 口(구). 齒(치). 胸部(흉부). 肺(폐). 胃(위). 右腹(우복). 眼(안). 鼻(비). |
| 水(한寒) | 腎臟(신장). 腰部(요부). 局部(국부). 耳(이). |

# 제8장
# 주역신수법(음력기준)

제1절 육효 작국법 및 작명 응용

# 제8장 주역신수법周易身數法(음력기준)

### 선천수 · 지지후천수

| 天天干간<br>先선天천<br>數수 | 甲<br>갑<br>1 | 乙<br>을<br>8 | 丙<br>병<br>7 | 丁<br>정<br>6 | 戊<br>무<br>5 | 己<br>기<br>1 | 庚<br>경<br>8 | 辛<br>신<br>7 | 壬<br>임<br>6 | 癸<br>계<br>5 | |
|---|---|---|---|---|---|---|---|---|---|---|---|
| 地지支지<br>後후天천<br>數수 | 子<br>자<br>1 | 丑<br>축<br>2 | 寅<br>인<br>3 | 卯<br>묘<br>8 | 辰<br>진<br>5 | 巳<br>사<br>2 | 午<br>오<br>7 | 未<br>미<br>2 | 申<br>신<br>1 | 酉<br>유<br>4 | 戌<br>술<br>5 | 亥<br>해<br>6 |

## 제1절 육효 작국법作局法 및 작명 응용

### 1. 납갑법納甲法(지지기법地支寄法)

#### 팔괘 소속 納甲

| 兌金 | 坤土 | 離火 | 巽木 | 震木 | 艮土 | 坎水 | 乾金 | 屬宮 |
|---|---|---|---|---|---|---|---|---|
| 丁巳<br>丁卯<br>丁丑 | 乙未<br>乙巳<br>乙卯 | 己卯<br>己丑<br>乙卯 | 辛丑<br>辛亥<br>辛酉 | 庚子<br>庚寅<br>庚辰 | 丙辰<br>丙午<br>丙申 | 戊寅<br>戊辰<br>戊午 | 甲子<br>甲寅<br>甲辰 | 내괘 |
| 丁亥<br>丁酉<br>丁未 | 癸丑<br>癸亥<br>癸酉 | 己酉<br>己未<br>己巳 | 辛未<br>辛巳<br>辛卯 | 庚午<br>庚申<br>庚戌 | 丙戌<br>丙子<br>丙寅 | 戊申<br>戊戌<br>戊子 | 壬午<br>壬申<br>壬戌 | 외괘 |

## 2. 팔순괘八純卦 암기요령

乾金甲子外壬午　건금갑자외임오
坎水戊寅戊申初　감수무인무신초
艮土丙辰丙戌始　간토병진별술시
震木庚子庚午開　진목경자경오개
巽木辛丑辛未先　손목신축신미선
離火己卯己酉發　이화기묘기유발
坤土乙未外癸丑　곤토을미외계축
兌金丁巳丁亥出　태금정사정해출

## 3. 팔순괘 암기법 설명

乾卦는 內卦에서 甲子가 初爻, 外卦는 壬午가 初爻.
坎卦는 內卦에서 戊寅이 初爻, 外卦는 戊申이 初爻.
艮卦는 內卦에서 丙辰이 初爻, 外卦는 丙戌이 初爻.
震卦는 內卦에서 庚子가 初爻, 外卦는 庚午가 初爻.
巽卦는 內卦에서 辛丑이 初爻, 外卦는 辛未가 初爻.
離卦는 內卦에서 己卯가 初爻, 外卦는 己酉가 初爻.
坤卦는 內卦에서 乙未가 初爻, 外卦는 癸丑이 初爻.
兌卦는 內卦에서 丁巳가 初爻, 外卦는 丁亥가 初爻.

건괘는 내괘에서 갑자가 초효, 외괘는 임오가 초효.
감괘는 내괘에서 무인이 초효, 외괘는 무신이 초효.
간괘는 내괘에서 병진이 초효, 외괘는 병술이 초효.
진괘는 내괘에서 경자가 초효, 외괘는 경오가 초효.
손괘는 내괘에서 신축이 초효, 외괘는 신미가 초효.
이괘는 내괘에서 기묘가 초효, 외괘는 기유가 초효.
곤괘는 내괘에서 을미가 초효, 외괘는 계축이 초효.
태괘는 내괘에서 정사가 초효, 외괘는 정해가 초효.

## 4. 팔괘오행속궁(육친과 세응世應을 표출하는 기준)

### 1) 육신六神 정국

예를 들어 성명을 작괘한 괘명이 뇌화풍괘雷火豐卦라면 뇌화풍괘는 감궁坎宮에 들어 있으므로 감坎은 오행으로 수水이므로 뇌화풍괘에 표출된 납갑納甲의 지지地支는 수水를 기본으로 하여 비신飛神을 상대하여 육신을 표출한다.

육신 : 부모(인성), 처재妻財(재성), 자손(식상), 형제(비겁), 관귀(관성).

※ 순서(변효 순서) : 6-1-2-3-4-5-4-3(마지막은 음효陰爻는 양효陽爻로 바뀌고 양효는 음효로 바뀐다).

※ 만약 건궁乾宮에 속했다면, 6효에 건위천, 초효에 천풍구, 2효에 천산돈, 3효에 천지비, 4효에 풍지관, 5효에 산지박, 다시 4효에 화지진, 3효에 화천대유.

팔괘오행 속궁 世爻 위치

| 속궁\육효 | 6효 | 초효 | 2효 | 3효 | 4효 | 5효 | 4효 | 3효 |
|---|---|---|---|---|---|---|---|---|
| 乾金宮 | 건위천 | 천풍구 | 천산돈 | 천지비 | 풍지관 | 산지박 | 화지진 | 화천대유 |
| 坎水宮 | 감위수 | 수택절 | 수뢰준 | 수화기제 | 택화혁 | 뇌화풍 | 지화명이 | 지수사 |
| 艮土宮 | 간위산 | 산화비 | 산천대축 | 산택손 | 화택규 | 천택리 | 풍택중부 | 풍산점 |
| 震木宮 | 진위뢰 | 뇌지예 | 뇌수해 | 뇌풍항 | 지풍승 | 수풍정 | 택풍대과 | 택뇌수 |
| 巽木宮 | 손위풍 | 풍천소축 | 풍화가인 | 풍뢰익 | 천뢰무망 | 화뢰서합 | 산뇌이 | 산풍고 |
| 離火宮 | 이위화 | 화산려 | 화풍정 | 화수미제 | 산수몽 | 풍수환 | 천수송 | 천화동인 |
| 坤土宮 | 곤위지 | 지뢰복 | 지택림 | 지천태 | 뇌천대장 | 택천쾌 | 수천수 | 수지비 |
| 兌金宮 | 태위택 | 택수곤 | 택지췌 | 택산함 | 수산건 | 지산겸 | 뇌산소과 | 뇌택귀매 |

2) 팔괘오행속궁 암기요령(괘사卦辭를 중심으로)

건금궁 : 乾姤遯否觀剝晉大有　　・건구돈비관박진대유
감수궁 : 坎節屯旣濟革豊明夷師　　・감절준기제혁풍명이사
간토궁 : 艮賁大畜損睽履中孚漸　　・간비대축손규리중부점
진목궁 : 震豫解恒升井大過隨　　・진예해항승정대과수
손목궁 : 巽小畜家人益无妄噬嗑頤蠱　・손소축가인익무망서합이고
이화궁 : 離旅鼎未濟蒙渙訟同人　　・이여정미제몽환송동인
곤토궁 : 坤復臨泰大壯夬需比　　・곤복임태대장쾌수비
태금궁 : 兌困萃咸蹇謙小過歸妹　　・태곤췌함건겸소과귀매

5. 세世 · 응법應法

　초세사응　初世四應
　이세오응　二世五應
　삼세육응　三世六應
　사세초응　四世初應
　오세이응　五世二應
　육세삼응　六世三應

6. 신身 · 명법命法

　신身은 자기 자신. 명命은 수명壽命, 건강健康.
　자오지세子午持世　　신거초명거사身居初命居四
　축미지세丑未持世　　신거이명거오身居二命居五
　인신지세寅申持世　　신거삼명거육身居三命居六
　묘유지세卯酉持世　　신거사명거일身居四命居一
　진술지세辰戌持世　　신거오명거이身居五命居二
　사해지세巳亥持世　　신거육명거삼身居六命居三

## 7. 육수六獸 정국

순서 : 청룡(木) – 주작(火) – 구진(土) – 등사(土) – 백호(金) – 현무(水)

### 육수정국

| 壬癸일 | 庚辛일 | 己일 | 戊일 | 丙丁일 | 甲乙일 | 구분 |
|---|---|---|---|---|---|---|
| 백호 | 등사 | 구진 | 주작 | 청룡 | 현무 | 六爻 |
| 등사 | 구진 | 주작 | 청룡 | 현무 | 백호 | 五爻 |
| 구진 | 주작 | 청룡 | 현무 | 백호 | 등사 | 四爻 |
| 주작 | 청룡 | 현무 | 백호 | 등사 | 구진 | 三爻 |
| 청룡 | 현무 | 백호 | 등사 | 구진 | 주작 | 二爻 |
| 현무 | 백호 | 등사 | 구진 | 주작 | 청룡 | 初爻 |

## 8. 육신(육수) 간법

청룡靑龍 : 희열지신喜悅之神.
주작朱雀 : 구설지신口舌之神.
구진句陳 : 토지지신土地之神.
등사螣蛇 : 허언지신虛言之神.
백호白虎 : 횡액지신橫厄之神.
현무玄武 : 도적지신盜賊之神.

- 청룡 : 喜悅之神. 기쁜일. 매사 순조롭게 일 해결. 재물, 관록.
- 주작 : 口舌之神. 구설·송사. 언쟁투쟁. 구설, 화재.
- 구진 : 土地之神. 부동산·매매관계. 토지 吉. 전답 수확.
- 등사 : 虛言之神. 사기. 여행. 이사. 이동. 횡액, 怪異事.
- 백호 : 橫厄之神. 교통사고. 몸에 탈. 수술. 관재, 횡액.
- 현무 : 盜賊之神. 도난. 사업실패. 계약해지. 수표부도. 실물, 좌절, 장애.

## 9. 육효득괘법

### 1) 송엽법松葉法의 예

- 솔잎 5~60개 정도 준비한다.
- 왼손에 쥐고 마음을 비우고 오른손으로 성심으로 뽑는다.
- 첫 번째 숫자, 두 번째 숫자. 세 번째 나온 숫자를 기입.
- 첫 번째 나온 것은 초효, 두 번째는 2효, 세 번째는 3효.

즉, 첫 번째 나온 괘가 下卦, 두 번째 나온 숫자가 상괘. 세 번째가 동효動爻.

### 2) 동효법

마지막 세 번째가 동효動爻

※ 옛날에는 시초蓍草 50개를 가지고 태극수 1을 빼고 49개로 했다. (천책天策, 지책地策, 인책人策).

### 3) 육효점을 하기 위한 축문祝文

먼저 손을 씻고 마음을 가지런히 하고 분향하며 성심으로 축문을 암송한다.

천하언재天何言哉시며 지하언재地何言哉시리이까. 신지영의神之靈矣라 고지즉응告之則應하시나니 某도 某군 某읍 某리 某번지에 거주하는 홍길동 건명乾命 ○○생이 2002년 某月 某日 某事(목적)를 길흉미변吉凶未辨이라 복걸천지신명伏乞天地神明은 감이도통感以道通하여 홀비조시勿秘照示하여 주소서.

### 4) 육친법

#### (1) 부모 : 인수

조부모, 부모, 숙부, 백부, 친척, 연장자, 상관, 주인, 스승, 집, 사장, 부모의 친우, 가택, 건물, 버스, 비행기, 의류, 무기(호신용), 자동차, 비옷, 우산, 책, 편지, 문서, 증서, 장부, 도장. 비.

### (2) 관귀 : 관성

관청, 근무처, 책임자, 지배인, 과장, 남편, 남편의 형제, 반역자, 도적, 사자死者, 흉기, 목적, 희망, 근심사. 관재. 법적인 문제 발생 등.

### (3) 형제 : 비겁

형제, 자매, 자매의 배우자와 그 형제, 동료, 친우, 경쟁자, 분점. 경쟁업체, 인기품목 등.

### (4) 처재 : 재성

처, 첩, 친구의 처첩, 형제의 배우자, 식모, 하녀, 화폐, 재산, 무역, 경영, 상품, 가구, 창고, 식물食物, 날씨 점.

### (5) 자손 : 식상

자식, 자녀, 손자녀, 비속, 문하생, 부하, 순량한 고용인, 가축, 술안주, 가신家神, 다과, 소지품, 의약품, 수술, 의료업 등.

## 5) 길흉판단의 정칙

생生 : 길
극克 : 흉
부扶 : 길
공拱 : 길
합合 : 합력, 성사, 평안.
삼합三合 : 길흉판단 제외.
형刑 : 흉
충冲 : 흉
파破 : 흉
해害 : 흉
공空 : 흉
양인살羊刃殺 : 흉
천을귀인天乙貴人 : 길
천록天祿 : 길

## 6) 12운성

장생長生 : 복수福壽, 증진, 행복, 장구長久, 번영, 원만, 행경 암시.
절絶 : 극쇠, 부침, 단절, 경언輕言, 별리, 파탄破綻, 쇠퇴를 암시.
묘墓 : 이가離家, 이동, 쇠패, 도로徒勞, 적멸, 극빈, 축재 등의 암시.

## 7) 사계대조四季對照

왕旺 : 길흉성쇠를 자유하는 경향을 강하게 하고 활동력 증대.
상相 : 자신의 힘이 가력되어 성운고유의 활동력 증대.
휴休 : 길흉성쇠 경향 약화되어 활동력 식정.
수囚 : 자기외의 가력으로 성운고유의 역량 억제 활동력 읽음.
사死 : 성운고유의 성정이 멈추어 부동하니 활동성 잃고 세력멸멸.

※ 공망은 일간지日干支를 기초로 용효用爻와 동효지動爻支로 본다.

## 8) 용효用爻(용신用神)

지신은 세世가 용신이요
자손의 길흉을 논함은 자손효가 용신.
재물과 처첩을 논함은 재효財爻가 용신.
부모나 조부모를 논함은 부효父爻가 용신.
형제자매를 논함은 형효兄爻가 용신.
벗을 논함은 세응應爻가 용신.
타인의 남편 및 처는 응효應爻가 용신.
상대방을 논함도 응효應爻가 용신.
관록이나 직업을 논함은 관효官爻가 용신.
금전이나 재물은 재효財爻가 용신.

- 재효 : 처, 재물, 금전, 형, 형수, 제수, 음식, 물가, 여자, 하인.
- 부효 : 부모, 문서, 가옥, 선박, 거마, 의복, 우雨, 물품.
- 형효 : 형, 제, 자매, 친구, 바람.
- 관효 : 관지, 관사, 상관, 관록, 송사, 귀신.

－자효 : 자녀, 군인, 약, 병사兵事.
　　－세효 : 자기.
　　－응효 : 타인.

9) 참고

　　원신原神 : 용신을 생하는 것.
　　비신飛神 : 괘효에 소속된 신神.
　　복신伏神 : 괘 안에 은복隱伏된 신神.
　　기신忌神 : 용신을 극剋하는 것.
　　구신仇神 : 원신을 극하는 것.
　　동효動爻 : 동動이 된 위치.
　　변효變爻 : 동하여 변한 것.

　　－일진日辰은 육효의 주재主宰요, 월건月建은 만사의 제강提綱이다.
　　－세효世爻가 상생·비화比和(왕旺·상相)되어야 길하고, 극이나 형충파해 되거나 공망이나 월파月破를 만나면 모두 불길하다.
　　－용효가 공망을 만나도 왕·상이면 무방하다.

## 10. 대성괘大成卦의 6위位(효위爻位) 배속관계

대성괘 배속관계

| 六位 | 국가 | 사회 | 인간신체 | 동물 | 가족 | 연령 |
|---|---|---|---|---|---|---|
| 上位 | 上王·國師·拷問 | 회장 | 머리 | 머리 | 조부모 | 60 |
| 5位 | 天子·국가원수 | 사장 | 어깨·가슴·등 | 앞발 | 부 | 50 |
| 4位 | 宰相·大臣·長官 | 지배인 이사 | 복부·몸통 | 몸의 앞면 | 모 | 40 |
| 3位 | 지방장관 도지사 시장 | 부장 차장 과장 | 허리·넓적다리 ·사타구니 | 몸의 뒷면 | 맏형·누나 | 30 |
| 2位 | 지방관리 구청장·읍·면장 | 대리 계장 주임 | 정갱이 | 뒷발 | 누나·중형 | 20 |
| 初位 | 백성·서민 | 평사원 | 발·다리 | 꼬리·엉덩이 | 막내·제매·손자 | 10 |

## 11. 천을귀인天乙貴人 · 천록天祿 조견표

천을귀인 · 천록

| 일간<br>길신 | 갑 | 을 | 병 | 정 | 무 | 기 | 경 | 신 | 임 | 계 |
|---|---|---|---|---|---|---|---|---|---|---|
| 천을귀인 | 丑<br>未 | 子<br>申 | 亥<br>酉 | 亥<br>酉 | 丑<br>未 | 子<br>申 | 丑<br>未 | 午<br>寅 | 巳<br>卯 | 巳<br>卯 |
| 천록 | 寅 | 卯 | 巳 | 午 | 巳 | 午 | 申 | 酉 | 亥 | 子 |

※ 공망 : 비었다는 의미로 작명에서 가장 중시한다. 세世가 공망空亡되면 단명短命하고 교통사고 등의 사고가 난다. 실패가 많고 성공을 방해하는 요인이 나타난다.

※ 양인羊刃(양인陽刃) : 너무 지나치게 기세가 강하여 매사 장애가 많고 성정이 흉폭하고 급하며 작명학에서는 예리한 칼로 내리치는 상이므로 世에 양인이 닿으면 수술과 상처, 단명하고 상대방에게 나쁜 작용을 한다.

※ 합合 · 천간합 · 지지육합 · 지지삼합 등이 있는데 특별한 경우를 제외하고는 대체로 좋은 작용을 한다.

※ 천을귀인天乙貴人 : 부富와 고귀함을 상징하고 총명과 지혜가 있으며 능히 형刑과 살殺을 제압하는 아주 좋은 길신이다. 작명에 있으면 크게 됨을 상징한다.

※ 천록天祿 : 정록正祿으로 문장이 뛰어나고 좋은 운기를 가져다주는 길성이다.

※ 겁살劫殺 : 몸을 다치고 사고 · 단명 등의 재앙이 오는 흉작용을 한다.

※ 충冲 : 극剋보다 더욱 강한 작용을 하는데 년월이나 일월이 충하면 어려서 고향을 떠나거나 객지생활, 일시日時를 충하면 처자妻子를 극하는 등 여러 가지 흉작용을 하며 흉성凶星을 충하면 오히려 길작용을 하는 경우도 있으니 응용 범위가 넓다 하겠다.

※ 형刑 : 대체로 형산刑殺작용을 하며 흉한 쪽으로 많이 흐른다.

※ 진신進神 : 괘효가 동하여 화化하여 좋은 괘로 변하는 것이 진신이다.

※ 퇴신退神 : 좋은 괘가 좋지 않은 괘로 변하는 것이 퇴신이다.

## 12. 주역 육효작명 성씨姓氏별 선괘選卦

■ 2획수 姓 : 丁 · 卜.
■ 10획수 : 徐 · 高 · 孫 · 晋 · 曹 · 殷 · 馬
　① 대길 : 택지췌澤地萃 · 화천대유火天大有.
　② 평길 : 풍화가인風火家人.
　③ 반흉반길 : 지수사地水師
　④ 흉 : 천산돈天山遯 · 뇌택귀매雷澤歸妹 · 수뢰준水雷屯 · 산풍고山風蠱.
■ 9획수 姓 : 柳 · 姜 · 南 · 宣 · 洪.
■ 17획수 : 韓 · 鞠.
　① 대길 : 뇌화풍雷火豊 · 풍뇌익風雷益.
　② 평길 : 택천쾌澤天夬.
　③ 반흉반길 : 수풍정水風井.
　④ 흉 : 천지비天地否 · 화택규火澤睽.
■ 3획수 姓 : 千.
■ 11획수 : 張 · 崔 · 陳 · 梁.
　① 대길 : 화지진火地晋 · 지풍승地風升.
　② 평길 : 뇌천대장雷天大壯 · 수화기제水火旣濟.
　③ 반길반흉 : 천수송天水訟 · 택산함澤山咸 · 풍택중부風澤中孚 · 산뢰이山雷頤.
■ 4획수 姓 : 尹 · 元 · 文 · 王.
■ 12획 수 : 黃 · 曾 · 彭.
■ 20획 : 嚴 · 蘇.
　① 대길 : 지뢰복地雷復.
　② 중길 : 뇌지예雷地豫.
　③ 평길 : 화산여火山旅 · 산화비山火賁.
　④ 반길반흉 : 풍천소축風天小畜.
　⑤ 흉 : 천풍구天風姤 · 택수곤澤水困 · 수택절水澤節.

■5획수 姓：白・玉・玄・田・申・史.
■13획 수：愼.
  ① 대길：수천수水天需.
  ② 평길：천뢰무망天雷无妄・풍지관風地觀.
  ③ 반길반흉：택풍대과澤風大過・화수미제火水未濟・산택손山澤損.
  ④ 흉：뇌산소과雷山小過・지화명이地火明夷.
■6획수 姓：朴・安・全・任・吉・朱・池.
■14획 수：趙.
■22획수：權.
  ① 대길：천화동인天火同人・화풍정火風井・뇌수해雷水解・산천대축山天大畜・지택림地澤臨.
  ② 평길：풍산점風山漸・수지비水地比.
  ③ 반길반흉：택뇌수澤雷隨.
■7획수 성：李・宋・吳・成・車・辛・呂・杜.
■15획수：魯・鄭.
  ① 대길：지천태地天泰.
  ② 중길：뇌풍항雷風恒.
  ③ 평길：화뢰서합火雷噬嗑.
  ④ 반길반흉：천택리天澤履・택화혁澤火革・산지박山地剝.
  ⑤ 흉：풍수환風水渙・수산건水山蹇.
■8획수 성：金・林・河・孟・表・卓・昔.
■16획수：盧・錦.
  ① 대길：곤위지坤爲地.
  ② 중길：이위화離爲火・손위풍巽爲風.
  ③ 평길：건위천乾爲天・간위산艮爲山.
  ④ 반길반흉：진위뢰震爲雷・감위수坎爲水.

# 제9장
# 육신의 원리와 육신통변

命理學原理大全

제1절 오행의 육신통변
제2절 육신 해설과 통변
제3절 육신의 용어의 해설
제4절 육신과 육친관계
제5절 육신에 따른 특색 분류

# 제9장 육신의 원리와 육신통변

## 제1절 오행의 육신통변

### 육친 오행 배속

| 오행<br>육친 | 木목 | 火화 | 土토 | 金금 | 水수 |
|---|---|---|---|---|---|
| 인수印綬 | 水 | 木 | 火 | 土 | 金 |
| 식상食傷 | 火 | 土 | 金 | 水 | 木 |
| 재성財星 | 土 | 金 | 水 | 木 | 火 |
| 관살官殺 | 金 | 水 | 木 | 火 | 土 |
| 비겁比劫 | 木 | 火 | 土 | 金 | 水 |

## 1. 육신의 일간대 천간 통변

### 육신의 일간대 천간

| 육친<br>일간 | 正印 | 偏印 | 比肩 | 比劫 | 食神 | 傷官 | 正財 | 偏財 | 正官 | 偏官 |
|---|---|---|---|---|---|---|---|---|---|---|
| 甲 | 癸 | 壬 | 甲 | 乙 | 丙 | 丁 | 己 | 戊 | 辛 | 庚 |
| 乙 | 壬 | 癸 | 乙 | 甲 | 丁 | 丙 | 戊 | 己 | 庚 | 辛 |
| 丙 | 乙 | 甲 | 丙 | 丁 | 戊 | 己 | 辛 | 庚 | 癸 | 壬 |
| 丁 | 甲 | 乙 | 丁 | 丙 | 己 | 戊 | 庚 | 辛 | 壬 | 癸 |
| 戊 | 丁 | 丙 | 戊 | 己 | 庚 | 辛 | 癸 | 壬 | 乙 | 甲 |
| 己 | 丙 | 丁 | 己 | 戊 | 辛 | 庚 | 壬 | 癸 | 甲 | 乙 |
| 庚 | 己 | 戊 | 庚 | 辛 | 壬 | 癸 | 乙 | 甲 | 丁 | 丙 |
| 辛 | 戊 | 己 | 辛 | 庚 | 癸 | 壬 | 甲 | 乙 | 丙 | 丁 |
| 壬 | 辛 | 庚 | 壬 | 癸 | 甲 | 乙 | 丁 | 丙 | 己 | 戊 |
| 癸 | 庚 | 辛 | 癸 | 壬 | 乙 | 甲 | 丙 | 丁 | 戊 | 己 |

## 육신의 일간대 지지

| 육친<br>일간 | 正印 | 偏印 | 比肩 | 比劫 | 食神 | 傷官 | 正財 | 偏財 | 正官 | 偏官 |
|---|---|---|---|---|---|---|---|---|---|---|
| 甲 | 子 | 亥 | 寅 | 卯 | 巳 | 午 | 丑未 | 辰戌 | 酉 | 申 |
| 乙 | 亥 | 子 | 卯 | 寅 | 午 | 巳 | 辰戌 | 丑未 | 申 | 酉 |
| 丙 | 卯 | 寅 | 巳 | 午 | 辰戌 | 丑未 | 酉 | 申 | 子 | 亥 |
| 丁 | 寅 | 卯 | 午 | 巳 | 丑未 | 辰戌 | 申 | 酉 | 亥 | 子 |
| 戊 | 午 | 巳 | 辰戌 | 丑未 | 申 | 酉 | 子 | 亥 | 卯 | 寅 |
| 己 | 巳 | 午 | 丑未 | 辰戌 | 酉 | 申 | 亥 | 子 | 寅 | 卯 |
| 庚 | 丑未 | 辰戌 | 申 | 酉 | 亥 | 子 | 卯 | 寅 | 午 | 巳 |
| 辛 | 辰戌 | 丑未 | 酉 | 申 | 子 | 亥 | 寅 | 卯 | 巳 | 午 |
| 壬 | 酉 | 申 | 亥 | 子 | 寅 | 卯 | 午 | 巳 | 丑未 | 辰戌 |
| 癸 | 申 | 酉 | 子 | 亥 | 卯 | 寅 | 巳 | 午 | 辰戌 | 丑未 |

## 2. 육신(육친)의 구성

### 육신 구성

| 시 | 일 | 월 | 년 |
|---|---|---|---|
| 庚(양) | 丁(음) | 丁(음) | 戊(양) |
| 子(음) | 丑(음) | 卯(음) | 寅(양) |
| 정재 | ● | 비견 | 상관 |
| 편관 | 식신 | 편인 | 정인 |

※ 육친이란 부모·형제·처·자식·자신(본인=아신)을 지칭한다.

육신의 작성 요령 : 일간을 중심으로 대조하여 작성한다.

## 3. 육신의 원리 해설

① 비아자比我者 : 비견·겁재. (나와 동등한 오행)

② 아생자我生者 : 식신·상관. (내가 생하는 것)
③ 생아자生我者 : 정인·편인 (나를 생해주는 것)
④ 아극자我克者 : 정재·편재 (내가 극하는 것)
⑤ 극아자克我者 : 정관·편관 (나를 극하는 것)

① 비견 : 일간과 오행이 같고 음양이 동일한 것.
② 겁재 : 일간과 오행이 같고 음양이 다른 것.
③ 식신 : 일간이 생하고 음양이 같은 것.
④ 상관 : 일간이 생하고 음양이 다른 것.
⑤ 정인 : 일간을 생해주고 음양이 다른 것.
⑥ 편인 : 일간을 생해주고 음양이 같은 것.
⑦ 정재 : 일간이 극하고 음양이 다른 것.
⑧ 편재 : 일간이 극하고 음양이 같은 것.
⑨ 정관 : 일간을 극하고 음양이 다른 것.
⑩ 편관 : 일간을 극하고 음양이 같은 것.

### 4. 육신의 배합 의미

① 비견·겁재 : 형제.
② 식신·상관 : 자손.
③ 정재·편재 : 재성. 처. 재.
④ 정관·편관 : 관살.
⑤ 정인·편인 : 부모.

### 5. 육신 암기법

① 비견·겁재 : 일간日干을 돕는다.
② 식신·상관 : 일간이 생하여 주며 힘을 설기하여 약해진다.
③ 편재·정재 : 일간이 극하여 주므로 일간이 약해진다.
④ 편관·정관 : 일간을 극하므로 일간은 약해진다. 관살이다.
⑤ 편인·정인 : 일간을 생하여 준다.

## 6. 육신통변 예

| 時柱 | 日柱 | 月柱 | 年柱 | 區分 |
|---|---|---|---|---|
| 己亥 | 丙辰 | 戊戌 | 辛卯 | 四柱 |
| 壬 | 戊 | 戊 | 乙 | 正氣 |
| 偏官 | 食神 | 食神 | 印綬 | 地星 |
| 傷官 | 自身 | 食神 | 正財 | 天星 |
| 甲寅 | 癸巳 | 壬辰 | 丙戌 | 四柱 |
| 甲 | 丙 | 戊 | 戊 | 正氣 |
| 傷官 | 正財 | 正官 | 正官 | 地星 |
| 傷官 | 自身 | 劫財 | 正財 | 天星 |

## 제2절 육신六神 해설과 통변通變

일간日干을 중심으로 음양陰陽과 오행五行을 구분하면 10가지로 구분되는데 이를 육신六神이라 한다. 이 육신은 운명감정에 일어나는 여러 가지 사실을 직접 분석하고 대조하며 사주의 조직과 그 소재를 파악하여 운명에 미치는 영향의 경중輕重과 왕쇠旺衰를 논하여 판단하는 것이다.

육신은 육친六親이라고도 하는데 부모, 형제, 처자, 재관財官을 자기를 중심으로 하여 가정이나 사회에 일어나는 모든 현상을 말하기도 한다.

- 정자正字 : 선善, 순리順理
- 편자偏字 : 악惡, 역행逆行, 도둑, 적을 잡는다, 병원수술
 - 이때 선신善神은 도와주어야 하고 악신惡神은 억제해 주어야 좋다.
- 사흉신四凶神 : 겁재劫財, 상관傷官, 편관偏官, 편인偏印

## 육신표

| 구분 | 육신 | 의미 | 예 | 음양 | 육친 | 성격 |
|---|---|---|---|---|---|---|
| 비아자 比我者 | 비견 比肩 | 일간日干과 오행五行이 같고 음양陰陽이 동일同一 | 갑견갑 甲見甲 | 목木 | 형제, 친구, 이웃, 동료, 도반 | 경쟁성, 투쟁성, 독립심 |
| | 겁재 劫財 | 일간日干과 오행이 같고 음양이 부동不同 | 갑견을 甲見乙 | | | 투기성, 승부성 |
| 아생자 我生者 | 식신 食神 | 내가 생生한 것으로 음양이 동일同一 | 갑견병 甲見丙 | 화火 | 여자에겐 자녀, 남자에겐 종업원, 식솔, 하인, 식모, 가축 | 활동성, 성실성 |
| | 상관 傷官 | 내가 생한 것으로 음양이 不同 | 갑견정 甲見丁 | | | 비행성, 냉소적 |
| 아극자 我克者 | 편재 偏財 | 내가 극克한 것으로 음양이 同一 | 갑견무 甲見戊 | 토土 | 편재는 부父, 정재는 처妻, 일반적으로 여자들, 직속부하, 통솔직원 | 융통성, 사업적 |
| | 정재 正財 | 내가 극克한 것으로 음양이 부동不同 | 갑견기 甲見己 | | | 근검성, 타산적 |
| 극아자 克我者 | 편관 偏官 | 나를 극克한 것으로 음양이 동일同一 | 갑견경 甲見庚 | 금金 | 남자에겐 자녀, 여자에겐 부부, 일상적으로 윗사람, 관리, 적, 귀신, 여자에겐 편관은 외간남자 | 권위성, 반항적 |
| | 정관 正官 | 나를 극克한 것으로 음양이 부동不同 | 갑견신 甲見辛 | | | 정직성, 순종적 |
| 생아자 生我者 | 편인 偏印 | 나를 생生한 것으로 음양이 동일同一 | 갑견임 甲見壬 | 수水 | 편인은 이모, 계모, 정인은 모친, 일상적으로 후원인, 조상, 친정, 귀인, 어른들 | 편굴성, 추상적 |
| | 정인 正印 | 나를 생生한 것으로 음양이 부동不同 | 갑견계 甲見癸 | | | 정당성, 명분적 |

## 1. 육신의 길흉吉凶

### 육신 상의 및 길흉

| 육신六神 | 상의象意 | 길吉 | 흉凶 |
|---|---|---|---|
| 비견比肩 | 두각頭角<br>경쟁競爭 | 인기돌출, 배짱, 투지 | 고집, 독단, 자유, 손재, 도박(투기), 극처, 극부 |
| 겁재劫財 | 손재損財<br>분리分離 | 속임수 능함, 협조적, 동업, 지점 | 도적, 사기, 실물, 부부이별 |
| 식신食神 | 진출進出<br>식록食祿 | 상냥, 적극적, 확장 | 도기盜氣, 빼앗긴다, 사기, 돈뗀다, 무기력 |
| 상관傷官 | 이탈離脫<br>융통融通 | 재주, 꾸미는일, 멋, 기술 | 비행, 말썽, 이탈, 삐딱하고 범법적, 구설, 경솔, 관재 |
| 정재正財 | 성실誠實<br>현금現金 | 성실, 근면, 꼼꼼, 돈관계 | 고지식, 타산적, 깍쟁이 |
| 편재偏財 | 부채負債<br>대재大財 | 통솔적, 지배, 이용, 융통, 영웅적 | 금전낭비, 풍류, 빚 |
| 정관正官 | 직장職場<br>표창表彰 | 모범적, 정직, 준법적, 순종 | 소심, 의타심, 소극적, 기가 약하다 |
| 편관偏官 | 관재官災<br>이동移動 | 용감, 희생, 의협, 투쟁적 | 고생, 풍파, 관재(소송), 천대, 고독 |
| 정인正印 | 지위地位<br>명예名譽 | 인품훌륭, 존경, 박식, 젊잖음, 신중, 유산, 귀인 | 재산부족, 활동력 부족 |
| 편인偏印 | 적자赤字<br>실직失職 | 한가, 고상, 이상높다, 예술, 학문 | 도식盜食, 재복적다, 나태, 활동력 적다, 식성이 까다롭다 |

## 2. 육친 해설

1) **비견** : 나와 동등한 입장 견주

독립심과 자주심, 자기주장 강함. 타인 앞에 당당하고 기가 죽지 않음. 매사가 자기 잘났다는 자만심. 옹고집. 육친에서는 형제, 자매를 의미(대체로 사이가 니쁘다)

2) **겁재** : 비견보다 약간 덜 동등. 이복형제

　대인관계가 원만치 못하고 자기 외에는 모두가 적이라고 생각. 반발심과 폭력적. 격이 맞지 않으면 마음에 독을 품고 이중인격자가 많다.

3) **식신** : 나의 기운을 뺀다. 설기

　풍요롭고 살찐다. 식도락이며 명랑하다. 부지런하고 매사 재치와 유머가 있다. 남자는 여자관계 많고 여색난을 많이 당한다. 여자는 식신을 딸로 보고 상관은 아들로 본다. 여자는 식신과 상관이 있어야 자식을 둔다. 남자는 요식업, 농업, 의사, 약사, 연구가, 발명가, 사업가, 언론인, 서비스업에 종사하는 사람이 많다. 식신과 상관이 많으면 장모, 사위, 손자에게 해롭다. 여자일 경우 배다른 자식이 있을 수 있고 산부인과의사, 요식업, 식당종업원, 음식솜씨가 좋다.

4) **상관** : 나의 기운을 조금 뺀다

　남다른 지도자 타입이며 창작과 창의력이 있고, 꾸미기 좋아하고 미인이 많으며 외모에 신경을 쓴다. 여자는 화장을 잘하고 허영심이 많고 과시욕이 많다. 연예인, 예술가 등이 많다. 식신과 상관은 모두 내가 생하여 주고 빼앗기고 나의 기운이 설기泄氣당하는 것이다.

5) **편재** : 내가 남의 것을 정복하고 빼앗아 내 것으로 만들고 끌어온다

　정당한 절차를 밟지 않고 부를 축적하는 것이기 때문에 단시일내 천금을 벌어도 오래 가지 못한다. 인정이 많고 기분파이다. 매사 신중하지 못하고 거짓말, 편법, 변명 잘하고 이득과 이해득실을 따져보지 않고 남을 잘 도와준다. 낭비심이 많다. 남자는 여자친구가 많고 투기사업가, 무역업, 대기업, 현금수령자, 증권업자, 밀수자, 도박자, 복권 등을 하게 된다.

6) **정재** : 편재보다 적당히 정당하게 나의 것으로 만든다

　착하고 성실하다. 사물에 대해 정직하고 돈을 가치있게 효과적으로 사용한다. 가정적이며 양심적이고 일 잘하는 근면한 사람이다. 상식이나 권위를 좋아하고 파격적인 것을 싫어한다. 남녀 모두 이성과 사랑에 빠질 우려가 있다. 결국 규

격적이고 바르고 정당하게 모은 올바른 돈이다.

7) **편관** : 남이 나를 극하고 제어하고 죽이러 오는 것. 상대가 살기 위한 것
이다

관을 편집하며 정통 아닌 편법으로 관을 조작한다. 남자는 편관을 아들로 보고 매부, 경찰, 군인, 법관, 검사, 수사관, 감사관, 세무원, 국회의원, 집달리, 흉폭자, 강도, 시체 등으로 본다. 여자는 정부情夫의 애인으로 본다.

8) **정관** : 편관보다 조화롭고 적당하게 나를 극한다

정당한 계통을 가진 공무원, 행정관, 여자일 경우 남자친구 또는 남편을 뜻한다. 남녀 불문하고 품위단정하고 규율된 생활, 모든 사람의 안녕과 질서를 유지하는 사람. 벼슬이며 국록지객國祿之客이다. 남자일 경우 정관은 딸로도 본다. 官星은 모두 남자에게는 자식에 해당. 여자는 남편이 된다.

9) **편인** : 남이 나를 지나치게 도와주는 것

편모, 계모, 서모, 각종 기술자, 연예인, 비서, 역술가, 철학, 중독자, 도박꾼, 무용수 등으로 본다. 사위의 형제로 볼 수도 있으며 편인은 싫증 잘 내고 일은 자주 미루고 게으르며 계획을 잘 변동하고 바꾼다. 도식이며 재물을 훔쳐 버리는 현상. 적자 등으로 본다. 반대로 식신은 창고며 금고이다.

10) **정인(인수)** : 남이 나를 적당하게 도와주고 보살펴주는 것

모친, 이모, 선생, 성현, 인격자, 학자, 학문, 저자, 창업자, 언론인, 대필자代筆者 등으로 본다. 정인이 있어야 좋고 학교에 진학하고 시험에 합격하며 대학원 가고 유학간다. 사위로 보며 정인은 명리를 존중하고 생각이 깊으며 총명하다. 신용으로 본다.

## 3. 육신의 자세한 설명

### 1) 비견

남자에겐 형제·친구·처남의 아들. 여형제의 시부모. 여자에겐 남녀형제. 남편의 첩. 시아버지. 시부모 형제.

### 2) 겁재

남자에겐 이복형제. 형제. 제매. 고조모. 자부. 시어머니. 장인. 여자에겐 남편의 첩. 남녀형제. 시숙부. 시아버지. 아들의 장인. 시고모. 처남의 처.

### 3) 식신

남자에겐 장모. 손자. 증조부. 사위. 생질녀. 여자에겐 딸. 증조부. 사위. 생질녀.

### 4) 상관

수술. 건강. 남자에겐 조모. 손녀. 외조부. 외숙모. 생질녀. 여자에겐 아들. 외손부, 시누이의 남편.

### 5) 정재

남자에겐 본처. 숙부. 고모. 고손녀. 형수. 제수. 여자에겐 시어머니. 고모. 숙모. 시이모. 외손녀. 증손녀. 시조부.

### 6) 편재

남·녀 모두에게 아버지. 남자에겐 처. 백부. 첩. 처남. 형수. 제수. 여자에겐 시어머니. 시외숙. 사위. 백부. 증손자.

### 7) 정관

남자에겐 딸. 증조모. 질녀. 매부. 여자에겐 남편. 시동기. 자부. 자부의 형제. 사위의 어머니.

### 8) 편관

남자에겐 자식. 고조부. 외조부. 외조모. 딸의 시아버지. 매부.

### 9) 정인

남자에겐 어머니. 외손녀. 증손녀. 자부의 편모. 처남의 처. 종조부. 여자에겐 어머니. 큰고모. 종조부. 손녀.

### 10) 편인

남자에겐 편모. 조부. 외숙. 증손녀. 외손자. 숙모. 이모. 자부의 생모. 여자에겐 편모. 조부. 손자. 시조부. 시외조부. 사위. 이모. 사위의 형제.

## 4. 육신의 성정性情

### 1) 비견

형제. 동기同氣. 동등. 단체활동. 사회. 국민평등. 협조. 경쟁. 분탈. 독립. 분리. 약할 때는 협력하고 강할 때는 분쟁하는 성질이 있다. 비견이 많으면 형제 자매 간에 불화. 친구사이 멀어지고 부부 이별수. 재물 흩어짐. 자존심과 과단성. 자기고집. 논쟁과 고독. 여명에 비견이 태과하면 애정으로 고민하고 가정이 불화하고 부부간에 반목하며 태강하고 관성이 약하면 독신생활을 한다.

### 2) 겁재

후배. 오만. 분취. 투쟁. 부하. 동료. 사회조직. 겁탈자. 불손. 불화. 비방. 겁재가 많으면 남자는 극처하고 여자는 극부. 공동사업 실패. 내면곤궁. 구설수. 재물이 파손된다.

### 3) 정관

윤리. 도덕. 기강. 공무公務. 준법. 명예. 정당正當. 사명. 귀인. 군자. 존경. 충성. 정치. 문관. 공정무사. 대의명분. 자비심. 정관은 하나만 있는 것이 가장 길하고 상관傷官을 가장 싫어한다. 상관을 만나면 인격이 추락하고 신용을 잃고 관액을 당하며 실직당한다. 관살혼잡을 꺼리고 合이 되는 것을 꺼린다.

### 4) 편관

무관武官. 고통. 용감. 강직. 권위. 고집. 형액刑厄. 살상殺傷. 질병. 투쟁. 의협심. 협객. 소인. 무법자. 영웅. 군사력. 명령. 편관이 있으면 주색과 논쟁을 즐기고 강한 자를 누르고 약자를 돕는다. 고집이 있어 남의 의견을 수용하지 않고 시세에 편승하여 차질을 초래하고 성질이 사납고 불같이 조급하며 흉악한 일을 거침없이 자행한다. 년월에 편관이 있고 신약하면 빈천한 가문의 출생이고 부모의 덕이 박하고 질병이 많고 단명하는 수가 많다. 여자의 명에 정관과 편관이 혼잡되어 있으면 반드시 재가하게 되며 재가하지 않으면 간부姦夫를 두게 된다. 여명이 관살혼잡이면 정절貞節이 없고 색정에 빠져 창기娼妓가 되고 첩이 되는데 용신과 격국에 따라 길흉을 정함이 옳다.

### 5) 정재

성실. 노력. 성격이 단정. 이기주의. 검소. 인색吝嗇. 월급재月給財. 자산. 저축. 정확. 신용. 정당한 취득을 말한다. 정당한 보수. 정처正妻이기 때문에 소중하게 아끼며 함부로 낭비하지 않으니 인색한 것이다. 격국이 조화롭지 못할 시는 공처가나 인수를 극하기 때문에 부모와 인연이 박하고 신약하면 노력만 하고 실속이 없는 경우가 있다. 정편재를 막론하고 사주가 신왕해야 복록을 누리며 신약하면 부모와 처자의 연이 박하고 부귀영화가 뜬구름 같다.

### 6) 편재

풍류. 낭비. 호방. 횡재. 수단. 활동. 물욕. 투기. 사업재물. 도박성. 의협심. 강개심과 성질이 담박. 허식이 없고 의로운 일에 재물을 아끼지 않는다. 풍류심이 있어 주색에 빠져 가도家道를 그르치는 경향이 있고 물욕이 많아 일확천금을 노리며 타향에서 성공하는 수가 많다. 편재는 월지나 시지에 있는 것이 가장 길하며 충파沖破가 없으면 대부大富한다. 신왕재왕해야 복록이 따르며 신약하면 부모와 처자와의 인연이 박하다.

## 7) 식신

총명. 건강. 덕망. 식복. 구변口辯. 생산성. 건설. 풍요. 향락. 편의. 발전. 도량度量. 관대. 명중에 식신이 하나 있고 충파가 없이 유기有氣하면 대부大富한다. 식욕이 왕성하고 건강하며 덕망이 있어 일생 편안하게 보낸다. 식신이 많으면 신체는 허약하고 자식을 두기 어렵고 빈천하며 인덕이 없다. 여자의 명에 식신이 너무 많으면 남편운이 불길하며 고과孤寡를 면키 어렵다. 식신은 편인이 극하는 것을 가장 꺼린다. 식신이 편인을 만나면 도식盜食이 되고 일생 곤고하며 용두사미격이 되고 신체가 왜소하고 어릴 때 젖이 부족하게 자랐으며 심하면 단명한다.

## 8) 상관

총명. 화려. 능변. 혁신. 공격. 무법자. 반항. 방종. 영웅심. 봉사. 희생. 홍보. 예술성. 기술. 식신이 유형적 물질생산성이라면 상관은 무형적 정신생활성이다. 상관이 강하면 재주가 뛰어나지만 오만하고 자존심이 강하여 천하 사람이 모두 자기만 못하다고 생각하여 오해와 구설수 그리고 방해가 따른다. 상관은 나의 기운을 도설盜泄해 감으로 타인을 위해 희생과 봉사를 하고 자신은 손해를 본다. 상관격은 사주에 관이 없는 것을 가장 기뻐하니 상진傷盡되어 격이 순수하고 대운이 재운으로 흐르면 복록이 무궁하다. 관살과 혼잡하면 화가 백단으로 발생하여 구설과 질병과 손재등을 면키 어렵다. 여자의 명에 상관이 강하면 대흉하며 부부궁이 좋지 못하고 생리사별生離死別한다. 혼사때부터 방해가 많고 사기결혼 당하기도 하며 항상 불만과 고독함을 맛본다. 독신으로 지내는 여자가 많으며 사별 후엔 정절을 지킨다. 상관이 강하면 자식을 두기 어렵고 임신중에도 자연 유산이 많다. 상관성은 남녀를 불문하고 불길한 신이지만 격국과 강약의 배합이 좋으면 부자와 명인재사名人才士가 상관격에서 많이 나온다. 무조건 흉성凶星으로 보아서는 안된다.

## 9) 정인

문명. 학자. 자비. 선량. 상인上人. 교육. 보수적. 이기주의. 계승. 신심信心. 문서. 인장. 정인은 부모의 음덕으로 유산을 물려받으며 학문을 좋아하고 인격이 방정하여 일생 병이 적고 지혜와 심성이 풍후하다. 이기심이 강하여 남에겐 인생하고 자신에겐 후하다. 인수가 많으면 융통성이 부족하고 모친이 많은 상이니 어머니가 둘이 있는 상이요 여자의 명에 인수가 많으면 자식인 식신과 상관을 극하기 때문에 자식이 적거나 거의 없다. 파극破克되지 않고 기운이 있으면 장수하고 문장으로 이름을 날린다. 어릴 때 재운財運을 당하면 학업을 이루기 어렵고 부모를 극한다.

## 10) 편인

권태. 위선. 민첩. 임기응변. 변태. 모사. 유두무미有頭無尾. 배신. 학자. 종교. 예술. 비생산성. 편인을 탈식奪食 또는 도식盜食 또는 효신梟神이라고 한다. 식신은 양명지원養命之源인 재財를 생하고 칠살(관살)을 억제하여 몸을 보호해 주는데 편인은 식신을 극하기 때문에 재財를 생할 수 없게 된다. 밥그릇을 뺏는 격이니 탈식이라고 한다. 반대로 사주가 신약하여 의지할 곳이 없으면 편인도 정인 못지않게 필요한 것이다. 식신을 용用할때는 편인이 있으면 건강에 이상이 오고 실직하고 손재가 있는데 이때 편재로서 제제制制하여 주면 좋다. 명중에 편인이 있으면 상관傷官과 합습하는 것이 가장 묘하고 탈식과 해관害官을 못하여 임기응변과 권모술수의 기재奇才를 백출百出한다. 편인이 너무 많으면 모든 일이 처음은 순리적이나 종말은 흉화凶禍를 초래하여 어려서 부모와 생리사별生離死別하거나 남의 집에 양자로 가거나 다른 부모밑에 양육을 당해본다. 일지日支에 편인이 있고 주柱중에 식신이 있으면 자랄 때 어머니 젖이 부족하고 여자의 명에 일지에 편인이 있으면 성불감증이 있다. 일지에 편인이 있는 자는 편업이 적당하여 예술가, 배우, 역학자, 무복巫卜 등 비생산성의 업이 좋고 정인과 편인이 혼잡하면 두 가지 이상의 직업에 종사한다.

## 5. 육신통변六神通變

일간日干을 중심으로 음양陰陽과 오행五行을 구분하면 10가지로 구분되는데 이를 육신六神이라 한다.

　이 육신은 운명감정에 일어나는 여러 가지 사실을 직접 분석하고 대조하며 사주의 조직과 그 소재를 파악하여 운명에 미치는 영향의 경중輕重과 왕쇠旺衰를 논하여 판단하는 것이다.

　육신은 육친六親이라고도 하는데 오행이 음양에 따라 통변된 상을 가지고 선조, 부모, 형제, 처자, 손자 등으로 분류하여 가정이나 사회에 일어나는 삶의 모든 현상을 말하기도 한다.

육신 구분

| 구분 | 六神 | 의미 | 예 |
|---|---|---|---|
| 비아자<br>比我者 | 비견比肩 | 日干과 오행이 같고 음양이 동일 | 甲見甲 |
| | 겁재劫財 | 日干과 오행이 같고 음양이 다른것 | 甲見乙 |
| 아생자<br>我生者 | 식신食神 | 내가 생한 것으로 음양이 동일 | 甲見丙 |
| | 상관傷官 | 내가 생한 것으로 음양이 다른것 | 甲見丁 |
| 아극자<br>我克者 | 편재偏財 | 내가 극한 것으로 음양이 동일 | 甲見戊 |
| | 정재正財 | 내가 극한 것으로 음양이 다른것 | 甲見己 |
| 극아자<br>克我者 | 편관偏官 | 나를 극한 것으로 음양이 동일 | 甲見庚 |
| | 정관正官 | 나를 극한 것으로 음양이 다른것 | 甲見辛 |
| 생아자<br>生我者 | 편인偏印 | 나를 생한 것으로 음양이 동일 | 甲見壬 |
| | 정인正印 | 나를 생한 것으로 음양이 다른것 | 甲見癸 |

## 6. 육신의 작용

　비겁比劫 : 식상食傷으로 생하고 재財를 극한다. (木)
　식상食傷 : 재財를 생生하고 관官을 극한다. (火)
　재성財星 : 관官을 생하고 인印을 극한다. (土)
　관성官星 : 인印을 생하고 비겁比劫을 극한다. (金)
　인성印星 : 비겁比劫을 생하고 식상食傷을 극한다. (水)

# 제3절 육신의 용어用語의 해설

- 비겁比劫 : 비견과 겁재를 합쳐서 칭하는 말.
- 재성財星 : 정재와 편재를 합쳐서 칭하는 말.
- 관성官星 : 정관과 편관을 합쳐서 칭하는 말.
- 식상食傷 : 식신과 상관을 합쳐서 칭하는 말.
- 인성印星 : 인수와 편인을 합쳐서 칭하는 말.
- 재관財官 : 재성과 관성을 합쳐서 칭하는 말.
- 인비印比 : 인성과 비겁을 합쳐서 칭하는 말.

상인하재좌식우관중비겁재上印下財左食右官中比劫財

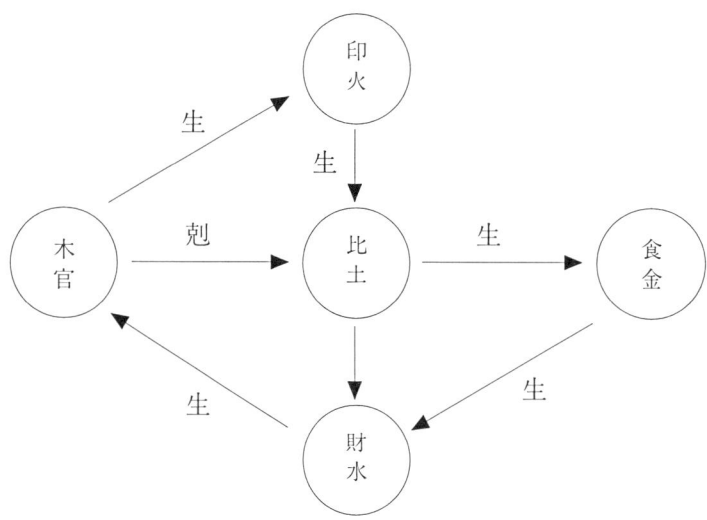

## 1. 비견比肩

의지가 강하고 독단적이며, 자신감이 강하다. 강한 기질 때문에 시비 다툼이 많고 주위사람과 원만히 어울리지 못하는 편이다.

특히 비견은 재財를 극하므로 비견이 많으면 부부간에 다툼이 심하고, 이별하는 경우가 많으며, 형제간에도 불화가 있고 사회적으로는 독립적인 자유업에 종사하면 좋다. 재물에 대한 욕심도 강하여 타인의 재물을 탐내고, 격식이 좋으면 재산을 모으는 재주가 있으나 저축이 되지 않고 낭비가 심하며 수입보다 지출이 많게 된다.

## 2. 겁재劫財

비견과 비슷한 성향을 가지고 있으며, 이중인격인 경우가 많고 투기심이 있으며, 도박을 좋아하고 격식이 나쁘면 사기성이 있으며 타인의 재물을 빼앗으려는 마음이 있다. 이기적이고 각박하며 양인과 같이 있으면 내심內心 독기毒氣가 있고 인격이 떨어진다.

## 3. 식신食神

비밀이 적고 사교적이며, 성실하고 부지런하며, 음식을 잘먹고 주위사람과 친하려는 마음을 가지고 있다. 봉사정신이 투철하여 남을 이롭게 하며 남의 심리를 잘 간파하고 신체가 비대하고 먹을 것이 항상 있다. 건강하여 장수하며 식신이 강하면 경솔하고 말이 많고 실수가 많다. 생각이 깊지 못하고 말이 앞서므로 구설수도 있고 신약身弱이면 반대로 그 특성이 마음에만 있을 뿐 겉으로 드러나지 않는다.

## 4. 상관傷官

총명하고 만능다재하여 융통성이 좋다. 뽐내고 상대방을 무시하고 냉소적이며, 남을 비판하고 꺾으려고 하는 성품이 많다. 말을 꾸미고 일에 임하여도 유능하게 처리하나 대개 잔재주인 경우가 많고 깊이가 없는 것이 흠이다. 자기 멋대로 하는 성품 때문에 구속된 생활을 싫어하고 반항적이다. 항상 이탈심이 있어서 집을 나가거나 인내력이 부족하여 한가지 일이나 직장에 오래 견디지 못하고, 자꾸 바꾸고 고치고 변화시켜서 개혁하려는 의지가 강하다.

## 5. 편재偏財

성품이 활달하고 이재理財의 능력이 있어서 항상 금전 융통을 잘하고, 사람을 이용하고 통솔하는 재주가 있어 모든 일을 진행함에 있어서 대체로 남에게

시켜서 진행하는 편이다. 풍류를 좋아하고 우물쭈물하는 것을 싫어하여 즉석에서 시원스레 일을 처리하고 남을 잘 돌봐주는 한편 교제에도 유능하여 폭넓은 생활을 한다. 돈도 잘 쓰고 남자는 여자를 좋아하여 종종 풍파를 겪기도 한다.

## 6. 정재正財

성실하고 검소한 생활을 하고 살림도 규모있게 잘하며 일도 꼼꼼하고 빈틈없이 처리한다. 주로 경리, 재정, 관리직에 유능하나 고지식한 것이 흠이다. 또한 인색하고 타산적이며 재물에 집착심이 강하다. 너무 합리적이고 실질적인 것만을 추구하므로 멋이 없고, 여유가 없어서 주위사람들로부터 미움을 산다.

## 7. 편관偏官

의협심이 강하고 항쟁심이 있어 반항적이고 급진적인 성격이다. 세력을 내세우고 권위로서 지배하려고 하며 자기의 목적을 위하여 타인을 이용하려는 마음이 있다. 권모술수에 능하고 영민하나 허풍과 과장이 있고 모험심이 강하다. 기회에 민감하고 과단성이 있다. 신약身弱이면 항상 막히고 괴로운 일이 많으며 타인의 중상을 받고 의타심이 있다. 또한 스스로 일을 저질러 괴로움을 당하기도 한다. 신왕身旺하고 살殺도 강하면 모든 일에 유능하고 남의 일도 잘 보아주며 승부욕이 강하여 권세를 잡는다. 인성印星과 살인상생殺印相生하면 화순和順하고 이성적인 편이다.

양인羊刃과 같이 있으면 권력을 잡아 성공한다.

## 8. 정관正官

성실하고 정직하며 정사正事를 좋아하고 공명심이 높다. 모범적이고 순종심이 강하며 자신의 처지를 알아 분수껏 행동하고 책임감이 강하고 준법정신이 강하다. 관운이 좋아서 승진이 잘되고, 신약하면 소심하고 권리주장이 약하여 큰일을 맡기기는 어렵다. 관살 혼잡하면 천명賤命이다. 여자는 대체로 남편운이 좋다.

## 9. 편인偏印

 임기응변의 재주가 있고 기회를 잡는다. 예술적인 방면에 소질이 있고, 기획력과 기발한 생각 등을 잘하고 학예를 좋아하여 발명, 발견 등의 재능이 있다. 일의 시작은 잘하나 끝이 좀 흐리고 싫증을 빨리 느끼며 나태하여 용두사미龍頭蛇尾가 되는 경우가 있다. 때론 급하고 느린 것이 부정확不定確하고 성격이 까다로우나 재치가 있다.

## 10. 정인正印

 총명하고 박식하며 사려가 깊어 정인군자正人君子와 같다. 처세가 신중하고 자존심이 강하다. 생각이 깊으나 활동력이 약한 것이 흠이며, 청고하게 살려고 하므로 재물과 인연이 멀다. 한편 이기주의적인 면이 있으며 명예욕이 강하다. 본인이 직접 재산을 벌어들이지 못하고 남이 갖다주는 재물로 살아가는 경우가 있다. 부모·조상의 덕을 보고 만인滿人의 존경대상이 되고자 한다.

## 제4절 육신과 육친관계

### 육신과 육친관계

|  | 비견 | 겁재 | 식신 | 상관 | 정재 | 편재 | 정관 | 편관 | 정인 | 편인 |
|---|---|---|---|---|---|---|---|---|---|---|
| 남자의 경우 | 兄弟 형제 | 弟妹 제매 | 손자 장모 | 손녀 조모 | 처 숙부 | 부父 첩 | 자녀 외조모 | 자녀 조카 | 正母 정모 | 偏母 편모 |
| 여자의 경우 | 형제 | 자매 | 자녀 | 자녀 | 姑叔 고숙 | 부친 | 正夫 정부 | 偏夫 편부 夫兄 부형 | 正母 정모 | 偏母 편묘 |

■ 비견·겁재

 −나와 동등한 위치 : 형제, 친구, 이웃, 동료, 도반, 협력자, 경쟁자 등.

### ▪ 식신 · 상관

— 내가 돌봐줄 사람. 나한테 물려받은 사람 : 여자에게는 자녀, 남자에게는 종업원, 식솔, 하인, 식모, 가축 등.

### ▪ 편재 · 정재

— 내가 지배하는 사람 : 편재는 부친父親, 정재는 처妻. 일반적으로 여자들, 직속부하나 통솔직원 등.

### ▪ 편관 · 정관

— 나를 지배하는 사람 : 편관은 남자에겐 아들, 정관은 여자에겐 남편. 일상적으로 상관, 관리, 적, 귀신. 편관은 외간남자 등.

### ▪ 편인 · 정인

— 나를 낳아주고 후원하는 사람 : 편인은 이모 · 계모. 정인은 어머니. 일상적으로 후원인, 조상, 친정, 귀인, 어른 등을 의미.

## 1. 육신표출의 원리

육신을 표출할 때는 아래와 같은 원리로 적용되고, 항상 上印, 下財, 右食, 左官, 中比劫이다.

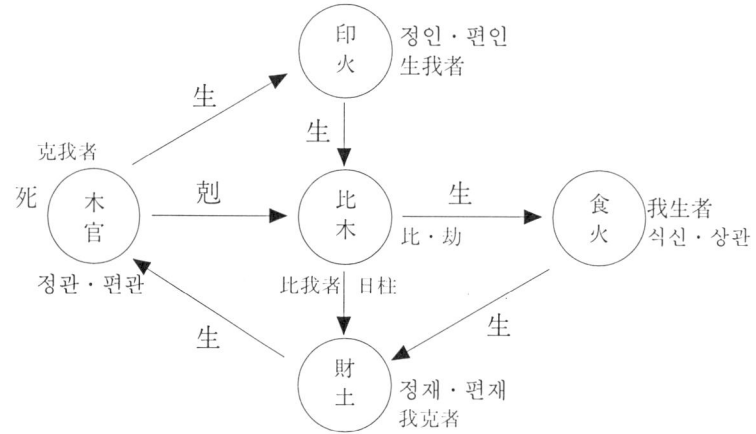

## 2. 육신도 설명

- 인성印星(수受·보補) : 새로이 거름을 주는 재충전이다.
- 관성官星(수확收穫) : 다스림을 받고, 공격을 당하며, 지배를 당한다.
- 재성財星(수囚·산散) : 갇히고 흩어지며, 열매이다. 직선적이며 통솔력이 있다. 솔직하고 공격적이며 남을 이용한다.
- 식상食傷(설泄·휴休) : 잎이나 꽃을 피우고, 착하고 순리적이다. 서비스형이며 간섭을 한다.
- 비겁比劫(왕旺·익益) : 동기오행同氣五行으로 협력자이며 경쟁자이다.

## 3. 육신의 상호관계(육신을 오행으로 간주할 때)

| | | | | |
|---|---|---|---|---|
| 비견·겁재 | 木生火 ▶ | 식신·상관 | 木剋土 ▶ | 정재·편재 |
| 식신·상관 | 火生土 ▶ | 정재·편재 | 火剋金 ▶ | 정관·편관 |
| 정재·편재 | 土生金 ▶ | 정관·편관 | 土剋水 ▶ | 정인·편인 |
| 정관·편관 | 金生水 ▶ | 정인·편인 | 金剋木 ▶ | 비견·겁재 |
| 정인·편인 | 水生木 ▶ | 비견·겁재 | 水剋火 ▶ | 식신·상관 |

## 4. 남명男命의 경우

　정재正財가 처妻가 되고 처를 낳은 식신食神 화火가 장모가 되며 처妻가 낳은 금金이 관성官星인데 자식이요. 그 자식의 자녀가 손자이니 식신食神이 되고 딸(신辛)과 결혼한 남편 병화丙火는 사위도 되는 것이다.

　나를 낳은 인수가 모친이요. 모친과 합습한 무토戊土 편재가 부친이 되고 부친을 낳은 정화丁火가 할머니가 되고, 할머니와 합습한 임수壬水는 조부祖父로서 부친父親의 편재에 해당한다.

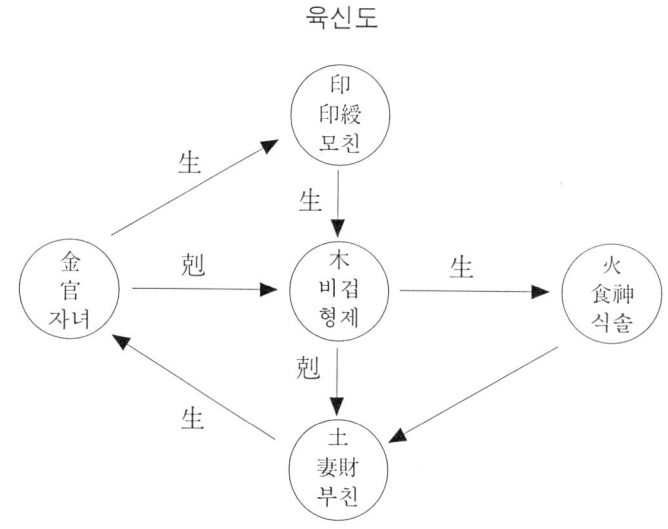

육신도

## 5. 남명男命 육신도六神圖

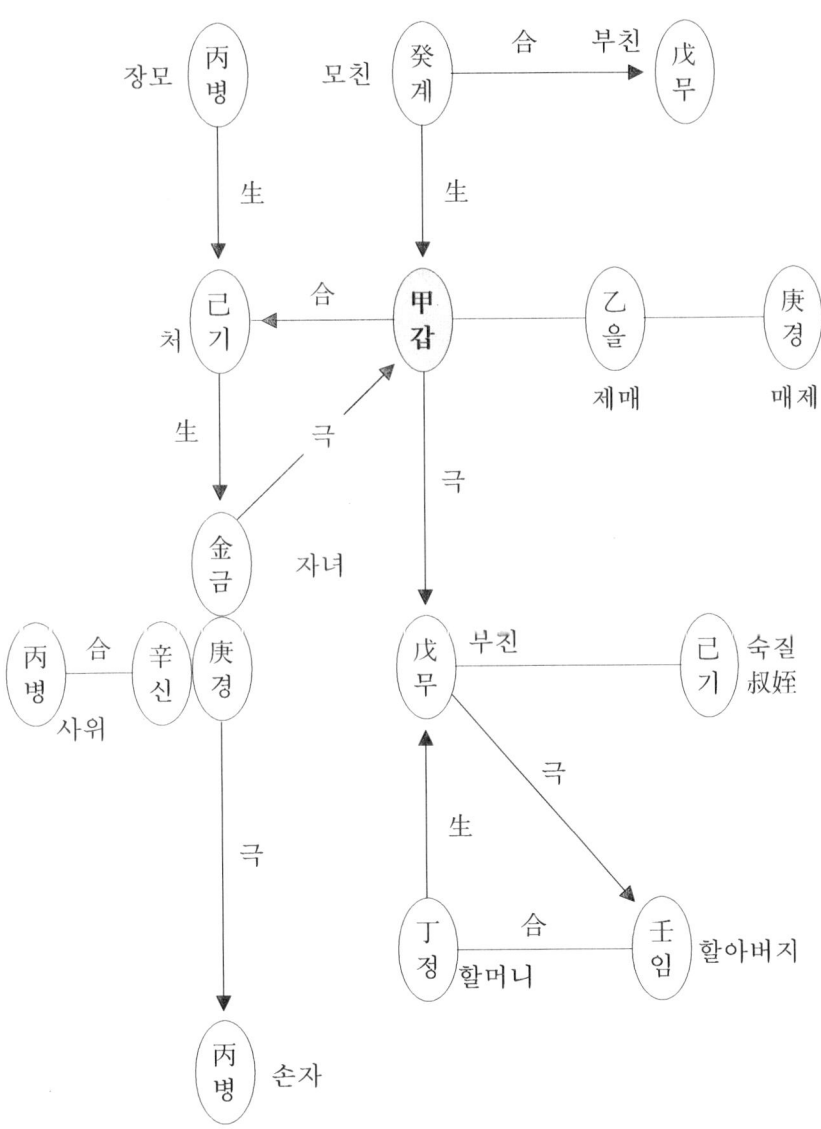

## 6. 여명女命의 경우

나를 극하는 관성官星이 남편이요, 남편을 낳은 시모는 무토戊土이나 나와의 관계는 편재에 해당하여 고부간의 사이는 숙명적으로 상극相剋관계이다. 자식 중 딸의 남편인 신금辛金과는 정재正財의 관계이고, 아들과 결혼한 임수壬水는 며느리가 되고, 딸이 낳은 토土자식은 친손親孫에 해당한다.

이렇게 추리해 나가면 더 구체적인 육친관계 까지도 알아낼 수가 있다. 다음의 그림은 기본 육신도인 오행의 상생상극과 기본도를 중심으로 좀더 구체적으로 육신관계를 펼친 여명女命 육신도六神圖이다.

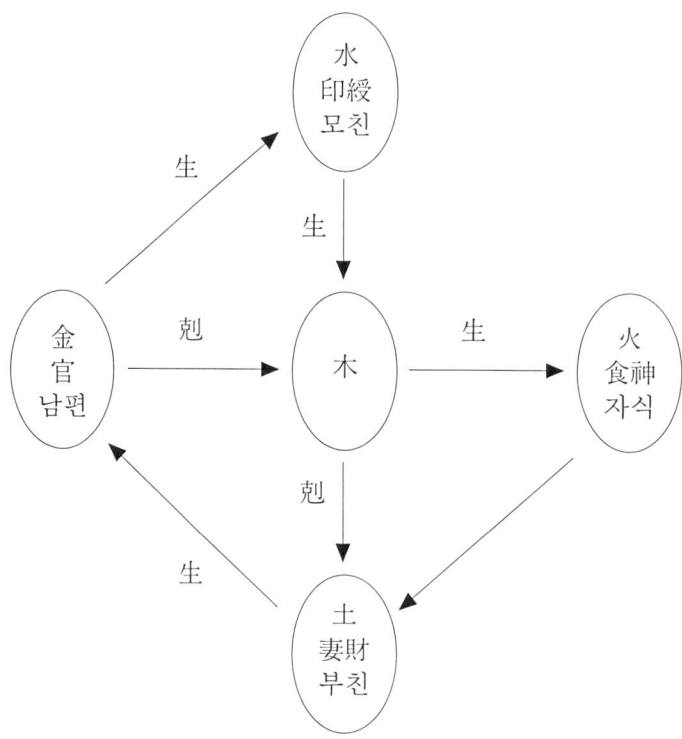

제9장 육신의 원리와 육신통변  301

## 7. 여명女命 육신도六神圖

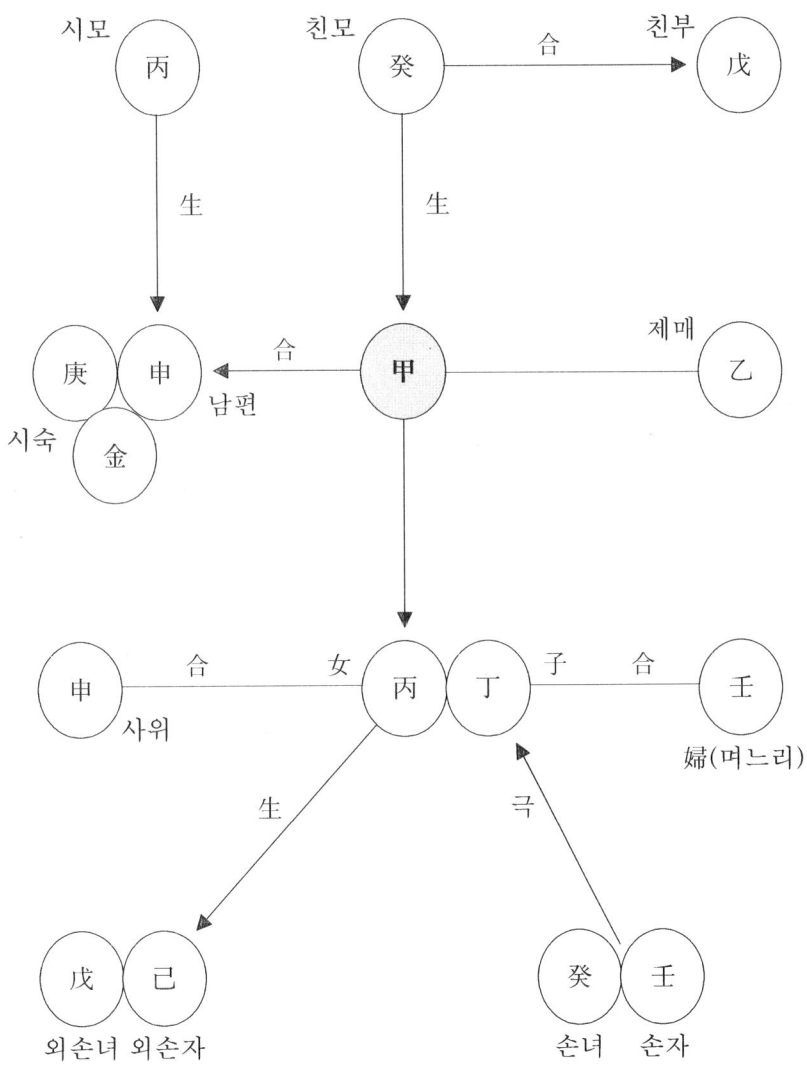

## 제5절 육신六神에 따른 특색 분류

### 1. 육신의 특색

(1) 비견 – 강해 보인다

외견 강해 보이고 키도 큰 편이고 눈빛도 강하며 특히 여자는 남자상으로 보인다.

(2) 겁재 – 험악하다

비견과 비슷하나 인상이 더욱 험악하여 용모가 떨어진다.

(3) 식신 – 풍후하다

신체가 풍후하여 키도 크고 뚱뚱한 것이 특색인데 신약(身弱)이면 키는 크지 않는다.

(4) 상관 – 멋쟁이

홀쭉한 경우가 많고 몸매가 쭉 빠진 모습이고, 격식이 좋으면 용모가 아름답다.

(5) 정재 – 빈틈없다

빈틈없이 보이고 야무진 체격으로 아담한 편이다.

(6) 편재 – 두툼하다

얼굴이 잘난 편은 아니고 위압감이 있거나 사교적이고 활동적이며 탁해 보인다.

(7) 정관 – 단정하다

네모난 얼굴에 균형이 잡혀있고 정직하고 성실한 인상을 풍기며 용모가 단정하다.

(8) 편관 – 장대하다

편관이 많으면 키가 작고 독기가 있어 보이고 신강이면 기골이 장대하고 무골형이다.

### (9) 정인-점잖다

단정하고 점잖아 보이고 체격은 보통에 학자적 풍모가 보인다.

### (10) 편인-왜소하다

왜소하거나 균형을 잃은 모습이고 괴팍하거나 까다로운 타입이고 깡마른 체구가 많다.

같은 것이 많을수록 그 특성이 강하고 격을 이루는 六神일 때 더욱 강하게 나타난다.

## 2. 육신六神에 따른 직업의 분류

### (1) 비견
자유업, 체육인, 독립사업, 대리점 경영, 건축업, 납품업.

### (2) 겁재
투기업, 증권투자, 부동산업, 수금업.

### (3) 식신
직장생활, 공무원, 음식물업, 식당, 요식업, 수퍼마켓, 교사, 고아원.

### (4) 상관
기술직, 비평가, 교육가, 의사, 수리업, 문필가, 기자, 가수, 예술인.

### (5) 정재
공무원, 경리, 재정분야, 물품관리직, 은행가, 계리사 및 회계사, 세무사.

### (6) 편재
사업가, 금융업, 무역업, 은행가, 관리직, 수금사원, 부동산업, 유흥업.

### (7) 정관
공무원, 회사원, 총무, 서무, 비서, 행정적.

### (8) 편관

군인, 경찰, 청부업, 건축업, 중개업, 용역사업, 관리책임자, 경비원.

### (9) 정인

화예, 정치가, 문인, 교사, 종교인, 생산업, 학원경영, 출판문화계종사, 언론인.

### (10) 편인

예술가, 문필가, 화가, 의사, 역술가, 약사, 기획설계분야, 광고물 제작, 출판, 문화사업, 인쇄업, 언론인.

### (11) 양인

체육인, 군인, 경찰, 의사, 정육점, 목수, 철공장, 재단사, 이발사, 미싱사, 침술, 제재소, 검사, 미용사.

## 3. 육신六神과 말투와 음성의 특성

### (1) 비견

목소리가 강하고 쨍쨍하게 울리며, 자신있는 목소리로 남에게 굽히지 않는다.

### (2) 겁재

욕설을 많이 한다. 거짓이 있다.

### (3) 식신

부드럽고 상냥한 목소리로 조심스럽다.
상대방의 기분을 잘 맞추어 말한다.

### (4) 상관

매끄럽고 유창한 목소리이고 비꼬며 냉소적으로 말하며 상대방의 말을 꺾는다.

### (5) 정재

꾸밈이 없이 소박하고 실질적인 말을 하나 힘이 있다. 꾸밀 줄을 모른다.

### (6) 편재

명쾌한 목소리로 상대방에게 신경쓰지 않고 함부로 말하는 타입이다. 또한 농담을 잘한다.

### (7) 정관

조심스럽고 조용하게 말하며 정직하여 책임있는 말을 한다. 격식에 맞춰서 말한다.

### (8) 편관

팍팍 퍼지는 목소리이며 목소리가 크다.

### (9) 정인

깊이 생각하고 조심스럽고 신중하게 말을 한다. 점잖은 말을 골라한다.

### (10) 편인

비현실적이며 공상적이고 고상한 말을 한다.
분위기를 보아가며 재치있고 멋있는 말을 한다.

■ 대체로 신강身强이면 목소리에 힘이 있고, 화火가 많으면 꾸미고 허풍이 있으며 목소리가 높고, 수다水多하면 저음이 울리며, 신약身弱이면 힘없는 목소리이고, 식상食傷이 좋으면 시원스럽게 말하고 인수가 많으면 말이 느리다.

## 4. 육신과 운세運勢

### (1) 비견比肩

- 길吉작용 : 독립, 두각, 인기, 협조, 힘을 얻는다. 왕기旺氣(건록建祿).
- 흉凶작용 : 이별, 손재, 팔자가 센사람은 비견운에 이혼하고 동업자와도 헤어진다.

(2) 겁재劫財

- 길작용 : 분리, 투기, 분가分家, 득력得力, 투지.
- 흉작용 : 극처, 손재, 사기, 도난, 실물..

(3) 식신食神

- 길작용 : 진출, 확장, 활동.
- 흉작용 : 무기력, 싫증, 이용당함, 사기, 손해.

(4) 상관傷官

- 길작용 : 변동(자의), 이탈, 재주, 대적對敵.
- 흉작용 : 구설, 시비, 거역, 비행, 실수, 극부.

(5) 편재偏財

- 길작용 : 재물융통, 재물이 크게 늘고(대재大財), 자본, 투자, 승리, 통솔.
- 흉작용 : 부채, 부도, 외도外道, 풍류.

(6) 정재正財

- 길작용 : 현금수입, 흑자, 이득.
- 부채, 손재, 금전애로.

(7) 편관偏官

- 길작용 : 권위(감투), 책임, 투쟁.
- 흉작용 : 관재, 소송, 철거, 괴로움(근심과 걱정), 좌천, 변동(타의), 돌변사고, 질병, 질병.

(8) 정관正官

- 길작용 : 직장승진, 표창, 취직, 인정받음, 안정.
- 흉작용 : 무능, 소심, 위축, 좌절.

(9) 편인偏印

- 길작용 : 도움, 회생, 부업, 취미.
- 흉작용 : 한직閒職, 실직, 적자, 무위도식, 실속없는 일, 놀랄 일.

(10) 정인正印

- 길작용 : 명예, 지위, 학문, 유산, 자격.
- 흉작용 : 공허, 적자, 체한다.

## 5. 육신과 운세의 응용

### 1) 사업인의 경우

(1) 비견

경쟁업체가 생기고 생산품목이 인기가 상승하여 잘 팔리고 하청공장이나 큰 회사에 소속되어 있던 업체는 독립업체로 분리되어 일어선다.

(2) 겁재

불량상품으로 반품이 늘고 뜯기는 돈이 많으며 사기·도난 등의 사건이 있고 신약身弱이면 주위 도움으로 일어선다.

(3) 식신

물품 출하가 늘며 거래처가 증가되고 종업원도 늘어나며 재정상 흑자를 본다.

(4) 상관

관청의 지시를 어기어 말썽이 생기고 세금이나 장부의 하자로 인한 문제가 발생한다. 기계나 공장시설을 뜯어고치고 상품의 이름이나 체제, 경영방식의 개선이 따른다.

(5) 정관

꾸준히 발전하고 상품의 품질이나 회사의 신용이 인정되고 관청으로부터 좋은 소식이 있다.

(6) 편관

관청의 괴로운 지시가 있든지 이동·변화 등이 있고 거래처로부터 좋지 않은 소식 등 제반 불리한 일만 발생한다.

### (7) 정재

현금 수입이 증가되고 착실히 성장하여 직원들이 지시에 잘 따른다.

### (8) 편재

투자할 일, 부채가 늘어나고 빚을 내야 하며 여자문제가 발생하기도 하고 부도가 나기도 한다. 신강身强이면 목돈이 들어오고 자금융통이 잘되며 횡재도 한다.

### (9) 정인

주문이 증가하거나 초청장이나 명예를 얻는 문서나 물려받은 재산, 책임 등이 생기고 주위의 협조가 잘 되어 새로운 제품에 손대기도 하며 교육받을 일도 생긴다.

### (10) 편인

적자운영을 면치 못하며 일감이 줄어들고 거래처는 감소되고 수입보다 지출만 늘어난다. 다른 품목이나 다른 일에 손대어 고심하고 운이 나쁘면 도산한다.

## 2) 직장인의 경우

### (1) 비견

두각을 나타내고 인기가 상승된다. 경쟁자가 생기든가 다툴 일이 생기고 독립하고픈 마음이 생기며 부부간의 다툼이 발생한다.

### (2) 겁재

엉뚱한 지출이 생기든지 손재, 사기, 도난 등이 있고 애인이나 처妻한테 다른 남자가 나타날 수도 있다. 친구동기간의 일로 고심한다.

### (3) 식신

업무가 증가되어 동분서주 바쁘고 아이디어를 내어 회사에 건의하고 수입이 증가되며 음식대접이 많다.

### (4) 상관

윗사람과 다투고 사표 낼 결심을 하며, 싫증나고 짜증이 나서 자주 회사에 결근하고 엉뚱한데 관심을 갖고 자리를 비운다. 기술방면이나 재주를 뽐내기도 하고 관청에 불려가기도 한다.

### (5) 정재

현금이 잘 돌고 수입이 증가되며 성실하게 근무하고 밀린 업무 처리하고 아래 사람 통솔하는 능력도 보인다.

### (6) 편재

빚을 내고 투자하거나 목돈 쓸 일이 생기고 부채가 발생한다. 길운吉運에는 횡재도 하고 부수입도 올리며 여자관계가 생기고 술집출입이 잦다.

### (7) 정관

승진기회에 닿은 사람은 승진하고 표창받으며 맡은 일에 책임을 다하고 윗사람으로부터 칭찬을 받는다.

### (8) 편관

자리이동이나 관재구설 등이 생기고 꾸중들을 일이 발생하며 정신적으로 괴로움이 많다.

### (9) 정인

사원교육도 받고 새로운 일자리나 책임을 맡고 새로운 구상도 해본다.

### (10) 편인

적자생활을 하거나 또는 직장을 잃고 한직으로 밀려난다.

## 사주에서의 직업과 적성의 판단

1. 사주에 있어서 직업의 판단이나 분류는 우선적으로 일주日柱의 오행과 월주月柱를 대조한다. 월주는 부모·형제의 자리이기 때문에 나와 부모와의 관계이며 자랄 때의 환경적인 요인이 가장 강하게 나타난다. 월주가 인수

印綬이면 학문과 학자에 관련한 것이고, 월주가 비견比肩이나 겁재劫財이면 부모대에 재산이 감소된 것이고, 월주에 상관傷官이 놓이면 부모대에 폐업이 있었을 것이고, 월주에 식신食神이 있으면 부모대에 의식이 풍부하였으며, 예술과 기술의 가문을 유추할 수 있을 것이다. 월주에 재성財星이면 부모대에 경영에 관련된 재정계나 사업가의 집안을 감지할 수 있고, 월주가 관성官星이면 부모대에 공직생활을 한 것으로 볼 수 있을 것이다. 다시 말해서 나와 부모와의 관계는 미래의 직업을 결정하거나 인생의 목표 결정에 지대한 영향을 준다 할 것이다.
2. 주중柱中에서 세력이 강한 오행의 영향에 의해서 환경의 적응력이 만들어지거나 해당된 직업을 선택하는 사람이 많게 된다.
3. 조후용신에 의해 직업을 갖게 되는 경우도 있다. 예컨대, 한랭한 12월에 태어난 사람이 수기水氣가 강하여 화기火氣나 목기木氣에 해당하는 직업을 갖게 되기도 한다. 이 모든 이유는 오행의 중화와 균형을 이루어 일의 능률과 건강한 삶을 누릴 수 있기 때문이다.

### 오행의 적성과 직업

1. 木에 해당하는 직업
   가구, 목각, 교육, 출판, 통신, 의사, 의류, 농장, 건자재, 토목, 편물, 양재, 문방구, 인장, 목각, 약초, 육림, 지물, 악기, 건축, 목재, 문화 등
2. 火에 해당하는 직업
   화학섬유, 전자, 화공, 주유소, 용접, 유류, 전자, 항공, 과학기술, 약품, 교육, 언론, 연예인, 미장원, 피혁, 기자, 화학, 약품 등
3. 土에 해당하는 직업
   철학, 종교, 부동산, 토지, 토건, 농산물, 재배, 소개업 등
4. 金에 해당하는 직업
   철물, 자동차, 중공업, 조선, 운수, 경공업, 광산, 제련, 기계, 공구, 경찰, 군인, 기술자, 금은세공 등
5. 水에 해당하는 직업
   해운업, 상하수도, 양식업, 수산물, 냉동업, 해저개발, 법관 무역업, 유흥업, 주류업, 여관, 식품, 법관, 무역업 등

## 육신六神에 따른 적성

1. 인수印綬, 비견比肩, 겁재劫財
   학원, 언론계, 출판계, 육영사업, 교육계, 주택업, 정치, 통역, 대서업, 번역, 의류업, 행정직, 서예, 종교, 골동품 취급, 창고업, 예술, 복사업, 가구, 문방구, 서점, 문화사업 등
2. 식신食神, 상관傷官
   음식물, 육영사업, 기술, 예능, 학원, 생산업, 투기업, 종교, 교육, 감독, 보모, 육영사업, 유모, 기생, 식모, 밀수, 응용, 가공, 식품업, 식당, 포주 등
3. 정재正財, 편재偏財
   음식물, 식품, 계리사, 재무, 회계, 부동산, 고리 대금업, 은행, 전당포, 관리직, 투기, 창고직, 밀수, 경리직, 경제분야, 재정, 세무사, 일반업체 등
4. 정관正官, 편관偏官
   공무원, 군인, 법관, 행정직, 형무관, 고용인, 별정직, 임시직, 직장, 경찰 등

### 교육계敎育界

- 사주에 인수가 2개 이상 있거나 용신이 인수이거나 월지에 인수가 있는 경우
- 사주에 식신이나 상관이 2개 이상 있거나 용신이 식신이나 상관이거나 월지에 식신이나 상관이 있는 경우
- 목화일주木火日柱가 목木과 화火를 많이 가지고 있는 경우
  1) 기타 언론계, 문예계, 가요계, 무용계, 연예계 등

### 법정계法政界

- 일간日干이 왕旺하고 관官이 왕한 자
- 정기일주丁己日柱가 재財나 관官을 끼고 있을 때
- 병화일주丙火日柱가 경금庚金을 만나거나, 경금庚金일주가 병화丙火를 만날 경우인데 단, 일주가 강하고 근根(뿌리)이 튼튼해야 한다.
- 수목水木일주에 해당하는 자가 술해戌亥나 묘유술卯酉戌중 2개 이상을 사주에 지닌 자(술해戌亥는 건방천문성乾方天門星이고, 卯酉戌은 철쇄개금鐵鎖開金임).

- 일지日支에 형살刑殺이나 수옥살囚獄殺 또는 양인살羊刃殺, 천라지망살天羅地網殺을 놓은 자와 비천녹마격飛天祿馬格인 자

### 재정계財政界

- 신왕身旺하고 재성財星이 왕왕旺한자와 용신이 재성財星인 자
- 재성財星이 월지月支에 있거나 주중柱中에 재성財星이 많은 자
- 사주에 관고官庫나 재고財庫가 있으면서 일주와 합합이 있는 자

### 정치政治 · 외교계外交界

- 지살地殺과 역마驛馬가 재財 · 관官 · 인印에 해당한 자
- 사주가 신왕身旺하면서 관官이 왕왕旺하거나 편인偏印이 국局을 이룬 자

### 의약계醫藥界

- 목木일주가 일지日支에 진辰 · 술戌이 있거나 또는 목화木火가 주중에 많은 경우
- 양인살羊刃殺이 있거나 또는 철쇄개금鐵鎖開金인 묘유술卯酉戌 중에 2자 이상을 가진 자
- 주중柱中에 축인丑寅을 놓은 자나 천문성天門星인 술해戌亥를 갖고 있는 자
- 일간日干이 금金인 자가 일지日支에 형살刑殺이 있거나 지지地支에 목화木火가 있는 자

### 군軍 · 경찰警察

- 경庚일주가 금기金氣가 태왕太旺한 자
- 주중에 천라지망살을 놓은 자나 형살刑殺, 수옥살囚獄殺, 양인자羊刃殺이 있는 자
- 주중에 편관偏官을 놓은 자나 일주日柱가 괴강살魁罡殺이 있는 자

### 기술계技術界와 과학科學

- 수목화水木火에 해당한 일주가 지지에서 수목화水木火를 많이 만난 자
- 금金일주가 지지에서 목화木火로 국을 이룬 자
- 주중에 식신食神과 상관傷官이 많거나 충살沖殺과 형살刑殺을 지니고

있는 자

### 운수업계運輸業界

- 금金일주에 금기金氣가 용신인 경우와 토금土金이 많은 자
- 관성官星, 재성財星, 인수印綬에 역마驛馬나 지살地殺을 놓은 자

### 종교계宗敎界

- 사주에 천문성天門星인 술해戌亥와 화개華蓋가 많은 자
- 사주에 식신食神과 상관傷官이 많거나 인수印綬가 많은 자
- 금수쌍청金水雙淸이나 화토중탁火土重濁인 자
- 목화통명木火通明한 자나 일주가 약한 자

### 역학계易學界

- 식신과 상관이 많은 자 또는 축인丑寅이나 술해戌亥 천문성天門星이 있는 자
- 주중에 인수가 많거나 화개華蓋 또는 목화木火가 많은 자
- 주중에 관살官殺이 많거나 정기丁己일생이 재관격財官格을 이룬 자
- 인수신왕印綬身旺하고 관성官星이 약한 자

### 화류계花柳界

- 관살혼잡官殺混雜이나 식신食神과 상관傷官이 태왕太旺인 자
- 을목乙木일주가 시주時柱에 상관傷官이 있고 관官이 약한 자 또는 수水일주가 수기水氣가 태왕太旺한 자
- 인수印綬나 관官이 도화桃花에 해당한 자

### 사업가事業家

- 일주가 신왕身旺하고 식신食神과 상관傷官이 조화를 잘 이루면서 생재生財한 자
- 일주가 신왕하고 재성財星이 왕旺한 자
- 일주가 어느 정도 약하더라도 대운에서 일주를 보강해 주는 운이 오면 발복할 수 있다.

## 오장육부와 간지

| | 오 장 | | 육 부 |
|---|---|---|---|
| 甲 | 쓸개, 두발, 수염, 머리 | 子 | 방광, 요도, 귀, 음부 |
| 乙 | 간, 눈썹, 손가락, 목, 음모 | 丑 | 비장, 위, 다리 |
| 丙 | 소장, 어깨(肩) | 寅 | 쓸개, 손, 두발 |
| 丁 | 심장 | 卯 | 간, 손가락, 갈비 |
| 戊 | 위장, 갈비 | 辰 | 피부, 가슴, 좌견左肩 |
| 己 | 비장, 복부 | 巳 | 안면, 항문, 이, 목구멍 |
| 庚 | 대장, 배꼽 | 午 | 심장, 눈, 정신력 |
| 辛 | 폐장, 다리 | 未 | 위장, 척추, 명치 |
| 壬 | 방광, 삼초, 경락 | 申 | 폐, 경락, 대장 |
| 癸 | 신장, 발(足) | 酉 | 소장, |
| | | 戌 | 명문, 자궁, 발, 복숭아 뼈 |
| | | 亥 | 고환, 생식기, 항문 |

## 오행五行과 육신六神으로 유추해보는 의사의 전문분야

| 전문분야 | 사주의 특징 |
|---|---|
| 한의사 | 수목화水木火가 많은 자 |
| 약사 | 탕화살湯火殺과 水木이 강한 자 |
| 내과 | 화토火土가 많이 놓인 자 |
| 안과 | 목화木火가 많이 있는 자 |
| 치과 | 신금辛金이 일주日柱에 놓인 자 |
| 소아과 | 식신食神과 상관傷官이 놓인 자 |
| 산부인과 | 건명乾命은 재성財星이 놓인 자. 곤명坤命은 비견겁比肩劫이 많은 자 |

| 피부 비뇨기과 | 대체로 金水가 많이 놓인 자 |
|---|---|
| 마취과 | 금金과 수水가 많이 놓인 자 |
| 이비인후과 | 금수목金水木을 많이 가지고 있는 자 |
| X선과 | 목화木火가 많이 놓인 자 |
| 신경정신과 | 귀문관살鬼門官殺을 놓은 자나 목木일주에 목화木火가 많은 자 |
| 외과 | 신왕身旺하고 금金일주가 금金이 왕하거나 양인살羊刃殺과 형살刑殺을 놓은 자 |

## 일주日柱에 따른 기술분야 추정

| 목일주木日柱 | 건축분야, 의류·섬유계통 |
|---|---|
| 화일주火日柱 | 항공분야, 전자·전기계통 |
| 토일주土日柱 | 부동산, 토건, 건설계통 |
| 금일주金日柱 | 제철, 차량, 중공업, 기계분야 |
| 수일주水日柱 | 해양, 선박, 유전공학, 상하수도 분야 |

# 제10장
# 사주의 단식판단

命理學原理大全

제1절 명리판단법과 종류

# 제10장 사주四柱의 단식판단單式判斷

## 제1절 명리판단법命理判斷法과 종류

### 1. 신살사주神煞四柱

일본에서 많이 사용되고 있는 방법으로 신살神煞의 작용여하를 위주로 판단하여 단편적인 성격을 면하기 어렵고 초보단계이다.

### 2. 통변사주通變四柱

육신통변六神通變의 작용을 위주로 판단하는 것으로 통변의 강약强弱과 조화調和, 작용을 기초로 한다.

신살神煞사주는 정적靜的인 의미만을 판단하는데 대하여 통변사주는 동적動的인 작용을 보므로 약간 진보적이다. 그러나 전체의 격국格局 및 용신用神이 무시된 것이 흠이다.

### 3. 오행사주五行四柱

오행五行의 조화관계, 즉 태과太過, 불급不及과 강약强弱 및 생극제화生剋制化 관계를 보고 격국 및 용신을 보므로 한 사람의 체體와 용用이 구체적으로 나타난다.

단점은 음양관계와 오행의 근본적인 성격에 따른 세밀한 구분이 무시된다.

## 4. 십간적十干的 사주四柱

 오행사주에 十干의 특성을 자세히 살펴서 그에 따른 조후관계와 다시 양간陽干과 음간陰干에 따른 구분으로 가장 깊이 있게 파헤친 이론이다. 즉 같은 목木을 원할지라도 갑목甲木과 을목乙木의 차이에 따른 구분 등 오행의 산産, 생生, 극克, 제制, 화化와 물리적인 작용등 같은 격국과 용신用神일지라도 구체적인 구별이 가능하므로 사주 이론 중 가장 고차원적인 이론이다.

## 5. 명리命理 판단의 순서

① 사주四柱 즉 년주年柱, 월주月柱, 일주日柱, 시주時柱를 공부한 순서에 의거하여 정확히 정한다.
② 사주四柱의 대운大運과 행운세수行運歲數를 정확하게 산출해서 기록한다.
③ 일주日柱의 강약왕쇠强弱旺衰를 월령月令과의 관계에 의하여 판단한다.
④ 사주의 격국格局을 정한다.
⑤ 격格을 정한뒤 용신用神, 희신喜神, 기신忌神 및 병약病藥, 통관通貫, 조후調候관계를 정해야 한다.
⑥ 사주의 기국이 순역順逆, 청탁淸濁, 진가眞假 등을 살펴서 격국의 귀천貴賤관계를 알아야 한다.
⑦ 십이운성十二運星과 기타 길신吉神, 흉신凶神 등이 위치하는 곳을 잘 살핀다.
⑧ 용신用神과 대운大運 및 세운歲運을 대조하여 행운에 의한 길흉吉凶관계를 살핀다.
⑨ 부모, 조상, 형제, 처첩, 자손, 관운, 건강, 직업 등에 의한 길흉관계를 육신六神에 의하여 사주전체를 보고 여러 가지 주변정세 및 여건을 참고하여 판단한다.

## 6. 사주감정四柱鑑定에 필요한 기본사항

① 음양오행陰陽五行의 원리 및 간지법干支法 숙지(반드시 숙지 필요)
② 절기節氣 숙지
③ 사주원국
④ 대운大運
⑤ 12신살神煞
⑥ 12운성運星
⑦ 삼합三合, 이합二合(六合), 천간합天干合 적용
⑧ 공망空亡적용
⑨ 형刑, 충沖, 파破, 해害, 원진元辰
⑩ 지장간법地藏干法에 의한 육신통변六神通變
⑪ 오행에 의한 강약판단
⑫ 인체의 허실판단
⑬ 일간을 위주한 성격판단
⑭ 삼재三災
⑮ 조후용신
⑯ 격국용신格局用神
⑰ 종합판단

# 제11장
# 십이운성(포태법)

제1절 십이운성의 이해

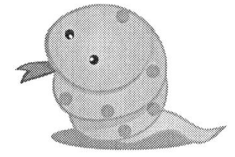

# 제11장 십이운성十二運星(포태법胞胎法)

## 제1절 십이운성의 이해

### 1. 십이운성 배치도

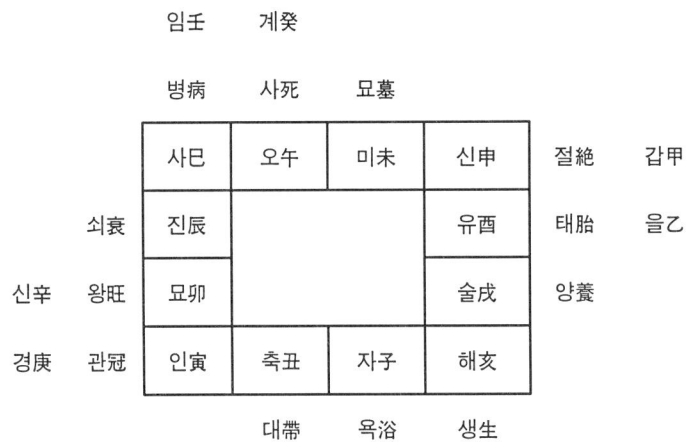

－위의 도표는 갑목甲木이 12운성 발용發用(양간陽干은 순행順行)－

12운성이란 음양오행陰陽五行의 생왕사멸生旺死滅의 진행을 뜻하고 그 발용發用은 양간陽干은 순행하고 음간陰干은 역행한다. 일간日干을 기준하며 양생음사陽生陰死의 원리로서 즉 해가 뜨면 달이 지고 달이 뜨면 해가 지는 원리이다.

### 2. 12운성의 소속 함의含意 설명

① 절絶(포胞) : 두절杜絶, 시종始終, 관재官災, 상신傷身, 패망敗亡.
② 태胎 : 포태胞胎, 발심發心, 잉태孕胎, 수옥囚獄, 곤고困苦.

③ 양養 : 배양培養, 성안成案, 준비準備, 미숙未熟, 양육養育.
④ 생生 : 출생出生, 시작始作, 출발出發, 지배指背, 분배分離.
⑤ 욕浴 : 부침浮沈, 유혹誘惑, 실수失手, 색정色情, 청고淸高.
⑥ 대帶 : 자립自立, 완성完成, 장식裝飾, 고초苦焦, 격식格式.
⑦ 관冠 : 진출進出, 활동活動, 관록官祿, 안정安定, 진행進行.
⑧ 왕旺 : 번창繁昌, 왕성旺盛, 통솔統率, 독단獨斷, 이별離別.
⑨ 쇠衰 : 쇠퇴衰退, 이양移讓, 후진後進, 정리整理, 여기餘氣.
⑩ 병病 : 재앙災殃, 은퇴隱退, 질병疾病, 부패腐敗, 부진不進.
⑪ 사死 : 휴식休息, 소멸消滅, 무기력無氣力, 무능無能.
⑫ 묘墓 : 은둔隱遁, 동면冬眠, 예술藝術, 연구硏究, 불발不發.

## 3. 십이운성十二運星 세부설명

### 1) 절絶(두절지상杜絶之象)

아무런 형체도 없는 공허한 상태로 마지막 종점이요, 시작이고 절처봉생絶處逢生이라고 하는 것처럼 다시 시작되는 곳이고 인간사회에서는 한 세대가 끝나고 다음 세대로 이어지는 상象이요, 어떤 일이 끝나며 동시에 새로운 일로 이어지는 모양으로 식물의 씨앗이 싹트기 직전의 모습이다.

### 2) 태胎(잉태지상孕胎之象)

인생으로 비유하면 남자의 정핵精核과 여자의 정수精水가 결합하여 자궁속에서 새 생명이 잉태되는 상태이므로 그저 어떠한 일이 머릿속에서 그려질 뿐이고 구체적인 계획이나 실천 단계에 들어가지 않은 상태이다. 따라서 어떤 일을 하겠다는 막연한 생각과 같이 발심發心의 상태로 보는 것이다.

### 3) 양養(양육지상養育之象)

잉태된 아기가 뱃속에서 점점 자라나는 형상이요, 씨앗의 눈이 생기는 과정이고 어떤 일이 구체적으로 설계되는 상태이며 모든 계획을 세우는 상象이다.

### 4) 장생長生 (발생지상發生之象)

비로소 완성된 생명이 출생되는 상태이고 일에 있어서는 계획에 의하여 착수하는 시기이고 식물로 보면 싹이 올라오는 현상이니 뚫고 올라오는 어려움이 있고 아직 어린 시기에 속한다.

### 5) 목욕沐浴 (매복지상裡伏之象)

출생후 목욕하는 현상이고 물에 들어갔다 나왔다 하는 것처럼 부침 현상이 나타나고 분비물을 씻어내듯 시행착오로 인한 결점과 미비점을 보완하고 시정해 나가는 상태이며 순진하기 때문에 유혹에 빠지고 이것 저것 경험하는 과정이다.

### 6) 관대冠帶 (장식지상裝飾之象)

목욕후 성장하여 성인으로 인정되어 의복을 입고 띠를 두르는 것인데 현대로 말하자면 미성년을 넘어 한 인격체로 인정을 받으니 책임과 의무가 따르고 권리도 인정받으며 자립하는 시초이다.

### 7) 임관臨官 (취록지상取祿之象)

관대를 갖춘 후 관직에 나가는 상태요 처음으로 사회에 진출하여 일자리를 얻은 것과 같고 상승하는 세력이 날로 번창하는 상태로 재물과 녹祿이 생기는 때이다.

### 8) 제왕帝王 (강건지상剛健之象)

번창繁昌의 극極으로 기고만장氣高萬丈하고 완강해지는 운이며 상승의 최고극에 해당하고 기울어지는 시초이다. 너무 운기가 강하여 스스로 일을 저지르고 흉을 자초하는 수도 있다.

### 9) 쇠衰 (몰락지상沒落之象)

가장 왕성하고 번창되는 시기를 지나서 점차 기울어지고 퇴보하는 상태로 재산이 줄고 의욕과 사기는 저하되고 한걸음 일선에서 물러나는 시기이다.

10) 병病(은퇴지상隱退之象)

노쇠한 후에 점차적으로 병이 드는 상태요 식물도 시기가 지나면 병들어 못쓰게 되며, 병들면 기氣의 순환이 활발하지 못한 것처럼 모든 일이 막히고 시기를 잃어서 인기가 하락되고 성패成敗가 엇갈리는 시기이다.

11) 사死(종식지상終熄之象)

병든후 죽음에 이른 상이니 옴짝달싹 못하고 폐물이 된 것과 같아서 일의 종말이요, 손을 떼고 정리한 후 쉬어야 하는 과정이다.

12) 묘墓(은둔지상隱遁之象)

죽어서 묘 속에 묻혔으니 답답하고 무용지물로서 다음의 잉태를 위하여 기다린다.

## 4. 십이운성표十二運星表

■ 일주日柱를 기준하여 양간陽干은 순행順行, 음간陰干은 역행逆行한다.

### 12운성표

| 運星<br>日干 | 절絶 | 태胎 | 양養 | 장생<br>長生 | 목욕<br>沐浴 | 관대<br>冠帶 | 임관<br>臨官 | 제왕<br>帝王 | 쇠衰 | 병病 | 사死 | 묘墓 |
|---|---|---|---|---|---|---|---|---|---|---|---|---|
| 갑甲 | 신申 | 유酉 | 술戌 | 해亥 | 자子 | 축丑 | 인寅 | 묘卯 | 진辰 | 사巳 | 오午 | 미未 |
| 을乙 | 유酉 | 신申 | 미未 | 오午 | 사巳 | 진辰 | 묘卯 | 인寅 | 축丑 | 자子 | 해亥 | 술戌 |
| 병무丙戊 | 해亥 | 자子 | 축丑 | 인寅 | 묘卯 | 진辰 | 사巳 | 오午 | 미未 | 신申 | 유酉 | 술戌 |
| 정기丁己 | 자子 | 해亥 | 술戌 | 유酉 | 신申 | 미未 | 오午 | 사巳 | 진辰 | 묘卯 | 인寅 | 축丑 |
| 경庚 | 인寅 | 묘卯 | 진辰 | 사巳 | 오午 | 미未 | 신申 | 유酉 | 술戌 | 해亥 | 자子 | 축丑 |
| 신辛 | 묘卯 | 인寅 | 축丑 | 자子 | 해亥 | 술戌 | 유酉 | 신申 | 미未 | 오午 | 사巳 | 진辰 |
| 임壬 | 사巳 | 오午 | 미未 | 신申 | 유酉 | 술戌 | 해亥 | 자子 | 축丑 | 인寅 | 묘卯 | 진辰 |
| 계癸 | 오午 | 사巳 | 진辰 | 묘卯 | 인寅 | 축丑 | 자子 | 해亥 | 술戌 | 유酉 | 신申 | 미未 |

## 5. 십이운성十二運星 사주에서의 응용(년월일시)

### 1) 절絶

두절된 것이니 생년生年에 있으면 선대先代에 양자養子나 서자庶子였고 대代가 끊기었거나 조상祖上의 업業이 중단되었고, 생월生月에 있으면 부모를 일찍 여이었거나 일찍 타향살이 또는 고아가 되어 사회에서 고립된 생활을 하였고 어려서 고생이 많았다.

생일生日에 있으면 (갑신甲申, 을유乙酉, 경인庚寅, 신묘辛卯) 장남이라도 타향에 살며 형제 친척과 떨어지며 성격이 약하고 방임된 생활을 하고 화화禍禍를 초래하여 타인의 말을 잘 듣고 중심이 흔들리어 재산을 많이 탕진하고 호색好色으로 인하여 신상을 망치고 부부불화가 잦다. 생시生時에 있으면 자손에 근심이 있다.

### 2) 태胎

생년生年에 있으면 선조대先祖代에서 업業을 일으켰고 생월生月에 있으면 형제수가 적거나 있어도 나중에 고독하여지고 부모대父母代에 이사 변동이 많았다.

생일生日(병자丙子, 정해丁亥, 무자戊子, 기해己亥, 임오壬午, 계사癸巳)에 있으면 초년에 잔병을 앓다가 중년에 건강하여지며 직업과 주거의 변화가 많으며 당대에 업을 일으키며 무슨 일이든 시작만 있고 열매가 없다. 성격이 온순하여 중심이 흔들리어 끈기와 배짱이 약하고 타인의 말에 잘 넘어가며 농담을 잘하고 부부궁이 좋지 않아 별거 생활이 많다.

생시生時에 있으면 그 아들이 물려받은 재산을 탕진하고 여명女命은 남편 및 시부모에 대한 풍파가 쉴 사이 없다.

### 3) 양養

육성育成되는 상으로 生年에 있으면 부친이 양자이든가 자신이 양자요, 아니면 남의 부모를 모셔보고 생월生月에 있으면 색난色難이 따른다.

생일生日(갑술甲戌, 을미乙未, 경진庚辰, 신축辛丑)에 있으면 어릴 때 남의 손에 길러지고 호색好色 재취再娶하여 보고 성격은 의타심이 많으며 어리광을 떨고 생시生時에 있으면 노후老後에 대체로 무난하나 경진일생庚辰日生은 시가媤家의 재산이 탕진되거나 남편이 무책임하고 납치되는 일이 있다.

### 4) 장생長生

발생의 기세로 생년에 있으면 선조대에 일어선 집안이고 생월生月에 있으면 부모대父母代에 번창된 집안이다.

생일生日(병인丙寅, 정유丁酉, 무인戊寅, 기유己酉, 계묘癸卯)에 있으면 부부간의 정이 좋고 일찍 출세하거나 이름을 날리고 언행이 온화하여 학문을 좋아하고 품위가 있으며 인덕이 좋다.

생시生時에 있으면 자손이 번창하고 가문이 빛나며 말년에 행복하고 자녀가 효도하며 일日, 시時에 있으면 더욱 좋으나 무인戊寅, 정유일생丁酉日生만은 복福이 반감된다.

여명女命도 좋으나 병인丙寅, 임신일생壬申日生 여자女子는 똑똑하나 남편덕이 없는 것이 흠이다.

### 5) 목욕沐浴

나체지상裸體之象으로 음음淫의 기운으로 보며 생년生年에 있으면 주색酒色으로 인하여 선조대에 재산탕진이 있었으며 생월生月에 있으면 모친이 재취再娶하였거나 서모 또는 이복형제가 있게 된다.

생일生日(갑자甲子, 을사乙巳, 경오庚午, 신해辛亥)에 있으면 부모의 재산을 탕진하고 조별모친早別母親하거나 형제친족에 원만성이 결여되고 사치나 색정으로 풍파가 많으며 성격은 총명하나 풍류를 좋아한다.

생시生時에 있으면 자손 별거나 처궁의 변화로 두집살림 하여 본다. 그러나 을사일생乙巳日生만은 군자지풍君子之風으로 세인世人의 존경을 받게 되는데 재복財福이 박하여 부富하기 어려운데 만약 부富하면 신상身上이 불길不吉하여 병신病身이 되기 쉬운데 여명女命 을사일생乙巳日生은 소실小室이거나 독수공방의 살이가 많다.

### 6) 관대冠帶

장식지상裝飾之象으로 생년生年에 있으면 선조대에 예의를 지키는 가문이며 안일한 생활을 하였고 생월生月에 있으면 부모형제가 번창하여 사회에 알려져 있고 생일(병진丙辰, 정미丁未, 무진戊辰, 기미己未, 임술壬戌, 계축癸丑)에 있으면 용모가 수려하고 미모의 처를 두게 되며 사회생활에 적극적이고 형제를 잘 보아주며 생시生時에 있으면 자손이 번창하고 말년 풍요하나 재혼하는 수가 많고, 여명女命은 강한 기질이 있어서 시부모와의 불화가 걱정되며 임술壬戌, 계축일생癸丑日生 여자는 부군이 흉사凶死하거나 노랑老郎(늙은 신랑)과 산다.

### 7) 임관臨官

건록建祿이라고도 하며 자립自立, 취록取祿의 상象이다. 생년生年에 있으면 선대先代에 발달하였고 조상덕을 보며 월月에 있으면 부모·형제가 발달하였고 생일生日(갑인甲寅, 을묘乙卯, 경신庚申, 신유辛酉)에 있으면 기고氣高하고 건강하며 중심이 확고하나 부부이별이 있고 빈가출신貧家出身이라도 자수성가自手成家하며 생시生時에 있으면 부귀富貴 다남多男하고 말년末年에 행복하여진다.

여명女命은 갑인甲寅, 경신庚申, 을묘乙卯생은 개가改嫁하거나 독수공방獨守空房하는 수가 많다.

### 8) 제왕帝王

강건剛健의 기상으로 생년生年에 있으면 선대부귀先代富貴(권력가)로서 품위있는 가문출신이고 생월生月에 있으면 부모형제가 발흥發興이요, 자신도 심성이 고강하여 행동을 엄격히 하고 생일(병오丙午, 정사丁巳, 무오戊午, 기사己巳, 임자壬子, 계해癸亥)에 있으면 자존심이 강하여 타인을 무시하고 지나치게 독단적이며 속성속패速成速敗하는데 관살官殺(일주日柱를 극하는 것)을 보면 자제되기 때문에 세인世人의 존경을 받고 약한 사람을 잘 도와준다.

부부이별이 많고 시時에 있으면 자손이 귀하게 된다. 여명女命은 부도婦道에는 적합하지 않으나 사회생활엔 유능하다.

## 9) 쇠衰

몰락沒落의 기상으로 생년生年에 있으면 선조대에 가세家勢가 기울어졌고 월궁月宮에 있으면 부친대에 가자손실家資損失되었고 생일生日(갑진甲辰, 을축乙丑, 경술庚戌, 신미辛未)에 있으면 성질은 온순한 반면에 박력이 없어 큰 일을 못하고 여럿이 교제하길 꺼리고 타인에게 이용당하는 경우가 많다. 그러나 기울어져 가는 가문출신이므로 아직은 괜찮다고 할 것이며 유지관리의 묘妙를 발휘하여야 한다.

생시生時에 있으면 자손이 번창하지 못하거나 불효자식을 두게 된다.

여명女命은 표면은 순박하나 조금 모자라는 감이 있어 시부모에게 미움을 사고 갑진甲辰, 경술庚戌, 신미일생辛未日生은 백년해로百年偕老하기 어렵다.

## 10) 병病

신음呻吟의 기상으로 생년에 있으면 선대先代에 병약病弱 또는 곤궁困窮하였고 생월에 있으면 부모대에 집안 풍파중에 출생하였고 생일에 있으면 어릴 때 병약체질이요 또는 큰 병을 앓았으며 조년早年에 부친이나 모친을 이별하게 되는데 무신일戊申日, 병신일丙申日, 임인일생壬寅日生 여자는 진취성이 있으나 끈기가 부족하다.

정묘일丁卯日, 기묘일己卯日, 계유일생癸酉日生은 활발기가 없고 형제간에 의誼가 없으며 시작만 있고 끝이 없는 형상이다. 생시生時에 있으면 자손이 병에 신음하는 날짜가 많아 속을 썩는다.

여명女命은 온순하나 중년에 남편과 이별하거나 기운이 쇠퇴하여 곤궁에 많이 빠지고 남편에게 버림받아 파탄이 생기는 수가 있다.

## 11) 사死

종식終熄의 기상으로 생년生年에 있으면 조부祖父때 가산이 망하고 년지年支에 있는 경우 어려서 죽을 고비를 넘겼다. 집안에 어른이 돌아가자마자 태어나므로 염세적이다.

생월生月에 있으면 생기生氣가 없고 진취성이 없다. 생일生日에 있으면 배우자 이별이 한번 있고 병약하여 인상이 밝지 못하다. 배우자가 병약하여 고독한 사람이다.

시時에 있으면 자식이 다 일찍 죽어 대代가 끊어진다.

## 12) 묘墓

년지年支에 있는 경우 뒷산에 묘가 있는 곳에서 출생되는 경우가 있고 조부가 패망하여 쉬고 있는 경우로 고독하거나 고생스럽게 자란 수가 많다.

생월生月에 있으면 조상업이 끊어지고 부모형제를 일찍 여이거나 객지생활하는 수가 있다. 생일生日에 있으면 사색과 연구, 예술 등을 좋아하나 활동력이 미약하다. 배우자 덕이 없고 이별수가 있으며 시時에 있으면 자식이 끊기거나 손궁孫宮에 근심이 생긴다.

### 12운성 사주 적용

| 포태<br>적용 | 年 | 月 | 日 | 時 |
|---|---|---|---|---|
| 絶 | 선대 양자나 서자, 조상의 업 중단, 대가 끊김. | 부모 일찍 여윔. 일찍 타향살이, 고아나 사회에서 고립된 생활, 어려서 고생. | 장남이라도 타향살이, 형제, 친척 떨어져 삼. 성격이 약함, 방임된 생활, 타인의 말 잘 들어 화 초래, 중심이 흔들림, 재산탕진, 호색으로 신상 망침, 부부불화. | 자손에 근심, 자식 방탕, 자식이 일 저질러 재산손해. |
| 胎 | 선조 대에 업을 | 형제수 적음, 말년에 고독, 부모 대에 이사변동 많음. | 초년에 잔병을 앓음, 중년에 건강, 직업과 주거의 변화 많음, 당대에 업을 일으키나 시작만 있고 끝이 없음, 성격이 온순, 중심 흔들림, 끈기와 배짱 약함, 타인의 말에 잘 넘어감, 농담 좋아하고 부부궁 좋지 않음, 별거생활 많음. | 아들이 물려받은 재산탕진, 여명은 남편 및 시부모에 대한 풍파 많음. |
| 養 | 부친이 양자, 아니면 자신이 양자, 남의 부모 모셔 봄. | 색난이 따름. | 어릴 때 남의 손에 길러짐, 호색하고 재취, 성격은 의타심 많음, 어리광 떤다. | 노후엔 무난, 庚辰日생은 시가의 재산탕진 또는 남편이 무책임. |

# 제11장 십이운성(포태법)

| | | | | |
|---|---|---|---|---|
| 生<br>(장생) | 선조대 가업번창. | 부모대에 번창 | 부부간 정 돈독, 일찍 출세, 이름날림, 언행온화, 학문좋아함, 품위와 인덕이 많음 | 자손번창, 가문영예, 말년행복, 자녀효도, 丙寅, 壬申일생 여자는 똑똑하나 남편덕 박함. |
| 浴<br>(목욕) | 주색으로 선조대 산탕진. | 모친재취, 서모 또는 이복형제 | 부모재산 탕진, 무別모친, 형제친족간 원만성 결여, 사치와 색정 풍파, 성격은 총명, 풍류를 좋아함 | 자손별거, 처궁변화로 두집살림, 남자 乙巳日생은 군자의 풍으로 세인의 존경 받으나 재복이 박함, 여자 을사일생은 小室이거나 독수공방 살이 |
| 帶<br>(관대) | 선조대 예의 가문, 안일한 생활 | 형제부모 번창, 사회에 알려짐 | 용모수려, 미모의 처, 사회생활 적극적, 형제관계 좋다 | 자손번창, 말년풍요 재혼하는 경우 있고, 여명은 강한 기질, 시부모와 불화, 壬戌, 癸丑 일생은 남편이 흉사 또는 늙은 신랑과 삼 |
| 祿<br>(冠) | 선대 발달, 조상덕. | 부모 형제 발달 | 氣高하고 건강, 중심확고, 부부이별수, 빈가출신, 자수성가 | 부귀하고 多男, 말년 행복 |
| 旺<br>(제왕) | 선대부귀, 품위있는 가문출신 | 부모형제 發興, 자신도 심성이 고강, 행동엄격 | 자존심 강함, 타인을 무시, 지니치게 독단적, 속성속패, 부부이별수 | 자손이 귀하게 된다. 여명은 적합지 않으나 사회생활엔 유능 |
| 衰 | 선조대에 가세 기움. | 부친대에 집안의 재산 손실. | 성질온순, 박력없음, 큰 일 못함, 교제력 부족, 타인에게 이용당함, 기울어가는 가문 | 자손이 불효, 여명은 시부모에게 미움을 삼 |
| 病 | 선대에 병약, 곤궁. | 부모대에 집안 풍파중 출생 | 병약체질, 큰 병 앓음, 어릴 때 부친이나 모친 이별, 끈기 부족, 형제간에 의 부족, 용두사미 | 자손이 병에 신음, 근심, 여명은 중년에 남편과 이별 또는 기운 쇠퇴, 곤궁, 남편에게 버림받음 |
| 死 | 조부때 가산탕진, 어려서 죽을 고비, 염세적. | 생기가 없고 진취성 부족 | 배우자 이별, 한번 병약, 인상이 어둡다, 배우자 병약, 고독한 사람 | 자식이 일찍 요절, 대가 끊김 |
| 墓 | 뒷산에 묘가 있는곳 출생, 조부 패망, 고독, 고생하며 자람. | 조상업 끊김, 부모형제 일찍 여의고, 객지생활 | 사색과 연구, 예술활동 좋아함, 활동력이 미약, 배우자 덕이 부족, 이별수 | 자식이 끊김, 손자에 근심 |

## 임산부의 남녀 태아 구별표(절대적인 것은 아니며 참고용임)

| 나이\태월 | 정월 | 2월 | 3월 | 4월 | 5월 | 6월 | 7월 | 8월 | 9월 | 10월 | 11월 | 12월 |
|---|---|---|---|---|---|---|---|---|---|---|---|---|
| 20세 | 여 | 여 | 남 | 남 | 남 | 남 | 남 | 남 | 남 | 남 | 남 | 남 |
| 21세 | 남 | 여 | 남 | 여 | 여 | 여 | 여 | 여 | 여 | 여 | 여 | 여 |
| 22세 | 여 | 남 | 남 | 여 | 여 | 여 | 여 | 여 | 여 | 여 | 여 | 여 |
| 23세 | 남 | 남 | 여 | 남 | 남 | 여 | 남 | 여 | 남 | 남 | 남 | 남 |
| 24세 | 남 | 여 | 남 | 남 | 여 | 남 | 남 | 여 | 여 | 여 | 여 | 여 |
| 25세 | 여 | 남 | 여 | 여 | 남 | 여 | 남 | 남 | 남 | 남 | 남 | 남 |
| 26세 | 남 | 여 | 남 | 여 | 여 | 남 | 여 | 남 | 여 | 여 | 여 | 여 |
| 27세 | 여 | 남 | 여 | 남 | 여 | 여 | 남 | 남 | 남 | 남 | 여 | 남 |
| 28세 | 남 | 여 | 남 | 여 | 여 | 여 | 여 | 남 | 남 | 남 | 여 | 남 |
| 29세 | 여 | 남 | 여 | 남 | 남 | 남 | 남 | 남 | 남 | 남 | 여 | 여 |
| 30세 | 남 | 여 | 남 | 여 | 여 | 여 | 여 | 여 | 여 | 여 | 여 | 남 |
| 31세 | 남 | 여 | 남 | 여 | 여 | 여 | 여 | 여 | 여 | 여 | 남 | 남 |
| 32세 | 남 | 여 | 남 | 여 | 여 | 여 | 여 | 여 | 여 | 여 | 남 | 남 |
| 33세 | 여 | 남 | 여 | 남 | 남 | 여 | 여 | 남 | 여 | 여 | 여 | 남 |
| 34세 | 남 | 여 | 남 | 여 | 여 | 여 | 여 | 여 | 여 | 여 | 남 | 남 |
| 35세 | 남 | 남 | 여 | 남 | 여 | 여 | 남 | 여 | 여 | 여 | 여 | 남 |
| 36세 | 남 | 남 | 남 | 여 | 남 | 여 | 여 | 남 | 남 | 여 | 여 | 여 |
| 37세 | 남 | 여 | 남 | 남 | 남 | 여 | 여 | 남 | 여 | 남 | 여 | 남 |
| 38세 | 여 | 남 | 여 | 남 | 남 | 여 | 남 | 여 | 남 | 여 | 남 | 여 |
| 39세 | 남 | 여 | 남 | 여 | 남 | 여 | 여 | 남 | 여 | 남 | 여 | 남 |
| 40세 | 여 | 남 | 여 | 남 | 야 | 남 | 남 | 여 | 남 | 여 | 남 | 여 |

# 제12장
# 합충과 신살정국

命理學原理大全

제1절 합과 살의 연구
제2절 천간과 지지의 제살 연구

# 제12장 합충합冲과 신살정국神煞定局

## 제1절 합合과 살殺의 연구

### 1. 천간지지天干地支의 합合과 살煞

#### (1) 합合

유정有情, 단결團結, 화합和合, 다정多情, 구속拘束, 침체沈滯, 부진不振, 부패腐敗.

#### (2) 충冲

충돌衝突, 싸움, 대립對立, 사고事故, 변동變動, 이탈離脫.

#### (3) 형刑

시비是非, 형벌刑罰, 구속拘束, 수술手術, 상처傷處, 파기破棄.

#### (4) 파破

떨어져 나감, 깨짐.

#### (5) 해害

질병疾病, 음해陰害, 하차下車, 무능無能, 시기猜忌.

#### (6) 원진元辰

미움, 질투嫉妬, 원망怨望.

## 2. 합合과 형刑·충沖·파破·해害·원진怨嗔

### 1) 천간상충天干相沖

파계·파산·이별·분리·죽음·비애·배신·질병·수술 등 서로 충돌. 주로 정신세계이며 편관과 재의 관계

천간충

| 甲庚冲 | 乙辛冲 | 丙壬冲 | 丁癸冲 | 戊甲冲 | 己乙冲 | 庚丙冲 | 辛丁冲 | 壬戊冲 | 癸己冲 |
|---|---|---|---|---|---|---|---|---|---|

### 2) 지지칠충地支七沖

서로 충돌하고 물리치고, 투쟁과 구설, 일신불안, 풍파, 손재 등이 있다.

지지충

| 자오충子午冲 | 화火 |
|---|---|
| 축미충丑未冲 | 토土 |
| 인신충寅申冲 | 화火 |
| 묘유충卯酉冲 | 금金 |
| 진술충辰戌冲 | 수水 |
| 사해충巳亥冲 | 목木 |

### 3) 지지삼합

대인관계, 이사, 영전, 합의 등 작용력이 넓다.
지지 강한 합合, 생왕묘生旺墓 관계. 오행이 변화한다.

지지삼합 응요

| 신자진수申子辰水 | 임壬이 오면 물난리 등을 당함 |
|---|---|
| 인오술화寅午戌火 | 병丙이 오면 골육·화재·사고등을 당함 |
| 사유축금巳酉丑金 | 경庚이 오면 총기사고·교통사고 등을 당함 |
| 해묘미亥卯未木 | 경庚이 오면 골육·쇠와 칼등의 사고가 발생 |

4) 사형살四刑殺

四형살

| 寅申巳亥(四生地)<br>인신사해(사생지) | 혁명, 혁신, 형무소, 교통사고, 횡액운 |
|---|---|
| 子午卯酉(四旺地)<br>자오묘유(사왕지) | 서로 투쟁, 화재, 수재, 바람등이 |
| 辰戌丑未(四庫地)<br>진출축미(사고지) | 중화작용, 창고가 열림, 토지문제 등 |

5) 삼형살三刑殺

조실부모, 사별, 이별, 관재, 관액, 교통사고, 투쟁, 고통, 시비, 형무소, 경찰문제, 혁명, 군인, 권력, 의사, 약사, 판검사, 형사, 범죄인, 등

삼형살

| 인사신寅巳申 | 持勢之刑<br>지세지형 | 단호한 성질, 욕심, 호언장담, 돌발적, 좌절, 군인, 권력자, 이발소, 양복사 등 |
|---|---|---|
| 축술미丑戌未 | 無恩之刑<br>무은지형 | 성격냉정, 은인과 친구 배반, 성질포악, 사람을 이용. |
| 자형묘자刑卯 | 無禮之刑<br>무례지형 | 예의질서 없음, 성질 사납고 타인에게 불쾌감, 철면피. |

6) 반형살半刑殺

인형사寅刑巳－사형신巳刑申－신형인申刑寅
축형술丑刑戌－술형미戌刑未－미형축未刑丑

7) 자형살自刑殺

의타심, 자립성 결여, 일에 열성 부족, 인내심 부족
진진辰辰－오오午午－유유酉酉－해해亥亥.

8) 파살破殺

파살

| 子酉破<br>자유파 | 부모, 처, 형제 적이 됨, 부부이별, 자식별거, 폐, 요도염, 생리질환. |
|---|---|
| 丑辰破<br>축진파 | 관재구설, 시비, 질병, 인덕없음, 스스로 화 초래, 비장, 위장, 맹장, 피부질환 |
| 寅亥破<br>인해파 | 합인 동시에 파, 중화되어 미미, 위장병, 방광염., 담석증 |
| 卯午破<br>묘오파 | 유흥오락, 색정, 명예실추, 매사 실패, 위장병, 간장, 신장, 색맹 등 |
| 巳申破<br>사신파 | 합인 동시에 파, 처음엔 좋으나 나중엔 불화시비. 파산, 손재. 소장, 대장. 삼초, 심장병, 한증 등 |
| 未戌破<br>미술파 | 골육상쟁, 고소, 시비, 토지재산 문제, 신경질환, 구설시비, 배신, 시기, 질투, 신경질환, 허리, 신경통, 坐骨신경통 등 |

9) 원진살怨嗔殺

남녀 불평불만, 이별, 원한, 고독, 횡액, 인생실패, 결혼실패, 자식고통, 산액, 질병, 수족상해, 단명, 신병 등

원진살

| | |
|---|---|
| 자미원진子未怨嗔 | 묘신원진卯申怨嗔 |
| 축오원진丑午怨嗔 | 진해원진辰亥怨嗔 |
| 인유원진寅酉怨嗔 | 사술원진巳戌怨嗔 |

## 10) 육해살六害殺

매사 장애, 은혜를 원수로 갚는 경우

육해살

| | |
|---|---|
| 子未相害<br>자미상해 | 골육간 불화, 관재구설, 육친간 별거, 허리요통, 자궁질환, 생식기 질환 등 |
| 丑午相害<br>축오상해 | 남에게 지기 싫어함, 골육상쟁, 부부불화 등 |
| 寅巳相害<br>인사상해 | 시비구설, 관형액, 모략중상, 간장, 신경통, 위장병, 소장, 인후염 등 |
| 卯辰相害<br>묘진상해 | 허무감, 관재구설, 지체, 위장병, 간장 등 질환 |
| 申亥相害<br>신해상해 | 교통사고, 희비교차, 폐질환, 대장, 산후질환, 대소변 질환 등 |
| 酉戌相害<br>유술상해 | 신불 모시면 좋고, 인간에게 베풀어도 공이 적다. 말더듬, 비장, 신장염, 간장질환 등 |

## 11) 천간상합天干相合

갑기합토甲己合土, 을경합금乙庚合金, 병신합수丙辛合水, 정임합목丁壬合木, 무계합화戊癸合火.

## 12) 지지육합地支六合

자축합토子丑合土, 인해합목寅亥合木, 묘술합화卯戌合火, 진유합금辰酉合金, 사신합수巳申合水, 오미합천午未合天.

### 13) 지지삼합地支三合

신자진수국申子辰水局, 해묘미목국亥卯未木局, 인오술화국寅午戌火局, 진술축미토국辰戌丑未土局, 사유축합금巳酉丑合金.

### 14) 지지상충地支相冲

자오상충子午相冲, 축미상충丑未相冲, 묘유상충卯酉相冲, 진술상충辰戌相冲, 사해상충巳亥相冲, 인신상충寅申相冲.

### 15) 지지상천地支相穿(해害)

자미상천子未相穿, 축오상천丑午相穿, 묘진상천卯辰相穿, 유술상천酉戌相穿, 신해상천申亥相穿.

### 16) 지지상형地支相刑

인형사寅刑巳, 사형신巳刑申, 신형인申刑寅　　(지세지형持勢之刑)
축형술丑刑戌, 술형미戌刑未, 미형축未刑丑　　(무은지형無恩之刑)
자형묘子刑卯, 묘형자卯刑子　　　　　　　　(무례지형無禮之刑)
진辰-진辰, 오午-오午, 유酉-유酉, 해亥-해亥 (자형自刑)

### 17) 원진怨嗔

자미원진子未怨嗔, 축오원진丑午怨嗔, 묘신원진卯申怨嗔, 진해원진辰亥怨嗔, 사술원진巳戌怨嗔.

## 제2절 천간과 지지의 제살諸殺 연구

### 1. 천간합

간합干合은 10개의 천간天干 중 갑병무경임甲丙戊庚壬의 양간陽干과 을정기신계乙丁己辛癸의 음간陰干이 그 순위를 오계단씩 떨어져서 특정한 합을 이루는데 이는 만물萬物 음양陰陽이 짝을 짓는 이치와 같다. 사학斯學에서는 부부

유정부부有情夫婦의 상상象이라고 칭한다.

천간합

| 간합干合 | 오행五行 | 합合의 성격性格 |
|---|---|---|
| 갑기甲己 | 토土 | 중정지합中正之合 |
| 을경乙庚 | 금金 | 인의지합仁義之合 |
| 병신丙辛 | 수水 | 위엄지합威嚴之合 |
| 정임丁壬 | 목木 | 인수지합仁壽之合 |
| 무계戊癸 | 화火 | 무정지합無情之合 |

### 1) 갑기합甲己合의 작용作用

갑기합甲己合이면 오행이 토土로 변하는데 이를 중정지합中正之合이라 하는데 이 간합干合이 있는 사주는 마음이 넓어 타인과 다투지 않고 타협심이 많으며 성격이 후중하여 세상 사람들의 존경을 받게 되고 이해성이 많으며 자기의 분수를 지켜 직분을 잘 지킨다. 그러나 드물게 의무를 지키지 않고 간지奸智에만 능하고 박정한 사람도 있다.

- 갑일생甲日生으로 기己의 간합干合
  : 신의는 있으나 지능이 부족하다.

- 기일생己日生으로 갑甲의 간합干合
  : 신의가 없으며 목소리가 탁하고 코가 낮은 경향이 있다.

### 2) 을경합乙庚合의 작용

을경합乙庚合이면 오행이 금金으로 변하는데 이를 인의지합仁義之合이라 한다. 이 간합干合이 있는 사주는 성격이 강직하고 인자하고 용감하며 의리가 있다. 그러나 사주 중에 육신六神의 편관偏官과 십이운성十二運星의 사死나 절絶이 있으면 용감하나 천한 경향이 있어 귀하게 되지 못한다.

■ 을일생乙日生으로 경庚과 간합干合
: 결단성이 없다.

■ 경일생庚日生으로 을乙과 간합干合
: 내심이 냉혹하고 자비심이 없으며 겉으로 의리가 있는 듯 과장하며 이로운 일만 처세하며 치아가 튼튼한 경향이 있다.

### 3) 병신합丙辛合의 작용

병신합丙辛合이면 오행五行이 수水로 변하는데 이를 위엄지합威嚴之合이라 한다. 이 간합干合이 있는 사주는 외면으로는 위엄이 있어 보이나 실상은 냉혹하고 편굴된 경향이 있으며 잔인하고 색色을 좋아한다.

■ 병일생丙日生으로 신辛과 간합干合
: 지혜는 남보다 뛰어나나 간계奸計·사모詐謀를 잘 쓰고 예의가 문란하다.

■ 신일생辛日生으로 병丙과 간합干合
: 소극적인 성격으로 대망을 품은 사람은 거의 없고 체구도 작다.

### 4) 정임합丁壬合의 작용

정임합丁壬合이면 오행이 목木으로 변하는데 이를 인수지합仁壽之合이라 한다. 이 간합干合이 있는 사주는 감정이 예민하여 자기도취를 잘하고 호색가이며 질투심이 많아 고결하지 못한다. 만일 십이운성十二運星의 사死, 절絕이 있거나 육신六神의 편관偏官 또는 도화살(함지살 또는 목욕살)이 있으면 색정色情으로 패가망신한다. 여자도 음란하고 혼인이 늘 나이차가 많은 남자에게 시집간다.
그리고 일생 중 전반이 좋으면 후반이 나쁘고 전반이 나쁘면 후반이 좋다.

■ 정일생丁日生으로 임壬과 간합干合
: 소심하고 질투심이 강하며 몸이 마르고 키가 큰사람이 많다.

■ 임일생壬日生으로 정丁과 간합干合
: 성격이 펴굽하고 성질을 잘 내며 신의가 없다. 몸집이 크다.

## 5) 무계합戊癸合의 작용作用

무계합戊癸合이면 오행이 화火로 변하는데 이를 무정지합無情之合이라 한다. 이 간합干合이 있는 사주는 대체로 용모는 수려하고 아름다우나 박정하다. 남자는 평생 정식 결혼하지 않는 자가 많으며 여자는 미남美男과 결혼한다는 암시가 있다.

- 무일생戊日生으로 계癸와 간합干合
  : 일견 다정한 듯 하나 내심 무정하며 사귀기 어렵고 얼굴이 붉은 사람이 많다.

- 계일생癸日生으로 무戊와 간합干合
  : 지능정도가 낮고 질투심이 많고 하는 일이 용두사미격龍頭蛇尾격이다. 남녀 늙은 사람과 결혼한다.

## 2. 지지합地支合(육합六合・육기六氣)

| 사巳 | 오午 | 미未 | 신申 |
|---|---|---|---|
| 진辰 |   |   | 유酉 |
| 묘卯 |   |   | 술戌 |
| 인寅 | 축丑 | 자子 | 해亥 |

자축합토子丑合土
인해합목寅亥合木
묘술합화卯戌合火
진유합금辰酉合金
사신합수巳申合水
오미합천午未合天(무오행無五行)

지합支合이란 십이지지十二地支를 천天과 지地에 짝하여 천지육합天地六合이 되는 것을 말하고, 하늘은 텅 비었기 때문에 목표目標가 없으므로 태양太陽을 하늘의 표준으로 삼아 기체氣體인 태양太陽의 자전自轉과 고체古體인 지구地球의 자전自轉을 통한 공전公轉과의 사이에서 생기는 음양陰陽 즉 음지陰支와 양지陽支의 합체合體가 되는 것을 지합支合이라고 한다. 천天은 왼편으로 돌고 지地는 오른쪽으로 돌아서 하늘과 땅이 상합相合하는 고로 천지상합天地相合이라고 한다.

① 사주 원국에서 지지地支끼리 비교한다.
② 궁합이나 동업관계일 때 년간年干과 일간日干끼리 비교한다.
③ 대운 지지地支와 사주와 비교
④ 세운과 사주와의 비교
⑤ 월지月支·일진지지日辰地支와 비교한다.

## 1) 지합支合의 길흉吉凶

지합支合에는 육합六合, 삼합三合, 방합方合 등이 있다.
합은 단결, 유정有情, 화평和平의 뜻이 있는 반면에 침체沈滯, 구속拘束, 부진不進등의 뜻이 있다.

## 2) 지합支合(육합六合)의 길흉吉凶

자축합토子丑合土·인해합목寅亥合木·진유합금辰酉合金·묘술합화卯戌合火·사신합수巳申合水·오미합천午未合天.

- 흉신凶神끼리 합하거나 합합하여 흉신凶神이 되면 흉凶이 무겁고, 길신吉神끼리 합하거나 합합하여 길신吉神이 되면 길吉이 가중된다.
- 합합이 공망空亡을 맞으면 합합이 풀리고 공망은 합합에 의하여 해소된다.
- 합합이 많으면 사교술이 좋고 여러 사람과 화합化合이 된다.
- 가까이 있는 것끼리는 합이 잘되고 떨어져 있으면 약하다.
- 합합을 형刑, 충冲, 파破하면 합합이 풀린다.
- 여명女命은 합이 많으면 좋지 않다.

■ 합록合祿, 합마合馬, 합귀合貴가 있다.

### 3) 지지육합地支六合의 원리설명

지지육합地支六合은 오성五星법중 칠정七情에서 나왔으니 칠정七情은 일월금목수화토日月金木水火土를 말하는 것이다. 자축子丑(토土)은 아래에 있어 땅이 되며 오午(태양太陽)는 일日이 되고 미未(태음太陰)는 월月이 되어 위에 있어 하늘이 된 것이다.

천지天地사이엔 춘하추동春夏秋冬 사시四時가 질서있게 유행한다. 지기地氣가 상승上昇하여 인해寅亥는 합합하여 춘목春木이 되고, 묘술卯戌은 합합하여 하화夏火가 되고, 진유辰酉는 합합하여 추금秋金이 되고, 사신巳申은 합합하여 동수冬水가 된 것이다.

## 3. 지지삼합地支三合

삼합三合은 세 개의 지지가 모여 합합을 이루고 오행도 변하는 것으로 강력한 연합집단인 국국을 이룬다.

삼합표

| 신자진 申子辰 | 수국 水局 |
|---|---|
| 해묘미 亥卯未 | 목국 木局 |
| 인오술 寅午戌 | 화국 火局 |
| 사유축 巳酉丑 | 금국 金局 |
| 사사사 四四四<br>맹정고 孟正庫<br>사사사 四四四<br>생왕묘 生旺墓<br>사사사 四四四<br>우폐계 偶敗季 | 토국 土局<br>진술 辰戌<br>축미 丑未 |

■ 신자진申子辰 수국水局은 물이 신申에서 생生하고 자子에서 왕旺하고 진辰에서 묘墓한다.

- 해묘미亥卯未 목국木局은 나무가 해亥에서 생생하고 묘卯에서 왕왕旺하고 미未에서 묘묘墓한다.
- 인오술寅午戌 화국火局은 불이 인寅에서 생생하고 오午에서 왕왕旺하고 술戌에서 묘묘墓한다.
- 사유축巳酉丑 금국金局은 쇠가 사巳에서 생생하고 유酉에서 왕왕旺하고 축丑에서 묘묘墓한다.

1) 삼합三合의 길흉吉凶

- 용모가 아름답고 신기神氣가 안정되어 있다. 주위사람과 원만하고 단결이 잘 된다.
- 삼합三合하여 격식格式이 좋으면 성공하고 한평생 편안하며 재능이 많고 항상 화기和氣가 있다.
- 삼합三合은 있으나 파격破格이 되면 스스로 천해진다.
- 삼합三合에 함지咸池가 겸하면 사통私通의 정이 있고 불량하다.
- 삼합三合 사이에 충冲, 형刑, 파破가 끼어있으면 매사에 방해, 음해 등이 따르게 된다.
- 합화오행合化五行이 사주의 길신吉神이면 더욱 좋으나 흉신凶神이 되면 나중에 일이 실패되거나 나쁜 일이 생긴다.
- 합화오행合化五行이 기신忌神이 되면 합의 요소가 장애물이 되어 구속된 결과로 일을 망치게 되니 합합을 풀어야 성사된다.
- 반합半合은 자오묘유子午卯酉의 핵핵이 있어야 인정된다.

## 4. 지지地支 칠충七冲

지지地支는 육위六位를 지나서 칠위七位는 대충對冲의 지지가 된다. 대각선으로 맞은 편끼리 상극相剋관계를 이루어 칠충七冲이라 하는데 서로 대립하고 다투는 형상이다.

자오상충子午相冲 축미상충丑未相冲 인신상충寅申相冲
묘유상충卯酉相冲 진술상충辰戌相冲 사해상충巳亥相冲

육위六位의 경우도 상극相剋이 되나 음양조화陰陽調和를 이루고 칠위七位만이 양陽은 양陽끼리 음陰은 음陰끼리 싸우므로 무정無情의 극剋이라 한다.

| | 사巳 | 오午 | 미未 | |
|---|---|---|---|---|
| 진辰 | 손巽 ☴ | 리離 ☲ | 곤坤 ☷ | 신申 |
| 묘卯 | 진震 ☳ | ☯ | 태兌 ☱ | 유酉 |
| 인寅 | 간艮 ☶ | 감坎 ☵ | 건乾 ☰ | 술戌 |
| | 축丑 | 자子 | 해亥 | |

### 1) 칠충七冲의 길흉吉凶

(1) 명중命中의 용신用神, 희신喜神, 구신救神을 충冲하면 나쁘다. 기신忌神, 구신仇神을 충冲하면 도리어 흉을 없애고 좋게 된다.

(2) 인신사해寅申巳亥는 오행이 장생하는 사생지四生地이므로 충冲하면 잘리고 끊어지고 다치는 화禍가 일어난다.

(3) 진술축미辰戌丑未의 충冲은 동류상충同類相冲하여 동요가 일어난다.

(4) 자오묘유子午卯酉의 충冲은 오행의 상극원리에 의하여 승부가 결정된다. 즉 자수子水가 오화午火를 극하여 이기고, 유금酉金이 묘목卯木을 극하여 이긴다.

(5) 충沖은 가까이 있으면 쟁투가 되고 떨어져 있으면 동요하는 것으로 본다.

(6) 사생지四生地(인신사해寅申巳亥)의 충沖은 역마의 자리이므로 이동변화가 많다.

(7) 충沖이 있고 형刑, 해害등이 겹치면 일생一生 파란변동이 심하다.

(8) 천간天干, 지지地支가 함께 충沖이면 천전지충天戰地沖이 되어 싸움이 급진적이고 극렬하다.

(9) 원명元命이 대운을 충沖하면 흉凶이 빨리 나타나면서 흉凶을 자초한 것이고 대운이 원명元命을 충하면 외부로부터 흉사凶事가 나타나나 더디게 나타난다.

(10) 沖을 풀어주는 것은 六合, 三合, 空亡 등이다.
    예) 癸庚乙戊
        未午丑子

(11) 월령月令을 충沖하면 뿌리를 충沖한 것과 같아서 동요, 변화가 크게 일어난다.(즉, 이사나 직장변동 등)

(12) 양지陽支의 충沖은 흉사가 강하고 음지陰支는 흉사가 약하다.

(13) 일지日支를 충沖하면 배우자와 이별, 사별 등이 일어난다.
   ① 천간天干은 합합인데 지지地支를 충沖하면 처음엔 화합하나 결과는 깨어지고 겉으로는 합한 것 같이 보이나 속으로 갈등과 싸움이 있다.
   ② 양인羊刃을 충沖하면 간직하고 있는 흉기를 건드린 것과 같아서 쟁투를 하여 화가 발생하고 대운이 겹쳐서 충沖되면 죽음을 부른다.
   ③ 진술축미辰戌丑未가 모두 있으면 충沖일지라도 귀명貴命이나 고독하여 육친과 분리된다.
   ④ 충운沖運에는 이동하고 자리를 피함으로써 화를 면할 수 있고 육친간에도 떨어져 있어야 좋다.
   ⑤ 수기水氣가 왕旺하여 얼어 있는 사주는 충沖하여 깨어주어야 좋다.

## 2) 자오상충子午相冲

무역계통, 정치계통(주권투쟁) 등으로 자신의 몸이 불안하고 공연히 동분서주東奔西走하며, 해외무역의 경제권을 획득(기氣가 강한 경우)한다. 마음속에 갈등과 고민(기氣가 약한 경우)하거나 공연히 남을 비방하고 헐뜯는다.

## 3) 묘유상충卯酉相冲

안정된 직장이나 사업 또는 가정을 갖기 어렵다. 나그네처럼 이동이 심하다. 권리와 이해관계가 초점이 되는 현상이고 벼슬과 돈에 대한 집념이 강해 양보와 타협을 모르고 생사를 건 치열한 다툼을 하여 벗과의 사이에 신의와 우애가 없다.

## 4) 사해상충巳亥相冲

세도勢道를 즐기고 경거망동하며 어떤 행하여 벌어진 일에 후회나 뉘우침이 없다. 호의호식好衣好食을 즐기고 교양이 부족하다. 감정과 기분에 좌우되고 하찮은 일을 크게 확대하는 기질이 있다. 즉 긁어 부스럼 하는 일이 있으며 타향살이하는 경우가 많다. 뒷배경을 좋아하고 애정의 풍파가 잦다. 하찮은 일에 재난을 초래하기 쉽다. 이러한 사람은 자중하고 한번 더 생각하는 신중함을 요한다.

## 5) 인신상충寅申相冲

남녀간 애정상의 풍파를 암시한다. 자중하는 것이 최선의 상책이다. 역마의 자리이므로 이동과 변화가 무쌍하다. 한편 애정이 많다.

## 6) 진술축미충辰戌丑未冲

돈이 제일이라고 생각한다. 소금보다 짜다. 대화가 불통이다. 신의와 인정머리가 없다. 동기간이나 친구로부터 외면당한다. 믿음과 사랑, 도량, 이해에 힘쓰는 것이 일신을 보호하는 첫째 비결이다. 모든 일에 막힘과 부침현상이 많다.

## 5. 십이지지十二地支 육해六害(천穿)

합합하는 상대오행相對五行을 타他 지지地支가 충충冲하여 방해하는 것으로 서로가 서로를 해害친다는 것으로 충충冲이나 형형刑보다는 그 영향력이 좀 약하다.

육해살

| 사巳 | 오午 | 미未 | 신申 |
| --- | --- | --- | --- |
| 진辰 |  |  | 유酉 |
| 묘卯 |  |  | 술戌 |
| 인寅 | 축丑 | 자子 | 해亥 |

육해살 원리

| 육六 | 오午 | 미未 | 신申 | 유酉 | 술戌 | 해亥 | 자子 | 축丑 | 인寅 | 묘卯 | 진辰 | 사巳 | 충冲 |
| --- | --- | --- | --- | --- | --- | --- | --- | --- | --- | --- | --- | --- | --- |
|  | 자子 | 축丑 | 인寅 | 묘卯 | 진辰 | 사巳 | 오午 | 미未 | 신申 | 유酉 | 술戌 | 해亥 |  |
| 해害 | 축丑 | 자子 | 해亥 | 술戌 | 유酉 | 신申 | 미未 | 오午 | 사巳 | 진辰 | 묘卯 | 인寅 | 합合 |

### 1) 육해六害의 길흉吉凶

① 자미상해子未相害는 왕수旺水, 왕토旺土의 상극相剋이므로 육친골육의 인연이 박하다.
② 축오상해丑午相害는 오午의 왕화旺火와 축중丑中의 신금申金을 업신여기므로 관귀상해官鬼相害라고 하며 육친권속이 분리分離・불화不和한다.
③ 인사상해寅巳相害는 세력만 믿고 날뛰므로 구설口舌이 많다.
④ 묘진상해卯辰相害는 묘卯의 왕목旺木이 진辰의 유토柔土를 극하므로 상유상해長幼相害라고 하며 항상 다툼이 일어나고 원만중에 풍파가

일어난다.

⑤ 신해상해申亥相害는 서로 세력을 믿고 재능을 경쟁하는 형상形象을 쟁투상해爭妬相害라고 하여 서로 질시하고, 안면에 상처가 있다.

⑥ 유술상해酉戌相害는 유酉의 왕금旺金과 술戌의 쇠화衰火가 질투상해嫉妬相害하니 가정에 불화와 다툼이 있다.

⑦ 육해六害는 대체로 골육이 분리되고 싸움이 일어나며 더욱 인신사해寅申巳亥가 있으면 심하게 나타난다.
귀격貴格이면 기회를 포착하는 재능이 있고 파격이면 거짓이 많고 인격이 떨어진다.

⑧ 묘진상해卯辰相害와 축오상해丑午相害는 생왕生旺하면 승리를 좋아하고 성격은 엄중하다. 쇠약하면 경박하여 실패하고 옳지 못한 일을 자행한다.

⑨ 자미상해子未相害는 육친六親에 불리不利하고 귀격이면 처첩妻妾의 화를 입고 파격破格이면 고독하다.

⑩ 유술상해酉戌相害는 생왕生旺하면 강폭·잔인하고 쇠약하면 참혹한 성질이다.

⑪ 육해六害는 합合을 충冲하는 흉신凶神이니 방해자요, 이간질하는 사람이고 음해하며 남이 좋아하는 것을 시기하여 빼앗아 가는 사람이다.

## 6. 십이지지十二地支 상형相刑

형刑은 충冲보다는 상극相克하는 정도가 약하지만 삼형三刑을 이룰 때는 화를 당한다.

원리는 순행사위順行四位이고 역행십위逆行十位로 배열된다.

| 巳 | 午 | 未 | 申 |
|---|---|---|---|
| 辰 | | | 酉 |
| 卯 | | | 戌 |
| 寅 | 丑 | 子 | 亥 |

### 1) 지세지형持勢之刑(인사신寅巳申)

인형사寅刑巳・사형신巳刑申・신형인申刑寅은 형刑인데 인사신寅巳申은 삼형三刑이다.

### 2) 무은지형無恩之刑(축술미丑戌未)

축형술丑刑戌・술형미戌刑未・미형축未刑丑인데 축술미丑戌未는 삼형三刑이다.

### 3) 무례지형無禮之刑(자묘子卯)

자형묘子刑卯・묘형자卯刑子

### 4) 자형自刑

진辰・오午・유酉・해亥가 같은 것끼리 만나면 자형自刑이다.

## 7. 형刑의 길흉吉凶

### 1) 지세지형持勢之刑

삼형三刑 모두가 있으면 형살刑殺의 작용이 더 강하여 관재官災로 인하여 형무소에 가게 되는 운이며 인사寅巳가 주내柱內에 있던지 사신巳申이나 인신寅申이 사주四柱 내에 있어도 살성煞星의 악형惡刑을 당하게 되나 조금 약하다고 본다. 또 삼형三刑이 있는 사주는 돌발적이고 고집이 세며 너무 욕심을 내다가 실패하고 호언장담을 잘한다. 궁합宮合볼 때 이 지세지형持勢之刑이 있으면 서로 자존심이 강해지고 일주日柱가 가장 중요하다.

### 2) 무은지형無恩之刑

성질이 포악하여 배신을 잘하고 때에 따라서 사람을 잘 이용한다. 년월年月에 있으면 불효하고 일시日時에 있으면 자식이 포악하고 악처惡妻가 있어서 자녀子女의 무덕無德으로 일생一生을 보내고 궁합宮合 볼 때는 중요치 않다.

### 3) 무례지형無禮之刑

성질이 온순한 느낌은 전혀 없고 횡폭한 성질을 가지고 있는데 년年에 있으면 조상이 감옥생활을 했고 월月에 있으면 부모 중 형액刑厄을 당하여 호적에 적선赤線이 있거나 반대로 충신이 되는 자도 있다. 일지日支에 있으면 자기 처妻를 악의 원수같이 다스리고 시時에 있으면 자손이 깡패 또는 죄인의 신세로 형무소에 이력서를 넣거나 불구자不具者인 수가 있다.

### 4) 자형自刑

사주 내에 어디라도 있으면 남에게 의타심이 많고 자립심이 전혀 없으며 일에 열성이 없고 인내심도 부족하다. 년월간年月間에 자형自刑이면 부모와 조상 간에 사이가 좋지 않고 일시日時가 자형自刑이면 부자지간父子之間에 원수가 된다.

## 8. 원진살怨嗔煞(대모大耗)

충冲하여 다투고 나면 서로 미워하고 질시반목하는 이치로서 충冲한 다음자리로 궁합宮合볼때에 남녀의 년월年月을 상대시켜 보는데 이때 원진살이 있으면 살기는 살아도 항상 원망과 불평을 하며 다툼이 자주 있게 된다.

- 자미子未원진
- 축오丑午원진
- 인유寅酉원진
- 묘신卯申원진
- 진해辰亥원진
- 사술巳戌원진

· 자미子未원진 : 쥐는 양머리의 뿔 돋친 것을 크게 꺼린다
· 축오丑午원진 : 소는 말이 밭을 갈지 않는 게 불만이다
· 인유寅酉원진 : 범이 닭 주둥이의 짧은 부리를 미워한다

・묘신卯申원진 : 토끼는 원숭이를 원수로 여겨 불평이 많다
・진해辰亥원진 : 용은 돼지 면상이 시커멓다고 싫어한다
・사술巳戌원진 : 뱀은 개 짖는 소리에 놀라 경풍을 일으킨다

1) 원진의 함의

충冲 중에서 원진살이 가장 해害가 심한데 원진띠끼리 혼사하면 원망과 불평이 많이 생기고 평생 고생이다. 다만 재혼자는 부귀하고 해외 생활이면 잘사는 자가 많다.
 원진으로 인한 침해는 그 원인이 안에서 일어나는 것이 아니라 밖으로부터 어려운 일을 당할 때가 많으며 이 살이 있으면 불화, 증오, 이별, 고독 등의 일을 당한다고 한다.

2) 원진의 길흉吉凶

원진은 충冲의 다음자리이니 싸우고 난 후에 미워지는 것과 같아서 부부궁합에서 제일 꺼리는 것이다.

(1) 원진이 있으면 용모가 곱지 못하고 코가 낮고 입이 크고 눈은 모가 나며 어깨가 높고 음성도 탁하다. 신왕身旺이면 도량은 크나 시비 선악을 분별하지 못하고 모든 일이 실패로 돌아간다.
신약身弱하면 부끄러움도 모르며 음식을 탐하는 하류인下流人이다.

(2) 원진이 合을 보면 작용이 약해진다

(3) 여자는 음성이 크고 성질이 탁하며 간음이나 사통私通의 뜻이 있다. 무례한 성질이 있다.

(4) 원진운이 되면 방해자를 만난 격이니 마음이 흔들리고 병을 얻거나 외부로부터의 재화가 있다.

## 9. 파살破煞

파破도 충冲과 마찬가지로 부딪치면은 파괴되는 운성을 나타낸다.

- 자유파子酉破
- 진축파辰丑破
- 인해파寅亥破
- 술미파戌未破
- 사신파巳申破
- 오묘파午卯破

### 1) 파破의 길흉

(1) 년지年支가 파破를 만나면 조실부모早失父母 하거나 일찍 부모를 떠나 타향살이를 하고 조상의 재산이 파멸하여 그 덕을 입지 못한다.

(2) 월月을 파破하면 부모와 일찍 이별하고 풍파가 많고 인덕이 없다

(3) 일日을 파破하면 처궁이 좋지 않고 부부지간에 수술 및 질병이 자주오며 풍파가 많다.

(4) 시時를 파破하면 자손낙태 등의 일이 자주 있고 자궁질환이 발생하며 부부생활에 불만이 항상 있다. 말년에 빈재貧財되어 고독하게 산다.

## 10. 육합六合·삼합三合·형刑·충沖·파破 일람표

형·충·파·해·육합·삼합

| 日支일지 \ 四支 | 자子 | 축丑 | 인寅 | 묘卯 | 진辰 | 사巳 | 오午 | 미未 | 신申 | 유酉 | 술戌 | 해亥 |
|---|---|---|---|---|---|---|---|---|---|---|---|---|
| 자子 | | 육합六合 | | 형刑 | 삼합三合 | | 충沖 | 해害 | 삼합三合 | 파破 | | |
| 축丑 | 육합六合 | | | | 파破 | 삼합三合 | 해害 | 형刑 충沖 | | 삼합三合 | 형刑 | |
| 인寅 | | | | | | 형刑 해害 | 삼합三合 | | 형刑 충沖 | | 삼합三合 | 육합六合 파破 |
| 묘卯 | 형刑 | | | | 해害 | | 파破 | 삼합三合 | | 충沖 | 육합六合 | 삼합三合 |
| 진辰 | | 파破 | | 해害 | 형刑 | | | | 삼합三合 | 육합六合 | 충沖 | |
| 사巳 | | 삼합三合 | 형刑 해害 | | | | | | 육합六合 형刑 파破 | 삼합三合 | | 충沖 |
| 오午 | 충沖 | 해害 | 삼합三合 | 파破 | | | 형刑 | | 육합六合 | | 삼합三合 | |
| 미未 | 해害 | 형刑 충沖 | | 삼합三合 | | | 육합六合 | | | | 형刑 파破 | 삼합三合 |
| 신申 | 삼합三合 | | 형刑 충沖 | | 삼합三合 | 육합六合 형刑 충沖 | | | | | | 해害 |
| 유酉 | 파破 | 삼합三合 | | 충沖 | 육합六合 | 삼합三合 | | | | | 형刑 | 해害 |
| 술戌 | | 형刑 | 삼합三合 | 육합六合 | 충沖 | | 삼합三合 | 형刑 파破 | | 해害 | | |
| 해亥 | | | 육합六合 파破 | 삼합三合 | | 충沖 | | 삼합三合 | 해害 | | 형刑 | |

# 제13장

# 기타 신살총론

命理學原理大全

제1절 신살해설
제2절 십이신살

# 제13장 기타其他 신살총론神殺叢論

## 제1절 신살해설神殺解說

- 신神 : 길신吉神
- 살煞(殺) : 흉신凶神

|  | 丁己 |  |  |  |
|---|---|---|---|---|
| 丙戊 | 巳 | 午 | 未 | 申 | 庚
| | 辰 | | | 酉 | 辛
| 乙 | 卯 | | | 戌 |
| 甲 | 寅 | 丑 | 子 | 亥 | 壬
| | | 癸 | | |

신살표

| 신살<br>천간 | 건록 | 양인 | 금여 | 문창 | 백호대살 |
|---|---|---|---|---|---|
| 갑甲 | 인寅 | 묘卯 | 진辰 | 사巳 | 진辰 |
| 을乙 | 묘卯 | 진辰 | 사巳 | 오午 | 미未 |
| 병丙 | 사巳 | 오午 | 미未 | 신申 | 술戌 |
| 정丁 | 오午 | 미未 | 신申 | 유酉 | |
| 무戊 | 사巳 | 오午 | 미未 | 신申 | 진辰 |
| 기己 | 오午 | 미未 | 신申 | 유酉 | |
| 경庚 | 신申 | 유酉 | 술戌 | 해亥 | |
| 신辛 | 유酉 | 술戌 | 해亥 | 자子 | |
| 임壬 | 해亥 | 자子 | 축丑 | 인寅 | 술戌 |
| 계癸 | 자子 | 축丑 | 인寅 | 묘卯 | 축丑 |

## 1. 건록建祿

건록은 정록正祿이라고 하는데 십이운성十二運星의 임관臨官과 같으며 벼슬을 얻었다는 뜻이니 부귀富貴가 있고 길吉하다. 건록을 보는 요령은 다음과 같다.

갑록재인甲祿在寅 : 일간日干 갑甲의 건록은 인寅이다
을록재묘乙祿在卯 : 일간日干 을乙의 건록은 묘卯다
병무록재사丙戊祿在巳 : 일간병日干丙과 무戊의 건록은 사巳다

정기록재오丁己祿在午 : 일간정日干丁과 기己의 건록은 오午다
경록재신庚祿在申 : 일간경日干庚의 건록은 신申이다
신록재유辛祿在酉 : 일간신日干辛의 건록은 유酉다
임록재해壬祿在亥 : 일간임日干壬의 건록은 해亥다
계록재자癸祿在子 : 일간계日干癸의 건록은 자子다

건록이 사주四柱에 있으면 복록이 많고 관록도 좋으며 의식이 넉넉하다. 이 건록도 공망을 만나거나 형刑·충冲·파破·해害·되면 그 吉한 효력을 잃게 된다.

## 2. 건록建祿의 길흉吉凶

건록표

| 일간<br>日干 | 갑甲 | 을乙 | 병丙 | 정丁 | 무戊 | 기己 | 경庚 | 신辛 | 임壬 | 계癸 |
|---|---|---|---|---|---|---|---|---|---|---|
| 建祿<br>건록 | 인寅 | 묘卯 | 사巳 | 오午 | 사巳 | 오午 | 신申 | 유酉 | 해亥 | 자子 |

천간과 동일한 음양오행이 되니 천간의 뿌리가 되어 녹근祿根이라고 하고 다스릴 땅을 얻은 것이니 녹이 있다하고 근거가 뚜렷하여 안정된 생활을 하는 것이다.

① 생월生月에 있으면 건록격이 되고
  생일生日에 있으면 일록격日祿格이 되고
  생시生時에 있으면 귀록격貴祿格이 된다.

② 관성官星과 인성印星·식신食神이 함께 있으면 좋다.

③ 형형·충沖·공空·해害를 싫어한다.

④ 격식이 좋으면 몸이 건강하고 진실하며 일생一生 평안하고 식록이 좋아서 수명·장수한다.

⑤ 공무원이 제일 많은 편이다.

⑥ 기신忌神이 있으면 건록이 있어도 복이 적어서 노력은 많이 하나 복록이 적다.

⑦ 생시生時에 있으면 일의 결과가 좋아서 노력보다 좋은 결실을 이룬다.

⑧ 뿌리에 해당하므로 충沖·형형을 만나면 직장 변동·이사 등의 일이 생기며 건강상에도 지장이 생긴다.

⑨ 건록이 없고 약한 사주는 건록운을 보면 직장과 사업·일자리가 생기고 안정된 생활을 하게 된다.

⑩ 재財가 많은 사주는 건록운에 부귀하거나 수입이 증가된다.

⑪ 일록日祿이면 비견이 되므로 부부간에 문제가 있다.

## 3. 양인羊刃(양인陽刃)

양인표

| 일간<br>日干 | 갑甲 | 을乙 | 병丙 | 정丁 | 무戊 | 기己 | 경庚 | 신辛 | 임壬 | 계癸 |
|---|---|---|---|---|---|---|---|---|---|---|
| 양인<br>羊刃 | 묘卯 | 진辰 | 오午 | 미未 | 오午 | 미未 | 유酉 | 술戌 | 자子 | 축丑 |

원칙상 양인은 일간日干과 오행이 같고 음양이 다른 것(겁재劫財)으로 양간陽干에만 적용된다 해서 양인陽刃이다. 하지만 녹전일위祿前一位가 되는 원칙을 적용하여 음간陰干에도 같은 인성刃星을 두었다.

양인성은 형벌刑罰 및 검인劒刃을 의미하는 살성殺星으로 강렬, 횡폭, 성급, 잔인성을 내포한 살이다.

그러므로 사주四柱에 양인羊刃이 있고 그 힘이 강하면 성격이 강하고 참을성이 없으며 잔인한 경향이 있다. 따라서 일생동안 곤액과 장애가 많으며 험한 일을 많이 당한다. 그러나 양인성이 있고 사주四柱의 격격과 부합되면 세상에 드물게 보는 영웅호걸 열사烈士가 되는 수가 있다.

例 :  戊 甲 辛 乙
　　　午 戌 卯 未

갑甲에 묘卯가 양인羊刃

## 4. 양인羊刃의 해설解說

양인을 일간을 기준으로 하며 12운성으로 제왕에 해당하고 칼날처럼 강한 살성殺星을 지니며 일주가 태강함을 의미한다. 권력욕이 대단하고 투쟁과 충돌을 좋아하여 타인을 이기려고 하는 승부욕이 특히 강하다. 자신의 욕망과 목적을 위해 타인을 서슴없이 희생시키기도 한다. 그러나 너무 강하면 부러지는 것이 세상의 보편적인 진리인 것이다. 너무 태강하고 격식이 좋지 않으면 범법을 자행하고 관형과 재액이 따르고 육신이 흉기나 사고에 의해 다치거나 절단을 당하고 횡사의 위험이 따른다.

양인이 사주에 임하면 강왕한 기를 제극하는 칠살七殺, 즉 편관이 있어야 중화되어 높은 관직에 올라 권력을 행사하고 지도자로서 명성을 떨치게 된다. 경우에 따라 정치 지도자나 법관, 군軍의 통솔자가 나오며 그 위세와 용기는 타의 추종을 불리친다.

1) **구성** : 양인羊刃은 보통 양인陽刃이라고 하며 육신六神으로는 겁재劫財에 해당하고 십이 운성으로는 帝旺이다. 자오묘유子午卯酉 정방正方에 해당하고 천간五行이 강해지는 자리이므로 양간陽干만 취하여 양인陽刃이라고 하나 음간陰干도 동기오행同氣五行이 많으면 인刃이 되므로 지지地支에 비·겁이 많으면 양인으로 보아야 한다.

건록의 다음자리이며 천간과 음양이 다르다.

例 :  戊 乙 庚 乙
　　　寅 卯 辰 卯

　　　　木局

위의 사주는 지지地支전체가 목국木局을 이루어 목木기가 왕旺하니 음간(을乙)일지라도 양인羊刃으로 보아야 한다.

2) 작용 : 지나치게 왕旺하고 강한 기질이므로 칼(인刃)을 지닌 것과 같아서 악기惡氣로 변하니 이를 건드리면 (충형冲刑) 재화를 초래하게 되는 것이다.

즉 화火가 지나치면 물질을 태우고
　　수水가 지나치면 홍수가 되고
　　금金이 지나치면 깨어지고
　　목木이 지나치면 부러지고
　　토土가 지나치면 무너진다.

공功을 이루고도 물러갈 줄 모르니 타의에 의하여 꺾어지는 것이다.

## 5. 양인羊刃의 특성

① 성품이 강렬하고 난폭하여 살생과 투쟁을 좋아한다.
② 갑일甲日 양인은 성격이 강직하다.
③ 경일庚日 양인은 과단성과 의협심이 지나치다.
④ 무일戊日 양인은 완고하고 지나치게 우둔해 보인다.
⑤ 임일壬日 양인은 음모, 술수가 있고 속이 깊다.
⑥ 충冲하면 강폭하고 쟁투가 일어나 합하면 몸을 보호하는 보신保身者가 된다.
⑦ 하격下格이면 눈이 크고 수염이 많고 잔인하다. 상격上格이면 문무겸전文武兼全하여 도량이 넓고 대중의 중심 인물로 약자를 돕는다.

## 6. 양인羊刃의 길흉

① 신약身弱이면 양인이 도움이 되고 신강身强이면 양인이 흉신凶神이 된다.
② 월지月支 양인羊刃에 이를 제제하는 편관偏官이 있으면 권세가 있고 명리를 얻는다.

③ 월지月支 편관격에 시時에서 양인이 일주를 도와주면 역시 좋다.
④ 월지月支 양인(병오丙午·무오戊午·임자壬子)은 부부 이별이 있다.
⑤ 생년지生年支 양인은 조상을 극하고 시인時刃은 자녀를 극하고 이중二重으로 있으면 몸을 다치거나 피를 보는 재화가 있다.
⑥ 사주 원국에 있는 양인이 해당하는 운이 돌아오면 옛날일에 의하여 재화災禍가 일어난다.
⑦ 양인과 겁재가 겹치고 이를 억제하는 관살이 없으면 도둑질할 마음이 생긴다.
⑧ 년월일年月日이 모두 양인성羊刃星이면 크게 부귀하는 명命이다.

　　例：　庚 丙 乙 戊
　　　　　申 寅 卯 午

⑨ 양인이 목욕살과 같은 자리에 있으면 연주창連珠瘡에 걸리거나 칼로 다친다.
⑩ 태월胎月에 양인이 있고 충冲·형刑이 되면 불량아이거나 존친이 악하게 죽고 흉악한 사람이다.
⑪ 양인과 비인比刃이 겹쳐 있으면 경거망동으로 재화를 초래한다.
⑫ 천간에 관살이 있고 지지地支에 양인이면 귀명貴命이나 뇌나 머리를 다친다.
⑬ 천간에 재성財星이 있고 지지地支가 양인이면 재물의 손해가 많고 저축이 안된다.
⑭ 양인이 공망을 맞으면 잘난척하여 재화를 일으키고 터무니없는 원한을 산다.
⑮ 양인이 많으면 부부간에 속임이 있고 양보심이 없어 불화한다.
⑯ 양인이 있는 사람은 눈빛이 강하게 빛난다.

## 7. 금여金輿

금여

| 日干 | 甲 | 乙 | 丙 | 丁 | 戊 | 己 | 庚 | 辛 | 壬 | 癸 |
|---|---|---|---|---|---|---|---|---|---|---|
| 금여 | 辰 | 巳 | 未 | 申 | 未 | 申 | 戌 | 亥 | 丑 | 寅 |

금여가 사주에 있으면 성격이 온후하여 인품이 화애롭고 용모가 단정하여 머리가 영리하고 재주가 있어 사람들의 존경을 받게 되며 타인의 도움을 받게 되고 발명가나 또는 관록으로 성공한다. 처도 미인이며 처가덕도 있다. 출세운이 대길하므로 궁합宮合 볼 때 반드시 참고하여 보고 만일 시주時柱에 있으면 일생 일가친척의 도움을 받게 되며 자손도 훌륭히 두고 번창하니 귀성貴星이라 한다.

## 8. 문창文昌

문창

| 日干 | 甲 | 乙 | 丙 | 丁 | 戊 | 己 | 庚 | 辛 | 壬 | 癸 |
|---|---|---|---|---|---|---|---|---|---|---|
| 문창 | 巳 | 午 | 申 | 酉 | 申 | 酉 | 亥 | 子 | 寅 | 卯 |

문창이 사주에 있으면 지혜가 총명하고 학문에 밝으며 소질이 있어 재능이 많다. 글씨를 잘 쓰며 시詩도 잘 짓고 읊으며 문장가文章家가 되고 풍류를 좋아한다. 또한 연구·발명 등의 활동을 하게 되고, 궁극적인 진리를 탐구하는 열정이 대단하다. 문창성은 일간을 중심으로 하여 지지를 살피는 것이며 표출방법은 양일간陽日干인 경우 12운성의 병病에 해당하고, 음일간陰日干은 12운성의 장생長生에 해당한다.

그리고 문창은 흉성凶星(즉 12운성중 쇠병사묘衰病死墓 등)을 길성吉星으로 제화制化시킨다. 그러나 문창이 충冲되거나 합合되거나 공망을 만나면 길신으로서의 작용을 못한다.

## 9. 백호白虎

백호대살표

| 干 | 戊 | 丁 | 丙 | 乙 | 甲 | 癸 | 壬 |
|---|---|---|---|---|---|---|---|
| 支 | 辰 | 丑 | 戌 | 未 | 辰 | 丑 | 戌 |

구궁九宮의 중궁中宮 즉 오황五黃의 자리에 들어가는 간지干支로 보통 사주를 보고 지지에 진술辰戌이 눈에 많이 띠면 백호살이 있음을 감지하는 것이다. 괴강과 그 뜻이 거의 같으며 좋은 경우는 지도자로 큰일을 하며 생활력이 강

함을 들 수 있고 나쁜 경우는 성격이 강렬하고 난폭하며, 교통사고, 객사, 행사 등으로 횡액이나 흉사를 당하고, 사주의 주柱나 육신에 백호가 하면 들면 행당하는 주柱나 육신六神이 흉사한다. 백호대살은 살성이 강하여 음독자살하는 경우와 혈광사血光死, 즉 피를 흘리고 죽거나 교통사고 등으로 비명횡사한다. 여자는 백호살이 들어 있으면 팔자가 드세다.

例 :  壬 癸 癸 戊
       戌 未 亥 辰
       자손 | 조상 |

조상이 나 자손이 백호살로 비명 횡사하는 경우

※ 특히 주변 주柱에 있으면 약 50 %이나 일주日柱에 있는 경우는 80% 이상 백호살로 인한 흉한 일을 당할 가능성이 크다. 백호대살이 든 사주는 잘 살펴서 무리한 출행이나 분에 맞지 않은 행동이나 욕심을 자제하고 몸과 마음을 수양하며 조심해야 한다.

## 10. 괴강魁罡

괴강은 강렬한 살기가 있어 횡폭, 재앙, 살생, 고집 등을 내포하고 있어 사주에 괴강이 있으면 자존심과 고집이 있고 강폭하고 대범하여 공격적인 성격으로 위험한 일을 하는 성격을 지니고 있다. 또한 고집과 투쟁심이 강해 살상殺傷과 납치 등 흉포한 일을 잘 초래한다. 그러나 사주의 격이 우수하면 만인을 호령하거나 군림하는 지도자가 되기도 한다. 괴강은 월장법月將法으로 진辰은 천강天罡이 되고, 술戌은 하괴河魁가 되니 천을귀인이 임하지 않는 흉과 악의 땅이다. 동남東南간은 양陽이 다하는 자리요, 서북西北간은 음陰이 다하는 자리며 다한다는 것은 어둠에 묻힌다는 의미이다. 다시 말해서 괴강은 진辰과 술戌을 뜻하며 술戌을 천라天羅라 하고, 진辰을 지망地網이라고 하는 것이다. 서북西北간은 음陰의 기운이 다하는 6음陰(곤위지 : 해월괘亥月卦)에 속하고, 동남東南간은 양陽이 다하는 6양陽(건위천 : 사월괘巳月卦)에 속한다. 그래서 하늘은 서북간에서 함몰陷沒하고, 땅은 동남東南간에서 함몰陷沒한다.

그러나 괴강성은 길신吉神도 되고 흉신凶神도 되는데 모든 길흉을 극단으로 작용하는 성신星辰이다. 그러므로 대부人富, 극빈極貧, 대귀人貴, 재앙災殃, 폭패暴敗, 살상殺傷, 엄격嚴格, 총명聰明 등의 극단으로 흐른다.

사주에 괴강이 여러 개 있으면 대부귀大富貴를 누린다. 생일에 괴강이 있으면 남자는 성격이 청렴결백하고 이론을 잘 하지만 여자는 고집이 세고 부부이별, 사별하여 과부가 될 우려가 있으며 자식을 잃게될 수도 있으니 이런 여자는 이 살을 소모시키는 사회활동을 택하는 게 좋겠다.

일주에 괴강성이 있고 정관正官 및 편관偏官이 있으면 극도로 빈궁할 수가 있다.

괴강

| 간干 | 경庚 | 임壬 | 무戊 | 경庚 |
|---|---|---|---|---|
| 지支 | 진辰 | 진辰 | 술戌 | 술戌 |

例 : 辛 庚 庚 丙
　　　巳 辰 辰 申

이 사주는 경진일庚辰日에 괴강이 되어 정부요인으로 일시 명예를 떨쳤다가 살아졌다.

■ 남자의 사주에 괴강이 있으면 결벽성과 의논하는 것을 좋아하고 사람을 압도하는 강렬한 성정을 내포하였으며 결단력이 있다. 격에 따라 극과 극을 달리며 큰 인물이나 대부大富한 사람이 나오고 반면에 격이 맞지 않으면 극빈極貧하고 재앙이 닥치는 양극의 현상이 있다.

■ 여자의 사주에 괴강이 있으면 성격이 강하고 고집도 있으며 비록 용모가 아름다울지라도 남편을 극하고 병액이 따를 수 있다.

■ 괴강살은 재성財星을 꺼리니 만약 명중에 재성이 임하면 박약하고 극빈한 명이 될 수 있으며 형충파해刑沖破害를 만나도 동일하다.

■ 괴강살은 극단에 흐르므로 형충파해刑沖破害를 만나면서 재성이나 관성이 오면 화액禍厄이 무궁하여 측정할 수 없다.

## 11. 삼재팔난三災八難

삼재란 12년중 9년만에 한번씩 돌아오는 흉신凶神과 악신惡神으로 여덟가지 재난을 일으키는 악질惡質의 신神이다. 9년만에 궤도를 벗어나 3년동안 흑도黑道에 빠져 버리는 것이 즉 삼재팔난이다.

삼재란 삼년三年을 점령하다가 해제되어 가버리는 것인데 상충되는 해에 들어와 다음해에 놀고 삼년째 되는 해에 나간다. 첫해를 들삼재(입삼재入三災), 둘째년은 놀삼재(유삼재留三災), 나가는 해는 날삼재(출삼재出三災)라고 한다.

다시 말해서 삼재三災란 인생행로에 있어서 갑자기 예기치 못한 재난災難을 만나는 것이다. 즉 3년만에 물러선다는 의미이다. 결국 삼재운이 들면 삼년동안 흉凶한 운運을 가진다는 말이다. 사람은 누구나 십이十二년을 한 주기週期로 수차례 이러한 운을 맞이하는데, 십이년十二年 중에서 9년동안은 삼재운이 없고 다음 삼년은 삼재운이라고 한다. 이러한 삼재는 양생법養生法의 병사묘운病死墓運과 같고 십이신살十二神殺의 역마驛馬(들삼재), 육해六害(놀삼재), 화개華蓋(날삼재)와 같다. 그러나 삼재운이 와도 사주에 대운이 좋은 곳으로 향할때는 무사하고, 흉凶한 운運일때에는 큰 파란이 오므로 활동을 삼가고 자중自重하는 것이 좋다.

- 삼재三災 : (1) 화재火災, (2) 수재水災, (3) 풍재風災

· 손재損財, 주색酒色, 질병疾病
· 부모父母, 형제兄弟, 부부夫婦
· 관재구설官災口舌, 학업, 패재敗財, 이별, 조상弔喪, 병고病苦, 파산破産, 사고事故 등.

삼재법

| 년지 | 신자진<br>申子辰 | 인오술<br>寅午戌 | 해묘미<br>亥卯未 | 사유축<br>巳酉丑 |
|---|---|---|---|---|
| 삼재 | 인묘진<br>寅卯辰 | 신유술<br>申酉戌 | 사오미<br>巳午未 | 해자축<br>亥子丑 |

※ 대운大運과 세운歲運이 길운이면 길작용을 하고, 대운과 세운이 흉운凶運일때는 흉삼재라 하여 그 흉함이 강하다

삼재 들어오는 나이

| 子午卯酉생 | 3세 | 15세 | 27세 | 39세 | 51세 |
| 寅申巳亥생 | 7세 | 19세 | 31세 | 43세 | 55세 |
| 辰戌丑未생 | 11세 | 23세 | 35세 | 47세 | 59세 |

# 제2절 십이신살十二神殺

## 1. 신살 붙이는 법

■ 연지年支(띠) 기준. 일지日支는 보조.

신살 붙이는 법

| 巳(申子辰生=水) | 午 | 未 | 申(亥卯未生=木) |
|---|---|---|---|
| 辰 | | | 酉 |
| 卯 | | | 戌 |
| 寅(巳酉丑生=金) | 丑 | 子 | 亥(寅午戌生=火) |

위의 그림은 십이신살十二神殺을 꼽아 나가는 방법이다. 즉 암기하는 방법은 다음과 같다.

　－신자진申子辰생은 사巳에서 겁겁이고
　－해묘미亥卯未생은 신申에서 겁겁이고
　－인오술寅午戌생은 해亥에서 겁겁이고
　－사유축巳酉丑생은 인寅에서 겁겁이다

다시 말해서 겁겁을 시작하여 그 다음자리가 재살災煞, 천살天煞, 지살地煞, 연살年煞, 망신살亡身煞, 장성將星, 반안攀鞍, 역마驛馬, 육해六害, 화개華蓋 순으로 붙여나간다. 모두 순행한다. 12신살은 외우기 편리하게 앞 글자만 따서 "겁재천지연월망장반역육화劫災天地年月亡將攀驛六華"로 외운다.

## 2. 십이신살표十二神煞表

### 12 신살표

| 區分<br>年支<br>日支 | 겁살 | 재살 | 천살 | 지살 | 년살 | 월살 | 망신 | 장성 | 반안 | 역마 | 육해 | 화개 |
|---|---|---|---|---|---|---|---|---|---|---|---|---|
| 申子辰水 | 巳 | 午 | 未 | 申 | 酉 | 戌 | 亥 | 子 | 丑 | 寅 | 卯 | 辰 |
| 亥卯未木 | 申 | 酉 | 戌 | 亥 | 子 | 丑 | 寅 | 卯 | 辰 | 巳 | 午 | 未 |
| 寅午戌火 | 亥 | 子 | 丑 | 寅 | 卯 | 辰 | 巳 | 午 | 未 | 申 | 酉 | 戌 |
| 巳酉丑金 | 寅 | 卯 | 辰 | 巳 | 午 | 未 | 申 | 酉 | 戌 | 亥 | 子 | 丑 |
| 시기구분 | 발생기 | | | 양육기 | | | 활동기 | | | 후퇴기 | | |

## 3. 십이신살十二神煞 상호관계相互關係

### 1) 상충관계相沖關係

　　겁살劫煞 – 망신살亡身煞
　　재살災煞 – 장성將星
　　천살天煞 – 반안攀鞍
　　연살年煞 – 육해六害
　　지살地煞 – 역마驛馬
　　월살月煞 – 화개華盖

### 2) 삼합三合과의 관계

다음과 같이 암기하여두면 즉시 신살을 알아낼 수 있다.

## 삼합을 이용한 12신살 암기

| 신살 \ 년일 | 申子辰 | 亥卯未 | 寅午戌 | 巳酉丑 | 三合을 이용한 방법 |
|---|---|---|---|---|---|
| 겁살劫煞 | 巳 | 申 | 亥 | 寅 | 三合 끝자의 다음자리 |
| 재살災煞 | 午 | 酉 | 子 | 卯 | 가운데자와 相沖자리 |
| 천살天煞 | 未 | 戌 | 丑 | 辰 | 첫 자의 바로 앞자리 |
| 지살地煞 | 申 | 亥 | 寅 | 巳 | 三合의 첫자 |
| 연살年煞 | 酉 | 子 | 卯 | 午 | |
| 월살月煞 | 戌 | 丑 | 辰 | 未 | |
| 망신살亡身煞 | 亥 | 寅 | 巳 | 申 | |
| 장성살將星煞 | 子 | 卯 | 午 | 酉 | |
| 반안살攀鞍煞 | 丑 | 辰 | 未 | 戌 | |
| 역마살驛馬煞 | 寅 | 巳 | 申 | 亥 | |
| 육해살六害煞 | 卯 | 午 | 酉 | 子 | |
| 화개살華蓋煞 | 辰 | 未 | 戌 | 丑 | |

## 4. 십이신살十二神煞의 해설

### 십이운성과 육신과의 비교

| 十二神煞 십이신살 | 겁살 | 재살 | 천살 | 지살 | 연살 | 월살 | 망신 | 장성 | 반안 | 역마 | 육해 | 화개 |
|---|---|---|---|---|---|---|---|---|---|---|---|---|
| 十二運星 십이운성 | 絶절 | 胎태 | 養양 | 生생 | 浴욕 | 帶대 | 祿록 | 旺왕 | 衰쇠 | 病병 | 死사 | 墓묘 |
| 六神通變 육신통변 | 칠살 | 칠살 | | 편인 | 인수 | | 겁재 | 비견 | 상관 | | | |

### 1) 겁살劫殺

겁겁은 외부에서 빼앗긴 것이고 십이운성 절지絶地에 해당하며 六神상으로는 칠살七殺에 해당한다. 오행이 극剋을 받아 끊어진 상태요 사방이 모두 막히고 장애가 많아서 제반 일이 불리함은 물론 생명까지도 위험하며 질병 등의 근심이 있다.

(1) **월겁살**月劫殺 : 부모형제가 모두 흩어지는 상이며, 고독하고, 객지생활을 한다.

(2) **일겁살**日劫殺 : 부부이별의 상이고 사고로 불구가 될 우려도 있으며 폐질의 발생을 조심한다.

(3) **시겁살**時劫殺 : 자손이 끊기는 상이며 노상路上에서 비명횡사非命橫死하거나 예기치 않은 사고를 당할 수 있다.

(4) 칠살七殺 편관에 해당하므로 격식이 좋으면 살殺이 변하여 권權이 되므로 총명하고 민첩함은 물론 용감하며 큰 뜻을 품고 공을 세운다.

(5) 격식이 나쁘면 성격이 무뚝뚝하고 마음속엔 독이 있으며 무정·혹독하고 고집이 세며 또 평생 질병이 따른다.

(6) 겁살과 원진·공망이 겹쳐있으면 도심盜心이 있고, 금화金火가 같이 있으면 칼로 상하고 교통사고 등의 재난이 있다.

(7) 주위가 벽으로 둘러싸여 답답하고, 사방에서 적이 괴롭히고 공격해 오는 것과 같으니 근신하고 때를 기다려야 하며, 처리해야 될 책임이 무거워지는 때이기도 하다.

(8) 경거망동하면 관재시비가 생기고 형刑을 사는 경우도 있다.

2) 재살災殺

일명一名 수옥살囚獄殺이라고도 하며 관재구설, 시비다툼, 질병과 화재, 교통사고 등의 재앙으로 본다.

(1) **월재살**月災殺 : 부모덕이 없으며 스님으로 불가에 입문하고, 여자는 무녀巫女가 되기 쉽다. 역마살과 함께 있으면 무녀巫女가 확실하며 몸에 흉터가 있고 그렇지 않으면 도적에게 크게 한번 놀랄 일이 있을 것이다.

(2) **일재살**日災殺 : 초년에 질병이 많고 부부가 서로 이별하지 않으면 관액을 한번 당하며 자신의 운세도 불길하니 신불神佛에게 정성껏 치성致誠해야 한다.

(3) **시재살**時災殺 : 재산복은 있으나 풍파가 많으며 항상 바쁘고 고단하다. 인생일대에 인복人福이 없으니 한탄하는 일이 많도다.

3) 천살天殺

천살은 대체로 부모우환, 상관의 문책, 정신적인 고통 등이 있다.

(1) **월재살**月天殺 : 항상 심장병, 간장병을 주의하라. 초년은 가난해도 중년부터 차차 운이 트이며 재산복이 많다.

(2) **일천살**天殺 : 일생동안 인덕이 없으며 종종 구설이 있다. 조실편친早失片親할 운이나 말년은 운이 좋아지고 성공한다.

(3) **시천살**時天殺 : 유복자가 될 팔자이며 자손덕은 없으나 건강하여 장수하며 재복은 말년에 있다.

4) 지살地殺

지살은 부모곁을 떠나는 상이고 고향을 등지는 상이니 원행, 출장, 이사, 출발, 배신 등으로 본다.

(1) **월지살**月地殺 : 모선망母先亡의 명命이며 초년에는 질병이 많고 양모養母를 만날 것이며 중년 이후는 부명富命이다.

(2) **일지살**日地殺 : 문학에 열중하며 재주가 있고 재산과 수명 등 좋은 명이다. 부부이별을 면하기 어려우나 농업하는 자는 예외이다.

(3) **시지살**時地殺 : 재산복이 있으며 귀인도 만나는 명命이다. 원진살이 함께 하면 50세 이내에 단명할 수 있으며, 년살이 있으면 안병환자眼病患者이다.

## 5) 년살年殺(함지陷地, 도화桃花)

이성관계의 색정에 빠지는 것으로 본다. 함지는 일몰日沒의 뜻이다. 십이운성의 목욕沐浴과 같으며 패신도화敗神桃花라고 한다. 삼합三合 장생長生의 다음 자리이다.

- 인오술생寅午戌生은 묘卯가 함지이다.
- 신자진생申子辰生은 유酉가 함지이다.
- 해묘미생亥卯未生은 자子가 함지이다.
- 사유축생巳酉丑生은 오午가 함지이다.

(1) 함지살은 음욕, 색정의 신이다. 사춘기의 이성에 관심이 쏠리고 이성을 잃고 색정에 빠지는 때에 해당되는 것이다.

(2) 생왕生旺하면 용모가 아름답고 주색을 탐하고 즐기는 것을 좋아한다. 때와 장소를 가리지 않고 가업家業을 망각하며 주색에 빠지는 경향이 있다. 인품이 좋으면 색정에 빠지지는 않는다. 사주가 약하면 언행에 중심을 잃고 방랑하며 수명을 단축시킨다.

(3) 길신吉神, 길성吉星, 양격良格이면 오히려 의식이 풍족하고 부인이나 첩 등에 의하여 재물을 얻어 성공한다. 그러나 수액水厄이나 폐병에 걸리는 수가 있고 여자는 화류계에 많다.

## 6) 월살月殺

월살은 집안에 우환이 있고 장애물을 만난 상이며 일이 지체되고 답답한 상태이다.

(1) 월월살月月煞 : 19세~23세에 몸에 큰 액을 당하지 않으면 부모와 이별하고 몸은 산을 의지해서 승려생활을 하는데, 그러나 전심전력으로 노력하는 자 아니고는 각종 풍파를 면하기 어렵다.

(2) 일월살日月殺 : 고향을 떠나서 자수성가하고 연애결혼을 한 후 처자와 이별하게 되고 그렇지 않으면 상처喪妻한다. 남자는 스님을 좋아하고 여자

는 무당을 좋아하며 신자神子의 팔자이다.

(3) 시월살時月殺 : 농업이나 상업에 종사하지 않으면 스님이 될 팔자이며 부모, 형제, 자손까지 덕이 없으니 말년에는 풍병風病까지 앓게 되니 소년시절에 건강을 금은보화와 같이 관리함이 마땅하다.

## 7) 망신살亡身殺

망신살은 자기 자신을 잊어버리고 비행을 저질러서 명예에 손상이 온다.
일명一名 관부살官符殺이라고도 한다. 삼합국三合局 오행이 지장간에서 설기洩氣 당하는 것을 말한다.
- 신자진申子辰 합오행 수水가 해亥중의 갑목甲木에 설기洩氣가 된다.
- 사유축巳酉丑 합오행 금金이 신申중의 임수壬水에 설기洩氣가 된다.
- 해묘미亥卯未 합오행 목木이 인寅중의 병화丙火에 설기洩氣가 된다.
- 인오술寅午戌 합오행 화火가 사巳중의 무토戊土에 설기洩氣가 된다.

(1) 길격吉格과 길신吉神을 보면 성격이 준엄하고 모략에 능하며 투쟁을 잘하여 승리한다.

(2) 흉격, 흉성을 보면 성질이 좁고 망상적이며 경박하다. 주색과 풍류를 좋아하고 족부足部에 질환이 있다.

(3) 망신과 재관이 좋으면 부귀하는 명조이며 칠살七殺과 흉살이 겹쳐 있으면 조업祖業이 없고 허명虛名에 실속이 없으며 간통죄로 걸려든다.

(4) 사주원국의 망신이 붙은 해당 육친이 부정한 것으로 본다. 명예와 체면이 손상되는 것이다.

## 8) 장성살將星殺

장성살은 문文이나 무武로서 큰 벼슬자리에 올라서 두령頭領이 되며 많은 부하를 거느리게 된다.

(1) 장성將星과 양인羊刃이 같은 주柱에 있으면 일국一國의 재정을 장악하고 국가에 총력을 기울이게 되며 비록 약弱한 미직微職을 택한다 하더라도

큰 회사의 재정을 장악한다.

(2) **월장성月將星** : 심기心氣가 선인善人이며 문학으로 성공하며 벼슬을 할 운명이고 군경軍警 등에 입문하면 권세로서 만리를 희롱한다. 형제덕은 없으며 말년에는 고독한 사주다.

(3) **일장성日將星** : 문예에 통달하며 대관大官의 팔자八字이고, 처덕이 있고 자녀덕子女德도 있으며 명진사해名振四海할 팔자이다.

(4) **시장성時將星** : 초년에 등과登科하여 평생을 행복하게 살 것이고 문무겸전文武兼全된 운명이다. 통솔력이 강하다.

## 9) 반안살攀鞍殺

반안살은 말을 타고 떠나기 위해서 말안장을 말 위에 얹는 상으로 설립하고 주선하여 준비하는 단계이다.

(1) **월반안月攀鞍** : 성격이 온순하며 착실하고 누구에게나 존경을 받는다. 만약 관록이 아니면 필시 평생직업에 풍류가 많을 것이며, 기술방면도 길하다. 월月에 관대冠帶가 있으면 관록으로 대성공한다.

(2) **일반안日攀鞍** : 사람이 어질고 귀인의 형상이며 크게 성공하는 팔자이다. 사주 내에 천을귀인天乙貴人이 있으면 소년에 등과하며 그러나 귀인이 없으면 말년에 벼슬한다.

(3) **시반안時攀鞍** : 부富와 호豪의 운명이고 사주 내에 역마와 화개가 있으면 문장으로 부귀하며 44세와 50세의 중간에는 한번 대액大厄을 만난다. 사주안에 월주에 쇠衰해 있으면 불길한 사주이다.

## 10) 역마살驛馬殺

(1) 역마는 십이운성의 병지病地에 해당하고 병이 들어서 떠나야 하는 것이다.

(2) 역마는 이동, 변화, 원행, 해외진출, 운수, 활동 등의 의미로 본다.

(3) 활동적인 외교업무, 운수, 교동, 통신업무에 해당한다.

(4) 역마가 있고 격식이 왕성하면 임기응변과 재물융통 등의 재주가 있어 발전이 빠르나, 만약 약하면 성격이 산만하고 유시무종有始無終하고 평생 중심이 흔들리어 이동, 변화가 많다.

(5) 역마가 길신吉神과 같이 있으면 활동하여 이익이 크고, 흉신凶神과 같이 있으면 동분서주하여 고생이 많다.

(6) 재성財星이 역마驛馬이면 재산이 빨리 모이고 융통성이 좋다.

(7) 역마와 도식盜食(편인)이 있으면 행상이나 외무사원 등으로 활동하나 재물의 저축이 어렵다.

(8) 유년기 역마운엔 토하는 병, 노년기 역마운엔 허리가 아픈병이 생긴다.

(9) 충冲이 되면 말에 채찍질을 하는 것과 같고, 합合이 되면 말을 매어둔 것과 같으며 공망(천중살)이면 말이 병든 것과 같다.

(10) 역마에 충冲·형살刑殺 등의 흉신이 있으면 교통사고를 당한다.

(11) 인사寅巳 역마는 비행기, 신申은 자동차, 해亥는 배로 본다.

## 11) 육해살六害殺

쇠약해져서 질병이 찾아오고 직장에서는 좌천당하여 견책이나 사업이 쇠퇴하는 시기이고, 매사 불안하고 음해하는 사람이 많아서 고통을 당하는 때이다.

(1) **월육해月六害** : 성격이 급하고 독하며 백사불리百事不利하고, 조별부모早別父母에 조출타향早出他鄕한다. 외부내빈격外部內貧格으로 고독한 형상이며 삶을 헤쳐가면서 힘겹게 노력하는 상이고 자손子孫도 사별死別 또는 이별하게 되는 운세이다.

(2) **일육해日六害** : 인덕人德이 없고 재복財福도 약하니 40세 이전에 고신살孤身殺이 있으면 걸식乞食의 팔자이며 그렇지 않으면 불자佛子의 운명이다.

(3) **시육해時六害** : 수입도 이익도 없는 일에 늘 바쁘기만 한 운명이다. 형제가 없는 팔자이며 만약 있어도 헤어지고 일에 성패成敗가 많으며 가산家産이

여러번 파산되었다가 다시 모여지는 풍파와 굴곡이 많은 운명이다.

## 12) 화개살華蓋殺

화개는 오행의 기氣가 묘墓에 들어간 형상으로 기예技藝, 승도僧道 등으로 본다. 따라서 진술축미辰戌丑未에 해당하고 세속적인 것과 인연이 없게 된다.

(1) 문장이 교묘하고 지혜가 깊으며 관官, 인印, 천덕天德등이 있으면 명예와 지위가 높다.

(2) 예술방면에 소질이 있고 고독하며 청고清高하게 산다. 공망이면 자녀를 극하고 남자는 승려가 되고 여자는 비구니나 기생, 첩이 된다.

(3) 여자는 지혜는 있으나 색정에 빠진다.

(4) 양인과 같이 있거나 공망이면 다재다능하나 성취되는 것이 없다.

(5) 형제와 인연이 없고 양자나 서자의 명이다.

(6) 충冲・형刑을 만나면 학술, 기예, 종교 등으로 동분서주한다.

## 5. 십이신살해설표十二神殺解說表

### 십이신살 해설표

| 사주<br>신살 | 년 | 월 | 일 | 시 |
|---|---|---|---|---|
| 겁살 | 조상패망.<br>유년기 죽을고비 | 부모형제이상.<br>고독, 객지생활 | 부부이별, 불구,<br>폐질 | 자손끊김.<br>노상횡액 |
| 재살 | 조상패망, 조상중<br>옥살이 | 육친무덕, 상처,<br>질병고생 | 상처, 관재, 실물 | 고생, 자식・노비<br>흩어짐 |
| 천살 | 부선망, 고독,<br>정신적 지주없음 | 심장, 간 이상,<br>형제덕 없음 | 부친무덕,<br>친척무덕, 구설 | 낙상 |
| 지살 | 일찍 타향살이,<br>부모를 등지고 고생 | 부모 망하고 질병,<br>두 부모 섬긴다 | 문장력. 부부궁<br>약하다 | 말년부귀,<br>자녀 떠난다 |
| 년살 | 조부모 외도.<br>유년기 풍족.<br>귀염받고 자람 | 부모 색정빠짐.<br>어려서 연애 | 주색 풍족.<br>부부파탄 | 분주.<br>늦바람 |

| | | | | |
|---|---|---|---|---|
| 월살 | 조상중 스님.<br>신불모심.<br>가내전통불안 | 부모스님.<br>신불을 좋아함 | 신기있고 질병,<br>부부풍파 | 입산귀의<br>入山歸依 |
| 망신 | 조부모님 후처나<br>첩살이. 서자출신 | 자당님 후처나<br>첩살이. 두분.<br>실수가 많음 | 처궁이<br>불미스럽다.<br>만혼이 좋다 | 재산탕진. 자식연애 |
| 장성 | 조상에 최고 권력가 | 부모가 권력가.<br>형제덕 없다. 극부 | 자신이 권력가.<br>잘못되면 깡패나<br>해결사 | 자식이 권력가.<br>말년이 좋다 |
| 반안 | 조상이 찬모급.<br>벼슬 | 부모가 찬모급.<br>벼슬 | 처궁이 좋다 | 富豪.<br>자식궁이 좋다 |
| 역마 | 함지에 께이면<br>타관객사.<br>공망이면 거주불안 | 성품이 순수.<br>관록과 부를<br>일으키나 못하면<br>허송세월 | 장사로 재물얻고<br>처궁에 풍파.<br>금실이 나쁘다 | 분주. 풍파가 많다.<br>중첩하지 말것 |
| 육해 | 조부때 패망.<br>태어나면서 건강<br>약함 | 부모가 쇠퇴.<br>큰집에 가난한<br>사람 | 자기대에 가산탕진 | 일 번거롭고 막힘.<br>형제가 드뭄 |
| 화개 | 총명. 재주. 고독.<br>조상때 학자.<br>도덕군자 | 부모궁에 고생이<br>있다 | 처궁이 없어진다 | 자손이 끊긴다 |

## 6. 12신살 인생총론간법 人生總論看法

12신살 인생총론간법이라 함은 12신살神煞을 사주에 대입하여 일생의 길흉화복에 따른 영고득실榮枯得失과 부귀빈천富貴貧賤을 총괄하여 논하는 것을 말한다.

## 7. 12신살을 논하다

12신살神殺은 즉 겁살劫殺, 재살災殺, 천살天殺, 지살地殺, 년살年殺, 월살月殺, 망신살亡身殺, 장성將星, 반안攀鞍, 역마驛馬, 육해六害, 화개華蓋를 말한다.

암기할 때는 "겁재천지연월망장반역육화劫災天地年月亡將攀驛六華"라고 외운다. 즉 첫 자만 따서 외우면 금방 외울 수 있다.

인생人生이 하늘로부터 명명을 품수稟受한 것이 년월일시年月日時의 모든 살이니 살의 경중輕重과 복福의 심천深淺이 같지 않으므로 이를 논하고자 함이다. 사용하는 법은 년월일시年月日時의 사주四柱를 만세력과 둔월둔시遁月遁時법에 의하여 세밀하게 실수가 없게 사주를 작성한 다음에 네 기둥에 상당相當한 위치에 십이신살十二神殺의 유무有無를 고찰하여 작성한 연후에 년월일시年月日時에 각기 붙인 모든 살殺을 다음의 평론評論대로 독독한다.

예를 들어 경오년庚午年, 칠월초삼일七月初三日(무신戊申)자시子時라고 가정한다면 즉 사주팔자四柱八字는 경오년庚午年에 장성將星, 갑신월甲申月에 역마驛馬, 무신일戊申日에 역마驛馬, 임자시壬子時에 재살災殺이니 간법看法(보는법)은 서두에서 논한 것처럼 처음에 년장성年將星을 감정하고, 다음에 월역마月驛馬, 일역마日驛馬, 시재살時災殺을 정독精讀하여 평론하여야 할 것이다. 다음의 도표를 보면 이해가 될 것이다. 간단한 방법으로는 무조건 사유축巳酉丑년에 태어난 사람은 인寅에서 겁살劫殺이고, 신자진申子辰년에 태어난 사람은 사巳에서 겁살劫煞이고, 해묘미亥卯未년에 태어난 사람은 신申에서 겁살劫殺, 인오술寅午戌년에 태어난 사람은 해亥에서 겁살劫殺 등의 방법으로 외우면 된다. 그다음에 십이신살十二神殺의 암기법인 "겁재천지년월망장반역육화劫災天地年月亡將攀驛六華"순으로 해당 년월일시年月日時에 돌아 닿은 대로 붙인 후에 십이신살十二神殺의 해당 내용란을 참고하여 정독精讀하면 가히 그 신효함에 탄복할 지어다.

### 1) 겁살劫殺

#### (1) 월겁살月劫殺

早別父母, 雁行飛散 : 부모를 일찍 이별하니
조별부모, 안행비산 : 형제가 모두 흩어지리로다
若非早別, 他鄕旅遊 : 만약 조실부모 아니면
약비조별, 타향여유 : 타향으로 떠돌지니라
性急如火, 祖業必難 : 성정이 급하기 불같으며
성급여화, 조업필난 : 조업은 반드시 어렵도다
移徙重重, 百事難成 : 이사를 자주 옮겨다니며
이사중중, 백사난성 : 만사가 이루어지기 어렵도다
自手成家, 衣食自足 : 자수성가하여
자수성가, 의식자족 : 의식은 스스로 족함이 있도다

(2) 日劫煞 일겁살

　　日入劫煞, 男女多敗 : 일에 겁살이 드니
　　일입겁살, 남녀다패 : 남녀간의 패가 많으리라
　　六親無德, 離鄕爲吉 : 육친의 덕이 없으니
　　육친무덕, 이향위길 : 고향을 떠나면 이로우리라
　　荊宮所恨, 生離死別 : 처궁에 한되는 바는
　　형궁소한, 생이사별 : 살아서 이별 죽어 이별이라
　　舊基不利, 不守祖業 : 옛터는 이롭지 못하고
　　구기불리, 불수조업 : 조업은 지키기 어렵도다
　　生日讀經, 可免此厄 : 생일에 독경하면
　　생일독경, 가면차액 : 가히 이 액을 면할 수 있으리라

(3) 時劫煞 시겁살

　　荊欄有厄, 七星祈禱 : 처궁 자궁에 액이 있으니
　　형난유액, 칠성기도 : 칠성기도 할지라
　　財星沖破, 貧困可畏 : 재성이 충파하면
　　재성충파, 빈곤가외 : 빈곤함이 가히 두렵도다
　　祖業散敗, 一身無依 : 조업이 흩어져 패하니
　　조업산패, 일신무의 : 일신을 의지할 곳 없도다
　　勿爲重逢, 路中流離 : 거듭 만나지 말라
　　물위중봉, 로중류난 : 노 중에서 흩어져 헤어지리라
　　如帶生官, 名標御使 : 만일 관성이 상생하면
　　여대생관, 명표어사 : 관직에서 벼슬을 얻을 것이다

2) 재살災殺

(1) 月災煞 월재살

　　天地情少, 世業難守 : 천지에 정이 적으니
　　천지정소, 세업난수 : 세업을 지키기 어렵도다
　　六親無德, 爲僧八字 : 육친의 덕이 없으니
　　육친무덕, 위승팔자 : 스님될 팔자로다

若無身欠, 一驚盜賊 : 만약 몸에 흠이 없으면
약무신흠, 일경도적 : 한번 도적에게 놀라리라
如逢旺祿, 反災爲貴 : 만일 왕록을 만나면
여봉왕록, 반재위귀 : 재앙이 반대로 귀하게 되리라
勿近驛馬, 巫女行身 : 역마를 가까이 말라
물근역마, 무녀행신 : 무녀의 행신이니라

(2) 日災煞 일겁살

日入災煞, 身多災殃 : 일주에 재살이 드니
일입재살, 신다재앙 : 몸에 재앙이 많도다
若爲重逢, 失物敗家 : 만약 거듭 만나면
약위중봉, 실물패가 : 재물을 잃고 패가하리라
官災可畏, 不然傷妻 : 관재가 가히 두렵고
관재가외, 불연상처 : 그렇지 않으면 상처하리라
早爲禱厄, 可保子患 : 일찍 액을 기도하면
조위도액, 가보자환 : 가희 자식의 근심을 보전하리라
最喜旺方, 變災爲福 : 가장 관록을 좋아하니
척희왕방, 변재위복 : 재가 변하여 복이 되리라

(3) 時災煞 시재살

時入災煞, 一身孤單 : 시주에 재살이 드니
시입재살, 일신고단 : 일신이 고단하다
事多災禍, 子婢散亡 : 매사에 재화가 많으니
사다재화, 자비산망 : 자식과 종이 흩어지도다
身多災殃, 必有痕路 : 몸에 재앙이 많으니
신다재앙, 필유흔로 : 반드시 흉터자국이 있으리라
行年逢胎, 功名可期 : 태세에 운성의 태를 만나면
행년봉태, 공명가기 : 공명을 가히 기약하리라
雖曰功名, 財利不吉 : 비록 공명이라 하나
수일공명, 재리불길 : 재물의 이로움은 불길하리라

## 3) 천살天煞

### (1) 月天煞 월천살

月帶天煞, 心肝有病 : 월주에 천살이 띠었으니
월대천살, 심간유병 : 심장과 간장에 병이 있도다
初貧中富, 災難間有 : 초년은 가난하고 중년은 부하나
초빈중부, 재난간유 : 재난이 간혹 있도다
雁宮無德, 一身孤獨 : 부부궁에 덕이 없으니
안궁무덕, 일신고독 : 일신이 고독하도다
旬九冠七, 大患紛亂 : 열아홉 이십칠세는
순구관칠, 대환분란 : 큰 화근이 분란하도다
外親內疎, 枝葉偏多 : 외가친척이 드나드니
외친내소, 지엽편다 : 가지와 잎이 많은 격이로다

### (2) 日天煞 일천살

謀事到處, 間有口舌 : 도처에 일을 꾸미니
모사도처, 간유구설 : 간혹 구설이 따르도다
親戚離去, 獨去之狀 : 친척이 떠나가니
친척이거, 독거지상 : 고독한 상이로다
日臨天煞, 天陰難久 : 일주에 천살이 임하니
일임천살, 천음난구 : 부친이 장구하기 어렵도다
冠帶同宮, 子孫榮華 : 관대와 동궁이 되면
관대동궁, 자손영화 : 자손이 영화롭게 되도다
如臨天德, 百事大吉 : 만일 천덕이 임하면
여임천덕, 백사대길 : 모든일이 대길하리라

### (3) 時天煞 시천살

時上天煞, 父命難招 : 시주에 천살이 드니
시상천살, 부명난초 : 부명을 부르기 어렵도다
子宮不利, 無后奉祀 : 자궁에 이로움 없으니
자궁불리, 무후봉사 : 제사를 받들 후손이 없도다

家神發動, 床不離疾 : 집안의 신이 발동하니
가신발동, 상불난질 : 방에서 병이 떠나지 않는구나
生來所忌, 愼之落傷 : 평생에 꺼리는 바는
생래소기, 신지낙상 : 떨어져 다치는 것을 조심할지라
養耶生耶, 篤學大人 : 일신을 온전히 하여
양야생야, 독학대인 : 학문에 정진하면 대인이 되리라

### 4) 지살地煞

#### (1) 年地煞 년지살

年帶地煞, 爲人心慈 : 년주에 지살이 드니
년대지살, 위인심자 : 사람됨이 심성이 어질도다
早別父母, 生秦事楚 : 일찍 부모를 이별하고
조별부모, 생진사초 : 양자 갈 팔자로세
重逢二母, 三則大富 : 지살을 거듭하면 두 어머니요
중봉이모, 삼즉대부 : 셋이면 큰 부자로다
祖業難守, 文章之事 : 조업은 지키기 어렵고
조업난수, 문지지시 : 문장에 관련한 일이로디
古基不利, 必是他鄕 : 옛터는 이롭지 못하고
고기불리, 필시타향 : 반드시 타향에 임하리로다

#### (2) 月地煞 월지살

月臨地煞, 克母無疑 : 월에 지살이 드니
월임지살, 극모무의 : 모선망은 의심이 없도다
間間家變, 疾病累累 : 간간이 집안에 변고가 생기니
간간가변, 질병루루 : 질병이 가시질 않도다
初分雖困, 中后成家 : 초년은 비록 곤고하나
초분수곤, 중후성가 : 중년부터는 가업을 일으키도다
一見養母, 無後奉祀 : 한번은 양모를 볼 터이니
일견양모, 무후봉사 : 제사를 받들 후손이 없도다
乾坤寂寞, 祖業蕩散 : 천지간의 운기가 적막하니
건곤적막, 조업탕산 : 조업이 흩어져 탕진되리라

### (3) 日地煞 일지살

日逢地煞, 文章才藝 : 일주가 지살을 만나니
일봉지살, 문장재예 : 문장과 재예를 겸비하였도다
陰陽不交, 離別難免 : 음양이 사귀지 못하니
음양불교, 이별난면 : 이별을 면키 어렵도다
運多財帛, 家事大昌 : 운에 재백이 많으니
운다재백, 가사대창 : 집안이 창궐하리라
中年晚節, 有病何事 : 중년 말년은
중년만절, 유병하사 : 병이 있으니 이 일을 어찌할꼬
勸農爲業, 自手成富 : 농사일로 업을 삼으니
군농위업, 자수성부 : 스스로 일구어 부자 되리라

### (4) 時地煞 시지살

時入地煞, 財帛無憂 : 시주에 지살이 드니
시입지살, 재백무우 : 재백은 근심이 없도다
農工兼備, 衣食自足 : 농공이 겸비하니
농공겸비, 의식자족 : 의식이 자족되도다
因人成事, 四面有吉 : 남으로 인하야 성사되나니
인인성사, 사면유길 : 사면에 길함이 있도다
元辰最畏, 免夭難得 : 원진살이 가장 두렵나니
원진최외, 면요난득 : 요절을 면키 어렵도다
若逢年煞, 眼病不利 : 만약 년살을 만나면
약봉년살, 안병불리 : 눈병이 이롭지 못하도다

## 5) 년살 年煞

### (1) 月年煞 일년살

性急柔順, 狐綏鶉奔 : 성정이 급하고 유순하니
성급유순, 호수순분 : 여우는 편안하고 메추라기는 분주하도다
衣食雖足, 兄弟有厄 : 의식은 비록 족하나
의식수족, 형제유액 : 형제에게 액이 있도다

六親無德, 一身孤單 : 육친이 무덕하니
육친무덕, 일신고단 : 일신이 고단하구나
逢祿相合, 太眞失色 : 록이 상합함을 만나면
봉록상합, 태진실색 : 본래의 참됨을 잃게 되는도다
如合沐浴, 倫氣敗喪 : 만일 목욕이 합하면
여합목욕, 윤기배상 : 윤기가 패상하리라

(2) 日年煞 일년살

日臨年煞, 福祿無携 : 일주에 년살이 드니
일임년살, 복록무휴 : 복록이 이즈러짐 없도다
君子修文, 小人足糧 : 군자는 글을 닦고
군자수문, 소인족량 : 소인은 양식이 족하도다
一生奔走, 無子可畏 : 일생이 분주하니
일생분주, 무자가외 : 자식 없음이 가히 두렵도다
莫近酒色, 或恐狼狽 : 주색을 가까이 말지니
막근주색, 혹공낭패 : 패가망신할까 두렵다

(3) 時年煞 시년살

時臨年煞, 食少事煩 : 시주에 년살이 드니
시임년살, 식소사번 : 식복이 적고 공연히 바쁘구나
若帶桃花, 沽酒生涯 : 만약 도화를 만나면
약대도화, 고주생애 : 술집 팔자로다
見孝蘭宮, 離鄕八字 : 효도를 난궁에 보니
견효난궁, 이향팔자 : 고향떠날 팔자로다
勸農致富, 大吉之運 : 권농하여 부를 이루니
권농치부, 대길지운 : 크게 길한 운수로다
貴人登位, 小人俑耕 : 귀인은 벼슬에 오르고
귀인등위, 소인용경 : 소인은 밭갈 팔자로다

## 6) 월살月煞

### (1) 月月煞 월월살

　　月煞臨月, 僧尼便喜 : 월살이 월주에 임하니
　　월살임월, 승니편희 : 승려를 좋아하도다
　　旬九冠三, 大厄當頭 : 열아홉 이십삼세에
　　순구관삼, 대액당두 : 큰 액이 당두하리라
　　身依山門, 必逢早失 : 몸이 산문에 의지하니
　　신의산문, 필봉조실 : 반드시 조실운 만나리라
　　官災口舌, 愼之父母 : 관재구설이 있으니
　　관재구설, 신지부모 : 부모를 삼갈지라
　　不勝困苦, 無后奉祀 : 곤궁함을 이기지 못하니
　　불승곤고, 무후봉사 : 제사받들 자식이 없도다

### (2) 日月煞 일월살

　　日入月煞, 妻子分難 : 일주에 월살이 드니
　　일입월살, 처자분리 : 처자가 흩어지도다
　　古基不利, 出他爲吉 : 옛터는 이롭지 못하니
　　고기불리, 출타위길 : 타향이 이롭구나
　　荊園犯殺, 一叩莊盆 : 처궁에 살이 범하니
　　형원범살, 일고장분 : 한번 상처하리라
　　若不喪妻, 子宮不利 : 만약 상처 아니하면
　　약불상처, 자궁불리 : 자궁에 이로움 없도다
　　心好巫覡, 結項甚畏 : 마음은 무당을 좋아하니
　　신호무격, 결정심외 : 결항이 심히 두렵도다

### (3) 時月煞 시월살

　　若近虛妄, 成敗間有 : 만약 허망함을 가까이 하면
　　약근허망, 성패간유 : 성패가 간혹 있도다
　　若非僧道, 農商大利 : 만약 승려의 길이 아니면
　　약비승도, 농상대리 : 농상에 큰 이익 있도다

제13장 기타 신살총론  387

若逢重疊, 兄弟各難 : 만약 월살이 중첩하면
약봉중첩, 형제각난 : 형제가 각기 흩어지리라
胞殺兼値, 風病可畏 : 12운성 포살이 겸하여 들면
포살겸치, 풍병가외 : 풍병이 가히 두렵도다
棣園風難, 雁宮無德 : 체원에 바람이 어지러우니
체원풍난, 안궁무덕 : 안궁에 덕이 없도다

7) 망신살亡身煞

(1) 月亡身煞 월망신살

月帶亡身, 天性峻急 : 월주에 망신살이 드니
월대망신, 천성준급 : 천성이 준급하도다
靑氈世業, 飄落狂風 : 청전세업은
청전세업, 표락광풍 : 광풍에 표락 하리라
官災口舌, 間間有之 : 관재구설이
관재구설, 간간유지 : 간간이 생기니 주의할지라
三刑臨之, 長沙之厄 : 삼형의 살이 임하면
삼형임지, 장사지액 : 귀양갈 액이로다
長生同帶, 貴人之格 : 12운성의 장생이 함께 임하면
장생동대, 귀인지격 : 귀인의 격이로다

(2) 日亡身煞 일망신살

日逢亡身, 精神昏迷 : 일주에 망신이 드니
일봉망신, 정신혼미 : 정신이 혼미하도다
早娶不利, 晩娶則吉 : 일찍 혼인하면 불리하고
조취불리, 만취즉길 : 늦게 혼인하면 길하리라
因人被害, 落傷愼之 : 남으로 인하여 해를 입으니
인인피해, 낙상신지 : 낙상을 조심하라
祖宗財物, 水上祉波 : 조상의 재물은
조종재물, 수상지파 : 물위의 물결과도 같다
離妻弃墳, 他鄕作旅 : 처를 버리고
이처분분, 타향작여 : 타향을 떠돌도다

(3) 時亡身煞 시망신살

　　時入亡身, 一身無依 : 시주에 망신이 드니
　　시입망신, 일신무의 : 일신이 의지할 데 없도다
　　蘭宮不利, 獻誠斗星 : 자궁에 이롭지 못하니
　　난궁불리, 헌성두성 : 북두칠성에 정성을 드리라
　　家産致敗, 愼之橫厄 : 가산이 파산에 이르니
　　가산치패, 신지횡액 : 횡액을 삼갈지라
　　難妻棄墳, 流落他鄕 : 처자를 떠나고 부모를 버리며
　　난처분분, 류락타향 : 타향에 떠도느니라
　　勿爲同刃, 長沙可畏 : 양인살과 같이 만나지 말라
　　물위동인, 장사가외 : 귀양을 가리라

8) 장성將星

(1) 年將星 년장성

　　年入將星, 性情高盛 : 년주에 장성이 드니
　　년입장성, 성정고성 : 성정이 고성하도다
　　天厚豊德, 出入官門 : 시운과 인덕이 풍부하니
　　천후풍덕, 출입관문 : 관문에 출입하도다
　　以文成功, 身登靑雲 : 문장으로 성공하니
　　이문성공, 신등청운 : 몸이 청운에 오르리라
　　帝王同宮, 冠七佩符 : 12운성의 제왕과 함께 머물면
　　제왕동궁, 관칠패부 : 27세에 병부를 차리라
　　天乙同宮, 兼權萬里 : 천을성과 함께 있으면
　　천을동궁, 겸권만리 : 권세로 만리에 잡으리라

(2) 月將星 월장성

　　月帶將星, 榮華之客 : 월주에 장성이 드니
　　월대장성, 영화지객 : 영화의 손이로다
　　以仁用心, 身心得貴 : 어짐으로써 마음을 쓰니
　　이인용심, 신심득귀 : 신심이 귀함을 얻도다

君子爵祿, 小人偏伴 : 군자는 작록이요
군자작록, 소인편비 : 소인은 편비하도다
奴婢滿庭, 衣食無憂 : 노비가 뜰에 가득하니
노비만정, 의식무우 : 의식은 근심이 없도다
兄弟無德, 必有分難 : 형제 덕이 없으니
형제무덕, 필유분란 : 반드시 헤어짐이 있도다

(3) 日將星 일장성

日入將星, 執權之人 : 일주에 장성이 드니
일입장성, 집권지인 : 세력을 집권한 사람이다
荊蘭有德, 榮華有日 : 형궁 란궁에 덕이 있으니
형란유덕, 영화유일 : 영화가 날로 있으리라
兼値太乙, 名振四海 : 태을이 함께 거하면
겸치태을, 명진사해 : 이름을 만방에 떨치리라
統率千兵, 行號施令 : 천병을 통솔하고
통솔천병, 행호시령 : 통솔하고 다스리리라
若不榮貴, 反爲下賤 : 만약 영화롭고 귀하지 아니하면
약불영귀, 반위하천 : 도리어 비천하리라

(4) 時將星 시장성

時入將星, 文武朝官 : 시주에 장성이 드니
시입장성, 문무조궁 : 문무조관이로다
少年登科, 壽强可知 : 젊어서 등과하고
소년등과, 수강가지 : 건강 장수함을 가히 알지로다
虎榜雁塔, 手執權柄 : 호방과 안탑에
호방안탑, 수집권병 : 손에 권병을 잡으리라
吉星如臨, 庭蘭有光 : 길성이 만약 임하면
길성여임, 정란유광 : 정란에 빛이 있도다
家活生涯, 事事皆通 : 가정과 인생행로는
가활생애, 사사개통 : 일일이 모두 통하도다

## 9) 반안攀鞍

### (1) 月攀鞍 월반안

月臨攀鞍, 登科之格 : 월주에 반안이 임하니
월임반안, 등과지격 : 등과할 격이로다
性情淳厚, 行裝最吉 : 성정이 순후하니
성정순후, 행장최길 : 행장이 가장 길하리라
若不官祿, 可嘆平生 : 만약 관록이 아니면
약불관록, 가탄평생 : 가히 평생을 탄식하리라
家途如何, 不貧不富 : 가도는 어떠한가
가도여하, 불빈불부 : 가난도 아니요 부자도 아니라
如可冠帶, 子孫榮華 : 만일 관대를 더하면
여하관대, 자손영화 : 자손이 영화 하리라

### (2) 日攀鞍 일반안

日入攀鞍, 榮貴之狀 : 일주에 반안이 드니
일입반안, 영귀지상 : 영화롭고 귀할 상이로다
若無功名, 雁宮有慶 : 만약 공명이 없으면
약무공명, 안궁유경 : 안궁에 경사 있도다
困得財物, 以好他人 : 곤하게 재물을 얻어
곤득재물, 이호타인 : 베프니 타인이 좋아하리라
天乙入柱, 少年登科 : 천을성이 사주에 들면
천을입주, 소년등과 : 젊어서 등과하리라
造物猜忌, 必換小星 : 조물주가 시기하니
조물시기, 필환소성 : 반드시 한번 고비를 넘기리라

### (3) 時攀鞍 시반안

時入攀鞍, 富豪之狀 : 시주에 반안이 드니
시입반안, 부호지상 : 부호의 상이로다
太乙照臨, 庭蘭有慶 : 태을이 조림하면
태을조임, 정란유경 : 자궁에 경사 있도다

若兼驛盖, 文章富貴 : 만약 역마 화개를 겸하면
약겸역개, 문장부귀 : 문장 부귀로다
竝命之間, 一見大厄 : 사십 오십 사이에
병명지간, 일견대액 : 한번 대액을 보리라
逢泰卽吉, 見衰不利 : 태함을 만나면 길하고
봉태즉길, 견쇠불리 : 쇠를 보면 이롭지 못하리

## 10) 역마살驛馬煞

### (1) 月驛馬 월역마

月帶驛馬, 性品淳厚 : 월주에 역마를 띠었으니
월대역마, 성품순후 : 성품이 순후하도다
君子成名, 加官爵祿 : 군자는 이름을 이루어
군자성명, 가궁작록 : 벼슬의 작록을 더하리라
庶人營謨, 可稱富命 : 서인이 꾀를 도모하면
서인영모, 가칭부명 : 가히 부명을 일컬으리라
迎風離地, 雁宮西北 : 바람마져 고향을 떠나니
영풍이타, 안궁서북 : 안궁은 서북이로다
不得官祿, 虛送歲月 : 관록을 얻지 못하면
부득관록, 허송세월 : 허송 세월을 하리라

### (2) 日驛馬 일역마

日帶驛馬, 大利求名 : 일주에 역마가 드니
일대역마, 대리구명 : 크게 이름을 구함에 이롭도다
若非官位, 遍踏江山 : 만약 관위가 아니면
약비관위, 편답강산 : 강산을 편답하리라
一天二地, 無後奉祀 : 한 하늘 두 땅에
일천이지, 무후봉사 : 제사 받들 후손이 없노라
東馳西馳, 以商得財 : 동으로 달려 서쪽에서 모으니
동치서치, 이상득재 : 장사로 재물 얻네
荊園風難, 琴瑟不全 : 처궁에 풍파가 많으니
형원풍난, 금슬불전 : 금실이 온전함이 없도다

### (3) 時驛馬 시역마

時上驛馬, 奔走之狀 : 시주에 역마가 있으니
시상역마, 분주지상 : 분주한 상이로다
之南之北, 早年風波 : 남으로 가고 북으로 가니
지남지북, 조년풍파 : 초년에 풍파 많으리라
若非行商, 身住店邨 : 만약 행상이 아니면
약비행상, 신주점촌 : 몸이 점촌에 머무리라
勿逢重疊, 男奔女淫 : 중첩함을 금할지라
물봉중첩, 남분여음 : 남자는 떠나고 여자는 음란하리라
生官帶祿, 位登高官 : 관을 생하여 록을 띠니
생관대록, 위등고관 : 위치가 높은 벼슬에 오르리

## 11) 육해六害

### (1) 月六害 월육해

月帶六害, 孤獨之狀 : 월주에 육해를 띠었으니
월대육해, 고독지상 : 고독한 상이로다
性情急毒, 百事不利 : 성정이 급독하니
성정급독, 백사불리 : 모든일이 이롭지 못하도다
早別父母, 奔走四方 : 부모를 일찍 이별하고
조별부모, 분주사방 : 사방으로 분주하도다
雁宮不利, 間間有害 : 안궁에 화함이 없으니
안궁불리, 간간유해 : 간간히 해가 있도다
實小虛大, 外富內貧 : 실속은 적고 허례는 크니
실소허대, 외부내빈 : 밖은 부자요 안은 가난하다

### (2) 日六害 일육해

日上六害, 僧徒之命 : 일주에 육해가 드니
일상육해, 승도지명 : 승도의 명이로세
因人被害, 間有損財 : 남으로 인하여 손해를 입으니
인인피해, 간유손재 : 간간히 손재수 있다

身煩東西, 六親無德 : 몸이 동서로 번거로우니
신번동서, 육친무덕 : 육친에 덕이 없구나
若不喪妻, 必也生離 : 만약 상처 아니하면
약불상처, 필야생이 : 반드시 생이별하리라
孤辰莫兼, 乞食可畏 : 고신살을 겸하지 말라
고신막겸, 걸식가외 : 걸식이 가히 두렵도다

(3) 時六害 시육해

時入六害, 食小事煩 : 시주에 육해가 드니
시입육해, 식소사번 : 먹음은 적고 일은 번거롭네
早蘭無香, 玉樹逢雪 : 이른 난초가 향기없고
조난무향, 옥수봉설 : 옥수가 눈을 만나도다
事事多滯, 身依山門 : 일일이 막히기만 해서
사사다체, 신의산문 : 몸이 산문에 의지하도다
成敗多端, 家産累革 : 성패가 다단하야
성패다단, 가산누혁 : 가산이 여러번 혁하도다
身在千里, 終鮮兄弟 : 몸이 천리에 있어서
신재천리, 종선형제 : 마침내 형제가 드물도다

(4) 年華蓋 년화개

性品順善, 聰明大吉 : 성품이 순선하니
성품순선, 총명대길 : 총명대길 하리라
大人爲福, 庶人爲殺 : 대인은 복이 되고
대인위복, 서인위살 : 서인은 살이 되나니라
攀鞍兼備, 早年登科 : 반안이 겸비하면
반안겸비, 조년등과 : 젊어서 등과하리라
左琴右瑟, 到處有名 : 왼쪽은 금이요 오른쪽은 슬이니
좌금우슬, 도처유명 : 도처에 이름을 떨치도다
若逢印綬, 必生貴子 : 만약 인수를 만나면
약봉인수, 필생귀자 : 반드시 귀자를 낳으리라

## 8. 십이신살十二神殺 응용 내정비법來定秘法

### 12신살표

| 십이신살十二神殺 | 신자진<br>申子辰 | 인오술<br>寅午戌 | 사유축<br>巳酉丑 | 해묘미<br>亥卯未 |
|---|---|---|---|---|
| 겁살劫殺 | 사 | 해 | 인 | 신 |
| 재살災殺(수옥살囚獄殺) | 오 | 자 | 묘 | 유 |
| 천살天殺 | 미 | 축 | 진 | 술 |
| 지살地殺 | 신 | 인 | 사 | 해 |
| 년살年煞(도화살桃花殺) | 유 | 묘 | 오 | 자 |
| 월살月煞(고초살枯草殺) | 술 | 진 | 미 | 축 |
| 망신살亡身殺 | 해 | 사 | 신 | 인 |
| 장성살將星殺 | 자 | 오 | 유 | 묘 |
| 반안살攀鞍殺 | 축 | 미 | 술 | 신 |
| 역마살驛馬殺 | 인 | 신 | 해 | 유 |
| 육해살六害殺 | 묘 | 유 | 자 | 술 |
| 화개살華蓋殺 | 진 | 술 | 축 | 해 |

### 1) 12신살 해설

(1) **겁살** : 겁살은 권리, 정조, 재물, 지위, 건강 등을 빼앗기는 것이므로 실권, 폭행, 실물, 도적, 실직, 질병 등으로 본다. 여러 가지 재앙이 많다.

(2) **재살** : 일명 수옥살이라고도 보며 관재, 소송, 납치, 감금당하거나 육신이 해를 입어 불구 되는 수도 있다.

(3) **천살** : 천재天災로 보므로 하늘의 재앙, 집안에서는 부친 또는 정신적으로 의지할 사람의 재앙이며, 중심이 흔들리고 부선망父先亡으로 본다.

(4) **지살** : 지변地變 즉 땅의 재앙이며, 집안에서는 모친의 재앙이니 모친으로부터의 이별 또는 재앙이 있고, 고향, 고국, 모태로부터 떠나간다는 의미

가 있다.

(5) **연살** : 일명 도화라고 하며, 함지咸池라고도 한다. 즉 색정에 빠지는 살이며 이성의 유혹을 받고 주색으로 재산탕진도 있으며 가정파탄을 겪어보는 살이다.

(6) **월살** : 고초살枯草殺이라고도 하며 말라 비틀어져 싹이 나지 않는다는 뜻이니 몸이 마르고 일의 결과가 없고 모든 계획이 허사가 되어 정신적인 괴로움을 겪어보기도 하며 무당도 되어 본다.

(7) **망신** : 사회에 첫발을 내딛는 초년생으로 모든 일에 경험이 없어서 실수가 많고 이성의 유혹에 빠져서 외도나 비행으로 비난을 받는다.

(8) **장성** : 문무겸전하고 일찍 벼슬하여 권력을 획득하고 조직체의 우두머리가 되며, 겁살이 없으면 너무 고집이 세어서 부부 이별수가 있다.

(9) **반안** : 높은 의자에 앉아 본다는 뜻으로 벼슬한다는 뜻도 있고, 세상에 출사出仕하기 위하여 채비를 갖추어 말에 안장을 얹고 떠날 준비를 하는 뜻으로도 본다.

(10) **역마** : 떠나는 것, 즉 말을 탄 상이니 이사, 여행, 변동, 출상出商의 일이 아니면 이곳저곳 바쁘게 돌아다니며 살고 활동력은 좋은 편이다.

(11) **육해** : 육친의 덕도 없고 몸이 허약하여 병이 몸에서 떠나지 않고 하는 일마다 장애가 많다.

(12) **화개** : 묘 속에 들어앉아서 연구하고 사색하며 은둔하는 상이다. 총명하고 재주가 많아서 예술방면에도 소질이 있으며 승도나 절을 좋아하는 살이다. 이 살이 있으면 태어날 때 탯줄을 목에 걸고 태어나니 이것을 팔아주면 좋다.

## 2) 12신살 응용 내정비법 소개

일진日辰기준으로 내방객來訪客, 즉 손님이 찾아오는 시각에 따라 신살神殺을 활용하여 찾아온 목적을 간단히 알아내는 방법이니 실생활에 활용하면 유효할 때가 있다.

**자일子日** : 자녀양육문제, 비밀스런 일, 새로 시작하고자 하는 일, 감추고 싶
　　　은 일 등
- 진시 : 산소(묘) 이장문제, 종교문제, 은퇴문제.
- 사시 : 실물失物, 권리문제, 소송문제.
- 오시 : 충돌건, 교통사고, 부부 이혼문제, 싸움문제 시시비비에 얽힌 제반사 등.
- 미시 : 부부갈등, 질병 등.
- 신시 : 새로 시작하는 일, 결혼문제, 화합문제, 개업문제.
- 유시 : 정신적 갈등, 색정문제, 삼각관계.

**축일丑日** : 동업문제, 계획하고 있는 일.
- 진시 : 정신적 불안, 노이로제, 부모문제.
- 사시 : 이동문제, 새로 시작할일, 모친문제.
- 오시 : 부부갈등, 질병.
- 미시 : 별거나 부부이혼, 충돌사건.
- 신시 : 이성문제, 부정(애정)관계.
- 유시 : 책임맡을 일, 결혼문제.

**인일寅日** : 권리문제, 큰일, 매듭지을 일, 실행에 옮길 일.
- 사시 : 수술, 관재소송문제, 이성문제.
- 오시 : 주도권 문제, 동업할 일.
- 미시 : 취직문제. 진로문제.
- 신시 : 여행, 해외, 직장이동, 이사, 사고나 소송문제.
- 유시 : 병문제, 부부문제, 갈등문제.
- 술시 : 동업문제, 묘이전관계, 종교, 마무리지을 일.

**묘일卯日** : 현재 진행하고 있는 일의 길흉여부 등.
- 사시 : 질병, 건강, 물려줄 일.
- 오시 : 정리할 일, 질병문제.
- 미시 : 동업문제, 마무리지을 일.
- 신시 : 부부문제, 꿈해몽, 조상에 관한 일.
- 유시 : 이사, 이동문제, 시비싸움, 관재소송.
- 술시 : 결혼, 동업관계.

## 제13장 기타 신살총론

**진일辰日** : 모사謀事관계일, 불안한 일, 확장할 일.
- 사시 : 소송, 관재, 실물, 도난.
- 오시 : 정리할 일, 질병문제.
- 미시 : 동업문제, 마무리지을 일.
- 신시 : 부부문제, 꿈해몽, 조상에 관한 일.
- 유시 : 이사, 이동문제, 시비싸움, 관재소송.
- 술시 : 결혼, 동업관계.

**사일巳日** : 연구발표, 예술적인 일, 중매, 중개관계사.
- 사시 : 시작할 일, 분리 이별문제.
- 오시 : 이성색정문제, 부부문제.
- 미시 : 신병문제, 정신 신경문제.
- 신시 : 결혼, 화합문제, 부부갈등.
- 유시 : 권리, 주도권 문제.

**오일午日** : 권력, 이성에 관한 일, 취직, 여행, 질병문제, 진급문제.
- 사시 : 망신스러운 일, 부정한 일, 취직건.
- 오시 : 주도권 문제, 책임질 일.
- 미시 : 결혼, 화합 동업관계.
- 신시 : 해외, 여행, 이사, 변동.
- 유시 : 질병, 물려줄 일, 정리할 일.

**미일未日** : 이동, 승진, 망신, 소송, 선택에 관한 일.
- 사시 : 해외 여행, 이사, 변동.
- 오시 : 질병, 은퇴문제.
- 미시 : 정리할 일, 동업문제, 공부관계.
- 신시 : 관재 소송, 도난, 실물.
- 유시 : 행사사건, 가내우환.

**신일申日** : 시작하는 일, 개업, 정신적 문제, 질병.
- 사시 : 관재, 수술, 사고, 시비의 건.
- 오시 : 가내우환, 행사사건, 골치아픈 일.

—미시 : 정신불안, 신경성질환, 부친관계사.
—신시 : 변동, 이사, 새출발, 분기문제.
—유시 : 이성문제, 부부불화.

**유일酉日** : 실물, 도난, 사기, 이동, 변동.
—진시 : 결혼, 동업.
—사시 : 새출발, 이동, 분가.
—오시 : 이성문제, 색정, 가정불화.
—미시 : 정신불안, 신경질환 문제.
—신시 : 가정파탄, 비밀스런 일, 취직 개업문제.
—유시 : 책임질 일, 술집 경영.

**술일戌日** : 색정문제, 부부문제, 질병, 사고, 이동.
—사시 : 부정스런 일, 취직건, 개업할 일.
—진시 : 여행, 이사, 변동, 돈벌이 문제.
—오시 : 결혼, 동업, 타인 권고의 일.
—미시 : 시비, 행사사건, 취직, 이사.
—신시 : 여행, 이사, 변동, 사업, 장사.
—유시 : 질병, 은퇴할 일, 없애야 되는 일.

**해일亥日** : 직장문제, 이직문제, 정리하고 매듭짓는 일, 가사.
—사시 : 해외, 이사, 변동, 싸움, 부부문제.
—오시 : 질병, 정리할 일.
—미시 : 결혼, 동업, 학문, 종교문제.
—신시 : 질병, 도난, 실물.
—유시 : 새로운 아이디어, 자녀문제.

# 제14장
# 대표적인 신살의 응용

命理學原理大全

# 제14장 대표적인 신살의 응용

## 1. 천을귀인天乙貴人(옥당玉堂)

■ 일간日干을 기준

천을귀인

| 日干 | 甲 | 乙 | 丙 | 丁 | 戊 | 己 | 庚 | 辛 | 壬 | 癸 |
|---|---|---|---|---|---|---|---|---|---|---|
| 天乙貴人 | 丑未 | 子申 | 亥酉 | 亥酉 | 丑未 | 子申 | 丑未 | 午寅 | 巳卯 | 巳卯 |

■ 천을귀인天乙貴人

- 갑무경甲戊庚이 축미丑未를 만날 때
- 을기乙己가 자신子申을 만날 때
- 병정丙丁이 해유亥酉를 만날 때
- 임계壬癸가 사묘巳卯를 만날 때

천을天乙은 천상의 존재하는 신神으로, 모든 길성吉星중에서 가장 존귀한 별로서 자미원紫微垣 밖에 위치하고 있다. 태을성太乙星과 더불어 천황대제天皇大帝를 섬기는 사령司令의 별로서 모든 신을 주재主宰하는 천상신天上神으로 옥형玉衡을 잡고 천상과 인간의 모든 일을 비교하여 헤아리는데 그 신이 임하는 곳에 모든 흉살이 도망가 숨어버린다는 최고의 신을 말한다. 이 천을귀인이 있으면 사람됨이 총명하고 어떠한 흉한 일이 발생한다 해도 흉한 것을 없애고 오히려 길한 것으로 바꾸며 또한 이 천을이 다른 길신吉神과 합하거나 만나면 사회적으로 발전하고 혜택을 입어 재액이나 형벌 등 위험한 고비를 모면한다. 사주에 천을天乙이 임하면 성격도 명랑하며 대인관계가 원활하고 중용을 지키어 주위로부터 신뢰를 받는다. 주로 주위의 도움이나 귀인의 협조로 일이 순조롭게 풀리고 현명한 처를 얻어 가정을 행복하게 일구어 나간다.

사주에 천을귀인이 임하면 복력이 강하고 총명하여 흉재를 면한다.

밤에 태어나면 야귀夜貴라 하고, 낮에 태어나면 주귀晝貴라 하며, 자子시 이후를 낮으로 삼고, 오午시 이후를 밤으로 삼는다. 또한 동지 이후를 양귀陽貴로 삼고, 하지 이후를 음귀陰貴로 삼아 인명人命에 1양陽이 생한 후에 양귀를 만나면 힘을 얻게 되고 1음陰이 생한 후에 음귀를 만나면 또한 힘을 얻는다.

천을天乙을 일으키는 방법은 양귀陽貴는 선천 곤괘坤卦의 자리에서 일으키고, 곤은 북방 자위子位라 자子에서 갑甲을 일으키면 갑甲의 덕이 자子에 있는 것이나 갑덕甲德을 취하지 않고 갑甲과 합하는 기己를 취한다. 그러므로 기己의 귀인은 자子가 된다. 양귀陽貴는 순행하므로 을乙의 덕은 축丑에 있으나 을乙과 합하는 경庚을 취하는 고로 경庚의 귀인은 축丑이 된다. 계속하여 이러한 방법으로 병丙과 합하는 신辛의 귀인은 인寅, 정丁과 합하는 임壬의 귀인은 묘卯, 무戊와 합하는 계癸의 귀인은 기己, 기己와 합하는 갑甲의 귀인은 미未, 경庚과 합하는 을乙의 귀인은 신申, 신辛과 합하는 병丙의 귀인은 유酉, 임壬과 합하는 정丁의 귀인은 해亥, 계癸와 합하는 무戊의 귀인은 축丑이 되며 양귀陽貴는 끝나게 된다.

음귀陰貴는 후천 곤괘坤卦의 자리인 신申에서 일으키니 갑甲의 덕德은 신申에 있으나 갑甲과 합하는 기己를 취하기 때문에 기己의 귀인은 신申이 된다. 이러한 방법으로 음귀陰貴는 역행하므로, 을乙과 합하는 경庚의 귀인은 미未, 병丙과 합하는 신辛의 귀인은 오午, 정丁과 합하는 임壬의 귀인은 사巳, 무戊와 합하는 계癸의 귀인은 묘卯, 인寅은 갑甲을 처음 일으킨 신방申方과 대충방大沖方이라 건너뛰고, 기己와 합하는 갑甲의 귀인은 축丑, 경庚과 합하는 을乙의 귀인은 자子, 신辛과 합하는 병丙의 귀인은 해亥, 술戌은 천라天羅의 자리이므로 건너뛰고, 임壬과 합하는 정丁의 귀인은 유酉, 신申은 음귀陰貴를 일으킨 자리이며 귀인貴人은 두 번 임하지 않아 건너뛰고, 계癸와 합하는 무戊의 귀인은 미未가 된다. 이렇게 하여 천을귀인天乙貴人을 정리하면 아래와 같다.

- 갑무경甲戊庚 : 축미丑未
- 을기乙己 : 자신子申
- 병정丙丁 : 해유亥酉
- 신辛 : 인오寅午
- 임계壬癸 : 사묘巳卯

사주에 천을귀인天乙貴人이 있으면 주위환경에 도와주는 이가 많고 인덕이 많은 사람으로 어려운 고비에 빠졌더라고 곧 남의 덕을 입어 해결된다. 또 총명하고 지혜가 많으며 흉凶한 일을 만나도 그것이 계기가 되어 오히려 좋아진다.

다시 한번 일간을 기준으로 하고 띠로 살피면 다음과 같다.

- 갑무경甲戊庚에 소와 양, 즉 축미丑未(우양牛羊)
- 을사乙巳에 쥐와 원숭이 즉 자신子申(서후鼠猴)
- 병정丙丁에 돼지와 닭 즉 해유亥酉(저계猪鷄)
- 신辛에 말과 호랑이 즉 오인寅午(호마虎馬)
- 임계壬癸에 뱀과 토끼 즉 사묘巳卯(사토蛇兎)가 천을귀인이다.

예)

| 丁 | 甲 | 癸 | 甲 |
| 酉 | 午 | 未● | 寅 |
|   |   | 貴人 |   |

●옥당궁玉堂宮이란 국정을 살피는 임금님과 같이 논하고 결정하는 중앙관직이니 국회나 내각국무회의에 참여하는 자이다.

## 2. 태극귀인太極貴人

처음과 시작을 뜻하는 것으로 만물의 성장과 수확을 맡은 바이니 입신양명立身揚名하고 복福과 길성吉星이 집중되어 평생 부귀영화를 누린다고 하는 것이다.

태극귀인

| 년간 | 甲 | 乙 | 丙 | 丁 | 戊 | 己 | 庚 | 辛 | 壬 | 癸 |
|---|---|---|---|---|---|---|---|---|---|---|
| 태극성 | 子午 | 子午 | 卯酉 | 卯酉 | 辰戌 | 丑未 | 寅亥 | 寅亥 | 巳申 | 巳申 |

## 3. 삼기귀인三奇貴人

삼기귀인은 천天·지地·인人 삼재三才를 적용하여 기귀奇貴한 뜻으로 천을귀인법에 기인한다. 천상삼기天上三奇는 갑무경甲戊庚이고, 을병정乙丙丁을 지하삼기地下三奇라 하고, 신임계辛壬癸를 인중삼기人中三奇라 한다. 명중에 삼기三奇가 있으면 박학다재博學多才하며 인품이 좋고 정신이 밝아 뭇사람들의 존경을 받는다. 천을귀인을 일으킬 때 선천양귀先天陽貴와 후천양귀後天陰貴법으로 갑무경甲戊庚이 축미丑未에 함께 거하므로 기귀라 한 것이다.

: 천간天干에 나란히 있으면 기귀奇貴한 명명으로 본다.
- 천상天上 : 갑무경甲戊庚 : 영웅, 정치인, 군인.
- 지하地下 : 을병정乙丙丁 : 학문, 총명, 유순, 학자, 선비.
- 인중人中 : 임계신壬癸辛 : 조조와 같이 지모와 술수, 계략이 출중.
- 삼기三奇가 천덕과 월덕 또는 천을귀인과 함께 임해 있으면 흉액이 소멸되고 목적한 계획을 이루고 복력이 증대한다.

- 삼기三奇는 년월일年月日 혹은 월일시月日時의 차례대로 있는 것이 가장 귀하며 거꾸로 배열되면 삼기三奇로 보지 않는다.

- 삼기三奇가 삼합三合을 이루면 국가의 큰 동량이 되고, 공망이 되면 온전한 덕을 함유하여 세력에 흔들리지 않는 고매한 인품을 가진다.

## 4. 고신孤身·과수寡宿

고과孤寡라는 말은 쓸쓸하고 외롭다는 의미로 진수辰宿의 별을 말한다. 옛말에 나이 들어 처가 없으면 환鰥(홀아비)라 하고, 나이 들어 남편이 없으면 과寡(과부)라 하며, 어려서 부모가 계시지 않으면 고孤라 하고, 늙어서 자식이 없으면 독獨이라 했다.

구성원리는 방합方合을 기초로 하여 표출하는데, 예컨대 해자축亥子丑은 북방수北方水로 금金은 수水의 어머니가 되나 금金은 인목寅木에서 12운성으로 절絶이 되니 해자축亥子丑이 인寅을 보면 고신孤辰이라 하는 것이다. 또한 화火는 수水의 처妻가 되나 화火는 술戌에서 입묘入墓가 되니 해자축亥子丑이 술戌을 보면 과수寡宿라 하는 것이다.

남자는 고신孤神의 영향을 받으며, 사주에 고신이 있으면 유년시절에 어려움과 많은 고초를 만나게 되며, 부부의 인연이 희박하며 특히 원명原命에 재성財星이 약하거나 없으면 중년에 처와 생·이별하거나 외롭게 독신으로 지낸다.

또한 사회적 직장관계로 별거하거나 떨어져 살며 영향력이 가장 큰 곳은 일지日支나 시지時支에 있을 때다.

　여자는 과수寡宿의 영향을 받으며, 시지時支나 일지日支에 임하면 유년시절부터 부모와의 인연이 희박하고 부부지간에도 정이 없어 각거各居하고 신체적으로 불감증으로 인해 남편을 멀리하는 경향도 있다. 특히 사주에 상관傷官이 있으면서 과숙이 있으면 과부가 되기 쉽다. 또한 교수나 학자가 되어 홀로 학문연구에 몰두하거나 종교에 몸을 담고 이성과의 인연을 스스로 자제하고 억제하는 경향이 있으며, 독신으로 생활하지 않으면 부부간의 정이 없어 이혼 또는 별거의 사례가 많다. 사주에 관성을 극하는 상관傷官이 강하거나 12운성의 사절지死節地에 임하면 사별死別하는 경우도 있으니 세밀히 잘 살펴야 한다. 사주 감정에 있어서 특히 고신·과숙은 부부관계나 그 밖의 흐름을 살피는데 중요한 것이다.

　고신·과숙의 표출방법은 년지年支를 기준하며 요령은 방국方局을 이용하여 방국의 첫 지지와 끝 지지의 다음이 고신·과숙이며 다음과 같다.

　　－과숙(戌)－亥子丑－(寅)고신
　　－고신(巳)－辰卯寅－(丑)과숙
　　－과숙(辰)－巳午未－(申)과숙
　　－고신(亥)－戌酉申－(未)과숙

　고신살 : 남자 : 상처喪妻하며 고독해 진다.
　　　　　여자 : 생이별 또는 별거한다.
　과숙살 : 남자 : 부부이별
　　　　　여자 : 상부喪夫하며 과부된다.

고신·과수

| 생년 | 子 | 丑 | 寅 | 卯 | 辰 | 巳 | 午 | 未 | 申 | 酉 | 戌 | 亥 |
|---|---|---|---|---|---|---|---|---|---|---|---|---|
| 고신 | 寅 | 寅 | 巳 | 巳 | 巳 | 申 | 申 | 申 | 亥 | 亥 | 亥 | 寅 |
| 과숙 | 戌 | 戌 | 丑 | 丑 | 丑 | 辰 | 辰 | 辰 | 未 | 未 | 未 | 戌 |

## 5. 상문喪門·조객弔客 : 격각살

이 살이 있으면 재수없는 일과 매사가 잘 안된다. 특히 이사와 이장시에는 이 방향을 범하지 말아야 한다. 구성은 년年이나 일日의 전후前後 2번째 해당하는 지지가 상문·조객이 된다. 상문조객은 집안의 우환과 상사喪事를 관장하는 흉살로 대운이나 세운에서 만나면 흉하며 집안에 불상사가 발생하고 더욱이 흉살과 함께 임하면 더욱 재화災禍가 따른다.

상문·조객

| 年支 | 子 | 丑 | 寅 | 卯 | 辰 | 巳 | 午 | 未 | 申 | 酉 | 戌 | 亥 |
|---|---|---|---|---|---|---|---|---|---|---|---|---|
| 喪門 | 戌 | 亥 | 子 | 丑 | 寅 | 卯 | 辰 | 巳 | 午 | 未 | 申 | 酉 |
| 弔客 | 寅 | 卯 | 辰 | 巳 | 午 | 未 | 申 | 酉 | 戌 | 亥 | 子 | 丑 |

## 6. 비인飛刃

양인羊刃을 충冲한 것이다.

비인표

| 일간 | 甲 | 乙 | 丙 | 丁 | 戊 | 己 | 庚 | 辛 | 壬 | 癸 |
|---|---|---|---|---|---|---|---|---|---|---|
| 비인 | 酉 | 戌 | 子 | 丑 | 子 | 丑 | 卯 | 辰 | 午 | 未 |

## 7. 십간학당十干學堂

학당은 글자가 가리키는 것처럼 학문과 학교를 상징하며 학문의 방면에서 대학자의 소질을 의미하고, 학당이 사주에 있으면 총명하고 학문연구에 정진하고 열중한다.

십간학당

| 일간 | 甲 | 乙 | 丙 | 丁 | 戊 | 己 | 庚 | 辛 | 壬 | 癸 |
|---|---|---|---|---|---|---|---|---|---|---|
| 학당 | 亥 | 午 | 寅 | 酉 | 寅 | 酉 | 巳 | 子 | 申 | 卯 |

## 8. 천덕귀인天德貴人

기기氣가 왕왕旺하여 포용력이 있고 사람이 많이 따르며 인덕이 좋아서 복을 받고 흉이 변하여 길하게 되는 것으로 덕망의 신神이다. 천덕은 일지日支를 기준으로 하여 천간天干을 보는 것이다. 천덕의 표출방법은 다음과 같다.

- 인신사해寅申巳亥가 일지에 해당하는 경우 : 일지의 삼합으로 나온 오행의 음간陰干이 사주의 천간에 있으면 천덕을 보는 것이다.

- 자오묘유子午卯酉가 일지에 해당하는 경우 : 일지의 삼합으로 나온 오행의 양간陽干이 12운성의 절지絶地에 해당하는 지지地支가 천덕이 되는 것이다.

- 진술축미辰戌丑未가 일지에 해당하는 경우 : 일지의 삼합으로 나온 오행의 양간陽干이 사주에 나타나면 천덕을 보는 것이다.

천덕귀인

| 日支 | 寅 | 卯 | 辰 | 巳 | 午 | 未 | 申 | 酉 | 戌 | 亥 | 子 | 丑 |
|---|---|---|---|---|---|---|---|---|---|---|---|---|
| 천덕 | 丁 | 申 | 壬 | 辛 | 亥 | 甲 | 癸 | 寅 | 丙 | 乙 | 巳 | 庚 |

## 9. 월덕귀인月德貴人

천덕과 월덕, 즉 이덕二德이 사주에 있으면 행운과 복록이 따르고 어려움과 위기에 놓일 때 늘 주위사람과 귀인의 도움을 받게 되는 길성이다. 이 길성은 어떠한 흉성凶星이라도 그 기능을 약화시키거나 소멸시키므로 사주 원명이 좋으면 더욱 길한 운기를 형성해 주고, 원명原命이 부실하더라도 구제하여 삶을 평탄하고 안정하게 해 준다.

- 월덕이 임하고 원국元局에 재성이 있으면 현모양처를 만나고 경제적으로 발전하고 금전상에 어려움이 없으며 식신食神이 또 있으면 의식주가 풍요롭고 원만한 삶을 형성해 간다.

- 월덕에 관성官星이 임하면 관운과 대의명분이 좋고 관직 등 임용시험에 길한 작용을 하여 순조로운 출발을 안겨준다.

- 월덕에 임하고 인성印星이 수기秀氣하면 마음이 넓고 포용심이 깊으며 주위에 신망을 사며 조상의 음덕을 깊이 받는 길명吉命이 된다.

- 월덕이 임하고 사주에 비견이 있으면 형제간의 우애가 두텁고 서로 협력하며 단결하고, 타인의 도움으로 혜택을 입는다.

- 장생長生이나 건록建祿이 동주同柱하면 그 영향이 더욱 강하고, 형刑·충沖·파破·해亥가 되면 영향력을 상실하고, 12운성의 병病·사死·절節이 함께 임하면 그 영향이 감소된다.

- 사주의 년주年柱에 임하면 조상과 윗사람의 덕을 입고, 월주月柱에 임하면 부모·형제·친구의 덕을 입고, 일주日柱에 임하면 배우자의 덕을 입고, 시時에 임하면 자식의 덕을 본다.

- 대운이나 행운行運에서 오면 그 시기가 바로 행운을 득하는 때이므로 풀리지 않던 어려운 일이 순조롭게 해결된다.

- 택일에서 경조사 등에 보통 천덕과 월덕에 활용하며 그 응용범위가 넓은 편이다.

월덕귀인

| 日支 | 寅 | 卯 | 辰 | 巳 | 午 | 未 | 申 | 酉 | 戌 | 亥 | 子 | 丑 |
|---|---|---|---|---|---|---|---|---|---|---|---|---|
| 월덕 | 丙 | 甲 | 壬 | 庚 | 丙 | 甲 | 壬 | 庚 | 丙 | 甲 | 壬 | 庚 |

## 10. 도화살桃花殺

도화살은 다른 말로 함지살咸池殺 또는 목욕살沐浴殺이라고도 한다. 도화살의 표출방법은 년지나 일지의 삼합오행이 12운성의 목욕沐浴에 해당하는 것이며, 다른 방법으로는 지지삼합의 첫 번째에 해당하는 지지地支가 도화살이다.

도화살이 사주 중에 있으면 남녀간의 이성문제가 복잡하여 사회와 가정에서 도덕성의 문제로 주위의 비방을 산다. 풍류와 주색酒色을 즐기며 방탕과 음란한 생활을 즐기며 패륜적인 행위를 거침없이 한다. 남녀 모두 허영심과 화려한 생활을 좋아하고 남자는 여자관계가 복잡하고 반대로 여자는 남자관계가 복잡하다. 경우에 따라 유흥사업을 하기도 하며 유흥업에 종사하기도 한다.

- 년주에 도화살이 임하면 조상이 풍류객이거나 주색으로 인한 문제가 있어 본다.
- 월주에 도화살이 임하면 부모 중에 외정外情으로 인해 풍파가 있거나 모친이 재취로 시집 온 경우가 있다.
- 일주에 도화가 임하면 여자의 경우는 미색을 겸비하고 성적인 교태가 뛰어나고 도화의 기질을 타고나는 경우가 흔하다.
- 사주의 도화살이 형살刑殺을 맺으면 남녀관계로 인한 성병에 걸려 보기도 한다.
- 여자의 사주에 상관傷官이 도화살에 임하면 결혼 후 산액을 당해보거나 창부娼婦의 명이다.
- 인성印星이 도화살에 임하면 모친이 첩이나 재취한 사람이 많다.
- 사주의 격식이 발달하고 정관이 도화살에 임하면 예술방면에서 이름을 날리기도 하고 여명인 경우 타고난 미색으로 주위 사람들로부터 인기를 받기도 한다.
- 일간日干이 천간에서 간합干合하고 지지에서 도화살이 임하면 성병에 걸려본다.

도화살

| 년·일지 | 寅 | 卯 | 辰 | 巳 | 午 | 未 | 申 | 酉 | 戌 | 亥 | 子 | 丑 |
|---|---|---|---|---|---|---|---|---|---|---|---|---|
| 도화살 | 卯 | 子 | 酉 | 午 | 卯 | 子 | 酉 | 午 | 卯 | 子 | 酉 | 午 |

## 11. 홍염살紅艷殺

 남녀를 막론하고 사주에 홍염살이 있으면 사치와 허영을 좋아하며 색정에 빠져 통정通情의 일이 발생한다. 여자는 남자 관계가 많고, 남자는 여자관계가 많아 작첩作妾을 일삼는다. 특히 여명에 홍염살이 있으면 유흥가로 빠지는 경향이 많다. 도화살과 비슷한 의미를 지니고 있다. 남녀 공히 색을 밝히며 이성에 대한 욕구가 많아 한 사람에게 만족을 못하는 경향이 있다.

홍염살

| 일간 | 甲乙 | 丙 | 丁 | 戊己 | 庚 | 辛 | 壬 | 癸 |
|---|---|---|---|---|---|---|---|---|
| 홍염 | 午 | 寅 | 未 | 辰 | 戌 | 酉 | 子 | 申 |

## 12. 원진살怨嗔殺

 원진살은 남녀간의 궁합을 볼 때 주로 활용되며, 부부불화와 서로 미워하여 경우에 따라 이별하고 이상과 뜻이 맞지 않아 부부의 인연이 종종 바뀐다. 원진살이 있으면 남을 비방하거나 공격을 잘 하고, 주위 사람들과의 사이가 원만하지 못하다. 옛날에는 남녀 혼인시 이 원진살을 중시했으며, 연월일시年月日時 중에 닿은 궁宮의 육신과의 사이가 대체로 원만하지 못하다.

 구성은 충돌하고 나면 반목하게 되는 것처럼 지지가 충하고 난 후 다음자리가 원진하다. 예를 들어 자오충子午冲하고 난 다음 오午 다음이 미未가 오는데 자子와 미未가 원진이 되는 것이다.

 원진의 의미는 12지지를 동물에 비교하여 상호 미워하고 싫어하는 성정을 파악하여 정한 것인데 대체적으로 사주에 원진이 있으면 용모가 편굴되고 아름답지 못하며 마음의 동요가 많고 여러 가지 흉화가 따른다. 또한 대운이나 세운에서 원진살이 들면 건강과 수명에 이상이 생길 수 있다고 했다. 원진은 다른 말로 대모살大耗殺이라고도 하며 고결古訣에 다음과 같은 말이 있다.

- 서기양두각鼠忌洋頭角 : 쥐는 양의 뿔을 꺼린다.
- 우증마불경牛憎馬不耕 : 소는 말이 밭을 갈지 않는 것을 미워한다.
- 호증계취단虎憎鷄嘴短 : 범은 닭의 부리가 짧은 것을 미워한다.
- 토원후불평兎怨猴不平 : 토끼는 원숭이의 불평을 원망한다.
- 영혐저면흑龍嫌猪面黑 : 용은 돼지의 얼굴이 검은 것을 미워한다.
- 사경견폐성蛇驚犬吠聲 : 뱀은 개 짖는 소리에 놀란다.

원진살

| 년·일지 | 子 | 丑 | 寅 | 卯 | 辰 | 巳 |
|---|---|---|---|---|---|---|
| 원진살 | 未 | 午 | 酉 | 申 | 亥 | 戌 |

## 13. 천라天羅·지망살地網殺

천라는 술해戌亥가 되고, 지망地網은 진사辰巳가 된다. 천라와 지망의 의미는 음양이 극성하여 편중되고 속에 갇히는 상이니 모든 일들이 지체가 많고 장애가 많아 답답한 형국이 된다. 하는 일마다 제대로 되는 일이 없으며 관재구설이 발생한다. 천라와 지망은 다시 말해서 물가에 고기가 어망에 걸려드는 상으로 사람으로 말하면 모든 생활이 정직하지 못하고 응큼한 마음으로 임하기 때문에 법제法制에 저촉받는 것으로 생각하면 된다.

천라·지망살

| | | |
|---|---|---|
| 천라天羅 | 辰일 | 戌일 |
| | 타주에서 辰 혹은 戌 逢時 | |
| 지망地網 | 巳일 | 亥일 |
| | 타주에서 巳 혹은 亥 逢時 | |

## 14. 고란살孤鸞殺

고란살은 여자의 명에 한해서 작용하게 되는 살이다. 일주에 고란살이 임하면 남편이 무능하고 병약하여 남편으로서의 구실을 하지 못한다. 이러한 연유로 부부간에 인연이 박하고 이혼·이별·생사이별이 따를 수 있으며 결국 여자 혼자 힘으로 생활을 이어가게 되는 명운으로 힘들고 고독한 팔자가 된다. 구성은 일간日干의 부성夫星인 편관성偏官星이 12운성으로 절지絶地가 되기 때문에 고란살이다. 이것을 일명 신음살呻吟殺이라고도 한다. 또한 남자는 첩을 보고 여자는 독수공방한다.

고란살

| 日干 | 甲 | 丁 | 戊 | 辛 |
|------|----|----|----|----|
| 고란살 | 寅 | 巳 | 申 | 亥 |

# 제15장
# 공망론(천중살)

제1절 공망간법

# 제15장 공망론空亡論(천중살天中煞)

사주에서 일주를 기준으로 일지日支에는 없고 년주나 월月·시時支에만 해당되는데 천간天干(십간十干)과 지지地支(십이지지十二地支)를 짝을 맞추어 나가다 보면 결국 2개의 지지地支가 남게 된다. 이 남은 2개를 공망空亡이라 한다.

## 제1절 공망간법

공망간법

| | |
|---|---|
| 갑자순중 甲子 旬中 | 술해공망 戌亥 空亡 |
| 갑술순중 甲戌 旬中 | 신유공망 申酉 空亡 |
| 갑신순중 甲申 旬中 | 오미공망 午未 空亡 |
| 갑오순중 甲午 旬中 | 진사공망 辰巳 空亡 |
| 갑진순중 甲辰 旬中 | 인묘공망 寅卯 空亡 |
| 갑인순중 甲寅 旬中 | 자축공망 子丑 空亡 |

※ 순두旬頭 기준基準이면 앞 2자리가 공망空亡이고,
　 순말旬頭 기준基準이면 뒤 2자리가 공망空亡이다.

### 1. 공망空亡을 보는 법法

일간지日干支를 중심中心으로 타주他柱의 간지干支를 비교하여 공망空亡을 알게 된다.

　　　<例> 時 日 月 年
　　　　　 柱 柱 柱 柱

```
○ 甲 庚 ○
○ 申 午 ○
```

: 생월生月의 오午가 생일生日의 갑신甲申에 공망空亡되므로 이 사주四柱는 생월生月에 공망空亡이 된다고 한다.

■ 순중旬中 : 십간十干과 십이지十二支를 짝 맞추어 가다보면 결국 십일十日이란 숫자의 작용作用을 말하는 것이고, 갑자甲子부터 계유癸酉까지가 일순一旬이 되는 셈이다.

　공망空亡이 사주四柱에 있으면 그 작용作用하는 운명이 사주四柱의 본운명本運命을 변화시키거나 작용을 무의미하게 하는 역할을 할 수 있다고 본다.

　혹시 사주四柱에 길성吉星이 있는데 그 길성이 공망空亡을 맞으면 그 길성吉星이 제대로 작용作用을 못하고 무의미하게 되는 수가 있고, 사주四柱에 흉성凶星이 나타나 있는데 이때 공망空亡이 있으면 오히려 좋은 운運으로 만들 때가 있다.

## 2. 사주지지四柱地支에 따라 공망空亡이 되는 운세運勢

① 년지공망年支空亡 : 조상의 덕德과 업業이 빈약貧弱하다.
② 월지공망月支空亡 : 형제兄弟와 인연이 없고, 인덕人德이 없다.
③ 시지공망時支空亡 : 자식운子息運이 약弱하다.
④ 년월일시年月日時 모두 공망空亡이면 오히려 좋은 현상이 나타난다.

### 공망조견표

| 甲子 | 乙丑 | 丙寅 | 丁卯 | 戊辰 | 己巳 | 庚午 | 辛未 | 壬申 | 癸酉 | 戌亥가 공망 |
| 甲戌 | 乙亥 | 丙子 | 丁丑 | 戊寅 | 己卯 | 庚辰 | 辛巳 | 壬午 | 癸未 | 辛酉가 공망 |
| 甲申 | 乙酉 | 丙戌 | 丁亥 | 戊子 | 己丑 | 庚寅 | 辛卯 | 壬辰 | 癸巳 | 午未가 공망 |
| 甲午 | 乙未 | 丙申 | 丁酉 | 戊戌 | 己亥 | 庚子 | 辛丑 | 壬寅 | 癸卯 | 辰巳가 공망 |
| 甲辰 | 乙巳 | 丙午 | 丁未 | 戊申 | 己酉 | 庚戌 | 辛亥 | 壬子 | 癸丑 | 寅卯가 공망 |
| 甲寅 | 乙卯 | 丙辰 | 丁巳 | 戊午 | 己未 | 庚申 | 申酉 | 壬戌 | 癸亥 | 子丑이 공망 |

■ 갑술일주甲戌日柱인 사람이 신유申酉가 있다면, 신유申酉는 갑甲에 대하여 관성官星이 되는데, 관성이 공망空亡이 되므로 이때는 관운이 없다고 보는 것이다.

## 3. 공망空亡의 응용

공空은 비어있는 것이고 망亡은 잃은 것이다.
일명一名 천중살天中殺이라고 하며 생일生日을 기준으로 본다.
대운공망과 격국 용신에는 공망론을 취하지 않는다.

1) 명중命中의 흉신凶神과 악살惡殺을 공하면 흉이 해소된다.

2) 공망이 있고 신왕하면 도량은 크나 평생 허명虛名이 된다. 그러나 의외意外의 복이 따를 수 있다. 사주가 약하면 평생 고생이 많다.

3) 녹마귀인祿馬貴人이 있는 곳을 공망하면 길흉이 흩어진다.

4) 년월일시年月日時 호환互換공망이면 복이 약하고 길흉중에 흉이 있다. 「호환공망」이란 각 기둥을 기준으로 서로 공망이 된 경우이다.

5) 생시生時공망은 허영심과 고집이 강하다.

6) 건록공망하면 명리가 있어도 결과가 없다.

7) 동일일중同一日中의 공망에 해당하는 부부夫婦는 동고동락 해로한다. 즉 남자가 갑자일생甲子日生이고, 여자가 을축일생乙丑日生이면 동일순중 공망(술해戌亥)인 경우이다.

8) 재성財星을 공망하면 재물에 냉담하고 이익을 다투지 않는다. (여성에게 무심하다 - 남자男子)

9) 관성官星이 공망이면 명예名譽를 구하지 않는다. (남편에게 관심이 없다 - 여자女子)

## <例 1> 사주 예

| 時柱 | 日柱 | 月柱 | 年柱 | 區分 |
|---|---|---|---|---|
| 己<br>巳○ | 甲<br>午 | 壬<br>午 | 戊<br>午 | 四柱 |
| 정재<br>식신 | ●<br>상관 | 편인<br>상관 | 편재<br>상관 | 空亡 |

<해설>

일주日柱인 갑오甲午는 시주時柱인 사巳에서 공망空亡이 된다.
이 사주四柱는 실제로 자식을 남자男子로 9명이 있었으나 4명을 잃고 지금은 5명이 남아 있는 경우로 외가外家가 무후無后한 사람이다.

## <例 2> 사주 실례

| 時 | 日 | 月 | 年 | 區分 |
|---|---|---|---|---|
| 丙<br>子 | 乙<br>巳 | 丙<br>寅 | 甲<br>子 | 四柱 |
| 상관<br>편인 | ●<br>상관 | 상관<br>겁재○ | 겁재<br>편인 | 空亡 |

<해설>

갑자생甲子生「을사일乙巳日」은 갑진순중甲辰旬中에 있어서 인묘寅卯가 공망空亡이므로 월지공망月支空亡이 된다. 육신六神으로는 겁재劫財가 공망이므로 부모·형제와의 인연이 없다.

# 제16장
# 명리판단의 순서와 방법

命理學原理大全

제1절 명리판단의 순서

# 제16장 명리판단의 순서와 방법

## 제1절 명리판단의 순서

### 1) 일간日干의 왕쇠旺衰

사람이 일을 하려면 건강해야 하는데 질병이 있으면 원인을 알아서 처방을 내리듯 사주에서도 기세의 강약에 따라 조화시키는 방법이 다르다.
일간을 중심으로 강약의 세력을 판단하여 다음을 알 수 있다.

- 첫째, 그 사람의 성격, 건강상태를 알 수 있고
- 둘째, 격을 정하며
- 셋째, 용신 및 희신, 기신을 알고
- 넷째, 대운·세운 등 길흉의 시기를 아는 것이다.

### 2) 격국의 결정

월지 장간臟干과 일간日干을 대비하여 태어난 달의 계절에 따라 격을 정한다. 우선 기세의 편중을 보아 내격과 외격을 판단한 다음에 8정격으로 구분한다.

### 3) 격식格式의 고저高低

- ■성격成格 : 격식이 완전하고 손상하는 것이 있을지라도 손상하는 기신忌神을 제거하는 것이 있는 경우이다.

- ■파격破格 : 격을 이루는 길신을 손상하였으면 파격이다. 대개는 재財, 관官, 인印, 식食등의 사길격四吉格으로 격을 이루었을 때 이를 극하는 것이 있으면 파격이다. 또 살殺, 상傷, 효梟, 양인羊刃의 세력을 견제하지 못할 때 등이다.

## 4) 용신用神

격국이 정하여 지면 격식을 도와주는 것이 용신이며 그 용신을 방해하는 것이 기신忌神이 된다.

억부抑扶, 전왕全旺, 조후調候, 병약病藥, 통관通貫 등의 방법에 따라 용신을 정한다.

## 5) 용신의 강약

용신이 정하여 지면 강한가 약한가를 살핀다. 월령을 얻었는가, 생해주는 오행이 있는가 지장간이 있는가를 살피어 강약을 정한다.

## 6) 국局의 변화

천간은 천간끼리 합합이 있나 살피고, 지지는 지지끼리 삼합三合, 육합六合, 방합方合 등이 있나를 살피어 사주 전체의 국이 어떻게 변화되었는가를 살핀다.

## 7) 천간의 작용

천간에 나타난 것은 그 사람의 잠재된 모든 것이 겉으로 드러나 있는 것이다. 따라서 작용은 뚜렷하고 빠르다.

## 8) 지지의 작용

지지는 뿌리·근원이 되어 잠재된 힘을 뜻하며 천간에 나타난 것의 강약을 본다. 지장간을 살필일이다.

## 9) 신살 및 공망

모든 신살을 보조적으로 본다.

## 10) 대운 및 세운

용신에 따라 길흉의 시기를 알아보는 것이 가장 중요하다.

## 11) 사주감정에 필요한 각 신神의 작용

### (1) 용신用神

사주의 일간을 중심으로 사주전체를 조화시켜주는 오행을 말한다.

### (2) 희신喜神

용신用神을 도와주는 오행을 말한다.

### (3) 기신忌神

용신用神을 극克하는 오행을 말한다.

### (4) 구신仇神

희신喜神을 극克하는 오행을 말한다.

### (5) 구신救神

기신忌神을 극克하고 용신用神을 보호하는 오행을 말한다.

# 제17장
# 년·월·일·시의 길흉

命理學原理大全

제1절 일주론
제2절 생년론
제3절 생월론
제4절 생시론

# 제17장 년年·월月·일日·시時의 길흉吉凶

## 제1절 일주론

### 1. 일주日柱에 대해 논하다

#### (1) 일간日干

생일生日 천간天干은 사주 8글자중의 몸체가 되어 자기자신의 몸이 되므로 중요하다. 즉 팔자의 중심이 되어 다른 간지와 비교하는 중심이 된다.

① 일간日干은 내몸이고 일지日支는 배우자로서 천간지지가 동일하면 배우자를 극하여 이별수가 있다. 비견, 겁재, 양인 등에 해당하고 일간이 약할 때는 오히려 도움이 된다.
② 생일에 식신이 있으면 배우자의 몸이 뚱뚱하고 마음이 넓어서 의식주가 풍성하다.
　편인이 있으면 배우자는 대체로 왜소하고 충극沖克되면 단명하거나 병약하다.
③ 생일지에 상관이 있고 재성이 있으면 배우자가 아름답고 재능이 많다.
④ 일지 편재일 때는 명쾌한 배우자이고 남자의 경우 또 편정재가 있으면 본처 외에 첩을 두기 쉽다.
⑤ 일지日支가 정재이면 정처正妻이고 다른 곳에서 생부生扶하면 부부의 정이 좋아 백년해로한다.
⑥ 생일 편관이면 성격이 조급하고 영리하나 부부사이에 금이 간다. 충극되면 결혼후 질병에 걸린다. 억제하는 것이 있거나 합슴이 되면 면한다. 제制, 합슴이 없으면 비정상적인 결혼을 한다.
⑦ 일지 정관이면 배우자가 혈통이 좋고 인격이 좋은 사람과 만나고 형형刑·충沖이 되면 서로 반목反目한다.

⑧ 생일 편인이면 좋은 연분을 만나기 어렵다. 일주가 약할때는 현명하고 힘이 되는 배우자이고 편인이 또 많으면 식복이 적고 만년에 처자妻子를 극한다.
⑨ 여명女命이 양일陽日이면 중말년에 남편과 생사이별하고 남명男命이 음일陰日이면 처妻에 의존하여 사는 사람이 많으나 격국에 따라 다르다.

## 2. 일주日主의 길흉吉凶

### (1) 형刑·충冲

배우자와 불화하고 생년生年과 충冲·형刑이 되면 조업祖業을 떠나고 일주日主가 년年을 극하면 스스로 고향과 조상을 등진다.

생월生月에서 일지日支를 충冲하면 주거住居의 변동이 심하고 부부간의 사이도 좋지 않고, 직장이동도 심하다.

일지日支가 시지時支를 충冲하면 자녀에게 불리하다.

### (2) 합합

형충刑冲의 반대작용으로 해당인과 원만히 살아간다.

### (3) 전지살

천간지지가 같은 것으로 부부간에 좋지 않고 천간지지 같은 해에 재화가 발생한다.

### (4) 일지日支와 12운성

건록建祿·제왕帝旺 : 병이 없고 건강하여 장수한다.
양養 ·장생長生· 관대冠帶 : 두 번째로 건강하다.
사死·절絶·쇠衰·병病·태胎 : 약하고 질병이 따르며 걱정이 많다.

### (5) 록마동향

임오계사일생壬午癸巳日生은 복이 좋다.

### (6) 일덕일日德日

갑인甲寅, 무진戊辰, 병진丙辰, 경진庚辰, 임술壬戌.

### (7) 일귀일日貴日

계묘癸卯, 계사癸巳, 정유丁酉, 정해丁亥.

### (8) 일인일日刃日

무오戊午, 병오丙午, 임자壬子.

### (9) 괴강일魁罡日

임진壬辰, 경술庚戌, 무술戊戌, 경술庚戌.

10) 신왕하면 천성이 명백하고 도량이 넓으며 유능하고 결단력이 좋으면 자신에 이롭게 일을 처리한다.

태강하면 지나치게 강하여 분수를 넘어 일을 그르치고 성격이 변화가 많고, 동요되며 스스로 일을 저지른다.

신약한데 타주에서 돕는 것이 있으면 검약하고 분수를 지키며 어려움을 참아내고 탈선하지는 않으나 대체로 의심이 많고 소심한 편이다.

태약하면 음성적이고 소극적이며 마음의 동요가 심하며 집요하고 어리석거나 결단력이 없고 의타심이 많으며 주위사람들을 싫어한다.

이상은 단편적인 판단법에 지나지 않고 전체적인 격국의 조화에 따라 달라진다.

## 제2절 생년론生年論

생년生年은 뿌리(근根)가 되고 조상이며 근본이다.

### 1) 육신六神에 따른 판단

#### (1) 비견

대체로 제매弟妹의 태생이고 아닐 때에는 장남의 역할을 못한다.

#### (2) 겁재

비견과 같으나 조상의 덕이 적고 재산을 물려받아도 탕진하게 되며, 사흉신

四凶神이 또 있으면 미약한 집안의 태생이다.

### (3) 식신

조상은 양반이거나 부잣집이고 조상의 덕을 입는다.

### (4) 상관

조업을 파괴하거나 부모가 온전하지 않고 가출을 하기도 하며 상속권을 잃는다.

### (5) 편재

상인가商人家의 출신이 많고 부친이나 조부가 양자養子이고 비겁比劫이 없으면 부잣집 태생이다.

### (6) 정재

부잣집 태생이고 부조父祖의 덕이 크고 비겁이 있으면 재산 싸움이 있다.

### (7) 편관

제매弟妹의 태생이고 충극沖剋이 겹치거나 편관이 많으면 타관살이를 하거나 양자갈 사람이다. 조상의 덕이 적고 상인가商人家의 태생이거나 몰락한 집안의 태생이다.

### (8) 정관

혈통이 바르고 명문집 자손이며 상관이 없으면 가명家名을 상속받는다.

### (9) 편인

조업을 계승하기 어렵고 타국과 타향에 가거나 딴 부모·조상을 섬긴다. 편인이 겹쳐있으면 더욱 심하고 몰락한 집안의 태생이다.

### (10) 정인

권세가의 태생으로 조업을 이어받고 부귀를 누리며 조상 자랑을 하는 사람이다.
   ① 생년生年에 형형·충冲·극剋·해害 등이 있으면 조상과 불화한다.
      길신吉神이 있으면 조상이 길상吉相을 가지고 있는 것으로 본다.

② 생년生年은 뿌리이므로 유소년기로 본다.

따라서 생년生年에 길신吉神이 있으면 유소년기가 좋고, 흉신凶神이 있으면 어려서 고생하였거나 질병을 앓았던 것으로 본다.

## 제3절 생월론生月論

### 1. 생월生月의 의의意義

생월生月은 사주 중 가장 중요한 것으로 계절을 중요시하고 월지장간月支藏干중의 어떤 것이 투출되었는가를 살피어 격격을 정하며 일주日主의 신강신약身强身弱, 조후調候 등을 보는 핵심이 된다.

생월生月을 인원人元으로 하여 생월生月 천간天干을 부父에 비하여 천원天元이라 하고 지지地支는 모母에 비하여 천원天元이라 하여 사주의 골격을 이룬다.

즉 제강提綱이라고도 하며 왕쇠旺衰·기상氣象·격국格局·용신用神의 기준이다.

### 2. 생월生月의 길흉

1) 육신六神의 판단

(1) 비견·겁재

생월生月은 형제의 자리인데 생월生月에 비·겁이 있으면 집에 형제가 있다고 본다.

다시, 비견·겁재가 많으면 양자를 가든가 아니면 생가生家를 일찍 떠난다. 월지가 비·겁이고 타간지에 비·겁 인수가 많으면 대음주가大飮酒家다.

(2) 식신

식신이 생월生月에 있고 신왕身旺이면 뚱뚱하거나 키가 크고 도량이 넓으며 낙천적이다.

음식을 잘 먹고 항상 식복이 따른다. 편인이 식신을 극하면 그렇지 않고 형

刑·충冲 등이 겹치면 음식으로 인한 질병에 걸린다.

### (3) 상관

월지月支상관이면 집을 떠나고 조상 부모 등에 거역하며 얼굴, 이마 등에 흉터가 있다.

여명女命은 부부간에 다툼이 심하고 남편의 하는 일에 간섭이 심하다.

### (4) 편재

부잣집 태생이 많고 아니면 상업商業에 종사하는 부모이고, 금전의 출납이 많으며 신강이면 부자가 되고 신약이면 인색하다.

남자는 본처 외의 여자에 관심을 둔다.

### (5) 정재

재가 있고 식상이 있으며 신강이면 부자가 되고 신약이면 재물로 인한 화禍를 입고 처妻로 인하여 재화가 발생한다.

### (6) 편관

월지月支편관이면 가친家親의 재력을 얻지 못하고 편관이 많으면 괴로움이 많으며 형제 자매와 인연이 적어서 독자이거나 형제가 있어도 외톨이가 된다.

### (7) 편인

편관과 겹치면 양자를 가거나 딴 조상 부모를 섬기고 재물에는 항상 곤란을 느끼며 자녀를 극하여 고독한 생활을 한다.

### (8) 정인

흉살이 극하지 않으면 좋은 집안의 태생이고 총명하며 지조가 굳고 말이 신중하나 실천력은 떨어지는 편이다.

(9) 형形·충冲·해害 등이 월지月支에 있으면 주거 변동과 직장이동이 심하고 부모·형제 등과 원만하지 못하다.

(10) 월지月支계절에 따라 조후용신調候用神을 잡는 기준이 된다.

(11) 신왕身旺·신약身弱을 정정하는 기본이 된다.

(12) 격국을 정할 때 월지 장간 중 투출된 것으로 정하므로 격을 이루는 핵심이 된다.

(13) 기타 생生·월月·일日·시간時干에 투출된 오행 육신의 가세를 보는 기준이다.

   丁 己 辛 乙
   卯 酉 巳 丑

시간時干 정화丁火는 화왕절火旺節이니 강하고 신금辛金 식신은 사기死氣에 해당하므로 약하며 을목乙木은 휴수休囚가 되니 약하다.

## 제4절 생시론生時論

생시生時는 명의 보좌 역할을 하고 귀결점이며 인생의 결실과 종점으로 간주하므로 무시할 수가 없다.
따라서 생시生時에 길성吉星이 많아야 결실이 좋고 말년末年이 좋으며 자녀가 번창하는 것이다.
용신用神과 격국格局에 따라 다르나 식신·정재·정인·정관 등이 좋으나 그 중에도 정인이 좋아야 말년에 평안해지는 것이다. 또한 12운성에서 제왕·건록·관대 등이나 장생·목욕 등이 있으면 좋다.
조후와 격국, 용신 등을 정할 때에도 월령月令의 보조적으로 판단해야 한다. 가령 겨울에 태어났어도 시時에서 사시巳時·오시午時·미시未時 등에 낳았으면 화기火氣를 얻은 것이 된다.

### 1. 정시법定時法

시時를 모르는 사람은 정시법定時法에 의하여 참고로 정한다.

### 1) 자는 모습

자오묘유 子 午 卯 酉 時生 : 반듯하게 누워 잔다.
인신사해 寅 申 巳 亥 時生 : 옆으로 누워서 잔다.
진술축미 辰 戌 丑 未 時生 : 엎드려 자는 습성이 있다.

### 2) 가마(머리)의 자리

子 午 卯 酉 時生 : 가마가 한 가운데 자리 잡았다.
寅 申 巳 亥 時生 : 가마가 옆으로 자리 잡았다.
辰 戌 丑 未 時生 : 가마가 쌍가마이거나 한 개일 때는 옆으로 비스듬히 있다.

### 3) 출산할 때의 모습

子 午 卯 酉 時生 : 반듯이 누워 하늘을 향한 모습으로 출산되고 울음소리는 급하다.
寅 申 巳 亥 時生 : 비스듬히 옆으로 출산되고 울음소리는 거칠고 높다.
辰 戌 丑 未 時生 : 엎어진 상태로 출산되고 울음소리는 완만하다.

### 4) 생산시生産時의 방향

亥 子 丑 時生 : 북쪽을 향해 출생된다.
寅 卯 辰 時生 : 동쪽을 향해 출생된다.
申 酉 戌 時生 : 서쪽을 향해 출생된다.
巳 午 未 時生 : 남쪽을 향해 출생된다.

## 2. 생시生時의 길흉吉凶

자녀 및 고용인의 자리이다.

(1) 비견

신약인데 생시에 비견이 있으면 흉이 변하여 吉해지고 최종 승리자가 된다.
신강이면 결국 손재를 보고 이별 산재散財 등이 있다.

(2) 겁재

시時에 있고 또 겁재 있으면 여자는 남편을 배반하고 질병이 있거나 산액産厄이 있다.
자녀子女를 극剋한다. 재물관계는 일의 결과가 손재損財를 보고 남과 시비, 쟁투 등으로 갈라서며 재산상財産上의 손해도 있다.

(3) 식신食神

자녀가 있고 천명天命을 완수한다.
장수長壽하고 자녀를 잘 돌본다. 외부에 식록이 있고 밖에서 잘 벌어들인다.

(4) 상관傷官

여자는 자녀의 연분이 좋고 남자는 자식이 약하거나 우매하다. 양인과 같이 있으면 도적질할 마음이 생긴다.

(5) 편재

중말년에 부자가 되고 외부의 재물을 벌어들이며 남자는 그 처가 경제적인 벌이를 하는 수가 많다.

(6) 정재

선빈후부귀先貧後富貴하고 신강身强이면 더욱 좋다.

(7) 편관

신왕한 남자는 자녀가 성공하고 말년에 자녀의 덕을 보며 신약이면 말년에 질병으로 고생하거나 재화가 많다.

(8) 정관

신강이면 말년에 귀해져서 명리名利가 따르고 자녀도 출세한다.

### (9) 편인

말년에 재산을 탕진하고 고독하게 살며, 무위도식하는 경우가 많으며 신약일 때는 엉뚱한 일로 편해진다. 또는 남의 가족에게 부양된다.

### (10) 정인

말년에 편안해져서 여유있게 생활하고 명에도 따르며 장수한다. 또한 자녀의 덕을 본다.

(11) 시時에 형刑·충冲 등이 있으면 자녀와 인연이 적고 합습이면 연분이 좋고 효행한다.

# 제18장
# 신왕 신약

命理學原理大全

제1절 신왕 신약

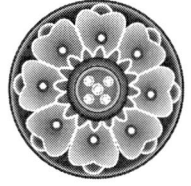

# 제18장 신왕身旺 신약身弱

## 제1절 신왕身旺 신약身弱

사주四柱에 있어서는 일간日干을 중심으로 하여 타他 일곱글자와 비교하여 그 세력이 중화中和된 것을 이상理想으로 삼기 때문에 먼저 일간日干이 강한가 약한가를 살피는 것이 중요하다.

따라서 일간日干이 힘을 얻어 왕성하고 강력한 것을 신강身强이라 하고, 쇠약하고 무력한 것을 신약身弱이라 한다.

### 1. 월지月支의 왕쇠旺衰

1) 생월지生月支에 인종引從하여 왕쇠旺衰를 본다.

즉 월령月令(태어난 달)의 기氣를 얻어 왕旺하고 못 얻으면 쇠衰한 것이다.

(1) 최강最强(왕旺)한 경우 : 일간日干과 같은 오행五行의 계절季節에 출생시出生時

　　갑을甲乙(목木) 일생日生은 인묘진寅卯辰(춘春)월月에 낳으면 왕旺.
　　병정丙丁(화火) 일생日生은 사오미巳午未(夏)월月에 낳으면 왕旺.
　　무기戊己(토土) 일생日生은 진술축미辰戌丑未(토계土季)월月에 낳으면 왕旺.
　　경신庚辛(금金) 일생日生은 신유술申酉戌(추秋)월月에 낳으면 왕旺.
　　임계壬癸(수水) 일생日生은 해자축亥子丑(동冬)월月에 낳으면 왕旺.

※ 축丑은 토극수土克水하여 약弱하다.

- 사주四柱가 지나치게 왕성하면 파재破財, 손처損妻 등 흉악
- 사주四柱가 지나치게 일주가 쇠약하면 병고病苦, 빈천貧賤 등의 흉운
- 사주四柱가 지지의 장간 속에 동기同氣를 만나 강해지는 것을 통근通根이라 한다.

## (2) 차강次强(차왕次旺)의 경우 : 생기生氣-인수월령印綬月令

인수印綬에 속하므로 겉으로는 나타나지 않고 속으로 강한 외유내강의 경우

갑을甲乙(목木) 일생日生은 해자축亥子丑(동冬)월月에 낳은 경우
병정丙丁(화火) 일생日生은 인묘진寅卯辰(춘春)월月에 낳은 경우
무기戊己(토土) 일생日生은 사오미巳午未(하夏)월月에 낳은 경우
경신庚辛(금金) 일생日生은 진술축미辰戌丑未(토계土季)월月에 낳은 경우
임계壬癸(수水) 일생日生은 신유술申酉戌(추秋)월月에 낳은 경우

## (3) 차약次弱(약간 약한)의 경우 : 재財·식상食傷 월령月令

식상食傷(휴休) 재財(수囚)에 속한 경우

갑을甲乙(목木) 일생日生은 사오미巳午未(하夏)월月과 토계절土季節(진술축미辰戌丑未)에 출생出生한 경우
병정丙丁(화火) 일생日生은 진술축미辰戌丑未(토계土季)월月과 신유술申酉戌(추秋)월月에 출생出生한 경우
무기戊己(토土) 일생日生은 신유술申酉戌(추秋)월月과 해자축亥子丑(동冬)월月에 출생出生한 경우
경신庚辛(금金) 일생日生은 해자축亥子丑(동冬)월月과 인묘진寅卯辰(춘春)월月에 출생出生한 경우
임계壬癸(수水) 일생日生은 인묘진寅卯辰(춘春)월月과 사오미巳午未(하夏)월月에 출생出生한 경우

## (4) 최약最弱(사死)의 경우 : 사기死氣 월령月令 – 관살官殺

관살에 해당되는 달에 낳은 경우로 선천적으로 병을 타고남.

■ 갑을일생甲乙日生 신유술申酉戌(추秋)월月에 출생出生
  - 간담, 신경쇠약, 중풍, 경기(유년기), 신경통
■ 병정일생丙丁日生 해자축亥子丑(동冬)월月에 출생出生
  - 시력이 약하거나 나쁘고, 심장이 약하고 겁이 많다.
■ 무기일생戊己日生 인묘진寅卯辰(춘春)월月에 출생出生
  - 소화기능이 허약하여 비위가 약해 구토, 소화장애, 위장병으로 야윈다.
■ 경신일생庚辛日生 사오미巳午未(하夏)월月에 출생出生

- 기관지나 폐가 약해 감기 잘 걸리고 뼈대가 약하며 이가 빠지고, 치질도 있다.
■ 임계일생壬癸日生 진술축미辰戌丑未(토계土季)월月에 출생出生
- 신장 방광이 약해 자주 소변을 보고, 동맥경화 및 빈혈 시력이 좋지 않다.
- 임계일생壬癸日生은 ① 미未 ② 진辰 ③ 술戌 ④ 축丑의 순서로 약弱하다.

(5) 다음과 같은 예외例外가 있다.

① 목일생木日生이 진월辰月은 강중약强中弱인 경우이다.
② 화일생火日生은 미월未月에 강중약强中弱인 경우이다.
③ 토일생土日生은 생월生月이 미월未月이면 최강最强이고, 술월戌月→축월丑月→진월辰月 순으로 본다.
④ 토일생土日生은 하절夏節에 낳아도 강强한 것으로 본다.
⑤ 금일생金日生은 1.술戌 → 2.축丑 → 3.진辰 → 4.미월未月의 순으로 강强하다.
⑥ 수일생水日生은 축월丑月에 강중약强中弱이다.

2) 십이운성十二運星과 강약强弱

(1) 사왕지四旺地 : 득기得氣하여 강强해진 경우

① 제왕帝旺이 제일 강하고
② 건록建祿·임관臨官
③ 관대冠帶
④ 목욕沐浴의 순으로 강强하다.

(2) 사평지四平地 : 실기失氣하여 약弱해진 경우

① 장생長生은 평중강平中强이고
② 양養은 평중생平中生이며
③ 쇠衰는 평중쇠平中衰이며
④ 병病은 평중약平中弱이다.

(3) 사쇠지四衰地 : 실기失氣하여 약해진 경우

① 절絶은 최약지最弱地이고

② 묘墓는 약중약中弱이며
③ 사死는 약중쇠弱中衰이며
④ 태胎는 약중강弱中强이다.

### 3) 육신六神과 강약强弱

일주日柱가 생조生助(오행五行과 동기同氣, 상생相生)되면 신강身强이고, 일주日柱가 극해克害(오행五行과 상반相反)되면 신약身弱이다.
① 비견比肩, 겁재劫財가 제일 강강하고
② 인수印綬는 그 다음으로 강강하며
③ 관살官殺은 제일 약약하며
④ 재성財星은 그 다음으로 약약하고
⑤ 식상食傷이 그 다음으로 약약하다.

### 4) 월령月令을 얻고 기氣를 얻으면 참된 신왕세身旺勢가 된다.

① 월령月令을 얻었다는 것은 태어난 월지月支가 천간天干과 같은 계절이든가 생生해주는 계절일 때를 말한다.
② 기氣를 얻었다는 것은 월지月支 외에 비겁·인수를 말한다.

### 5) 월령月令을 얻고 기氣를 얻지 못하면 소강小强이다.

### 6) 월령月令을 얻고 기氣를 얻고 못 얻는 것이 혼합이면 약간 강세가 된다.

### 7) 월령月令을 얻지 못하고 비견比肩, 겁재劫財, 인수印綬가 없으면 신약身弱이다.

### 8) 월령月令을 얻지 못하였으나 비겁比劫 인성印星이 많으면 조금 강하다.

### 9) 월령月令을 얻지 못하고 기세를 얻은 것이 1:1이면 소약세小弱勢의 명命이다.

# 제19장
# 격국과 용신

제1절 용신론
제2절 격국론
제3절 격국의 종류

# 제19장 격국格局과 용신用神

## 제1절 용신론用神論

### 1. 격국용신格局用神

일간日干이 가장 영향을 많이 받는 육신六神을 격격이라 하는데 이 격격을 이루는 요소로써 쓰이는 것이 격국용신格局用神이다.

선善 : 순리順理 − 재財(정재正財) 관官(정관正官) 인印(정인正印) 식食(식신食神)의 경우.
→ 생生해주는 것이 좋다.

악惡 : 역逆 − 살殺(편관偏官) 상傷(상관傷官) 효梟(편인偏印) 겁劫(겁재劫財) 인刃(양인羊刃)의 경우.
→ 극克해주는 것이 좋다.

<예례 1> 교육가敎育家

乙 己 丙 己
亥 巳 寅 亥

인중寅中에 갑병무甲丙戊가 암장暗葬되어 있는데 병화丙火가 월간月干에 투출되어 정인격正印格이다.

<예례 2> 의대교수医大敎授

乙 甲 丙 甲
亥 寅 寅 子

인중寅中에 병갑丙甲이 투출되었고 자해子亥인 수水가 있어 의대교수医大教授(식신격)가 되었다.

## 2. 사주용신四柱用神

사주四柱의 주인공主人公인 일간日干을 중심으로 사주四柱전체의 조화를 이루게하는 오행五行을 용신用神이라 한다.

일간日干이 너무 강할 때 ← 설기泄氣, 극克
일간日干이 약弱할 때 ← 생조生助
사주四柱가 너무 냉습冷濕할때 ← 온난溫暖
사주四柱가 너무 건조乾燥할 때 ← 습기濕氣
사주四柱에 병病이 있을 때 ← 약藥
두 가지 오행五行이 서로 싸울 때 ← 통관通關
시키는 것 등을 들 수 있다.

### 1) 억부용신抑扶用神

많거나 강强한 것은 설기泄氣시키거나 극克(억제)하고 약弱한 것은 부조扶助해 주는 용신用神을 억부용신이라고 한다.

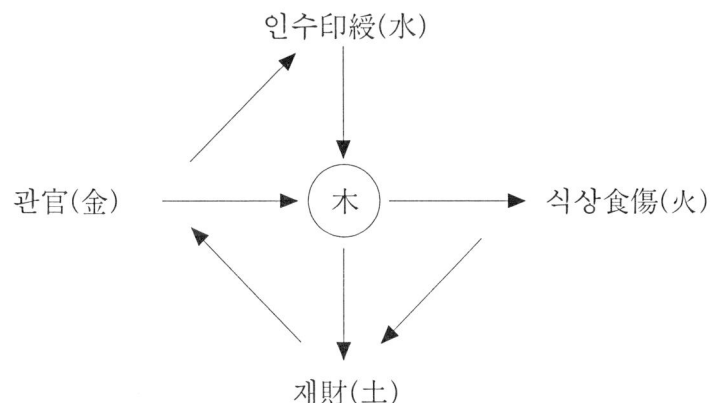

■ 억제抑制 : 강한 것을 극하는 경우

　　신강身强 : 비견比肩 · 겁재劫財 : 관살官殺을 용신用神
　　인수다印綬多 : 재財가 용신用神(설기泄氣시킴)
　　차선책 : 관살官殺 · 식상食傷

■ 부조扶助 : 약약한 것을 도와주는 경우

　　신약身弱 : 식상다食傷多 : 인수印綬로 보보補하는 용신用神
　　재다財多 : 비겁比劫이 용신用神
　　관살다官殺多 : 식상食傷(인수印綬 · 비겁比劫)

※ 참고 : 단편적으로 월령月令을 극克하는 것을 용신用神으로 삼는 사람도 있으나 이는 미흡하다.

　　월령月令 : 춘春(목木) : 금金(추秋)
　　　　　　 하夏(화火) : 수水(동冬)
　　　　　　 추秋(금金) : 화火(하夏)
　　　　　　 동冬(수水) : 토土(토계土季)
　　　　　　 토계土季(토土) : 목木(춘春)

<예예> ① 己 壬 丙 丁
　　　　　酉 寅 午 亥

<해해> 신약사주身弱四柱 – 재재財는 왕왕旺함.
　　　　월령月令 – 재관성財官星이 투출.
　　　　인오반합寅午半合, 정임합목丁壬合木하여 더욱 약약해진 경우로
　　　　 – 해해亥(수水)
　　　　비겁比劫을 용신用神으로 삼고 유유酉(금金)으로 도와주는 희신喜神이 된다.

② 戊 丙 癸 丁
　　子 申 丑 卯

<해해> 신약사주身弱四柱 – 관살다官殺多
　　　　월령月令 – 관성官星 투출(축중丑中의 계수癸水)
　　　　신자수국申子水局하여 관을 도와 수수水는 강하고 일주日柱 화화火가 약약해

진 경우로 – 년간年干 정화丁火가 묘목卯木위에 강하니 용신用神을 삼는다.

※ 참고

상관傷官 – 적을 물리치는 데 좋으나 힘이 빠진다.
인수印綬 – 새로운 기운이 생긴다. 귀인貴人도움.
비겁比劫 – 관살官殺을 감당할 수 있고 식상食傷의 원조.

③ 丙 丁 丁 癸
　 午 卯 巳 巳

<해解> 신강사주身强四柱 – 일원日元이 화火로 태왕太王.
월령月令 – 재財가 투출.
비겁比劫 양인羊刃 등이 강한 경우로 – 년간年干 계수癸水가 용신用神으로 강할 때는 관살官殺로 제하는 것이 제일 좋다.

④ 乙 壬 壬 丙
　 巳 申 辰 子

<해解> 신강사주身强四柱 – 신자진申子辰 수국水局을 이루고 임수壬水가 투출되어 태왕太王하다.
월령月令 – 진중을목辰中乙木의 여기餘氣가 투출되어 설기泄氣됨이 좋을 경우로 을목乙木으로 용신用神을 삼아 수국水局과 같은 역할로 목운木運이 오면 운이 활짝 열린다.

⑤ 戊 丁 甲 戊
　 申 卯 寅 辰

<해解> 신강사주身强四柱 – 인묘진寅卯辰(목국木局)을 이루고 갑목甲木이 투출하여 태강太强하다.
월령月令 – 시지時支 신금申金으로 목木을 극하는 경우 – 신금申金을 용신用神으로 삼으니 이를 취재손인取財損印이라고 한다.

※ 참고

재용신財用神 제재財를 처妻로도 볼 수 있으므로 결혼한 후에 일이 잘 풀리는 사주四柱이다.

⑥ 乙 癸 丁 己
　卯 丑 丑 卯

<해解> 관살官殺과 식상食傷이 혼잡된 사주四柱.
　　　－남男 : 정보계통, 해결사　　－여女 : 미인.
　　월령月令 : 축중기丑中己(土) 칠살七殺이 투출.
　　일지日支에 축토丑土가 있어 강강强强한 경우－을목乙木 식상食傷을 용신用神으로 억제시킨다.

※ 참고

칠살七殺(편관) 식상다食傷多 스님－귀신을 잘 부린다.

⑦ 辛 己 癸 乙
　未 亥 未 亥

<해解>
　　월령月令 : 기토己土 일원日元 통근通根
　　년상年上의 을목용신乙木用神은 약약弱弱하므로 월간계수月干癸水로서 약한 살殺을 생생해주니 「용재윤토자살用財潤土慈殺」이라 한다.

※ 참고

윤토자살潤土滋殺 즉 토양을 기름지게 하고 살殺을 길러주는 경우이다. 위의 사주四柱는 학교學校나 직장의 승진에 돈을 쓰며 처妻(재財)가 운동을 해야 한다.

⑧ 乙 壬 乙 己
　巳 子 亥 巳

<해解> 신강사주身强四柱－신왕身旺하고 사주가 한랭寒冷하다. 년상年上에 기토己土로써 왕수旺水를 극해야 좋은데 을목乙木에 파극破克되었고 사巳는 해亥가 충충沖沖하니 기토己土의 뿌리가 약약弱弱하다.－화

火로써 풀어주어야 하는데 시지사화時支巳火가 약하여-을목乙木 상관으로 재財를 생해 주어야 한다.

## 2) 병약용신病藥用神

일주日柱를 생조生助하거나 억제시키는데 필요한 용신用神을 다른 오행五行이 극해剋害하여 용신用神에게 방해를 놓는 자를 병病이라하고 이 병病을 제거시키는 오행五行을 약藥이라 한다. 이를 병약용신病藥用神이라 한다.

　　<예례> ① 戊 己 甲 戊
　　　　　　辰 巳 子 戌

　　<예해> 신약사주身弱四柱
　　　　　월령月令-편재偏財(수水)가 당령當令.
　　　　　비겁比劫이 재財를 놓고 싸우니 병病이다.
　　　　　갑목甲木이 관성官星으로 비겁比劫을 제제하니 약藥이 되어 用神이다.-제겁호재制劫護財

※ 참고

남자男子는 비겁比劫이 많으면 미인과 결혼한다.
여자女子는 위 사주의 경우라면 결혼후 남편(관官)의 지배를 받아 좋아졌다.

　　　　　② 甲 丁 己 壬
　　　　　　辰 丑 酉 戌

<해해> 재월당령財月當令으로 식상食傷이 많아 관살官殺을 치는 四柱.
　　　　월령月令-유금酉金이 재왕생관財旺生官 하는데 기토己土 식신食神이 관官을 극하니 병病이다.
　　　　시간갑목時干甲木이 기토己土 병病을 제거하는 약藥이 되어 용신用神으로 삼는다.

## 3) 조후용신調候用神

### 調候用神

| 일간 | 생월<br>용신 | 寅月<br>1월 | 卯月<br>2월 | 辰月<br>3월 | 巳月<br>4월 | 午月<br>5월 | 未月<br>6월 | 申月<br>7월 | 酉月<br>8월 | 戌月<br>9월 | 亥月<br>10월 | 子月<br>11월 | 丑月<br>12월 |
|---|---|---|---|---|---|---|---|---|---|---|---|---|---|
| 甲日 | 조후용신 | 丙 | 庚 | 庚 | 癸 | 癸 | 庚 | 庚 | 庚 | 庚 | 庚 | 丁 | 丁 |
| | 보좌용신 | 癸 | 丙戊丁己 | 丁壬 | 丁庚 | 丁庚 | 丁 | 丁壬 | 丁丙 | 甲壬丁癸 | 丁戊丙 | 庚丙 | 庚丙 |
| 乙日 | 조후용신 | 丙 | 丙 | 癸 | 癸 | 癸 | 癸 | 丙 | 癸 | 癸 | 丙 | 丙 | 丙 |
| | 보좌용신 | 癸 | 癸 | 丙戊 | 庚辛 | 丙 | 丙 | 癸己 | 丙丁 | 辛 | 戊 | | |
| 丙日 | 조후용신 | 壬 | 壬 | 壬 | 壬 | 壬 | 壬 | 壬 | 甲 | 甲 | 壬 | 壬 |
| | 보좌용신 | 庚 | 己 | 甲 | 庚癸 | 庚 | 庚 | 戊 | 癸 | 壬 | 戊庚壬 | 戊己 | 甲 |
| 丁日 | 조후용신 | 甲 | 甲 | 甲 | 甲 | 壬 | 甲 | 甲 | 甲 | 甲 | 甲 | 甲 | 甲 |
| | 보좌용신 | 庚 | 庚 | 庚 | 庚 | 庚癸 | 壬庚 | 庚丙戊 | 庚丙戊 | 庚戊 | 庚 | 庚 | 庚 |
| 戊日 | 조후용신 | 丙 | 丙 | 甲 | 甲 | 壬 | 癸 | 丙 | 丙 | 甲 | 甲 | 丙 | 丙 |
| | 보좌용신 | 甲癸 | 甲癸 | 丙癸 | 丙癸 | 甲丙 | 甲丙 | 甲癸 | 癸 | 丙癸 | 丙 | 甲 | 甲 |
| 己日 | 조후용신 | 丙 | 甲 | 丙 | 癸 | 癸 | 癸 | 丙 | 丙 | 甲 | 丙 | 丙 | 丙 |
| | 보좌용신 | 庚甲 | 癸丙 | 癸甲 | 丙 | 丙 | 丙 | 癸 | 癸 | 丙癸 | 甲戊 | 甲戊 | 甲戊 |
| 庚日 | 조후용신 | 戊 | 丁 | 甲 | 壬 | 壬 | 丁 | 丁 | 丁 | 甲 | 丁 | 丁 | 甲 |
| | 보좌용신 | 甲壬丙丁 | 甲丙庚 | 丁壬癸 | 戊丙癸 | 癸 | 甲 | 甲 | 甲丙 | 壬 | 丙 | 甲丙 | 丁甲 |
| 辛日 | 조후용신 | 己 | 壬 | 壬 | 壬 | 壬 | 壬 | 壬 | 壬 | 壬 | 壬 | 丙 | 丙 |
| | 보좌용신 | 壬庚 | 甲 | 甲 | 甲癸 | 己癸 | 庚甲 | 甲戊 | 甲 | 甲 | 丙 | 戊壬甲 | 壬戊己 |
| 壬日 | 조후용신 | 庚 | 戊 | 甲 | 壬 | 壬 | 辛 | 戊 | 甲 | 甲 | 戊 | 戊 | 丙 |
| | 보좌용신 | 丙戊 | 辛庚 | 庚 | 辛庚癸 | 庚辛 | 甲 | 丁 | 庚 | 丙 | 丙庚 | 丙 | 丁甲 |
| 癸日 | 조후용신 | 辛 | 庚 | 丙 | 辛 | 庚 | 庚 | 丁 | 辛 | 辛 | 庚 | 丙 | 丙 |
| | 보좌용신 | 丙 | 辛 | 辛甲 | | 辛壬癸 | 辛壬癸 | 甲 | 丙 | 甲壬癸 | 辛戊丁 | 辛 | 丁 |

천지天地의 변화變化가 춘하추동春夏秋冬에 따른 한난조습寒暖燥濕이 있듯이 사주四柱를 구성하는 간지干支의 팔자八字에도 한난조습이 있어 이를 균형있게 조화시키는 용신用神을 조후용신이라 한다.

<예례> ① 甲 辛 癸 壬
　　　　午 丑 丑 辰

<해解> 금金은 차갑고 물은 냉冷하다. 얼어붙을 지경인데 시時에 오화午火가 있어 냉기를 풀어주니 조후용신을 삼는 것이다.

② 辛 壬 己 辛
　 亥 午 亥 亥

<해解> 기토己土의 관성官星이 투출하였으나 근根이 없어 약약弱하여 사용할 수 없고 사주원국이 수금水金으로 이루어져 일지오화日支午火를 조후용신으로 삼는다.

4) 전왕용신專旺用神

사주四柱의 기세가 한쪽으로 치우쳐 있으면 그 강한 기세를 거역할 수가 없다. 그러므로 그 기세에 순응하여 종從하기도 하고 화化하기도 한다. 그 강한 세력에 따르는 용신用神을 전왕용신이라 한다.

<예례> ① 乙 己 丁 壬
　　　　亥 卯 未 寅

<해解> 일간기토日干己土가 목木(관살官殺), 즉 적에 휩싸여 있는 경우로 왕목旺木의 세력에 종從하니 종살격從殺格이다. 목운木運에 길吉하다.

권력가의 심복형.
여자女子는 남편덕에 덩달아 큰소리치는 사주.

② 癸 丁 丁 丁
　 卯 卯 未 巳

<해설> 화왕火旺하고 묘미卯未가 목국木局을 이루어 태강太强하다.
시간계(수)時干癸(水)가 있다하나 근근(뿌리)이 없고 왕화旺火를 감당하기 어려우니 종왕격從旺格이다.
즉 편인偏印의 성격을 쫓아 화려하게 예술지향적으로 사는 사주로 목화운木火運에 길吉하다.

③ 癸 乙 乙 乙
   未 亥 卯 未

<해설> 해묘미亥卯未 목국木局을 이루고 수水가 생생生해주니 태왕太旺한 사주이다. 그 세력을 따라야 좋으니 수목운水木運이 길吉하다. 대쪽같은 선비형이다.

④ 壬 丁 丁 戊
   寅 未 卯 寅

<해설> 정임합목丁壬合木하고 지지地支에 목국木局을 이루어 화기격화氣格을 이루었다. 화기격化氣格은 화신化神이 왕旺해 지는 곳이 좋으며 설기시키는 것도 좋다. 무토戊土재財는 쟁재爭財가 되어 쓸 수 없다. 목화운木火運에 길吉하다.

※ 참고

인수印綬가 왕旺해서 쫓는 경우 : 정치가, 큰스님.

5) 통관용신通關用神

두 가지 세력의 오행五行이 사주가운데 대치되어 균형을 이루고 싸우고 있는 것을 다른 오행五行이 중간에서 소통시켜 싸움을 말리는데 이것을 통관용신이라 한다.

<예례> ① 己 丁 丙 丁
        酉 酉 午 酉

<예해> 화火와 금金이 상전相戰하니 토土로써 화생토火生土 토생금土生

金하여 통관시키므로 기토己土 식신食神이 용신用神이다.

※ 참고

위 사주에 대운에서 목운木運이 오면 많은 재산과 돈줄이 끊긴다.
여女 : 자식 낳고 병이 없어지거나 식당, 먹는 장사로 돈을 벌었다.
남男 : 부부사이가 나쁘나 할머니가 화해시킨다.

② 乙 甲 庚 癸
　 亥 寅 申 亥

<해解> 금金과 목木이 상전相戰이니 수水로써 금생수金生水 수생목水生木하여 통관시켜 주는 것이 좋아 수水를 용신用神으로 삼는다.

여女 : 남편과 싸우는데 어머니(壬水)가 화해시킨다.

통관법通關法은 중요重要하여 원국에 없으면 대운大運에서 만나도 발복한다. 희신喜神(용신用神을 생하는 신神)과 기신忌神(용신用神을 극剋하는 신神)간의 싸움도 대운大運에서 통관운이 오면 해소解消된다. 재인財印이 상전相戰이면 관살운에 통관되고 월月에 겁재劫財이고 재財를 쓰면 식신食神·상관傷官이 통관시킨다.

## 제2절 격국론格局論

1. 격국格局의 결정법決定法

1) 격격이란?

격격이란 사주四柱의 전체적인 틀, 즉 전체적인 골격骨格을 뜻하고 중심축이며 전체적인 세력으로 일간日干이 가장 영향을 많이 받는 것이다.

2) 격격을 정정하는 법法

① 월지月支의 지장간중地藏干中 투출된 것을 격격으로 삼는다.
② 월지月支의 지장간중地藏干中 투출된 것이 없을 때는 많은 것을 격격

으로 삼는다.(4~5개 이상)
③ 월지月支의 지장간중地藏干中 투출된 것도 없고 많은 것도 없을 경우는 월지月支의 육신六神을 격격으로 삼는다.
④ 기타 강한 것으로 합습과 국局, 신살神殺을 살펴서 격격으로 삼는다.

## 제3절 격국格局의 종류

내격內格은 정격定格, 즉 팔격八格을 말하며, 특별히 외격外格 및 별격別格을 이루지 아니한 것 중 대개는 이 내격內格에 속한다. 그러나 100명 중 1명 가량은 이에 속하지 않는 별난 경우도 있다.

### 1. 식신격食神格

■ 식신격食神格 : 월지장간月支藏干중 투출된 것이 식신食神이던지 월령月令이 식신食神이던가 또는 식신食神이 많은 경우.

(1) 제살격制殺格 : 칠살七殺을 식신이 억제할 때

(2) 식신생재격食神生財格 : 식신이 재재를 생할 때

(3) 식록격食祿格 : 식신이 시時에서 건록建祿이 있을 때

식신격

| 日柱 | 甲 | 乙 | 丙 | 丁 | 戊 | 己 | 庚 | 辛 | 壬 | 癸 |
|---|---|---|---|---|---|---|---|---|---|---|
| 生月支 | 巳 | 午<br>未<br>戌 | 寅申<br>辰戌 | 未<br>丑 | 申 | ◦酉<br>戌<br>丑 | 亥 | 辰<br>◦子<br>丑 | 寅 | ◦卯<br>辰<br>未 |
| 透干 | 丙 | 丁 | 戊 | 己 | 庚 | 辛 | 壬 | 癸 | 甲 | 乙 |

<예例> ① 丙丙戊辛    ② 壬癸乙丙
　　　申子戌亥    　戌卯未寅

## 2. 정재격正財格

■ 재백격財帛格 : 월지장간月支藏干중 투출된 것이 정재正財·편재偏財인 경우.

(1) 정재격正財格 : 월령月令이 정재正財이던가 정재正財가 많은 경우.

(2) 편재격偏財格 : 월령月令이 편재偏財이던가 편재偏財가 많은 경우.

① 재관격財官格 : 재財와 관성官星이 있을 때
② 재살격財殺格 : 재財와 칠살七殺이 있을 때
③ 시상일위時上一位편재격 : 편재가 시상時上에 있을 때
④ 재자약살격財慈弱殺格 : 재財가 약弱한 편관을 생할 때

### 정재격

| 日柱 | 甲 | 乙 | 丙 | 丁 | 戊 | 己 | 庚 | 辛 | 壬 | 癸 |
|---|---|---|---|---|---|---|---|---|---|---|
| 生月支 | 午未丑 | 寅申辰戌巳 | ◦酉戌丑 | 巳申 | 辰◦子丑 | 辛亥 | ◦卯辰未 | 寅亥 | 午未戌 | 寅巳 |
| 透干 | 己 | 戊 | 辛 | 庚 | 癸 | 壬 | 乙 | 甲 | 丁 | 丙 |

<예례> ① 丙 甲 己 庚    ② 戊 戊 丙 甲
　　　　寅 辰 丑 子　　　　午 辰 子 戌

※ ◦표는 불투不透라도 격격으로 취취할수 있음.

### 편재격

| 日柱 | 甲 | 乙 | 丙 | 丁 | 戊 | 己 | 庚 | 辛 | 壬 | 癸 |
|---|---|---|---|---|---|---|---|---|---|---|
| 生月支 | 辰申巳戌 | 午未丑 | 申 | ◦酉戌丑 | 申亥 | 辰◦子丑 | 寅亥 | ◦卯辰未 | 寅巳 | 午未戌 |
| 透干 | 戊 | 己 | 庚 | 辛 | 壬 | 癸 | 甲 | 乙 | 丙 | 丁 |

<예예> ① 丙 乙 己 癸    ② 戊 庚 丙 甲
       戌 卯 未 卯       寅 午 寅 子

## 3. 상관격傷官格

■ 상관격傷官格 : 월지장간月支藏干중 투출된 것이 상관傷官이던가 월령月令이 상관傷官이던가 상관傷官이 많은 경우.

(1) 상관패인격傷官佩印格 : 상관이 인수를 볼 때

(2) 상관생재격傷官生財格 : 상관이 재재를 생할 때

(3) 상관파진격傷官破盡格 : 삼합三合하여 상관이 될 때

### 상관격

| 日柱 | 甲 | 乙 | 丙 | 丁 | 戊 | 己 | 庚 | 辛 | 壬 | 癸 |
|---|---|---|---|---|---|---|---|---|---|---|
| 生月支 | 午未戌 | 寅巳 | ◦午未丑 | 寅申辰戌巳 | ◦酉戌丑 | 巳申 | 辰◦子丑 | 申亥 | ◦卯辰未 | 寅亥 |
| 透干 | 丁 | 丙 | 己 | 戊 | 辛 | 庚 | 癸 | 壬 | 乙 | 甲 |

<예예> ① 乙 丁 戊 己    ② 癸 庚 壬 辛
       巳 卯 辰 亥       未 申 辰 亥

## 4. 편관격偏官格

■ 칠살격七殺格(편관격偏官格) : 月支藏干중 투출된 것이 偏官이던가 月令이 偏官이던가 偏官이 많은 경우.

편관격

| 日柱 | 甲 | 乙 | 丙 | 丁 | 戊 | 己 | 庚 | 辛 | 壬 | 癸 |
|---|---|---|---|---|---|---|---|---|---|---|
| 生月支 | 巳申 | ※酉戌丑 | 申亥 | 辰※子丑 | 寅亥 | ※卯辰未 | 寅巳 | 午未戌 | 寅辰巳 | 午未丑 |
| 透干 | 庚 | 辛 | 壬 | 癸 | 甲 | 乙 | 丙 | 丁 | 戊 | 己 |

<예례> ① 癸 丁 丙 癸        ② 戊 壬 庚 壬
         卯 丑 辰 未           申 子 戌 午

## 5. 정관격正官格

■ 정관격正官格 : 월지장간月支藏干중 투출된 것이 정관正官이던가 월령月令이 정관이던가 정관正官이 많은 경우.

(1) 관살官殺혼잡격 : 정관과 편관이 있을 때

(2) 관인官印격 : 정관과 인수가 있을 때

(3) 재관쌍미격財官雙美格 : 정관과 재성이 있을 때

(4) 시상일위격時上一位貴格 : 정관이 시時에 있을 때

정관격

| 日柱 | 甲 | 乙 | 丙 | 丁 | 戊 | 己 | 庚 | 辛 | 壬 | 癸 |
|---|---|---|---|---|---|---|---|---|---|---|
| 生月支 | ※酉戌丑 | 巳申 | 辰※子丑 | 申亥 | ※卯辰未 | 寅亥 | 午申戌 | 寅巳 | 午未丑 | 寅申辰戌巳 |
| 透干 | 辛 | 庚 | 癸 | 壬 | 乙 | 甲 | 丁 | 丙 | 己 | 戊 |

<예례> ① 壬 癸 戊 辛        ② 癸 丙 丙 甲
         子 未 戌 丑           巳 申 子 辰

## 6. 인수격印綬格(정인격正印格)

■ 인수격印綬格 : 월지장간月支藏干 중 투출된 것이 정인正印・편인偏印이던가 월령月令이 인수印綬이던가 인수印綬가 많은 경우.

(1) 관인격官印格 : 인수와 정관성이 있을 때

(2) 살인격殺印格 : 인수와 칠살七殺이 있을 때

### 정인격

| 日柱 | 甲 | 乙 | 丙 | 丁 | 戊 | 己 | 庚 | 辛 | 壬 | 癸 |
|---|---|---|---|---|---|---|---|---|---|---|
| 生月支 | 辰 ◦子 丑 | 丙 亥 | ◦卯 辰 未 | 寅 亥 | ◦午 未 戌 | 寅 巳 | 午 未 丑 | 巳辰 戌申 寅 | ◦酉 戌 丑 | 巳 申 |
| 透干 | 癸 | 壬 | 乙 | 甲 | 丁 | 丙 | 己 | 戊 | 辛 | 庚 |

<예제> ① 戊 丙 乙 辛      ② 壬 辛 戊 乙
　　　　戌 寅 未 卯         辰 丑 辰 未

## 7. 편인격偏印格

### 편인격

| 日柱 | 甲 | 乙 | 丙 | 丁 | 戊 | 己 | 庚 | 辛 | 壬 | 癸 |
|---|---|---|---|---|---|---|---|---|---|---|
| 生月支 | 申 ◦亥 | 辰 ◦子 丑 | 寅 亥 | ◦卯 辰 未 | 寅 | 未 戌 | 寅巳 辰戌 | 午 未 丑 | 巳 申 | ◦酉 戌 丑 |
| 透干 | 壬 | 癸 | 甲 | 乙 | 丙 | 丁 | 戊 | 己 | 庚 | 辛 |

<예제> ① 己 丁 丁 己      ② 戊 庚 戊 乙
　　　　酉 未 卯 亥         寅 辰 寅 丑

※ ◉표는 불투不透라도 격격으로 취취할 수 있음.

## 8. 건록격建祿格

■ 건록격建祿格 : 월지장간月支藏干중 투출된 것이 건록建祿이던가 월령月令이 건록建祿이던가 건록建祿이 많은 경우.

건록표

| 일간<br>日干 | 갑甲 | 을乙 | 병丙 | 정丁 | 무戊 | 기己 | 경庚 | 신辛 | 임壬 | 계癸 |
|---|---|---|---|---|---|---|---|---|---|---|
| 建祿<br>건록 | 인寅 | 묘卯 | 사巳 | 오午 | 사巳 | 오午 | 신申 | 유酉 | 해亥 | 자子 |

즉, 월지月支가 일간日干의 정록正祿

| 갑일甲日 | 인월寅月 |
| 을일乙日 | 묘월卯月 |
| 병일丙日 | 사월巳月 |
| 정일丁日 | 오월午月 |
| 무일戊日 | 사월巳月 |
| 기일己日 | 오월午月 |
| 경일庚日 | 신월申月 |
| 신일辛日 | 유월酉月 |
| 임일壬日 | 해월亥月 |
| 계일癸日 | 자월子月 |

※ 사주四柱에 재관인식財官印食의 배합配合이 양호良好하면 반드시 부귀富貴하는 운명이다.

<예例> ① 癸 丙 乙 丁      ② 癸 甲 庚 丙
　　　　　巳 辰 巳 丑　　　　　酉 戌 寅 辰

## 9. 양인격羊刃格

■ 양인격羊刃格 : 월지장간月支藏干중 투출된 것이 양인羊刃이던가 월령月令이 양인羊刃이던가 양인이 많은 경우.

양인표

| 일간<br>日干 | 갑甲 | 을乙 | 병丙 | 정丁 | 무戊 | 기己 | 경庚 | 신辛 | 임壬 | 계癸 |
|---|---|---|---|---|---|---|---|---|---|---|
| 양인<br>羊刃 | 묘卯 | 진辰 | 오午 | 미未 | 오午 | 미未 | 유酉 | 술戌 | 자子 | 축丑 |

즉, 월인격月刃格, 월겁月劫(양간陽干에만 적용)

  甲日  卯月
  丙日  午月
  戊日  午月
  庚日  酉月
  壬日  子月

※ 사주四柱에 다재多財·살殺이면 부귀富貴를 누린다.
  만약에 인수印綬가 많으면 하명下命이다.

  <예例> ① 丁 癸 辛 丁  ② 辛 甲 己 庚
      巳 卯 亥 亥   未 子 卯 辰

## 10. 종격從格

종격從格은 일간日干이 쇠약하여 근근이 없고 타他육신 한가지로 세력이 강할 때 그 세력에 쫓아 격을 이룬다. 종오행운從五行運이나 생조生助하는 운운은 길吉하다. 다시 말하면, 종격은 일간이 오직 상대의 세력을 따라 무력해지는 것이 최상의 살길이고 목표이며, 일간을 생조하는 오행은 흉하다.

| 일간 | 강성强星 | 용신 | 기신 |
|---|---|---|---|
| 木 | 火 | 火木 | 水金土 |
| 火 | 土 | 土火 | 木水金 |
| 土 | 金 | 金土 | 火木水 |
| 金 | 水 | 水金 | 土火木 |
| 水 | 木 | 木水 | 金土火 |

종격

| 從格의 종류 | 사주의 구성 | 용신 | 忌神 |
|---|---|---|---|
| 從財格 | 財로 구성. 富戶<br>食傷이 있으면 大發 | 財官<br>食傷 | 比劫<br>印綬 |
| 從官殺格 | 官殺로 구성. 권력가. 재운이나<br>관성운 大發 | 官<br>財 | 比劫<br>印綬<br>傷官 |
| 從兒格 | 食傷으로 구성.<br>자녀·교육·종교·봉사직 | 食傷<br>財官 | 比劫<br>印綬 |
| 從强格 | 印星이나 比劫으로 구성.<br>체육인, 걸물, 인기인. | 比劫<br>印綬 | 官<br>財 |
| 從旺格 | 인수로 구성<br>체육인, 종교인, 학자, 예술가. | 引水<br>比劫 | 官<br>財 |

※ 양간陽干은 비겁比劫, 인수印綬가 하나 있어도 종從하지 않는다.
음간陰干은 비겁比劫, 인수印綬가 하나 있어도 종從한다.

**(1) 종재격從財格**

사주의 대부분이 재국財局을 이루고 있다.

－남자 : 처가살이, 부자집 데릴사위로 처덕을 보고
－여자 : 돈밖에 모른다.
　　　　재운이나 식상운이 좋다. 비겁·인수운에는 나쁘다.

(2) **종관살격 從官殺格**

이는 종관격從官格과 종살격從殺格으로 세분할 수 있다.

### 가. 종관격

사주四柱의 대부분이 정관正官으로 구성

관록이 좋고, 복종심이 있어 효자, 충신, 모범생이다.
아들을 낳은 후 좋다.
관살운이나 재운이 좋다. 비겁과 식상은 나쁘다.

### 나. 종살격

사주四柱가 대부분 편관으로 구성

- 남자 : 권세가의 심복, 무관으로 출세
- 여자 : 권력가의 부인, 부자집 재처, 첩살이로 호강한다.
  결혼한 후 좋다.

(3) **종아격 從兒格**

사주四柱의 대부분이 식상食傷으로 구성되어 고아원, 양로원, 육영사업, 접객업, 교사, 종교인, 자선사업가 등.

- 양녀를 삼으면 좋다.
- 식상운이나 비겁운이 좋다.

(4) **종강격 從强格**

사주四柱의 대부분이 인성印星이나 비겁比劫으로 구성되어 체육인, 사업가, 걸물.

- 의형제를 얻으면 좋다.
- 비겁운이나 인수운 좋다.
- 재운, 관운이 나쁘다.

### (5) 종왕격從旺格

사주四柱의 대부분이 인수印綬로 구성되어 남으로부터 받들어 추앙 받는 경우로 정치가, 임금, 종교인, 학자, 예술가 등.

- 양엄마를 얻으면 좋다.
- 인수운이나 비겁운이 좋다.
- 재운, 관운이 나쁘다.
- 종왕격이 파격이면 남의 재산을 뜯어먹고 사는 사기꾼이나 거지 팔자

<예예>

(종재격從財格)

① 己 丙 乙 庚　　② 辛 丁 辛 戊
　丑 申 酉 戌　　　丑 巳 酉 申

(종관살격從官殺格)

① 乙 乙 辛 戊　　② 辛 甲 辛 戊
　酉 酉 酉 戌　　　未 申 酉 戌

(종아격從兒格)

① 丙 癸 壬 丁　　② 壬 乙 丙 丁
　辰 卯 寅 卯　　　午 巳 五 丑

(종강격從强格)

① 甲 甲 癸 壬　　② 辛 壬 辛 壬
　子 子 卯 子　　　丑 子 亥 寅

(從旺格종왕격)

① 乙 甲 乙 癸　　② 乙 甲 壬 丁
　亥 寅 卯 卯　　　亥 子 子 亥

## 11. 화기격化氣格

일간日干이 간합오행干合五行과 동일同一한 계절季節에 출생出生. 즉 일간日干이 생월生月 또는 생시生時와 간합干合되고 생월지生月支가 합화오행合化五行과 같을 때 (단, 투합되면 파격이다.)

화격은 기신이나 용신이 고정되어 있다.

| 간합 | 化五行 | 용·희신 | 기·구신 |
|---|---|---|---|
| 甲己 | 土 | 土火金 | 木水 |
| 乙庚 | 金 | 金土水 | 火木 |
| 丙辛 | 水 | 水金土 | 土火 |
| 丁壬 | 木 | 木水金 | 金土 |
| 戊癸 | 火 | 火木土 | 水金 |

### 화기격

| 구 분 | 出生時 | 用神 | 忌神 |
|---|---|---|---|
| 甲己化土格 | 甲日己月時 己日甲月時 (토)월 出生 | 土火 | 木水 |
| 乙庚化金格 | 乙日庚月時 庚日乙月時 (금)월 出生 | 金土 | 火 |
| 丙辛化水格 | 丙日辛月時 辛日丙月時 (水)월 出生 | 水金 | 土 |
| 丁壬合木格 | 丁日壬月時 壬日丁月時 (木)월 出生 | 木水 | 金 |
| 戊癸合火格 | 戊日癸月時 癸日戊月時 (火)월 出生 | 火木 | 水 |

※ 화오행化五行을 극剋하는 운運은 나쁘고, 다시 운運에서 합合하는 것도 나쁘다.

<예례>

　　(화토격화토格)

　　① 己 辛 戊 己
　　　 巳 辰 辰 丑

　　② 己 辛 壬 戊
　　　 巳 辰 戌 辰

　　(화금격화금格)

　　① 庚 乙 癸 甲
　　　 辰 丑 酉 申

　　② 乙 庚 辛 癸
　　　 酉 申 酉 丑

(화수격化水格)

① 壬 申 丙 甲　　② 壬 申 丙 甲
　 辰 丑 子 辰　　　 辰 酉 子 申

(화목격化木格)

① 癸 壬 丁 己　　② 丙 丁 壬 壬
　 卯 午 卯 酉　　　 午 卯 寅 辰

(화화격化火格)

① 甲 癸 戊 丙　　② 癸 戊 甲 丙
　 寅 巳 戌 戌　　　 丑 申 午 寅

## 12. 일행득기격一行得氣格

일간日干과 같은 한가지 오행五行으로 월지月支가 삼합三合이나 방국方局이다. 즉, 일간日干의 오행五行이 방국方局이나 삼합三合 합국合局하여 동일 오행五行을 이룬 것으로 관살 및 재성이 없어야 진격眞格이다.

일행득기격은 만약 일간 오행이 금金이라면 금운金運이 오면 길하고, 금金을 극하는 화火운이 오면 흉凶하다. 또한 일간을 형충파해刑沖破害함도 불길하다.

- 인수, 비겁, 식상 길吉하고 재관운財官運에 불길不吉

| 격국명 | 일간 | 득기 | 용신 | 기신 |
|---|---|---|---|---|
| 곡직인수격 | 木 | 寅卯辰<br>亥卯未 | 木 | 金 |
| 염상격 | 火 | 巳午未<br>寅午戌 | 火 | 水 |
| 가색격 | 土 | 辰戌<br>丑未 | 土 | 木 |
| 종혁격 | 金 | 申酉戌<br>巳酉丑 | 金 | 火 |
| 윤하격 | 水 | 亥子丑<br>申子辰 | 水 | 土 |

## 일행득기격

| 구 분 | 日干五行 | 用神 | 忌神 |
|---|---|---|---|
| 仁壽曲直格 | 甲乙木日生 → 寅卯辰 亥卯未 | 木 | 金土 |
| 炎上曲直格 | 丙丁火日生 → 巳午未 寅午戌 | 火 | 水金 |
| 稼穡曲直格 | 戊己日生 → 辰戌丑未 | 土 | 木水 |
| 從革曲直格 | 庚辛金日生 → 申酉戌 巳酉丑 | 金 | 火木 |
| 潤下曲直格 | 壬癸日生 → 亥子丑 申子辰 | 水 | 土火 |

&lt;예례&gt;

(인수격仁壽格)

① 甲 甲 癸 壬　　② 丙 甲 丁 甲
　 子 辰 卯 寅　　　 寅 辰 卯 寅

(염상격炎上格)

① 辛 丙 丙 丙　　② 乙 丙 丙 丁
　 酉 戌 寅 午　　　 未 寅 午 巳

(가색격稼穡格)

① 癸 戊 己 戊　　② 戊 己 己 戊
　 丑 辰 未 戌　　　 辰 未 未 辰

(從革格종혁격)

① 乙 庚 辛 戊　　② 辛 庚 戊 辛
　 酉 戌 酉 申　　　 巳 申 戌 酉

(潤下格윤하격)

① 庚 壬 壬 壬　　② 癸 癸 庚 辛
　 子 辰 子 申　　　 丑 丑 子 亥

## 13. 양신성가격兩神成家格(양기성가격兩氣成家格)

오행五行중 상생相生하는 오행五行이 사주四柱의 양오兩午와 양지兩支를 각각 차지하고 있는 것으로 상극相剋되는 오행五行으로 구성되어 있는 사주四柱는 성립되지 않는다.

(1) 수목상생격水木相生格 : 水木이 사주干支를 이루었을 때

(2) 목화상생격木火相生格 : 木火가 사주干支를 이루었을 때

(3) 화토상생격火土相生格 : 火土가 사주干支를 이루었을 때

(4) 토금상생격土金相生格 : 土金이 사주干支를 이루었을 때

(5) 금수상성격金水相成格 : 金水가 사주干支를 이루었을 때

(6) 목토상성격木土相成格 : 木土가 사주干支를 이루었을 때

(7) 토화상생격土火相生格 : 土火가 사주干支를 이루었을 때

(8) 수화상생격水火相生格 : 水火가 사수十支를 이루었을 때

(9) 화금상생격火金相生格 : 火金이 사주干支를 이루었을 때

(10) 금목상생격金木相生格 : 金木이 사주干支를 이루었을 때

<예例>

① 乙 癸 甲 癸　② 甲 丙 乙 丁　③ 己 戊 丙 丁
　卯 亥 寅 亥　　　午 寅 巳 卯　　　未 辰 午 巳

④ 辛 己 辛 己　⑤ 辛 癸 庚 癸　⑥ 戊 乙 甲 己
　未 酉 未 酉　　　酉 亥 申 亥　　　寅 丑 戌 卯

⑦ 壬 戊 癸 戊　⑧ 丁 癸 丙 壬　⑨ 丁 丙 辛 庚
　子 戌 亥 辰　　　巳 亥 午 子　　　酉 申 巳 午

⑩ 甲 乙 辛 庚
　申 酉 卯 寅

## 14. 암충격暗沖格(충관격沖官格 · 비천녹마격飛天祿馬格)

　관官이 팔자八字에 없는 것으로 대운大運에서도 만나지 말아야 한다. 팔자에 관官도 인수印綬도 재財도 없는 것이 지나쳐서 지극할 때 다른 것을 가져온다.
　① 병오일생丙午日生 — 午多沖子하고 관살官殺이 없을 것
　② 정사일생丁巳日生 — 巳多沖亥하고 관살官殺이 없을 것
　③ 경자일생庚子日生 — 子多沖午하고 관살官殺이 없을 것
　④ 임자일생壬子日生 — 子多沖午하고 정관正官이 없을 것
　⑤ 신해일생辛亥日生 — 亥多沖巳하고 관살官殺이 없을 것
　⑥ 계해일생癸亥日生 — 亥多沖巳하고 정관正官이 없을 것
　⑦ 경축일생庚丑日生 — 申子辰이 완전하고 命中에 관성官星이 없고 대운大運에도 관성官星이 보이지 않을 때 충관격沖官格이라 한다.

<예례>

① 己 丙 庚 甲　② 乙 丁 甲 丙
　丑 午 午 午　　巳 巳 午 午

③ 壬 壬 壬 壬　④ 癸 癸 己 辛
　寅 子 子 子　　亥 亥 亥 卯

# 제20장
# 조후론 연구

命理學原理大全

제1절 오행과 조후
제2절 조후와 십간론
제3절 지지론

# 제20장 조후론調候論 연구

# 제1절 오행과 조후

## 1. 논목論木 : 나무를 논하다

목木은 삼천지세參天之勢가 있어 위로 오르기만 하여 그칠줄을 모른다. 기氣가 너무 강하면 금金으로서 자르고 다듬어 억제해야 좋다. 따라서 금金을 보면 다듬어져서 재목이 되니 쓸모있는 나무가 되는 것이다. 토土가 중중함을 좋아하니 뿌리가 튼튼해야 나무가 장실하고 반대로 토土가 적고 가지만 무성하면 뿌리가 뽑혀 쓰러질 염려가 있다.

목木은 수水가 생생하여 주니 물이 적으면 나무가 자랄 수 없고, 물이 많으면 떠내려간다.

갑술甲戌, 을해乙亥는 목木의 근원이고
갑인甲寅, 을묘乙卯는 목木의 고향이며 ┐ 활목活木
갑진甲辰, 을사乙巳는 목木의 생지生地이다. ┘

갑신甲申, 을유乙酉는 목木이 극克을 받고
갑오甲午, 을미乙未는 목木이 죽고 ┐ 사목死木
갑자甲子, 을축乙丑은 금金에게 극을 받는다. ┘

생목生木은 화火가 있어야 수기秀氣를 발한다. 즉 병정화丙丁火가 있어야 좋으며 사목死木은 금金을 만나 다듬어져야 성물成物이 되니 경신금庚辛金이 있어야 좋다.

생목生木은 금金을 보면 스스로 상하고 사목死木은 화火를 보면 불에 타버린다.
금목金木이 세력이 동등하면 금金으로 목木을 깎아 수레바퀴를 만든다. 그러나 금金이 중하면 도끼로 상할까 두렵다.

### 1) 춘목春木

목木이 봄에 나면 추운 기운이 아직 남아있으니 화火로써 따뜻하게 해주어야 좋다. 이렇게 되면 목木이 웅크리고 위축되는 염려가 없다. 수水가 있으면 뻗어 나가게 하는 작용을 하고, 초춘春初에는 수水가 성盛함을 꺼린다. 너무 냉습하여 뿌리가 썩고 잎이 마른다.

춘목春木은 건조한 때이니 물이 너무 없어도 잎이 시들고 뿌리가 튼튼하지 못하니 수화水火가 같이 있어야 좋다.

토土가 중重함을 꺼리니 잘라지는 걱정이 있어 일생동안 분주하고 기氣를 펴지 못한다. 목木이 왕旺하면 금金을 얻어 그릇을 이루니 귀貴하게 된다.

### 2) 하목夏木

여름의 목木은 화火가 왕旺하면 잎이 시들고 뿌리가 건조하다. 물을 얻으면 왕성하게 자라서 움츠리고 시들었던 잎과 가지가 펴지고, 화火가 지나치면 가뭄에 타버린다.

토土는 적어야 좋고 많으면 재화를 초래한다. 금金이 많음을 꺼리고, 부족해서도 안되니 부족하면 나무를 다듬을 수가 없다. 목木이 중중重重하면 숲을 이루어 겉으로만 무성하니 종내 결과가 없다. 수水가 있고 화火가 투출하면 목화통명木火通明이니 총명하고 수기秀氣가 있다.

### 3) 추목秋木

가을이 되면 나무의 잎이 떨어지고, 기후가 냉랭하여 기운이 뿌리로 돌아간다.

초初가을에는 아직 화火기가 남아 있으므로 수토水土가 있어야 씨앗을 여물게 하며 중추仲秋에는 열매가 여물었으니 금金을 보아 거두고 깎아주어야 하며 상강霜降이 지나면 수水가 많음을 꺼리니 나무가 떠내려갈 염려가 있다. 한로寒露 이후에는 화火를 얻어서 얼어붙는 근심을 없애고 토중土重함을 꺼리니 토가 많으면 목木이 제구실을 못하게 된다.

금金이 중중하면 화火로서 억제하고 보호해 주어야 한다.

### 4) 동목冬木

겨울엔 춥고 수성水盛하니 불로써 한기를 없애주고 토土로써 물을 막아 나무가 떠내려가는 근심을 없애고, 금金이 중중하면 냉기를 더하여 좋지 않고 젖은 나무이니 불로써 말린 후에 금金으로 깎아야 한다.

금金이 없으면 귀貴할 수 없고 화火가 없으면 부富할 수 없다.

## 2. 논화論火 : 불을 논하다

화火는 열과 광명(빛)을 가지고 있으니 목木으로 체體를 삼는다. 화火가 여름을 만나야 뿌리가 있고 빛과 열은 오래가지 못하니 숨겨져 있어야 길게 간다. 나무가 타버리면 잠시지만 화롯불이나 숯불과 같으면 오래 간직되는 것이다. 이렇게 되면 밝지는 않아도 오래간다.

목木이 없으면 불길이 오래가지 못하고 수水가 있어야 치열한 불길을 억제할 수 있으며 화火만 많으면 타 없어지니 건실하지 못하고 물건을 상한다. 목木은 화기火氣를 숨겨가지고 있어서 인묘진寅卯辰 동방東方에서는 화火를 생생하고 서쪽으로 가면 불이 꺼진다. 남쪽에선 화火가 왕성하여 과단성이 없고 수水를 보면 소심小心하고 물을 겁내어 조심하고 예의만 지킨다.

금金을 얻어 그릇을 만들고 수水와 조화되면 기제旣濟의 공이 있고 토土를 만나면 빛이 흐리고 토土가 많으면 움츠려들게 된다. 목木을 만나 왕기旺氣를 얻으면 발전하고 목木이 약하면 불길이 오래가지 못하니 비록 영화가 있어도 오래가지 못한다.

춘절春節에는 목木을 보면 꺼리게 되니 스스로 타버릴까 걱정하게 되고, 하절夏節에는 토土를 꺼리니 빛이 흐려짐을 막기 위함이며, 가을에는 금金을 꺼리니 왕금旺金을 능히 다루기 어려움이요, 겨울에는 수水를 꺼리니 수왕水旺하면 불이 꺼지기 때문이다.

그러므로 춘화春火는 밝되 너무 염열炎烈하지 않아야 하고, 추화秋火는 감추어져 너무 밝지 않아야 좋고, 동화冬火는 생조生助되어야 꺼질 염려가 없게 된다.

### 1) 춘화春火

봄에 낳으면 모母가 왕旺하여 불길이 솟아오르는 상이다.

목木으로 부조扶助함이 좋으나 지나치게 왕성하면 모왕자쇠母旺子衰하여 좋지 않다. 왕旺하면 수水로써 식혀주면 좋고 토土가 많으면 불빛이 흐려져서 좋지 않고, 화火가 지나치게 왕旺하면 물건을 상하게 하고 스스로 타버린다. 금金을 보면 녹여서 그릇을 얻고 화火가 왕旺하더라도 나쁘지 않은 것이다.

### 2) 하화夏火

여름의 화火는 때를 만나 불길이 치솟으니 수水를 보아야 자분自焚의 화禍를 면하고 목木을 보면 더욱 불길이 세어지니 요절夭折을 면하기 어렵다. 금金을 보아야 양공良工을 얻은 것이 되고 토土를 보면 만물을 길러주니 좋다.

금토金土가 좋다하나 수水가 없으면 금金은 녹고 토土는 타버리게 되니 더욱 목木이 가세하면 위험하다.

### 3) 추화秋火

가을의 화火는 성질과 체상體象이 휴수되니 목木을 보아야 다시 광명을 얻고 살아난다. 수水를 보면 불이 꺼지는 것을 면할 수 없고 토土가 많아도 약한 불빛이 흐려지게 된다. 금다金多하면 화火가 무력해지니 화火가 있어야 빛이 나고 거듭 만나도 이로게 된다.

### 4) 동화冬火

겨울의 화火는 체체가 끊어지고 형이 없어지니 목木이 생생하여주면 회생回生한다. 수水를 보면 불씨가 완전히 꺼지게 되고 토土가 억제하여 주면 좋다. 화火가 있으면 동기간의 구원을 받은 것이 되어 좋으나 금金을보면 약한 불이 금재성金財星을 감당할 수 없게 된다.

불씨만 겨우 남은 것이 되어 기름을 붓고 나무를 넣어 불을 일으켜야 하니 목木을 제일 기뻐하는 것이다.

## 3. 논토論土 : 흙을 논하다

오행중五行中의 토土(무기진술축미戊己辰戌丑未)는 계절과 계절을 이어주는 매개체로서 사방四方에 산재하여 뻗쳐있다. 목화금수木火金水가 토土에 의하여 상象을 이루고 유지되는 것이다. 따라서 사시四時에 모두 좋고 나쁜 영향을 미친다.

화火는 토土를 생생生生하고 토土는 화火를 의지하여 생생生生하니 화火가 사사死하면 토土도 약해진다. 즉 유금酉金에서 화火는 사사死에 해당하니 토土역시 수수囚하게 되며 토土가 수재水財를 기뻐하나 수왕水旺하면 오히려 토土가 무너지게 된다.

사유四維의 토土는 춘하春夏에 기왕氣旺하면 실실實하게 되고 추동秋冬에 기약氣弱하면 허허虛하게 된다. 토土가 금화金火를 보면 큰그릇을 이루고 토土가 너무 중중重重하여도 막히어 귀귀貴할 수 없고 허약하여도 무능하니 다 꺼리는 바다.

중국대륙을 통치하다가 국공내전國共內戰으로 모택동毛澤東에게 대륙을 내주고 대만으로 퇴각하여 대만의 총통이 된 장개석將介石의 명명命은 추금秋金에 토왕土旺하나 양쪽 경금庚金에 설기가 지나치므로 사오미巳午未 남방화지南方火地에서 공명功名을 한 것이다.

庚 己 庚 丁<br>午 巳 戌 亥

토土는 전왕專旺되는 때가 있으니 진술축미辰戌丑未에 기왕奇旺한다.

또한 사계절에 18일씩 왕왕旺하니 사계지신四季之神을 따라 음양을 가른다. 진술辰戌은 양지陽支이니 무토戊土가 되고 축미丑未는 음토陰土이니 기토己土로써 지장간에 따라 독특한 작용을 한다.

진辰은 수水의 묘고墓庫가 되고 미未는 목木의 묘고墓庫가 되니 「복수목복水木」이라 한다. 또한 진辰에는 을목乙木의 여기餘氣가 있고 미未에는 정화丁火를 감추고 있으니 하화夏火의 여기餘氣가 있다. 진辰은 수목水木에 의지하고 미未는 목화木火에 의지한다.

진미辰未의 토土는 만물萬物을 길러주는 작용을 한다. 즉 춘하春夏의 역할이며, 술토戌土는 화火의 묘고墓庫가 되며 축丑은 금金의 묘고墓庫가 된다. 술戌은 신금辛金을 감추니 가을의 여기餘氣가 되며 축丑에는 계수癸水를 감추니 겨울의 여기가 된다. 그러므로 진미辰未의 토土는 만물萬物을 길러주는 역할이요 술축戌丑의 토土는 숙살지기肅殺之氣요 거두어 간직하는 역할을 한다.

따라서 토土는 진미辰未에 모이면 귀귀貴하고 술축戌丑은 그렇지 못하다. 토土는 후중厚重하여 장수하는 경우가 많고 대실大實하면 수水가 없어야 좋고 조조燥하면 화火를 보지 말아야 한다.

목木이 없으면 소통疏通이 되지 않고 화다火多하면 불에 타고 여명女命의 경우 자식을 기르지 못한다. 사계四季에 토土가 왕왕旺하나 술戌에서 약하니 술戌

이 많으면 싸움을 좋아하고 잠이 많다. 진미월辰未月에 출생出生하면 음식을 잘 먹고 축월생丑月生은 청성淸省하다. 축토丑土는 간토艮土로서 계수癸水가 기름지게 하기 때문이다.

### 1) 춘토春土

봄에는 토土가 약하여 화火로써 생부生扶하여야 한다. 따라서 목木이 왕旺함을 꺼리고 수水가 넘치는 것을 두려워한다. 이럴 때에는 같은 토土가 도와줌을 기뻐하고 금金을 얻으면 목木을 억제하여 주니 좋다. 그러나 금金이 태과太過하면 토기土氣가 약해지니 좋지 않은 것이다. 이럴 때는 화火로써 금金을 억제하는 한편 토土를 생生해 주어야 좋은 것이다.

목기木氣가 왕旺하면 금金으로 목木을 억제하는 것이 시급하고 다음에 화火로써 도와주는 것이 순서이다.

### 2) 하토夏土

여름에 화왕火旺한데 토土가 생부生扶된 것은 좋으나 건조하고 메마르니 수水로써 적시어주는 것이 시급하고, 화왕火旺하여 토土를 갈라지게 하는 것을 꺼린다. 목木을 보면 화세火勢를 더하니 좋지 않고 수水를보면 지장이 없다. 금金이 있어 수水를 생生하면 처재수궁妻財水宮이 이롭게 된다. 비견, 겁재가 많으면 토土는 막히게 되니 이때 목木으로 소통시킴이 좋은 것이다. 목木을 쓰는 데에는 수水가 있어야 좋다. 그렇지 않으면 목木이 화火를 생生하여 극토克土의 역할을 못하기 때문이다.

### 3) 추토秋土

가을엔 금신金神이 왕旺하니 금다金多하면 토기土氣를 설기泄氣하여 토土가 허해진다.(자왕모쇠子旺母衰) 금金이 왕旺하면 화火로써 제복制伏함을 기뻐하는데 이를 토금상관패인土金傷官佩印이라 한다. 목木이 왕성하면 금金으로 억제하여야 좋고 화火가 중重해도 꺼리지 않음은 금金을 극하고 토土를 생하기 때문이다.

수水가 많으면 냉습한 토土가 되어 나쁘고 비견성이 많으면 도움을 얻어 재財를 감당한다. 상강절霜降節에는 비견이 없어도 무방한 것은 토왕지土旺地이기 때문이다.

### 4) 동토冬土

겨울의 흙은 외한外寒하고 내온內溫하다. 수왕水旺하면 재財財가 풍성하나 신강身强해야 하고, 금金이 많으면 자식이 빼어났으며 화왕火旺하면 신주고강身柱高强하여 영화가 있고 이때는 목木을 보아도 무방하다. 비겁이 있으면 신주가 힘을 얻어 장수한다.

## 4. 금논金論 : 금을 논하다

금金은 외음내양外陰內陽이니 매우 굳은 성질이 있고, 타 오행五行과 독특하여 화火가 있어야 성기成器할 수 있다.

금金이 많고 화火가 경輕하면 행하는 일에 장애가 많고, 금金이 경輕하고 화火가 중重하면 녹아 없어지게 된다. 금중金重하고 화火도 강하면 가장 좋은 명식命式이 되는데 이를「주인鑄印」이라고 한다. 축丑은 금金의 묘고墓庫가 되니「손모損模」라 한다..

목화木火가 연금煉金하되 경금庚金이면 공명을 이루고 순금純金이 수水를 만나면 부자富者가 되고 현달하여 좋으나 수왕水旺하면 금金이 물에 갈아 앉으니 나쁘다. 토土가 능히 금金을 생生하나 토土가 많으면 묻히게되고(토다금매土多金埋), 수水가 없으면 건고乾枯하며, 토土가 없어도 금金이 사절死絶되어 불리하고, 양금兩金과 양화兩火가 제일 좋고, 양금兩金과 양목兩木이면 재財財가 족足하고 일금一金에 삼수三水면 힘이 부족하여 수水를 꺼리고, 일금一金이 삼목三木을 보면 금이 무디어져 손해를 초래하고, 금金이 성盛하면 화火는 약하니 미未가 있으면 그릇을 이루고, 대운이 서북으로 흐르는 것이 기쁘고 남방은 불리하다.

### 1) 춘금春金

정월正月의 경금庚金이 절지絶地에 이르니 이때는 반드시 토土가 있어 생生하여 주면 약한 중에 다시 생生하는 상이니 토土가 있어야하나 토土가 약하고 목왕木旺하면 목木이 토土를 극하여 약해진 토土는 금金을 생生할 수 없다. 토土가 있어도 냉하니 화火가 있어 냉기를 풀어주며 토土를 생生하는 한편 금金

을 따뜻하게 하여 주므로 화火가 제일 중요한 소용신所用神이다.

특히 병화丙火가 좋고 토土가 중重하면 금金이 묻히니 꺼리고 이때에는 갑목甲木으로 소토疏土하여야 좋으므로 병화갑목丙火甲木이 투출하면 좋은 명식이 된다.

혹 주중柱中에 토다土多하고 갑목甲木이 투출하면 귀貴하게 되고 갑목甲木이 감추어지면 부富하나 경庚이 다시 투출하면 재財를 상하여 좋지않다.

또는 정화丁火가 투출하고 무기토戊己土가 도우며 수水가 없으면 부귀한다. 왜냐하면 인중갑목寅中甲木이 정화丁火의 근根이 되는데 수水가 없으면 정화丁火관성을 극하지 않으니 관성이 유기有氣하여 재왕생관財旺生官하니 부귀하다 말하는 것이다.

화火가 많으면 금金이 약하니 토土를 사용하여 도와 주어야 한다. 혹 지지地支에 화국火局을 이루어 임수壬水가 투출하고 근根이 있으면 관살 화火를 수水가 제압하니 부귀하는 명식이다.

수水가 약하면 잔병이 많고 평생 예상불측豫想不測의 재화災禍가 있다.

### 2) 하금夏金

하절夏節의 금金은 유약하므로 사절死絶됨을 매우 꺼린다. 화火가 성盛하여도 수水가 많을 때에는 나쁘지 않다. 목木을 보면 조귀助鬼하므로 몸을 상하고 이럴 때 비겁比劫이 있으면 좋다. 토土가 약하면 유용하게 쓸 수 있으나 토土가 지나친 즉 매몰埋沒되어 빛을 잃는다.

### 3) 추금秋金

가을의 금金은 득령得令하였으니 화火로써 단련하여야 그릇을 이루고 종鍾이나 솥 등의 성물成物을 이룬다.

토중土重하면 도리어 금金을 탁하게 하고 무디어지게 만든다. 수水를 보면 수기秀氣를 발하여 예리한 금金이 되고 목木을 보면 깎고 다듬는 위세를 보여준다. 다시 금金이 도우면 과강하여 결단력이 있으나 지나치면 도리어 쇠衰해진다.

### 4) 동금冬金

동월冬月의 금金을 한랭寒冷하여 목木이 많으면 다듬고 깎지를 못하며, 수水가 왕旺하면 금金이 물에 빠질 근심이 있고 이때에 토土가 있으면 능히 수水를 억제하여 금金을 감싸주므로 냉冷을 풀고 화火가 도우면 토모土母가 도움을 얻어 좋다.

비・겁이 있으면 기세를 도와주고 관인官印을 함께 보는 것이 좋다.

## 5. 논수論水 : 물을 논하다

하늘이 서북西北(약 23.5도)으로 기울어지니 해亥가 출수지出水地요 진辰은 입수지入水地이다. 역류逆流되어 신申에 이르면 소리를 내고 수水는 아래로 흐르는 성격이니 서방西方은 역류하는 것이 된다. 12신神에 따라 순행하면 유용有用하니 도량이 넓고 길신이 도와주면 귀격貴格이다. 12지支를 역행하면 소리가 나고 격식이 좋으면 청귀淸貴하여 이름이 널리 퍼진다. 형刑・충沖을 꺼리는 것은 횡류橫流될까 걱정되는 것이다.

수水는 근원根源이 끊어지지 않아야 하니 금金이 근원이 되어 오래도록 멀리 흐르게 된다. 수水가 넘쳐서 흐르면 토土로써 제방을 삼아야 하고 수화水火가 균등均等하면 기제旣濟의 공이 있다. 수토水土가 혼탁하면 물이 흐려져서 흉하고 화다火多한 것도 꺼리는 바다. 화다火多하면 수水가 증발하기 때문이다.

토중土重함도 꺼리는데 물이 흐르지 못하기 때문이요, 금金이 사死한 상도 불리하니 수水가 이로 인하여 근원이 약해지기 때문이다. 목木이 왕旺하면 설기당하여 수水가 힘을 쓰지 못하여 좋지 않다.

수명水命이 동요하면 물이 넘치는 상이니 여자의 경우 더욱 꺼리고 양수陽水는 신약身弱이면 궁색하나 여음수女陰水는 약해야 귀貴하게 된다.

### 1) 춘수春水

수水가 춘월春月에 생生하면 도도하고 방탕하며 다시 수水를 보면 제방을 무너뜨릴 기세가 되고 그러나 토土가 강하면 그럴 염려가 없게 된다.

금金이 생부生扶해줌을 원하나 많음은 좋지 않고 화火로써 기제旣濟함에 화다火多함도 꺼리게 된다. 목木을 보면 공을 이루고 토土가 없으면 산만해진다.

## 2) 하수夏水

하월夏月의 수水는 물이 근원으로 돌아가니 고갈되므로 비견을 얻고 금金을 만나 생生을 받아야 한다. 화火가 왕旺하여 물이 메마르고 증발하는 것은 좋지 않고 목木이 왕해도 수기水氣의 약세를 더하니 나쁘며 토왕土旺해도 물이 흐를 수 없게 된다.

## 3) 추수秋水

가을에 생生하면 왕旺한 금金이 생生해주어 청담淸澹하게 된다.
신강身强하니 무토戊土가 제극制克하여 주는 것이 좋고 기토己土는 수水를 혼탁하게 하니 꺼리는 바다. 화火가 많으면 재물財物이 풍성하고 목木이 중중重重하면 자식이 영화롭고 수水가 중중重重하면 물이 흘러 넘칠 우려가 있다. 강토强土가 제극하여 주면 제일 좋은 것이다.

## 4) 동수冬水

겨울의 수水는 당령지절當令之節이니 화火를 보아 따뜻하게 해주어 한기寒氣를 몰아내야 하고 토土를 보면 형형을 감추어 시하로 흐르게 된다. 금나金多하면 냉기를 더하고 물을 넘치게 하니 필요없는 것이며 목木이 왕旺해야 강수强水가 수기秀氣를 발하게 되어 좋다. 토土가 지나치면 수水가 메마르게 되어 꺼리나 물이 넘칠 때는 토土로써 제방을 삼아야 좋다.

# 제2절 조후와 십간론

## 1. 갑목甲木

갑목甲木은 봄을 주관하고 양화陽和의 기氣를 함유한다. 갑목은 건축의 재목에 비유되고, 금金을 반기나 금다金多일 때 화火가 억제하면 호명好命이 된다. 또한 갑목은 대림목大林木·동량목棟樑木·사목死木·고목枯木 등에 비유하며, 다 자라서 성장이 멈춘 나무이므로 가지와 잎이 없고 땅속에는 뿌리가 없다.

추절秋節의 경금庚金을 만나면 대부大斧(큰도끼)가 다 자란 대목大木을 다듬어서 동량목棟樑木이 된다.

동절冬節의 자수子水를 만나면 물 속에 잠기는 형상으로 천년·만년이 지나도 부패하지 않고 나무에 좀벌레도 먹지 않고 그대로 유지된다.

갑목甲木은 화기火氣가 강한 것을 가장 두려워하는데, 만약 강한 화기火氣를 만나면 나무가 불에 타서 회기晦氣되어 재(灰)만 남기 때문이다.

갑목甲木 일주가 지지地支에 인오술寅午戌지지 삼합三合 화국火局을 놓고, 천간天干에 정화丁火가 투간되고 간지干支에 무기토戊己土와 진술축미辰戌丑未 중 하나가 거居하면 사주 대운에서 재운財運이 오면 크게 발복한다.

<삼명통회>에서, 갑목甲木은 양목陽木에 속하고 동량목棟梁木이 되며 가을과 겨울을 기뻐하고 申·子(7월과 11월)월이 가장 좋은 것이다. 왜냐하면 가을에 도끼로 갑목甲木을 다듬어 동량목棟梁木을 만들어 유용하게 쓰기 때문이다.

대운大運에서 신유申酉운과 진술축미辰戌丑未운에 비약적으로 발전하게 된다. 만약 사주원국에서 신금辛金을 보게 되면 국국의 묘리妙理를 얻게되어 사회적으로 명리名利가 따르게 된다.

사주에 인오술寅午戌 지지삼합地支三合 화국火局이 있고 정화丁火가 있으면 나무가 다 타서 재만 남게되고 소멸하는 상으로 크게 꺼린다. 만약 천간에 무기토戊己土나 지지에 진술축미辰戌丑未가 있으면 식신생재食神生財가 되어서 대운에서 재운을 만나면 크게 발복한다.

<적천수>에서 갑목은 순양純陽의 목木이므로 체體가 본래 견고하여 삼천三天의 세력이 웅장하다. 따라서 초춘初春에 생하면 나무가 어리고 천기의 한기寒氣가 유여有餘하니 화火를 얻어야 무성하게 자라서 영화를 발휘할 것이고, 중춘仲春에 생하면 목이 극왕하여 수기秀氣를 설기함이 좋고 강목强木은 화火가 있어야 굳세게 될 것이고, 봄에는 金으로 극함은 좋지 않다.

이것은 봄에는 金을 용납하지 않고 가을에는 생하면 시기를 잃어 쇠하게 되고 나무의 잎이 떨어지고 나무의 기운이 뿌리로 들어가 수렴되기 때문이다.

토土를 보면 토생금土生金만 되고 금金에게 설기 되므로 추토秋土가 가장 허약하다. 이 허약한 흙의 기운이 아래로 들어가면 나무의 뿌리가 약하게 되어 오히려 쓰러지게 되므로 가을에는 土를 용납하지 않는다.

사주중에 갑목甲木 일주가 인오술寅午戌이 전부 있고 병정화丙丁火가 투출되면 설기가 태과할 뿐만 아니라 나무가 타서 재가 되기 때문에 이때는 辰土에 앉아 있음이 마땅하다.

진辰은 수고水庫가 되고 습한 흙이기 때문에 능히 화기火氣를 설기하여 습한 토土로 수생목水生木을 하므로 화식승룡火熄乘龍이라 하여 진토辰土을 만나야 좋은 것이다.

사주에 갑목 일주가 申子辰이 전부 있고 임계가 투출되면 수범목부水泛木浮라 하여 물이 많아 나무가 물에 뜨는 형상이니 인목寅木이 마땅하다.

인寅은 병丙과 무戊가 장생하는 자리이니 목木은 병화丙火의 장생지長生地이고 갑목甲木은 목木의 건록建祿이 된다. 능히 물을 수생목水生木하여 목생화木生火하기 때문에 수탕기호水蕩騎虎, 즉 물이 많으면 범을 타라고 하니 이는 갑인甲寅을 두고 하는 말이다.

만약 金은 예리하지 않고, 土 또한 건조乾燥하지 않으며, 화기火氣는 치열하지 않고, 水의 기세가 범람하지 않는다면, 천년이라도 나무는 뿌리를 내리고 살 수 있을 것이다.

## 2. 을목乙木

을목乙木의 성질은 유연하여 초목草木, 화초목花草木, 활목活木, 습목濕木, 생목生木에 비교되고 형이상하저으로는 바람이며, 병화丙火를 보면 꽃을 피우고, 계수癸水는 능히 그 뿌리를 자양한다.

을목乙木은 또한 지엽枝葉이며 등라목藤蘿木에 비교된다. 을목일생乙木日生이 춘절春節에 태어나면 화기火氣를 보고 기뻐하고 성장발육成長發育이 아주 잘된다. 하절夏節에 태어나면 건조하여 수水로서 축축하게 적셔서 윤토潤土함이 필요한 것이다.

추절秋節에 생하면 화火를 반기는데, 화火는 능히 토土를 생하므로 토土가 왕성해져서 나무의 뿌리를 잘 배양할 수가 있는 것이다.

을목乙木이 동절冬節에 태어나도 역시 화火가 필요한데, 날씨가 춥고 한랭하여 이때 화火로써 얼어붙은 땅을 해동解凍시켜 주어야 한다.

목木은 땅속에 뿌리를 내리면서 토土를 극제剋制하므로서 땅에 의지하여 영양분을 섭취하여 잘 자라게 되는 것이다.

이것은 목木에서 토土를 보면 통변성으로 재성財星이 되는 이치로써, 우리 인간이 살아가는데 있어서 재물을 구하면서 살아가는 것과 같은 것이다. 을목乙木은 등라목藤蘿木이므로 스스로의 힘으로는 뻗어가기 어렵고 갑목甲木이나 또는 인목寅木에 의지하여야 한다. 이것은 넝쿨로 된 나무나 어린나무는 받침목이나 단단한 나무를 의지해야 하는 이치와 통한다.

<삼명통회>에서 을목乙木은 음陰에 속하고 나무의 생기가 된다 하였다. 乙木이 봄에 태어나면 잎과 꽃이 무성하니 해亥월의 소춘小春을 좋아하고 해묘미亥卯未 삼합목국三合木局, 신자진申子辰 지지삼합의 수국水局을 만나서 만약 대운이 해자축亥子丑 수국水局인 북방운으로 간다면, 비록 천간에 병정화丙丁火가 투간하고 경신금庚辛金이 투출해도 전혀 방해를 받지 않는다.

그리고 을목乙木은 인오술寅午戌의 화국火局을 싫어하고, 사유축巳酉丑 금국金局을 꺼리니, 화기火氣가 왕하면 목木이 시들고 금金이 강하면 목木이 상진되거나 고사枯死하기 때문이다. 대운로에서 다시 사오미巳午未 화국火局인 남방운으로 향하면 기운이 소멸하게 되어 생명이 다하는 이치이다.

<취성자醉醒子>부록에 을목은 근根(뿌리)과 핵核(씨앗)이 땅속 깊이 뿌리를 박아야 되고 양지陽支는 기뻐하나 음지陰支는 꺼린다 하였다. 그리고 을목乙木이 물을 많이 만나는 것을 가장 두려워하니 이것은 물에 나무가 떠서 표류하거나 뿌리가 썩는 이치 때문이다.

남방南方 화운火運에는 재화災禍가 사납고, 서방운이 들면 흉화凶禍가 중중重重하여 동량목棟樑木의 뿌리가 되지 못하는 이치이다.

乙木은 마치 기이한 화초목花草木와 같아서 생목生木으로서 가지가 있고 뿌리가 있는 것이 뿌리가 없는 갑목甲木과 구분되는 것이다.

춘목春木에 병화丙火와 계수癸水가 투출되면 丙火는 따스하게 비추고 癸水는 水生木하는 이치이니 배합이 중화되어 이상적이다.

겨울에 태어난 사람이 임계壬癸가 투출透出하면 동목凍木이 되어서 쓰이지 못한다.

만약 水氣가 많고 타 오행의 극剋과 도기盜氣가 없다면 반드시 표류되어 재화를 당할 것이며 화세火勢가 태강하면 반드시 재난을 겪게 될 것이며, 토금土金이 강하고 을목乙木의 뿌리가 약하면 剋과 휴수休囚됨을 감당하지 못해 운명학적으로 크게 다치거나 생명의 위태롭고 요절할 우려가 있는 것이다.

<적천수>에서 을목乙木은 비록 유연하나 미토未土를 공격하고, 축토丑土를 가를 수 있으며, 결국 갑목甲木의 성질性質과 갑목의 생기를 이은 것이라고 했다. 또한 봄에는 도리桃李(복숭아나무)와 같아서 금金이 극剋하면 잎이 조락凋落하고 여름에는 화가禾稼(벼)와 같아서 수기水氣를 부조하면 수생목水生木의

이치로 생생을 얻어 자란다. 여름에는 흙이 건조하여 물로 적셔주기 때문이다.

가을에는 오동나무와 같아 금金이 왕하면 화火로서 억제해야 한다. 금왕지절 金旺之節에 화기火氣는 금金을 극하기 때문이다.

겨울에는 기이한 화초와 같아 화火로서 土를 배양해야 한다.

봄에 생하면 화火가 마땅한데 그것은 나무가 화기에 의하여 발영發榮을 필요로 하기 때문이다.

여름에 생하면 수水가 마땅한데 그것은 건조한 땅을 적셔주어 윤택하게 해주기 때문이다.

가을에 생하면 화기火氣가 마땅한데 그것은 왕성한 금金을 극하기 때문이다. 겨울에 생하면 화火가 마땅한데 그것은 천지간의 얼어붙은 것을 화火로써 해동解凍하여 주기 때문이다.

## 3. 병화丙火

병화丙火는 태양太陽을 의미하며 강력한 화기火氣를 소장하고 있는 큰 불덩어리에 비교된다. 또한 밝은 불이며 큰 불이며 허황과 허풍을 의미한다. 南方에 위치하여 온누리를 밝힌다. 화火는 목木을 체體로 하고 목木이 지탱이 안되면 화기火氣는 오래가지 못한다. 임수壬水를 반기고 계수는 구름과 안개에 속하므로 태양을 가리는 상이므로 반기지 않는다. 다시 말하면 병화丙火가 임수壬水를 보면 귀貴하게 되고, 계수癸水를 보면 귀貴하지 못하게 된다.

<삼명통회>에서 병화丙火는 양陽에 속하고 강력强力한 화열火熱로 태양의 정기가 되어 능히 만물을 생한다고 하였다.

춘절春節과 하절夏節 사이에 생하면 목화통명木火通明하는 상으로 자연적으로 성취되고 정신이 백배나 화창하여 밝게 되고 천덕天德, 월덕月德의 양덕兩德을 만나고 더불어 동방東方 인묘진寅卯辰 목운木運으로 대운大運이 향하면 가장 이상적인 묘중妙中에 묘妙가 된다고 하였다.

비록 임계수壬癸水가 있어도 병화丙火는 꺼리지 않으며 다만 무기토戊己土만이 천간에 투간透干되어 드러남을 꺼리게 되는데, 이유는 계수癸水와 더불어 무기토戊己土는 구름과 안개에 속하여 태양을 가리는 상이며, 순양화純陽火인 병화丙火의 기氣를 설기泄氣하여 본래 지니고 있는 화열火熱의 속성을 반감시키기 때문이다.

대운과 세운에서도 무기토戊己土를 만나면 관재官災가 있게 되고 감옥살이를 하거나 재산이 흩어지고 집안의 액난이 겹쳐 상복을 입게 되는 경우도 있다.

병화일주丙火日柱가 추절秋節과 동절冬節에 생하여 시간이 신申시부터 축丑시 사이에 태어나고 지지地支에 다시 신자진申子辰의 지지삼합 수국水局을 놓게되면 남의 밑에서 고달프게 일하는 노복이나 하인이 되기 쉽다. 또한 평생 일에 장애기 많고 고생하며 이별의 아픔이 많다. 말년을 고독하게 지내며 기난하여 일찍 죽지 않으면 잔질로 고생한다. 이는 재관財官이 왕하고 일주가 약하며 극剋과 설기泄氣가 극심한 이유이다.

<취성자醉醒子>부록에서도 말하길, 병화丙火는 화세火勢가 강렬하여 밝고 밝아서 큰 불이나 작열하는 태양과 같으며 온누리에 빛을 환하게 밝히어 천지 어느 곳에나 임하지 않는 곳이 없다고 했다.

丙火가 춘절이나 하절 사이에 생하면 목화통명木火通明의 상으로 자연적으로 성취되고 정신이 백배나 되듯 총기聰氣가 발발勃發하고 수목화水木火의 연환連環, 즉 살인상생殺印相生이 이루어져 이때 무기토戊己土가 관살官殺을 극제剋制하지 않으면 가히 발달할 것이다. 병화丙火가 습토濕土인 진축辰丑을 만나면 빛이 흐리게 되어 태양을 구름이나 안개가 가리우는 형상이므로 불리하다.

병화丙火가 추절秋節이나 동절冬節에 나면 일간日干은 쇠약하고 수왕지절水旺之節의 물을 만나니 일간日干의 극제剋制가 심하여 스스로 보전하지 못하여 발달할 수가 없는 것이다.

이때 만약 해묘미亥卯未 목국木局이나 인묘진寅卯辰 목국木局 방합이 있고 천간에 갑을목甲乙木이 투출되면 모성자쇠母盛子衰의 형상이 되어 비록 왕하나 성공하기는 어렵다. 또 큰 수풀을 이룬다 해도 운로상運路上의 재앙을 면하기는 어려운 것이다.

<적천수>에서 병화丙火는 순양純陽의 화열火熱이므로 그 기세가 맹렬하여 가을의 찬서리를 두려워하지 않고 겨울의 차가운 눈을 두려워하지 않으며 천지가 꽁꽁 얼어붙은 것을 능히 해동解凍시켜주는 공이 있다고 하였다.

경금庚金이 비록 완금頑金으로 단단한 쇳덩어리일지라도 병화丙火의 화기火勢로써 능히 제련하여 다듬을 수 있고 강력한 금金을 만나도 휴수休囚되지 않고 그 기세를 제압할 수 있다.

또한 신금辛金은 이미 상품으로 다듬어진 주옥珠玉이나 세공細工된 금품金品에 속하여 비록 부드럽고 강하지 않으나 병신합수丙辛合水 천간합天干合으로 오히려 병화가 원래 지니고 있는 순양純陽의 기질氣質을 잃을까 겁을 먹게 되는 이치이다.

총체적으로 丙火는 마치 작열하는 태양과 같이 온 대지를 넓게 비쳐주는 밝은 불이므로 그 기세가 강력하며 맹렬하다. 가히 얼음과 눈을 녹일 수 있으며 단단한 경금庚金을 단련시켜 유용한 재질로 변화시킨다.

다만 구름과 안개는 해를 가리는 상이므로 만약 병화丙火가 운무雲霧에 처하는 운기運氣에 있을 때는 원래 가지고 있는 병화丙火의 가치와 그 권위를 발휘하지 못하게 된다.

그러나 천변만화하는 음양오행의 이치 속에서 병화丙火를 취용하는 법이 단순하게 고정되고 불변하는 것이 아니므로 주변의 오행작용을 세밀히 관찰하여 그 성쇠를 판가름하는 것이 중요하다 할 것이다. 다시 말하면, 병화가 지니고 있는 그 본신의 역량과 성쇠, 공간환경에 따라 결과는 천양지차天壤之差로 달라지는 것이다.

예컨대, 병화丙火가 여름에 생하여 구름이 해를 가리면 수기水氣가 상승하여 곧 비가 내릴 것이니 수화기제水火旣濟가 되어 만사가 순조롭고 형통한다는 의미가 된다.

병화丙火가 겨울에 나면 화세火勢가 이미 약해져 얼음과 눈이 대지에 두루 덮이는 형상이며 이때 다시 임계壬癸, 해자亥子의 수水나 진축辰丑의 진흙이 거듭 있다면 수왕水旺히고 화기火氣기 쇠약하게 되니 비록 대양의 양화陽火이나 반드시 운기運氣의 불안을 받을 것이다. 이때는 목기木氣로 토기土氣를 제어하고, 왕旺한 수기水氣를 설기하는 한편, 약해진 병화丙火를 생조해야 회생回生하는 것이다.

이와 반대로 병화丙火가 천간天干에 갑을목甲乙木이 투간透干되고 지지地支에 인오술寅午戌 지지삼합地支三合 화국火局을 이루거나 해묘미亥卯未의 지지삼합 목국木局을 이루게 되면 반드시 운로상運路上의 재액이 생기게 되는 이치이다.

## 4. 정화丁火

정화丁火는 등촉화燈燭火로서 음화陰火이며, 작은 불로 비교되고 달빛이나 촛불, 별, 형광등 등의 온화한 빛으로 활화活火에 속한다. 겉은 유약하여 보이나 내적으로는 강한 외유내강外柔內剛의 상이다. 무에서 유를 창조하는 힘을 보유하고 있으며 매사 진취적이고 실속이 있으며 마음이 온화하여 인정이 많다. 정화는 습목濕木을 싫어하고 조목燥木을 반긴다. 토기土氣를 만나면 정화는 화식火熄되고 수기水氣가 만나면 충극沖剋당하여 불리하다. 만약 정화丁火가 득기得氣하면 병화丙火처럼 강렬한 화기火氣가 되어 능히 완금頑金을 극제剋制하고 왕한 수기水氣도 두렵지 않은 것이다.

<삼명통회>에서 말하길, 정화丁火는 음화陰火에 속하고 타는 불, 즉 활화活火가 되어 능히 만물을 제할 수 있다. 금金, 은銀, 동銅, 철鐵은 정화丁火를 얻지 못하면 쓸모있는 그릇이 되지 못한다. 정화丁火는 밤에 태어남이 좋고 지지 삼합인 사유축巳酉丑 금국金局의 월령月令이 묘한 것이다.

인월寅月은 천덕天德이 되며 묘월卯月은 인성印星이 되어 인묘월寅卯月을 만나면 가장 좋다. 특히 정화丁火는 壬癸水를 두려워하게 되는데 이른바 처자妻子를 극하는 사람이 많이 나온다.

남방운南方運에는 사회적인 불리함이 당도當到하여 직장이나 관직에서 퇴직당하며 서방운西方運에는 귀하게 된다고 하였다. 이것은 임계수壬癸水가 많아 종살從殺이나 종재從財가 되는 경우를 말하는 것이다.

또한 <취성자>에서 말하길, 정화丁火는 인간이 사용하는 생활의 불로서 촛불, 산소불, 형광등, 등촉의 불 등에 비유하며 태양을 보면 강렬한 빛에 의하여 빛이 회기晦氣되어 그 본연의 빛을 잃어버리고, 득시得時하고 사오미巳午未에 화국火局에 생하면 병화丙火와 같은 힘을 얻어 천근의 금속이라도 녹여 쓸모있는 그릇을 만들 수 있고, 한랭寒冷한 해자축亥子丑 수국水局에 생하여 실령失令하였다면 힘이 약해서 한 조각의 쇠도 녹이기가 어려우며, 운로상에 어려움과 고통을 당하게 되는 것이다.

<적천수>에서 말하길, 정화丁火는 부드러움 중에 중용을 지켜서 내성內性이 밝게 융합하면서 을목乙木을 감싸안으면서 효도하고, 임수壬水와 간합干合하면서 충성을 하여 왕旺하나 강렬하지 않고, 쇠衰하나 궁窮하지 않아서 인수印綬가 있으면 가을과 겨울 모두 좋다. 정화丁火는 음화陰火에 속하고 비록 부드러우나 내면에 우러나오는 역량이 있다. 또 고요한 듯 하지만 정중지동靜中之動의 상이라 그 기세氣勢가 일단 조성되면 능히 정화丁火의 권위를 발휘할 것이다. 정화丁火는 밖으로는 유순하고 안으로는 내실이 있어서 외유내강外柔內剛의 덕을 갖추고 있다.

총체적으로 볼 때 정화丁火는 음陰이 되고 인간이 생활에서 필요로 하는 불과 같다.

병화丙火의 강렬함에 비교하면 정화丁火는 부드러우며 사오미巳午未 남방운南方運에 태어나면 능히 경신금庚申金을 단련하여 유용한 그릇을 만든다.

휴수休囚가 되거나 극을 받는 약한 계절에 태어나면 실내의 조명등과 같아 온화한 기상으로 인간의 생활을 윤택하게 하고, 조후調候의 공을 다한다.

정화丁火가 비록 왕해도 거세지 않고 쇠약해도 궁하지 않으며 인간생활에 부담없이 편하게 사용해도 재화災禍가 되지 않는다.

## 5. 무토戊土

무토戊土는 양토陽土로서 중앙에 위치하며 만물을 포용하고 자라게 한다. 무토는 성원토성垣土로써 거대한 산, 제방, 큰 건물, 운동장, 토성土城 등으로 볼 수 있다. 무토戊土는 수水를 극제剋制하지만 수왕水旺일 때 무토戊土가 제방이 되어 유실流失되지 않게 수水의 거센 흐름을 막아준다. 목木은 토土를 극하지만 흙은 나무가 뿌리를 잘 내릴 수 있도록 도와주고 길러준다. 무토戊土는 단단하고 강하여 물에 유실流失되고 무너짐을 능히 막아주고 도로道路는 굳고 단단하여 차량이나 사람의 통행을 수월하게 해주는 매개체 역할을 해 준다.

토土는 천지天地의 한 가운데 있어서 위치하여 중심을 잃지 않고 근본을 이루며 바르다. 목木,화火,금金,수水의 중간에 있으므로 사계절을 연결하고 사시의 순환을 돕는다. 이들 중 어떠한 것도 토土에 의지하지 않고는 존재할 수 없는 것이다.

예를 들면 나무는 흙에 의해 성장하고 불은 흙에 의지하여 화세火勢를 유지하고 금金은 흙 속에 있으면서 보호를 받고 물은 흙에 의지하여 물이 흘러갈 수 있는 것이다.

봄과 여름에는 토기土氣의 기세가 상승하여 능히 만물을 생하고 자양하며, 가을과 겨울에는 土의 기세가 조용히 멈추며 만물을 거두고 수장하는 작용을 하므로 흙은 만물의 명命을 돌보고 주재하는 것이라 할 수 있다. 인간은 흙에 나서 흙으로 돌아간다는 말이 있듯이 흙은 만물의 어머니라 할 수 있다.

무토戊土의 기세가 의기양양意氣揚揚하므로 봄과 여름의 기후에는 화생토火生土로 토土가 더욱 왕하게 되어 이때 수水로 윤토潤土함이 필요하다. 그러면 능히 만물萬物을 발생시키게 된다. 인목寅木과 신금申金의 장간藏干에 무토戊土가 있고, 인신사해寅申巳亥는 사생지四生地이므로 인신寅申 월, 일에 태어난 사람은 충沖을 만나도 두려워하지 않는다. 충을 두려워하게 되는 것은 동요에 의해서 그 뿌리, 즉 근본이 흔들리는 것과 같기 때문이다. 그러므로 지지는 내면의 것이고, 뿌리에 속하며 잠재된 기운의 상이라 조용한 것이므로 만약 그 근본을 흔드는 충극沖剋을 만나면 운로상의 불안을 받게 되는 것이다.

<삼명통회>에서 말하길, 무토戊土는 양토陽土에 속하고 제방堤防과 성장城牆에 해당하는 토土이다.

능히 물을 막고 멈추게 하나 만물을 배양하지는 못하는 흙이다. 무릇 무토戊土는 형刑·충沖·파破·해害가 없어야 안락하고 편안함을 얻을 수 있는 것이다. 갑을목甲乙木과의 살인상생殺印相生을 좋아하고 서북西北 금수운金水運을 싫어한다. 서북운에 비록 발복한다 하더라도 그 발복이 오래가지 못하는데 이때 화기火氣로 화생토火生土하여 토기土氣를 부조扶助하고, 무기토戊己土를 거듭 만나면 중화를 잃어 부귀를 모두 잃을 수 있다.

<취성자>에서 말하길, 무토戊土는 양토陽土에 속하고 제방과 성원城垣의 토토로서 능히 물을 막고 흐름을 멈추게 하나 전원의 토가 아니므로 만물을 배양하는 흙은 아니다. 다만 성원城垣의 흙이라 그 근본이 견고하다. 즉 일간日干이 사계절에 생하고 중기中氣에 생하면 토土의 세력이 막강하여 강하江河의 물과 대해수大海水도 능히 막을 수 있다. 만약 무계합화戊癸合火하여 화생토火生土하면 토土의 형세形勢가 웅대하게 된다.

또한 지지地支에 수목水木이 많고 극剋과 설기泄氣가 심할 경우 무토戊土가 허약해져서 제방과 성원城垣이 붕괴되는 것은 당연하다.

만약 무토戊土가 실령失令되거나 실기失氣하여 금왕金旺한 것을 두려워하는데 이것은 토기土氣가 금기金氣에 의해서 설기 당하기 때문이다.

무토일간戊土日干에 수水가 많으면 재다신약財多身弱하게 되는데, 이때는 무토戊土가 허약한 일간日干을 부조하는 용신이 되는 것이다.

만약 무토戊土 일간이 신약하면 목화木火를 좋아하고 대운에서 목화운으로 향하면 일간日干이 득기하여 신왕해져 능히 재관財官을 감당할 수 있다. 만약 무토戊土 일간이 득시得時하고 득령得令하여 극왕極旺하면 가색격稼穡格을 제외하고 오히려 흉화凶禍가 되는 것이다.

<적천수>에 말하길, 무토戊土는 굳고 중하여 중앙에 위치하여 바르고, 고요하면 모이고 동하면 열려서 만물의 명命을 맡은 것과 같다고 했다. 물을 적셔주면 만물을 생하고, 불에 건조하게 되면 병들 것이니, 인寅에 앉아 있으면 신금申金을 두려워하고, 신申에 앉아 있으면 인목寅木을 두려워하는데, 이것은 바로

충沖하게 되면 근본인 뿌리가 동요하는 형상이므로 고요한 것을 좋아하는 것이다.

총체적으로 볼 때 무토戊土는 견고하여 제방堤防이나 성원城垣의 흙으로서 양陽이 굳센 것이니 중정中正과 고요함을 좋아하고 동動하기를 싫어한다. 그리고 일지日支를 충하는 것을 가장 꺼린다.

무토戊土가 춘절春節에 생하면 목화木火가 있어 따스하게 비쳐주어야 좋고, 여름에 생하면 금수金水가 윤토潤土하면 좋고, 추절秋節에 생하면 병화丙火가 있어야 좋다. 겨울에 생하면 한랭하고 습하여 목화木火로 조후하면 좋다. 무토戊土는 일간日干이 태왕太旺한 것을 싫어하고, 신약身弱하면 생조生助해야 한다.

## 6. 기토己土

기토己土는 전원토田園土로써 초원, 화분토, 도자기, 전답, 마당 등에 비교된다. 기토는 음토로서 부드럽다. 소규모의 토이고 정원의 토로서 그 성질은 비습肥濕의 토土이므로 능히 초목과 곡식을 자양하고 배양시킨다.

기토己土도 무토戊土처럼 목木, 화火, 금金, 수水의 중간에 위치하여 중정中正의 토土인 것이다.

목木이 비록 토土를 극제剋制하지만 사실상 목木은 토土에 의해 배양되는 것으로 두려워하지 않는다. 토土가 능히 수水를 극제剋制하지만 토土가 왕하면 능히 수水를 멈추고 물길의 흐름을 순조롭게 하므로 수왕水旺한 것도 두려워하지 않는다.

기토己土가 정화丁火를 보면 편인偏印이 되고 반대로 정화丁火가 기토己土를 보면 설기泄氣가 되어 정화丁火의 기세는 약해져 정화丁火의 빛을 제대로 발할 수 없게 되므로 비록 편인偏印이라 하여도 해롭지 않은 것이다.

신금辛金은 기토己土의 생조를 받으면 식신食神이 되고 식신食神은 능히 윤택하게 된다. 이처럼 기토己土는 정화丁火처럼 생조生助를 주고받아도 모두 적절하여 가치가 있는 것이다.

무기戊己의 토土는 능히 만물을 생하고 오곡五穀을 배양하는 신이므로 사직社稷이라 말한다.

<삼명통회>에서 말하길, 기토己土는 음陰에 속하고 전답田畓과 전원田園의 흙이다. 형刑·충沖·파破·해害가 필요한데 이것은 쟁기로 땅을 헤집고 밭을 가는 이치와 같은 것이다.

봄과 여름의 진사辰巳월에 생조生助함을 기뻐하는데 관인官印의 땅이기에

좋은 것이며, 상관상관傷官을 만나 인성印星을 극하지 않으면 능히 발복할 것이다. 사람됨이 만들고 꾸미기를 좋아하고 전택田宅이 풍성하다. 동북운東北運에 더욱 발달한다.

다시 해묘미亥卯未 삼합 목국木局이 이루어짐을 싫어하며 사람됨이 관용의 덕이 깊고 후박하며 여유가 있고 조급하지 않아 부귀하다.

<취성자>에서 말하기를, 기토己土는 전원田園의 흙이며 사계절을 연계하는 매개체이고 비옥하고 깊은 땅으로 만물萬物을 자양하는 기본이 된다고 하였다.

금수金水가 태왕太旺하면 일간日干의 설기가 심하여져 허약해지니 이때 비겁비겁比劫이 와서 부조扶助하면 좋아진다. 만약 실령失令하면 금金을 매장하지 못하고 득시得時를 해야 장차 기초가 견고하고 튼튼해져서 능히 유용하게 쓰이게 될 것이다. 만약 인성印星이 왕왕旺하고 합합이 많으면 마땅히 충충沖을 해야 할 것이다.

<적천수>에 말하길, 기토己土는 비습卑濕하나 중정의 덕으로 모아지고 저장되는 것으로써, 목木이 성성盛하여도 근심하지 않으며, 물이 태왕하여 넘실거려도 두려워하지 않는다. 화기火氣가 적으면 불은 회기晦氣되고, 금金이 많으면 금金이 빛나는 것이니, 만약 만물이 왕성旺盛하고 장생하는 것이 중요하다면 생하고 부조함이 마땅한 것이다.

총체적으로 볼 때 기토己土는 전원의 비습肥濕한 토土가 되고 능히 만물을 배양시키며 성질이 중정의 도를 유지하여 어느 한쪽으로도 치우치지 않는다.

또한 기토己土는 땅속에서 생장生長에 필요한 무수한 양분과 생기生氣를 많이 간직하고 있으며 계속 사용해도 고갈되지 않는데, 기토己土는 모름지기 화기火氣를 받아야 기초가 견실하게 굳어지는 것이다.

기토己土는 수기水氣가 태왕太旺하고 금金이 많아 설기泄氣를 꺼리는데, 이것은 일간日干이 뿌리가 없기 때문이다.

만약 천간天干에서 비겁比劫의 생조生助가 없거나 지지地支에서 화토火土의 생조生助가 없으면 반드시 일간日干이 신약하여져서 말로 표현하기 힘든 어려움과 고초를 겪게 된다.

## 7. 경금庚金

경금庚金은 검극금劍戟金이며 제련하지 않은 단단한 완석금頑石金이며, 양금陽金에 속한다. 큰 쇠덩이이며 자동차나 중장비 등에 비유된다. 금金으로서 굳세고 강한 금金이다. 천지숙살天地肅殺의 기운氣運을 장악하고 있으며, 천天에서는 월月이고 지地에서는 철광석으로 모든 산야의 곡식과 과일을 여물게 하여 가을에 수확을 하게 한다. 그러므로 금金의 계절에 만물은 비로소 여물고 단단해져서 결실을 이루어 성숙한다. 성숙成熟이라 함은 하나의 결과와 매듭으로서 인도人道는 완수하게 되는 것이다.

수목樹木은 금金에 의해서 다듬어지고 잘라져서 유용하게 쓰여지게 된다. 이것은 금金의 극剋에 의해서만 가능하므로 적절한 법제法制와 극剋은 인간사회의 조화를 위해 필요한 것이며, 조금도 두려울 것이 없는 것이다.

금金은 단단하고 강한 것이므로 이것을 수水가 있어 설기하면 중화의 작용을 하여 매우 좋은 것이다.

정화丁火가 있으면 금金을 다듬어 유용하게 사용할 수 있고, 축丑이나 진辰의 토월생土月生인 경우는 습토濕土가 되므로 금金을 생하여 조화를 이루고, 술미토戌未土는 조토燥土가 되므로 금金의 세력은 약해진다.

금金은 갑목甲木을 쉽게 극할 수 있으나 을乙의 음목陰木은 극할 수 없다. 이는 부드러운 것이 강한 것을 제압한다는 이치에 근거한 것이다.

경금庚金과 을목乙木은 천간합天干合하여 유정有情함이 있고, 경금일생庚金日生이 을목乙木을 만나면 정재正財가 되고 건명乾命에서 보면 통변성 정재正財는 처妻가 되는 것이나.

갑목甲木이 을목乙木을 보면 겁재劫財가 되며 육친으로는 누이에 해당하는데, 자신의 적인 경금庚金에게 을목乙木으로 간합干合, 즉 시집 보냄으로써 자신의 운명을 스스로 보호하게 되는 이치이다.

대체로 편관偏官, 즉 칠살七煞은 일간日干인 자신에게 흉작용凶作用을 하나 간합干合하게 되면 화순하게 되어 오히려 유용한 신神이 되는 것이다.

다시 말하면, 건명乾命 경금일생庚金日生이 을목乙木의 여성을 처妻로 맞이하면 유순한 처가 되는 것이다.

경금庚金이 왕旺하여 너무 강건剛健하게 되면 강한 기운을 적당하게 설기시킬 임계수壬癸水가 있으면 반기는 것이다. 이것은 너무 강하고 흉폭한 것을 수水가 설기시켜 금백수청金白水淸의 상이 되기 때문이다.

경금庚金이 득시得時하면 전제專制적이고 강인하여 사람에게 굴하지 않는 당당함이 있고, 득시得時하지 못하면 권위를 잃어버린다.

<삼명통회>에서 말하길, 경금庚金은 양금陽金에 속하고 금金, 은銀, 동銅, 철

鐵과 같은 종류이다. 특히 경금庚金은 정화丁火의 극제剋制가 적당히 있어야 바야흐로 유용한 그릇이 이루어진다는 사실이다.

만약 경금庚金이 강렬한 병화丙火를 만나면 같은 화화火일지라도 별로 도움이 되지 않는다. 운로상의 대운은 동남東南 목화木火 방향으로 흐르는 것이 좋은데, 이것은 금金이 화火의 극제剋制를 받아 유용하게 되어 발전하기 때문이다. 인묘목운寅卯木運과 갑을목운甲乙木運 및 사오미巳午未 화운火運에는 관성官星이 득기得氣하는 방향이니 일이 순조롭고 발복하게 되는 이치이다.

그러나 경금庚金이 금수운金水運을 만나면 금金이 물에 잠기는 형상이니 그릇을 만들 수 없어 불리한 것이다.

<취성자>에서 말하길, 경금庚金은 양금陽金에 속하고 성질은 완둔頑鈍하고 단단하며 마치 금金, 은銀, 동銅, 철鐵과 같은 종류로써, 중요한 것은 정화丁火의 관성官星을 얻어 적당한 극제剋制를 받아야 유용한 그릇이 되는 것이다. 경금庚金은 대운에서 동남東南 목화운木火運으로 향하는 것이 좋은데, 중요한 것은 일간日干인 체體가 강해야 운로상에서 비로소 발복하게 되는 것이다. 만약 일간日干이 신약하고 화세火勢가 강할 때 운로상에서 다시 화운火運을 만나게 되면 흉화凶禍를 당하는 격이라 꺼리게 되고, 경금庚金이 갑을목甲乙木과 인묘목寅卯木 그리고 사오미巳午未 화火와 무기토戊己土의 재성財星과 연환상생連環相生이 되면 귀하게 되어 자연 발달하여 부귀현달富貴顯達하게 될 것이다.

만약 경금庚金이 대운 및 세운에서 해자축亥子丑 수운水運으로 향하면 완금頑金이 물에 잠기는 형상이 되어 용신을 만나지 못하는 상이니 발복發福하기 어려운 것이다.

그러나 경금庚金이 추절秋節에 태어나면 일간이 왕성하여지는 것이니 대운에서 금수金水를 만나고 화토火土의 혼잡만 없으면 금백수청金白水淸이 되어 능히 발복을 일으키게 되는 것이다.

만약 수水가 많고 금金이 약하면 불효지상不孝之象이니 당연히 부모가 극을 받게 되어 불리한 것이다.

만약 금金이 약하고 목木이 많을 때는 오히려 금金이 약해지는 상이니 목견금절木見金絶이 되어 불리한 것이다.

사주 간지干支에 무기토戊己土가 중중重重하면 토다금매土多金埋, 즉 토土가 많아 금金이 흙 속에 파묻히는 형상이 되어 형刑·충沖·파破·해害가 되어야 금金이 밖으로 투출하게 되는 것이다.

총체적으로 볼 때 경금庚金은 무엇보다도 강건한 완금이기 때문에 화火를 만나야 능히 쓸모있는 그릇이 되고, 물을 만나면 금백수청金白水淸이 되어 가히 발복을 일으킬 수 있는 것이다.

만약 춘절春節과 하절夏節에 태어났다면 목화木火가 왕성하여 경금庚金의 극剋과 휴수休囚가 아주 심한 것이니 자연히 일간日干이 약해지는 것이다.

경금庚金이 습토濕土를 만나면 생장生長하게 되고 조토燥土를 만나면 부서지게 된다. 갑목甲木을 만나면 능히 자를 수 있고, 을목乙木을 만나면 을경합乙庚合으로 유정有情의 도를 다하는 것이다.

## 8. 신금辛金

신금辛金은 주옥금珠玉金으로 보석금이나 세공된 금, 작은쇠, 바늘, 침, 면도칼 등에 비교된다. 신금辛金은 연약軟弱하고 온윤溫潤하여 강하지도 않고 차갑지도 건조하지도 않은 것이다. 신금辛金은 토다土多함을 꺼리고, 수기水氣가 적당함을 좋아한다. 일반적으로 강하지 않은 것을 연약軟弱이라 하고 춥지도 건조하지도 않은 것을 온윤溫潤이라고 하는 것이다. 이러한 성질이 바로 신금辛金인데, 신금辛金의 성질은 유약柔弱하고 화火로서 다듬은 금은주옥金銀珠玉의 금金에 해당하는 것이다.

신금辛金에 무기토戊己土가 많으면 편인偏印, 인수印綬가 중중重重한 것인데 이것은 토土가 자식子息인 금金을 토생금土生金으로 너무 생조가 지나쳐 오히려 금金이 빛을 못보게 되는 이치이다. 토다금매土多金埋, 즉 토土가 너무 많아 금金이 땅속에 묻히는 형상으로 세상 밖으로 나오지 못함과 같은 것이다.

토土는 수水를 극제剋制하여 수水를 고갈시키므로 토土가 중중한 것을 두려워하는 것이다. 만약 토土가 왕旺하여 신금辛金을 생조함이 지나치다면, 이때 수水가 있어서 신금辛金을 설기시키면 중화의 도를 이루게되어 편된 것이 소통되는 형상이라 좋은 것이다.

신금辛金은 연금軟金이므로 화기火氣의 도움을 필요치 않는다. 화火가 왕한 것을 만나면 완성된 제품을 녹이는 형상이며 신금辛金이 편관, 즉 칠살七煞을 만나게 되는 것으로 좋지 않은 것이다.

만약 사주명식 중에 강한 편관인 칠살이 있으면 신辛의 모체母體인 무토戊土의 인수印綬를 필요로 한다. 이것은 편관偏官이 있어도 인수印綬를 만나면 살인상생殺印相生하여 중화되므로 흉凶이 되지 않고 오히려 조화를 이루게 된다.

신금辛金은 대체로 수水를 기뻐하지만 겨울의 수水는 한랭하여 얼어붙어 있으므로 금金의 활동을 저해하게 된다.

만약 겨울에 태어난 사람이 재차 수水가 왕하게 되면 금한수냉金寒水冷하여 세상 밖으로 나올 수 없게 되어 불리한 것이다.

이럴 때는 정화를 절실히 필요로 하게 되는데, 이것은 정화丁火가 조후용신이 되어 한랭한 수水를 따스하게 하여 해동解凍시켜 능히 금金을 양육하여 주기 때문이다.

건명乾命이 정화丁火는 없고 병화丙火가 있어서 귀한 명命이 된다고 해도 불충不忠을 면할 길은 없다. 곤명坤命인 경우는 극부克夫하지 않으면 부부화합이 어려워 불리하다.

신금일생辛金日生이 수水를 보면 금수청려金水淸麗하므로 사람이 총명하고 재능이 많다. 그러나 수水가 많으면 좋지 않은데 이것은 수水에 금金이 잠겨버리기 때문에 쓸모가 없는 것이다. 이때는 토土가 있어 수水를 극제剋制하면 좋은 것이다. 이처럼 세상만사는 태과太過하거나 불급不及은 모두 이롭지 못한 것이므로 중화의 도가 중요하다 하겠다.

<삼명통회>에서 말하길, 신금辛金은 음금陰金에 속하고 수은水銀과 진주珍珠같은 종류이다. 가장 중요한 것은 금金이 맑고 수기水氣가 투출透出되어야 하고, 대운이 서북西北방향으로 향하면 좋고 진술辰戌과 사화巳火의 동남운東南運에 정화丁火의 칠살七煞을 보지 않으면 더욱 아름다운 것이다. 만약 정화丁火를 보면 그릇을 이루지 못하는 것이며, 더욱 두려운 것은 인오술寅午戌 삼합三合 화국火局인데 칠살七煞이 왕하면 일간日干이 신왕身旺해야 그 칠살의 강렬함에 대적할 수 있는 것이다. 사주에 사유축巳酉丑의 금국金局을 이루면 대운 동방운東方運에 발복하고 남방운南方運은 꺼린다.

<취성자>에서 말하길, 신금辛金은 음陰에 속하고 마치 수은水銀과 진주珍珠의 모양과 같으며, 가장 이상적인 것은 금백수청金白水淸이 되어 순수한 것이라고 했다. 만약 신금辛金이 토土를 만나면 대운이 서북西北 금수金水운으로 향해야 신금辛金이 설기하기에 적당하고, 정화丁火가 극제剋制하는 것을 크게 두려워하지만 병화丙火는 병신합수丙辛合水가 되어 오히려 유정有情하여 문제가 되지 않는다.

목화통명木火通明은 신금辛金이 약하여 재관財官을 감당하지 못하니 남방운南方運에는 그 왕신旺神을 따르는데 이것은 종재從財, 종살從殺을 말하는 것이다.

고서古書에 일간이 너무 약하면 오히려 극함이 마땅하고 생조함은 마땅하지 않다고 하였다. 이것은 종살從殺을 의미하는 것이다.

사주의 지지地支가 금국金局이 형성되고 천간天干에도 금金이 투간透干하면 대운에서 인묘진寅卯辰 목운木運에 발복하여 큰 돈을 벌게 된다. 다만 정화丁 火를 두려워한다. 만약 겨울철에 생하면 금한수냉金寒水冷하여 한랭寒冷하니 그때는 병정화丙丁火를 좋아하는데, 이것을 소위 한금향난寒金向暖이라 한다. 신유申酉가 지지에서 사유축巳酉丑 금국金局을 놓게 되면 신왕身旺하여 토 土가 금金을 땅속에 매몰시킬까 두려워하게 된다.

<적천수>에 말하길, 신금辛金은 연약軟弱하고 온윤溫潤하여 맑다. 흙이 중 첩된 것을 두려워하고, 물이 가득찬 것을 즐거워한다. 능히 사직社稷을 돕고 능히 생령生靈을 구하며, 더워지면 인수印綬를 좋아하고, 추워지면 정화丁火를 반긴다고 했다.

총체적으로 볼 때 신금辛金은 부드럽고 경금庚金처럼 단단하지 않으며 춥지도 덥지도 않고, 강하지도 약하지도 않은 적당한 상품으로서의 금金이다. 水로써 윤택하게 적셔주는 것을 좋아하고 건조하거나 불에 극제剋制당함을 싫어한다. 그러나 한랭한 겨울에 생하면 얼어붙어 병정화丙丁火의 조후를 필요로 한다.

토土가 많으면 매금埋金됨을 두려워하는데 소위 토다금매土多金埋를 말한다. 화기火氣가 충천할 때는 토土로써 통관하여 살인상생殺印相生하여 중화시킴이 좋다. 만약 목木이 왕하여 일간이 휴수되면 이때는 비겁比劫이 용신이 된다.

## 9. 임수壬水

임수壬水는 대해수大海水로써 강하江河의 물이며, 큰물이고, 바닷물, 저수지, 못 등에 비교되고, 구름, 눈, 목욕, 밤, 겨울에 속한다. 원래 수水는 고지高地에서 저지低地로 흘러가므로 윤하潤下라 하는 것이다. 하늘은 서북에 기울고, 신금申金은 물의 원천이 되며 임수壬水에서 보면 장생지長生地가 된다. 계수癸水와 그 질에 있어서는 같으나 임수壬水는 陽水이다. 또한 큰 호수의 물로서 모든 물의 근원이 된다. 끊임없이 흘러가며 외유내강外柔內剛하다. 물의 세력은 엄청난 힘을 잠재하고 있으므로 왕양汪洋이라고 한다. 수水는 서쪽에 그 근원根源을 두고 흘러나오고 있는 것이다.

地支 중 신자진申子辰 삼합三合은 수국水局이 된다. 신금申金은 서방 곤방坤

方에 위치한다. 임수壬水가 신금申金을 보면 12운성의 장생지長生地가 되므로 힘을 얻는다. 즉 수水는 신금申金의 곤방坤方을 근원으로 하여 금金이 수水를 생하면서 상생관계가 되는 것이다. 금金은 가을로서 추절秋節이 다하면 겨울로 이동하여 사시四時의 순환법칙을 이루어 질서를 유지하게 되는 것이다.

임수壬水는 해수亥水의 건방乾方에 위치하여 해월亥月에 활동이 왕성해지며, 임수壬水가 해수亥水를 만나면 건록建祿이 되어 득기하는 것이다. 자월子月에 이르면 제왕帝旺이 되고 수세水勢는 아주 강력하게 되어 극에 달하므로 양인陽刃이 된다.

임수壬水가 정화丁火를 보면 간합干合하여 목木으로 화하는데, 임일壬日에 정화丁火가 있고 생월生月이 인묘寅卯 혹은 해묘미亥卯未 지지삼합 목국木局이 이루어지면 이것은 화기격化氣格이 되므로 이때는 화기격으로 길흉을 감정한다.

병정화丙丁火가 왕할 때는 재성財星이 되고 무기진술축미戊己辰戌丑未의 토土가 왕할 때는 칠살七煞이 된다. 화火에 종從하게 되면 수증기가 되어 하늘로 올라갔다가 다시 비가 되어 땅으로 내려와 만물을 생육시키는 이치이다.

토土에 종從하게 되면 질서를 지키며 물이 자연의 순리대로 흐르게 하는 공을 이루게 된다. 수水가 태과太過나 불급不及시에는 중화의 도를 잃고 조화가 깨지게 되므로, 지구상의 모든 생물을 상하게 하여 재해를 불러오게 된다.

임수壬水가 득시得時하면 물을 도와 인간을 이롭게 하고 득시得時하지 못하면 너무 유약柔弱하여 자연 근심 걱정이 많게 되어 불안한 삶에 놓이게 된다.

<삼명통회>에서 말하길, 임수壬水는 양陽에 속하고 감택甘澤과 유연하게 흐르는 강하江河에 비유하니 능히 초목草木과 만물을 자양할 수 있다고 했다. 춘절春節과 하절夏節에 생함을 반기고 가을과 겨울에 생하면 생의生意가 없다. 만약 인오술寅午戌 화국火局을 만나면 관성官星이 생조生助하여 득기得氣하니 운기運氣가 상승하여 명예가 올라간다. 유월酉月의 지지에 금국金局을 놓으면 명리名利가 따르고, 진월辰月의 지지地支에 신자진申子辰 수국水局을 놓으면 천덕天德이 되어 귀하게 되고, 지지에 해묘미亥卯未 목국木局을 놓으면 대운에서 사오미巳午未 남방南方 화운火運을 만나면 크게 발복할 것이다.

<취성자>에서 말하길, 임수壬水는 양수陽水에 속하고 그 형태는 양양汪洋한 큰 대해수大海水에 비교되고, 근원根源이 유연하여 능히 천지만물을 자라게 한다.

춘절春節과 하절夏節에 생하면 목화木火가 통명하여 밝게 빛을 발하여 발전하는데 역상易象의 수화기제水火旣濟가 되어 발복하는 이치이다.

추절秋節과 동절冬節에 생하면 금한수냉金寒水冷, 즉 금金은 차고 물은 냉하여 생의生意가 없는데 만약 대운에서 화토火土의 재관財官이 일간日干을 극剋하거나 휴수休囚시키면 발복이 일어날 것이다.

만약 임수壬水가 유월酉月에 생하고 금수金水가 왕하면 능히 재관財官을 감당할 수 있기 때문에 명리겸전名利兼全하게 된다.

임수壬水가 진월辰月에 생하고 지지에서 신자진申子辰 삼합 수국水局을 이루고 다시 대운에서 동남東南 목화운木火運을 향하면 발복한다. 고서古書에서 신왕身旺하면 설기泄氣가 마땅하고 극제剋制함은 그 다음이다.

<적천수>에서 말하길, 임수壬水는 천하天河를 통하여 능히 금기金氣를 설기泄氣하고, 강건의 덕으로 물이 막히지 않게 두루 흐르게 하고, 계수癸水가 통근通根하여 투출透出하면 하늘을 찌를 듯 땅 위를 달릴 것이고, 화化하면 유정有情하므로 따르면 서로 도울 것이다.

총체적으로 볼 때 임수壬水는 양수陽水에 속하고 발원지가 깊고도 멀다. 지지에서 신자진申子辰 수국水局을 놓거나 천간天干에 임계수壬癸水가 있으면 윤하격潤下格이 되어 능히 초목과 만물을 배양한다.

대운에서 무기토戊己土의 관성官星을 만나면 임수壬水가 유색流塞되어 흉화가 많이 발생하여 불리하다. 이때는 목기木氣로 토기土氣를 극제剋制하고 수기水氣를 설기하여 소통함이 마땅하다. 만약 임수壬水에 화토火土가 왕하면 임수壬水가 고갈되어 종재從財, 종살從殺이 되는데 이때는 초목과 만물이 고사枯死하게 된다.

만약 원국에 재관財官이 있고 또 천간天干에 재관財官이 투출되고 일간이 신왕하면 대운에서 재관운財官運을 만나면 발복하여 좋다.

## 10. 계수癸水

계수癸水는 우로수雨露水이며, 작은물, 빗물, 이슬, 생수生水, 활수活水, 시냇물, 샘물, 눈물 등에 비교된다. 순음純陰의 수水로서 천天에서는 천하天河이고, 지地에서는 우로설상雨露雪霜에 속한다. 계수癸水는 성질이 유약柔弱하여 기후에 따라 달라진다. 또한 소량小量의 저수지와 실개천에 흐르는 물이며 간하수潤下水이다.

계수癸水는 십간 중 가장 끝에 위치하므로 순음純陰이며 가장 부드러운 것이다. 수水는 물木을 보면 수생목水生木하므로 통근通根한다.

계수일생癸水日生이 진토辰土를 보면 12운성의 양양에 해당하고, 묘목卯木을 보면 장생지長生地가 된다. 이것은 수생목水生木의 이치로 생조하여 자양하는 것이다.

계수癸水가 비록 유약柔弱하더라도 무토戊土를 보면 간합干合하여 화火가 되므로 사주명식 중에 화토火土를 만나도 꺼리지 않는다.

계수일생癸水日生이 사주명식 중 천간天干에 무토戊土가 있고 다시 지지에서 사오미巳午未 방합方合 화국火局이나 인오술寅午戌 지지삼합 화국火局을 이루면 화화기격火化氣格이 되므로 화기격化氣格으로 길흉을 간명해야 한다.

<삼명통회>에서 말하길, 계수癸水는 음陰에 속하고 우로수雨露水에 비유하니 만물을 생장시키는 능력은 부족하나 계수는 우로수雨露水의 윤택한 물로써 만물의 자양과 생장을 능히 도울 수 있는 순수한 물이다. 계수癸水는 춘절春節과 추절秋節을 좋아하고, 진술축미辰戌丑未 토土를 싫어하니 진술축미辰戌丑未는 잡기재관雜氣財官이 되고 일간日干이 신약身弱할때는 재관財官이 왕하여 일이 지체되거나 흉화凶禍가 많이 따른다. 지지에 해묘미亥卯未 지지삼합 목국木局을 이루면 상관傷官이 왕하여 재상財星을 생하여 상관생재傷官生財하므로 이때 인목寅木과 갑목甲木이 없고 일간이 신왕하면 명리를 겸전하게 된다. 계수癸水가 기토己土와 축미월丑未月에 생하고 다시 삼형살三刑殺을 놓으면 의식주는 보통의 수준이다. 만약 신왕身旺하면 재관財官을 능히 감당할 수 있기 때문에 부귀현달富貴顯達할 수 있는 것이다.

<취성자>에서 말하길, 계수癸水는 음수陰水에 속하고 모두 우로雨露에 속하는 것은 아니며 작은 물방울이 모이고 모여 강하江河를 이루게 된다고 했다. 임계수壬癸水는 음양陰陽인데 칼로 자르듯이 음양을 나눌 수 없는 것이다.

물이 불을 만나면 증발하여 수증기가 되고 그 수증기는 위로 올라가 구름을 이루고 안개가 된다. 또한 대기 중에서 한랭한 기류를 만나면 다시 냉각되어 비와 이슬이 되어 땅에 내리고 이것이 다시 모여 강하江河가 되는 것이다. 이처럼 끊임없이 순환하면서 음양의 교차가 이루어지는 것이다.

계수癸水는 그 성질이 부드러운 것이지만, 만약 지지에 신자진申子辰 지지삼합 수국水局을 이루고 다시 천간天干에 투출되면 결국 대해수大海水가 되는 것이다.

만약 사주 중에 신자진申子辰 수국水局이 없으면 계수癸水의 뿌리가 없는 것과 같으니 일간이 신약身弱하여 재관財官을 감당할 수가 없어 흉화가 발생하고 불리하다. 만약 지지에 신자진申子辰 수국水局을 놓고 임계수壬癸水가 천간天干에 투출되면 윤하격潤下格이 이루어져서 발복하여 부귀현달富貴顯達하게 된다.

지지에 인오술寅午戌의 지지삼합 화국火局을 이루면 수화미제水火未濟가 되어 불리하고, 원국에 금수金水가 강하면 중화中和가 되어 균형이 이루어지고 금수金水가 없으면 일간이 신약하여 종재從財, 종살從殺이 되거나 재다신약財多身弱이 된다. 만약 계수癸水가 여름에 생하고 화토火土가 왕하여 사주가 지나치게 조열燥熱하면 대운에서 서북 금수운金水運에 계수癸水가 증발하여 불리한데, 이것은 종재격從財格과 종살격從殺格일 때를 의미한다.

<적천수>에서 말하길, 계수癸水는 지극히 약하나 천진天津에 도달하여 용龍이 비를 내려 만물을 윤택하게 하는 이치이니 공功으로 화化한 신神이다. 화토火土를 두려워하지 않고 경신금庚辛金이 생하여 주기 때문에 싫어하지 않는다. 무계합화戊癸合火하여 화火를 만나면 화상化象의 진眞이라 할 수 있다. 이것은 무토戊土가 인목寅木에서 생하고, 계수癸水는 묘목卯木에 생하여 모두 동방東方에 속하는 고로 해 돋는 곳을 의미한다.

총체적으로 볼 때 계수癸水는 음陰에 속하고 부드러운 물로서 유약柔弱하다. 우로雨露에서 시작하여 작은 물방울이 모이고 모여 강하江河를 이루게 된다.

계수癸水가 일간이 약하면 이때는 마땅히 일간을 도와야 좋은 것이고, 일간이 신왕身旺할 때는 극제剋制를 하거나 설기泄氣해서 중화의 묘를 얻어야 한다.

## 제3절 지지론地支論

### 1. 자수子水

자수는 12지지 중에서 가장 첫 번째이며, 수왕지궁水旺之宮으로 수기水氣이며 음수陰水이다. 한랭한 물로서 빙설·천수泉水·활수活水·한랭지수寒冷之水·유하지수流下之水이다. 팔괘로는 감坎이며, 일양시생一陽始生·외양내음外陽內陰이다. 달로는 음력 11월을 상징하고 절기로는 동지冬至이다. 항상 높은 데서 낮은 곳으로 쉬지 않고 흐른다. 샘물이며 색은 흑색이고 맛은 짜며 숫자는 1과 6이다. 방향은 정북쪽이다. 인체의 부위로는 귀와 신장·방광, 요도, 음부, 항문에 해당되며 동물, 즉 띠로는 쥐에 비유한다. 쥐는 앞발가락이 네 개이고 뒷발가락이 다섯 개라 음과 양이 같이 있다고 간주한다. 그리고 자시는 전날과 오늘을 이어주는 시간대라 하여 쥐를 제일 먼저 놓는다. 축토丑土와는 육합六合이 되고 신진申辰과는 지지삼합이 되고, 해축亥丑과는 방합方合이 된다. 그리고 묘卯와는 상형살相刑殺이고 미未와는 원진살이다. 목木은 자子에서 목욕沐浴이며 동목凍木이고, 금金은 자子에서 사궁死宮이며 금침金沈이며 타 오행을 만나도 변하지 않는 특성을 가지고 있다.

## 2. 축토丑土

축토는 동토凍土이며 음토陰土·습토濕土로서 한랭한 흙이다. 음력 12월을 상징하고 절기로는 대한大寒절이며, 흙이 꽁꽁 얼고 물이 축축한 습토이다. 색은 황색이며 맛은 달고 숫자는 5와 10을 상징한다. 방향은 동북의 간방이다. 시간은 새벽 1시에서 3시이며, 인체의 부위로는 포두 및 왼쪽다리와 비장에 해당된다. 팔괘로는 간궁艮宮에 속하고 동물의 띠로는 희생정신이 강한 우직한 소에 비유한다. 토土이면서 수水의 일부분으로 완전한 토土는 아니다. 자수子水와 육합六合이면서 해자亥子와 수국水局이 되면서 방합方合도 되고, 사유巳酉와는 지지 삼합三合으로 금국金局을 이루며, 미未와는 충沖이고, 술戌과는 형살刑殺이며 오午와는 육해살이면서 원진살이다. 겨울에서 봄으로 이동하는 중간 매개체 역할도 한다.

## 3. 인목寅木

인목은 양목陽木이며 정월의 기氣로서 봄의 처음자리인 대림목大林木이며 동량의 재목이다. 또한 삼양지기三陽之氣이며, 뿌리가 없는 사목死木·고목枯木·조목燥木·강목剛木이며, 인화성 물질과 폭발물에 비유된다. 달로는 음력 정월을 상징하고 절기로는 입춘立春절이다. 색은 청색이고 맛은 신맛이고, 숫자는 3과 8이다. 방향은 동북이요 팔괘로는 간방艮方이다. 시간으로는 3시에서 5시이다. 인체의 부위로는 쓸개, 머리카락, 맥, 왼쪽 대퇴부, 사지에 해당되며 동물의 띠로는 범에 비유한다. 만물을 일깨워 주고 인寅속에 병화丙火가 암장되어 있어서 화火의 장생궁長生宮이 된다. 오술午戌을 만나면 지지삼합이 되고, 묘진卯辰과는 방합方合이며 목국木局이 되고, 해亥와는 육합六合이 된다. 목木

이면서 화火에 가까운 목木으로 신申과는 지지충地支沖이며 사巳와는 형살刑殺이며 금金은 인목寅木에서 절지絶地가 되고, 수水는 병궁病宮으로 설기, 즉 도기盜氣가 된다.

### 4. 묘목卯木

묘목은 중춘仲春이며 음목陰木이고 살아 있는 나무로서 음지에서 자라며, 생목生木·활목活木·유목柔木·양류목楊柳木·초근草根·습목濕木이며, 화초목에 해당된다. 달로는 음력 2월을 상징하며 절기로는 경칩驚蟄이다. 색은 청색이고 맛은 신맛이며 숫자는 3과 8이다. 방향은 정동쪽이며 팔괘로는 진궁震宮이며 사양지기四陽之氣다. 시간으로는 오전 5시에서 7시이며, 인체의 부위로는 간, 왼쪽 갈비뼈, 손가락에 해당된다. 동물은 토끼에 비유한다. 술戌과는 육합이 되고, 해미亥未와는 지지삼합이 되며, 인진寅辰과는 방합이면서 木局을 이루고, 子와는 상형相刑이고 유酉와는 지지충이 되며 신申과는 원진살이 된다. 묘卯는 목왕지절木旺之節로 수水는 묘卯에서 사궁死宮이 되고, 火의 욕궁이고 金의 절궁絶宮이 된다.

### 5. 진토辰土

진토는 삼월지기三月之氣이며, 만춘晩春이고 양토陽土이다. 진흙과 같은 니토泥土이고 생토生土이며 물을 잔뜩 머금고 만물을 배양하는 습토이다. 달로는 음력 3월을 상징하며 절기로는 청명淸明이다. 색은 황색이고 맛은 달며 숫자는 5와 10이다. 방향은 동남쪽이고 팔괘로는 손궁巽宮이며 오양지기五陽之氣이다. 시간으로는 오전 7시에서 9시이다. 인체의 부위로는 피부, 어깨, 가슴에 해당된다. 동물의 띠로는 용에 비유한다. 용은 조화를 근본으로 삼아 중화를 중시한다. 辰土는 신체상으로 풍습風濕과 당뇨병을 조심한다. 인묘寅卯와는 방합이면서 목국木局을 이루고, 유酉와는 육합六合을 이루고 동시에 금국金局으로 변하며, 신자申子와는 지지삼합으로 수국水局을 이룬다. 해亥와는 원진살이고 술戌과는 지지충地支沖으로 개고開庫되어 재성財星을 용하면 길하다.

## 6. 사화巳火

사화는 초하지기初夏之氣이며 양화陽火이며 태양과 광선으로 적외선·방사선·자외선이다. 또한 강렬한 화기火氣로 금金을 능히 극하여 녹일 수 있는 노치지화爐治之火이다. 천지 만물을 고루 비쳐 오곡백과를 자생하게 하고, 지망살地網殺이며 달로는 음력 4월을 상징하며 절기로는 입하立夏이다. 색은 적색이고 맛은 쓴맛이며 숫자는 2와 7이다. 방향은 동남쪽이고 팔괘로는 손궁巽宮이며 육양지기六陽之氣이다. 인체의 부위로는 얼굴, 인후, 치아, 고황에 해당된다. 시간으로는 오전 9시부터 11시이고, 동물의 띠로는 뱀에 비유한다. 겉은 음이고 안은 양으로 타 오행을 만나면 변하기 쉽다. 신申과는 육합六合이면서 형살刑殺인데, 이러한 경우는 선합후형先合後刑으로 먼저는 길하나 후에는 불리한 것이다. 술戌과는 원진살이고 해亥와는 지지상충이며, 인신寅申과는 삼형살三刑殺이다. 신체상으로는 혈압과 풍질風疾에 조심하고 사화巳火가 충冲이나 형刑을 만나면 시력에 이상이 생긴다. 사巳에서 수水는 절지絶地가 되고, 화火는 녹궁祿宮으로 강한 힘이 된다.

## 7. 오화午火

오화는 음화陰火이며 타는 불이고 생화이며 살아있는 활화活火에 속한 등촉불이다. 달로는 음력 5월을 상징하며 절기로는 망종芒種이다. 색은 적색이고 맛은 쓴맛이며 숫자는 2와 7이다. 방향은 정남쪽이며 팔괘로는 이궁離宮이고 일음지기一陰之氣이다. 시간으로는 오전 11시부터 오후 1시이다. 하지 이후부터 밤이 서서히 길어지기 시작한다. 오화午火는 타 오행을 만나도 변화가 안되며 화극금火克金은 可하나 패지敗地가 되어 강한 기물은 만들기 어렵다. 인체의 부위로는 심장, 정신, 눈동자에 해당된다. 동물은 말에 비유한다. 미未와는 육합六合이 되어 화국火局으로 변하고 인술寅戌과는 지지삼합으로 화국火局을 이룬다. 사오巳午와는 방합이면서 火局을 이루고, 자子와는 지지상충하여 충패冲敗되고 절궁絶宮이 되면서 수극화水剋火를 받아 화기火氣는 완전 소멸된다. 하지 이후는 습한 기운이 서서히 엄습하기 때문에 인체에 땀이 나면 끈끈해 진다. 외양내음外陽內陰으로 외실내허外實內虛의 상이다.

## 8. 미토未土

미토는 음토陰土이며 왕토旺土·조토燥土로서 만물이 자생하기 어려운 건조한 조토이다. 달로는 음력 6월을 상징하며 절기로는 소서小署이고 삼복지기三伏之氣이다. 색은 황색이고 맛은 단맛이며 숫자는 5와 10이다. 방향은 서남쪽이며 팔괘로는 곤궁坤宮이고 이음지기二陰之氣이다. 시간으로는 오후 1시에서 3시까지이다. 인체의 부위로는 위, 등뼈인 척추에 해당한다. 동물은 양에 비유한다. 토土이면서도 만물을 자생할 수 있는 가색稼穡의 공을 이루기 어렵고 삼복염천三伏炎天에 6월의 기氣로 병정화丙丁火가 착근着根할 수 있어서 토극수土克水는 잘하나 토생금土生金은 어렵다. 미未와는 육합六合을 이루고, 해묘亥卯와는 지지삼합으로 목국木局을 이룬다. 축丑과는 지지상충이고 술戌과는 형살刑殺이 되는데 이때는 미토未土가 파괴되는 것이 아니라 오히려 왕旺한 것이 형살刑殺이므로 왕旺해진다. 자子와는 육해살六害煞이면서 원진살이 되며, 목木은 미未에서 입묘入墓되어 고목枯木이 된다. 수水는 미토未土에게 극剋을 받아 유색流塞된다.

## 9. 신금申金

신금은 양금陽金이며 강금剛金, 완금頑金이고 땅에서 캐낸 제련이 안 된 무쇠와 같다. 달로는 음력 7월을 상징하며 절기로는 입추立秋이다. 색은 백색이고 맛은 매운맛이며 숫자는 4와 9이다. 방향은 서남쪽이며 팔괘로는 곤궁坤宮이며 삼양지기三陰之氣이다. 시간으로는 오후 3시에서 5시까지이다. 인체의 부위로는 대장, 경락, 폐, 오른쪽 어깨에 해당된다. 동물의 띠로는 원숭이에 비유된다. 인寅과 지지상충이고 묘卯와는 원진살이다. 유술酉戌과는 방합이면서 금국金局을 이루고, 사巳와 육합六合을 이루나 수국水局으로는 변하지 않는다. 이유는 극剋이면서 합合이기 때문이고 신중申中 경금庚金과 사중巳中 경금庚金이 암합暗合하여 금金에 가깝기 때문이다. 목木은 신申에서 절지絶地가 되고 화火는 병지病地가 된다. 수水는 장생지長生地가 되어 좋고, 계癸는 탁수濁水가 되어 흠이 되는데 신중申中 임수壬水에 의해 계수癸水가 힘을 발휘하지 못하기 때문이다.

## 10. 유금酉金

유금은 음금陰金이며 제련되고 가공된 주옥과 보석으로서, 유금柔金·생금生金·연금軟金·연금鍊金·비철금속非鐵金屬이다. 달로는 음력 8월을 상징하며 절기로는 백로白露이며 결실과 청백淸白 등에 속하여 십이지지 중 가장 아름답고 깨끗한 유금酉金이다. 맛은 매운맛이며 숫자는 4와 9이다. 방향은 정서쪽이며 팔괘로는 태궁兌宮이고 사음지기四陰之氣이다. 시간으로는 오후 5시부터 7시까지이다. 인체의 부위로는 정혈, 정낭, 난소, 소장, 오른쪽 갈비뼈에 해당된다. 동물의 띠로는 닭에 비유한다.

진辰과는 육합六合으로 금국金局이 되고, 사축巳丑과 지지삼합을 이루어 금국金局이 된다. 신술申戌과는 방합方合이면서 금국金局을 이루고 금왕지절金旺之節로 타 오행을 만나도 변하지 않는다. 묘卯와는 지지상충이고 인寅과는 원진살이 된다. 목木은 유酉에서 절궁絶宮이고, 화火는 유酉에서 사지死地가 된다. 유酉는 비록 연한 금이나 만약 득국得局이 되면 완금지상頑金之象으로 이때 화기火氣를 만나야 쓰임있는 그릇이 된다.

## 11. 술토戌土

술토는 양토陽土이며 만추晩秋의 사토死土·왕토旺土로서 만물이 자생하기 어려운 건조한 조토燥土이고 왕성한 흙이며 제방과 산이며 천문성天門星이며, 괴강살魁罡殺이다. 달로는 음력 9월을 상징하며 절기로는 한로寒露이다. 색은 황색이고 맛은 단맛이며 숫자는 5와 10이다. 방향은 북서쪽이고, 팔괘로는 건궁乾宮이고 오음지기五陰之氣이다. 술토戌土는 왕토旺土로서 바다나 강하江河의 물을 막을 수 있어도 조토燥土인지라 토생금土生金엔 인색하다. 시간으로는 오후 7시부터 9시까지이다. 인체의 부위로는 명문命門, 넓적다리와 발에 해당된다. 동물은 개에 비유한다.

묘卯와는 육합六合이나 극합剋合으로 화국火局은 이루어지지 않고, 인오寅午와는 지지삼합으로 화국火局을 이룬다. 신유申酉와 방합方合이면서 금국金局을 이루고, 주중에 한점의 화기火氣도 없어야 한다. 진辰과는 지지상충이고 축미丑未와는 삼형살三刑殺이며 사巳와는 원진살이다. 목木은 술戌이 조토燥土인지라 뿌리를 내리기 어려워 고사枯死하며 화기火氣는 술戌에서 입묘入墓된다. 수水

는 술戌에서 유색流塞되고 만다. 술토戌土가 축토丑土를 만나면 형살刑殺이 되어 개고開庫되나 너무 지나치면 오히려 파문破門되고 만다.

## 12. 해수亥水

해수는 양수陽水이며 맹동孟冬으로 고여 있는 호수와 큰 물로서, 강수剛水·호수湖水·해수海水·사수死水·횡류橫流·난류暖流·정지수停止水이다. 달로는 음력 10월을 상징하며 절기로는 입동立冬이다. 천문성天門星이며 천라살天羅殺이다. 색은 흑색이고 맛은 짠맛이며 숫자는 1과 6이다. 방향은 북서쪽이며 팔괘로는 건궁乾宮이며 음陰의 극極인 육음지기六陰之氣이다. 시간으로는 밤 9시부터 11시까지이다. 인체의 부위로는 머리와 오른쪽 다리, 고환, 신장에 해당된다. 동물의 띠로는 돼지에 비유한다. 해수亥水는 생목生木을 잘하고 극화剋火도 잘하며 인寅과는 육합六合으로 목국木局으로 변하고, 묘미卯未와는 지지삼합으로 목국木局을 이룬다. 자축子丑과는 방합方合이면서 목국木局을 이루고, 사巳화는 지지상충이 된다. 진辰과는 원진살이 되고, 해亥는 능히 목木을 생하고 장생지長生地로서 소춘小春이라 하며 화火는 해亥에서 절지絶地가 된다. 토土는 물에 토류土流되고 금金은 병사지病死地가 되어 금金은 가라앉고, 수水는 녹祿과 왕旺으로 수기水氣의 임무를 다할 수 있다. 특히 해수亥水가 자수子水를 만나면 해자亥子로 수국水局을 이루면서 한류寒流가 난류暖流를 따르는 상이니 좋은 물이 되고 가장 아름다운 것이다.

# 제21장
# 월별 조후법

命理學原理大全

제 1 절 갑목 일주
제 2 절 을목 일주
제 3 절 병화 일주
제 4 절 정화 일주
제 5 절 무토 일주
제 6 절 기토 일주
제 7 절 경금 일주
제 8 절 신금 일주
제 9 절 임수 일주
제10절 계수 일주

# 제21장 월별月別 조후법調候法

## 제1절 갑목甲木 일주日柱

### 1. 인월생寅月生(1월)

1월의 갑목甲木은 초봄으로 아직 한기寒氣가 남아 있어 춥다. 이때 병화丙火로 따뜻하게 조후하고 계수癸水로 갑목甲木이 마르지 않도록 적당히 적셔준다. 병화丙火는 태양이니 춘절春節에는 대지를 따뜻하게 하여 모든 초목이 햇빛을 받고 싹을 피우게 되며, 계수癸水는 우로수雨露水이므로 계수癸水가 없으면 봄 가뭄의 우려가 있으므로 그렇게 되면 초목이 자라지 못하고 싹이 나오지 못하기 때문이다.

### 2. 묘월생卯月生(2월)

2월의 갑목甲木은 하루가 다르게 따뜻한 봄의 기운이 점점 자라나서 목木의 기운이 생기를 얻고 왕성해지기 시작한다. 이때 경금庚金을 만나면 이상적이다. 만약 사주의 천간天干에 경금庚金이 있고 정화丁火가 있으면 경금庚金으로 나무를 자르고 다듬어서 동량목棟樑木으로 사용할 수 있어서 가히 아름다운 것이다. 총체적으로 묘월생卯月生 갑목甲木은 경금庚金과 무토戊土가 있어야 중화中和를 이루어 상격上格이 되며 더불어 정화丁火가 있으면 아주 이상적이다.

### 3. 진월생辰月生(3월)

3월의 갑목甲木은 목木의 기운이 점점 쇠퇴해가고 토土의 기운이 서서히 왕성하여지면서 축축한 습토濕土가 되어 나무의 뿌리를 배양하게 되니 목木의 가지가 뻗어나고 무성하게 된다. 이때 먼저 경금庚金으로 나무의 가지를 자르고 다듬어 임수壬水를 사용하여 수생목水生木으로 나무의 기운을 부조扶助해야 한다.

### 4. 사월생巳月生(4월)

4월의 갑목甲木은 화기火氣가 점점 성하여지는 계절로써, 병화丙火의 위력이 당권當權하여 불의 세력이 크다. 이때 나무의 상태는 십이운성十二運星의 병지病地에 임하게 되어 쇠약해지고, 또한 건조한 상태이므로 먼저 계수癸水의 물로써 나무를 부조扶助하여 뿌리가 마르지 않고 윤택하게 잘 자랄 수 있도록 하여야 한다.

만약 경금庚金이 사주에 있어서 계수癸水를 금생수金生水로 도와준다면 약한 물이 기운을 얻어 건조한 대지를 축축히 적셔주니 땅은 윤택해져 자양滋養의 땅으로 변하고 나무는 생기를 얻어 무성하게 자라게 되니 자연 개운開運되어 귀하게 되는 것이다.

### 5. 오월생午月生(5월)

5월의 갑목甲木은 화왕지절火旺之節의 목木으로 화기火氣가 성하게 되어 나무가 가물어 시들게 되므로 조후가 시급한데, 이때 계수癸水로 수생목水生木하여 나무를 생조하고, 윤토潤土하여 땅을 윤택하게 하며 정화丁火와 경금庚金으로 도와주어 중화中和를 이루게 한다.

만약 사주에 임수壬水와 계수癸水가 많아 나무가 너무 생조를 받아 강하게 되면 이때 사주 천간天干에 경금庚金이 있어 적당히 견제를 해 주어야 명운命運이 귀하게 된다. 만약 경금庚金이 너무 왕旺하면 정화丁火로 금金을 극제剋制해야 귀하게 된다. 특히 5월 갑목甲木에는 우로수雨露水이면서 계간수溪澗水인 계수癸水와 경금庚金이 가장 필요한 것이다.

### 6. 미월생未月生(6월)

6월 갑목甲木은 나무의 기운이 건조乾燥하며 대서 이후부터 서서히 불의 기운이 약해진다. 반면에 금수金水의 기운이 점점 왕성하여지기 때문에 삼복 더위에 생한生寒, 즉 찬 기운이 일어나는 격이라 비록 표면적으로 삼복 더위가 기승을 부릴지라도 땅 속에서는 이미 찬 기운이 일어나기 시작하는 때이다.

## 7. 신월생申月生(7월)

　7월의 갑목甲木은 고목枯木이고 사목死木에 해당되어 뿌리가 없는 죽은 나무이므로 경금庚金과 정화丁火가 사주에 있으면 명식이 좋아져서 여러방면에서 크게 성공하여 귀하게 된다. 경금庚金과 정화丁火가 함께 있으면 재물과 명예를 한 몸에 얻는 호운好運을 맞게 된다.
　7월의 갑목甲木은 정화丁火를 으뜸으로 삼고, 경금庚金을 그 다음으로 삼는다. 만약 화수火水가 함께 있으면 화기火氣의 저항을 받게 되어 능히 금金을 녹이지 못하므로 이때는 반드시 갑목甲木으로 목생화木生火를 얻어 화기火氣를 부조해야 한다.

## 8. 유월생酉月生(8월)

　갑목이 8월에 이르면 금왕지절金旺之節로 금金의 기운이 왕성하게 되어 목木의 기운이 회기되므로, 이때 정화丁火로 금金을 제지하여 견제하고 만약 정화丁火가 사주에 없다면 병화丙火로 금金을 녹여야 사주가 한쪽으로 편중되지 않고 중화中和를 이루어 조화를 이룬다. 만약 경금庚金이 있고 병화丙火나 정화丁火의 견제가 없다면 나무가 금金에 의하여 손상을 입는 격이니 명운命運상 좋지 않다.

## 9. 술월생戌月生(9월)

　갑목甲木은 9월에 이르면 가을이 깊어가고 한기寒氣가 엄습하여 추워진다. 땅은 영양분이 없는 조토燥土이며 사토死土니 자연히 목기木氣는 쇠약해지고 마르게 된다. 이때 임수壬水나 계수癸水를 보면 마른땅에 물을 적시는 것이니 땅이 윤택해진다. 더불어 병화丙火나 정화丁火를 보면 나무가 추위를 잊게 된다. 결국 술월戌月의 갑목甲木은 수화水火, 즉 물과 불의 조화가 있어야 조화를 이루고 성격成格되어 호명好命을 얻게 되어 재산과 명예를 함께 얻게 된다.

## 10. 해월생亥月生(10월)

10월의 갑목甲木은 목木의 장생지長生地이므로 수왕水旺하여 중화를 잃으면 부목浮木, 즉 나무를 뜨게 하니 생하기가 어렵다. 그러므로 먼저 경금庚金으로 벽갑劈甲하고, 한기寒氣의 해소를 위해 정화丁火가 필요하고 정화丁火가 없을 때는 병화丙火를 사용한다. 만약 사주에 경금庚金과 정화丁火가 있고 무토戊土가 있으면 중화를 이루어 재산과 지위를 얻게 되어 호명好命이 된다.

10월에는 한기寒氣가 엄습하여 나무가 추우므로 조후가 필요하여 태양을 향하는 것이 좋다. 사주에 경금庚金이 없어도 병화丙火와 무토戊土를 보면 명운命運이 좋을 것이며, 더불어 경금庚金이 있다면 부귀겸전富貴兼全 하게 된다.

## 11. 자월생子月生(11월)

11월 갑목甲木은 한랭지절寒冷之節이라 추운 계절이므로, 나무가 추위에 얼게 되므로 따뜻한 조후가 시급하게 된다. 자월子月이라 물이 왕성하여 한랭寒冷하므로 무토戊土의 극제剋制가 없으면 어려움을 당하고 나무가 너무 춥기 때문에 병화丙火나 정화丁火가 없으면 명운命運상 부귀현달富貴顯達하기 어렵다.

## 12. 축월생丑月生(12월)

12월의 갑목甲木은 동토지절凍土之節이라 기후가 몹시 추워서 땅이 얼어붙고 나무 또한 동목凍木이 되어 생기가 전혀 없게 된다. 이때는 먼저 갑목甲木을 경금庚金으로 벽갑劈甲하고 정화丁火로 장작불을 붙이면 나무가 불을 생하여 조후가 적당히 이루어져 좋게 된다.

12월 갑목甲木은 비록 사주에 경금庚金이 있어도 따뜻하게 하는 정화丁火의 역할이 없어서는 안 된다. 만약 경금庚金과 정화丁火가 없으면 무용지물無用之物이 되어 남녀 모두 신체적으로 병약하거나 단명하게 되며, 명운命運이 좋지 않게 된다.

## 제2절 을목乙木 일주日柱

### 1. 인월생寅月生(1월)

초목과 화초에 해당하는 정월의 을목乙木은 아직 한기寒氣가 남아있어서 날씨는 춥고 싸늘하여 조후가 시급하니 이때 태양인 병화丙火가 아니면 성장하지 못한다. 비록 계수癸水가 있어 수생목水生木은 하나 아직 날씨가 춥기 때문에 기운이 활기가 없으므로 물을 두려워하게 된다. 따라서 먼저 병화丙火를 쓰고 다음으로 우로수雨露水인 계수癸水를 쓰게 된다.

을목乙木이라고 하는 것은 초목草木이나 화초花草와 같은 것이므로 태양의 빛인 병화丙火와 계수癸水를 떠날 수가 없다. 병화丙火는 태양이고 계수癸水는 비와 이슬이기 때문이다.

그러나 병화丙火가 계수癸水를 보면 안개와 구름에 의하여 태양이 가리게 되는 형상이니 날씨가 흐린 것과 같은 이치다. 이렇게 되면 태양인 병화丙火가 비와 안개를 비추어 오히려 나무를 윤택하게 하니 병화丙火를 먼저 사용하여 온 대지에 따스한 봄을 알리고 양화陽火의 덕을 다하게 하는 것이다. 정월의 을목乙木은 성장하는 초목으로 무엇보다도 병화丙火가 필요하며, 그러나 병화丙火가 왕하면 계수癸水로써 견제해야 되고 경금庚金이나 신금辛金이 많아 극을 심하게 받으면 병정화丙丁火로써 제지해야 된다. 만약 병화丙火가 없고 정화丁火와 임수壬水만 있어도 어느 정도 도움은 받으나 마땅히 병화丙火의 위력만큼은 따르지 못한다.

### 2. 묘월생卯月生(2월)

2월의 을목乙木은 목왕지절木旺之節로 지표면으로 양기陽氣가 점점 올라와 초목은 추위를 벗어나게 된다. 을목乙木은 습목濕木이고 생목生木이므로 초봄에 나와서 계수癸水인 우로수雨露水와 태양인 병화丙火의 적당한 조화만 있으면 중화를 이루어 크게 발달하게 된다. 이것은 조후의 묘를 의미하는데 온 대지의 초목은 화기火氣인 태양과 水氣인 비와 이슬로 촉촉이 적셔주어야 잘 자라게 된다.

## 3. 진월생辰月生(3월)

3월은 토왕지절土旺之節로 을목乙木은 온난지토溫暖之土 위에서 자라나는 성장기의 나무가 되어 을목乙木의 착근着根이 용이하나 만약 토기土氣가 강하면 어려움을 겪는다. 또한 월령月令인 진토辰土는 습토濕土로써 자양분을 가득 함유하여 화초는 무성하게 자라고 화기火氣는 점점 강하여 진다. 이때 계수癸水로 적당히 윤토潤土하고 태양인 병화丙火로 비추어 주면 중화의 도를 이룬다.

## 4. 사월생巳月生(4월)

4월 을목乙木은 화왕지절火旺之節로 병화丙火가 12운성으로 녹지祿地에 임하여 화열火熱이 강하고 대지는 마르고 건조하므로 이때는 오직 계수癸水를 사용하게 된다. 4월에는 화기火氣가 강하고 땅은 마르고 건조하여 물이 증발하기 쉽고 가뭄의 우려가 있다. 우로수雨露水인 계수癸水로 마른 흙을 촉촉이 적시어 윤토潤土하여 조화를 이룬다.

## 5. 오월생午月生(5월)

5월의 을목乙木은 화왕지절火旺之節로 화기火氣가 왕성하고 땅이 마르고 건조하므로 대지가 가물고 초목과 화초는 심한 갈증을 느끼게 된다. 하지夏至 이후는 음기陰氣가 소생하는 때이므로 비록 삼복더위에 있더라도 이미 땅속에서는 차가운 기운이 움트고 있는 것이다. 이때는 태양인 병화丙火로 따뜻하게 조후하고 더불어 계수癸水를 사용하여 갈증과 건조함을 해소한다. 그러므로 5월의 을목乙木은 조후가 시급하여 이때 병화丙火와 계수癸水를 함께 쓰는 것이다. 5월의 나무는 대운에서 사오미巳午未 남방운南方運을 가장 두려워한다. 이때는 강렬한 화기火氣에 나무의 뿌리가 마르고 가지가 말라 시들기 때문이다. 나무의 기운이 모두 설기되어 우로수雨露水인 계수癸水가 없으면 생기를 얻지 못하여 계수癸水가 사주를 중화시키는 중요한 역할을 한다. 만약 대운에서 인묘진寅卯辰 동방운이나 해자축亥子丑 북방운을 만나면 즐거워하여 이 기간에는 모든 일이 순조롭고 발복하여 부귀현달하는 좋은 운이 된다.

## 6. 미월생未月生(6월)

6월의 을목乙木은 조토지절燥土之節로 대지가 건조하고 가물어 나무의 뿌리가 마르고 잎은 시든다. 6월에는 대서大暑 전과 대서 후로 나누어 가을의 접목기에 오면 물은 진기眞氣를 만나게 되어 사주에 금金과 수水가 많은 사람은 병화丙火의 조후가 중요하고 그렇지 않으면 모두 계수癸水를 사용하게 된다.

## 7. 신월생申月生(7월)

7월의 을목乙木은 금왕지절金旺之節로 경금庚金이 도래하여 금金의 기운이 왕성하고 점차 가을의 한기寒氣가 내습하므로 태양인 병화丙火의 따뜻한 조후가 필요하다. 7월의 을목乙木은 기토己土와 우로수雨露水인 계수癸水를 만나야 중화를 이루어 생기를 얻는다. 혹시 병화丙火와 계수癸水가 없어도 나무가 뿌리를 내릴 기토己土는 반드시 필요한 것이다.

## 8. 유월생酉月生(8월)

8월은 금왕지절金旺之節로 을목乙木은 가을에 단풍이 든 것과 같다. 이때는 오직 우로수雨露水인 계수癸水를 사용하여 나무를 생조해 주어야 되나 추분秋分 이후는 나무의 꽃이 이미 피었으니 이때는 병화丙火로 양기陽氣를 보충하고 계수癸水로써 수생목水生木하여 나무에 생기를 주어야 한다.

8월은 금기金氣가 왕성하여 상대적으로 목기木氣가 쇠약하게 된다. 추분 전에는 계수癸水로써 금생수金生水하여 금기金氣를 맑게 해 주고, 수생목水生木하여 계수癸水가 나무를 생조함이 우선이나 추분 이후는 한기寒氣가 점점 내습하여 춥게 되니 이때는 태양인 병화丙火가 있어야 귀한 명이 된다.

## 9. 술월생戌月生(9월)

9월은 조토지절燥土之節로 생목생목生木인 을목乙木은 생기를 잃고 가지가 마르고 잎이 떨어지게 된다. 이때는 조후가 시급한데 반드시 계수癸水로 수생목水生木하여 나무를 도와주어야 한다. 9월은 가을의 기운이 깊어 상대적으로 토기

土氣가 왕성하여 대지가 건조하게 되므로 나무는 시들고 뿌리가 마르게 된다. 이때는 계수癸水로써 마른 나무를 촉촉하게 적시어 돕고 흙을 윤택하게 하여 초목이 제 기능을 다하도록 한다.

## 10. 해월생亥月生(10월)

10월은 수왕지절水旺之節로 을목乙木은 표면적으로는 낙엽이 지고 시들었으나 안으로는 생기가 발동하여 나무의 기운이 장생지에 이른다. 이때 태양인 병화丙火는 해수亥水에서 절지絶地에 임하므로 태양의 빛이 아주 약해지는 때이다. 만약 추운 나무가 생기를 얻으려면 병화丙火를 만나야 되고 물이 왕성하여 부목浮木의 우려가 있으면 무토戊土로서 제지하여 중화의 도를 이루게 한다.

## 11. 자월생子月生(11월)

11월은 한랭지절寒冷之節로 을목乙木은 뿌리와 잎이 추위를 감당하기 어렵다. 이때는 대지가 모두 꽁꽁 얼어붙어 태양인 병화丙火의 조후가 시급하다. 만약 태양이 아니면 추운 겨울을 따뜻하게 해주지 못하여 모든 초목이 생기를 잃고 쇠퇴하게 된다. 만일 계수癸水가 있으면 추위에 바로 얼게 되니 겨울철에는 차가운 물이 필요하지 않는 것이다. 태양인 병화丙火로써 추위를 풀어주고 제방인 무토戊土로써 계수癸水의 병을 제거하면 추운 나무가 중화를 이루어 을목乙木이 생기를 얻어 제 기능을 다하게 되는 것이다.

## 12. 축월생丑月生(12월)

12월은 동토지절凍土之節로 을목乙木의 나무는 얼고 가지는 말라 상대적으로 쇠약한 시기이다. 이때는 따뜻한 병화丙火의 조후가 시급한데 그렇지 못하면 초목이 얼어붙어 생기를 잃는다. 태양인 병화丙火로 온 대지를 따뜻하게 비쳐 주어야 비로소 만물은 얼어붙지 않고 제 기능을 다하게 되는 것이다. 12월은 수기水氣가 이미 약해져 있으니 이때는 병화丙火를 제외하고 다른 오행을 감히 사용할 수 없는 것이다.

## 제3절 병화丙火 일주日柱

### 1. 인월생寅月生(1월)

정월은 목왕지절木旺之節로 병화丙火 일주가 정월에 태어나면 왕성한 목기木氣의 생조를 받아 불의 기운이 상대적으로 강하기 때문에 이때는 임수壬水로써 병화丙火의 세력을 제지하고 경금庚金으로 목木의 세력을 견제하여 중화를 얻어야 한다.

### 2. 묘월생卯月生(2월)

2월은 목왕지절木旺之節로 병화丙火의 양기가 점점 올라오고 화기火氣는 목木의 생조를 받아 더욱 왕성해지는 시기이다. 이때 대지는 건조하여 초목이 마르고 봄 가뭄의 우려가 있는 때이므로 조후가 시급하므로 임수壬水를 사용하게 되고 기토己土로 화기火氣를 설하여 보조한다.

### 3. 진월생辰月生(3월)

3월은 습토지절濕土之節로 병화丙火는 점점 더워져서 대지의 초목이 가물고 갈증이 오게 된다. 이때는 오직 사주에 임수壬水가 있어야 물과 불이 조화를 이루어 부귀한 명이 된다. 사주에 임수壬水가 있고 갑목甲木이 있으면 아름답고, 만약 갑목甲木이 없고 경금庚金이 임수壬水를 생조하면 토기土氣가 상대적으로 약하게 되어 좋은 명이 되지 못한다.

### 4. 사월생巳月生(4월)

4월은 화왕지절火旺之節로 태양인 병화丙火는 월령月令이 화기火氣가 되어 화염火焰이 충천沖天하여 그 강한 위력을 감당할 수가 없다. 이때는 오직 임수壬水로써 불의 강렬한 화세火勢를 막고 갈증을 풀어야 되니 물과 불의 조화가 있어야 된다. 만일 사주에 임수壬水가 없으면 중화를 잃어 태양의 밝은 빛을 발하기 어렵다. 또한 임수壬水나 계수癸水가 없으면 화세火勢를 식히지 못하므로 화염이 강하고 흙이 마르고 건조해진다. 수기水氣가 약하면 경금庚金으로 부조扶助하면 좋다.

## 5. 오월생午月生(5월)

5월은 화왕지절火旺之節로 화기충천火氣沖天하고 양인羊刃이 월령月令에 사령하여 화세火勢가 더욱 왕성하여 조후가 시급하다. 이때 임수壬水와 경금庚金이 사주에 있으면 화염火焰을 식히고 중화를 이루어 명식이 아름다워진다.

## 6. 미월생未月生(6월)

6월은 조토지절燥土之節로 태양인 병화丙火는 대서大暑 전에는 화기火氣가 왕하여 임수壬水가 필요하고 대서大暑 이후는 비록 삼복 더위라도 땅속에서는 이미 차가운 기운이 발생하여 임수壬水, 경금庚金, 갑목甲木의 도움을 받아야 중화를 이루어 길하다. 대서 이후에 임수壬水가 강하면 이때는 갑목甲木이 있어야 맑게 된다. 6월의 화기火氣가 왕성하고 흙이 마르고 건조하여도 이미 땅속에서는 생한生寒, 즉 추운 기운이 올라오게 되니 이때는 갑목甲木과 을목乙木의 도움을 받아야 귀한 명이 된다.

## 7. 신월생申月生(7월)

7월은 금왕지절金旺之節로 태양이 점점 서쪽으로 기울어 화기火氣가 쇠퇴하고, 양기陽氣는 점점 쇠약해지는 시기에 속한다. 또한 병화丙火는 십이운성의 병지病地에 임하여 기운이 더욱 쇠퇴하여 화기火氣가 약해진다. 이때 무토戊土와 기토己土를 보면 태양이 구름에 가리워지는 형상이니 어두워지기 쉬우므로 이때는 오직 사주에 임수壬水가 있어야 태양인 병화丙火가 빛을 발할 수 있다.

## 8. 유월생酉月生(8월)

8월은 금왕지절金旺之節로 병화丙火는 유금酉金에서 십이운성의 사지死地에 임하여 화기火氣가 거의 쇠멸하는 상태로 즉 태양이 서산에 지려고 할 때 회광반조回光返照하여 남은 빛이 호수와 바다에 비치는 격이다.

8월 병화丙火는 먼저 일주가 신강함을 필요로 하니 갑목甲木과 병정화丙丁火가 있어야 하고 지지에도 인목寅木과 사오화巳午火 방합方合 화국火局이 있으면 차가운 임수壬水를 능히 대적하거나 감당할 수 있다.

## 9. 술월생戌月生(9월)

9월은 조토지절燥土之節로 태양인 병화丙火는 이미 서산에 넘어갔다는 의미가 된다. 따라서 병화丙火가 가장 꺼리는 것은 무토戊土와 기토己土이다. 무기토戊己土는 구름에 비유되어 태양인 병화丙火를 가리어 어둡게 하기 때문이다. 이것은 불이 흙에 의해 기운을 과다하게 설기하여 허약해지는 이치이다. 사주에 갑목甲木이 있고 임수壬水가 있으면 왕한 토기土氣가 견제되어 아름답다. 9월에는 흙이 건조하고 나무가 메말라 물이 없으면 나무가 시든다. 만약 나무가 없고 물만 있으면 병화丙火가 약해지게 된다.

임수壬水는 태양인 병화丙火의 빛을 발하게 하고 계수癸水는 갑목甲木을 생해주어 물과 나무는 서로 떨어질 수가 없는 것이다.

## 10. 해월생亥月生(10월)

10월은 수왕지절水旺之節로 태양인 병화丙火는 해亥에서 절지絶地가 되므로 태양이 빛을 잃어 빛을 발하지 못한다. 사주에서 갑목甲木의 도움이 있어야 목생화木生火로 태양인 병화丙火가 빛을 발할 수 있고, 10월은 수기水氣가 왕성하므로 이때 무토戊土가 있어서 물을 견제하면 좋은 명이 된다.

10월의 병화丙火는 사주에서 갑목甲木이 강하면 경금庚金으로 벽갑劈甲하여 제지하고, 임수壬水가 많아 수기水氣가 너무 왕성하면 이때는 무토戊土로 제지하여 중화의 도를 이루어야 한다.

## 11. 자월생子月生(11월)

11월은 한랭지절寒冷之節로 태양인 병화丙火는 동지冬至 이전에는 갑목甲木과 무토戊土와 경금庚金이 있어서 중화를 이루어야 되고, 동지 이후는 일양一陽이 소생하기 때문에 병화丙火가 약한 가운데에 땅속으로부터 따스한 기운이 올라오는 시기이므로 임수壬水를 사용하게 되고 무기토戊己土로써 돕게 함으로써 중화를 이룬다. 11월은 차고 한랭하여 병화丙火는 반드시 갑목甲木으로 도움을 받아 빛을 잃지 말아야 한다.

## 12. 축월생丑月生(12월)

12월은 동토지절凍土之節로 태양인 병화丙火는 이양二陽이 발생하는 때이므로 힘을 얻어 임수壬水가 병화丙火를 극하는 것을 두려워하지 않고 무토戊土가 병화丙火의 기운을 설기하는 것을 두려워한다. 병화丙火는 강하江河인 임수壬水가 아니면 귀함을 얻기 어렵고 갑목甲木이 아니면 병화丙火가 생기를 얻기 어려우니 만일 사주에 갑목甲木이 있고 임수壬水가 있으면 중화의 도道를 이루어 명식이 아름다워 좋은 명이 된다.

# 제4절 정화丁火 일주日柱

## 1. 인월생寅月生(정월)

정월의 정화丁火는 목왕지절木旺之節로 갑목甲木의 기세가 왕성하고 인수印綬인 모친母親의 생조를 강하게 받는 시기이다. 경금庚金으로 갑목甲木을 쪼개는 것은 도끼로 장작을 패는 이치와 동일하므로 경금庚金이 갑목甲木으로 장작을 만들어 정화丁火, 즉 타는 불에 불쏘시개가 되는 이치이다. 따라서 정화丁火는 갑목甲木의 장작과 서로 떨어질 수 없는 사이이다. 정월의 정화丁火는 갑목甲木과 경금庚金을 멀리 할 수 없으며, 갑목甲木으로 생조를 받고 경금庚金으로 나무를 쪼개어 장작을 만들고 임수壬水로 정임합목丁壬合木하여 조화를 이루면 좋은 명으로 크게 현달한다.

## 2. 묘월생卯月生(2월)

2월은 목왕지절木旺之節로 정화丁火는 묘목卯木의 나무 기운이 왕성하고 습한 나무가 되어 불을 짚이지 못한다. 이때 갑목甲木이 아니면 정화丁火는 생조를 받지 못하게 되니 갑목甲木과 경금庚金이 필요하며 서로 떨어질 수가 없다.

## 3. 진월생辰月生(3월)

3월은 토왕지절土旺之節로 토기土氣가 왕성하므로 상대적으로 정화丁火의 기운이 많이 약해진다. 이때는 먼저 갑목甲木으로 무토戊土를 제거하고 정화丁火를 생조하는 것이 시급하다. 다음엔 경금庚金으로 갑목甲木을 잘라 장작으로 만들어 정화丁火를 생조하여야 한다. 만일 사주의 지지에 해묘미亥卯未의 지지 삼합 목국木局을 이루고 갑목甲木이 있으면 이때는 경금庚金이 있어야 현달하는 명이 된다.

## 4. 사월생巳月生(4월)

4월에는 화왕지절火旺之節로 화세火勢가 점점 왕성하게 되어 비록 갑목甲木을 이용하여 정화丁火의 불을 댕기게 되나 이때는 반드시 경금庚金이 갑목甲木을 쪼개야만 된다. 사주에 경금庚金과 갑목甲木이 있어야 벽갑劈甲하여 장작을 만들고 좋은 명이 된다. 따라서 갑목甲木이 많으면 경금庚金으로 제지함을 우선하게 된다. 다만 정화丁火는 사주에서 계수癸水를 보는 것을 꺼리는데 그것은 계수癸水가 갑목甲木을 생하게 되면 습한 나무가 되어 연기만 나고 불을 짚이는데 어려움이 따르게 되기 때문이다.

4월에는 무토戊土가 녹지祿地에 임하고 경금庚金이 장생지가 되므로 사주의 지지地支에 사유축巳酉丑의 지지삼합 금국金局을 이루고 다시 경금庚金이나 신금辛金이 나와 있으면 좋은 명이 되어 발전한다.

## 5. 오월생午月生(5월)

5월의 정화丁火는 갑목甲木과는 떨어질 수 없으나 5월은 화왕지절火旺之節로 화기火氣가 그 어느 때보다도 왕성한 계절이므로 상황에 따라 적절한 운용의 묘妙가 필요하고 만약 갑목甲木을 사용할 때는 사주의 상태를 잘 고려하여 사용한다. 특히 인목寅木이나 해묘미亥卯未의 지지삼합 목국木局을 이루면 화기火氣가 왕성하게 되어 오행이 중화를 잃게 되어 보통의 명이 된다. 만일 사주의 지지에 인오술寅午戌 지지삼합 화국火局이나 천간에 병정화丙丁火가 있고 임수壬水와 계수癸水가 없어 강력한 화염을 제거하지 못한다면 사주가 태왕하여 중화를 잃어 고생하고 빈한貧寒한 삶을 면치 못하게 된다. 만약 대운에서 서방 신유술申酉戌 금금운이나 북방 해자축亥子丑 수운水運에는 중화를 얻어 크게 발전할 수 있다.

## 6. 미월생未月生(6월)

6월은 조토지절燥土之節로 정화丁火는 부드러운 기운이 물러가고 외적으로는 삼복 더위라도 생한生寒이라 하여 땅 속에서는 이미 찬 기운이 서서히 올라오기 시작하여 정화丁火는 토土에 설기당하여 상대적으로 쇠약해진다. 이때는 오로지 갑목甲木으로 토土의 기운을 견제하고 임수壬水가 도와주어야 된다. 하지 이후부터는 음陰의 기운이 시작되어 화기火氣가 점점 약해지니 정화丁火의 기운이 다하게 된다. 대서大暑 이후에는 금수金水의 기운이 왕성해지므로 갑목甲木의 목생화木生火가 아니면 좋은 명이 될 수 없고, 수기水氣가 없으면 초목이 마르고 땅이 건조하게 되니 갑목甲木과 임수壬水는 서로 떨어질 수가 없는 것이다.

## 7. 신월생申月生(7월)

7월은 금왕지절金旺之節로 정화丁火는 경금庚金과 임수壬水가 있으므로 재성이 왕하고 물인 관성官星이 장생지長生地에 임했기 때문에 사주에서 갑목甲木과 경금庚金과 병화丙火와 무토戊土를 고루 얻어야 부귀하는 명이 된다. 만약 정화丁火의 기운이 부족하게 되면 반드시 갑목甲木으로 생조해주어야 좋은 명식이 된다.

## 8. 유월생酉月生(8월)

8월은 금왕지절金旺之節로 정화丁火는 상대적으로 약해지는데 이때 갑목甲木과 병화丙火가 생조하여 중화를 이루고, 갑목甲木이 사주에 있는데 경금庚金과 정화丁火가 있으면 부귀한 명이 된다.

8월의 정화丁火는 힘이 약하므로 먼저 갑목甲木을 사용하여 정화丁火를 돕고 만약 갑목甲木이 없으면 차선책으로 을목乙木도 사용하게 되나 을목乙木의 원조를 받은 사람은 일시적인 부귀는 있을지라도 그 영화가 장구하지 못하다.

## 9. 술월생戌月生(9월)

9월은 조토지절燥土之節로 토기土氣가 왕성한 때이므로 상대적으로 정화丁火의 기운은 약해진다. 이때는 갑목甲木과 경금庚金을 필요로 하게 된다. 만일 사주에 갑목甲木과 경금庚金이 있으면 상격上格의 사주로 부귀한 명을 누리게 된다.

9월 정화丁火는 화생토火生土로 강한 토기土氣에 설기당하여 회기晦氣되므로 오로지 갑목甲木을 우선 사용하여 정화丁火를 도와야 하고, 만일 갑목甲木과 경금庚金이 없으면 어렵고 가난한 삶을 살아가게 되는 운명이다.

## 10. 해월생亥月生(10월)

10월은 수왕지절水旺之節로 상대적으로 정화丁火의 기운이 약해지는 시기이다. 비록 해중亥中 갑목甲木으로 생한다고는 하나 수중水中에 있는 습한 나무이니 사주 천간에 갑목甲木이 있어야 생을 받는다. 또한 경금庚金이 도끼가 되어 갑목甲木을 쪼개면 갑목甲木은 장작이 되어 정화丁火의 불을 댕기게 되니 오행이 중화를 얻어 부귀하는 명이 된다.

10월 정화丁火가 비록 불이긴 하지만 수기水氣가 왕성하여 갑목甲木만 사주에 나와 있어도 통관通貫의 묘妙를 얻어 수생목水生木하고 목생화木生火하여 능히 부귀한 명을 누릴 수 있다.

## 11. 자월생子月生(11월)

11월은 수왕지절水旺之節이면서 차고 한랭한 계절이므로 물이 왕성한 계절이며 상대적으로 정화丁火의 기운이 쇠약해지고 온 대지는 꽁꽁 얼어붙어 생기를 잃게 되므로 조후가 시급하다. 따라서 갑목甲木과 경금庚金으로 정화丁火를 생해주어야 좋은 명이 된다.

## 12. 축월생丑月生(12월)

12월은 동토지절凍土之節로 날씨가 춥고 대지는 얼어붙어 있으므로 조후가 시급하다. 이때는 오직 갑목甲木과 경금庚金으로 정화丁火를 도와야 한다. 이때 경금庚金은 도끼가 되고 갑목甲木은 장작이 되어 도끼로 장작을 쪼개야만 불쏘시개인 정화丁火로 불을 붙일 수 있는 이치이니 만일 사주에 갑목甲木과 경금庚金이 있으면 반드시 부귀한 명이 된다.

## 제5절 무토戊土 일주日柱

### 1. 인월생寅月生(정월)

정월은 인목지절寅木之節로 나무의 기운은 왕성하고 흙의 기운은 상대적으로 약해지게 되어 병화丙火와 갑목甲木의 살인상생殺印相生이 필요하다. 또한 아직 한기寒氣가 남아있어서 마치 음력 12월과 같이 기후는 춥고 땅은 얼어붙어 조후가 시급하다. 이때 태양인 병화丙火가 따뜻하게 비춰주지 않으면 추운 기운이 가시지 않는다. 만일 사주에 병화丙火와 갑목甲木이 없으면 살인상생을 이루지 못하고, 또한 계수癸水가 없어 건조한 기운을 풀어주지 못하면 이른봄에 대지가 가물게 되어 만물이 제대로 자라지 못한다.

### 2. 묘월생卯月生(2월)

2월은 목왕지절木旺之節로 나무의 기운이 왕성하고 상대적으로 흙의 기운이 약하고 아직 한기寒氣가 남아있어서 날씨는 한랭하고 땅은 얼어붙어 있다. 그러므로 태양인 병화丙火로 따뜻하게 비춰주지 않으면 추운 기운이 가시지 않게 되어 만물의 성장이 장애를 받는다. 만일 사주에 丙火와 갑목甲木이 있으면 부귀한 명이 되고, 병화丙火가 없으면 조후가 이루어지지 않아 비록 갑목甲木이 있다고 해도 만물이 모두 얼어서 성장하지 못하는 격이라 명운이 불리하여 일생을 어렵게 고생하며 보내게 된다. 만약 대운에서 사오미巳午未 남방운을 만나게 되면 그 기간은 발복하게 된다. 또한 태양인 병화丙火는 있는데 갑목甲木이 없으면 살인상생殺印相生이 이루어지지 않고, 계수癸水로 흙을 적셔주지 못하면 이른봄에 대지가 가물고 말라 만물이 자랄 수 없게 되어 불안한 명이 된다.

### 3. 진월생辰月生(3월)

　3월은 토왕지절土旺之節로 습토濕土인 무토戊土가 왕성하여 흙의 기운이 강하다. 이때 갑목甲木으로 강한 무토戊土를 억제하여 중화시키고 습한 기운을 태양인 병화丙火로 적당히 조후하고, 대지의 만물을 비추어 만물을 자라게 한다. 만일 사주에 갑목甲木이 있고 병화丙火가 있으면 좋은 명이다. 사주에 병화丙火와 갑목甲木이 함께 있으면 목화통명木火通明하고 살인상생殺印相生하여 학문분야에서 유능한 학자로 성공한다.

### 4. 사월생巳月生(4월)

　4월은 양기陽氣가 점점 오르고 화기火氣는 왕성해져서 남은 한기寒氣가 사라지는 시기이다. 겉은 실하고 안은 허하게 되어 화세火勢를 꺼리지 않는다. 양陽의 기운이 쇠약하면 대지의 만물이 성장하지 못하므로 4월 무토戊土는 토기土氣가 왕성하여 먼저 갑목甲木으로 토土를 소토疏土하여 통하게 하고, 태양인 병화丙火와 우로수雨露水인 계수癸水로 부조扶助한다. 만약 병화丙火와 갑목甲木이 있으면 동량목棟樑木이 되고 병화丙火와 계수癸水가 있으면 사회적으로 크게 발전한다. 4월부터는 갑목甲木, 병화丙火, 계수癸水가 중화의 도를 이루는 데 중요하며 만일 사주에 이 세 가지 오행을 고루 갖추면 모두 좋은 명이다.

　4월은 화왕지절火旺之節로 흙이 너무 건조하므로 이때 물로써 대지를 적시어 윤택하게 하고 불의 세력을 견제하면서 나무를 수생목水生木하여 생조한다. 이렇게 하면 나무가 땅을 제지하고 사주가 중화를 이루게 되어 좋은 명이 된다. 만일 사주가 건조하고 화기火氣가 왕성하면 대운에서 축토운丑土運이나 진토운辰土運을 만날 때 크게 발전하게 된다.

### 5. 오월생午月生(5월)

　5월은 화왕지절火旺之節로 화기火氣가 왕성하고 땅이 마르고 건조하므로 조후가 시급하다. 이때는 먼저 임수壬水로 불을 극제剋制하고 갑목甲木으로 땅을 제지하며 태양인 병화丙火로 도와주어 중화를 이룬다. 사주에 임수壬水와 갑목甲木이 있으면 지위와 권세가 높고 명예를 날리고 부귀를 겸비하게 된다. 또한 신금辛金까지 있게 되면 아주 좋은 명이 된다. 사주가 인오술寅午戌의 지지삼합 화국火局을 이루어 강렬한데 비록 계수癸水는 있으나 힘이 미약하여 왕성한 화세火勢를 감당할 수 없으면 학식은 두루 갖추었으나 크게 현달하는 명은 못 된다. 만일 사주에 임수壬水가 있으면 비록 갑목甲木이 없더라도 좋은 명이 된다.

## 6. 미월생未月生(6월)

6월은 조토지절燥土之節로 건조하고 대지가 말라 있으니 조후가 시급하다. 먼저 계수癸水를 사용하여 갈증을 풀고 마른 대지를 축축히 적시어 윤토潤土하고 더불어 태양인 병화丙火와 갑목甲木을 사용하여 중화의 도道를 이루게 한다. 대서大暑 전에는 반드시 임수壬水와 계수癸水를 사용하나 대서大暑 이후는 비록 표면적으로는 삼복 더위 속에 있지만은 땅 속은 이미 찬 기운이 서서히 올라오기 시작하는 때이다. 만일 사주에서 갑목甲木과 계수癸水와 병화丙火를 얻게 되면 사회적으로 크게 발전한다. 비록 나무와 흙이 많지 않더라도 보통의 직은 얻을 수 있는 명이다.

## 7. 신월생申月生(7월)

7월은 금왕지절金旺之節로 금수金水가 왕성한 계절로 토土의 기운이 상대적으로 허약해진다. 이때는 우선 병화丙火를 사용하여 설기되어 허한 토土를 도와준다. 만일 사주에 병화丙火가 있으면 무토戊土가 태양의 따뜻함을 얻게 되고 더불어 계수癸水와 갑목甲木의 도움을 받으면 크게 발달하는 명이 된다. 비록 사주에 병화丙火가 거듭 있어도 문제가 되지 않으며, 병화丙火와 계수癸水와 갑목甲木이 있으면 중화를 이루어 이상적인 명이 된다. 병화丙火와 갑목甲木이 있고 자수子水가 지지地支에 있어도 명식이 좋아져서 발전하며, 혹은 병화丙火가 없고 계수癸水와 갑목甲木이 있어도 역시 좋은 명이 된다.

## 8. 유월생酉月生(8월)

8월은 금왕지절金旺之節로 금기金氣는 왕성하고 무토戊土는 토생금土生金하여 상대적으로 기운이 없게 된다. 이때 태양인 병화丙火로 따뜻하게 해주면서 부조扶助하고 계간수溪澗水인 계수癸水로 윤토潤土, 즉 땅을 윤택하게 한다. 만일 사주에 병화丙火와 계수癸水가 있으면 크게 성공하는 명이며, 병화丙火와 지지地支에 자수子水만 있어도 어느 정도 좋은 명은 누릴 수 있다.

8월에는 무토戊土가 金에게 설기당하여 상대적으로 허약해지므로 이때 병화丙火나 계수癸水 중 하나만 없어도 사주는 상격을 이루지 못한다. 가을에는 토土의 생조를 받아 금기金氣가 왕성하기 때문에 이때 토기土氣는 토생금土生金하여 힘은 빠지고 의지할 곳이 없으므로 반드시 병화丙火나 정화丁火의 생조를 받아야 사주가 귀하게 된다. 또한 무토戊土의 도움도 필요하며 더불어 화토火土가 생조하면 부귀한 명이 된다.

## 9. 술월생戌月生(9월)

9월은 토왕지절土旺之節로 토가 왕성한 계절이므로 이때 갑목甲木을 사용하여 왕한 토土의 세력을 견제하고, 건조한 흙을 우로수雨露水인 계수癸水로 적시어 땅을 윤택하게 하며, 갈증이 심한 갑목甲木을 시들지 않게 수생목水生木으로 물을 주고 태양인 병화丙火의 도움을 받게 하면 좋은 명이 된다. 만일 사주에 갑목甲木과 병화丙火가 있으면 중화를 이루어 길명이고, 또한 계수癸水는 있는데 갑목甲木이 없으면 경금庚金을 만나야 부귀하는 명이 된다.

## 10. 해월생亥月生(10월)

10월은 수왕지절水旺之節로 무토戊土는 소양少陽을 만나는 시기이고 양기陽氣는 서서히 올라오고 있지만 한기寒氣는 내습하고 있다. 이때 갑목甲木을 사용하여 왕성한 수기水氣를 견제하고 태양인 병화丙火를 사용하여 중화를 이루게 한다. 갑목甲木이 아니면 무토戊土가 생하지 못하고 병화丙火가 아니면 무토戊土를 따뜻하게 해주지 못하여 대지의 초목이 자라나지 못한다. 따라서 사주에 갑목甲木과 병화丙火가 있으면 부귀를 누리는 명이고, 갑목甲木이 있고 수기水氣가 녹祿이나 왕지旺地에 임하고 아울러 병화丙火를 만나면 귀한 명이 되어 이름을 떨치게 된다.

10월은 한랭한 기운이 내습하여 무토戊土가 추위를 타는 시기라 이때 태양인 병화丙火가 따뜻하게 하여 중화의 역할을 하게 되므로 병화丙火가 많아야 따뜻하게 된다. 만일 사주에 갑목甲木이 없고 병화丙火만 있어도 귀한 명식이 되어 좋은 명이 되고, 또한 병화丙火만 있고 임수壬水나 계수癸水가 없어도 부귀하게 되는 좋은 명이다.

## 11. 자월생子月生(11월)

11월은 한랭지절寒冷之節로 날씨는 춥고 땅은 얼어붙어 기후가 차가우니 조후가 시급하다. 이때 태양인 병화丙火로 추위를 풀어주고 얼음을 녹여주어야 한다. 병화丙火는 태양이고 갑목甲木은 병화丙火를 목생화木生火하여 생조하고 목화통명木火通明을 이루는 상으로 만일 사주에 병화丙火와 갑목甲木이 있으면 부귀한 명을 누리게 된다. 또한 두 개의 병화丙火가 있고 갑목甲木이 있으면 어느 분야에서나 사회적으로 크게 발전한다. 그러나 병화丙火는 있는데 갑목甲木이 없으면 학식은 많고 재주가 좋아 부유하게 사나 보통의 격으로 크게 현달하는 명은 아니다. 한랭하고 추운 계절에는 따뜻한 조후가 시급한 것이니 이때 태양인 병화丙火가 거듭 있어도 문제되지 않는다.

## 12. 축월생丑月生(12월)

12월은 동토지절凍土之節로 날씨가 한랭하고 추위 대지는 얼어붙어 초목이 소생하지 못하므로 조후가 시급하다. 이때는 태양인 병화丙火로 추위를 풀고 얼음을 녹여 주어야 한다. 병화丙火는 태양이고 갑목甲木은 병화丙火를 목생화木生火하여 생조하니 만일 사주에 병화丙火와 갑목甲木이 있으면 부귀현달하는 명이 된다. 또한 두 개의 병화丙火가 있고 갑목甲木이 있으면 어느 분야에서나 사회적으로 크게 발전한다. 춥고 한랭한 계절에는 따뜻한 것이 시급하니 병화丙火가 거듭 있어도 문제가 되지 않는다.

# 제6절 기토己土 일주日柱

## 1. 인월생寅月生(정월)

정월에는 한기寒氣가 남아있어서 마치 섣달의 한랭한 날씨처럼 추운 계절로 병화丙火의 조후가 시급하다. 만일 사주에 태양인 병화丙火와 동량목棟樑木인 갑목甲木이 있고 자수子水가 지지에서 생조해주면 좋은 명이다. 단지 병화丙火만 있어도 기토己土의 추운 기운을 풀어주므로 좋은 명식이 된다. 사주에 갑목

甲木과 경금庚金이 있고 병화丙火와 계수癸水가 함께 있으면 사주가 중화를 얻어 좋은 명식이 된다. 병정화丙丁火가 있으면 불의 기운으로 추위가 가시고 고생을 면하며 환자는 앓던 병이 쾌유되는 호기를 맞이한다.

기토己土는 본래 한습寒濕하고 정월에는 토기土氣가 상대적으로 약해지므로 병정화丙丁火의 생조를 받아야 후덕하게 되어 좋은 명이 된다.

## 2. 묘월생卯月生(2월)

2월의 기토己土는 목왕지절木旺之節로 지표위로 양기가 점점 오르게 되어 대지의 만물은 생기를 얻게 되는 때이다. 이때는 먼저 갑목甲木으로 소토疏土하고 계수癸水로 땅을 적셔 윤택하게 해준다. 이때 태양인 병화丙火로 따뜻하게 해주면 사주가 중화를 얻어 좋은 명식이 되어 복록이 가득차게 된다. 만일 사주에 갑목甲木과 계수癸水가 있으면 관직에 오르게 되고 다시 병화丙火가 있으면 부귀현달하여 지극히 높은 자리에 오르게 되는 호명이 된다.

## 3. 진월생辰月生(3월)

3월의 기토己土는 토왕지절土旺之節로 흙의 기운이 왕성하여 양기가 점점 오르기 시작하니 비로소 만물은 소생하게 된다. 기토己土는 전원토田園土이며 습토濕土로 축축하고 기운이 약하여 병화丙火와 계수癸水의 도움을 필요로 한다. 병화丙火는 기토己土를 화생토火生土하여 돕고 계수癸水는 우로수雨露水의 역할로 땅을 윤택하게 하니 이때 갑목甲木으로 소토疏土하면 부귀한 명이 되어 높은 직위까지 오른다.

## 4. 사월생巳月生(4월)

4월의 기토己土는 화왕지절火旺之節로 불의 기운이 왕성하여 가장 먼저 흙이 건조해지며 논과 밭이 가뭄에 갈라지고 타게 되니 조후가 시급하다. 이때 계간수溪澗水인 계수癸水로 갈증을 풀어주고 땅을 적셔 윤택하게 하여야 한다. 그리고 병화로써 다시 돕게 되면 땅이 윤택해져서 만물이 잘 자라게 된다. 병화丙火가 필요한 것은 비록 여름이라도 태양의 빛이 없으면 만물이 성장하지 못하기 때문이다. 그러므로 4월의 기토己土는 계수癸水가 없으면 가뭄을 타고 병화

丙火가 없으면 태양이 없는 이치이니 만물이 성장하는데 지장을 받게 된다.

### 5. 오월생午月生(5월)

5월의 기토己土는 화왕지절火旺之節로 화기火氣가 왕성하여 흙이 건조해지며 논과 밭이 가뭄에 의해서 갈라지고 타게 되니 조후가 필요하다. 이때는 계수癸水로 급히 강한 화기火氣를 억제하고 마른 땅을 적셔 윤택하게 해야 한다. 그리고 병화丙火로써 다시 돕게 되면 땅이 윤택해지고 만물이 태양의 빛을 받으며 잘 자라게 된다. 거듭 말하지만, 병화丙火가 필요한 것은 뜨거운 여름이라도 태양의 빛이 없으면 만물이 성장을 하지 못하기 때문이다. 그러므로 5월의 기토己土는 계수癸水가 없으면 가뭄을 타고 병화丙火가 없으면 태양이 없는 것과 같은 이치이다. 만일 사주에 계수癸水와 병화丙火가 있으면 좋은 명식이 되어 재물과 지위를 함께 얻는 좋은 명이 된다.

### 6. 미월생未月生(6월)

6월의 기토己土는 화기火氣가 강하고 건조한 토왕지절土旺之節로 흙이 건조해져서 논과 밭이 가뭄으로 갈라지고 타게 된다. 이때 계수癸水의 조후가 시급한데 우선 계간수溪澗水인 계수癸水로 성한 불의 기운을 억제하고 한편으로 땅을 적시어 윤택하게 하여야 한다. 그리고 병화丙火로써 다시 돕게 되면 땅이 윤택해지고 만물의 성장이 잘 이루어지게 된다. 병화丙火가 필요한 것은 비록 뜨거운 여름이라도 태양의 빛이 없으면 만물이 자라지 못하기 때문이며, 이때 계수癸水로서 땅이 가물지 않게 해주고 병화丙火로서 태양의 따스함을 받게 해주어야 한다.

### 7. 신월생申月生(7월)

7월의 기토己土는 금왕지절金旺之節로 만물을 수확하는 때이며 안으로는 실속이 있어 보여도 겉으로는 공허한 내실외허內實外虛의 상이다. 추절로 접어들면서 한랭한 기운이 서서히 엄습하여 조후가 필요하니 이때 태양인 병화丙火로 차가워진 기토己土를 따뜻하게 감싸주어야 하고, 계간수溪澗水인 계수癸水로 윤토하여 땅을 축축하게 해야 한다. 만일 사주에 병화丙火와 계수癸水가 있으면 부귀현달하게 되어 귀한 명이 된다.

　가을에는 금金의 기운이 왕성하므로 7월에는 토생금土生金하여 상대적으로 기토己土가 설기를 많이 당하여 허약해진다. 허약해진 기토己土를 병화丙火와 정화丁火로 생해주면 명식이 좋아져서 부귀해지고 이때 계수癸水가 함께 있으면 큰 부를 누리게 된다. 계수癸水와 병화丙火가 있으면 여러분야에서 크게 성공하고 부귀현달을 의심치 않는다.

### 8. 유월절酉月生(8월)

　8월의 기토己土는 금왕지절金旺之節로 결실기로써 만물을 수확하는 때이니 속으로는 실속이 있고 겉으로는 공허한 듯 보이는 내실외허內實外虛의 계절이다. 추절秋節은 한랭寒冷한 기운이 점점 내습하는 계절로 조후가 시급하다. 이때는 병화丙火로 기토己土를 따뜻하게 해야 하고 계수癸水로 땅을 적시어 윤택하게 한다. 만일 사주에 병화丙火와 계수癸水가 있으면 귀명貴命이 되어 부귀현달한다. 가을에는 금金의 기운이 왕성하고 상대적으로 기토己土는 토생금土生金하여 설기되므로 허약해지는 것이다.

### 9. 술월절戌月生(9월)

　9월의 기토己土는 조토지절燥土之節로 비록 사토死土로 영양분은 없으나 흙의 기운이 왕성한 때이다. 이때 갑목甲木으로 소토疏土해주고 계수癸水로 갑목甲木을 생조하여 흙을 적시어 윤택하게 해주면 좋다. 만일 사주에 갑목甲木과 계수癸水가 있으면 귀한 명식이 되어 반드시 부귀현달하게 된다. 만약 사주가 신왕하지 않을 경우 병화丙火와 계수癸水가 있으면 윤택하게 되어 좋은 명이 된다.

### 10. 해월생亥月生(10월)

　10월의 기토己土는 수왕지절水旺之節로 기후는 한랭寒冷하고 땅은 습하고 차가와 꽁꽁 얼어붙어 있어서 조후가 시급한 때이다. 이때는 태양의 따스한 햇볕이 아니면 얼어붙은 대지를 녹이지 못하니 무엇보다도 태양인 병화丙火가 가장 중요한 역할을 하며 더불어 갑목甲木이 병화丙火를 생조하여 도와주어야 한다. 만일 사주에 병화丙火와 갑목甲木이 있으면 귀한 명이 되어 학문을 크게 이룬다. 또한 대운에서 남방南方 사오미운巳午未運을 만나면 크게 현달하게 되는 좋은 명이 된다.

### 11. 자월생子月生(11월)

11월의 기토己土는 동한지절凍寒之節로 기후는 한랭하고 땅은 차고 습하여 대지가 꽁꽁 얼어붙어 있다. 이때 태양의 따스한 햇볕이 아니면 대지를 녹이지 못하니 병화丙火의 조후가 가장 중요하며 동시에 갑목甲木이 병화丙火를 생조하여 도와주어야 한다. 만일 사주에 병화丙火와 갑목甲木이 있으면 좋은 명식으로 부귀하게 되고 학문분야에서 크게 성공한다. 또한 대운에서 남방南方 사오미巳午未운을 만나면 크게 현달하고 영화를 누리는 좋은 명이다.

### 12. 축월생丑月生(12월)

12월의 기토己土는 동토지절凍土之節로 기후는 한랭하고 땅은 차고 습하여 대지가 꽁꽁 얼어붙어 있다. 이때 태양의 따뜻한 조후가 아니면 얼어붙은 대지를 녹이지 못하니 태양인 병화丙火의 역할이 가장 중요한 때이다. 또한 갑목甲木으로 병화丙火를 생조하여 도와주어야 한다. 만일 사주에 병화丙火와 갑목甲木이 있으면 좋은 명이 되어 부귀하게 되고 학문방면에서 크게 성공한다. 또한 대운에서 남방南方 사오미巳午未운을 만나면 크게 현달하고 영화를 누리는 좋은 명이다.

## 제7절 경금庚金 일주日柱

### 1. 인월생寅月生(정월)

정월의 경금庚金은 인寅목에서 절지에 임하여 쇠약하다. 인월寅月은 목기木氣가 강하고 상대적으로 흙의 기운이 약해져서 토생금土生金이 잘 되지 않는다. 정월은 아직 한기가 남아있어 마치 섣달과 같이 기후가 한랭하고 땅이 얼어 있으므로 이때는 먼저 태양인 병화丙火로 따뜻하게 조후를 해주고 다시 갑목甲木으로 병화丙火를 생조하여 병화丙火가 힘을 얻도록 해야 한다.

## 2. 묘월생卯月生(2월)

 2월의 경금庚金은 목왕지절木旺之節인 봄에는 상대적으로 금金의 기운이 약해진다. 이때는 경금庚金과 신금辛金이 도와주어야 하며 만일 사주의 지지에 유금酉金이나 진토辰土가 있으면 약한 중에 강한 것으로 바뀌는 형상으로 정화丁火가 있는 것을 아주 반긴다.

## 3. 진월생辰月生(3월)

 3월의 경금庚金은 토왕지절土旺之節이며 습토濕土인 흙이 왕성한 때이므로 토다금매土多金埋, 즉 흙이 많으면 경금庚金이 흙에 매몰되므로 이때는 먼저 갑목甲木으로 성한 무토戊土를 소토疏土를 해야 되고 정화丁火로 경금庚金을 제련하여 유용한 도구로 만들어야 한다. 3월의 경금庚金은 토기土氣가 왕성하니 이때 갑목甲木으로 소토疏土해야 자립하고 성공하는 운이 된다.

## 4. 사월생巳月生(4월)

 4월에는 경금庚金이 사巳에서 장생지에 임하니 먼저 임수壬水가 있어야 중화를 얻는다. 만일 사주에 임수壬水, 무토戊土, 병화丙火가 있으면 조후가 적당하여 길한 명이 된다. 4월의 경금庚金은 임수壬水와 병화丙火, 무토戊土가 무엇보다도 필요한 것이니 만일 이 모두를 구비하여 사주명식에 나와 있으면 크게 부귀현달하는 운이 된다.

## 5. 오월생午月生(5월)

 5월은 화왕지절火旺之節로 화기火氣가 왕성한 계절이므로 상대적으로 경금庚金이 쇠약해지고 또한 화력火力에 의해 녹게 된다. 따라서 조후가 시급하며, 이때 계수癸水나 임수壬水로 강한 불을 제거해야 좋은 명이 된다.

## 6. 미월생未月生(6월)

6월의 경금庚金은 화기火氣가 아직 남아있고 또한 금수金水가 진기眞氣가 되므로 대서大暑 이후는 비록 삼복의 더위가 기승을 부릴지라도 땅 속에서는 이미 차가운 기운이 발생하게 된다. 이때는 우선 정화丁火로써 단련시키고 그 다음으로 갑목甲木으로 보호를 해야 좋은 명식이 된다.

## 7. 신월생申月生(7월)

7월에는 금왕지절金旺之節로 특히 경금庚金이 강하므로 이때는 오직 정화丁火로써 경금庚金을 다스려야 한다. 옛부터 가을의 금金은 강하고 예리하여 가장 기이한 것이니 이때는 임수壬水와 계수癸水를 만나는 것은 적합하지 않다고 했다. 따라서 화운火運을 만나야 좋은 명식이 되어 복福과 더불어 수壽를 누린다고 하였다. 7월의 경금庚金은 사주의 지지가 인오술寅午戌 지지삼합 화국火局을 놓으면 신왕身旺하고 관성官星이 왕하여 가히 재산과 지위를 얻게 되는 좋은 명이 된다.

## 8. 유월생酉月生(8월)

8월은 금왕지절金旺之節로 경금庚金이 태왕太旺하여 월령月令이 양인羊刃의 자리에 임하니 양인격羊刃格에는 무엇보다도 칠살七煞이 가장 필요하다. 이때는 금金의 기운이 너무 강렬하여 강한 금기金氣를 극제하는 병화丙火와 정화丁火를 함께 쓰게 된다. 병화丙火는 금金의 한랭한 기운을 제거하고 정화丁火는 용광로의 역할로 경금庚金을 제련하여 유용한 그릇을 만들기 때문이다. 경금庚金은 모름지기 정화丁火로 제련해야 큰 그릇이 되므로 만일 정화丁火가 없고 병화丙火만 있으면 단지 경제적인 부자에 그치니 재능을 겸비한 인품이 아쉬운 것이다.

## 9. 술월생戌月生(9월)

9월에는 토왕지절土旺之節이며 조토지절燥土之節로 땅에 영양분은 없으나,

흙이 왕성한 계절이므로 토다금매土多金埋하여 경금庚金이 땅에 묻히는 것을 가장 두려워한다. 이때는 먼저 갑목甲木으로 소토疏土를 해야되고 임수壬水로써 금金을 씻어내면 경금庚金이 자연적으로 노출된다. 이때는 기토己土가 임수壬水를 탁하게 하는 것을 꺼리게 되므로 만나는 것을 꺼리게 된다.

## 10. 해월생亥月生(10월)

10월은 수왕지절水旺之節로 수기水氣가 왕성한 계절이므로 상대적으로 경금庚金이 금생수金生水하여 설기당하여 힘이 약하게 된다. 이때는 정화丁火로 성한 금金을 제련하고 기후는 점점 한랭해지므로 태양인 병화丙火로 추운 겨울을 풀어주어야 한다. 만약 사주에 병화丙火와 정화丁火가 있으면 부귀하게 된다. 또한 지지에서 신자진申子辰 지지삼합 수국水局을 이루면 경금庚金의 기세가 상대적으로 약해지니 이때 무토戊土가 수기水氣를 제거해야 부귀한 명이 된다. 동절冬節의 금金은 금한수냉金寒水冷하여 금金의 기운은 차고 물은 얼어버린다는 의미로 이때 따뜻한 병정화丙丁火가 아니면 차가운 날씨를 풀어주지 못하므로 좋은 명식이 되지 못한다.

## 11. 자월생子月生(11월)

11월에 경금庚金은 동한지절凍寒之節로 기후는 춥고 땅은 얼어붙어 조후가 시급한 시기이다. 이때는 병정화丙丁火로 따뜻하게 해주어야 한다. 만약 사주에 정화丁火와 갑목甲木이 있고 지지에 사화巳火가 있으면 좋은 명이며, 태양인 병화丙火가 없으면 보통의 직에 머문다. 사주에 병화丙火가 있고 계수癸水가 있으면 태양인 병화丙火가 구름에 가리는 형상이라 능력은 갖고 있으나 사회적으로 인정을 받지 못해 현달하기 어려운 명이 된다.

## 12. 축월생丑月生(12월)

12월은 동토지절凍土之節로 기후가 한랭하고 천지는 온통 꽁꽁 얼어붙어 있다. 이때는 조후가 시급하므로 먼저 태양인 병화丙火로 얼어붙은 대지를 녹이고 정화丁火로 경금庚金을 제련해야 하며 갑목甲木이 정화丁火를 생조하여 제련하는데 문제가 없게 한다. 따라서 병화丙火와 정화丁火, 갑목甲木이 사주에 함께 있으면 부귀현달하는 귀명貴命이 된다.

## 제8절 신금辛金 일주日柱

### 1. 인월생寅月生(정월)

신금辛金은 가공된 보석이나 세공품으로 이미 상품화된 가치에 속하므로 물로 갈고 닦아서 잘 관리한다. 정월은 한기가 아직 남아있어서 섣달처럼 기후가 한랭하고 대지가 꽁꽁 얼어 있는 상태다. 비록 양기는 땅 속으로부터 점점 오르고 있으나 바깥은 아직 추운 기운이 풀리지 않은 상태다. 인목寅木이 사령하는 시기이므로 목기木氣는 왕성해지고 반대로 신금辛金은 쇠약해진다. 그러므로 약해진 辛金은 우선 己土로 생조받아야 하고 임수壬水로 깨끗이 닦아내야만 辛金의 아름다운 빛을 잘 발휘할 수 있다. 신금辛金은 주옥珠玉으로 정밀하고 부드러운 금金이라 이미 만들어진 상품의 가치를 불로써 녹이는 것을 가장 두려워하니 이때 임수壬水의 물로써 닦아주어야 현달하는 명운이 된다.

### 2. 묘월생卯月生(2월)

신금辛金은 주옥珠玉이므로 깨끗한 물로 잘 갈고 닦아야 된다. 2월의 신금辛金은 목왕지절木旺之節로 양기가 점점 상승하고 목기木氣가 왕성한 계절이니 이때 무토戊土와 기토己土가 강하면 토다금매土多金埋로 금금이 흙에 매몰되고 정화丁火가 있으면 극을 받아 약해지므로 가장 꺼리게 된다. 신금辛金이 허약할때는 경금庚金과 신금辛金으로 부조하고 임수壬水로 금금을 닦아내는 것이 가장 이상적이다.

전체적으로 2월의 신금辛金은 임수壬水와 갑목甲木이 있어야 좋은 명식이 되며 지지地支에 해수亥水가 있으면 다재다능한 사람이 되어 기술방면이나 예술방면에서 재능을 발휘한다.

### 3. 진월생辰月生(3월)

신금辛金은 주옥珠玉이므로 맑은 물로 갈고 닦아야 한다. 3월의 신금辛金은 토왕지절土旺之節로 토기土氣가 왕성하여 지는 때로 습토濕土인 진토辰土가 토생금土生金土生金하여 신금辛金의 세력이 강해지게 되어 이때는 임수壬水로 적당히 설기하여 닦아내야 한다. 만일 사주에 병화丙火가 있으면 청아하고 놀기를 좋아하므로 크게 현달하거나 발전하지 못한다.

3월의 신금辛金은 임수壬水와 갑목甲木이 있어야 부귀를 겸전하고 만약 임수壬水가 있는데 갑목甲木이 드러나지 않으면 보통의 직에 미무는 명운이다.

### 4. 사월생巳月生(4월)

신금辛金은 주옥이므로 역시 맑은 물로 갈고 닦아서 잘 관리해야 한다. 4월은 화왕지절火旺之節로 월령月令이 화토火土가 왕성한 때이므로 날씨는 덥고 대지는 건조하여 초목이 갈증이 생기는 때이다. 따라서 조후가 시급하니 임수壬水와 계수癸水로 윤토潤土하여 화기火氣를 적당히 견제하고 건조한 흙을 축축히 적셔주면 좋다.

### 5. 오월생午月生(5월)

신금辛金은 주옥이며 보석이므로 맑은 물로 갈고 닦아 잘 관리해야 한다. 5월은 화왕지절火旺之節로 화기火氣가 가장 강렬한 때이므로 이때는 신금辛金이 오히려 약해져서 기토己土로 신금辛金을 생조하고 임수壬水로 뜨거운 불을 제거하여 주옥珠玉을 잘 닦아야 호명이 된다. 신금辛金은 기토己土가 아니면 생조를 받지 못하고, 무토戊土가 많으면 매몰되어 두려워한다. 기토己土는 습토濕土로써 토생금土生金하여 신금辛金을 생조하고 임수壬水는 화기火氣를 회기晦氣시키니 신금辛金은 기토己土와 임수壬水가 있어야 귀한 명이 된다.

5월의 신금辛金은 중화를 중시하며 임수壬水, 계수癸水, 병화丙火, 기토己土가 모두 필요한데 이것이 조화롭게 있으면 좋은 명이 된다.

### 6. 미월생未月生(6월)

신금辛金은 주옥珠玉이므로 맑은 물로 갈고 닦아 잘 관리해야 한다. 6월은 토왕지절土旺之節로 흙이 왕성한 계절이니 이때는 오로지 임수壬水로 윤토潤土, 즉 흙을 윤택하게 하고 경금庚金으로 부조扶助해야 좋은 명이 된다. 따라서 사주에 임수壬水와 경금庚金이 있으면 좋은 명식으로 부귀현달한 명이다.

## 7. 신월생申月生(7월)

신금辛金은 주옥珠玉이므로 맑은 물로 갈고 닦아 잘 관리해야 한다. 7월의 신금辛金은 금왕지절金旺之節로 金이 왕성한 계절이니 이때 무토戊土가 나와 있는 것을 가장 두려워한다. 만일 사주에 무토戊土가 있고 그것을 억제하는 갑목甲木이 없으면 마치 병病은 있는데 약藥이 없는 것과 같은 경우로 보통의 명식이고, 만일 갑목甲木이 있으면 의식은 충족되어 어느 정도 부귀를 누릴 수 있는 명이다. 7월의 신금辛金은 임수壬水가 있어 깨끗이 닦아주어야 부명富名을 누릴 수 있으므로 임수壬水는 귀한 신이며 무토戊土가 있는 것을 가장 두려워한다.

## 8. 유월생酉月生(8월)

신금辛金은 주옥珠玉이므로 맑은 물로 갈고 닦아 잘 관리해야 한다. 8월은 금왕지절金旺之節로 金의 세력이 왕성하여 신금辛金의 세력은 최고에 달한다. 세력이 너무 왕성하면 설기하는 것이 마땅하고 강한 것을 극하는 것은 무리가 따르게 되어 좋지 않다. 이때는 신금辛金이 임수壬水를 생해주어야 현달하는 명이 된다.

사주에 임수壬水가 있어 신금辛金을 물로 닦아내면 금金의 기운을 적당하게 유통시키는 격으로 부귀한 명이 된다.

## 9. 술월생戌月生(9월)

신금辛金은 주옥이므로 맑은 물로 갈고 잘 닦아 관리해야 한다. 9월의 신금辛金은 토왕지절土旺之節이자 조토지절燥土之節로 흙이 왕성한 계절이며, 성한 무토戊土가 상품인 신금辛金을 매몰시킬 우려가 있으므로 이때는 반드시 갑목甲木으로 강한 흙을 견제하면서 소토疏土해야 된다. 9월의 토土는 건조하면서 영양분이 없는 죽은 흙으로 마르고 메말라 금金이 부서질 염려가 있다.

## 10. 해월생亥月生(10월)

신금辛金은 주옥이므로 맑은 물로 잘 갈고 닦아 관리해야 한다. 10월의 신금辛金은 기후가 점점 추워지는 한랭한 계절이므로 조후가 시급하다. 이때 태양인 병화丙火를 얻어 차가워진 물을 따뜻하게 해주어야 금백수청金白水淸이 되어 호명好命이 된다. 따라서 임수壬水와 병화丙火가 사주에 있으면 부귀겸전富貴兼全하며 현달하는 좋은 명이 된다.

## 11. 자월생子月生(11월)

신금辛金은 주옥珠玉이므로 맑은 물로 갈고 잘 닦아 관리해야 한다. 11월의 신금辛金은 수왕지절水旺之節로 물이 왕성한 계절이며 기후는 한랭하여 점점 추워지고 대지는 꽁꽁 얼어붙어 조후가 필요하다. 따라서 계수癸水는 물과 같아 대지를 얼게 하므로 계수癸水를 가장 두려워하게 된다.

추운 겨울의 날씨를 우선 태양인 병화丙火로 따뜻한 기운으로 풀어줌이 필요로 하다. 그러므로 사주에 병화丙火와 임수壬水가 있으면 어느 분야에서나 크게 현달한다. 사주명식에 병화丙火가 있고 지지에 해수亥水가 있어도 좋은 명이다.

## 12. 축월생丑月生(12월)

신금辛金은 주옥珠玉이므로 맑은 물로 갈고 잘 닦아 관리해야 한다. 12월 신금辛金은 동토지절凍土之節로 날씨가 춥고 대지는 꽁꽁 얼어 있어서 조후가 시급하다. 이때는 먼저 병화丙火를 써서 추운 기후를 따뜻하게 풀어주고 임수壬水로 깨끗이 닦아주어야 부귀하는 명이 된다.

12월의 신금辛金은 날씨가 한랭하여 조후調候가 시급하니 이때 병화丙火가 아니면 가히 사용할 수 없다. 병화丙火가 있어 기후를 따뜻하게 해주면 좋은 명식이며 만일 사주에 병정화丙丁火가 많고 신왕하면 일생동안 편안하고 여유롭게 살게 된다.

## 제9절 임수壬水 일주日柱

### 1. 인월생寅月生(정월)

정월은 목왕지절木旺之節로 나무의 기운이 왕성하여 寅木에 의해 물이 많이 설기당하므로 자연히 임수壬水의 기운이 약해지게 된다. 그러므로 경금庚金이 있어 수원지水源池가 되어야 하고 또한 병화丙火가 있어 아직 한기寒氣가 가시지 않아서 마치 섣달과 같은 추위를 따뜻하게 해주어야 하며, 무토戊土가 있어서 왕성한 물을 극제剋制하여 막아주어야 추운 기운이 없어지므로 명식이 부귀하게 된다.

### 2. 묘월생卯月生(2월)

2월의 임수壬水는 화기火氣가 점차 오르는 때이므로 냉한 기운이 점점 사라지고 맑고 가벼운 기운이 생겨난다. 이때는 단지 무토戊土로써 물의 세력을 막고 신금辛金으로써 수원지水源池를 삼아야 된다. 2월은 임수壬水가 십이운성으로 사지死地가 되는데 이것은 물이 나무를 생하여 설기가 심하게 되기 때문이다.

### 3. 진월생辰月生(3월)

3월의 임수壬水는 토왕지절土旺之節로 습토濕土의 흙이 왕성한 계절이니 이때는 반드시 갑목甲木으로 소토疏土하고 경금庚金으로 수원지水源池를 삼아야 한다. 따라서 명식에 갑목甲木과 경금庚金이 있으면 좋은 명이다.

### 4. 사월생巳月生(4월)

4월의 임수壬水는 화왕지절火旺之節로 불이 왕성한 계절이다. 따라서 불과 흙이 왕하면 임수가 왕성한 火土를 감당할 수 없으므로 이때는 오직 임수壬水로써 도와야만 왕성한 불과 흙을 감당할 수 있으며 더불어 신금辛金이 있어서 수원지水源池가 되어야 한다.

## 5. 오월생午月生(5월)

　5월의 임수壬水는 화왕지절火旺之節로 화기火氣가 왕성한 계절이니 건조하여 물이 마르고 약하게 된다. 이때 계수癸水가 아니면 최염火焰을 감당할 수 없고 또한 경금庚金이 아니면 수원지水源池가 될 수 없다. 따라서 명식에 계수癸水와 경금庚金이 있으면 호명好命이고 지지地支에 신유금申酉金이 있으면 부귀현달의 명이다.

　5월에는 火旺之節로 불의 세력이 강하여 조후가 시급하며, 이때 계수癸水와 경금庚金이 있어서 왕성한 화력火力을 대적할 수 있어야 하며 또한 일간이 신왕身旺해야 원국元局이 중화되어 부귀현달할 수 있다.

## 6. 미월생未月生(6월)

　6월의 임수壬水는 토왕지절土旺之節로 토土가 왕성한 계절이어서 토극수土克水로 물이 극제받아 흙을 크게 두려워한다. 대서大暑 전에는 계수癸水와 경금庚金을 사용하나 대서大暑 후에는 신금辛金과 갑목甲木을 쓰며 만일 명식命式에 신금辛金과 갑목甲木이 있으면 좋은 명이다.

## 7. 신월생申月生(7월)

　7월의 임수壬水는 금왕지절金旺之節로 금金이 왕성한 계절이니 오로지 무토戊土로 물의 세력을 막고 정화丁火로 경금庚金을 보좌해야 한다. 임수壬水는 7월에 신금申金에서 장생지長生地가 되어 신왕하여 흐름을 멈출 수가 없으니 이때 무토戊土가 아니면 능히 제방의 역할을 할 수가 없다. 만일 사주에 무토戊土와 정화丁火가 있으면 좋은 명식이 되어 여러방면에서 크게 성공하게 되며 부귀한 명이 된다.

## 8. 유월생酉月生(8월)

　8월의 임수壬水는 금백수청金白水淸의 계절로 약하지도 강하지도 않고 적당하다. 다만 물이 맑기를 원하니 금수金水가 상생하여 조화를 이루니 금백수청

金白水淸이라 하는 것이다. 만일 명식에 갑목甲木이 있어 타 오행으로부터 상하지 않았으면 사회적으로 여러분야에서 크게 성공하게 되고 부귀를 누리는 좋은 명이다.

8월의 임수壬水는 월령月令이 인수가 되어 병을 제거해야 귀하게 되므로 무토戊土와 기토己土가 있는 것을 가장 싫어한다. 갑목甲木이 있으면 무토戊土와 기토己土를 극제할 수 있으므로 병病과 약藥이 같이 임하는 이치이다.

혹시 임수壬水가 많고 지지地支에 수기水氣가 많으면 이때는 무토戊土로 토극수土克水하여 물의 세력을 막아야 좋게 된다. 이처럼 물이 많으면 오히려 병이 되므로 사주는 중화를 가장 필요로 하는 것이다. 다시 말하면 많은 것도 병이요, 적은 것도 병이 되는 이치이니 모든 것이 적당하면 좋다. 고서古書에서도 많은 것을 제거하는 것이 약이 되고 적은 것을 도와주는 것 또한 약이 된다고 하였다.

## 9. 술월생戌月生(9월)

9월의 임수壬水는 토왕지절土旺之節로 흙의 기운이 왕성한 계절이니 이때 갑목甲木을 얻어 강한 무토戊土를 극제해야 좋은 명식이 된다. 만일 갑목甲木과 경금庚金이 있고 정화丁火가 없으면 갑목甲木이 극제剋制당하여 상하게 되므로 빈천한 삶을 살게 된다.

가을에는 물이 차갑고 날씨가 한랭寒冷하므로 사주의 지지地支에 인목寅木이 있으면 갑목甲木과 병화丙火와 무토戊土가 있는 것이니 중화를 이루어 생활이 풍족하고 부귀를 누리는 좋은 명이다.

## 10. 해월생亥月生(10월)

임수壬水가 10월이 되면 수왕지절水旺之節로 물이 왕성한 계절이므로 이때 무토戊土가 아니면 제방의 역할을 할 수가 없고, 날씨가 한랭寒冷하므로 병화丙火를 사용하여 추운 날씨를 해동解凍시키고 무토戊土를 도와 주어야 한다.

만일 사주에 무토戊土와 경금庚金이 있으면 좋은 명이고 사주에 갑목甲木이 있어서 무토戊土를 제거하게 되면 곤궁한 삶을 살게 되며 반대로 경금庚金을 만나면 오히려 부귀하게 되는 좋은 명이다.

## 11. 자월생子月生(11월)

임수壬水가 11월이 되면 수왕지절水旺之節에 양인월羊刃月이 되어 물의 기운이 가장 강해지는 때이다. 기온은 점점 추워지고 물은 넘치게 되므로 조후가 시급한데 이때 병화丙火로 기후를 따뜻하게 해주고 무토戊土로 넘치는 물을 제방으로 막아주어야 한다. 따라서 사주에 병화丙火와 무토戊土가 있으면 좋은 명이고 그렇지 않으면 곤궁하게 된다.

만일 명식에 두 개의 정화丁火가 있으면 서로 쟁합하는 형상으로 사람됨이 게으르고 눈앞의 이익만 탐하다가 명리를 얻지 못하고 고생하며 어렵게 살아간다.

## 12. 축월생丑月生(12월)

12월 임수壬水는 동토지절凍土之節로 왕성한 기운이 극에 달하여 다시 쇠약해지게 되는 때이다. 이 시기는 기후가 춥고 대지가 꽁꽁 얼어붙었기 때문에 조후가 시급한데 이때 병화丙火가 아니면 추위를 풀지 못하고 더불어 갑목甲木으로 도와주어야 한다. 사주명식에 병화丙火와 갑목甲木이 있으면 명리겸전하며 병화丙火와 신금辛金이 있으면 좋은 명이다.

전체적으로 12월의 임수壬水는 조후가 시급하며 너무 추워서 얼게 되므로 병화丙火와 갑목甲木을 함께 사용하게 되니 그 이유는 12월의 한랭한 날씨가 병화丙火가 아니면 얼어붙은 것을 해동解凍하지 못하기 때문이다. 혹시 정화丁火가 있어도 계수癸水에 상하지 않았으면 어느 정도 작은 부귀는 이룰 수 있는 명식이 된다.

# 제10절 계수癸水 일주日柱

## 1. 인월생寅月生(정월)

정월正月에는 계수癸水가 인목寅木에 설기泄氣를 당하고 12운성으로 병지病地에 임하게 되어 극히 쇠약하게 된다.

이때는 사주에 물의 발원지인 신금辛金이 있어야 하며, 태양인 병화丙火로 아직 한기寒氣가 가시지 않은 날씨를 따뜻하게 조후하고 얼어붙은 대지를 해동

解凍하여 만물을 잘 소생하게 한다. 사주에 병화丙火와 신금辛金이 있는 사람은 호명好命이며, 우로수雨露水인 계수癸水는 비가 되고 이슬이 되므로 신금辛金이 있으면 잘 흐르게 된다. 정리하면, 정월의 계수癸水는 신금辛金을 위주로 하고, 경금庚金은 그 다음이며 특히 태양인 병화丙火와는 떨어질 수 없다.

### 2. 묘월생卯月生(2월)

2월의 계수癸水는 목왕지절木旺之節에 나무의 기운이 왕성한 계절이며 계수癸水는 십이운성의 사지死地에 임하게 된다. 이것은 계수癸水가 수생목水生木하여 나무에게 설기를 당하여 기운이 쇠진된 것이다.

이때는 사주에 반드시 수水의 발원지가 되는 경금庚金이 있어야 하며, 보조적으로 신금辛金이 있어야 물의 흐름이 끊이지 않는다.

### 3. 진월생辰月生(3월)

3월의 물은 토왕지절土旺之節이며 습토濕土로 토土의 기운이 왕성하며 곡우穀雨를 중심으로 전후로 나뉜다. 상반월上半月은 청명淸明부터 곡우穀雨 전이고 하반월下半月은 곡우부터 입하 전이다. 상반월은 경금庚金과 신금辛金의 생조가 있다면 태양인 병화丙火를 만남으로써 귀하게 되고, 하반월은 흙의 기운이 왕성하므로 오로지 신금辛金을 사용하게 되므로 경금庚金과 병화丙火를 나누어 사용하게 된다. 결론적으로 3월의 계수癸水는 오로지 원국에 병화丙火와 경신금庚辛金이 있어야 사람됨이 총명하고 재주가 있으며 사회적으로 성공하게 된다.

### 4. 사월생巳月生(4월)

4월의 계수癸水는 화기火氣가 왕성한 계절이라 우로수雨露水이며 계간수溪澗水인 강한 불에 의하여 계수癸水가 쇠약하게 된다. 이때 庚辛金이나 壬癸水로 生助하여 약해진 癸水를 보강해야 하며, 그렇지 않으면 스스로 강해지지 않아 명운命運에 지장을 받는다.

## 5. 오월생午月生(5월)

5월은 화왕지절火旺之節로 화기火氣가 왕성한 계절이니 계수癸水가 고갈의 우려가 있으므로 조후가 시급하며 불에 의해 계수癸水가 상대적으로 약해지는 때이므로 경금庚金이나 신금辛金이 생조해주는 것을 기뻐하고 임수壬水나 계수癸水가 부조扶助하면 계수癸水가 힘을 얻어 길명이 된다.

## 6. 미월생未月生(6월)

6월에는 화토火土가 왕성한 계절이라 대서大暑 전인 상반월上半月과 대서大暑 후인 하반월下半月로 나누며, 상반월에는 경금庚金과 신금辛金이 힘은 없으나 하반월에는 경금庚金과 신금辛金이 가을이 가까워지면서 화기火氣는 점차 약해지므로 진기眞氣가 되니 힘을 얻게 된다. 상반월에는 경금庚金, 신금辛金이 불을 두려워하여 임계수壬癸水의 적당한 견제를 필요로 하니 만약 사주에 경신금庚辛金과 임계수壬癸水가 있으면 좋은 명이 된다.

계수癸水는 대서 전에는 5월의 조후 상황과 동일하며, 대서 이후에는 삼복더위에 한기寒氣가 출연하는 때이므로 정화丁火를 크게 꺼리지 않는다.

## 7. 신월생申月生(7월)

7월의 계수癸水는 점점 금金의 기운이 왕성해져서 사주에서 정화丁火를 얻어 시급히 경금庚金을 제련해야 쓸모있는 그릇이 되는데 이때 정화丁火와 갑목甲木이 명식에 있으면 좋은 명이 된다.

그러나 정화丁火만 있고 갑목甲木이 없으면 대신 임계수壬癸水가 있어도 의식이 넉넉하고 경제적인 어려움이 없다.

전체적으로 7월의 계수癸水는 정화丁火와 갑목甲木이 목화상생木火相生하여 서로 떨어질 수 없으니 원국에 정화丁火 두 개만 있어도 부귀현달하게 되지만 만약 정화丁火가 없다면 의식에 지장을 받는 빈한貧寒한 명이 된다.

## 8. 유월생酉月生(8월)

　8월의 계수癸水는 금백수청金白水清이 되어 신금辛金을 수원지水源地로 삼고 병화丙火로 한랭寒冷한 물과 금金을 따뜻하게 해 주어야 조화를 이루어 좋은 명식이 된다. 만일 사주에 병화丙火와 신금辛金이 합하지 않고 멀리 떨어져 있으면 좋은 명이 된다.

## 9. 술월생戌月生(9월)

　9월에는 불과 흙의 기운이 왕성하고 건조하여 계수癸水가 마른다. 계수癸水는 흐르는 물이며 무토戊土를 만나는 것을 가장 꺼린다. 이때는 갑목甲木으로 소토疏土하고 신금辛金으로 수원지水源池를 만든다면 좋은 명식이 되어 부귀하게 된다.

　종합적으로 9월은 조토燥土이며 특히 무토戊土가 태왕한 때이므로 명식을 나쁘게 하는 병病이 된다. 이때 갑목甲木의 약藥이 있어 병인 태왕한 무토戊土를 제거한다면 중화中和를 이루고 또한 신금辛金과 계수癸水가 있어 계수일간癸水日干을 생조한다면 좋은 명식이 되어 부귀현달하게 된다. 또는 갑목甲木과 계수癸水만 있고 불과 흙이 없으면 재능이 많고 학식과 수양이 높으며 건강하여 장수하게 된다.

## 10. 해월생亥月生(10월)

　10월의 계수癸水는 수왕지절水旺之節로 물의 기운이 왕성한 듯 하나 해수亥水 가운데 갑목甲木이 암장되어 있어 수생목水生木하게 되니 오히려 설기당하여 강하지 않다.

　10월에는 한기寒氣가 엄습하고 점차 날씨가 추워져서 물이 얼어붙을 우려가 있는 계절로 이때 병화丙火의 태양으로 시급히 조후해야 명식이 좋아진다. 또한 경금庚金과 신금辛金의 수원지水源池가 이루어져야 금생수金生水하여 일간을 도울 수 있고, 지지地支에서 목木인 나무를 극제하여야 병과 약이 조화와 중화를 얻어 좋은 명이 된다.

## 11. 자월생子月生(11월)

11월에는 수왕지절水旺之節로 물이 왕성한 계절이나 기후가 한랭寒冷하고 천지가 꽁꽁 얼어붙어 물이 흐르지를 못하니 시급히 태양인 병화丙火의 조후가 필요하다. 만약 병화丙火를 얻지 못하면 얼어붙은 것을 녹이지 못한다. 만약 신금辛金이 아니면 물의 발원지가 없으므로 명식에 신금辛金과 병화丙火가 있어서 가까이 있지 않고 떨어져 있으면 좋은 명이 된다.

## 12. 축월생丑月生(12월)

12월 계수癸水는 동한지절凍寒之節로 날씨가 춥고 대지가 꽁꽁 얼어붙고 물이 얼어 흐르지 못하므로 태양인 丙火의 조후가 시급히 필요하다. 태양인 병화丙火를 얻으면 얼어붙은 대지를 녹이게 되어 좋은 명식이 이루어진다. 또한 원국에 두 개의 병화丙火가 있고 임수壬水가 있으면 좋은 명이다.

그러나 병화丙火가 있고 계수癸水가 있으면 우로수雨露水인 계수癸水에 의해 태양인 병화丙火의 빛을 가리는 형상이니 추운 기후를 따뜻하게 조후하지 못하여 보통의 운이 된다.

병화丙火는 태양의 따스한 기운이므로 임수壬水나 계수癸水의 물을 꺼리지 않으나 구름이 끼는 것을 두려워하여 만약 명식에 기토己土가 있으면 안개나 구름에 가리는 상이니 가난하게 산다.

특히 겨울에는 병화丙火가 중요하니 명식에 병화丙火가 있으면 부귀현달하고 만약 병화丙火가 없으면 부귀하지 못하고 힘든 명이 된다.

## 일간대 월별 용신

### 甲木

| | | |
|---|---|---|
| 甲木 | 寅月(1) | 三陽之節로 雨水까지 아직 寒氣가 有餘하여 이때 丙火로 調候하고 雨水이후는 甲木이 旺하므로 庚金으로 闢甲도 가하나, 丁火로서 木火通明하여 取用할 수 있다. |
| | 卯月(2) | 木旺之節로 우수 이후는 羊刃節이 되어 庚金으로 殺刃하고 戊土로 庚金 부조한다. 이때 庚金은 休囚되어 반드시 戊土로 생조하면 좋다. |
| | 辰月(3) | 辰月은 五陽之節로 火氣가 성숙하고, 곡우 전후로 庚金으로 制木하면 材木이 된다. 庚金이 약하면 丁火는 不用한다. |
| | 巳月(4) | 庚金의 長生地로 만약 火가 旺하면 庚金이 生水하지 못한다. 이때는 癸水와 丁火로 木火通明하고, 金이 태강하면 殺印相生하여 水로 甲木을 扶助하는 것도 가능하다. |
| | 午月(5) | 火旺之節로 午火를 만나 木氣가 허하고 이때 庚金으로 生水하고, 丁火로 木火通明시키면 좋다. |
| | 未月(6) | 未月은 大暑 이후 癸水를 不用하고 木氣가 旺하면 庚金으로 伐木하고, 금이 왕하면 丁火로 傷官諸煞하면 木火通明이 되어 좋다. |
| | 申月(7) | 申月은 水의 長生地이고 庚金이 建祿이 되는 달이라 이때는 殺印相生되어 絶處逢生으로 從殺은 不可하다. 만약 土旺이면 土克水하여 從殺로 화하고, 金旺이면 丁火로 金을 다듬으면 棟樑木이 될 수 있다. |
| | 酉月(8) | 木氣가 衰하고 金旺절이라 丁火로 금을 다듬고, 丙火로 調候하면 木火通明이 된다. 다만 丙火와 申金만이 있으면 調候가 부족하여 사회적으로 필요한 사람이 못된다. |
| | 戌月(9) | 戌月 土旺節이라 火氣가 入墓, 燥土의 염려, 木旺이면 金으로 伐木하고 癸水로 土를 보강하면 좋다. |
| | 亥月(10) | 壬水가 太旺하고 甲木이 長生地로 浮木의 우려, 土克水하려면 우선 丁火 혹은 丙火로 取用한다. |
| | 子月(11) | 子月은 寒氣가 旺하여 壬癸를 크게 꺼리고, 丙丁火로 調候시키면 좋다. |
| | 丑月(12) | 丑月은 寒氣가 太旺하여 庚金으로 闢甲하고 丁火를 보충하고 이때 丙火가 暗藏되면 가장 좋다. |

## 乙木

| | | |
|---|---|---|
| 乙木 | 寅月(1) | 寒氣가 아직 有餘하여 丙火로 調候하고, 癸水로 보조하여 春節 가뭄에 대비한다. |
| | 卯月(2) | 寒氣가 거의 사라졌어도 丙火로 調候하고, 癸水로 보조하여 조화시킨다. |
| | 辰月(3) | 水旺인 경우는 土克水하고, 水弱인경우는 癸水로 보충, 五陽之節로 火旺하고 官이 傷官을 보면 災禍가 크니 잘 살펴야 한다. |
| | 巳月(4) | 丙火의 建祿이 되는 節로 火旺인 경우 傷官이 태왕하므로 癸水로 보충하고, 庚金으로 生水한다. 다만 乙庚合金이 되므로 서로 가까운 주에 임하면 取用이 어렵다. |
| | 午月(5) | 夏至전까지 癸水로 生助하고, 夏至 이후는 丙火와 癸水를 並用, 金旺이면 丙火로 다스리고, 金弱이면 癸水만 取用해도 무방. |
| | 未月(6) | 大暑가 지나면 三伏의 더위라도 한편으로 寒氣가 생하므로 丙火를 용하지만 癸水도 꼭 필요하다. |
| | 申月(7) | 庚金이 得氣하는 시기로 丙火를 취하고, 습한 己土로 배양을 한다. 乙木이 旺하면 食傷으로 설기하면 좋다. |
| | 酉月(8) | 金旺한 시기로 癸水로 殺印相生시키고, 추분 후에는 寒木이 되므로 丙火로 조후하고 癸水로 보충하면 寒木이 따스하게 되어 좋다. |
| | 戌月(9) | 戌月은 건조한 燥土가 司令하여 乙木이 枯死의 위험이 있지만 癸水로 생조하면 좋다. |
| | 亥月(10) | 落葉之象이나 내면으로는 성장의 힘이 숨어있으니, 丙火로 조후하면 알맞다. |
| | 子月(11) | 寒氣가 극성한 凍寒之節로, 丙火로 解凍하고 水旺하면 戊土로 土克水하여 조화시킨다. |
| | 丑月(12) | 凍寒之節로 癸水가 透干함을 꺼리고, 이때 丙火로 調候하면 따스한 陽木이 되어 雪中梅花격이라 좋다. |

## 丙火

| | | |
|---|---|---|
| 丙火 | 寅月(1) | 木의 建祿節이고 丙火의 長生地로 火旺이 되어 壬水로 制火하고 弱水를 보충하면 좋다. 土旺하면 火熄되어 이때는 甲木으로 보충하면 좋다. |
| | 卯月(2) | 春節의 가뭄을 고려하여 壬水로 조후하고, 만약 水旺하면 土克水하여 조화시킨다. |
| | 辰月(3) | 춘절의 丙火는 旺하여 壬水를 취용하면 陽光이 조화를 이루어 丙火와 壬水가 서로 호응하여 좋다. 土氣가 透干하여 土旺하면 剋水당해 官을 이루지 못하니 이때 木剋土하면 오히려 좋아진다. |
| | 巳月(4) | 丙火의 建祿節로 壬水를 취용하면 水火相生하고 水火旣濟가 되어 아름다운 官星이 되어 좋다. |
| | 午月(5) | 羊刃月로 火가 심히 極旺하여 庚金과 壬水로 조후하면 좋다. |
| | 未月(6) | 火旺으로 炎上하여 燥土가 되는 시기로, 庚金과 壬水를 취용하고, 大暑가 지나면 金氣가 쇠퇴하므로, 己土旺이면 洩氣가 심해 허약해지므로 木火로 보충한다. |
| | 申月(7) | 丙火의 病節로 陽氣가 쇠퇴하고 庚金은 祿地에 들고, 壬水는 長生地가 되어 자연 火氣가 약해져 壬水로 甲木을 殺印相生하면 좋다. |
| | 酉月(8) | 西山에 지는 태양으로 木火로 보충하고 戊土를 만나면 火熄하므로 가장 꺼린다. 이때 甲木으로 木剋土하면 좋다. |
| | 戌月(9) | 戌月은 土氣가 건조하여 木이 枯死되고 火氣가 入墓하여 쇠퇴한다. 해는 이미 서산에 넘어가고 더욱이 戊土가 있으면 어둠에 쌓이는 상이다. 이때 甲木으로 木剋土하면 絶處逢生이다. |
| | 亥月(10) | 火氣가 絶地에 이르니 火氣가 가장 쇠약한 시기다. 이때 甲木으로 생조한다. 甲木이 濕木이 되면 火氣를 생기기 어려우므로, 이때는 戊土로 土克水하면 좋다. |
| | 子月(11) | 一陽이 始生하고 壬水가 太旺한 시기로 戊土로 土克水한다. 만약 丙火가 旺하고 壬水가 없고 癸水만 있으면 霜雪이 내리는 상이니 오히려 寒冷하여 丙火가 晦氣되니 이때는 甲木으로 보충한다. |
| | 丑月(12) | 丑月은 二陽之節로 丙火와 壬水는 힘이 있다. 土가 旺하면 丙火가 설기를 심하게 당하므로 이때 木으로 木剋土하면 좋다. |

## 丁火

| | | |
|---|---|---|
| 丁火 | 寅月(1) | 木旺之節이라 庚金으로 伐木하지 않으면 木多火熄이 된다. 庚金으로 劈甲하면 生火되어 좋다. |
| | 卯月(2) | 木旺이지만 卯月은 濕木이라 生火가 어렵다. 甲木이 있다면 庚金으로 劈甲하여 木火通明을 이루면 좋다. |
| | 辰月(3) | 곡우 이후는 戊土가 司令하는 시기로, 土旺之節이라 甲木으로 木剋土하여 泄氣를 막아주면 좋다. |
| | 巳月(4) | 火旺之節로 炎上하고 丙火가 透干하면 해와 달이 함께 뜬 상이라 丁火가 丙火를 감당키 어렵다. 이때 庚金으로 劈甲하면 木火通明되어 좋다. 다만 丁火는 유약하여 홀로 炎上을 이루기 어렵다. 丙火의 부조가 필요하다. |
| | 午月(5) | 丁火의 建祿節로 炎上이 極上하여 壬癸水로 조후하고, 庚金으로 水源을 보충한다. |
| | 未月(6) | 火炎이 충천하고 燥土하여 水氣가 필요하고, 한편 丁火가 未土에 泄氣되므로 木으로 生火하면 좋다. |
| | 申月(7) | 申月은 庚金이 司令하고 壬水가 長生지니 丁火는 자연 衰退하는데 이때 甲木이 있으면 庚金으로 劈甲하면 木火通明을 이루어 좋다. |
| | 酉月(8) | 金旺이라 丁火가 약하다. 이때 甲木을 庚金으로 劈甲하고 丙火가 扶助하면 좋다. |
| | 戌月(9) | 戌土에 火氣가 入墓되어 甲木으로 木剋土해주고 庚金으로 土氣를 泄하고 劈甲하면 좋다. |
| | 亥月(10) | 壬水의 建祿節이므로 水旺하여 이때 木氣로 生火하면 殺印相生되어 좋다. 단 丙火가 임하면 癸水가 필요하다. |
| | 子月(11) | 火氣가 衰退하는 때로 甲木과 庚金이 있으면 가장 좋다. |
| | 丑月(12) | 寒氣가 극심하여 丁火가 약하다. 甲木과 庚金으로 조화하면 좋다. |

## 戊土

| | | |
|---|---|---|
| 戊土 | 寅月(1) | 寅月은 戊土의 長生地로 甲木이 建祿이 되어 戊土는 그다지 강하지 않다. 이때 丙火로 殺印相生하면 좋고, 燥土의 우려가 있으면 癸水로 막아주면 좋다. |
| | 卯月(2) | 木旺之節이라 丙火로 조후하여 木火通明이 되게 하고, 癸水로 부조하여 윤택하게 하면 좋다. |
| | 辰月(3) | 辰月은 土旺之節로 甲木으로 흙을 疏土하고, 癸水로 보조하면 좋다. |
| | 巳月(4) | 丙火戊土 모두 建祿地이고, 火土가 건조하고 더워서 甲木으로 흙을 疏土하고 癸水로 부조하면 좋다. |
| | 午月(5) | 火旺으로 燥土하여 水氣로 潤土하고, 甲木으로 흙을 疏土하면 좋다. |
| | 未月(6) | 大暑 이후 金水가 旺하면 丙火로 조후하고, 土多하면 甲木으로 疏土하고 癸水로 보충하면 좋다. |
| | 申月(7) | 金旺之節로 陽氣가 쇠퇴하는 시기이다. 이때 丙火로 조후하고, 제금制金하면 조화를 이룬다. |
| | 酉月(8) | 土氣가 泄氣되어 戊土가 쇠하고, 寒氣가 점차 상승하므로 이때 丙火로 溫暖하게 해준다. |
| | 戌月(9) | 土旺之節로 이때 甲木으로 疏土하며, 癸水로 甲木을 보충하면 좋다. |
| | 亥月(10) | 木氣의 長生地로 丙火로 조후하면 조화를 이룬다. |
| | 子月(11) | 子月은 寒氣기 극심하여 丙火로 조후하면 좋다. |
| | 丑月(12) | 丑月은 凍寒之節로 너무 한랭하니 丙火로 조후하여 따스하게 하면 좋다. |

## 己土

| 己土 | | |
|---|---|---|
| | 寅月(1) | 寒氣가 有餘하고 木旺하면 丙火로 殺印相生하면 좋다. |
| | 卯月(2) | 春節로 陽氣가 상승하는 시기로 丙火는 不用, 굳은 흙을 木으로 疏土하면 좋다. |
| | 辰月(3) | 辰月은 습한때라 陽氣가 알맞아 生育化成이 잘 된다. 癸水로 潤土하면 甲木이 土와 어울려 좋다. |
| | 巳月(4) | 火旺之節로 田園의 己土를 癸水로 潤土하면 좋고, 戊土는 不用한다. |
| | 午月(5) | 火旺之節로 燥土의 우려가 있다. 이때 癸水로 潤土하면 좋다. |
| | 未月(6) | 未月은 燥土하여 역시 癸水로 潤土하면 좋다. |
| | 申月(7) | 金旺之節로 壬水의 長生地로 밖은 허하고 안은 냉하다. 이때 丙火로 조후하고 制金하면 좋다. |
| | 酉月(8) | 金旺之節로 泄氣가 심하다. 이때 寒氣를 丙火로 다스리면 좋다. |
| | 戌月(9) | 土旺之節로 癸水로 부조하고 甲木으로 疏土하면 좋다. |
| | 亥月(10) | 亥月의 己土는 寒冷하여 凍土의 우려가 있으니 丙火로 조후하면 좋다. |
| | 子月(11) | 凍寒之節로 凍土의 전원으로 丙火로 조후하면 좋다. |
| | 丑月(12) | 丑月은 凍土之節로 寒冷하여 丙火로 조후하여 따스하게 해주면 좋다. |

## 庚金

| | | |
|---|---|---|
| 庚金 | 寅月(1) | 木旺之節로 疏土하고, 丁火로 木火通明하면 좋다. |
| | 卯月(2) | 卯月은 庚金의 休囚地라 濕土인 丑土와 辰土를 반긴다. 만약 土가 沖을 받으면 埋金의 우려가 있으나 甲木으로 부조하면 문제가 없다. |
| | 辰月(3) | 辰土가 盛하여 埋金이 두려우니 이때 甲木이 疏土하고, 滋養之土로 金이 盛하면 丁火로 다듬으면 좋다. |
| | 巳月(4) | 丙火의 建祿之節로 庚金은 長生地로 巳火가 庚金을 制剋하나 戊土가 있으면 어려움이 없고, 炎上燥土하면 壬癸水로 潤土하고 水剋火하면 좋다. |
| | 午月(5) | 火旺之節로 午火가 太旺하여 庚金이 상대적으로 약하다. 이때 壬癸水로 制火하면 좋다. |
| | 未月(6) | 未月은 大暑이후 寒氣가 서서히 생하므로 이때 丁火로 조후하고 鍊金하면 좋다. |
| | 申月(7) | 庚金이 建祿이라 金旺之節이다. 이때 丁火로 鍊金하고 甲木으로 扶助하면 格이 아름다워진다. |
| | 酉月(8) | 酉月은 庚金이 羊刃이라 金旺之節로 이때 丁火로 鍊金하면 좋은 그릇이 된다. |
| | 戌月(9) | 戌月은 霜降이후 金이 土에 埋金될까 우려된다. 이때 甲木으로 疏土하면 좋다. |
| | 亥月(10) | 亥月은 水旺之節로 金氣의 泄氣가 심하다. 이때 丙丁火로 조후하면서 土氣로 부조하여 殺印相生하여도 좋다. |
| | 子月(11) | 子月은 冷寒之節로 寒氣가 상승하니 丙丁火로 조후하면 좋다. |
| | 丑月(12) | 凍寒之節로 凍土가 되어 丙火의 調候가 필요하며, 이때 甲木으로 丁火를 보충하면 大器가 된다. |

## 辛金

| | | |
|---|---|---|
| 辛金 | 寅月(1) | 寒氣가 有餘하여 丙火로 조후하고 己土도 적당히 부조하면 좋다. |
| | 卯月(2) | 木旺之節로 休囚가 심하여 庚金의 扶助가 필요하다. |
| | 辰月(3) | 辰月은 곡우 이후부터 土旺되어 辛金이 有氣한다. 이때 壬水로 泄氣하면 적당하여 좋다. |
| | 巳月(4) | 火旺之節로 金氣는 자연 衰弱해진다. 이때 壬水로 制火하고 土氣로 潤土하면 좋다. |
| | 午月(5) | 火旺之節로 丁火가 사령하고, 辛金이 가장 쇠약해지니 이때 壬水로 潤土하고 制火하면 좋다. |
| | 未月(6) | 未月은 未土가 사령하여, 辛金은 均衡을 이루어 오히려 光色을 失하게 되어 이때 壬水로 金을 通貫하고, 庚金으로 扶助하면 좋다. |
| | 申月(7) | 金旺之節로 庚金과 辛金이 함께 得氣하고, 壬水도 長生地가 되어 有氣하니 金水通貫되어 아름답다. |
| | 酉月(8) | 酉金이 建祿이니 金旺之節로 이때 壬水로 泄氣하면 역시 金水通貫하여 아름답다. |
| | 戌月(9) | 戌月은 戊土가 사령하여 埋金의 우려를 甲木으로 旺土를 剋하여 疏土하면 좋다. |
| | 亥月(10) | 亥月은 寒冷之節로 丁火는 火氣가 미약하여 不用하고, 이때 丙火로 조후하면 좋다. |
| | 子月(11) | 子月은 癸水가 사령하여 초겨울이니 이때 丙火로 조후하는데, 만약 癸水가 透干되면 겨울바람에 눈이 날리는 상이된다. |
| | 丑月(12) | 凍寒之節로 한랭하여 丙火로 따스하게 조후하고 甲木이 임하면 壬水로 金水通貫시 좋다. |

## 壬水

| | | |
|---|---|---|
| 壬水 | 寅月(1) | 寅月은 寒氣가 남아있지만 水氣가 서서히 쇠퇴하는 시기로, 이때 庚金으로 생조하면 좋다. |
| | 卯月(2) | 木旺之節로 乙木이 사령하여 壬水로 설기되고 있고, 이때 辛金으로 乙木을 制木하면 좋다. |
| | 辰月(3) | 辰月은 戊土가 사령하여 壬水가 辰土에 막히는 상으로 이때 甲木으로 疏土하고 너무 습하여 火氣로 적당히 조후하면 좋다. |
| | 巳月(4) | 巳月은 火旺之節로 丙火와 戊土가 太旺하여 이때 辛金으로 金生水하고 壬水로 剋丙火하여 막으면 좋다. |
| | 午月(5) | 火旺之節로 己土가 得氣하여 壬水가 쇠약해지니, 이때 庚金으로 金生水하여 扶助하면 좋다. |
| | 未月(6) | 未土가 사령하여 壬水가 濁하다. 이때 辛金으로 生水하여 扶助하고 壬水가 보조하면 濁中에 淸해진다. |
| | 申月(7) | 申月은 金旺之節로 庚金의 祿地며 壬水의 長生地라 水旺하다. 이때 戊土로 적당히 土克水하면 좋다. |
| | 酉月(8) | 金旺之節로 金生水로 淸白할 때 逢土하면 濁水될까 우려되니 이때 甲木으로 剋土하여 疏土하면 좋다. |
| | 戌月(9) | 戊土가 剋水하니 七煞이 旺하다. 이때는 甲木으로 剋土하여 土氣를 다스리면 좋다. |
| | 亥月(10) | 亥月은 壬水가 建祿이라 水氣가 旺하다. 이때 戊土로 적당하게 조절하면 좋다. |
| | 子月(11) | 子月은 壬水가 羊刃月이 되어 水氣가 太旺하여 寒氣가 盛하다. 이때는 土克水하여 煞刃相停하고 丙火로 조후하면 좋다. |
| | 丑月(12) | 丑月은 水氣가 쇠퇴하는 시기로 己土가 土克水할까 우려가 되나 甲木으로 剋土하여 다스리고 丙火를 취용하여 寒氣를 몰아내면 좋다. |

## 癸水

| | | |
|---|---|---|
| 癸水 | 寅月(1) | 木旺之節에 癸水의 泄氣가 심하니 이때는 辛金으로 扶助하고 寒氣가 有餘하여 丙火로 조후하면 좋다. |
| | 卯月(2) | 木旺之節로 卯木月令하여 설기가 심하고 辛金으로 乙木을 剋木하면 좋다. 다만 辛金이 없는데 庚金이 있어서 乙庚合金하면 기반羈絆되어 不用한다. |
| | 辰月(3) | 辰月은 穀雨후에 戊土가 得令하여 상대적으로 癸水가 약해진다. 이때 庚辛金으로 扶助하여 生水하면 좋다. |
| | 巳月(4) | 巳月은 丙火와 戊土가 建祿節이라 水氣는 絶地에 임한다. 이때 庚辛金으로 金生水하면 좋다. |
| | 午月(5) | 午月은 丁火와 己土가 建祿節이라 火土가 태강하다. 이때는 金氣와 壬水로 부조하면 좋다. |
| | 未月(6) | 未月은 木氣와 火氣가 退行하기 때문에 水氣는 그다지 필요치 않다. 다만 金氣가 있으면 得氣하여 안전하다. |
| | 申月(7) | 申月은 庚金이 建祿이고 壬水는 長生地라 癸水가 有氣하여 역시 힘을 얻는다. |
| | 酉月(8) | 酉月은 金旺之節로 酉金이 太旺하여 金水가 함께 淸白하다. 이때는 辛金과 丙火만 떨어져 있으면 좋다. |
| | 戌月(9) | 戌月은 火氣가 入墓하는 시기로, 癸水를 꺼린다. 이때는 戊土가 盛하므로 辛金으로 金生水하고, 失氣한 甲木이 癸水의 부조를 받아 得氣하여 木剋土로 制土하면 무난하다. |
| | 亥月(10) | 亥月은 水旺之節로 寒氣가 得令하는 시기로 이때는 丙火로 조후하여 따뜻하게 해주어야 한다. |
| | 子月(11) | 子月은 水旺之節로 寒氣가 극성한 凍寒의 시기이다. 丙火로 따뜻하게 調候해야 한다. |
| | 丑月(12) | 丑月은 凍寒之節로 凍土의 시기로 丙火의 조후가 필요하다. 만약 癸水가 透干되면 丙火의 태양을 가리는 상으로 비록 辛金이 있어도 取用하지 못한다. |

# 제22장
# 대운과 세운

제1절 행운간명법

# 제22장 대운大運과 세운

## 제1절 행운간명법行運看命法

행운行運이라함은 대운과 세운歲運·월운月運 등을 말한다.

사주 원국元局은 그 사람의 타고난 운명적 여건을 판단하는 기준이 되고, 그 사람의 홍망성쇠·길흉의 시기를 아는 것은 행운에 의하여 가능한 것이다.

### 1. 대운

춘·하·추·동 계절의 변화에 따라 우주만물이 영향을 받듯이 인간도 소우주로 보아서 지구의 공전에 따라 계절이 변하는 것처럼 길흉의 시기가 결정된다.

(1) 대운은 10년씩 바뀌는데 천간天干·지지地支를 각각 5년씩 보는 설說과 천간을 3년 지지를 7년으로 보는 학설 등이 있으나 오행의 상호작용을 참고로 하여 보는 것이 타당하다.

건명 예

|  |  |  | 庚 | 丁 | 辛 | 乙 |
|---|---|---|---|---|---|---|
|  |  |  | 子 | 巳 | 巳 | 丑 |
| 64 | 54 | 44 | 34 | 24 | 14 | 4 |
| 甲 | 乙 | 丙 | 丁 | 戊 | 己 | 庚 |
| 戌 | 亥 | 子 | 丑 | 寅 | 卯 | 辰 |

경진庚辰 대운은 지지가 천간을 생하니 천간의 작용이 강하고, 기묘己卯 대운의 경우 지지가 천간을 극하니 천간의 작용이 약하며 무인戊寅도 마찬가지이

고 을해乙亥 대운은 지지가 천간을 생하니 천간의 작용이 강하다.

(2) 신약身弱 사주는 이것을 부조扶助하고 신왕身旺일 때는 억제하는 운을 만나야 길운이 된다.

(3) 격식을 파破하는 운은 좋지 않고 격식을 도와주는 운이 좋다.

(4) 대운의 지지가 대운의 천간을 극하면 기세가 약해지고 상생相生하면 기세가 강해진다.

(5) 사주 원국의 간지와 동일한 대운에는 해당 사항이 강하게 나타난다.

(6) 명命이 좋은 것보다 운運이 좋아야 발복할 수 있다.

(7) 다음은 길운吉運을 만난 것이다.
    ① 관격官格에 인수로서 상관을 제할 때 인수운印綬運.
    ② 재생관財生官하고 신약일 때 일주를 돕는 운.
    ③ 인수 용신을 재財가 파극하는데 비겁比劫운.
    ④ 식신과 관살이 격을 이루고 신약일 때 인수운.
    ⑤ 칠살七煞이 중하고 식신이 제하는데 식신운.
    ⑥ 상관 편인격에 관살운이 와서 인수를 생할 때.
    ⑦ 월지月支 양인이고 재財를 용신으로 하는데 식상食傷운.
    ⑧ 인수印綬 용관격用官格에 재운財運이 와서 식신이 생재生財하고 관성을 부조扶助할 때.

(8) 다음은 흉운凶運이다.
    ① 정관격이 신약으로 인수가 없는데 상관운.
    ② 재財격에 식상食傷이 투출되지 않았는데 관살운.
    ③ 인수印綬 용관격用官格에 관성官星을 합하여 거去하는 운.
    ④ 식신食神 제살격制殺格에 재財운이 와서 식신食神이 재財로 화하여 살殺을 생할 때.
    ⑤ 식신食神이 제살制殺하는데 도식盜食운이 와서 식신을 극할 때.

⑥ 상관傷官 패인격佩印格에 재운財運이 온 경우.
⑦ 양인羊刃 용살격用殺格에 식신을 본 경우.
⑧ 건록建祿 용관격用官格에 상관을 본 경우.
⑨ 재다신약財多身弱인데 관살운官煞運
⑩ 비겁比劫이 중중重重하고 식상食傷이 없는데 재財를 본 경우.

(9) 길운吉運이 온 것 같으나 운이 흉凶한 경우.

사주 예

| | | | | | 甲 | 甲 | 辛 | 戊 |
|---|---|---|---|---|---|---|---|---|
| | | | | | 子 | 子 | 酉 | 辰 |
| 己 | 戊 | 丁 | 丙 | 乙 | 甲 | 癸 | 壬 | |
| 巳 | 辰 | 卯 | 寅 | 丑 | 子 | 亥 | 戌 | |

위 사주의 경우 월간月干 정관이 아름다운데 계운癸運이 와서 일주日柱를 돕는 것 같으나 실제로는 무戊 연간年干과 합하여 무계합화戊癸合火가 되니 정관을 극하여 귀한 것을 오히려 손상시킨 것이다.

(10) 흉한 것 같으나 길吉해지는 경우(봉흉화길逢凶化吉)

관격官格이 식상食傷운을 만났으나 인수가 투출된 경우.
재격財格이 관살운을 만났으나 식상食傷이 있을 때.

(11) 「유행간이有行干而 불행지자不行支者」란?

대운에서 간干은 따를 수 있으나, 지支는 따르지 못하는 것을 말한다.
병일에 해년 자월 출생이면 병정운은 일주를 도와서 좋으나 지지地支 사오巳午는 상충相沖되므로 평지풍파가 된다.

(12) 「유행지이有行支而 불행간자不行干者」란?

대운에서 지支는 따를 수 있으나, 간干은 따를 수 없는 것을 말한다.
갑목甲木이 술월戌月에 출생하고 신금辛金이 투출하였는데 일주가 약한 경우 신유申酉운을 보면 관성이 녹근祿根을 하여 좋으나 경신庚辛운엔 관살 혼잡이 되어 나쁘다.

### (13) 「합살위희合殺爲喜」란?

칠살七殺을 합하여 중화시켜 일주를 도와주는 오행으로 화화하여 오히려 좋아지는 것을 말한다.

병일丙日 해월亥月에 임수壬水가 투출하면 임수壬水가 칠살七煞이다. 병丙운에는 일주를 도와주나 정丁운엔 정임합목丁壬合木하여 살殺을 중화하고, 정일丁日 해월亥月에 임수壬水가 투출하면 병丙운에 힘을 얻고 정丁운을 보면 임수壬水를 합하여 가니 오히려 좋지 않다. 정일丁日 해월亥月에 임수壬水가 투출하고 다시 무토戊土가 투출하면 계癸운이 와서 무토戊土 상관을 합거合去하니 귀해지는 것이다.

### (14) 같은 오행의 지지地支라도 길흉吉凶이 다르다.

술일戊日 묘월卯月에 축년丑年이면 신申운에는 장생長生이 되나, 유酉운에는 유酉와 축丑이 합하여 상관傷官이 되어 흉하다.

무일戊日 묘卯월 자년子年 축시丑時인데 신申운에는 신자진수국申子辰水局하여 관官을 생하나 유酉를 보면 축丑과 합하여 상관이 된다.

### (15) 년年과 월月을 충沖하면 급하게 나타나고 일日과 시時를 충하면 느리게 나타난다.

월령제강月令提綱을 대운이 충하면 심하게 나타나고 기타 지지地支는 가볍다. 또한 용신用神 자리를 충하면 무겁고 기타는 가볍다.

사생지四生地(인신사해寅申巳亥)를 충하면 무겁게 나타나고 전왕지傳旺地(자오묘유子午卯酉)는 혹성혹패或成或敗하며, 사고지四庫地(진술축미辰戌丑未)는 붕충朋沖이라 한다.

### (16) 운運이 좋을 때 충하면 화禍가 가벼우나 운이 나쁠 때 충하면 화禍가 무겁다. 대운과 세운이 겹쳐 충하면 중중하게 나타난다.

### (17) 충沖을 만났으나 충沖이 아닌 것은?

갑甲이 유관酉官을 용신으로 삼는데 묘卯가 충沖이면서 기축巳丑 합이 있으면 충沖이 무력하고 해亥와 묘卯가 있어도 삼합이 되니 충할 수 없다.

(18) 하나의 충沖이 두 개의 충沖인 경우.

을乙이 신관申官을 용신으로 하는데 신申이 둘이고 인寅이 하나이면 양신兩神을 충沖할 수 없으나 다시 인寅운이 오면 두 개가 인寅과 신申이 충沖되는 것이다.

## 2. 세운歲運

명리학命理學의 근본 목적이 진퇴進退의 시기, 즉 길흉의 시기를 알아서 흉한 것을 피하고 운이 좋지 않을 때는 근신하면서 소극적으로 처신하고 길운吉運이 왔을 때는 힘차게 전진하는 등의 지혜롭게 사는 데 있다.

즉 봄이 오면 씨앗을 뿌리고 여름에 배양하고 가꾸며 가을에 여물게 하여 적정한 때에 거두어들이며 겨울에는 휴식하고 저장하며 다음해의 농사를 준비하듯이 각 개인의 명命에 따라 어떠한 시기가 왔는가를 알아야 하고 재앙과 손재, 어려운 운運인가를 알아서 미리 알아서 피하고 기회가 왔을 때 놓치지 않고 적극적으로 처신하여야 한다.

## 3. 손쉽게 세운을 알 수 있는 방법

위 사주의 경우 을축생乙丑生이므로 을년乙年은 1살, 11살, 21살 … 이고 임년壬年 즉 일간日干과 같은 해는 8세, 18세, 28세 … 정화丁火 정재운正財運은 3세, 13세 …로 나간다.

원명元命에 가지고 있는 육신은 작용이 강하다.

## 4. 세운歲運 보는 법法

① 사주 격국에 따라 용신이 세운을 맞아서 생조生助가 되는가 파극되는가를 살핀다.
② 일주의 천간과 세간歲干, 일지日支와 세지歲支의 합合, 형刑, 충沖의 관계와 공망을 살핀다.
③ 격식이 성격成格이 되는가 파격破格이 되는가를 살핀다.
④ 대운과 세운의 관계를 본다.

⑤ 세운의 천간지지가 동일오행이면 작용력이 강하다.
⑥ 대운은 지지地支를 중하게 보나, 세운은 천간의 육신을 중하게 본다.
⑦ 생일生日 일간日干은 자신이고, 대운은 나의 활동지이고, 세운은 그곳에서 만나는 사람이다.
⑧ 일주日主와 세운을 본 다음 그 다음으로 년주年柱, 월주月柱, 시주時柱와 세운과의 관계를 본다.
⑨ 일간日干이 세간歲干을 극하면 재앙이 있다.
⑩ 대운과 세운의 상생, 상극관계를 본다.
⑪ 연주年柱와 동일同一한 해를 만나면 흉凶이 발생한다.
즉 갑자생甲子生이 갑자년甲子年을 만난 것이니 회갑回甲年이고, 이를 막기 위해 회갑잔치를 한다.
⑫ 일주日柱와 동일同一한 해에도 복음살이라 하여 옛일로 재앙이 발생한다고 본다.
⑬ 삼합三合, 육합六合의 해에 결혼, 화합, 단결 등의 길사吉事가 있다.

## 5. 생년의 간지를 알고 나이를 모를 때 계산법

① 먼저 당해연도 간지干支를 알고 있어야 한다
② 알고자 하는 당사자의 간지干支에서 언제나 干은 1세로 본다.
③ 출생 천간을 1세로 하여 당해연도 해당 천간까지 세어 간다.
④ 당해연도까지 센 숫자가 나이의 끝자가 된다.
⑤ 나이의 끝자를 출생지지出生地支에 1세로 하여 더해 준다.
⑥ 더한 지점의 머문 지지地支는 도착점이 되는데, 당해연도의 지지地支 자리를 출발점으로 다시 도착점까지 10단위로 한 칸씩 건너뛰면서 세어 간다. 도착점까지 세어 간 10단위가 끝자리 나이에 해당하는 10단위에 해당한다.

예) 예를 들어 금년이 계미癸未년이라고 할 때 임자생壬子生의 나이를 알고자 한다면 다음과 같다.

- 천간 임壬은 1세로써 금년의 계癸까지 세어 가면 2가 된다. 해당인의 나이 끝자리는 2가 되는 것이다. 그리고 해당인의 지지地支 자子를 1세로 하여 나이의 끝수인 2를 더하면 축丑에서 머물게 된다. 이 축丑이 도착점이 되는

것이다. 다시 금년의 지지地支 미未에서 시작하여 한 칸 건너서 10단위로 세어 가면 유酉에서 10이 되고, 다시 한 칸 건너뛰면 해亥에서 20이 되고, 다시 한 칸 건너뛰면 축丑에서 30이 된다. 축丑은 도착점이라고 하였으니 즉 30이 머문 축丑이 해당인의 금년 나이에 해당하는 10단위가 되는 것이다. 30(나이 앞자리)+2(나이 끝자리)는 32살이 되고 여기에 60을 더하면 92살이 나온다. 다시 말하여 금년의 임자생壬子生은 32살과 92살이 되는 것이다.

# 제23장
# 육친운

## 제1절 육친의 소속에 따른 길흉

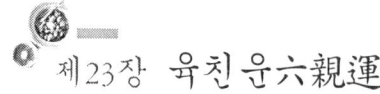
# 제23장 육친운六親運

## 제1절 육친의 소속에 따른 길흉

### 1. 처궁妻宮

(1) 사주에 비겁比劫이 많고 재財가 많으면 처妻를 극한다.

(2) 재財가 왕旺하고 신약身弱인데 비겁比劫이 없으면 극처克妻한다(재다신약財多身弱으로 왕한 재성을 비겁으로 제어해야 한다).

(3) 관살이 많고 인수가 용신인데 재財를 보면 그 처妻가 험악하여 남편을 극한다(관살이 왕하여 일간이 쇠약할 때 인수로 일간을 부조하는데 재성을 보면 인수가 극을 받아 인수의 기능을 다하지 못함).

(4) 관살이 약하고 신왕身旺인데 재財로써 용신用神을 삼을 경우 비겁比劫이 재성을 극克하면 그 처는 미인美人이나 남편을 극한다.

(5) 겁재, 양인이 강하고 재성財星이 약하여 식상食傷이 생조生助해 주는데 편인이 운에서 식상을 극하면 그 처妻가 흉사한다.

(6) 재성財星이 약하고 관살이 왕旺할 때 식상이 없고 인수가 있으면 그 처는 몸이 약하여 질병이 있다.

(7) 겁재, 양인이 왕旺하며 재財가 없고 식상食傷이 있을 때 그 처가 현숙하면 남편을 극하나 못났으면 무방하다.

(8) 관성이 약한데 식상을 보고 재성이 있으면 처가 현처이고, 극부克夫하지 않는다.

(9) 관성이 약하고 식상이 강할 때 인수가 있고 재성을 보면 그 처는 못났으나 극부克夫하지 않는다.

(10) 신강하고 살살이 약하며 재財가 살살을 生하고 관성이 강하고 식상이 왕旺한데 재성財星이 화化할 때.
    인수가 강한데 재財가 왕旺하면 그 처妻는 현숙하고 아름답다. 또는 처妻로 인하여 치부致富한다.

(11) 살살이 중重하고 신약身弱인데 재성이 관살을 생생하며 관官이 많아서 인수용신인데 재財가 극하여 상관격에 인수용신인데 재財가 왕旺하며 인수印綬를 극하는 등은 그 처妻가 현숙하지 못하며 악처이고 처로 인하여 재화가 일어나고 몸을 상한다.

(12) 일지日支에 재財가 있고 그 재가 용신이면 처로 인하여 재물이 생긴다.

(13) 일주日主가 재성財星을 기뻐하는데 한신閑神과 합합하여 재財를 이루면 처의 힘을 얻는다.

(14) 일주日主가 재財를 기뻐하는데 재財가 한신閑神과 합합하여 기신忌神이 되면 그 처妻는 외정外情을 품는다.

(15) 일주日主가 재財를 꺼리는데 합합하여 재財가 되면 부부간에 불화不和가 잦다. 아래의 사주는 한금寒金이 건록지建祿地에 있고 축丑 인수가 생생해주니 신강身强하여 정화관丁火官을 쓸 수 있다.
    년간年干 계수癸水가 정화丁火를 극하여 기신忌神이 되는데 을목乙木이 통근通根하여 설수洩水가 생화生火하니 현숙하여 처덕妻德으로 인하여 귀하여졌으며 삼자三子를 두어 자식도 귀하게 되었다.
    즉 처妻가 용신用神이면 현처賢妻이고, 처덕을 보게 되는 것이다.

```
丁 庚 乙 癸
丑 申 丑 卯


己庚辛壬癸甲
未申酉戌亥子
```

아래의 사주는 정화丁火가 화왕절火旺節에 생생하여 비겁과 인수가 중중하니 신강인데 시간時干 계수癸水로 억제하기엔 약한데 유금酉金이 묘목卯木을 충거沖去하고 수水를 생생하여 출신은 가난하나 계운癸運에 입학하여 처妻를 얻고 임壬운에 등과하여 신축辛丑운에 처덕妻德으로 군수까지 지낸 사주이다.

## 2. 자녀子女(시時)

육친에서 자녀는 식물로 비교하면 열매. 씨앗. 종자가 되며, 남자에겐 관·살이 자녀가 되고 여자에겐 식·상이 자녀가 된다.

보통 여명女命은 식신·상관을 자녀로 보고 남명男命의 경우는 관성官星을 자녀로 보되 신강·신약과 사주 격식에 따라 달라진다. 또 시주時柱는 자녀의 자리로 보아서 시時에 자녀성이 생부生扶되는가 충극沖剋되는가로 결정한다. 보통은 12운성이 시時에서 어떤 것을 띄었는가로 보는 방법이 있으나 단편적인 방법이다.

長生四子或旬半　　沐浴一雙保吉祥
장생사자혹순반　　목욕일쌍보길상
冠帶臨官四子位　　帝王五子自成行
관대임관사자위　　제왕오자자성행
衰中二子病中一　　死中至老沒兒郎
쇠중이자병중일　　사중지로몰아랑
絶中領取他人子　　入墓之時命夭亡
절중영취타인자　　입묘지시명요망
受氣爲絶一個子　　胎中頭女有姑娘
수기위절일개자　　태중두녀유고랑
養中三子只留一　　男女宮中仔細祥
양중삼자지유일　　남녀궁중자세상

(1) 일주가 왕旺하고 인수가 없고 식상이 있으면 자녀가 많다.

(2) 일주가 왕하고 인수가 많고 식상은 약한데 재성이 인수를 억제하여 식상을 보호하면 자녀는 많고 현명하다.

(3) 일주가 왕하고 인수가 많은데 식상이 없고 재성이 있으면 자녀가 많고 유능하다.

(4) 일주가 약하고 인수가 있는데 식상이 없으면 자녀가 많다.

(5) 일주가 약하고 인수가 경輕한데 식상食傷이 중重하면 자녀는 적다.

(6) 일주가 약한데 인수가 경輕하고 재성이 있으면 자식이 없다.

(7) 일주가 약한데 식상이 중하고 인수가 없어도 자식이 없다.

(8) 일주가 약한데 식상이 약하고 비겁比劫이 없고 관성이 있으면 자식이 없다.

(9) 일주가 약하고 관살이 중하고 인수가 약하며 재財가 숨어 있으면 딸이 많다.

(10) 일주가 약하고 칠살七殺이 중重하고 식상이 약한데 비겁이 있으면 딸이 많고 아들이 적다.

(11) 일주가 약한데 관살이 중하고 인수·비견이 없으면 자식이 없다.

(12) 일주가 왕旺하고 식상이 약하고 인수를 보고 재성이 있으면 자식은 적고 손자가 많다.

(13) 일주가 왕하고 인수가 강하고 관살이 약하고 재성이 있으면 자식은 있으나 손자가 없다.

(14) 일주가 약하고 식상이 왕하고 인수가 있고 재성을 보면 자식이 있어도 없는 것과 같다.

(15) 일주가 약하고 관살이 왕하고 인수가 있는데 재성을 보면 자식이 있으나 불효한다.

(16) 양일간陽日干이 양시陽時이면 아들을 많이 얻고
양일간陽日干이 음시陰時이면 선남후녀先男後女이고
음일생陰日生이 음시陰時이면 여아女兒를 많이 두고
음일생陰日生이 음시陰時이면 선녀후남先女後男이다.

(17) 상관이 왕한데 관성을 보면 자손이 해롭고 시상時上에 상관이 있고 공망을 보면 자식을 두기 어렵다.

(18) 명리命理의 전반全盤이 그러하듯이 전체적인 관련성을 충분히 살펴서 검토한 연후에야 위의 이론이 합당한 것이다. 또 현대에는 산아제한 등으로 하나둘을 낳고 마는 경우가 많으니 참작해야 할 일이며, 그런 경우에도 자식이 귀한 팔자인 경우엔 역시 현대에도 마찬가지이다.

(19) 대개 화火가 많으면 아들이요, 수水가 많으면 딸이고 양간지陽干支가 많으면 아들, 음간지陰干支가 많으면 딸이다.


## 3. 부인명婦人命

■부인婦人의 명命은 관성官星을 취하여 귀貴를 삼고 복福을 삼는 것이다.

(1) 육종원리六種原理

       1. 순수純粹 2. 화순和順 3. 고귀高貴 4. 탁추濁醜
       5. 난망難妄 6. 창기娼妓 7. 음녀淫女 8. 극부剋夫

(2) 재財가 왕한데 관성이 앉으면 그 남편이 부귀福貴한 사람이며, 인수·식신은 명예와 귀함이 되지만 인수가 생왕되면 식신이 파괴되므로 자식을 얻기 어렵다.

(3) 인수와 재성과 관성이 함께 사주에 있으면 반드시 부귀한 집안에 태어나서 귀녀貴女이며, 현숙한 귀부인이 될 것이다.

(4) 예컨대 갑일甲日이 신유辛酉를 보면 정부正夫이고, 정화丁火와 오화午火는 정부正夫를 상해傷害하는 해신害神이며, 경신庚申은 편부偏夫인바 만일 갑일간甲日干에 경신신유庚申辛酉가 여럿이 있으면 상부傷夫하고 재가再嫁하게 된다.

(5) 사주내에 재성이 많고 관성이 태왕太旺하여도 정부正夫와 외부外夫가 많으며 음란하다. 재성이 많아도 음란하니 여명은 재약하고 관성이 강하며 자성子星이 좋아야 좋은 명조命造이다.

(6) 만일 관성이 생조지生助地를 얻어 왕성하고 칠살은 식신에 의하여 억제되고 일간日干이 유기有氣하고 인수와 천월이덕天月二德이 있으면 부부는 영화롭고 자녀子女가 귀하게 되는 귀부인이 된다.

(7) 상관이 있고 관성을 보면 극부재가剋夫再嫁하며 고생이 많고 아니면 질병으로 고생한다.

(8) 상관이 있고 고신, 과숙살이 있으며 일시日時가 공망이면 재삼再三결혼을 하거나 정부情婦노릇을 하거나 첩첩이 된다.

(9) 여명의 사주에 천월이덕天月二德이 있으면 산액産厄이나 혈질血疾이 없고 음란한 기품이 없다.
신약이 좋은데 시부모와 남편을 잘 모시게 된다. 신강身强이면 남편을 속이고 부모父母에게 불효하며 시비是非를 일으키고 성품 또한 순순하지 않으므로 두려움이 있다.

(10) 지나치게 신약身弱이면 질병이 있고 무능하여 남편의 구박을 면할 수 없다.

(11) 고란살(甲寅, 辛亥, 丙午, 壬子)이 있으면 남편이 없이 독수공방하는 팔자이다.

(12) 음양착살陰陽錯殺을 가지면 혼가婚家에 불리不利하다.

(13) 사주에 상관이 있고 재성을 암초暗招하면 데릴사위로 남편을 맞아들인다.

(14) 신쇠身衰하고 부왕父旺하면 정결한 부인이고, 칠살七殺이 왕旺하고 신쇠身衰하면 고한孤寒한 부인이다.

(15) 정기 관성이 있어서 재관財官이 모두 생왕生旺되며 인수와 천덕을 겸하고 일살一殺이 있으면 제복制伏될 것이며 상관은 생재生財하고, 일간日刊이 녹지綠地에 있고 재성을 만나고 관성을 생조生助하며 귀貴가 재財를 만나고, 살성殺星이 인수가 있어서 생인生印되며 천월이덕이 부신扶身하고, 양인이 제복되면 부인명婦人命에 귀격貴格이다.

## 4. 용신으로 남편을 삼는 경우

(1) 관성이 태왕太旺하고 비겁比劫이 없고 인수가 있으면 인수가 남편이다.

(2) 비比·겁劫이 있고 인수가 없으면 상관, 식신이 남편이다.

(3) 관성이 태약하고 상관이 있으면 재가 남편이다.

(4) 재가 없고, 비·겁이 왕하면 상傷·식食이 남편이다.

(5) 비比·겁劫으로 가득차고, 인수 관성이 없어도 식상이 남편이다.

(6) 인수가 많고 관살, 식상이 없으면 재財가 남편이다.

(7) 상관이 왕하고 일주가 약하면 인수가 남편이다.

(8) 일주가 왕旺하고 식상食傷이 강하면 재財가 남편이다.

(9) 관성이 약하고 인수가 중하면 재財가 남편이다.

## 5. 남편의 길흉

(1) 관성이 약하고 재가 없고 일주가 강하고 상관이 중하면 극부剋夫한다.

(2) 관성이 약하고 재가 없고 비겁이 왕旺하면 그 남편을 속이는 사람이다.

(3) 관성이 약하고 재가 없고 일주가 강하고 인수가 중重하면 남편을 속이고 극한다.

(4) 관성이 약하고 인수가 많고 재성이 없으면 극부剋夫한다.

(5) 비比·겁劫이 왕旺하고 관이 없고 인수가 왕하고 재가 없으면 극부剋夫한다.

(6) 관성이 왕旺하고, 인수가 경輕하고 일주가 약하면 남편을 극한다.

(7) 비比·겁劫이 왕旺하고 관성이 없고 상관이 있고 인수가 중하면 극부剋夫한다.

(8) 식신이 많고 인수가 있고 관성이 약한데 정재, 편재를 만나면 극부剋夫한다.

(9) 이상과 같이 여명女命에서 관성官星위주로 남편을 삼는 예외 이론이 있는 것이다.

## 6. 자녀의 길흉吉凶

(1) 일주가 왕하고 상관이 왕하며 인수가 없고 재성이 있으면 자식이 많고 귀하다.

(2) 일주가 왕하고 상관이 왕하며 재인이 없으면 자식이 많고 강하다.

(3) 일주가 왕하고 상관이 약하며 인수가 있고 재가 국을 이루었으면 자식이

많고 부자가 된다.

(4) 일주가 왕旺하고 식상이 없고 관성이 국을 이루었으면 자식이 많고 현명하다.

(5) 일주가 왕하고 식상이 없고 재성이 있고 관살이 없으면 자식이 많고 유능하다.

(6) 일주가 약하고 식상이 중하고 인수가 있고 재성이 없으면 자식이 있다.

(7) 일주가 약하고 식상이 경하고 재성이 없으면 자식이 있다.

(8) 일주가 약하고 재성이 약하며 관인官印이 왕旺하면 자녀가 있다.

(9) 일주가 약하고 관성이 왕旺하며 재성이 없고 인수가 있으면 자식이 있다.

(10) 일주가 약하고 관성이 없고 재성이 있으며 상관 겁재가 있으면 자녀가 있다.

(11) 일주가 왕旺하고 인수가 있고 재성이 없으면 자녀가 적다.

(12) 일주가 왕旺하고 비견이 많고 관성이 없고 인수가 있으면 자녀는 적다.

(13) 일주가 왕旺하고 인수가 중하고 재성이 없으면 자식이 없다.

(14) 일주가 약하고 상관이 중하고 인수가 약하면 자식이 없다.

(15) 일주가 약하고 재성이 중하고 인수를 만나면 자녀가 없다.

(16) 일주가 약하고 관살이 왕旺하면 자녀가 없다.

(17) 일주가 약하고 식상이 왕旺하고 인수가 없으면 자녀가 없다.

(18) 화염토조火炎土燥 무자無子

(19) 토금습체土金濕滯하면 무자無子

(20) 수범무목부水汎無木浮하면 무자無子

(21) 금한수냉金寒水冷하면 무자無子

(22) 중첩인수重疊印綬하면 무자無子

(23) 재관財官 태왕太旺하면 무자無子

(24) 누국漏局 식상食傷하면 무자無子
  이상은 자녀가 없고, 자녀가 혹 있으면 남편을 극하고, 남편을 극하지 않으면 단명하다. 아니면 음란하게 되니 한이 되는 것이다.

## 7. 하천下賤한 명命

(1) 일주가 왕旺하고 관성이 약하고 재성이 없어 적을 불러들일 때.

(2) 일주가 왕旺하고 관성이 약하고 식상이 중하며 재성이 없어 속이는 사람.

(3) 일주가 왕旺하고 관성이 약하고 일주가 타신他神과 합거合去된 경우.

(4) 일주가 왕旺하고 관성이 약하며 일주日主와 합거合去된 경우.

(5) 일주가 왕旺하고 관성이 약하며 재성이 없고 상식이 강한데 관성이 의지할 곳이 없는 경우.

(6) 일주가 약하고 재성이 없고 식상이 있으며 인수가 있을 때 일주日主에 세력이 의지할 때.

(7) 일주가 왕왕旺하고 관성의 근이 없고 일주는 관성을 돌보지 않고 재성이 합거合去된 경우.

(8) 일주가 약하고 식상이 중하고 인수가 약한 자.

(9) 일주가 약하고 식상이 중하고 인수가 없고 재성이 있을 때.

(10) 식상이 당령當令하여 재관財官이 세력을 잃은 자.

(11) 관성은 재성의 생생을 받지 못하는데 비겁이 식상을 생생할 때.

(12) 상관으로 가득차고 재가 없을 때.

(13) 관성으로 가득차고 인수가 없을 때.

(14) 비겁으로 가득차고 식상이 없을 때.

(15) 인수성印綬星으로 가득차고 재성이 없을 때.

## 8. 기타

(1) 여명이 관성을 취용取用하는데 혹은 남편이 칠살七殺이 될 때는 일위一位만 있어야 하는데 많으면 극부剋夫한다.
그러나 관성이 사주에 가득차면 꺼리고 살성이 가득차면 도리어 복이 된다.

(2) 상관은 귀貴를 깨뜨리니 상관운에 극부剋夫하고 흉해지니 제복되어야 하며 상관과 도화가 함께 있으면 기녀技女가 된다.

(3) 진술辰戌이 전부 있으면 음란하고 파가破家하며 상부극자喪夫剋子하고 잔질로 고생하거나 수명이 짧다.

(4) 인신사해寅申巳亥가 전부 있으면 외롭고 음란하다.

(5) 자오묘유子午卯酉가 전부 있으면 타인을 따라 달아날 사람이다.

(6) 진술축미辰戌丑未가 다 있어도 부궁夫宮이 온전치 못하다.

(7) 천간에 일자一字가 연連해 있으면 고파격孤破格이나 복은 많고 지지地支에 일자연一字連이면 재혼再婚할 팔자이다.

## 9. 부친父親

(1) 편재가 부친인데 비견, 겁재가 많거나 월지月支의 양인 건록이 왕하여 편재가 사절死絶되면 극부剋夫하게 된다.

(2) 그럴 경우 일찍 아버지를 여의거나 서로 떨어져 반목하고 질병으로 고생하며 부덕父德이 불길不吉하다.

(3) 편재가 너무 많아도 두 아버지를 모시니 좋지 않다.

(4) 편재가 근근이 있고 투출하였거나 식상이 생생해주면 그 아버지가 유능하고 부친父親의 덕을 입는다.

(5) 편재성에 어떤 신살이 있는가에 따라서 구체적인 판단을 한다.
재가 없으면 부친이 무덕하고 인연이 적다.

## 10. 모친母親

(1) 정인正印이 어머니가 되니 재가 많으면 어머니를 극하게 된다. 정재가 많으면 어머니가 재가再嫁한다.

(2) 편재가 사절死絶인데 생조자生助者가 없고 극해剋害됨을 입으면 그 모친母親이 전부前夫가 극상剋傷한 것이다.

(3) 인수가 장생지에 있으면 인자하고, 정숙하며 수명도 길고 모자母子간에 화목한다.

(4) 양인살지羊刃殺地에 인수가 임하고 쇠절묘지衰絶墓地에 임하며 고과孤寡살이 있으면 그 모친이 현명하지 못하니 잔병이 많고 불목한다.

(5) 재재가 많아서 인수를 극하면 어머니와의 인연이 박하여 이별하거나 떨어져 살게 된다.

## 11. 처妻·첩妾

(1) 정재正財는 정처正妻가 되고 편재偏財는 첩妾이니 갑목甲木이 기토己土를 보면 정처正妻요. 무토戊土는 편재偏財에 해당한다. 이때 목국木局을 만나면 상처喪妻하고 갑인甲寅과 같이 천간지지가 같아도 그러하며 처가 부정不正한다.

(2) 재성財星이 쇠패衰敗하고 묘절墓絶이 되면 그 처가 질병이 있고 현명하지 못한데, 그렇지 않으면 나이가 많아서 그 처妻가 재가再嫁한다.

(3) 비견이 있고 재성이 도화桃花에 임하면 처첩妻妾이 화통和通할 것이요. 일지日支나 월지月支에 재성財星이 있으면 처妻의 내조內助가 많으며 다시 처재妻財를 얻을 것이다.

(4) 편재가 월령에 의하여 생왕生旺되는지 기타의 생조生助를 얻어 정재보다 왕성旺盛하면 첩妾이 처妻를 극하니 처의 권리를 빼앗고 정재가 자왕自旺하면 처妻가 첩妾을 용납하지 않을 것인데 관살이 거듭있으면(재財의 식상) 처가 유능하여 일을 잘 처리한다.

(5) 재다財多하고 신약身弱하면 처妻가 도리어 그 남편을 이기고 신왕身旺하고 재성財星이 좋으면 부부화목하고 처덕도 있다.

(6) 일주日主가 공망을 만나고 고신과 고란살(甲寅, 丙午, 壬子, 辛亥)이 음양착살을 만나면 극처剋妻하거나 존친이나 가족으로 인하여 별거생활을 하고 데릴사위, 처가살이 등을 하게 된다.

# 제24장
# 남녀 합혼법

제1절 이상적인 남녀 선택법

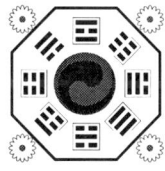

# 제24장 남녀男女 합혼법合婚法

## 제1절 이상적인 남녀 선택법

### 1. 선부법選婦法

남명男命이 여성을 택하는 법칙은 먼저 상대자의 명식命式을 본다. 제일의 조건은 부성夫星과 자성子星의 흥패를 보는 것인데, 첫째는 부성夫星이 건왕하여 재성이 있고 생조生助하는가를 살피고, 다음은 자성子星이 왕성하면서 극함을 받지 않나를 살피고 수명·건강·성격의 조화 등을 본다.

### 2. 선부법選夫法

여명女命이 남명男命을 택하는 데에는 상대자의 명식命式이 좋아야 하고, 태과太過, 불급不及하지 않고 처신妻神(재財)이 있으며, 중화中和의 기를 얻어 원만한지를 살피고 특히 재財·관官·인印·식食의 세력이 균등하면 성격·명운이 모두 좋은 편이다.

원명元命과 보조적으로 대운의 길흉을 살피어 그 사람의 출세운, 수명관계 등을 살핀다.

### 3. 합혼合婚의 방법方法

(1) 남명男命에 처재妻財의 근근을 파破하는 비견·겁재가 많으면 여명은 상관·식신이 많은 것을 배우자로 한다.
만약 반대로 여자가 비견·겁재가 많으면 남명男命을 상관·식신이 많은 사람으로 짝을 지운다.

(2) 상관은 부夫를 극하고 편인은 자녀를 극하지만 사주명식에 따라 달라진다.

(3) 남男·녀女 불문하고 중화中和된 사주를 제일로 치나 원명元命이 부족해도 대운에서 보충해주면 괜찮다.

(4) 사주의 용신用神을 참작하여 상대방이 용신에 해당하는 경우는 좋다.

(5) 목기木氣가 왕旺하면 상대방은 화火로써 설기시켜 주면 좋다.

(6) 여자가 금기金氣가 왕旺하면 남자는 화火기가 왕성旺盛해야 좋다.

(7) 남명男命이 목기木氣가 왕성旺盛하여 금金으로 제하여야 좋은 경우는 여명女命이 금金이 왕旺하여야 좋다.

(8) 부족하고 약할 때 의지하는 명식命式은 상대방이 강하여야 좋다.

## 4. 여명女命과 남편관男便官

(1) 사주중 정관은 있는데 편관은 없고, 편관은 있는데 정관이 없으면 관살 혼잡이 아니니 그 남편은 체질이 건강하고 성격도 좋아서 남편과 정이 좋다.

(2) 정관이 녹에 봉하면 남편은 신체가 비대하고 온화 충실하다. 명식 배합이 좋으면 모두 부귀하고 정이 좋다.

(3) 관官 또는 살殺이 천을귀인에 동궁同宮하면 남편은 청수하고 현명한 인격자이다.
호운好運이 오면 반드시 발복한다.

(4) 관살 어느 것이라도 장생을 얻으면 부귀하고 수명이 길며 일간日干이 강해서 파극되지 않으면 부부해로夫婦偕老 한다.

(5) 부성夫星이 쇠약하고 사묘死墓를 얻을 때에는 남명男命을 극剋하고 중重하면 남편과 일찍 사별死別한다.

(6) 부성夫星 또는 일지日支를 충沖하면 남편을 극하고 대운이 와서 충하여도 부부간에 변동이 생기고 심하면 이별한다.

(7) 일지日支의 편관이 왕旺할 때 제제하고 합습함이 없으면 남편의 성질이 거칠어 부부간에 원만치 못하게 된다. 겹쳐서 충하면 부부가 흉하게 망亡하든지 서로 원수가 된다.

(8) 정관을 상관이 극하고 있는 사주는 남편을 극하여 좋지 않다.

(9) 정관·편관이 혼잡하면 재혼하거나 외정外情이 생기니 좋지 않다.

(10) 편관을 억제하는 신이 있으면 남편은 어질고 부인의 도움을 얻는다.

(11) 일주日主가 약하고 관살이 왕旺하면 남편으로 인하여 극을 받게된다. 상성相性이 불량한 남편과 결혼했다면 수명은 짧아진다.

(12) 관살이 역마를 띄었으면 먼데서 혼사가 이루어지든지 남편의 직업이 운수·무역·외무계통에 종사하는 사람이다.

(13) 정관과 일지日支가 합습하면 부부의 정이 좋다.

(14) 비견·겁재가 많고 투합妬合하면 남편은 가정을 돌보지 않고 외출 외박이 심하다.

(15) 부성夫星과 도화桃花가 동궁同宮이면 연애결혼이거나 남편이 풍류를 좋아한다.

(16) 생일生日에 상관이 있고 왕旺하면 남편과 사별한다.
약하면 생이별하고 상관운이나 비견 겁재운에 주의해야 한다.

단, 재격財格일때는 흉이 해소된다.

(17) 생일지生日支가 비견 겁재 등도 부부이별 다툼이 있다.

(18) 생일生日에 정재가 있으면 남편과 시부모를 섬기고 정이 좋다.

(19) 생일生日에 인수가 있으면 남편은 총명하고 현량해지는데 정재격이면 남편은 어리석다.

(20) 부성夫星이 삼합회국三合會局하여 왕旺하면 사회에 신망이 두텁고 사업을 하는 남편인 경우가 많다.

(21) 종살격從殺格은 명문가名文家의 남편과 인연이 있다.

(22) 생일生日이 약한데 비견·겁재가 있고 모두 왕처旺處에 봉봉逢하면 남편은 외정外情을 가진다.

## 5. 남명男命과 처궁妻宮

(1) 먼저 재성財星을 보고 일주日主의 왕쇠旺衰를 보며 행운과 재성과의 관계를 종합하여 판단한다.

(2) 명중命中에 재성財星이 있고 건록에 좌座하든지 봉봉逢하면 처妻는 건강하고 성질이 온후하고 유순하며 가정을 잘 돌본다.

(3) 상문·조객과 동궁同宮하면 처妻를 형극刑克하고, 고신·과숙과 동주同柱하면 육친骨肉에 의지할 곳이 없는 처에 인연이 있다.

## 6. 합혼合婚의 선택

### 1) 성격상의 상성相性

(1) 부부의 일간日干이 서로 상생하면 좋다.

(2) 양쪽이 똑같이 지나치게 신왕身旺하면 서로 양보하지 않고, 지지 않으려고 하여 충돌하기 쉽다.

(3) 똑같이 신약身弱이면 역경을 타개할 용기가 없어 시종始終 불평 불만이 많다.

(4) 서로의 이상理想이 합치合致되는 사람끼리 만나는 것이 좋다. 즉 직업적인 합치, 예술이나 체육의 같은 분야, 종교인끼리의 결합 사업계통의 일치 등이 되면 좋다.

### 2) 명식상命式上의 상성相性

(1) 일간日干끼리 간합干合이 되면 좋다.

(2) 지지地支에 육합六合, 삼합三合 등이면 좋다.

(3) 형刑·충冲·파破·해害·원진元嗔 등은 피한다.

(4) 서로 용신用神에 해당하는 배우자를 선택함이 좋다.
    ① 비겁이 많으면 관살이 많은 사람
    ② 식상이 많으면 인수가 많은 사람
    ③ 재성이 많으면 인수나 비겁이 많은 사람

(5) 일간日干이 동일순중同一旬中의 공망에 해당하면 좋다.

(6) 격식의 등급이 비슷해야 좋다.

## 3) 결혼시기의 선택

(1) 남명男命은 재성이 좋아지는 운

(2) 여명女命은 관성이 좋아지는 운

(3) 중화中和를 잃어서 지나치게 강하든지 약하면 용신用神이 생조生助되는 때가 좋다.

(4) 삼합三合·육합六合되는 시기가 좋다.

## 4) 택일

(1) 천월덕귀신天月德貴神 천을귀인天乙貴人 해당일

(2) 삼합三合 육합일六合日

(3) 명식命式의 용신用神 해당일

(4) 형刑·충冲·파破·해害, 공망, 고신, 괴숙을 피한다.

(5) 시각時刻도 마찬가지이나 일반적으로 천을귀인天乙貴人이나 건록建祿에 해당하는 시각으로 정정한다.

# 제25장
# 질병론

제1절 오행과 질병
제2절 질병의 발생
제3절 오행의 상극과 질병

# 제25장 질병론疾病論

## 제1절 오행과 질병

### 1. 오행五行과 인체人體

오행五行은 하늘에서 오운五運으로 돌아가고 땅에는 오기五氣가 있으며 인체는 오장육부五臟六腑를 이루고 있다.

즉 오장五臟은 간장肝臟·심장心臟·비장脾臟·폐장肺臟·신장腎臟이요. 육부六腑는 담膽·소장小腸·위胃·대장大腸·방광膀胱등이 이에 속한다.

인간人間을 만물의 영장靈長이라고 하는 것은 오행五行을 완전히 갖추고 있어서 우주와 꼭 닮았기 때문이다. 그래서 인간人間을 「소우주小宇宙」라 칭하는 것이다.

(1) 오장五臟은 음陰에 속屬한다.

을乙 : 간장肝臟
정丁 : 심장心臟
기己 : 비장脾臟
신辛 : 폐장肺臟
계癸 : 신장腎臟

(2) 육부六腑는 양陽에 속한다.

갑甲 : 담랑膽囊
병丙 : 소장小腸
무戊 : 위장胃臟
경庚 : 대장大腸
임壬 : 방광膀胱

(3) 육부六腑는 오장五臟을 싸고 있어서 밀접한 관계를 가지고 있다.

(4) 오행이 중화中和하여 있으면 평생 질병이 없으나, 불화不和되거나 또는 태과太過하거나 불급不及되면 병病이 되는 것이다.
오행의 배합에 따라 신체에 나타나는 증세로는 풍風·열熱·한寒·조燥·습濕 등의 증세로 나타난다. 이것은 태어난 계절, 일간日干, 전체적인 오행의 조후調候관계가 직접적인 원인이 되는 것이다.

## 2. 음양변화

일기一氣가 혼돈 중에 음양으로 나뉘어 청탁淸濁이 가리워진다. 청淸하고 경輕하면 상승하고, 탁하고 중重하면 하강하니 이것은 자연의 성질이다. 승자升者는 양陽이 되고 강降者는 음陰이 되니 양의兩儀를 이루고 청탁淸濁의 중간에 중기中氣가 있으니 음양의 축軸이 된다.

축이 동動하여 청기淸氣는 상승上昇하여 화火가 되고 탁기濁氣는 하강하여 수水가 된다. 화기火氣는 덥고 수기水氣는 춥다. 반쯤 올라가 불이 되지 못한 것이 나무(木)이며 목木의 기氣는 온溫하고 온기가 쌓이면 열이 되어 화火를 이룬다. 반쯤 내려가 수水가 되지 못한 것은 금金이 되니 량기凉氣가 되고 냉기가 쌓여 한기寒氣를 이루면 수水이다.

수水·화火·금金·목木이 사상四象을 이루어서 일년一年을 이루었다. 양陽이 상승上昇하여 반년을 이루고, 음陰이 하강하여 반년을 이룬다. 양陽이 반승半升하여 춘春(봄)을 이루고 음陰이 반강半降하여 추절秋節을 이루며 양陽이 완전히 올라가니 하절夏節이요, 음陰이 완전히 내려가니 동절冬節을 이루어 춘생하장春生夏長은 목화지기木火之氣로서 춘온하열春溫夏熱하고, 추수동장秋收冬藏은 금수지기金水之氣로서 추량금한秋凉金寒이니 토土는 전위專位가 없어 사계지월四季之月에 의倚하고 사령하는 기간은 각 18일씩이며 사령지시司令之時는 육월六月 미토未土하여 합하여 사상四象을 이루므로 오행五行이 된다.

## 3. 기혈본원氣血本原

(1) 간肝은 혈血을 간직하고 폐肺는 기氣를 간직하니 기氣의 근원은 위胃요 혈

血의 본본은 폐肺니라.

(2) 비토脾土가 좌선左旋하여 온난한 기운이 을목乙木을 생하고 위토胃土가 우선右旋하여 수렴작용을 하니 신금辛金이 된다.

(3) 오반午半에 음생陰生하니 음생즉음생則 강강 삼음三陰이라 우측으로 하강하여 폐금肺金이 되니 심화지청강자心火之淸降者라 폐기청량肺氣淸凉하여 수렴收斂한다.

(4) 자반子半에 양생陽生하니 양생즉승삼양陽生則升三陽이라 좌승左升하여 간목肝木을 생生하니 간목肝木은 신수腎水가 온승溫升한 것이라 간혈肝血이 온난溫暖하여 발생한다.

(5) 신수온승腎水溫升하여 화목化木함은 기토己土가 좌선左旋함이요, 심화청강心火淸降하여 화금化金함은 무토戊土가 우선右旋함이니 고로 비脾가 혈血을 생하는 근본이요, 위胃가 화기지원化氣之源이다.

(6) 기氣는 폐肺가 다스리니 장부와 경락의 기氣를 통활하고 혈血은 간肝에서 다스리니 장부경락의 혈血을 조정하는 곳이다.

(7) 기氣가 오장육부에 있으면 기氣요 경락에 있으면 위衛라 한다. 혈血이 장부에 있으면 혈血이요 경락에 있으면 '영榮'이라 하니 영위榮衛란 경락의 기혈氣血이다.

## 4. 정신화생精神化生

(1) 간혈肝血이 온승溫升하여 열이 되어 생화生火하고 폐기肺氣가 청강淸降하여 청화한淸化寒하여 신수腎水를 생生하니 수水의 차가움이 오장의 응고를 이룬다.

(2) 음陰이 극하면 양陽을 생生하고 음陰이 순수한 중에 양기陽氣를 품고 있다.

## 5. 형체결구形體結構

- 간주근肝主筋하니 기영其榮은 과瓜니 간기성즉肝氣盛則 근막筋膜이 화창和暢하고
- 심주맥心主脈하니 기영其榮은 색色이니 심기성즉心氣盛則 맥락脈絡이 소통조달疏通調達하고
- 비주육脾主肉하니 기영其榮은 순脣이니 비기성즉脾氣盛則 기부肌膚가 풍만충실豊滿充實하고
- 폐주피肺主皮하니 기영其榮은 모毛이니 폐기성즉肺氣盛則 피모밀치이윤택皮毛密緻而潤澤하고
- 신주골腎主骨하니 기영其榮은 발髮이니 신기성즉腎氣盛則 골수骨髓가 강건剛健하니 오기五氣의 조화가 이루어진즉 형체가 구비된다.

## 6. 오관五官

(1) 간肝 = 눈(목目)

(2) 심心 = 혀(설舌)

(3) 폐肺 = 코(비鼻)

(4) 비脾 = 입 · 몸(구신口身)

(5) 신腎 = 귀(이耳)

오장의 정기는 입을 통하고 머리에 위치한다. 오장은 음陰인데 음극陰極하면 생양生陽하여 양성陽性은 청허淸虛하여 위로 올라가 신명神明을 생한다.

사람이 젊어서는 청승탁강淸升濁降하여 상허上虛 · 하실下實하고 노쇠해지면 상실上實 · 하허下虛해진다.

## 7. 오기분주五氣分主

오기분주

| 구분區分 | 색色 | 취臭 | 미味 | 성聲 | 액液 |
|---|---|---|---|---|---|
| 간肝 | 청靑 | 조臊 | 산酸 | 호呼 | 읍泣 |
| 심心 | 적赤 | 초焦 | 고苦 | 소笑 | 한汗 |
| 비脾 | 황黃 | 향香 | 감甘 | 가歌 | 연涎 |
| 폐肺 | 백白 | 성腥 | 신辛 | 곡哭 | 체涕 |
| 신腎 | 흑黑 | 부腐 | 산酸 | 신呻 | 타唾 |

### (1) 간주색肝主色

오장五臟의 색色은 간기肝氣가 작용함이니
입심위적 入心爲赤 : 심장에 들어가면 적색이 나타나고
입비위황 入脾爲黃 : 비장에 들어가면 황색이 나타나고
입폐위백 入肺爲白 : 폐장에 들어가면 백색이 나타나고
입신위흑 入腎爲黑 : 신장에 들어가면 흑색이 나타나고
자입위청 自入爲靑 : 간장에 그대로 머물면 청색이 나타난다.

### (2) 심주취心主臭

오장의 취臭는 심장의 기氣가 작용함이니
입비위향 入脾爲香 : 비장에 들어가면 향내가 나고
입폐위성 入肺爲腥 : 폐장에 들어가면 비린내가 나고
입신위부 入腎爲腐 : 신장에 들어가면 썩은 냄새가 나고
입간위조 入肝爲臊 : 간장에 들어가면 누린내가 나고
자입위초 自入爲焦 : 심장 그대로 머물면 탄내가 난다.

### (3) 비주미脾主味

오장의 미味는 비장의 기氣가 작용함이니
입폐위신 入肺爲辛 : 폐장에 들어가면 매운맛이 나고

입신위산 入腎爲酸 : 신장에 들어가면 신맛이 나고
입간위산 入肝爲酸 : 간장에 들어가면 신맛이 나고
입심위고 入心爲苦 : 심장에 들어가면 쓴맛이 나고
자입위감 自入爲甘 : 비장에 그대로 머물면 단맛이 난다.

### (4) 폐주성肺主聲

오장의 성聲은 폐장의 기氣가 작용함이니
입비위가 入脾爲歌 : 비장에 들어가면 노래로 나오고
입신위신 入腎爲呻 : 신장에 들어가면 신음으로 나오고
입간위호 入肝爲呼 : 간장으로 들어가면 숨으로 나오고
입심위언 入心爲言 : 심장으로 들어가면 말로 나오고
자입위곡 自入爲哭 : 폐에 그대로 머물면 울음으로 나온다.

### (5) 신주액腎主液

오장의 액液은 신장의 기氣가 작용함이니
입간위루 入肝爲淚 : 간장에 들어가면 눈물이 되고
입신위한 入心爲汗 : 심장에 들어가면 땀이 되고
입비위연 入脾爲涎 : 비장에 들어가면 침이 되고
입폐위체 入肺爲涕 : 폐장에 들어가면 눈물이 되고
자입위타 自入爲唾 : 신장에 그대로 머물면 침이 된다.

## 8. 오정기연五情起緣

간기풍肝氣風 기지위노其志爲怒
심기열心氣熱 기지위희其志爲喜
폐기조肺氣燥 기지위비其志爲悲
신기한腎氣寒 기지위공其志爲恐
비기습脾氣濕 기지위사其志爲思
간장의 기는 풍風이며, 그 마음은 화로 나타나고
심장의 기는 열熱이며, 그 마음은 기쁨으로 나타나고
폐장의 기는 조燥이며, 그 마음은 슬픔으로 나타나고
신장의 기는 한寒이며, 그 마음은 두려움으로 나타나고

비장의 기는 습濕이며, 그 마음은 생각으로 나타난다.

양기陽氣가 오르면 화火가 되어 열을 생生하고
음기陰氣가 하강하면 수水가 되어 한랭寒冷하게 된다.
기토己土가 동東으로 오르면 목화木火를 생生하고
무토戊土가 서西쪽으로 하강하면 금수金水를 생生하고
생장즉生長則 희노喜怒하고 수장즉收藏則 비공悲恐이니라.

## 9. 장부보사臟腑補瀉

근심걱정 생각이 많으면 심心을 상하고
춥고 음냉한즉 폐를 상하고
노(怒)기가 역상하면 간을 상하고
음식이 노권勞倦하면 비脾를 상하고
습지에 오래 앉아 있고 수水를 많이 흡수하면 신腎을 상한다.

※ 허虛하면 보기모補其母하고 실實하면 사기자瀉其子하라.
허虛하면 생조하는 오행으로 보補하고, 실實하면 내가 낳아주는 오행으로 설기하라.

(1) 간肝은 심지모心之母요 비脾는 심지자心之子이니
심허心虛하면 보간補肝하고 심실心實커든 비脾로 사瀉하라.
간장은 심장의 어머니요 비장은 심장의 자식이니, 심장이 허虛하면 간장을 보補하고, 심장이 실實하거든 비장으로 사瀉하라.

(2) 비脾는 폐지모肺之母요 신腎은 폐지자肺之子이니
폐肺가 허虛하면 비脾로 보하고 폐肺가 실實하면 신腎으로 사하라.
비장은 폐장의 어머니요 신장은 폐장의 자식이니, 폐장이 허虛하면 비장으로 보補하고, 폐장이 실하면 신장으로 사瀉하라.

(3) 비脾가 허虛하면 심心으로 보補하고 실實하면 폐肺로 사瀉하라.

(4) 신腎이 허虛하면 폐肺로 보補하고 실實하면 간肝으로 사瀉하라.

(5) 간肝이 허虛하면 신腎으로 보補하고 실實하면 심心으로 사瀉하라.

## 10. 오장五臟

담膽은 혼魂을 감추어 있고
간肝은 백魄을 감추어 있고
신腎은 정精을 가지고 있으며
심心은 신神을 감추어 있고
비脾는 기氣를 감추어 있다.

## 11. 오행의 작용

수水는 오채五彩로서 그 작용을 보신補身케 하고, 금金은 오축五畜으로서 힘을 증진增進케 하고, 토土는 오과五果로서 위장胃臟을 생조生助케 하고, 화火는 오곡五穀으로서 오장육부五臟六腑를 영양營養케 하고, 목木은 약물藥物로서 병사病邪를 공격攻擊케 한다.

# 제2절 질병의 발생

질병은 정신과 기혈이 부조화됨으로 생긴다. 그 상극相克된 오행과 부위를 따라 각종의 질병이 발생한다.

## 1. 일주日主에 따른 병

(1) 금金 : 칼이나 쇠붙이 등에 의하여 상한다.

(2) 수水 : 물에 빠지고 떠내려가거나 술로 인한 병, 얼어죽는 병이다.

(3) 목木 : 다리에서 낙상하거나 목매어 죽고 뱀에 물린다.

(4) 화火 : 밤에 살 때 어지러움증이 있고 화상이나 독충에 물린다.

(5) 토土 : 산이 무너지거나 돌에 다치고 구렁텅이에 빠지거나 담이 무너지므로 상한다.

(6) 자子 : 허리나 아랫배가 붓고 아픈 복신경통이 있다.

(7) 축丑 : 위복통

(8) 인寅 : 어깨나 사지, 허리, 무릎, 관절

(9) 묘卯 : 손

(10) 진辰 : 등과 가슴

(11) 사巳 : 얼굴

(12) 오午 : 심장, 복부

(13) 미未 : 비장과 흉부

(14) 신申 : 해수

(15) 유酉 : 간과 폐

(16) 술戌 : 등

(17) 해亥 : 신장

## 2. 천간과 인체의 부위

(1) 갑甲 : 머리

(2) 을乙 : 이마

(3) 병丙 : 어깨

(4) 정丁 : 가슴

(5) 무戊 : 겨드랑이

(6) 기己 : 배

(7) 경庚 : 배꼽

(8) 신辛 : 다리상부

(9) 임壬 : 아래다리

(10) 계癸 : 발

# 제3절 오행의 상극과 질병

## 1. 사주오행의 상극相克에 따른 질병

### 1) 목일주木日柱에 경신신유庚申辛酉가 많은 경우

간담에 병이 있고 정이 놀라는 증세가 있고, 허하여 겁이 많고, 폐결핵, 구혈嘔血, 머리가 어지럽고 눈이 어둡거나 천식, 반신불수(風), 입이 삐뚤어지거나 신경통, 관절염 등의 병이 있다.

외상外傷으로는 피부가 건조하고 안목眼目에 질병이 있거나 머리나 수염이 성기고 적으며 수족을 손상하는 외상外傷이 있다.

여자는 낙태하고 혈기血氣가 부조不調하며, 소아小兒는 급만성 경풍이 있고 밤에 우는 증세가 있다.

## 2) 화일주火日柱에 수水가 많으면

소장, 심장의 병이 있고, 소리치고 가슴이 답답한 증세가 있으며 입을 벌리고 조열潮熱하며 발광한다.

밖으로는 눈이 어둡고, 실명失明할 것이니 종기나 피부병도 있고 소아小兒는 홍역, 마마를 앓아서 부스럼과 험이 생긴다.

부녀는 피가 건조하여 피와 땀이 나는 병을 앓고 눈이 어두운 병이 있다.

## 3) 토일주土日主에 목木이 많은 경우

비위脾胃계통의 질환이 있고 위에 열이 있어 음식이 막히어 먹을 수 없는 위병胃病, 식도병食道病과 뱃속이 부푼 확장증이 있으며 설사와 음식을 취취할 수 없으므로 토하는 병이 있다.

외상外傷으로는 입이나 배에 흉터가 있고 피부가 거칠고 소아小兒는 위장이 나빠서 몸이 야위고 헛배가 부른 증세가 있다.

## 4) 금일주金日柱에 화火가 많은 경우

폐肺와 대장에 병이 있다. 기침병이 있거나 장腸에도 풍병風病이 있어서 항문근처에 치질을 앓을 수가 있다. 도깨비에 끌리어 혼魂을 잃고 노겁勞怯하여 쓸데없이 헤매는 증세가 있다.

외상外傷으로는 피부가 건조하여 두풍頭風으로 코끝이 붉으며 악창으로 고생한다.

## 5) 수일주水日主에 토土가 많은 경우

신장과 방광에 질병이 있다. 밤에 잘 때 정수精水를 설설洩하게 되고 도한盜汗이 있으면서 귀녀鬼女와 육체관계를 접접하는 몽사夢事가 있고 그 정기를 허손하여 귀가 먹게 되고 외증으로는 치통, 요통, 아랫배가 붓고 아픈 장신경통이 있고 임질이나 비뇨기계통의 병이 있으며 토하는 병이 있다.

부인은 사산死産하는 수가 있고 하부냉증下部冷症의 질환이 있는 것은 수水가 토土에 의하여 극상克傷된 때문이다.

# 제26장

## 격국의 종합 해설

命理學原理大全

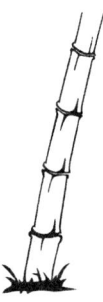

## 제26장 격국의 종합 해설

### 1. 인수격印綬格

(1) 구성構成 : 월봉月逢인수, 월지장간 중 투출된 것이 인수印綬이고 사주에 용신이 많을 때

(2) 희喜 : 신왕身旺 - ① 재財　② 관官　③ 식상食傷

　　　　 : 신약身弱 - ① 인수印綬 ② 비겁比劫

(3) 기忌 : 재성財星이 많을 때 (괴인壞印)
　　　　 : 식상食傷이 많을 때 (허약虛弱)
　　　　 : 관살官殺이 많을 때 (태약太弱)
　　　　 : 형刑·충沖이 많을 때 (파격破格)

(4) 작용作用 : 부모의 덕이 있고 성정이 순박 온화하고 조용한 성품에 학문, 종교, 발명, 연구, 창작력 등이 좋고 학문에는 열중이나 재물에는 거리가 멀다. 자존심이 강하며 의타심이 있으나 몸은 대체로 건강하고 선부후빈先富後貧이며 부선망父先亡, 편모슬하偏母膝下가 많고 결혼이 늦으며 장남 장녀가 많다. 직장은 교육, 언론, 문화, 기획, 연구, 문공文公, 문교文教, 어학교사, 정치가, 학자에 많고 사업은 육영사업, 문화文化, 언론言論, 예술藝術, 학원學院, 생산업生産業등에 적합하다.

여명女命은 시모불합媤母不合이고 친정부모와 가까우며 이론이 지나쳐서 남편의 미움을 사고 친정어머니의 말을 들어서 남편과 불화가 생긴다.

## 2. 양인격羊刃格

(1) 구성構成 : 양간일주陽干日主가 월지양인月支羊刃일 때
　　　　　　일주가 약하고 격이 성립되면 귀격貴格
　　　　　　일주가 태강太强이면 천격賤格

(2) 희喜 : 신왕身旺이면 재財, 관官, 상傷, 식食
　　　　신약身弱이면 인수, 비견比肩, 겁劫

(3) 기忌 : 관살혼잡, 비견比肩, 겁태왕劫太旺
　　　　재살태왕財殺太旺
　　　　신약身弱에 양인羊刃 충冲, 형刑

(4) 작용作用 : 아버지와 인연이 없어 일가一家의 장長으로 사회社會에 일찍 진출하고 눈이 크고 구렛나루가 있으며 유산은 기대하기 어렵고 속성속패速成速敗요. 장남장녀長男長女로 탈재奪財가 많고 인덕人德이 별로 없으니 외롭고 벌어도 쓰는자는 따로 있으며 고집이 대단하여 한번 미음먹으면 패망하여도 전진하여 안하무인에 잔인성까지 있고 임전무퇴臨戰無退요. 사교社交에는 적합하지 않으나 그 용맹심이 대단하다.
　　매사를 자기 위주로 처리하기 쉽고 도처에 쟁투시비가 심하여 경쟁자가 많고 시기 질투가 대단하며 항상 핵심적인 인물이 되고자 한다.
　　건강하여 부러움을 사고 한번 득병하면 중병重病이 될까 염려되고 수술과 흉터가 있고 심하면 수족手足이상으로 불구될 수도 있다.

(5) 직업職業 : 무관武官, 경찰, 수사계통, 운동선수, 체육인 양인이 지나치게 많으면 고용인, 고기장사, 칼을 수집하고, 칼장사, 목공, 철공소, 이발사, 재단사, 미싱사.

(6) 처궁妻宮 및 부궁夫宮 : 부부궁이 좋지 않아 이별수가 있고 신약身弱이면 괜찮다.
　　남자는 첩妾을 두고, 재혼하며 자손궁도 부실하다.

(7) 여명女命 : 홀로되기 쉽고 탈부奪夫, 극부克夫의 상이요. 사회적으로는 돈 벌고 빛을 볼 수 있으나 일가一家를 부양함이 많고 남자 같은 성격에 맏며느리면 좋다. 골격이 장대하여 남자상인데 흉사하는 수가 많다.

## 3. 건록격建祿格

(1) 구성構成 : 월지月支 건록인 경우.

(2) 희喜 : 신왕身旺하면 관살官殺, 재財, 상傷, 식食.
　　　　신약身弱이면 인수, 비견比肩, 겁재劫財.

(3) 기忌 : 신약身弱에 관살官殺, 재성財星 혼잡, 식상食傷 왕旺.
　　　　신약身弱에 충沖, 파破, 형刑, 해害.

(4) 작용作用 : 강직하고 사심이 없어 항상 정당성을 추구하며 거짓이 없고 어떠한 일이든 성실함을 보이며 스스로 일을 만들어 만인에게 봉사하고 추리력이 좋고 암기력도 좋으나 그 고집을 꺾을 수 없고 대담하게 추진한다.
　　부모의 덕이 없어 유산은 물론 없고, 자수성가自手成家하게 되며 형제덕도 없으며 장남 장녀가 많고 그렇지 않으면 장남 역할을 해야 된다.
　　건강은 좋아서 무병장수無病長壽하며 학업은 도중하차요 큰 재복은 없으나 의식걱정은 없고 처운이 부실하여 재취再娶하는 수가 있으며 자손子孫은 귀하나 똑똑하고 노후에 고독해진다.

(5) 직업職業 : 행정직 계통, 봉급사원

(6) 사업事業 : 대리점, 생산업, 납품업

(7) 여명女命 : 부군이 첩妾을 두고 형제간에 탈재奪財가 있으며 자손子孫은 귀자貴子를 둔다.

## 4. 식신격食神格

(1) 구성構成 : 월봉식신月逢食神
   월지月支장간중 식신이 투출된 경우.
   식신食神이 많은 경우.

(2) 희喜 : 신왕身旺이면 식신, 상관, 재성.
   신약身弱이면 인수, 비견, 겁재.

(3) 기忌 : 인수가 많으면 격격이 부실하다.
   재가 많으면 격格이 허약해진다.
   관살이 많으면 관官과 식食이 쟁투.
   식상이 많으면 설기태왕泄氣太旺.

(4) 작용作用 : 도량이 넓고 비만체구인데 식성이 좋고 항상 식복食福이 있다. 남을 위하여 희생하고 도와주며 서비스정신이 좋고 시원시원하며 비밀이 없고 상냥하다. 추리력이 좋고 다재다능하며 심리를 간파하는 능력이 있다.
   본래 심성이 후덕하고 매사를 정직하게 처리하고 음덕을 베풀며 약자의 편에 서고 친절하다. 의식이 풍부하고 대화를 즐기며 지나치면 경솔한 평을 듣는다.

(5) 직업職業 : 육영育英, 문화文化, 기예技藝, 생산가공生産加工, 식품업食品業, 서비스업.

(6) 여명女命 : 심성이 착하고 부궁夫宮이 부실하다. 남의 일에 적극적이고, 음식 솜씨가 좋다.
   자녀는 좋아서 자녀를 바라보고 산다.

## 5. 상관격傷官格

(1) 구성構成 : 월지月支상관, 월지月支장간중 투출된 것이 상관일 때 상관이 많은 경우.

(2) 희喜 : 신왕身旺이며 상관, 식신, 재성, 관성.

(3) 기忌 : 인수가 많은 경우 (파괴상관破壞傷官)
관살이 많은 경우 (상관약)
상관, 식신이 많은 경우 (일주日主 허약)

(4) 작용作用 : 겉으로는 도량이 넓은 것 같으나 속이 좁으며 타인에게 희생하는 것 같으면서도 계산이 빨라 본인의 몫은 절대로 놓치지 않고 점잖은 것 같으면서도 무의식중에 반드시 본성이 드러난다.

　말많고 허세가 따르며 무조건 상대방을 꺾으려고 하는 심성이고 꾸미기를 잘하고 위법 행위를 감행한다. 심하면 사기성이 있고 자만심이 강하여 타인에 복종하지 않으며 비꼬고 냉소적이며 무슨 일이든 진행하다가 본인이 불리하면 안면을 바꾸게 된다.

　평생 관재와 구설, 이탈성이 있고 재주가 지나치게 많아서 직업의 변화가 많으며 지속성이 부족하여 번복을 잘하고 일확천금의 꿈으로 투기에도 손을 대게 된다.

　밀수, 탈세, 도박에 소질이 있고 기술, 예능에도 유능하며 격이 좋으면 부자가 된다.

　좋은점은 영리하고 언변이 좋으며 융통성이 좋고 남보다 빼어나고 격식이 좋으면 기술, 예능, 학문사업, 상업 등에서 이름을 날린다.

　항시 말조심하고 끈기를 기르고 공부에 열중하며 배신과 모략은 금물이요, 만인을 지도하는 직업에 종사하면 좋다.

　이성관계에 관심을 자제하지 않으면 나중에 후회할 것이다.

(5) 직업職業 : 교육, 감사, 예능, 기술직, 수리업

(6) 사업事業 : 육영, 문화, 식품, 전자, 기술사업, 토건업

(7) 자녀子女 : 자녀가 부실하고 상모相母, 장모가 두분이요, 동서득자東西得子.

(8) 부녀婦女 : 첫 자손 낳고 부군과 이별하며 남편덕이 없어 독수공방하며 재취나 손실 등에 많고 매맞고 사는 수가 있다.
타자양육他子養育, 이성득자異姓得子.
교육계, 간호원 등으로 나가면 액을 면하나 고생이 많다.
기생妓生, 야당정치가 등에도 있다.

## 6. 정재격正財格

(1) 구성構成 : 월봉정재月逢正財 또는 월지月支장간중 투출透出한 것이 정재일 때 또는 정재正財가 많을 때

(2) 희喜 : 신왕身旺이면 재성財星, 식상食傷, 관살官殺
신약身弱이면 인수印綬, 비견比肩, 겁재劫財

(3) 기忌 : 신약身弱은 재財, 관살다官殺多를 대기大忌
비겁肩劫이 다즉多則 군비쟁재群比爭財
식상다즉傷食多則 설기태왕泄氣太旺
형刑, 충冲, 파破(잡기재관격雜氣財官格 제외)

(4) 작용作用 : 부모가 재정공무원이나 사업하실 때 출생하였거나 태어날 당시 경제적으로 부유했다.
성실하고 부지런하며 금전 재산관리를 잘하고 통솔력도 있다. 실속이 있고 모든 일을 유익하게 잘 이끌어 나간다. 아버지의 영향을 많이 받았으며 타산적인 성품에 소심하고 사물을 잘 다룬다. 항상 금전이 손에서 떠나지 않고 보선방모先亡하고 학업을 중도에 그만두는 경우가 많으며 대

학의 전공과목은 상경계商經係가 적합하다.

(5) 직업職業 : 재정공무원, 은행원, 경리, 세무원, 회계사, 물품관리, 창고관리직.

(6) 여명女命 : 살림을 잘하고 부덕夫德이 좋으며 시댁을 잘 따르고 생활력이 강하며, 재물에 집착이 강하고 저축하며 살림을 늘려나간다.

## 7. 편재격偏財格

(1) 구성構成 : 월봉月逢편재, 월지장간중 투출透出한 것이 편재일 때 또는 정재正財가 많을 때
시상時上 편재격도 동일
신왕 재왕이면 부귀겸전
재다 신약이면 빈천

(2) 희喜 : 신왕身旺하면 재財, 관官, 상傷, 식食
신약身弱하면 인수印綬, 비견, 겁재

(3) 기忌 : 재財, 관살官殺, 중重
상傷, 식다즉食多則 일간日干허약
비比, 겁다봉劫多逢 군비쟁재群比爭財
충冲, 형刑 (잡기재관격雜氣財官格 제외)

(4) 작용作用 : 성격이 명쾌하고 영웅호걸 남아로 매사를 처리함에 임사즉결臨事卽決이니 시원시원하고 짧고 굵게 살아가며 직선적이고 가식이 없는 성품으로 농담도 잘하며 계산에도 밝고 후할 때는 계산도 하지 않는다. 상대를 다스림에 정도가 통하지 않으면 금전金錢으로라도 내사람을 만들어야 하며 독립성이 강하여 타인의 구속을 싫어한다.
유산도 있으나 공부에는 취미가 없고 돈버는 데에는 남다른 능력이 있다. 풍류도 좋아하고 여자관계가 넓으며 사람을 잘 다루고 금전융통을 잘한다.

(5) 직업職業 : 상경계商經係가 제일 좋고 사업가가 많으며 정치에도 관심이 있다. 금융, 재정, 세무, 관리직, 영업판매 분야, 무역, 건축 책임자 법정계 法政係.

(6) 여명女命 : 여장부로써 융통성 좋고 사업의 수완과 통솔력 등으로 저명인 사가 되거나 감투를 쓰고 돈버는 재주가 있어 돈보따리 들고 다닌다.
　　가정적인 사소한 일이나 잔정에는 관심 없고 남자처럼 활발하게 살아가는 편이요, 돈벌어서 남편의 뒷바라지하는 경우가 많다.

## 8. 정관격正官格

(1) 구성構成 : 월지月支 정관 및 지장간중 정관이 투출된 경우

※ 정관이 많으면 편관격으로 봄.

(2) 희喜 : 신왕身旺이면 재財, 관살官殺, 신약身弱이면 인수, 비견, 겁재.

(3) 기忌 : 신태약身太弱이면 대기大忌
　　　재관살財官殺 다봉多逢이면 재살태과財殺太過
　　　비견比肩, 겁태왕劫太旺으로 관쇠官衰
　　　인수태왕印綬太旺이면 관약官弱
　　　식상태왕傷食太旺이면 제살태과制殺太過 진법무민盡法無民.
　　　형刑, 충冲, 손귀損貴

(4) 작용作用 : 명문의 가정에서 출생하였고 가정교육이 잘되었으며 모범생이고 정직하며 규율을 잘 지키고 부모 말에 순종하고 처신을 신중히 하여 함부로 말썽을 일으키지 않는다. 거취가 분명하고 인품이 준수하며 행동이 정확하고 성정도 순박하여 인내심이 있다.
　　부친이 공직에 있었거나 벼슬한 집안의 태생으로 행정관으로 입신立身하여 출세하며 보증수표라는 별명을 듣는다. 책임감이 강하여 윗사람의 인성을 받아 표창의 대상이 되고 직장 승신도 빠르고 명분을 중요시하여

그른 길에는 한눈을 팔지 않으나 너무 소심하고 고지식함이 결점이다.
처자덕妻子德이 좋고 결혼후에 건강도 좋으며 학업에도 순탄하여 좋은 학교 최고 학부까지 마칠 수 있으며 그대로 취직이 순조로와 출세가 빠른 것이다.

(5) 직업職業 : 공무원, 회사원, 법조계, 군·경찰

(6) 여명女命 : 남편덕이 좋아 귀부인에 귀자를 둔다.
남편에 순종하고 품위가 있고 정숙하며 살림과 가정에만 몰두하며 남편의 내조를 잘한다.
관운이 없는 남편과 만나면 결혼후 남편이 관운이 열린다.

## 9. 편관격偏官格

(1) 구성構成 : 월지月支편관 및 월지장간중 투출된 것이 편관과 관살이 혼잡되었을 때
일주가 약하고 정관이 많을 때

(2) 희喜 : 신왕身旺이면 재財, 관살官殺
신약身弱이면 인수 (살인상생殺印相生)
비겁比劫(살인상정殺刃相停)
식상食傷(식신제살食神制殺)

(3) 기忌 : 신태약身太弱은 대기大忌(살중신경殺重身輕)
관살다봉官殺多逢 (살중신경殺重身輕)
재성다봉財星多逢 (재생살財生殺)
비겁태왕比劫太旺 (신왕관쇠身旺官衰)
인수태왕印綬太旺 (신왕관미身旺官微)
식상다봉食傷多逢 (제살태과制殺太過)
형刑, 충冲 (편관파극偏官破克)

(4) 작용作用 : 부모의 덕이 없어 일찍 고향을 떠나 생활生活하였고 형제덕도 없어 의지할 곳 없이 주거가 일정하지 않고, 불구 아니면 질병과 재난이 따른다.
도처에 적이요, 구박하는 사람이니 반발심과 적개심에 불타고, 조

급하여 쟁투시비가 빈번하고 몸에 흉터투성이인 경우가 많다.

위협, 공갈에 심신이 괴로운 중에 누명도 쓰고 궂은 일은 혼자서 맡고, 방패막이가 되며, 주인을 위해서 신명을 바치는 의협심이 있다. 명命도 짧은 경우가 많고 사방이 막히어 되는 일이 없고 결혼후 병이 생기고 처자妻子를 부양하기가 힘에 겨운 것이다.

재취再娶에 타자양육他子養育하며 관재구설 주의하고 악처일까 염려된다.

(5) 직업職業 : 평생을 관직이나 군인으로 종사함이 제일 좋고 학업도 도중하차 아니면 고학苦學으로 마치며 일신이 고달프다.

그러나 신강하고 관살도 왕하면 건강하고 기골이 장대하여 무관, 별정직, 법조계, 정치인, 건축, 청부사업가, 관납사업 등으로 출세하고 권력을 손에 쥐게 된다.

(6) 여명女命 : 팔자가 순탄치 않아서 재취再娶가 많고 심하면 내 것 주고 뺨맞는 등 구박을 당하고 산다.

남자로부터 이용당하고 배신당하는 수가 있으며 위협결혼, 혼후득병婚後得病, 소실小室생활도 해보나 신강하고 살殺이 강하면 권력가의 아내가 된다. 의사, 여군 등에도 있으나 관살이 많고 격이 낮으면 기생이나 비구니가 된다.

# 제27장

## 혼인택일법

제1절 혼인택일의 吉·凶
제2절 일반택일

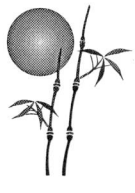

# 제27장 혼인택일법婚姻擇日法

## 제1절 혼인택일의 吉·凶

### 1. 약혼일 택일

#### 1) 약혼식約婚式 길일吉日

乙丑, 丙寅, 丁卯, 辛未, 戊寅, 己卯, 庚辰, 丙戌, 戊子, 己丑, 壬辰, 癸巳, 乙未, 戊戌, 辛丑, 壬寅, 癸卯, 甲辰, 丙午, 丁未, 庚戌, 壬子, 癸丑, 甲寅, 乙卯, 丙辰, 丁巳, 戊午, 己未, 황도黃道, 삼합三合, 오합五合, 양덕陽德, 적세積世, 육의六儀, 월은月恩, 천희天喜, 정定, 성成, 개일開日.

#### 2) 약혼식 기일忌日(꺼리는 날)

천강天罡, 하괴河魁, 수사受死, 천적天賊, 월염月厭, 월파月破, 십악十惡, 본명本命, 해일亥日, 복단일伏斷日.
  －단 천강天罡과 하괴河魁는 황도黃道일이 되면 제살制殺되고 십악十惡은 오합일五合日이면 무방하다.

## 2. 혼인 택일법

### 1) 혼인 년운법年運法(남녀 혼인 흉년)

남녀 혼인 흉년표

| 출생<br>년도 | 쥐띠 | 소띠 | 범띠 | 토끼 | 용띠 | 뱀띠 | 말띠 | 양띠 | 원숭이 | 닭띠 | 개띠 | 돼지 |
|---|---|---|---|---|---|---|---|---|---|---|---|---|
| 남자<br>혼인<br>흉년 | 未年 | 申年 | 酉年 | 戌年 | 亥年 | 子年 | 丑年 | 寅年 | 卯年 | 辰年 | 巳年 | 午年 |
| 여자<br>혼인<br>흉년 | 卯年 | 寅年 | 丑年 | 子年 | 亥年 | 戌年 | 酉年 | 申年 | 未年 | 午年 | 巳年 | 辰年 |

## 3. 남녀 연령별 결혼 길흉년

남녀 결혼 길흉년

| 寅申巳亥 生 | | | 子午卯酉 生 | | | 辰戌丑未 生 | | | |
|---|---|---|---|---|---|---|---|---|---|
| 不吉 | 半吉 | 大吉 | 不吉 | 半吉 | 大吉 | 不吉 | 半吉 | 大吉 | |
| 21 | 20 | 19 | 22 | 21 | 20 | 23 | 22 | 21 | 남자 |
| 24 | 23 | 22 | 25 | 24 | 23 | 26 | 25 | 24 | |
| 27 | 26 | 25 | 28 | 27 | 26 | 29 | 28 | 27 | |
| 30 | 29 | 28 | 31 | 30 | 29 | 32 | 31 | 30 | |
| 33 | 32 | 31 | 34 | 33 | 32 | 35 | 34 | 33 | |
| 36 | 35 | 34 | 37 | 36 | 35 | 38 | 37 | 36 | |
| 39 | 38 | 37 | 40 | 39 | 38 | 41 | 40 | 39 | |
| 42 | 41 | 40 | 43 | 42 | 41 | 44 | 43 | 42 | |
| 15 | 14 | 13 | 16 | 15 | 14 | 14 | 13 | 12 | 여자 |
| 18 | 17 | 16 | 19 | 18 | 17 | 17 | 16 | 15 | |
| 21 | 20 | 19 | 22 | 21 | 20 | 20 | 19 | 18 | |
| 24 | 23 | 22 | 25 | 24 | 23 | 23 | 22 | 21 | |
| 27 | 26 | 25 | 28 | 27 | 26 | 26 | 25 | 24 | |
| 30 | 29 | 28 | 31 | 30 | 29 | 29 | 28 | 27 | |
| 33 | 32 | 31 | 34 | 33 | 32 | 32 | 31 | 30 | |
| 36 | 35 | 34 | 37 | 36 | 35 | 35 | 34 | 33 | |

## 4. 혼인월婚姻月 선택법

### 1) 풍파월법風波月法 : 결혼하면 풍파와 불행한 일이 생김.

결혼 풍파월

| 辰巳子 年生 | 5月 |
|---|---|
| 寅午卯 年生 | 11월 |
| 申酉丑 年生 | 8월, 9월 |
| 戌亥未 年生 | 12월 |

### 2) 가취월嫁娶月

가취월

| 妨女身 | 妨夫主 | 妨女父母 | 妨翁姑 | 妨首媒子氏 | 大利月 | 구분 \ 坤命 |
|---|---|---|---|---|---|---|
| 5월 11월 | 4월 10월 | 3월 9월 | 2월 8월 | 정월 7월 | 6월 12월 | 子午生 |
| 6월 12월 | 정월 7월 | 2월 8월 | 3월 9월 | 4월 10월 | 5월 11월 | 丑未生 |
| 정월 7월 | 6월 12월 | 5월 11월 | 4월 10월 | 3월 9월 | 2월 8월 | 寅申生 |
| 2월 8월 | 3월 9월 | 4월 10월 | 5월 11월 | 6월 12월 | 정월 7월 | 卯酉生 |
| 3월 9월 | 2월 8월 | 정월 7월 | 6월 12월 | 5월 11월 | 4월 10월 | 辰戌生 |
| 4월 10월 | 5월 11월 | 6월 12월 | 정월 7월 | 2월 8월 | 3월 9월 | 巳亥生 |
| 凶 | 大凶 | 女側父母不在 사용불 | 不在時 부모 사용가 | 平 | 大吉 | 비고 |

## 5. 혼인 길일吉日

음양불장길일陰陽不將吉日, 십전대길일十全大吉日, 오합일五合日, 황도일黃道日, 생갑生甲, 천은天恩, 천사天赦, 대명大明, 모창母倉, 천성天聲, 지아地啞, 천덕天德, 월덕月德, 천덕합天德合, 월덕합月德合, 천희天喜, 시덕時德, 삼합三合, 육합六合, 남녀본명의 생기生氣·복덕福德·천의天宜.

### 1) 수월음양불장길일遂月陰陽不將吉日 : 결혼 최상의 길일

**수월음양불장길일**

| | | | | | | | | | | | | |
|---|---|---|---|---|---|---|---|---|---|---|---|---|
| 정월 | 丙寅 | 丁卯 | 丙子 | 丁丑 | 戊寅 | 己卯 | 戊子 | 己丑 | 庚寅 | 辛卯 | 庚子 | 辛丑 |
| 2월 | 乙丑 | 丙寅 | 丙子 | 丁丑 | 戊寅 | 丙戌 | 戊子 | 己丑 | 庚寅 | 戊戌 | 庚子 | 庚戌 |
| 3월 | 甲子 | 乙丑 | 甲戌 | 丙子 | 丁丑 | 乙酉 | 丙戌 | 戊子 | 己丑 | 丁酉 | 戊戌 | 己酉 |
| 4월 | 甲子 | 甲戌 | 丙子 | 甲申 | 乙酉 | 丙戌 | 戊子 | 丙申 | 丁酉 | 戊戌 | 戊申 | 己酉 |
| 5월 | 癸酉 | 甲戌 | 甲申 | 乙酉 | 丙戌 | 丙申 | 乙未 | 癸未 | 戊戌 | 戊申 | | |
| 6월 | 壬申 | 癸酉 | 甲戌 | 壬午 | 癸未 | 甲申 | 乙酉 | 甲午 | 乙未 | 壬戌 | | |
| 7월 | 壬申 | 癸酉 | 壬午 | 癸未 | 甲申 | 乙酉 | 癸巳 | 甲午 | 乙未 | 乙巳 | | |
| 8월 | 辛未 | 壬申 | 辛巳 | 壬午 | 癸未 | 甲申 | 壬辰 | 癸巳 | 甲午 | 甲辰 | | |
| 9월 | 庚午 | 辛未 | 辛巳 | 壬午 | 癸未 | 辛卯 | 壬辰 | 癸巳 | 庚辰 | 癸卯 | | |
| 10월 | 庚午 | 庚辰 | 辛巳 | 壬午 | 庚寅 | 辛卯 | 壬辰 | 癸巳 | 壬寅 | 癸卯 | | |
| 11월 | 丁卯 | 乙巳 | 丁丑 | 己卯 | 庚辰 | 辛巳 | 己丑 | 庚寅 | 辛卯 | 壬辰 | 辛丑 | 壬寅 | 丁巳 |
| 12월 | 丙寅 | 丁卯 | 戊辰 | 丙子 | 丁丑 | 戊寅 | 庚辰 | 己卯 | 戊子 | 乙丑 | 庚寅 | 辛卯 | 壬辰 | 辛丑 | 壬寅 | 丁巳 |

## 2) 십전대길일十全大吉日

음양불장길일 다음으로 길하다.
乙丑, 丁卯, 丙子, 丁丑, 辛卯, 癸卯, 乙巳, 壬子, 癸丑, 己丑.
次吉日 : 癸巳, 壬午, 乙未, 庚寅, 丙辰, 辛酉.

## 3) 오합일五合日

음양불장길일과 합국合局을 얻으면 영원히 대길. 특히 월기月忌, 월살月煞, 십악사갑十惡死甲의 흉신을 제화制化한다.

丙寅, 丁卯, 戊寅, 己卯, 庚寅, 辛卯, 壬寅, 癸卯, 甲寅, 乙卯일.
－丙寅·丁卯 : 음양陰陽합일.
－戊寅·己卯 : 인민人民합일.
－庚寅·辛卯 : 사석舍石합일.
－壬寅·癸卯 : 강하江河합일.
－甲寅·乙卯 : 일월日月합일.

## 4) 사대길일四大吉日

백사대통百事大通. 음양불장길일이나 십전대길과 함께 겸용하면 최상.
－천은상길일天恩上吉日
－천사상길일天赦上吉日
－모창상길일母倉上吉日
－대명상길일大明上吉日

## 5) 천은상길일

甲子, 乙丑, 丙寅, 丁卯, 戊辰, 己卯, 庚辰, 辛巳, 壬午, 癸未, 己酉, 庚戌, 辛亥, 壬子, 癸丑일.

## 6) 대명상길일

辛未, 壬申, 癸酉, 丁丑, 己卯, 壬午, 甲申, 丁亥, 壬辰, 乙未, 壬寅, 甲辰, 乙巳, 丙午, 乙酉, 庚戌, 辛亥일.

## 7) 천사상길일

봄 : 戊寅일. 여름 : 甲午일. 가을 : 戊申일. 겨울 : 甲子일.

## 8) 모창상길일

봄 : 亥子일. 여름 : 寅卯일. 가을 : 辰戌丑未일. 겨울 : 申酉일.

## 9) 사계길일四季吉日

春三月 : 乙丑, 丙子, 丁丑, 壬午, 己丑, 乙未, 壬子, 癸丑일.
夏三月 : 乙丑, 丁卯, 乙丑, 癸巳, 乙未, 癸卯, 乙巳, 乙卯일.
秋三月 : 丙子, 丁丑, 壬午, 辛卯, 癸巳, 乙未, 癸卯, 乙巳, 壬子, 癸丑일.
冬三月 : 丁卯, 癸巳, 辛卯, 乙巳, 乙卯일.

## 10) 천성길일天聲吉日

백사에 길한 날. 혼인 및 기조일에 좋다.
丙寅, 戊辰, 丙子, 丙申, 庚子, 壬子, 丙辰일.

## 11) 지아일地啞日

백사에 길한 날. 혼인 및 기조에 좋다.
乙丑, 丁卯, 辛巳, 乙未, 巳亥, 辛丑, 辛亥, 癸丑, 辛酉일.

## 12) 황도일黃道日

만사에 대길. 능히 천강天罡, 하괴河魁의 흉신을 제거하는 힘.

## 13) 황도일黃道日 견표견표

### 황도일

| 년월일시 \ 황도 | 정월·7월 寅·申 | 2월·8월 卯·酉 | 3월·9월 辰·戌 | 4월·10월 巳·亥 | 11월·5월 子·午 | 12월·6월 丑·未 |
|---|---|---|---|---|---|---|
| 靑龍황도 | 子 | 寅 | 辰 | 午 | 申 | 戌 |
| 明寶황도 | 丑 | 卯 | 巳 | 未 | 酉 | 亥 |
| 金櫃황도 | 辰 | 午 | 申 | 戌 | 子 | 寅 |
| 大德황도 | 巳 | 未 | 酉 | 亥 | 丑 | 卯 |
| 玉堂황도 | 未 | 酉 | 亥 | 丑 | 卯 | 巳 |
| 司命황도 | 戌 | 子 | 寅 | 辰 | 午 | 申 |

## 14) 삼갑순법三甲旬法(년年기준)

### 三甲旬법

| 三甲 \ 年支 | 子午卯酉 | 辰戌丑未 | 寅申巳亥 | 비고 |
|---|---|---|---|---|
| 生甲旬 | 甲子 甲午 | 甲辰 甲戌 | 甲寅 甲申 | 만사대길 |
| 病甲旬 | 甲寅 甲申 | 甲子 甲午 | 甲辰 甲戌 | 不吉 |
| 死甲旬 | 甲辰 甲戌 | 甲寅 甲申 | 甲子 甲午 | 질병, 손재, 사망, 대흉 |

## 6. 그외 길일법吉日法

### 길일표

| 六合 | 三合 | 時德 | 天喜 | 月德合 | 天德合 | 月德 | 天德 | 월별 |
|---|---|---|---|---|---|---|---|---|
| 亥 | 戌·午 | 午 | 戌 | 辛 | 壬 | 丙 | 丁 | 정월 |
| 戌 | 亥·未 | 午 | 亥 | 己 | 巳 | 甲 | 申 | 2월 |
| 酉 | 子·申 | 午 | 子 | 丁 | 丁 | 壬 | 壬 | 3월 |
| 申 | 丑·酉 | 辰 | 丑 | 乙 | 丙 | 庚 | 辛 | 4월 |
| 未 | 寅·戌 | 辰 | 寅 | 辛 | 寅 | 丙 | 亥 | 5월 |
| 午 | 卯·亥 | 辰 | 辰 | 己 | 己 | 甲 | 甲 | 6월 |
| 巳 | 辰·子 | 子 | 卯 | 丁 | 戊 | 壬 | 癸 | 7월 |
| 辰 | 巳·丑 | 子 | 巳 | 乙 | 亥 | 庚 | 寅 | 8월 |
| 卯 | 午·寅 | 子 | 午 | 辛 | 辛 | 丙 | 丙 | 9월 |
| 寅 | 未·卯 | 寅 | 未 | 己 | 庚 | 甲 | 乙 | 10월 |
| 丑 | 申·辰 | 寅 | 申 | 丁 | 申 | 壬 | 巳 | 11월 |
| 子 | 酉·巳 | 寅 | 酉 | 乙 | 乙 | 丙 | 庚 | 12월 |

## 7. 결혼 대흉일大凶日·기일忌日 정도표定圖表

### 결혼 大凶·忌日표

| 河魁 | 天罡 | 厭對 | 披麻 | 被麻殺 | 紅紗殺 | 天賊 | 受死 | 月煞 | 陽錯 | 陰錯 | 月破 | 羅網 | 天瑞日 | 滅沒 | 月厭日 | 婚凶日 | 伏斷日 | 일/월 |
|---|---|---|---|---|---|---|---|---|---|---|---|---|---|---|---|---|---|---|
| 亥 | 巳 | 辰 | 子 | 子 | 酉 | 辰 | 戌 | 丑 | 甲寅 | 庚戌 | 申 | 子 | 戊寅 | 丑 | 戌 | 子 | 子虛 | 정월 |
| 午 | 子 | 卯 | 酉 | 酉 | 巳 | 酉 | 辰 | 戌 | 乙卯 | 辛酉 | 酉 | 申 | 己卯 | 子 | 酉 | 申 | 丑斗 | 2월 |
| 丑 | 未 | 寅 | 午 | 午 | 丑 | 寅 | 亥 | 未 | 甲辰 | 庚申 | 戌 | 巳 | 辛巳 | 亥 | 申 | 巳 | 寅室 | 3월 |
| 申 | 寅 | 丑 | 卯 | 卯 | 酉 | 未 | 巳 | 辰 | 丁巳 | 丁未 | 亥 | 辰 | 庚辰 | 戌 | 未 | 辰 | 卯女 | 4월 |
| 卯 | 酉 | 子 | 子 | 巳 | 子 | 子 | 丑 | 丙午 | 丙午 | 子 | 戌 | 庚寅 | 酉 | 午 | 戌 | 辰箕 | 5월 |
| 戌 | 辰 | 亥 | 酉 | 酉 | 丑 | 巳 | 午 | 戌 | 丁未 | 丁巳 | 丑 | 亥 | 壬子 | 申 | 戌 | 巳房 | 6월 |
| 巳 | 亥 | 戌 | 午 | 午 | 酉 | 戌 | 丑 | 未 | 庚申 | 丙辰 | 寅 | 丑 |  | 未 | 辰 | 丑 | 午角 | 7월 |
| 子 | 午 | 酉 | 卯 | 卯 | 巳 | 未 | 辰 | 辛酉 | 乙卯 | 申 |  |  | 午 | 卯 | 申 | 未張 | 8월 |
| 未 | 丑 | 申 | 子 | 子 | 丑 | 申 | 寅 | 戌 | 庚戌 | 甲寅 | 辰 | 未 |  | 巳 | 寅 | 未 | 申鬼 | 9월 |
| 寅 | 申 | 未 | 酉 | 酉 | 酉 | 丑 | 戌 | 癸亥 | 癸丑 | 巳 | 子 |  | 辰 | 丑 | 子 | 酉牀 | 10월 |
| 酉 | 卯 | 午 | 午 | 午 | 巳 | 午 | 未 | 壬子 | 壬子 | 午 | 巳 |  | 卯 | 巳 | 戌胃 | 11월 |
| 辰 | 戌 | 巳 | 卯 | 卯 | 丑 | 亥 | 酉 | 辰 | 癸丑 | 癸亥 | 未 | 申 |  | 寅 | 亥 | 申 | 亥壁 | 12월 |

## 8. 기일忌日 흉신 설명

(1) 복단일伏斷日 : 재산이 흩어지고 하늘 일마다 늘 중단된다.

(2) 혼흉일婚凶日 : 결혼을 할 수 없는 날이며 백사百事가 불길하고 친척간에도 멸문지화滅門之禍를 만나는 악운일惡運日이다.

(3) 월염일月厭日 : 처가 질병이 오고 자손에 덕을 받지 못함.

(4) 멸몰일滅沒日 : 신랑집에 큰 파란이 오고 결혼 후 멸망지화滅亡之禍를 당한다.

(5) 천서일天瑞日 : 부모가 피해를 당하며 질병이 오는 대흉일이다.

(6) 나망일羅網日 : 부부이별하는 대흉일.

(7) 월파일月破日 : 남녀가 生月에 부부이별하는 일이 발생.

(8) 음착일陰錯日 : 보이지 않는 악살이 침범하여 부부의 인연을 끊게 하는 일이 자주 발생하여 부부이별하게 된다.

(9) 양착일陽錯日 : 남녀간 조사早死하여 고과孤寡를 면키 어렵다.

(10) 월살月煞 : 자신의 회갑때 회갑을 못한다. 만약 회갑을 하면 1, 2년 이내에 사망한다.

(11) 수사일受死日 : 부부사별한다.

(12) 천적일天賊日 : 재산이 가난하고 하는 일이 중단되며 만사가 파탄되어 늘 생활에 빈곤을 면하지 못한다.

(13) 홍사살일紅紗殺日 : 남녀중에 횡사橫死하거나 객사客死한다.

(14) 피마살일被麻殺日 : 모든 사람이 자신을 나쁜 사람으로 보고 주변에 도와주는 사람이 없고 모두가 나에게 해를 끼치는 사람이 많은 악운이 온다.

## 제2절 일반택일

**1. 개업일開業日** : 장사를 시작하거나 사업을 개업하는데 길한 날

甲子, 丙寅, 己巳, 庚午, 辛未, 丙子, 己卯, 丑午, 庚寅, 辛卯, 乙未, 己亥, 庚子, 丙午, 甲寅, 乙卯, 己未, 庚申, 辛酉, 천덕天德, 월덕月德, 월은月恩, 월재月財, 역마驛馬, 성성, 만만滿滿, 개일開日.

**2. 행선일行船日** : 배를 타고 강이나 바다를 건너는 일

乙丑, 丙寅, 丁卯, 戊辰, 丁丑, 戊寅, 壬午, 乙酉, 辛卯, 甲午, 乙未, 庚子, 辛丑, 壬寅, 辛亥, 丙辰, 戊午, 己未, 辛酉, 천은天恩, 보호복일普護復日, 만성개일滿成開日.

**3. 행선行船 꺼리는 날**

풍파하백風波河伯, 촉수용일觸水龍日, 천적天賊, 수사受死, 수격水隔, 월파月破, 귀기歸忌, 왕망往亡.

**4. 만년출행법萬年出行法**

고대 중국 삼국시대 촉蜀의 유명한 제갈공명諸葛孔明이 사용했던 출행도.

1) 정월, 4월, 7월, 10월

보방寶方 : 초 1일, 초 7일, 13일, 19일, 25일.
금고金庫 : 초 2일, 초 8일, 14일, 20일, 26일.
금당金堂 : 초 3일, 초 9일, 15일, 21일, 27일.
순양順陽 : 초 4일, 초 10일, 16일, 22일, 28일.

도적盜賊 : 초 5일, 11일, 17일, 23일, 29일.
보창寶倉 : 초 6일, 12일, 18일, 24일, 30일.

2) 5월, 8월, 10월, 11월

천적天盜 : 초 1일, 초 9일, 25일.
천문天門 : 초 2일, 초 10일, 18일, 26일.
천당天堂 : 초 3일, 11일, 19일, 27일.
천대天財 : 초 4일, 12일, 20일, 28일.
천적天賊 : 초 5일, 13일, 21일, 29일.
천양天陽 : 초 6일, 14일, 22일, 30일.
천후天候 : 초 7일, 15일, 23일.
천창天倉 : 초 8일, 16일, 24일.

3) 6월, 9월, 12월

주작朱雀 : 초 1일, 9일, 17일, 25일.
백호두白虎頭 : 초 2일, 초 10일, 18일, 26일.
백호협白虎脅 : 초 3일, 11일, 19일, 27일.
백호족白虎足 : 초 4일, 12일, 20일, 28일.
현무玄武 : 초 5일, 13일, 21일, 29일.
청룡두靑龍頭 : 초 6일, 14일, 22일, 30일.
청룡협靑龍脅 : 초 7일, 15일, 23일.
청룡족靑龍足 : 초 8일, 16일, 24일.

## 5. 용어 해설

- 보방寶房 : 출행하여 귀인을 만나 도움을 받음.
- 금고金庫 : 재물이 생기고 매사 대길.
- 금당金堂 : 매사가 여의하고 출행하면 기쁜일이 생김.
- 순양順陽 : 계획한 일이 순조롭고 이익을 얻음.
- 도적盜賊 : 외지에 나가 실물하고 손재 있으니 불길.
- 보창寶倉 : 출행하면 재물을 얻고 대길.

- 천도天盜 : 재물을 구하려다 도리어 손재함.
- 천문天門 : 범사에 여의하니 출행함이 마땅하다.
- 천당天堂 : 계획한 일이 순조롭고 재물도 얻음.
- 천대天財 : 귀인을 만나 대길하고 특히 재물의 이익이 있다.
- 천적天賊 : 실물수 있고 매사에 실패한다.
- 천양天陽 : 모든 일이 형통하니 출행이 좋다.
- 천후天候 : 구설수 있고 손재도 있으니 조심.
- 천창天倉 : 출행하면 재물이 생기고 매사에 길함.
- 주작朱雀 : 출행하면 관액과 실물수 있으니 불길.
- 백호두白虎頭 : 출행하면 재물을 얻고 기뻐한다.
- 백호협白虎脅 : 사방이 모두 길하고 구하는 바를 얻는다.
- 백호족白虎足 : 매사가 실패수니 불길하다.
- 현무玄武 : 매사가 순조롭지 못하고 구설수와 실물수 있다.
- 청룡두靑龍頭 : 재물과 관록을 구하는 일에 대길하다.
- 청룡협靑龍脅 : 출행하는 목적을 순조롭게 달성한다.
- 청룡족靑龍足 : 출행하면 官厄이 있으니 大凶하다.

# 제28장

# 성명학 연구

命理學原理大全

제1절 생활속의 성명학
제2절 성명의 조직과 구성
제3절 삼원오행법
제4절 성씨 오행과 발음오행
제5절 성명 발음오행(音靈)
제6절 수리길흉론

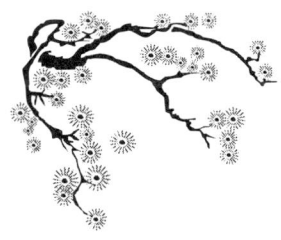

# 제28장 성명학姓名學 연구

## 제1절 생활속의 성명학

### 1. 성명의 존엄성과 가치

세상에 존재하는 삼라만상森羅萬象의 모든 것에는 각기 이름이 붙여져 있다. 형태를 갖춘 사물에서 시작하여 오관으로 작용할 수 없는 추상적인 관념·사고·이념·사상·개념에 이르기까지 각기 이름이 없는 것이 없다. '사람은 죽어 이름을 남기고 호랑이는 죽어 가죽을 남긴다'라는 말이 있듯이 이름은 개개의 존재와 존엄을 대변한다. 사람이 사람으로서의 존엄성과 도리를 망각하면 汚名, 즉 이름을 더럽히게 된다. 인간이 태어나면서 부여받은 姓은 혈족의 일원임을 나타내는 개체성을 갖고 있으므로 동시에 천부적인 것이며 숙명적인 것이다. 그러나 이름은 이에 반해 가변적可變的인 것으로 부모나 친지 또는 그 밖의 작명가나 주위의 사람들에 의해 임의로 지어져서 후천적으로 부여받는 것이 다르다. 인간생활에 있어서 모든 관계는 이름에 의해서 상호관계가 이루어지며 어쩌면 우리가 살고 있는 이 세계는 삶의 구조자체가 이름에 의한 상호작용에 의해서 영위되어 가고 있는 것이다. 이름은 존재하는 모든 대상과 사물의 구별을 위해 필연적으로 생긴 것이다.

그 이름이라는 것이 오랜 역사와 세월을 거쳐오면서 인간의 의식 속에 하나의 독자적인 성격과 생명력을 지니게 된 것이다. 이름은 고금을 통하여 인간의 생활과 함께 이어져 왔고 시공을 초월하여 인간이 존속하는 한 영원히 생명력을 가지고 존재할 것이다.

### 2. 성명과 운명과의 관계

일찍이 명학계의 거두巨頭인 소강절邵康節 선생은 타고난 생년월일시를 근간으로 추명하는 사주와 이름의 특성을 다음과 같이 이야기하였다.

夫凡人生壽不壽只在生年月日時. 夫凡人生榮不榮只在某云名字號. 柱種體而名
爲用體用俱得富具貴.

무릇 사람이 태어나 오래 살고 못 사는 것은 다만 사주팔자에 있고, 사람이 영화롭거나 못한 것은 단지 이름에 달려 있다. 사주가 근본을 이루는 체라면 이름은 용이 되며 체용體用을 함께 구비한다면 부귀를 누릴 것이다.

이 말을 나무에 비교한다면 사주팔자인 체體는 근본인 뿌리와 몸체가 되며 用인 이름은 후천적인 것으로 가지와 열매에 해당된다 하겠다. 사주와 이름은 실과 바늘의 관계이며 상호 불가분의 관계가 존재하고 있는 것이다.

실로 성명자姓名字 속에 인간생활에 있어서 가장 중요한 건강과 병약, 성공과 실패, 환희와 좌절, 수명의 수요장단壽夭長短 등 행복과 불행을 좌우하는 엄청난 운기력運氣力이 잠재되어 있는 까닭으로 성명을 존중하고 중시하는 일이 얼마나 중요한 일인가를 알아야 한다.

## 3. 소우주로서의 성명

성명은 하나의 생명체이며 소우주라 이야기 할 수 있다. 성명의 구조 속에 삼라만상을 구성하는 우주의 구성 요소가 골고루 갖추어져 있다. 그 속엔 우주를 구성하는 음양오행陰陽五行과 수리數理(삼원오행三元五行·삼재사격三才四格)가 있으며 오음五音인 음령音靈과 역상易象이 복합되어 말로 표현하기 어려운 특유의 기氣적인 자력磁力을 발산하고 있는 것이다. 그 기氣의 파장은 조화롭지 못한 흉명자凶名字에서는 인간의 운명에 좋지 않은 영향을 주는 파괴破壞의 파장波長이 발산될 것이며, 음양과 수리 배치가 조화로운 길명吉名에는 생동하는 기운의 파장이 발산되어 삶의 모든 면에 좋은 영향을 끼치게 될 것이다. 간단한 예로 음악 소리가 잔잔하면서 감미롭고 부드러우면 듣는 사람의 마음도 안정되고 평온해 지는데, 음악 소리가 고르지 못하고 거칠게 막 요동치면 사람의 마음도 덩달아 요동치고 불안해 지는 것과 같다. 이렇게 소리의 유도력에 의해 시시각각 사람의 감정과 생각이 달라지는 것이다. 통계학적으로 체계화한 것이 성명학으로서 오랜 세월 임상경험에서 얻어진 것이며 우주의 생성으로부터 삼라만상이 화육소멸化育消滅하는 이치와 무궁한 변화의 원리를 밝히는 <

주역>이 잘 뒷받침해주고 있다.

## 4. 운명과 과학의 관계

오늘날 과학기술은 최고조에 달하고 있으며 첨단의 문명은 과학이라는 기조 위에서 인간에게 물질적인 풍요와 생활의 편리를 끊임없이 도모해 왔다. 알고 보면 과학도 인간이 좀더 행복하게 살아가기 위한 노력의 일환이라고 볼 수 있다. 그러나 인간을 위해 발전해 온 과학문명은 그러한 역할에도 불구하고 많은 부작용을 수반한 채 인간의 욕심에 의해서 한편으로 그와는 반대로 인간의 존폐를 위협하고 있다. 행복해야 할 인간사회가 과학의 이기利器에 의해 무참히 죽어가고 희생되는가 하면, 생태환경 파괴로 지구가 몸살을 앓고 있다. 그러한 가운데 과학의 부산물副産物인 핵은 대량 살상이라는 한계를 넘어 인류의 존망이 걸려있는 문제로서 오늘날 핵전쟁의 위협은 전 세계 인류에 있어서 최고의 공포대상이 되고 있다.

어쨌든 인간이 꿈꾸는 평화와 행복, 참 삶의 가치와 이상은 과학이 진보발전해 가는 것과 비례하지 못한다. 현대는 물질의 풍요 속에서 날로 인간은 가치관의 혼란과 더불어 상호불신 그리고 인간의 존엄성을 상실해 가고 있으며 상실과 소외의 시대로 흘러가고 있는 것이다.

그만큼 과학은 우리 인간의 가장 중차대한 문제인 운명에 대해서 하등의 해결도 주지 못하고 있다. 과학의 기능이 인류사에 위대한 성과를 거두었다 할지라도 인간의 영묘한 마음속까지 헤아릴 수는 없으며 보이지 않는 생명력의 비밀을 캐어 낼 수도 없는 것이다.

운명학은 보다 인간이 행복한 삶을 영위하기 위해 가능한 조화와 순리의 기틀 위에서 인간의 지혜와 우주의 이법을 최대한 동원하여 불행을 사전에 예비하고 흉한 것은 피하여 밝고 알찬 건강한 삶을 이룩하자는 것이다.

결국 과학도 인간의 삶을 행복하게 하기 위한 운명학에서 출발한 것으로 볼 수 있으며 운명학과 과학은 추구하는 방법에 있어서 직·간접의 차이가 있을 뿐이며 결코 상식적인 잣대로 과학이라는 접근방식만 우선시 할 수 없는 것이다.

## 5. 선천적인 숙명과 후천적인 운명의 차이

태어난다는 것 그 자체는 숙명적인 것이다. 태어나면서 신체의 강약과 두뇌의 명석함과 우둔함, 생김새의 미추美醜 등은 모두 다 조상과 부모의 유전에 기인하여 정해진다. 또한 어떤 자는 부호富豪의 집안에서 태어나는가 하면 어떤 이는 하천하고 빈천한 집안에서 태어난다. 또 남자로 태어나는가 하면 여자로 태어난다. 이 모두가 어쩔 수 없는 숙명적인 현상이다. 그러나 이 사실만으로 인생의 모든 것이 결정된다고 할 수 있을까? 그것은 그렇지 않다.

태어날 때는 건강해도 성장하면서 여러 가지 환경적인 요인이나 자신의 관리 부주의로 몸이 병이 들어 약해질 수도 있고, 태어날 때는 비록 신약했지만 자라면서 환경적 요인과 자신의 노력으로 건강해 질 수 있는 것이다. 또한 태어나기는 비록 부귀현달한 집안에서 태어날 수도 있지만 그것이 일평생 같을 수는 없는 것이다. 자라면서 집안이 패가할 수도 있고 본인이 그릇된 길을 걸어 패가망신하여 불행의 길로 갈 수도 있는 것이다.

운명이라는 것은 긍정적이고 적극적이고 희망적인 의미를 담고 있다. 현재의 처지가 어렵더라도 난관을 극복하여 보다 좋은 조건으로 변화시켜 보자는 것이 운명이며, 비록 태어난 조건이 불리하더라도 냉철하게 자신의 허虛·실實을 살펴서 타고난 자신의 그릇에 맞게 지혜를 동원하여 살아간다면 좋은 삶을 만들어 갈 것이다.

예컨대, 숙명이라는 것은 '당신은 이렇게 어렵게 태어났으니까 이렇게 어렵게 살 수 밖에 없다'라는 것이고, 운명이라는 것은 '당신은 비록 이렇게 어렵게 태어났지만, 이렇게 이런 방법으로 개진하고 노력한다면 행복하고 좋은 삶을 이룩하게 될 것이다'라는 것이 다른 점이다. 숙명은 고정적이고 소극적인 것이며, 운명은 변화적이고 진보적이며 적극적인 것이다.

## 6. 영령靈과 체體의 합일合一

우주 삼라만상은 모두가 음양의 배합수에 의해 형체가 이루어진다. 영령靈과 체體의 합일관계는 양陽과 음陰의 배합관계로서 만물의 형태나 소질, 능력, 각각의 고유한 특징현상이 모두 이 음양의 배합수가 상이相異한 데서 출발한다. 과학적인 근거로 말하면, 즉 양전자陽電子와 음전자陰電子수에 의해서 형태나 성능이 차이가 나는 것이다. 이 우주간에 있는 만물은 결국 수리법칙數理法則의 토대 위에서 생성되고 있는 것이다.

예컨대, 인간의 생명세포 중 남성을 형성하고 있는 세포는 한 개의 양전자陽電子를 중심으로 하여 47개의 음전자陰電子가 초고속으로 선회旋回하고 있으며, 또한 한 개의 양전자를 중심으로 48개의 음전자가 선회하는 것이 여성의 세포를 형성하고 있는 것이다. 이처럼 모든 삼라만상은 양전자를 중심으로 음전자 수의 많고 적음에 의해서 그 형태의 천차만별한 차별성이 생겨나는 것이다.

## 7. 상대적인 음양이원陰陽二元의 성질

우주 만물의 생성화육生成化育과 생비제극生比制剋을 관장하며 우주활동을 근본적으로 가능케 하는 것은 동動과 정靜의 상대적인 힘의 변화에 의해서다. 모든 현상은 이렇듯 상대성의 주종관계를 이루면서 이루어지고 있는 것이다. 다시 말해서 모든 음양의 상대적인 작용을 말한다. 예컨대 차고 덥고, 밝고 어둡고, 무겁고 가볍고, 약하고 강하고, 죽고 살고, 밀고 당기고, 나가고 들어오는 것 등 모든 것이 主從의 관계에 있다. 양陽은 굳세고 강하여 주主가 되고 음陰은 유약柔弱하여 종從이 된다. 우리가 살고 있는 이 우주간에는 충만充滿하고 있는 우주의 생명력인 기氣는 음과 양이 주종관계를 이루면서 조화의 변화를 거듭하고 있는 것이다. 이렇게 간주할 때 인간에게 있어서 정신은 主가 되고 육체肉體는 종從이 된다. 환언하면 성명은 주主가 되고 자신自身은 종從이 된다 할 것이다.

우리 인간이 태어나면서 곧바로 이름을 부여받기 때문에 그 태어난 주체는 이름이라는 대명사로 모든 것을 대변하게 되는 것이다.

# 제2절 성명의 조직과 구성

1. 삼재사격三才四格(수리數理) : 원형이정元亨利貞.

   (1) 원격元格 : 명상자名上字＋명하자名下字 : 초년운 : 1~22세

   (2) 형격亨格 : 성획수姓劃數＋명상자名上字 : 장년운 : 23~35세

   (3) 이격利格 : 성획수姓劃數＋명하자名下字 : 중년운 : 36~47세

   (4) 정격貞格(총격總格) : 성姓획수＋명상자名上字＋명하자名下字 : 말년운 : 48~말년

<예례>

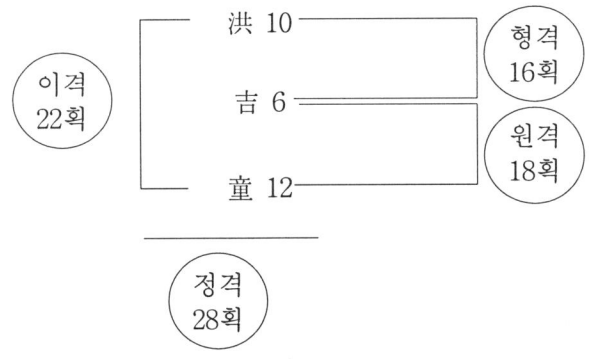

원격 : 吉 6+童12=18획. 초년 : 발전격
형격 : 洪10+吉 6=16획. 장년 : 덕망격
이격 : 洪10+童12=12획. 중년 : 박약격
정격 : 洪10+吉 6+童12=28획. 말년 : 파란격

## 2. 성명의 형태에 의한 사재·사격 적용

(1) 성명이 일반적인 3자인 경우

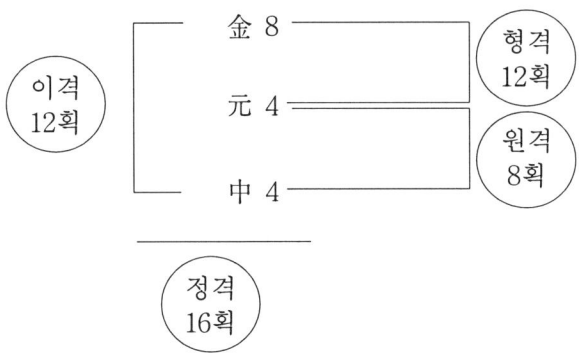

(2) 姓이 1자, 名字가 1자인 경우

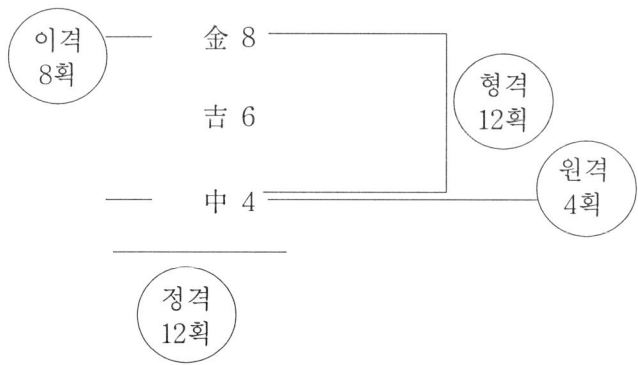

(3) 姓이 2자로 名字와 합쳐 4자인 경우

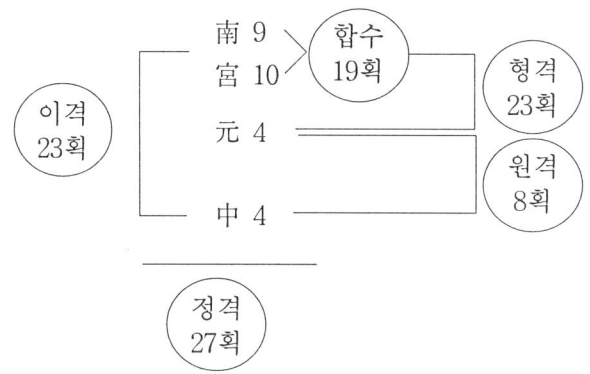

(4) 姓이 2자, 이름이 1자인 경우

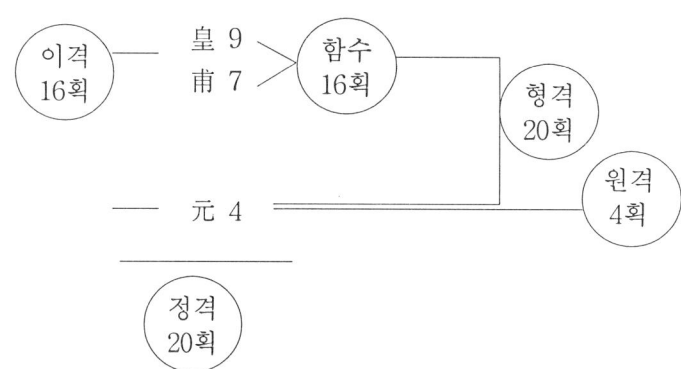

(5) 한글 이름인 경우

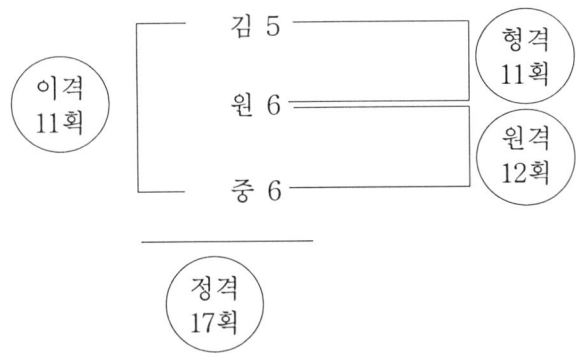

## 제3절 삼원오행법三元五行法

### 1. 오행상생법五行相生法

金生水 · 水生木 · 木生火 · 火生土 · 土生金

### 2. 오행상극법五行相剋法

金克木 · 木剋土 · 土克水 · 水剋火 · 火克金

### 3. 오행상비법五行相比法

木比木 · 火比火 · 土比土 · 金比金 · 水比水

삼원 오행법

| 天干 | 甲 | 乙 | 丙 | 丁 | 戊 | 己 | 庚 | 辛 | 壬 | 癸 |
|------|---|---|---|---|---|---|---|---|---|----|
| 數理 | 1 | 2 | 3 | 4 | 5 | 6 | 7 | 8 | 9 | 10 |
| 五行 | 木 | | 火 | | 土 | | 金 | | 水 | |

## 音靈五行

| | | | |
|---|---|---|---|
| 土(宮) | 아·하 | ㅇ·ㅎ | 喉音 |
| 金(商) | 사·자·차 | ㅅ·ㅈ·ㅊ | 齒音 |
| 木(角) | 가·카 | ㄱ·ㅋ | 牙音 |
| 火(徵) | 나·다·라·타 | ㄴ·ㄷ·ㄹ·ㅌ | 舌音 |
| 水(羽) | 마·바·파 | ㅁ·ㅂ·ㅍ | 脣音 |

### 4. 삼원오행 구성법

(1) 성姓은 하늘을 상징하므로 건천乾天이며 순양純陽인 고故로 1을 더한다.

(2) 성자姓字 획수와 名上字를 합하여 중간 오행을 잡는다.

(3) 명상자名上字와 명하자名下字 획수를 합하여 아래 오행을 잡는다.

### 삼원오행 적용 예

| | | |
|---|---|---|
| 洪 | 10+1=11 | 1(水)天格 |
| 吉 | 6+10=16 | 6(土)人格 |
| 童 | 12+6=18 | 8(金)地格 |

### 5. 성명의 대흉수大凶數

(1) 天·人·地 어느 격에 임해도 부부의 연이 좋지 않다. 특히 인격에 있으면 흉이 더 강하다.

(2) 남자의 성명 인격人格에 12, 14, 17, 19, 22, 27, 29의 수리가 임하면 처자妻

子와 생이별하고 혹은 사별한다. 인연이 없으면 별거하거나 첩을 두고 여자는 과부가 되는 불길한 수리이다.

(3) 여자의 성명에 12획, 14획, 21획, 22획, 23획, 29획, 33획, 39획의 수리가 인격人格에 들어있으면 남편과 사별死別하던가 아니면 생이별하든지 혹은 자신이 죽는 등 타격에 임해도 흉한 수리이다.

(4) 여자의 명에 19, 26, 27, 28, 34, 40의 수리가 임하면 유도력이 좀 약하지만 과부의 우려가 있는 수리이니 고려해야 한다.

## 6. 삼원오행 성명의 지격地格으로 성격 판단법

(1) 10단위 이상은 버린다. 예를 들어 18이면 10은 버리고 8을 취한다. 또 35획이면 30을 버리고 5를 취한다.

(2) 1획 : 친절하고 타인을 위하는 마음이 있다. 매사 순서적으로 임하고 겉은 온순하고 친밀하나 내면 강직하고 남에게 꺾이지 않는 마음이 있다. 이성적이고 머리가 좋다.

(3) 2획 : 표현성이 있고 마음은 친근하고 온순하다. 의리도 있는 반면 은근히 고집과 자기 주장이 강하고 상대에 따라 항거심이 있으며 여자와 교제가 순조롭고 또한 타인에게 지기 싫어하며 질투심도 가지고 있다.

(4) 3획 : 성질은 부드럽고 유순하지만 마음은 급하고 활동적인 경향이 강하다.

(5) 4획 : 지구력과 박력이 떨어지고 이론에는 강하지만 실천력이 약하다. 성격은 냉정한 것 같지만 지혜력이 좀 부족하고 기능적인 면으로 흐른다.

(6) 5획 : 온후하고 자비심이 있고 성격은 내성적이다. 외유내강外柔內剛한 면을 가지고 있다.

(7) 6획 : 겉은 부드럽고 온유한 것 같지만 매사를 분명히 하고 속마음을 남에

게 보이지 않는다.

(8) 7획 : 권위적이고 과단성이 있으며 자존심이 강한 반면 말을 앞세우고 호언장담하며 사치와 허영심도 가지고 있다.

(9) 8획 : 성격은 내적인 면과 외적인 면을 동시에 가지고 있으며 정직하지만 자기 주장과 고집이 세어 주위 사람과 화합하지 못하여 대인관계가 원만하지 않고 타인의 말을 잘 들으려 하지 않는다.

　(10) 9획 : 감정이 예민하고 재주가 있으나 변동과 이동성이 강하고 폐쇄적이고 비관적인 동시에 주색酒色을 밝힌다.

　(11) 10획 : 뚝심이 있고 사회적인 활동이 왕성하고 인색한 면이 있다. 돌발적인 면이 있으며 자신 외에는 타인을 인정치 않고 자기주장이 강하다.

## 7. 인격人格과 지격地格에 흉격에 의한 건강상태 판단법

　(1) 1획 : 수족의 병, 간장병, 신경통, 눈병, 위장병, 혈액이상 등

　(2) 2획 : 호흡기병, 안질, 혈액이상, 위장장애, 뼈에 관한 병 등

　(3) 3획 : 면상병, 혈액순환장애, 두부병, 심장병, 뇌기능 장애 등

　(4) 4획 : 혈액이상, 뇌신경이상, 심장병, 두부병, 면상병 등

　(5) 5획 : 비장과 위장 장애, 생식기 이상, 피부병, 수족과 요도이상 등

　(6) 6획 : 비장과 위장 장애, 자궁병, 수족이상 등

　(7) 7획 : 두부병, 폐질환, 뇌신경이상, 피부병, 골병, 발 이상 등

　(8) 8획 : 구치병, 위장장애, 폐질, 복부병, 안질 등

(9) 9획 : 국부나 배뇨기 이상, 귓병 등

(10) 10획 : 국부나 배뇨기 이상, 귓병 등

## 제4절 성씨 오행과 발음오행

### 1. 목성木星

■ 1·2획의 성씨 오행과 발음오행으로 나오는 성씨

(1) 획수 삼원오행

卜·丁·康·梁·魚·將·張·章·曹·催·許·邱·景·邵·荀·舜·堯·彭·黃.

(2) 음령오행

賈·康·姜·葛·廣·景·京·椋·高·骨·郭·霍·具·俱·邱·丘·孔·公·今·琴·占·金·菊·鞠.

• 木木木

총명·착실하고 지혜를 갖추고 외유내강하며 매사 순탄하여 성공이 순조롭다. 나날이 향상발전하며 심신이 건강하고 화평하여 안정되고 건강하여 장수한다. 기초가 건실하고 복록을 누리는 길한 배치이다.

• 木木火

만사여의하고 성공이 순조롭다. 기초가 건실하고, 반석이 굳건하여 심신이 평안하고 안정되며 평생 행복과 번영을 누리고 장수하는 길한 배치이나 다만 감정이 예민한 것이 흠이다.

• 木木土

성공운이 순조롭고 향상발전하며 심신이 화평하고 건강하여 행복을 향유한다. 기초가 건실하고 마음이 확고하여 안정되고 평안한 길한 배치이다.

• 木木水

일시적으로 곤난困難하나 성공발전成功發展하며 칠전팔기七顚八起하고 대기만성大器晚成하는 길한 배치이다.

• 木木金

일시一時적으로 성공成功하나 장애障碍와 박해迫害가 많으며 전전이동轉轉移動하고 매사 불안하고 평안하지 못하며 아래 사람으로 인한 손실이 있으며 신체상에서는 뇌 또는 가슴부위에 질환이 발생할 우려가 있다.

• 木火木

인복人福과 윗사람의 도움과 후원을 받고, 성공발전, 기초건실하고 자손번창, 심신건강, 장수안태하는 길한 배치이다.

• 木火火

순조롭게 성공발전하나 부족한 것이 있다면 내구력이 떨어지는 것이 결점이다. 방심하여 실패를 초래하기도 하고 그로 인한 실의와 병질에 걸릴 우려가 있다.

• 木火土

인복이 있고 윗사람의 도움과 후원을 받아 순조로운 성공을 하며 기본운이 강고强固하고 부동不動하여 심신이 안정되고 평안하다. 건강하고 장수하여 행복을 향유한다.

• 木火金

일시적인 성공을 하나 근본적으로 기초가 허약하여 가정적으로 불화와 불행이 많으며, 신체상으로 뇌 또는 호흡기질환이 발생하기 쉬운 흉한 배치이다.

• 木火水

일시적인 성공이 있으나 매사 불안과 장애가 많아 예고 없이 재액이 오고, 뜻밖에 사고로 돌발변수가 많고 급사急死하거나 횡액을 당하는 위험한 배치이다.

• 木土木

선친과 부모덕은 없으나 음양조화로 가정이 창달하고 반드시 자수성가自手成家하는 길한 배치이다. 혹자는 불길한 배치라고도 하나 중요한 것은 만물의 중심인 土에서 木이 생하는 이치로 보면 된다.

• 木土火

윗사람과 후배의 도움이 있으며 향상발전하고 경제적인 방면에서 명예를 얻는 길한 배치이다.

• 木土土

성공의 운기력運氣力을 억압하는 상으로 매사 장애가 많으며 발전하지 못하고 답답하여 불평과 불만이 팽배한다. 호흡기나 복부의 병난을 겪거나 가정불화로 고민을 겪을 우려가 있는 흉한 배치이다.

• 木土金

맨주먹으로 일어나 사업이나 경제적인 방면에서 성공하여 만인으로부터 존경과 덕망을 얻는 길한 배치이다.

• 木土水

성공의 운기력이 억압되어 발전향상하지 못하며 불의에 사고와 어려움을 당하고 뜻하지 않은 횡액이나 변사變死를 초래할 수 있는 흉한 배치로 신체상으로는 복부질환을 유발할 수 있다.

• 木金木

성공운이 약하고 어려운 일로 고민하고 곤란함을 겪는다. 심신이 일정치 못해 피곤하고 과로하며 불의에 재난으로 불구가 될 우려가 있으며 뇌를 손상당할 위험도 있는 흉한 배치이다. 또한 가정적으로도 평안하지 못하고 불안하다.

• 木金火

성공운이 희박하고 근본적으로 기초가 허하고 불안정하며 건강상으로 호흡기 질환이나 신경쇠약증에 걸릴 수 있는 흉한 배치이며 심하면 자살도 하며 불의에 재액으로 횡사하거나 흉화를 초래할 수 있다.

• 木金土

성공의 유도력이 희박하고 본인의 노력과 의지로 어느 정도는 발전을 이룩할 수는 있으나 심신이 지치고 과로하여 병액을 초래할 수 있는 불길한 배치이다.

• 木金金

성공운이 희박하고 완미頑迷하고 너무 강해 불화하며 고집을 세우다 논쟁이 발생하고 어려움을 만나 고독해 지는 불리한 배치다. 심하면 뇌를 손상하거나 가정파탄이 생긴다.

• 木金水

성공운의 운기가 희박하고 늘 불안과 번뇌가 끊이지 않고, 특히 불의의 사고나 운기의 변화로 몰락하거나 비운을 만나는 불길한 배치이다. 신체상으로 뇌일혈이나 기타 병난病難을 만나 급사急死하기도 한다.

• 木水木

성공운이 순조롭고 안정과 발전의 길배치이다. 한편 수리數理가 불리하면 병액이나 단명 혹은 가정불화나 근심이 생긴다.

• 木水火

일시적인 성공은 있으나 기초가 허실하고 불안정하여 일에 변화가 많고 뜻하지 않은 사고나 재해가 발생하여 병난과 변사變死를 당할 수도 있다. 또 처자妻子에 불행이 닥칠 수 있는 흉한 배치이다.

• 木水土

일시적인 성공은 있을 수 있으나 점점 실패나 붕괴일로로 치닫게 되고 돌변사고가 생겨 뜻하지 않은 병액과 어려움을 만날 우려가 있는 흉한 배치이다.

• 木水金

성공이 순조롭고 안정되어 재리財利와 명예를 얻을 수 있는 배치이지만 만약 수리가 흉하면 불평불만이 생길 수 있고 신체상으로 뇌를 손상하여 병액을 입을 우려가 있다.

• 木水水

일시적인 성공은 어렵지 않으나 중간에 파란이 발생하고 일의 변동이 많고 가정에 병난의 불행이 닥칠 수 있다. 간혹 장수하고 큰 부자富者가 되는 수도 있다.

## 2. 화성火星

■ 3·4획의 성씨 오행과 발음이 나·다·라·타로 나오는 姓

(1) 삼원오행

干·于·孔·公·今·方·卞·文·毛·王·元·尹·夫·片·允·太·賈·廉·楊·虞·莊·楚.

(2) 발음오행

太·李·林·南·柳·廉·連·魯·董·劉·潭·都·盧·蓮·羅·藤·陸·呂.

• 火木木

성공운이 순조롭고 현달하고 발전하며 목적한 일을 수행 실천한다. 기초가 건실하고 안정되고 평안하며 심신이 건강하여 장수하고 부귀영화를 누리는 길한 배치이다.

• 火木土

향상발전하고 현달하며 순조롭게 성공하고 부귀를 누린다. 기초가 선실하여 변동이 없고 안정하고 평안하여 심신이 모두 건강하고 장수하는 길한 배치이다.

• 火木金

일시적으로 성공은 하나 경우에 따라 불안정하고 변동과 이동이 많아 피곤하며 장애와 박해가 따라 다니고 심신이 지치고 과로하여 뇌가 상하거나 흉부의 질환이 올 우려가 있는 불길한 배치이다.

• 火木木

기초가 건실하고 天地人을 모두 갖추고 있어 얼마간의 풍파는 있지만 동요하지 않아 안정을 유지하고 심신이 화평하고 건강하여 능히 목적을 달성하는 길 배치이다.

• 火火木

성공운이 팽창하고 주위의 조력과 협조자를 얻어 순조롭게 발전하고 기초가 건실하고 안정되어 심신이 화평하고 장수건강은 길배치이다.

• 火火火

급진적으로 운기가 상승하여 성공발전은 하나 기초가 허하고 박약하여 내구력이 떨어져 방심하게 되므로 실패와 실의에 빠질 수가 있는 배치이니 매사 조심하고 경계가 필요하다.

• 火火土

의욕적이고 향상·발전하려는 의기는 충천하나 성품이 급하면 매사 불길하다. 인내심과 침착성을 수양하면 대길하다. 다만 배우자가 여자인 경우 관골이 높으면 성공에 장애가 많고 단명할 우려가 있는 배치이다.

• 火火金

일시적인 성공은 하나 내부적으로 불안하고 심신이 과로하여 지치고 신체상으로 뇌나 호흡기질환 등의 질액이 있을 수 있으며 처자를 극하는 흉한 배치이다.

• 火火木

극히 불안정한 운명이며 뜻밖의 변동이나 변사가 생겨 재물과 명을 다칠 수 있는 불길한 배치이며 신체상으로 특히 뇌일혈이나 심장질환 등으로 급변사急變死할 우려가 있다.

• 火土木

윗사람의 도움이나 선친의 덕을 입어 성공창달하는 운기이나 기초가 허하고 불안정하여 매사 변동과 이동이 많고 신체상으로 복부나 위장 등에 질환의 우려가 있다.

• 火土火

부모나 조상의 덕을 입거나 윗사람의 도움을 얻어 성공발전하며 기초가 건실하고 안정되어 재액이나 불행을 모면하고 심신이 화평하고 건강하여 장수 복록을 누리는 길한 배치이다.

• 火土土

부모와 조상의 덕을 입고 윗사람의 도움을 받아 순조롭게 향상발전한다. 안정되고 편안하여 심신이 화평하고 건강하여 장수와 복록을 누린다.

• 火土金

조부祖父의 덕과 윗사람의 도움으로 나날이 발전하고 정치적 대망을 성취할 수 있는 길한 배치이다. 이러한 배치는 평소 덕을 쌓으면 후에 큰 성공으로 돌아온다.

• 火土水

윗사람의 도움과 조부祖父의 덕으로 일시적인 성공은 있으나 불안하고 변화가 많아 뜻밖의 재난과 몰락을 초래하고 병난을 만나거나 급사急死하는 불행의 우려가 있는 불길한 배치이다.

• 火金木

운명이 장애와 억압을 당해 앞으로 전진하지 못하며 기초가 허하고 불안하여 신체상으로 뇌를 손상하거나 폐질환을 초래할 수 있는 흉한 배치이다. 심하면 발광하거나 조난遭難을 당해 급사急死하는 경우가 있다.

• 火金土

운기가 장애와 억압을 당하고 늘 번민과 걱정이 많다. 어려움을 만나 매사 장애가 많고 심신이 과로하여 질병을 유발할 우려가 있다. 특히 뇌질환과 폐에 이상이 오나 경우에 따라 안정이 오기도 한다. 반길반흉한 배치이니 신중을 기하여야 한다.

• 火金金

성공의 운기력이 억압받고 장애를 당해 발전하지 못하며 불만과 불화가 생기고 신체적으로 뇌나 폐를 손상할 수 있는 불길한 배치이다. 혹은 조난 당하여 처자를 잃거나 고독하고 불우하게 생활하게 되는 흉한 배치이다.

• 火金木

성공의 운기력이 억압되어 앞으로 전진하지 못하며 신체적으로 뇌일혈이나 심장장애를 초래할 수 있고 갑작스런 조난 등으로 불행을 초래할 수 있는 흉한 배치이다. 파란과 우여곡절이 많은 배치이니 신중을 기하여야 한다.

• 火水木

운명적으로 억압과 장애가 많아 고생하고 흩어지며 어려움이 많다. 돌발적인 사고와 불행을 초래할 수 있으며 간혹 비상한 능력으로 성공을 하기도 하는 배치이다.

• 火水火

불안하고 막힘이 많아 발전하지 못하며 어려움과 고통을 당해 돌발적인 사고로 불행을 당한다. 가정적으로 병난과 어려움이 많아 심하면 자살도 하며 상서롭지 못한 일들이 발발하는 흉한 배치이다.

• 火水土

운명적으로 장애와 억압이 많고 늘 심신이 고달프고 병난을 만나며 가정에 근심사가 있고 불행한 흉배치이다. 또한 파란과 우여곡절이 많아 평안을 얻기 힘들다.

• 火水金

운명이 장애와 억압이 많고 마음이 편한 날이 없고 어려움을 많이 당하는 흉한 배치이며 돌발적인 변고나 변사를 당할 수 있다.

• 火水水

앞으로 나아가지 못하고 성공에 장애가 많으며 어려운 일과 곤고함을 많이 만난다. 또한 가정에 불행한 일이 있고 병액을 만나거나 졸지에 횡액을 만나 죽기도 하는 흉한 배치이다.

## 3. 토성土星

■ 5·6획의 姓과 음령오행이 아·하로 나오는 姓

(1) 삼원오행

丘·白·史·石·申·玉·田·皮·玄·吉·朴·百·安·伊·任·邱·全·朱·葛·慶·郭·都·魯·劉·萬·歐·滿·霍·潭·盧·陸·潘·錢·陳·皇甫.

(2) 음령오행

于·尹·允·元·王·玉·玄·安·伊·任·印·延·吳·何·禹·兪·咸·余·芮·袁·殷·夏·洪·魚·許·堯·黃·楊·虞·溫·皇甫·蔚·韓·魏·隱.

• 土木木

겉으로는 운기가 강한 것 같으나 마음이 고달프고 어려움이 많으며 계획하는 목적이 지체가 많다. 경우에 따라 안정을 구가할 때도 있는 반길반흉한 배치이다.

• 土木火

겉으로는 운기가 강한 듯 하나 성공에 장애가 많고 어려움과 고통이 따른다. 그러나 수리가 길하면 발전성공하여 평안을 누릴 수도 있다.

• 土木土

성공운이 미약하고 어려움과 곤란이 많아 목표한 일이 늦어지나 경우에 따라 안정을 얻기도 한다. 신체적으로 신경쇠약과 질병이 올 수 있으니 주의를 요한다.

• 土木金

성공운이 미약하고 일에 장애가 많고 아랫사람의 방해로 불안을 느끼며, 이동과 변화가 많고 신체적으로 신경쇠약이나 호흡기 질환이 올 수 있는 불길한 배치이다.

• 土木水

성공운이 미약하고 정신적으로 번뇌와 곤란이 많다. 파란이 많고 떠돌다 돌발적인 병난을 만나거나 재액을 당해 재산과 목숨을 잃을 수 있는 불길한 배치이다.

• 土火木

기초가 건실하여 성공이 순조롭고 심신이 화평하고 편안하여 행복하고 복록과 장수를 누리는 길한 배치이다.

• 土火火

성공운이 순조로와 목적을 달성하며 의지를 견고히 하고 가일층 노력하면 크게 성공할 수 있는 길한 배치이며 가정적이면 더욱 좋다.

• 土火土

운기가 순조로와 성공이 용이하고 기초가 건실하고 심신이 화평하여 장수와 복록을 향유하는 완전 길배치이다.

• 土火金

성공운이 강하고 목적을 쉽게 달성하나 심신이 과로하여 병약하게 되거나 기초가 허실하여 가정적으로 불행이 생기는 흉한 배치이다.

• 土火水

일시적인 성공은 있으나 기초가 불안전하여 돌발적인 사고나 변수가 생기고 신체적으로 병난을 만나 급사急死하거나 위험이 따를 수 있는 흉한 배치이다.

• 土土木

성공운은 있으나 기초가 부실하여 변화와 이동이 많으며 신체적으로 복부질환이나 신경쇠약에 걸릴 우려가 있는 불길한 배치이다.

• 土土火

뜻밖의 행운을 얻어 성공하고 명리를 얻는 운기며 기초가 건실하고 심신이 평안하여 재액을 잘 모면하고 복록과 장수를 누리는 길한 배치이다.

• 土土金

성공이 순조롭고 운기가 향상하며 목적을 쉽게 달성하고 재액을 잘 모면하는 길한 배치이다. 신체적으로 강건하여 행복과 장수를 향유한다.

• 土土水

일시적인 성공은 가져올 수 있으나 기초가 부실하여 곧 붕괴되고 심하면 급변사고나 목숨과 재산을 일시에 잃어버릴 수 있는 불길한 배치이다.

• 土金木

윗사람의 도움으로 성공은 하나 기초가 약하여 처자를 극하며 조난을 당하여 몸을 다치거나 뇌질환이 생길 수 있는 불길한 배치이다.

• 土金火

윗사람의 도움으로 성공발전하나 경우에 따라 변동과 불안정한 일이 생기며 신체적으로 폐나 뇌를 손상할 우려가 있고 가정적으로 불행한 일이 생기는 흉한 배치이다.

• 土金土

윗사람의 도움으로 성공발전하며 기초가 견고하고 심신이 화락하여 복록과 장수를 누리는 길한 배치이다.

• 土金金

성공운이 있어 날로 발전하여 사회적으로 명성을 날리나 성품이 너무 강하여 고집을 세우면 불리하니 시비에 말리지 않도록 유념해야 한다. 단, 배우자가 여자인 경우 이마에 흉터가 있으면 단명의 우려가 있다.

• 土金水

단신으로 일약 성공하여 만인으로부터 존경을 받으며 자손대에 경사로움을 전해주고 심신이 화락하고 평안하여 장수와 오복을 향유하는 길배치이다.

• 土水木

운명학적으로 장애와 억압이 많고 노력한 만큼 결실과 공이 없으며 심신이 지치고 과로하여 병약하게 되며 가정적으로 불행하고 심하면 단명할 수 있는 흉한 배치이다.

• 土水火

성공운이 억압받고 장애가 많아 파란과 우여곡절을 겪고 재산과 목숨을 잃을 수 있는 흉한 배치이다.

• 土水土

성공운이 희박하고 장애가 많아 고생만 하고 결실이 없으며 돌발적인 재화를 당하며 신체적으로 뇌일혈이나 심장질환이 발생할 수 있는 흉한 배치이다.

• 土水金

성공운이 희박하고 장애가 많아 중도에 좌절하기 쉽고, 신체적으로 병액을 만나거나 가정적으로 생사별生死別하는 불행이 올 수 있는 흉한 배치이다.

• 土水水

성공운이 박약하여 중도좌절하며 신체적으로 병난을 만나거나 가정적으로 생사별生死別하는 불행한 일이 올 수 있는 흉한 배치이다.

## 4. 금성金星

■ 7·8획 姓과 음령오행이 사·자·차로 나오는 姓

(1) 삼원오행

江·呂·李·成·宋·辛·余·延·車·吳·柯·京·具·金·奇·林·孟·明·奉·昔·沈·周·表.

(2) 음령오행

丁·千·史·石·申·朱·成·宋·辛·池·車·沈·周·徐·孫·秦·將·全·章·曹·崔·邵·壯·趙·愼·錢·陣·謝·蔡·鄭·張·釋·蘇·西·葛·荀·舜·秋·田·昔·宣·高.

• 金木木

성공운이 억압되어 진보하지 못하며 불평불만과 신경쇠약으로 심신이 병약하게 되고 가정적으로 불행한 일이 생기는 흉한 배치이다. 심하면 조난을 당하여 불구가 되기도 한다.

• 金木火

운명적으로 억압과 박해가 많고 걸림이 많아 답답하다. 결과는 순탄치 못하고 이로 인해 신체적으로 뇌를 상하고 발광하며 폐질환이 오거나 뜻하지 않은 변사變死를 만나 단명하는 흉한 배치이다.

• 金木土

매사 장애가 많고 억압당하여 성공이 어렵고 순탄치 않아 심신이 지쳐 과로한다. 정신적으로 괴로워 신경쇠약이 오고 불우한 배치이다. 경우에 따라 비교적 안정적인 생활도 한다.

• 金木金

운명적으로 박해와 억압이 많고 늘 불평불만이 생기고 불안정하다. 신체적으로 뇌를 손상하고 폐질을 유발할 수 있는 불길한 배치이다. 우여곡절과 파란이 많다.

• 金木水

운명적으로 장애와 억압을 받아 앞으로 나가지 못하는 상이며 실패가 많고 일신이 평안치 못하여 떠돌기도 하고 신체적으로 병약하게 되어 난치의 병이 찾아와 단명하기도 하는 흉한 배치이다.

• 金火木

성공운이 심하게 억압당하고 중도에 좌절되며 신체적으로 뇌를 손상하거나 심하면 병약하여 난치의 병질이 생겨 단명하는 흉한 배치이다.

• 金火火

운명적으로 장애와 억압을 당하여 중도 좌절하고 불안정하다. 신체적으로 폐질이나 뇌를 손상하고 심하면 돌발적인 변사變死나 재화가 따르는 흉한 배치이다.

• 金火土

억압과 장애가 많아 성공이 순탄치 못하고 경우에 따라 안정이 오긴 하나 신체적으로 뇌를 상하거나 불시에 재화를 당하는 불길한 배치이다.

• 金火金

운명적으로 억압이 많고 중도 좌절하며 성공이 순탄지 못하고 심신이 과토하여 병액이 생긴다. 폐질환을 수반하고 조난을 당하여 변사變死하거나 처자를 극하여 불행이 오는 흉한 배치이다.

• 金火水

운기가 억압당하고 장애가 많아 성공운이 순탄치 못하고, 신체적으로 뇌일혈이나 조난을 당해 변사變死의 위험이 있고, 처자妻子를 극하여 어려움이 많은 흉한 배치이다.

• 金土木

성공운과 목적한 일을 달성하기는 용이하나 기초가 건실하지 못하고 변화와 이동이 많고, 신체적으로 위장질환과 가정이 불목하여 우환이 있는 반길반흉한 배치이다.

• 金土火

뜻밖의 성공과 명리를 얻는 강고하고 평안한 배치이지만, 수리가 불길하면 흉하고 신체적으로 뇌일혈이나 기타 신체질환을 겪을 우려가 있다.

• 金土土

성공운이 순조롭고 목적한 일이 달성되며 명리와 재리를 겸비한다. 심신이 화락하고 평안하여 재액과 난을 모면하고 복록과 장수를 누리는 길한 배치이다.

• 金土金

성공운이 순조롭게 열리고 목적한 일을 이루며 기초가 건실하여 심신이 화평하고 번영창달하여 장수와 복록을 누리는 길한 배치이다. 단, 배우자의 이마에 흉이 있거나 관골이 튀어 나왔으면 단명할 우려가 있다.

• 金土水

성공운과 명리를 얻으나 기초가 박약하여 돌발적인 사고와 재액이 많으며 조난으로 몸을 다치거나 급사急死의 우려가 있는 불길한 배치이다.

• 金土水

일시적인 성공과 발전으로 명리는 얻을 수 있으나 기초가 불안하여 돌발적인 재화災禍가 많으며 조난을 당하여 몸을 상하거나 횡사할 우려가 있는 불길한 배치이다.

• 金金木

성공운은 있으나 너무 강하여 주위와 불화하거나 시비가 생기고 처자妻子를 상실하거나 조난遭難을 당해 몸을 다쳐 불구가 발생할 우려가 있는 불길한 배치이다.

• 金金火

성공운은 있으나 심신이 과로하여 신체적으로 뇌질환이나 폐질이 생길 우려가 있고 변동이 많아 어려움을 만나거나 재액이 따르는 불길한 배치이다.

• 金金土

성공운이 순조롭고 목적한 일을 달성하며 심신이 강건하나 무리하게 욕심을 내거나 추진하면 뜻밖의 조난을 당할 우려도 있다.

• 金金金

성공의 운기력은 있으나 너무 편중되고 태강하여 시비와 불화가 따르고 고독하며 가족의 생이별生離別이 있거나 조난을 당하고 재액이 많은 불길한 배치이다.

• 金金水

성공운과 기초운이 견실한 것 같지만 너무 강하여 불화하고 속성속패하거나 조난의 위험성이 있는 불길한 배치이다.

• 金水木

의지가 굳고 단신으로 입신양명하여 금의환향한다. 부모처자가 화락하고 여생이 안락하고 편안한 길한 배치이다. 다만 배우자가 여자인 경우 관골이 너무 높으면 단명의 우려가 있다.

• 金水火

윗사람의 도움과 부모의 여덕이 있어 일시적인 발전과 성공은 있어도 기초가 박약하여 처자를 극하고 돌발적인 재액을 당하는 흉한 배치이다.

• 金水土

일시적인 성공은 있으나 점차 쇠락하기 시작하며 신체적으로 병약하고 단명하거나 돌발적인 조난의 위험이 있는 불길한 배치이다.

• 金水金

윗사람의 도움과 부모의 여덕으로 뜻밖의 성공을 하고 기초가 건실하고 심신이 화평하여 좋으나 수리가 흉하면 약간의 어려움이 있다.

• 金水水

부모나 윗사람의 도움으로 향상발전하고 성공을 하기도 하나 파란을 양성할 수도 있는 평길반흉한 배치이다.

## 5. 수성水星

■ 9·10획 姓과 음령오행이 마·바·파로 나오는 姓

(1) 삼원오행

姜·南·柳·宜·禹·俞·成·高·骨·桂·俱·馬·徐·孫·芮·袁·殷·秦·夏·洪·龐·鄭·薛·羅·釋·嚴·鮮于·南宮.

(2) 음령오행

卞·文·方·毛·片·白·皮·朴·百·孟·明·奉·閔·彭·潘·龐·邊.

• 水木木

윗사람의 도움이 큰 역할을 하여 순조롭게 성공창달하고 기초가 건실하고 심신이 화평하고 건강하여 복록을 누리고 장수하는 길배치이다.

• 水木火

주위의 도움으로 성공하여 이름을 날리고 영화를 누리며 특히 윗사람의 도움으로 집안이 번창하고 흥왕할 길한 배치이다. 다만 여자인 경우 입술이 풍만하면 가일층 영화를 누릴 것이다.

• 水木土

윗사람의 후원과 도움으로 성공이 순조롭고 기초운이 건실하고 견고하여 크게 안정되고 평안하여 장수하고 행복을 누리는 길한 배치이다.

• 水木金

성공창달하며 운기가 향상하고 발전하나 경우에 따라 불안정하기도 하고 이동과 변화가 생겨 심신이 지치고 과로한다. 특히 아랫사람의 박해로 곤란을 겪기도 하며 신체상으로 병액과 조난을 당하여 위험에 빠질 수 있는 반길반흉한 배치이기도 하다.

• 水木水

성공운이 순조롭게 발전하기도 하나 결과와 종말은 실패하고 파재하며 심신이 피로하고 곤고하여 매사 이동가 변화가 많아 위험성을 내포하는 불길한 배치이다.

• 水火木

성공운이 억압을 받아 발전이 순조롭지 못하고 돌발적인 사고와 재액이 있을 수 있고 신체적으로 뇌일혈이나 심장장애가 따르고 조난을 당하여 급사急死하거나 늘 위험이 따르는 재화가 많은 흉한 배치이다.

• 水火火

성공운이 억압받고 장애가 많아 성공발전하지 못하며 돌발적인 재화災禍를 당하고 처자妻子와 생사별하거나 신체적으로 병난을 당하여 단명한다. 심하면 살상에 의한 변사變死를 당하기도 하며 불행한 일들이 생기는 흉한 배치이다.

• 水火土

운기가 상승하지 못하고 장애와 억압을 많이 받아 늘 불평불만이 많고 진취적이지 못해 답답해하고 졸지에 병난을 만나 단명하거나 돌발적인 사고로 재액을 당해 변사變死할 우려가 있는 흉한 배치이다.

• 水火金

운명적으로 억압이 많고 기초가 허하고 부실하다. 심신이 과로하고 병난이 찾아오는 불길한 배치이다. 처자를 극하고 심하면 발광하거나 급사急死하는 불행이 발생할 수 있다.

• 水火水

최고로 흉한 배치로 성공발전하지 못하고 신체적으로 뇌일혈이나 심장장애가 발생하고 심하면 발광하고 살상殺傷 당하기도 하며 변사變死하는 등 극도로 불길한 배치이다.

• 水土木

성공운이 억압되어 어려움과 고생이 많고 불안정하며 신체적으로 위장을 손상하고 폐질환이 올 수 있으며 파란과 우여곡절로 단명할 수 있는 흉한 배치이다.

• 水土火

운기가 상승하고 항상발전하며 목적한 일을 달성한다. 화고하여 평안하며 심신이 화평하고 건강하여 장수와 행복을 누리는 길한 배치이다. 오행에 있어서 토土가 중심이므로 수水를 맞이하여 생기가 생기고 두터운 흙은 火를 생하여 삼위일체三位一體가 된다.

• 水土土

일을 추진해 가는 과정에 장애가 많고 항상 심신이 고단하다. 경우에 따라 어느 정도 안정되기는 하나 신체적으로 복부질환이 올 수 있으며 돌발적인 재화災禍가 발생하기도 하는 불길한 배치이다.

• 水土金

때론 놀랄만한 대성공을 기약할 수 있으나 심신에 과로過勞가 따를 수 있고 윗사람의 박해가 있는 반길반흉한 배치이다.

• 水土水

일을 계획하고 추진해가는 과정에 항상 장애가 많고 기초도 불안정하여 돌발적인 재화가 발생하고 병액과 돌발사를 당할 우려가 있는 흉한 배치이다.

• 水金木

성공운이 순조롭고 향상발전하나 기초운이 부실하고 허하여 매사 변동과 불안정하다. 처자를 극하고 뜻밖에 조난을 당하여 심신을 다치고 불구가 되기도 하는 불길한 배치이다.

• 水金火

성공운은 보이나 근본적으로 기초가 불안정하여 일에 장애가 생긴다. 아랫사람의 방해와 박해로 심신이 늘 고달프며 신체적으로 폐를 손상할 우려가 있으며 병난을 만나 급사急死하기도 하는 흉한 배치이다.

• 水金土

성공운이 순조롭고 발전·창달한다. 기초운이 안정되고 견고하여 심신이 조화를 이루어 건강하고 장수하여 복록을 누리는 길한 배치이다.

• 水金金

부모에게 효성이 지극하고 소양이 단정하며 대인관계와 人和가 뛰어나고 대기만성하는 길한 배치이다. 남녀 막론하고 배우자의 손이 짧으면 사업방면이나 농사에 길하다.

• 水金水

과다한 욕심을 버리고 투기사업을 피하면 뜻밖의 성공을 기대할 수 있으며 심신이 건강하고 화락하여 자손이 번창하고 귀한 자식을 두는 길한 배치이다.

• 水水木

큰 성공을 하여 경제적으로 풍요를 누리나 경우에 따라 타인과 불화하고 시비에 빠질 수도 있다.

• 水水火

품행이 불량하고 단정치 못하며 실패수가 많고 어려운 일을 당한다. 신체적으로 병약단명하고 돌발적인 재화가 따르며 처자를 상실하고 고독하고 불행하게 되는 흉한 배치이다.

• 水水土

일시적으로 성공발전운은 있으나 방종하여 실패를 부르고 경우에 따라 안정은 오지만 돌발적인 재화가 오며 조난과 병난으로 단명하고 가정에 불행이 있는 흉한 배치이다.

• 水水金

윗사람과 아랫사람의 도움으로 성공이 순조롭고 향상발전하며 일가一家가 창달하고 번영을 누리며 금의환향錦衣還鄕하여 화평을 이루는 길한 배치이다.

• 水水水

품행과 소양이 불량하여 황망하고 객지를 전전하며 신체적으로 병양단명하고 고독하여 비운을 맞는 흉한 배치이다. 경우에 따라 부자가 나오기도 하고 장수하는 자와 명망가名望家가 나오기도 한다.

## 제5절 성명 발음오행(音靈)

### 1. 오음五音

궁음宮音 : 아·하(土) : 목구멍소리(후음喉音)
상음商音 : 사·자·차(金) : 잇소리(치음齒音)
각음角音 : 가·카(木) : 어금니 소리(아음牙音)
치음徵音 : 나·다·라·타(火) : 혓소리(설음舌音)
우음羽音 : 마·바·파(水) : 입술소리(순음脣音)

### 2. 역易오행

한자漢字의 숫자가 음양陰陽으로 이루어진 것
(양陽으로 모두 이루어지거나 음陰으로 모두 이루어지면 조화가 안됨)
- 음陰은 짝수
- 양陽은 홀수

예) 음양조화가 안 된 경우 : ●●● ○○○
　　음양조화가 된 경우 　 : ○●● ○○● ●○● ○●○

### 3. 사주오행四柱五行

- 사주에 배치된 음양의 허실虛實에 따라 강하면 이름자에서 설기하고 약하면 이름자에서 보강한다.

## 제6절 수리길흉론數理吉凶論

### 1. 기본수의 암시

(1) 1수 : 만물의 기본, 일체의 시초, 근본수. 선진, 개발, 우두머리, 부귀, 명예, 길상을 암시

(2) 2수 : 1과 1의 합수. 분리의 성질, 그러므로 분산, 불완전, 불안, 불구 등의 유도력이 있다.

(3) 3수 : 1과 2의 합수로 정족鼎足의 세勢를 가진 숫자. 견고성, 안정성, 내구성, 권위, 지혜, 발달, 진취 등의 작용력을 가지고 있다.

(4) 4수 : 2로 분리되고 2또는 1로 분리된다. 사방으로 흩어지려는 성질. 화합의 반대. 재산의 분리, 이별, 파괴, 분해 등을 암시

(5) 5수 : 기본수의 중간수. 중추적 위치에 처함. 만사 만물을 통솔. 영도의 의미. 안전의 유도력이 있다.

(6) 6수 : 정족수鼎足數인 3의 합수인 동시에 분리 이산수인 2와 4의 합수로 되어 길흉 양면의 작용을 한다.

(7) 7수 : 5의 안전수와 2의 분리수가 합친 수 또는 3의 정족수와 4의 이산수離散數가 합친 숫자로 길흉의 배합으로 됨. 강인한 혁명정신과 전진하려는 의지가 가미되어 길 작용을 하는가 하면 좌절, 파멸, 극단적인 곤액 등도 작용한다.

(8) 8수 : 파괴수 4의 중복으로 되고 성운수 5와 정족수 3의 합수로 됨. 지덕과 통솔력이 있는 수이며 자취발전의 상이기도 하다. 용진과 추진력이 있으나 한편으로 어려움을 극복해 가는 의미를 담고 있다.

(9) 9수 : 기본수 1에서 10까지 다다른 수로 궁극적 마지막 종말의 의미가 담겨있다. 쇠운 중에서도 최종의 쇠운까지 임박해 있음을 암시한다.

(10) 10수 : 영零이오 0이니 무無와 같은 상태. 즉 허무를 의미하는 바 사멸死滅, 종결, 절망 등을 암시하는 흉조가 담긴 수다.

기본수와 수리의 길흉

基本數와 數理

一數 : 시작·출발·창조·점진·首長·부귀·명예·명분·선진·솔선수범.
二數 : 분리·이별·불화·반목·불안정·불안·고독·중단·不如意. 격리.
三數 : 정족수·안정·견실·권위·지혜·조화·발달·성공·합동·평화.
四數 : 분리·이산·이별·파괴·불안·장애·재앙·곤액·관재·파재.
五數 : 영도력·지도와 통솔의 위치·안전·태평·능력·견실성·중용.
六數 : 사업·재산·안정·승계·성공·좌절·영웅·괴걸··의지·용맹.
七數 : 혁신·혁명·진취력·곤액·좌절·독립심·노력·출세·희생·비극.
八數 : 지혜·덕망·통솔력·발전·안정·신뢰·온순·중립·온건.
九數 : 궁박·극단·절정·종말·은퇴·정지·한계성·고독·쇠퇴.
十數 : 공허·무상·허약·절망·박약·원점·허무·암흑·정지·두절.

1수 : 기본격   20수 : 허망격   39수 : 안락격   58수 : 後榮격   77수 : 비애격
2수 : 분리격   21수 : 두령격   40수 : 무상격   59수 : 실망격   78수 : 은거격
3수 : 형성격   22수 : 中折格   41수 : 명예격   60수 : 암흑격   79수 : 종극격
4수 : 不定格   23수 : 공명격   42수 : 고행격   61수 : 영화격   80수 : 종말격
5수 : 定成格   24수 : 입신격   43수 : 미혹격   62수 : 고독격   81수 : 환원격
6수 : 계승격   25수 : 안전격   44수 : 魔障격   63수 : 吉祥격
7수 : 독립격   26수 : 영웅격   45수 : 지혜격   64수 : 침체격
8수 : 開物格   27수 : 中吉格   46수 : 羅網格   65수 : 完美격
9수 : 궁박격   28수 : 파란격   47수 : 출세격   66수 : 우매격
10수 : 공허격  29수 : 성공격   48수 : 복덕격   67수 : 영달격
11수 : 新成格  30수 : 浮夢格   49수 : 은퇴격   68수 : 부흥격
12수 : 박약격  31수 : 융창격   50수 : 불행격   69수 : 정지격
13수 : 지모격  32수 : 요행격   51수 : 춘추격   70수 : 적막격
14수 : 離散格  33수 : 승천격   52수 : 총명격   71수 : 晩達격
15수 : 통솔격  34수 : 파멸격   53수 : 憂愁格   72수 : 길흉상반격
16수 : 덕망격  35수 : 평범격   54수 : 辛苦격   73수 : 小成격
17수 : 건창격  36수 : 괴걸격   55수 : 불안격   74수 : 파탄격
18수 : 발전격  37수 : 인덕격   56수 : 부족격   75수 : 안태격
19수 : 고난격  38수 : 문예격   57수 : 노력격   76수 : 곤액격

## 2. 수리數理의 길수와 흉수

### 길수吉數

| 1 | 3 | 5 | 6 | 7 |
|---|---|---|---|---|
| 8 | 11 | 13 | 15 | 16 |
| 17 | 18 | 21 | 23 | 24 |
| 25 | 29 | 31 | 32 | 33 |
| 35 | 37 | 38 | 39 | 41 |
| 45 | 47 | 48 | 49 | 51 |

### 흉수凶數

| 2 | 4 | 9 | 10 | 12 | 14 |
|---|---|---|----|----|----|
| 19 | 20 | 26 | 27 | 28 | 30 |
| 34 | 36 | 40 | 42 | 43 | 44 |
| 46 | 50 | 52 | | | |

### 수리오행의 길흉

| | |
|---|---|
| 土+土 | 吉 |
| 水+水 | 吉 |
| 木+木 | 凶 |
| 火+火 | 凶 |
| 金+金 | 凶 |

## 3. 성별姓別에 따른 길배합 작명 획수

성별 길배합 획수

| 姓획수 | 上名 | 下名 | 上名 | 下名 | 上名 | 下名 | 上名 | 下名 |
|---|---|---|---|---|---|---|---|---|
| 2 | 9 | 4 | 9 | 6 | 1 | 5 | 1 | 15 |
| 3 | 8 | 5 | | | 18 | 13 | 18 | 14 |
| 4 | 7 | 4 | 11 | 14 | 12 | 13 | 17 | 12 |
| 5 | 2 | 6 | 8 | 3 | 10 | 8 | 8 | 16 |
| 6 | 7 | 18 | 9 | 9 | 10 | 7 | 11 | 7 |
| 7 | 8 | 9 | 8 | 10 | 9 | 8 | 8 | 16 |
| 8 | 7 | 9 | 7 | 10 | 8 | 9 | 10 | 15 |
| 9 | 8 | 7 | 8 | 8 | 9 | 6 | 12 | 12 |
| 10 | 7 | 8 | 8 | 7 | 19 | 19 | 8 | 21 |
| 11 | 2 | 4 | 21 | 4 | 10 | 14 | 12 | 12 |
| 12 | 12 | 13 | 9 | 4 | 9 | 12 | 12 | 9 |
| 13 | 2 | 3 | 12 | 12 | 8 | 8 | 8 | 16 |
| 14 | 10 | 15 | 11 | 4 | 10 | 11 | 11 | 7 |
| 15 | 10 | 14 | | | 8 | 16 | 10 | 8 |
| 16 | 2 | 13 | 8 | 8 | 8 | 7 | 9 | 8 |
| 17 | 8 | 7 | 8 | 8 | 8 | 16 | | |
| 18 | 7 | 6 | 11 | 6 | | | | |
| 19 | 13 | 16 | 19 | 10 | | | | |
| 20 | 9 | 9 | 11 | 21 | | | | |
| 21 | 10 | 14 | | | | | | |
| 22 | 10 | 15 | | | | | | |
| 23 | 12 | 6 | 2 | 13 | 10 | 13 | | |
| 25 | 10 | 14 | | | | | | |

## 4. 수리數理의 길흉吉凶

    1획 : 기본운基本運(삼양회춘三陽回春 만물소생萬物蘇生)
    2획 : 분리운分離運(동서분열東西分裂 제상각반諸象各班)
    3획 : 형성운形成運(음양회춘陰陽回春 만물시생萬物始生)
    4획 : 부정운不定運(평일풍파平日風波 동서각비東西各飛)

5획 : 정성운定成運(사통오달四通五達 도처유권到處有權)
6획 : 계승운繼承運(좌보우필左補右弼 만사순성萬事順成)
7획 : 독립운獨立運(용성두각龍成頭角 필시등천必是登天)
8획 : 개물운開物運(창의근면創意勤勉 자력발전自力發展)
9획 : 궁박운窮迫運(대시불봉待時不逢 대재무용大材無用)
10획 : 공허운空虛運(집사불성執事不成 만반공허萬盤空虛)
11획 : 신성운新成運(응시능기應時能起 필시유종必是有終)
12획 : 박약운薄弱運(마의과다麻衣過多 전공가석前功可惜)
13획 : 지모운智謀運(만사통효萬事通曉 대진양명大振揚名)
14획 : 이산운離散運(사분오열四分五裂 운허미약運虛微弱)
15획 : 통솔운統率運(욱일승천旭日昇天 정조만리正照萬里)
16획 : 덕망운德望運(온화유순溫和柔順 만인앙시萬人仰視)
17획 : 창달운暢達運(입지창달立志暢達 만사여의萬事如意)
18획 : 발전운發展運(낙화결실洛花結實 자래성공自來成功)
19획 : 고난운苦難運(상익봉학傷翼鳳鶴 욕비불기欲飛不起)
20획 : 허망운虛望運(추초봉상秋草逢霜 유지무력有志無力)
21획 : 공명운功名運(편답제성遍踏帝城 천문기개天門其開)
22획 : 중질운中折運(호미족답虎尾足踏 신상액변身上厄變)
23획 : 두령운頭領運(정심적공正心積功 명진천하名振天下)
24획 : 축재운蓄財運(잠룡두각潛龍頭角 필시등천必是登天)
25획 : 입신운立身運(입지관철立志貫徹 무소불성無所不成)
26획 : 영웅운英雄運(구사일생九死一生 백절불굴百折不屈)
27획 : 중단운中斷運(유궁무시有弓無矢 내부미방來賦未防)
28획 : 파란운波亂運(만항창파萬項蒼波 일엽편주一葉片舟)
29획 : 성공운成功運(십년근고十年勤苦 마신작경磨身作鏡)
30획 : 부몽운浮夢運(허영과대虛榮過大 수심부절愁心不絶)
31획 : 융창운隆昌運(태평안석泰平安席 일익영화日益榮華)
32획 : 요행운僥倖運(탕용득수湯龍得水 조화무궁造化無窮)
33획 : 승천운昇天運(요패금방腰佩金榜 도처유권到處有權)
34획 : 파멸운破滅運(주마석산走馬石山 역진부진力盡不進)
35획 : 평범운平凡運(삼양회춘三陽回春 만물개성萬物皆成)

36획 : 영걸운英傑運(대인영웅大人英雄　소인몰락小人沒落)
37획 : 인덕운仁德運(시은포덕施恩布德　좌보우필左補右弼)
38획 : 문예운文藝運(문예발달文藝出衆　평범안일平凡安逸)
39획 : 안락운安樂運(재혁일기才革一技　일환천장一幻千丈)
40획 : 무상운無常運(십년노고十年勞苦　도로무공徒勞無功)
41획 : 대공운大功運(백인지사百人之事　단독처리單獨處理)
42획 : 고행운苦行運(야우행인夜雨行人　진퇴고고進退孤苦)
43획 : 미혹운迷惑運(골육상쟁骨肉相爭　육친무덕六親無德)
44획 : 마장운魔障運(호사다마好事多魔　모사불성謀事不成)
45획 : 대지운大智運(과성최길科星最吉　종득등룡終得登龍)
46획 : 부지운不知運(수신제가修身齊家　호시불봉好時不逢)
47획 : 출세운出世運(음양배합陰陽配合　천지합덕天地合德)
48획 : 유덕운有德運(도치전장度置田庄　식록유여食祿有餘)
49획 : 은퇴운隱退運(심산독좌深山獨坐　입불사암入佛寺庵)
50획 : 불행운不幸運(유시무종有始無終　종무성사終無成事)
51획 : 춘추운春秋運(추풍야화秋風野花　봉접무세蜂蝶無勢)
52획 : 능직운能通運(정심모사正心謀事　전진형통前進亨通)
53획 : 불화운不和運(매사다마每事多魔　심신다역心身多逆)
54획 : 신고운辛苦運(골육상쟁骨肉相爭　수족다험手足多險)
55획 : 대행운大幸運(도사성금淘沙成金　면모성취面謀成就)
56획 : 부족운不足運(적막여창寂寞旅窓　공연자탄空然自嘆)
57획 : 노력운努力運(선덕포시善德布施　대사다성大事多成)
58획 : 자력운自力運(신혜자래幸惠自來　신왕재왕身旺財旺)
59획 : 불우운不遇運(사지다역事之多逆　도로무력徒勞無力)
60획 : 암흑운暗黑運(세사부운世事浮雲　루주창파涙酒滄波)
61획 : 영화운榮華運(조천봉우乾天逢雨　경다희경慶多喜慶)
62획 : 고독운孤獨運(실업부생失業浮生　일생신고一生辛苦)
63획 : 길상운吉祥運(유발천리花發千里　일휘대경一輝大慶)
64획 : 침체운沈滯運(유신무덕有信無德　모사다흥謀事多兇)
65획 : 완미운完美運(춘일도화春日桃花　홍염오상紅艶五常)
66획 : 우매격愚昧運(암중방황暗中彷徨　진퇴양난進退兩難)

67획 : 영달격榮達運(사통팔달四通八達 만사형통萬事亨通)
68획 : 부흥운復興運(창의발전創意發展 가업부흥家業復興)
69획 : 중지운中止運(사면초가四面楚歌 도중좌절途中挫折)
70획 : 적막운寂寞運(일장춘몽一場春夢 만사공허萬事空虛)
71획 : 만달운晩達運(선곤후영先困後榮 대기만성大器晩成)
72획 : 길흉상반운吉凶相半運(암운고월暗雲孤月 길흉상반吉凶相半)
73획 : 소성운小成運(초목봉추草木逢秋 백사불성百事不成)
74획 : 파탄운破綻運(백계불성百計不成 가족이산家族離散)
75획 : 안태운安泰運(안분지족安分知足 태평온화泰平溫和)
76획 : 곤액운困厄運(추풍낙엽秋風落葉 파가이산破家離散)
77획 : 비애운悲哀運(개화무실開花無實 용두사미龍頭蛇尾)
78획 : 은거운隱居運(공업인계功業引繼 소요자적逍遙自適)
79획 : 종극운終極運(태산준령泰山峻嶺 전도불통前途不通)
80획 : 종말운終末運곤궁절정(困窮絶頂 만사종식萬事終熄)
81획 : 환원운還元運(원시반본原始返本 초목봉춘草木逢春)

## 5. 획수劃數 산정법

작명을 할 때는 획수가 틀리지 않도록 주의해야 한다. 일반적으로 쓸 때와 작명시의 획수는 다소 차이가 있으니 아래의 획수를 참고하기 바란다. 현대 성명학에서는 획수를 옥편玉篇이나 자전字典의 획수를 원칙으로 한다. 한자는 상형문자象形文字이며 표의문자表意文字이므로 모든 자마다 뜻글의 영력靈力이 살아 숨쉬고 있다.

(1) 氵(水물수) : 4획 삼수변

(2) 忄(心마음심) : 4획 심방변

(3) 扌(手손수) : 4획 손수

(4) 灬(火불화) : 4획 불화변

(5) 王(玉구슬옥) : 5획 구슬옥변

(6) 礻(示보일시) : 5획 보일시변

(7) 犭(犬개견) : 4획 개사슴록변

(8) 衤(衣옷의) : 6획 옷의변

(9) 艹(艸풀초) : 6획 풀초 초두밑

(10) 月(肉고기육) : 6획 달월변

(11) 阝(邑고을읍) : 7획(右) 고을읍 · 우부방

(12) 阝(阜언덕부) : 8획(左) 언덕부 · 좌부방

(13) 辶(辵달릴착) : 7획 달릴착 · 책받침

## 6. 기타

(1) 牙 : 4획 어금니아

(2) 罒(网) : 6획 그물망

(3) 長 : 8획 긴장

## 7. 작명의 기본

- 글자의 모양이 안정될 것.
- 글자의 뜻이 좋을 것.
- 삼재사격三才四格이 좋을 것.
- 삼원오행三元五行이 좋을 것.
- 음양의 조화로운 배합.
- 음령오행音靈五行(발음오행)이 좋을 것.
- 원명사주와 잘 맞을 것.
- 주역작명에 부합할 것.

- 흉자凶字를 피할 것.
- 수리가 흉수를 피할 것.
- 부르기 좋고 쓰기 편리할 것.
- 두 가지 음을 가지고 있는 발음 한자를 가능한 피할 것.
  (丹 단 , 안) (宅 택, 댁) 등등.
- 너무 어려운 한자를 피할 것.
- 듣기 나쁜 글자를 피할 것.
- 듣기에 가볍고 천박한 발음을 피할 것.
- 틀리기 쉬운 글자를 피할 것.
- 너무 가볍지도 무겁지도 않은 글자를 적당히 안배할 것.
- 글자의 뜻은 좋으나 이상한 의미로 전달되는 글자 피할 것.
- 가능한 띠와 이름자의 의미가 상호 연관될 것.
- 상호 작명시 당사자의 띠와 업종의 연관 관계를 보고 정할 것.
- 글자가 비슷하여 잘못 읽기 쉬운 글자.
- 자신의 성과 같은 글자는 피할 것.
- 글자의 획수가 너무 복잡하여 쓰기 어려운 것.
- 글자의 뜻이 속된 것.
- 글사의 뜻이 불안하거나 불길한 것.
- 글자의 뜻이 유약하고 허약한 글자.(空, 虛, 雲 등등).
- 금수구별어충禽獸龜鼈魚蟲, 즉 새, 짐승, 벌레, 물고기 등의 이름자에 해당하는 글자.
- 신체부위에 해당하는 글자.
- 다른 姓자도 가능한 피하는 것이 좋다.

## 8. 불길문자

### 성별 길배합 획수

| 乾 | 天 | 春 | 仁 | 長 | 新 | 芝 | 山 | 福 | 仙 | 完 |
|---|---|---|---|---|---|---|---|---|---|---|
| 日 | 月 | 夏 | 秋 | 冬 | 烈 | 女 | 蓮 | 童 | 雄 | 男 |
| 榮 | 國 | 萬 | 光 | 喜 | 吉 | 文 | 子 | 梅 | 孝 | 鐵 |
| 花 | 海 | 愛 | 始 | 宗 | 新 | 起 | 龍 | 元 | 初 | 先 |
| 星 | 風 | 玉 | 九 | 雲 | 姬 | 笑 | 品 | 京 | 蘭 | 竹 |
| 松 | 重 | 勝 | 川 | 銀 | 銅 | 粉 | 地 | 貞 | 壽 | 命 |
| 貴 | 忠 | 枝 | 慶 | 富 | 義 | 上 | 甲 | 分 | 石 | 順 |
| 輝 | 虎 | 鶴 | 敏 | 龜 | 眞 | 南 | 泰 | 好 | 伊 | 雪 |
| 末 | 實 | 珍 | 桃 | 錦 | 菊 | 紅 | 新 | 明 |  |  |

## 9. 불길한 자의 예

사주와 어울리는 배합이면 비록 흉명자凶名字라도 큰 지장을 받지 않는다.

천天: 이름자가 최고의 높이에 임하여 곧 하락의 운을 암시.
건乾: 너무 높고 강건하여 더 이상 오르지 못하고 하강을 암시.
인仁: 선천은 후덕하나 후천은 고질병과 불행의 암시.
추秋: 단명과 고독 그리고 불운을 암시.
화花: 마음이 유약하여 주견이 없고 유흥과 허영을 암시.
월月: 의지가 박양하고 고요한 밤의 달처럼 고독함을 암시.
성星: 비현실적이고 허황한 생각과 모든 일이 허무함을 암시.
춘春: 이성관계가 복잡하고 의지가 박약함을 암시.
영榮: 자력으로 생활하며 욕심이 많아 실패와 재난을 암시.
진珍: 자손에게 불길하고 고집과 무덕함을 암시.
여女: 고독과 재물의 파패를 암시.
실實: 부부운이 불길하고 장애가 많고 고독을 암시.
철鐵: 머리는 똑똑하나 아집과 고집으로 실패 암시.
국國: 횡액과 심신의 박약이 우려되는 불길함을 암시.

광光 : 건강의 문제와 재운의 성패가 많음을 암시.
산山 : 고집과 아집이 강하여 실패수를 암시.
동童 : 어려움과 장애 그리고 하천한 운명을 암시.
송松 : 고독과 박약이 따르고 여자는 남편운 불길.
도桃 : 고난과 이별이 따르고 인내심이 박약함을 암시.
민敏 : 정신이 박약하고 날카로와 단명을 암시.
구龜 : 성품은 중후하나 극심한 고난과 장애를 겪는 암시.
승勝 : 활동적이나 고난과 재난이 따르고 고독함을 암시.
학鶴 : 고독하고 귀하고 천함이 상반되는 것을 암시.
상上 : 하극상의 성격으로 사회생활에 불리함을 암시.
태泰 : 욕망이 지나치고 불의의 재난과 흉운을 암시.
길吉 : 단정하나 불화와 뜻밖의 재난을 암시.
남南 : 남자는 무방하나 여자는 부모를 극하는 불길한 암시.
홍紅 : 바람기가 있고 말년이 고독하고 침착하지 못함을 암시.
순順 : 부부운이 불길하고 격이 떨어지는 하천함을 암시.
하夏 : 모든 일에 장애가 많고 계획이 성취되지 않음을 암시.
일日 : 성품이 곧고 강직하여 고독하고 오만함을 암시.
옥玉 : 발전이 막히고 고독과 쇠퇴를 암시.
설雪 : 시작만 있고 끝이 없음을 암시.
석石 : 성격이 고지식하여 융통성이 없고 장애가 많음을 암시.
죽竹 : 성품은 강직하여 의지는 있으나 가정에 근심을 암시.
명明 : 머리는 총명하나 주위에 사람이 없고 破財를 암시.
대大 : 분에 넘치는 욕심으로 일에 장애가 많음을 암시.
장長 : 허영과 허세로 인해서 불행을 야기함을 암시.
복福 : 노골적인 욕심이 포함되고 빈천함과 재액을 암시.
돌乭 : 천박하고 형제가 돌처럼 굴러 분산되어 불운함을 암시.
효孝 : 부모의 덕이 박약하고 좌절이 많음을 암시.
이伊 : 매사 불성하며 실패가 많고 결과가 나쁨을 암시.
희喜 : 형제가 不睦하고 자손의 근심을 암시.
휘輝 : 성격이 강렬하여 부침이 많고 실패수를 암시.
동東 : 방위와 사계절의 으뜸이라 항렬외에는 부적합.
갑甲 : 천간의 으뜸이며 글자의 모양이 불안전하여 불안을 암시.

용龍 : 글자의 이상이 너무 크고 강해 불리한 운기를 암시.
수壽 : 수명에 집착하여 원대한 목표와 꿈의 기풍이 없음을 암시.
이李 : 자식이 없고 또는 불우한 운명이며 장애와 고독을 암시.
완完 : 성패가 많고 매사 막힘이 많고 말년에 고독을 암시.
청淸 : 자식이 없거나 건강이 좋지 않고 가난과 고독을 암시.
운雲 : 재화가 많고 구름처럼 흩어지는 슬픈 운명을 암시.
소笑 : 건강에 이상이 생기고 단명하며 부진한 운명을 암시.
천川 : 곤궁하고 고독한 운명을 암시.
동冬 : 겨울처럼 꽁꽁 얼어붙어 만사가 부진하고 실패를 암시.
구龜 : 불길하고 건강이 나쁘고 단명하며 불운한 운명을 암시.
천千 : 뜻이 좋지 않고 여자는 고독한 과부의 운명을 암시.
매梅 : 고독하고 부부이별운이 있으며 질병과 액난을 암시.
초初 : 매사 재난이 따르고 계획이 좌절되고 만나 태만해짐을 암시.
문文 : 가족이 불해하며 정신이 혼미해져 고독한 운명을 암시.
류留 : 부부간에 인연이 박하고 부부별거의 풍파를 암시.
귀貴 : 부부가 생사이별이 따르고 하천한 운명을 암시.
풍豊 : 처음은 이로우나 후반부는 실패가 많고 고독을 암시.
진進 : 만사가 막히고 장애가 따르며 실패가 많은 운명을 암시.
상霜 : 갑작스런 신액을 당하고 사업실패 등 불길함을 암시.
미美 : 일생 남녀 공히 無德하고 조난과 액난으로 불행을 암시.
경慶 : 건강에 문제가 생기고 단명하며 객사의 위험을 암시.
분粉 : 단명하거나 부부이별 또는 재산의 파재를 암시.
의義 : 모든 일이 지체가 많고 건강이 나빠지고 萬事不吉함을 암시.
신新 : 고독하고 병약하여 단명을 암시.
분分 : 파재하고 이별수가 있고 단명하고 고독을 암시.
경京 : 사치와 허영을 좋아하여 재산이 흩어지는 불행을 암시.
휘輝 : 불우한 삶이 조성되며 몸이 병약해져서 단명을 암시.
선仙 : 부부인연이 박하고 독신생활로 고독한 운명을 암시.

## 10. 불길한 의미로 전달되는 글자

황천길黃千吉(황천에 간다)
원숭희元嵩熙(원숭이)
박장수朴長洙(박을 파는 장사꾼)
신장수申壯秀(신발 장수)
이상무李賞茂(이상 없음)
마상재馬祥宰(맏상제)
이귀룡李貴龍(이 구렁이)
천만해千滿海(천만에 말씀)
이상한李祥翰(이상한 사람)
이석기李碩基(이새끼)
고무신高武信(고무신 신발)
문동희文東熙(문둥이)
모난희毛蘭姬(못난이)
주정근朱正根(주정꾼)
주길수朱吉洙(죽을 수)
김치국金治國(김칫국 먹어라)
우연희禹淵姬(우연히 만났네)
나철하羅喆河(나 쳐라!)
허지만許智晩(하지만)
구덕기具德基(구더기가 우글우글)
조상근曺尙根(조상꾼)
소장수蘇長洙(소 파는 장수)
마장수馬長洙(말 파는 장수)
김장수金長洙(돈 장수)

## 11. 획수의 음양 길흉 감정표

### 획수 음양 길흉표

| 길배치 | | | | | | | | | | | | | 건강<br>행복 |
| | | | | | | | | | | | | 상호<br>회사명 |
| 흉배치 | | | | | | | | | | | | 불구<br>단명 |
| | | | | | | | | | | | | 신체쇠약<br>불평불만<br>속성속패 |

## 12. 성씨의 길수 배치

(1) 이획성二劃姓 : 복卜, 정丁

1.5　1.14　1.15　1.22　3.3　3.13　5.1　5.6　5.11　5.16　6.9　6.15　6.23　11.5
4.9　4.11　4.19　6.5　9.4　9.6　9.14　9.22　11.22　6.13　14.15　14.21　15.16　13.16
16.19　14.19

(2) 삼획성三劃姓 : 간干. 우于

2.3  2.13  2.21  3.2  3.10  3.12  3.18  4.4  4.14  5.8  5.10  8.10  8.13  8.21
10.22  12.20  13.22  14.15  14.18  14.21  15.20  18.20

(3) 사획성四劃姓 : 공孔. 공公. 금今. 방方. 변卞. 문文. 모毛. 왕王. 원元. 이尹. 부夫. 편片. 윤允. 태太

1.12  1.20  2.9  2.11  3.4  4.7  4.9  4.13  4.17  4.21  7.14  9.12  9.20  11.14
11.20  12.13  12.17  12.19  12.21  13.20  13.21  14.17  14.19  14.21  17.20

(4) 오획성五劃姓 : 구丘. 백白. 사史. 석石. 신申. 옥玉. 전田. 피皮. 현玄

1.10  1.12  2.6  2.11  2.16  3.8  3.10  6.10  6.12  6.18  8.8  8.10  8.16  8.24
12.12  12.20  13.20  16.16

(5) 육획성六劃姓 : 길吉. 박朴. 백百. 안安. 이伊. 임任. 전全. 주朱

1.10  1.17  2.9  2.15  2.23  5.10  5.12  5.18  5.26  7.10  7.11  7.18  7.25  9.9
9.23  10.15  10.19  10.23  11.12  11.8  12.17  12.19  12.23  15.17  15.18  17.18

(6) 칠획성七劃姓 : 강江. 여呂. 이李. 싱成. 종宗. 신辛. 어余. 연延. 지池. 차車. 오吳. 하何

1.10  1.16  1.24  4.4  4.14  4.22  6.10  6.11  6.18  8.8  8.9  8.10  8.16  8.17
8.24  9.16  9.22  10.14  10.22  11.14  14.17  14.18  16.16  16.22  17.24

(7) 팔획성八劃姓 : 경京. 구具. 김金. 기寄. 림林. 맹孟. 명明. 봉奉. 석昔. 심沈. 주周. 표表

3.5  3.10  3.13  3.21  5.8  5.10  5.16  5.24  7.8  7.9  7.10  7.16  7.17  7.24
8.9  8.13  8.15  8.17  8.21  9.15  9.16  10.13  10.15  10.21  13.16  15.16  15.18
15.22  16.17  16.21

(8) 구획성九劃姓 : 강姜. 남南. 유柳. 선宣. 우禹. 유兪. 함咸

2.4  2.6  2.14  2.22  4.4  4.12  4.20  6.9  6.23  7.8  7.16  7.22  8.8  8.15
8.16  9.14  9.20  9.23  12.12  12.20  14.15  15.23  15.24  16.16  16.22

(9) 십획성十劃姓 : 고高. 골骨. 계桂. 구俱. 마馬. 손孫. 예芮. 원袁. 은殷. 주奏. 하夏. 홍洪

1.5  1.6  1.7  1.13  1.14  1.21  1.22  3.3  3.5  3.8  3.22  5.6  5.8  6.7  6.15  6.19  6.23  7.8  7.14  7.23  8.13  8.15  8.21  8.23  11.14  13.22  14.15  14.21  14.23  15.22  15.23  19.19  21.27

(10) 십일획十一劃姓 : 강康. 양梁. 설卨. 어魚. 장張. 장章. 조曹. 최崔. 허許

2.4  2.5  2.22  4.14  4.20  6.7  6.12  6.18  7.14  10.14  12.12  13.24  18.23  20.27

(11) 십이획성十二劃姓 : 구邱. 경景. 민閔. 소邵. 순荀. 순舜. 요堯. 팽彭. 황黃

1.4  1.5  1.12  1.20  3.3  3.20  4.9  4.13  4.17  4.19  4.21  5.6  5.12  5.20  6.11  6.17  6.19  6.23  9.12  9.20  11.12  12.13  12.17  12.21  12.23  13.20  13.22  19.20

(12) 십삼획성十三劃姓 : 가賈. 금琴. 염廉. 양楊. 우虞. 장莊. 초楚

2.3  2.16  3.8  3.22  4.4  4.12  4.20  4.22  5.20  8.8  8.10  8.16  10.12  12.12  12.20  12.22  16.16  16.19  16.22  16.18  18.20  19.20

(13) 십사획성十四劃姓 : 국菊. 연連. 배裵. 기箕. 조趙. 신愼. 온溫

1.2  1.10  1.17  2.9  2.15  2.19  2.21  2.23  3.4  3.15  3.18  3.21  4.7  4.11  4.17  4.19  4.21  7.10  7.11  7.17  7.18  9.9  9.15  10.11  10.15  10.21  10.23  15.18  18.19

(14) 십오획성十五劃姓 : 갈葛. 경慶. 곽郭. 구歐. 노魯. 동董. 유劉. 만萬. 만滿

1.2  1.16  1.22  2.6  2.14  2.16  2.22  3.14  3.20  6.10  6.17  6.18  8.8  8.9  8.10  8.16  8.18  8.22  9.14  9.23  10.14  10.22  10.23  14.18  16.16  16.17  17.20

(15) 십육획성十六劃姓 : 곽霍. 담潭. 도都. 노盧. 육陸. 심瀋. 음陰. 전錢. 진陳. 황보皇甫

1.7  1.15  1.16  1.22  2.5  2.13  2.15  2.19  2.21  5.8  5.16  7.8  7.9  7.16  7.22  8.9  8.13  8.15  8.17  8.21  9.16  9.22  13.16  13.19  13.22  15.16  15.17  16.19  19.22

(16) 십칠획성十七劃姓 : 국鞠. 양陽. 연蓮. 손遜. 사謝. 장蔣. 채蔡. 한韓

1.4　1.6　1.14　1.20　4.4　4.12　4.14　4.20　6.12　6.15　6.18　7.8　7.14　7.24　8.8　8.16　12.12　15.16　15.20

(17) 십팔획성十八劃姓 : 위魏

3.3　3.14　3.20　5.6　6.11　6.15　6.17　6.7　7.14　11.23　10.13　14.15　14.19　8.15

(18) 십구획성十九劃姓 : 남궁南宮. 정鄭. 설薛. 방龐.

2.4　2.14　2.16　4.12　4.14　6.10　6.12　10.19　12.20　13.16　14.18　16.22　19.20　19.22

(19) 이십획성二十劃姓 : 라羅. 석釋. 선우鮮于. 엄嚴

1.4　1.12　1.17　3.12　3.15　3.18　4.9　4.11　4.13　4.17　4.21　5.13　9.9　9.12　12.5　12.9　12.13　12.19　13.18　15.17

(20) 이십일획성二十一劃姓 : 등藤

2.14　2.16　3.8　3.14　4.4　4.12　4.14　4.20　8.8　8.10　8.16　10.14　10.27　12.12　17.20

(21) 이십이획성二十二劃姓 : 권權. 변邊. 소蘇. 은隱

1.10　1.14　1.15　1.16　2.9　2.11　2.15　3.13　7.4　7.9　7.10　7.16　9.16　10.3　10.13　10.15　13.4　13.16　16.19

(22) 삼십일획三十一劃姓 : 제갈諸葛

1.6　1.16　2.20　2.4　2.6　2.16　2.21　4.4　4.17　6.16　7.10　7.14　8.8

## 13. 불리한 글자

乭. 福. 天. 日. 東. 春. 仁. 上. 子. 長. 起. 新. 一. 宗. 先. 初. 始. 元. 龍. 壽. 愛. 雲. 梅. 花. 吉. 海. 九. 童. 星. 風. 玉.

# 제29장
# 관상학 개요

命理學原理大全

제 1 절 관상학의 역사적 고찰
제 2 절 관상을 위한 고언집 100개조
제 3 절 마의상 관측비결
제 4 절 관인팔법
제 5 절 십이궁 간법에 대해
제 6 절 마의상법 각궁의 이해
제 7 절 기색에 대하여
제 8 절 기색의 동정에 대하여
제 9 절 십이궁 기색찰법
제10절 월별 기색 시결

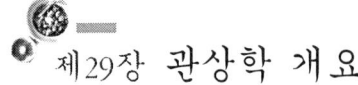
## 제29장 관상학 개요

# 제1절 관상학의 역사적 고찰

### 1. 관상학의 기원

　관상학의 시원을 논하기에 앞서 먼저 고대 중국의 상고시대로 거슬러 올라가면 삼황시대(복희·신농·수인)인 4860여년전에 태호 복희伏羲란 성현이 처음으로 팔괘를 제정하고 선천수를 창안하여 십간十干과 십이지十二地支로서 우주 자연계를 포함한 인계人界의 모든 변화 현상을 상象으로 나타내게 되었는데, 하늘의 형상을 따서 십간을 만들고 땅의 상을 따서 12지지를 만들어 온갖 삼라만상의 변화와 인간의 길흉화복을 미루어 살필 수 있는 역易의 도를 발생시키게 되었다. 신농神農이 상·하 64괘를 만들고 오제五帝(황제·전욱·제곡·요·순)시대로 내려오면서 황제黃帝(BC2700~2600년)가 육십갑자를 만들어 사용하였으며, 은殷나라때는 1년을 12개월로 정하고 60갑자(60일)를 1주기로 하여 일진을 사용했다. 하도河圖 출현이후 2000년이 경과한 후인 4153여년전 禹나라때는 하도낙서河圖洛書가 출현하였고, 주나라 시대에는 文王이 후천수를 만들어 64괘에 사辭를 붙여 귀장歸藏을 주역으로 고치고 더욱 발전하게 되었다. 그 이후 공자가 위편삼절韋編三絶하며 십익十翼을 붙여 주역을 완성하였다.

　관상학의 시원은 동주東周의 叔服(숙복)이란 사람인데, 지금부터 약 2000여년전에 공자보다 100여년전에 먼저 출생하여 당시 내사內史벼슬을 한 학자이며 천문학天文學의 태두泰斗이며 점성술의 원조이기도 한 사람이다. 숙복은 당시 많은 예언을 하여 적중하여 사람들을 놀라게 했다. 노魯나라 문공文公 14년 추秋7월에 후원에서 하늘을 바라보고 있던 숙복은 별이 북두北斗에 침입하는 것을 보고 앞으로 7년안에 송宋·제齊·진晋의 세 왕이 죽고 군웅할거群雄割據의 어지러운 전국시대가 도래할 것이라고 예언하였는데 과연 그 예언이 적중하였다. 이것이 점성술의 효시가 되었으며 관상학이 창성하게 된 동기가 되었다.

좌전左傳에 보면 주나라 문공文公 원년元年에 문공의 부친 희공僖公을 장례葬禮할 때 주공周王 혜공惠公이 숙복을 명하여 희공의 무덤을 감독케 했다. 이러한 배려는 당시로서는 대단한 영광이었으며 관상학자의 존재가 정치·사회 방면에 표면적으로 부각되기에 이른 것이다. 당시 노魯나라 재상 公孫敖(공손오)는 내사內史인 숙복이 관상을 잘 본다는 소문을 듣고 그의 아들과 형제들의 상相을 숙복에게 뵈게 하였는데 훗날 숙복의 예언대로 적중했다고 한다. 그 이후로 관상학은 연구에 연구를 거듭하게 되고 많은 연구가 확대되고 一家를 이룬 관상학가들이 많이 배출되었다.

숙복의 뒤를 이어 계승한 사람이 姑布子卿(고포자경)이란 사람이 있는데 그에 대한 자세한 경력은 알려지고 있지는 않지만 경卿자가 붙은 것으로 보아서 상당한 지위에 있었던 것으로 사료된다.

일설一說에 의하면 공자의 머리 중앙이 凹처럼 오목하게 들어가서 구멍 공孔과 같고 머리 주위는 언덕 구丘처럼 볼록하게 나왔다고 하여 공구孔丘라는 이름을 얻게 되었다고 하며 이렇게 공구孔丘라는 이름은 고포자경이 공자의 상相을 본 후로 생겼다고 한다. 실제로 공자의 부친은 叔梁訖(숙양홀)이고 모친은 顔徵在(안징재)라고 하는데 사실 孔씨와는 무관한 것이다. 그러므로 孔씨 姓은 두 사람 사이의 姓도 아니다. 공자는 3세에 부친을 여의고 극도로 빈천한 환경 속에서 모친 안씨의 손에서 자랐다. 고포자경은 공자의 상을 보고 孔丘라고 짓고 훗날에 위대한 성인聖人이 될 것을 예언했다고 한다. 사실 그의 예언대로 공자는 인류 4대 성인으로 추앙받고 있으며 그의 사상과 학문은 예로부터 오늘날까지도 온 인류에게 지대한 영향을 주고 있다.

고포자경의 뒤를 이어 초楚나라의 唐擧(당거)라는 사람이 관상학으로 이름을 떨쳤는데 사기史記<채택범수열전蔡澤范睡列傳>에 보면, 당거는 채택蔡澤과 진秦나라의 장군 이태李兌 그리고 재상 李斯(이사)의 관상을 보았다고 하여 유명하다.

또한 순자荀子의 비상편非相編에 "옛날에는 고포자경이 있더니 지금은 당거가 있다"라고 나와있다.

다시 말해서 1대에 숙복, 2대에 고포자경, 3대 당거까지는 골상시대骨相時代였다고 보나 당거가 처음으로 기색찰법氣色察法을 창안하여 여기에서 어느정도 관상학의 체계적와 기초가 정립되었다고 본다.

이후 周나라가 망하고 전국칠웅戰國七雄중의 하나인 진秦나라가 6국(초楚·제齊·연燕·한韓·위魏·조趙)을 멸하고 천하를 통일하자 진시황秦始皇은 역사상 최악의 오명인 분서갱유焚書坑儒로 모든 서적을 불태워 버렸으나 다행히 복술卜術서적과 의학서적만이 남았는데, 특히 상서相書만은 비밀리에 비전되어 그 화禍를 면했다.

## 2. 관상학의 발흥

천하를 통일한 진秦이 오래 가지 못한 채 망하고 유방劉邦이 항우를 물리치고 한漢나라를 세웠다. 한나라를 세운 고조高祖 유방은 원래 관상학을 크게 신봉하여 관상가를 널리 등용하였다.

유방은 천자天子가 되기 전에 사수泗水의 한낱 한량閑良으로 주색잡기에 빠져있을 무렵 훗날 그의 장인이 될 여공呂公이란 사람이 유방의 상을 보고 장래 황제가 될 것임을 예언하고 자신의 딸과 결혼할 것을 권유하였다. 여공의 딸은 훗날 그 유명한 황후皇后(여태후)가 되었다. 여공의 말을 들은 유방은 이때부터 큰 뜻을 품게 되어 괭이와 호미를 내던지고 군인이 되어 후에 항우項羽와 치열한 전쟁을 치루고 마침내 항우를 무너뜨려 천하를 평정하고 한漢의 황제皇帝가 되었다. 이렇게 된 연유는 관상가의 공이 큰 것이었으므로 한실漢室에서는 관상가가 특별한 대우를 받으며 자유로이 궁중宮中을 출입出入할 수 있었으며 자연히 세력을 키우게 되었다.

이렇게 하여 관상학은 더욱 발전에 발전을 거듭하여 관상가를 선가仙家라 부르게 되었다. 이어서 관상가의 4대로 불리는 許負(허부)는 주周나라 말경에 출생한 사람으로 일찍이 당시 영걸英傑인 한신韓信의 상을 봐준 뒤부터 유명해졌으며 큰 부富를 쌓았다. 오늘날 이목구비耳目口鼻의 모형模型은 모두 허부許負가 저술한 인륜식감人倫識鑑에 나와있다.

그 다음 관상가의 5대는 鉗徒(겸도)라는 사람으로 그 문하에서 많은 명사가 배출되었는데 그 제자 중에 한 사람인 유명한 삼천갑자 동방삭東方朔이 있었다.

그 뒤 동한東漢 말에 많은 관상가가 배출되었으며 위魏·오吳·촉蜀의 세 나라가 정립한 삼국三國시대에 관상학 분야에 많은 명사들이 있었으나 그 가운데 관로管輅와 허교許教의 이름이 가장 유명했다. 이들의 사적事蹟은 동양사東洋史의 <유림전儒林傳>, <삼국연의三國演義> 등에 기록되어 있다.

그 뒤로 동진東晉, 서진西晉 시대에 이르러 더욱 관상학은 발달하여 일종의 비술秘術처럼 선술仙術로 간주되어 문외門外인사들은 접하기가 어려웠다.

그 후 남북조 시대에는 인도에서 온 달마대사가 중국에 건너와서 불교의 전파에 노력하지만 당시 중국 관상가들의 세력에 밀려 숭산嵩山 소림사에 들어가 9년동안 면벽面壁 정진한 후 제자들에게 전수한 것이 현재까지 전해오는 달마상법達磨相法이며 불교를 전파시키기 위한 방편이었다. 이때부터 선가仙家와 불가佛家에서 각각 연구되어 관상의 명칭이 조금씩 달라졌다. 예컨대 선가에서 눈(목目)을 신神이라고도 하고 용궁龍宮이라고도 하는데 불가佛家에서는 정사精舍 또는 광전光殿이라고 하며, 또한 선가에서는 십이궁에서 눈썹을 형제궁兄弟宮이라고 하는데 불가佛家에서는 도반궁道伴宮이라 하고, 선가에서 턱을 지각地閣이라고 하는데 불가에서는 불지궁佛地宮이라고 하여 용어상에서 차이가 심하다.

그 다음으로 당대唐代로 넘어왔는데 이때는 그 어느 시기보다도 문학의 발전이 최고조에 이른 때로서 관상학 방면에서도 呂洞賓(여동빈 : 순양조사純陽祖師) 또는 일행선사一行禪師 등 수많은 관상가를 배출하였다.

5代 시기 주周의 세종世宗은 관상가인 왕박王朴을 스승으로 삼았다는 이야기가 오대사五代史에서 볼 수 있다. 그 다음 마의麻衣라는 선인仙人이 있었는데 그는 화산·석실華山石室속에 살면서 겨울철에도 늘 삼베옷을 입고 있었으므로 사람들이 그를 가리켜 마의선생麻衣先生이라 불렀는데 그가 어떤 사람인지를 아는 사람은 없었다고 한다. 그때에 陳博(진박)이라는 사람이 마침 마의선생을 찾아가서 스승을 삼고 나무하며 물지게 지고 시중들기를 실로 십년 정도가 지났는데 이때는 이미 당나라가 망하고 시대가 바뀌어 송宋나라가 되었다. 송나라의 태종황제太宗皇帝는 진박이라는 이름을 듣고 그를 불러 들였다. 태종은 진박을 크게 신뢰하여 간의대부諫議大父라는 삼으려고 하였지만 진박은 한사코 사양하고 벼슬을 받지 않고 화산석실로 돌아가니 태종은 그에게 '희이希夷'라는 시호를 하사하고 공명을 바라지 않는 그의 인품을 기렸다고 한다. 원래 희이希夷라는 말은 노자老子의 도가道家에서 생긴 말로서 "견이불견왈희見而不見曰希, 문이불문왈이聞而不問曰夷 보아도 보이지 않고 들어도 들리지 않는다"의 약자이다. 이 뜻은 그 사람의 마음이 그윽히 깊고 심원해서 보통인으로서는 헤아릴 수 없음을 말한 것이다.

이 희이希夷 선생에 이르러서는 종래에 비전으로만 전수되던 상서相書의 금기를 깨고 <상리형진相理衡眞>과 <신상전편神相全編>이라는 상서相書가 일반에게 공개되었다. 이로서 상서는 서로 앞다투어 연구하게 되었고 관상학은 더욱 발전하게 되었다. 이것이 즉 관상학이 처음 세상에 나오게 된 동기가 되었고 세상 사람들은 희이希夷 선생을 가리켜 관상학의 중시조中始祖라 일컫게 되었다.

다음으로 元나라 때에 이르러 관상가 벽안도사碧眼道士는 태조황제의 스승으로서 뭇 사람의 존경을 받았고 그 이름을 모르는 자가 없었다.

일본을 정벌하려던 원나라 태조는 그 뜻을 이루지 못하고 중구라파中歐羅巴를 정복한 후에 비로소 중국의 문물文物이 이곳에 수입되기 시작했다.

明나라때 이르러 가장 이름을 날린 사람은 猿忠徹(원충철)이라는 사람인데 그의 저서로 <유장상서柳莊相書>가 있다.

다시 청나라의 강희康熙 시대에는 많은 저자들이 배출되었으며 唐·宋 이후가 가장 관상학의 흥기하고 융성하였다. 청나라가 망하고 중화민국中華民國이 되자 마치 경쟁이라도 하듯 우후죽순으로 각종 출판사가 많이 생겨나고 서로 앞다투어 상서를 발행하였으며 상해출판사上海出版社만 해도 20여종에 가깝다. 이와 같이 관상학의 기원은 고대 중국으로부터 시작하여 오늘에 이르기까지 장장 2200여년이란 세월이 경과하였으니 그 역사성에 실로 놀라지 않을 수 없다.

## 3. 관상학의 한국 전래

관상학이 언제 어느 때 한국에 전래되었는지 문헌상으로 정확한 기록이 없다. 다만 야사野史에 근거하여 1400년전 신라 선덕여왕 때에 당나라 당시 태종太宗시에 유학한 승려들이 불교의 포교를 위해 방편으로 달마대사의 상법과 마의상법을 배워온 것으로 사료된다. 그러나 正史에 나오지 않아 명기明記할 수는 없지만 야사野史에 보면 승려나 도사들이 유명한 위인들의 상을 보고 미래를 예언했다는 이야기로 미루어 짐작할 수 있다.

고려말엽에 관상가로 유명한 惠澄(혜징)이라는 사람은 일찍이 태조太祖 이성계가 아직 왕이 되기 전에 그의 상을 보고 장래에 군왕郡王이 될 것을 예언하였고 이조李朝 초기 세조대왕때 영통사靈通寺의 한 도승道僧이 한명회韓明會의 상을 보고 장래 큰 재상宰相이 될 것을 예언한 것이 <한씨보응록韓氏報應錄>에 기록되어 있다.

그밖에도 <대동기문大東奇聞>이란 책에 보면 관상가들이 고관대작高官大爵

이나 명망名望이 있는 집에 출입이 많았고 그 가운데 예언이 적중하여 세인들을 놀라게 한일이 많았다고 기록되어 있다.

다만 우리나라의 습성상 아쉬운 것은 자기가 알고 있는 어떤 특기나 비법을 남에게 가르쳐주기를 원치 않았고 체계적으로 상학을 기록하여 후대에 전수하려고 하지 않았기 때문에 주목할 만한 발전이 없었다.

그 중에도 혜징을 위시하여 뛰어난 사람들은 조선말엽 이천년李千年, 정북창鄭北昌, 이토정李土亭, 정인홍鄭仁弘, 등이 있었으며, 일정日政때엔 나라가 혼란하자 전국에 뛰어난 관상가들이 많았다. 해방후에도 많은 명사들이 나왔으며 그밖에는 생활의 방편으로 업을 삼았기 때문에 학문적인 발전은 한계가 있었다. 지금도 관상가들은 저변에 많이 있지만 학문적 경지로 연구하는 사람들이 적어 아쉬움이 남는다. 일반인들이 관상학을 잘못 이해하고 한낱 복술卜術로 알고 있는 것은 학문적 토대가 없는 일부 그릇된 사람들의 영리목적 때문에 진정한 학문의 깊이를 외면하게 된 요인도 그 하나다. 유구한 역사성을 갖는 이 관상학이 진정한 학문으로서 발전하고 부흥하려면 앞으로 올바른 학문적 정신으로 연구에 임하는 명철한 사계斯界의 학인들이 많이 배출되는 일이다.

## 4. 상相을 살피는 자세

### 1) 만상불여심상萬相不如心相

상법相法에 있어서 가장 중요한 것은 심상법心相法이다. 일찍이 孔子는 "만상불여심상萬相不如心相"이라고 했고, 관상학의 대가인 마의선생도 "심재형선心在形先, 형재심후形在心後, 미관형묘未觀形貌, 선상심전先相心田"이라고 했다. 마음의 상은 곧 얼굴에 나타난다. 다시 말해 상相은 형상形象이 있으나 심상心相은 형체가 없는 것이다. 즉 유형有形의 상相은 무형無形의 마음이 드러난 것이다. 관상의 가장 중요한 것은 마음의 상을 그 드러난 외형에서 살피는 것이 요긴한 일이다. 인간의 마음은 시시각각 상황에 따라 변하는데 그 변화의 묘리妙理를 잘 살피어 얼굴의 상과 조화시키는 것이 가장 핵심인 것이다. 그러므로 기색氣色찰법은 무형의 마음을 살피는 요소 중의 하나이다.

(1) 허심虛心의 상태로 마음을 고요히 가라앉히고 편안하게 앉아 상대방이 앉아 있는 몸체의 형태를 천天·지地·인人 삼법三法으로 묵묵히 살핀다.

(2) 마음을 허정虛靜한 상태로 돌리고 눈빛을 멀리서 보는 것처럼 유유히 침착하게 살핀다.

(3) 눈과 마음에 정신을 모아 상법의 이치로 상대자를 유연하게 살피면 운명을 예지할 수 있다.

## 5. 觀形心經(관형심경)

아유일경我有一經 내게 한권의 책이 있으니
불인지묵不因紙墨 종이와 붓으로 쓴 것이 아니다
주환성획周環成劃 주위 환경으로서 획이 이루어지고
물물위자物物爲字 물상과 물상으로 글자가 이루어졌다
시이불견視而不見 보아도 보지 못하고
청이불문聽而不聞 들어도 듣지 못한다
감이언지感而言之 느낌으로서 말하고
각이행지覺而行之 깨달음으로서 행한다
명기칭왈名其稱曰 그것을 이름하야
영야기야靈也氣也 靈이라고도 하고 氣라고도 한다
도인상감道人常鑑 도인은 늘 이치를 살피어
호이용지呼而用之 숨을 내쉬며 그 쓰임을 취하고
흡이장지吸而藏之 숨을 들이쉬며 그 법을 감춘다
견기작동見機作動 기미를 보아 영기를 작동시키니
신출귀몰神出鬼沒 그 행하는바가 신출귀몰하고
무소불위無所不爲 하지 못하는 바가 없다
백기자재百技自在 온갖 법을 자유로이 부리니
무소불통無所不通 만사에 통하지 않음이 없다

## 6. 관형상응법觀形相應法

### 1) 정적현상靜的現象(횡적조건요소)

(1) 외형적 요소(신체적 특징)

① 크고 작음의 형상을 관찰한다(大小區分)
② 길고 짧음의 형상을 관찰한다(長短區分)
③ 높고 낮음의 형상을 관찰한다(高低區分)
④ 이어지고 끊어짐의 관찰을 구별한다(續斷狀態)
⑤ 모지고 둥금의 형상을 관찰한다(方圓區分)
⑥ 두껍고 얇음의 상태를 관찰한다(厚薄狀態)
⑦ 위와 아래의 형상을 관찰한다(上下區分)
⑧ 안과 밖의 형상을 관찰한다(內外區分)
⑨ 전후좌우의 입체적 형상을 관찰한다(前後左右特徵)
⑩ 가로 세로 기울고 기울어짐의 상태를 구분(縱橫斜倒區分)

### 2) 동적현상動的現象(종적조건요소)

(1) 소양적 요소와 기질(마음가짐과 몸가짐의 표출상태)

① 피부혈색의 광채 특징을 살핀다(皮膚血色의 光彩特徵)
② 이목구비의 동정을 살핀다(耳目口鼻의 動靜觀察)
③ 옷차림의 형태와 유형을 살핀다(衣服裝飾의 形態)
④ 목소리의 고저와 언어의 조리를 살핀다(言語條理의 聲調)
⑤ 친교관계의 기질을 살핀다(親交關係의 氣質探索)
⑥ 마음씨와 性情의 상태를 살핀다(稟性과 德量)
⑦ 희로애락에 따른 얼굴의 변화를 살핀다(喜怒哀樂의 變化狀態)
⑧ 행보동작의 경・중을 살핀다(行步動作의 輕重觀察)
⑨ 업무처리가 질서정연한가를 살핀다(業務處理의 秩序)
⑩ 기호・취미와 장기의 유무(嗜好趣味와 長技의 有無)

## 7. 應覺答産(응각답산)

(1) 感得(감득)되어진 결론의 돌출 (정적현상과 동적현상의 종합)

① 신분의 정도를 판단한다.
② 생활의 상태를 판단한다.
③ 재산의 정도를 판단한다.
④ 교양과 학식의 정도를 판단한다.
⑤ 심지와 기질(성격)의 정도를 판단한다.
⑥ 현재의 감정과 마음의 상태를 판단하다.
⑦ 신용과 신뢰의 정도를 판단한다.
⑧ 건강의 정도를 판단한다.
⑨ 사상과 추구하는 삶의 방향을 판단한다.
⑩ 나에게 이로울 것인지 해로울 것인지 판단한다.

# 제2절 관상을 위한 고언집古諺集 100개조個條

1. 성현聖賢이라야 능히 성현을 알아본다.
2. 평소에는 친한 듯 한데 궁할 때 찾아가면 냉대하는 사람은 사귀지 말라, 반드시 해가 있다.
3. 연작鳶雀이 어찌 홍곡鴻鵠의 마음을 아는가?
4. 키 크고 싱겁지 않은 사람 없다.
5. 가슴을 헤치고 간담을 토하며 진실을 말할 줄 아는 사람은 사람을 움직이는 영걸英傑이며 재목이다. 가히 친할만한 사람이다.
6. 여간한 일이 아니면 희로애락喜怒哀樂을 얼굴에 나타내지 않는 사람은 틀림없이 성공할 사람이다.
7. 어려운 일을 당해도 중심을 잃지 않는 사람은 장래에 실패하지 않을 사람이다.
8. 노인이 소년행동을 하는 자는 장수할 징조요 소년이 노인 행동을 하는 자는 수명이 짧다.
9. 말없이 실천하는 사람은 매사에 성공한다.

10. 큰 소리를 자주하고 낯빛을 자주 변하는 자는 박복할 징조이다.
11. 성낼 때 도리어 웃는 자는 심지가 음흉한 사람이다.
12. 일도 없이 항상 바쁜 사람은 박복한 사람이다.
13. 사소한 일을 당하여 책임을 회피하는 자는 심복의 일을 부탁할 수 없다.
14. 타인이 알지 못하게 남을 도와주는 사람은 반드시 크게 될 사람이다.
15. 과음하면 반드시 실수하고 탐색하면 반드시 망신하고 과식은 단명의 근원이다.
16. 성질이 불꽃같아서 참을성이 없는 자는 수명이 짧다.
17. 부자에게 친절하고 가난한 자를 멸시하는 자는 큰 일을 맡길 수 없다.
18. 은혜는 잊고 사소한 원한만 생각하는 자는 앞날의 발달을 기대할 수 없다.
19. 말을 이랬다저랬다 하는 사람치고 의리와 신용있는 사람 없다.
20. 크게 해도 좋은 말을 귀에 대고 하는 자는 음흉하거나 간사한 사람이다.
21. 자기 주장만 세우고 타협할 줄 모르는 사람은 큰 재앙을 당할 사람이다.
22. 지장智長이 불여복장不如福長이다. 꾀 많은 것보다 복 많은 것이 좋다는 것이다. 사람은 다 자기 얼굴을 뜯어먹고 산다는 의미이다.
23. 사람은 척 봐서 궁한 기가 없어야 하고 지키는 바가 위엄이 있고 그 위에 화기和氣가 있으면 최고 중에 최고이다.
24. 죽은 정승이 산 개만 못하다. 이것은 생동히는 기운이 충만하여야 한다는 말이다. 아무리 잘 생겼을지라도 생동하는 기가 충만치 않으면 안된다는 말이다.
25. 면상面相이 불여체상不如體相이다. 얼굴은 못생겼어도 몸이 곱고 윤택하며 균형이 잡히고 복부腹部에 힘이 있어 늘씬해 보이면 잘 산다는 말이다.
26. 사람의 안면을 백점 만점으로 말하면 이마가 30점, 눈이 50점, 코가 10점, 귀와 입이 각각 5점이다. 다시 자동차에 비교하면 이마가 운전수요 눈이 엔진이오 코가 휘발유탱크며 입과 귀가 각각 관리자이다.
27. 사람을 그 얼굴형으로 보아 ○형, □형, ▽형, △형, ◇형으로 나누어서 그 성질을 짐작한다.

   ○형 : 정력가이며 활동가로 수완이 좋고 성질도 원만하다. 결점은 변덕스럽다.

   □형 : 근면가요 운동가로 근면하고 활동적이며 성정은 적극적이오 솔직하다. 결점은 너무 떠벌리는 것이다.

▽형 : 지적智的 발달이 특별한 학자 타입이다. 성질은 꼼꼼하고 신경질 적이다. 결점은 너무 매사를 심각하게 생각하는 것이다.

△형 : 고집이 세고 자수성가 할 타입이다.

◇형 : 위·아래가 뽀죽함을 말함. 申자형인 사람. 이러한 사람은 곳곳이 가을 바람이오 성질이 괴상하고 재수 없는 상이다.

28. 사람의 얼굴을 측면으로 보아서 3가지 종류로 구별할 수 있다.

A형 : 소극적. 음산파陰散派.

B형 : 안전제일주의. 온건파穩健派.

C형 : 저돌적. 적극파積極派.

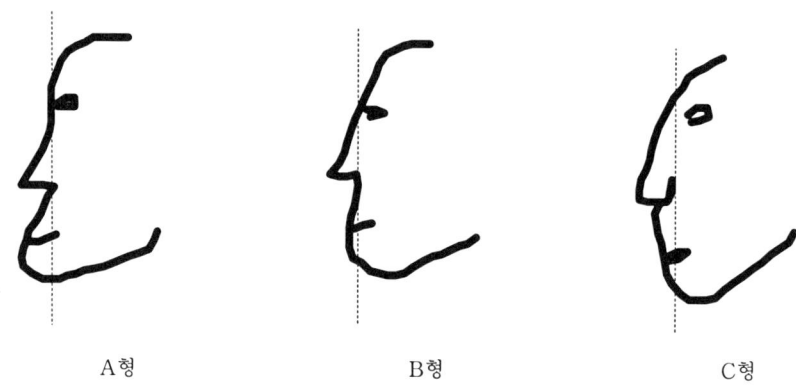

A형　　　　　　　　B형　　　　　　　　C형

29. 뼈가 살보다 많은 사람은 성질이 적극적이다.
30. 얼굴을 대하고 귀가 보이지 않는 사람은 귀인이오 얼굴을 대하여 턱뼈가 보이지 않은 사람은 박복한 사람이다.
31. 40세 이전에 배가 나온 사람은 수명이 짧다.
32. 몸은 살찌고 얼굴이 파리한 사람은 장수할 것이오 성질은 느리다. 몸은 야위고 얼굴만 살찐 사람은 단명하기 쉽고 성질이 조급하다.
33. 귀가 얼굴보다 희면 명성이 떨치고 목이 얼굴보다 희면 귀한 사람이다.
34. 얼굴에 살이 두둑한 사람은 순한 사람이다. 그러나 둔한 곳이 있다. 피부가 엷으면 민첩하나 가난하다.
35. 부자는 몸집이 풍만한 사람이 많고 귀골은 얼굴이 청수淸秀하여야 한다.
36. 면상에 관골이 약간 솟고 하관이 빠르지 않고 체격이 건실하고 뼈와 살

이 상반相半하여야 상등上等인에 속한다.
37. 얼굴에 점은 거의 좋은 것이 없고 몸에 점은 거의 나쁜점이 없다. 면상에 난 사마귀 치고 좋은 것 없고 몸에 난 사마귀 치고 나쁜 것이 없다.
38. 면상의 주름살은 자신의 성질로 인함을 표시하고 사마귀는 타인으로 인함을 표시한다.
39. 머리가 비틀어지거나 이마가 좁은 사람은 사생자私生子나 서자庶子가 많다.
40. 이마의 색이 검어지면 운수가 불길하다.
41. 고관치고 이마 죽은 사람이 없다. 이마는 훤하고 우유색으로 윤택하여야 한다. 백납白蠟처럼 희여서는 안된다. 훤하다 함은 요함凹陷됨이 없이 높고 둥근 것을 말한다.
42. 이마는 처세처사處世處事의 방침을 정하는 기획처와 같은 곳이다. 그러므로 출세 여부는 이마에 있다.
43. 이마가 울퉁불퉁한 사람은 마음이 침착하지 못하고 직장도 자주 변경된다.
44. 이마가 넓으면 공것을 바란다. 이것도 결국 공것을 먹게끔 일을 꾸며놨기 때문이다.
45. 이마가 넓으면 부모덕이 많다.
46. 이마는 넓고 둥글든지 그렇지 않으면 목판 엎은 것처럼 모지고 도두락하면 上等이다. 이런 사람은 줄세한다.
47. 이마의 흉터는 금물이니 상권商權과도 같다.
48. 남자의 음성은 웅장하고 여운이 있어야 한다. 여자의 음성은 부드럽고 유창하여야 한다. 여자가 남성의 음성을 내면 천한 사람이오 두 남편을 섬긴다.
49. 몸은 큰데 음성이 작은 사람은 몸이 건전치 못한 사람이오 몸은 작은데 음성이 크고 웅장한 사람은 영웅의 기상이다.
50. 말소리가 고르지 못하고 컸다 적었다 하는 사람은 영웅의 기상이다.
51. 말소리가 먼저는 급하고 뒤에는 더듬더듬하는 사람은 하는 일이 잘 안된다.
52. 말소리가 배속에서 나오는 사람은 성공하고 말소리가 입안에서 우물우물하는 사람은 빈천한 사람이다.
53. 혈색으로 사람 보는 법이 있다. 혈색은 청靑·황黃·적赤·백白·흑黑간에 타고 난대로 다 무방하나 다만 기혈氣血이 조화되어 색을 조성助成하여야 한다. 즉 청靑이거든 수박 빛 같고 황黃이거든 속粟 빛 같고 흑黑이

거든 칠漆(옻칠)빛 같으면 좋으나 반대로 청색이 녹쓴 쇠모양으로 푸르스름하고 황색이 퇴색한 지면紙面같고 적색이 조급한 모양이 불꽃같고 백색이 해골 같고 흑색이 회灰(재) 같으면 흉하다. 이렇게 되면 오래지 않아 재앙이 이른다.

54. 성낸 때 얼굴이 청색으로 변하는 자는 심중이 독하니 사람을 해치기 쉽다.
55. 안색이 호박빛 같이 황윤黃潤하면 현철賢哲하다.
56. 귀 좋은 거지는 있어도 코 좋은 거지는 없다.
57. 귀는 높이 솟고 견실하고 윤곽輪廓이 뚜렷하고 약간 뒤로 자빠진 듯 해야 한다.
58. 눈썹과 눈썹 사이는(양미간) 감정이 잘 나타나는 곳이다. 기분표시와 우수사려憂愁思慮, 수명장단이 여기에 포함된다. 양미간이 좁으면 소견도 좁다. 즉 이해아량을 표시한다. 양미간이 광이 나고 탁 트이고 훤한 사람은 적극적인 사람이다. 그러나 너무 넓으면 탕자蕩子의 소질이 있다.
59. 눈썹이 이중으로 나면 이중으로 부모를 섬긴다.
60. 두 눈썹이 서로 붙으면 부모를 일찍 버리거나 부모 자식 사이가 원수처럼 지낸다.
61. 눈은 사람의 마음을 표시하고 눈썹은 눈의 기운의 표징이다. 눈썹이 곱고 아름다운 사람은 그 마음도 아름답고 눈썹이 거친 사람은 그 마음도 거칠다. 눈썹이 얕은 사람은 그 마음씨가 야비하다. 또 눈썹은 형제, 친구, 교제, 인덕, 심복인 등의 상태를 이것으로 알 수 있다. 대저 눈썹은 눈을 충분히 덮을 정도로 길고 풍부하고 아름다워야 한다. 눈썹이 눈을 덮지 못하면 고독한 사람이다.
62. 눈으로 마음씨를 보나니 눈이 크면 욕심도 많고 마음씨도 크고 넓다. 생각도 많아서 겁이 많다고 한다. 눈의 흰자위가 좌우로만 보여야 하는데 상하좌우로 다 보이면 마음씨가 부정불량하다. 이것을 사백四白눈이라 한다. 흰자위가 사방에서 보인다는 말이다.
63. 음성안陰性眼, 즉 눈이 쑥 들어가면 적절하게 성공할 업은 출판업, 종교가, 교육자, 예술가, 철학자 등의 업이오 양성안陽性眼, 즉 들어가지 않은 보통눈의 적절한 성공의 업은 정치가 군인 등이다.
64. 눈의 흑백은 흰 부분의 좌우가 합한 것이 흑(검은 눈동자)과 동등한 정도면 좋다.

65. 눈꼬리의 끝이 긴 것이 좋다. 인덕과 경제방면을 본다. 눈 꼬리에 잔주름이 많은 사람은 부부간 자식관계가 좋지 못하다.
66. 눈은 별같이 반짝거리는 광채가 있어야 하고 지키는 바 위세가 있어야 하고 성내지 않는 화기和氣가 있어야 한다. 살기殺氣가 있으면 사람을 해한다.
67. 말하기 전에 눈부터 웃는 자는 남녀간 호색好色의 징조다.
68. 눈은 마음씨의 표시이므로 그 사람의 마음의 선악을 아는 동시에 성격을 잘 나타낸다.
69. 귀부인은 눈이 한곳을 지키는 위세가 있어서 감히 범하지 못할 기세가 있고 매춘부는 항상 눈이 부끄러운 듯한 태도가 있다.
70. 눈이 요동하여 이것저것 보는 사람은 곧 마음이 요동되고 안정하지 못하는 표시이다.
71. 남녀간 눈이 불량한 사람은 마음도 불량하다.
72. 눈이 붉거나 둥근 사람은 불량한 마음씨의 소유자다.
73. 눈이 툭 비어진자는 성정이 급하고 불량하다.
74. 옆눈질하는 자는 도둑질하거나 간음한다.
75. 눈이 삼각三角진 사람은 반드시 간악한 사람이다. 눈이 활처럼 생긴 자도 산姦한나.
76. 눈을 항상 정시正視하는 자는 정직한 사람이다.
77. 눈이 누런 자는 성질은 급하나 정직하다.
78. 여자눈이 사백안四白眼이면 외간 남자와 간통한다.
79. 남자는 눈이 사백안이면 횡사한다.
80. 남편을 무서워하는 여자는 왼쪽 눈이 크고 부인을 두려워하는 자(공처가)는 오른쪽 눈이 크다.
81. 음양안陰陽眼, 즉 좌우의 눈이 크고 작아 같지 않은 것을 음양안이라 하는데 이런 눈은 간사하나 재산은 지킨다. 또 이복형제가 있다.
82. 눈은 길고 깊고 광채가 나고 생기가 약동하면 상등上等이오 흑백이 분명하면 문장이 능하다.
83. 눈의 붉은 핏줄이 검은 동자에 침입하면 악사惡死하거나 살인殺人하기 쉽다. 조심하라.
84. 눈이 가늘고 깊은 사람은 성질도 운순하고 수명이 길다. 단 희고 가늘고

길으면 빈천하다. 그러므로 눈의 꼭 필요한 조건은 광채가 있고 흑백이 분명하여야 한다.

85. 눈이 툭 솟은 사람이니 크고 둥근 사람은 다 수명이 길지 않다.
86. 눈이 짧고 작으면 우매하다.
87. 눈끝이 아래로 숙인 자는 이기주의자다.
88. 눈에 살기殺氣가 등등하면 제일 많이 접근하여 영향을 많이 받는 부부간에 사별死別한다.
89. 눈 아래 뚜껑에 금이 많으면 자녀가 많다.
90. 고리눈(장비의 눈)은 횡사한다.
91. 눈 주위가 검은 사람은 자궁병이나 신장이 나쁘다.
92. 눈 주위가 검은 위에 또 무력하고 탁하면 다음多淫한다.
93. 아래턱이 두둑하고 네모지면 의지가 굳다. 따라서 최후의 성공을 할 사람이오 늦복이 좋다.
94. 턱이 두둑하면 부리는 사람과 부하가 많다.
95. 턱은 오곳하고 모지고 넓고 두터워야 부하도 자식도 많고 인덕이 있다. 뾰죽하거나 짧은 사람은 이 모든 복이 없다. 그리고 남자는 수염이 잘나야 한다.
96. 입은 벌리면 크고 담으면 작아야 하고 항상 一字로 다물어야 하고 입술은 붉고 이는 희며 열이 골라야 하고 앞에 문치門齒가 정대正大하여야 상등上等이다. 아래 입술이 두터운 자는 말이 적다.
97. 인중은 골이 분명하여야 하고 위가 약간 좁고 남자는 수염이 나야한다.
98. 사람의 코는 안면의 금고이다. 득 이재성理財性을 표현하는 곳이다. 코가 크고 콧구멍이 환히 보이도록 크고 들여다보이면 투기성과 낭비성이 많다. 벌기도 잘하지만 쓰기도 잘한다. 콧구멍이 아주 작은 사람은 대단히 인색한 사람이다. 속담에도 콧구멍 작은 집에는 돈 꾸러가지 말라고 한다. 코가 좋아야 부자가 된다. 콧등의 주름살이 지면 못쓴다. 코는 산근山根이 함몰하지 않고 콧대가 풍후하고 대통을 매단 것처럼 반듯하고 콧구멍이 환히 보이지 않아야 한다.
99. 콧방울이 좌우로 분명하면 젊어서부터 재산이 있다.
100. 웃을 때에 콧마루에 정면으로 세로 줄이 나타나면 무자無子할 징조다.

## 제3절 마의상麻衣相 관측비결觀測秘訣

### 1. 상학개술相學槪述

"만상이불여심상萬相不如心相 모든 얼굴의 상이 마음의 상만 못하다"

"머리는 모든 양陽의 으뜸이요, 얼굴은 오행五行의 근본이다" "운의 좋고 나쁜 것은 자신의 얼굴에 실려있다". 인간에게 있어서 눈은 마음의 창문이다. 얼굴의 상은 마음속의 보배로운 영혼의 그림이다. 선善은 선한 상을 지니고 있고, 악惡은 악한 상을 지니고 있으며, 어떤 선善은 악惡속에 감추어져 있고, 어떤 악惡은 선善속에 숨겨져 있다. 악은 불행의 씨앗이요, 선善은 복福의 기틀이다. 마음은 얼굴의 뿌리이며, 행동은 마음의 표현이다. 마음을 살펴 그 선善한 바를 보고 행동을 보면 부귀빈천富貴貧賤을 알 수 있다. 나무는 뿌리가 있고, 물은 근원이 있으며 천 가지의 형상과 만가지 골격의 상이 돌아가면 하나의 원천에 있으며, 체형을 살피고 걸음걸이를 보아서 지위가 높고 낮음을 정하고 얼굴을 살피고 기색을 관찰함으로써 귀천을 안다.

무릇 사람의 상은 모두가 두부頭部와 얼굴을 위주로 한다. 두부가 둥글고 모진 것을 살피고, 신체의 길고 짧음을 본다. 기색의 좋고 나쁨을 살피고, 얼굴의 상과 생김새를 자세히 살핀다. 얼굴에는 삼정三停이 있으며 머리에서 눈썹 중간까지를 하정上停이라 하고, 눈썹 중간에서 코끝에까지를 中停이라 하며, 코끝에서 아래턱까지를 하정下停이라 한다. 상정은 길어야 귀인의 상이고 중정이 길어야 부귀하고 건강하다. 하정이 길면 머무를 곳이 없다.

얼굴에는 오관五官이 있으며 눈썹은 보수관保壽官이며, 눈은 감찰관監察官이며, 코는 심변관審辨官, 입은 출납관出納官, 귀는 채청관採聽官이다. 눈썹이 높으면 이름을 크게 날리고, 코가 크면 직위가 높고, 귀한 것은 이마에 있고 명성은 눈썹에 있으며, 영준함은 눈에 있고, 지위는 코에 있으며, 녹祿은 입에 있고 수명은 귀에 있다.

눈이 길면 학문에 조예가 있고, 눈이 모지면 웅변을 잘한다. 머리가 둥글면 귀하고, 눈이 선하면 자비롭다. 눈을 비껴 보는 사람은 질투심을 품고, 눈을 똑바로 보는 자는 총명하며, 눈을 올려 보는 사람은 기고하고 오만하며, 눈을 아래로 내려다보는 사람은 음험하고 독하다. 멀리 보는 듯 하면 어질고 현명하며,

훔쳐보듯 하면 음탕하다.
  머리를 드리우고 낮은 목소리로 말하는 사람은 간사하고 탐하는 무리이며, 간담을 토로하며 흉금을 털어놓는 사람은 정직하고 뛰어난 사람이다. 오관이 단정한 사람은 그 사람됨이 반드시 단정하고, 짐승 머리처럼 흉악하게 생긴 사람은 그 성정이 흉하고 냉혹하며 음험하고 사기성이 있다. 삼정三停이 좋고 나쁜가를 살피고 오관이 좋고 나쁜가를 살핀다. 오관五官으로 귀천貴賤을 나누고, 얼굴의 상은 평생의 운을 정한다.

  看過奇門遁, 來人不用問.
  간과기문둔, 내인불용문
  會看麻衣相, 不問便知詳.
  회간마의상, 불문편지상
  得知人品爲, 交際無差錯.
  득지인품위, 교제무차착

기문을 볼 수 있으면
來人의 뜻을 물을 필요가 없고
마의상법을 살필 수 있으면
묻지 않고도 곧 상세히 안다.
사람 됨을 알수 있으면
교제에 어긋남이 없으리

### 1) 관면형觀面型(얼굴의 모양을 살피다)

- 얼굴 모양이 정방형正方形이면 총명하고 마음씨가 좋다.
- 얼굴면이 보름달 같으면 열정적이고 성격이 시원스럽고 대범하며 마음이 넓다.
- 얼굴의 볼이 둥글게 부풀어올랐으면 공짜를 아주 좋아하고 눈앞의 이익을 탐한다.
- 남자가 말(馬)의 얼굴이면 후손이 없고 여자가 당나귀 얼굴이면 자식이 없다.
- 얼굴이 크고 입이 작으면 빈곤한 자가 많고 눈이 작고 얼굴이 크면 운이 좋지 않다.
- 얼굴에 성곽이 없으면 빈천한 상이고 얼굴빛이 기름을 바른 듯한 자는 곧

잘 재산을 망친다.
- 붉은 빛이 얼굴에 가득하면 좋은 일이 많이 일어나고 얼굴에 혈색이 없으면 병에 시달림이 많다.
- 누런 얼굴은 마음속에 악의惡意를 품은 자가 많고 얼굴이 검은 사람은 정의를 위해 행동하는 자가 많다.
- 얼굴이 하얀 자는 간계奸計・모사謀事에 능하고 얼굴이 긴 사람은 장수長壽한다.
- 양쪽 볼이 튀어나온 사람은 선善하지 못하고 입(주둥이)이 뾰족하고 고양이 볼처럼 생겼으면 욕심이 많은 자다.
- 얼굴이 길고 옆으로 살이 있는 사람은 마음이 표독하고 악하다.
- 양쪽 볼에 살이 없으면 정이 없는 사람이다.

## 2) 간기색看氣色(기색을 살피다)

- 시운時運이 좋고 나쁜 것은 각자의 기색氣色에 실려 있다.
- 사람의 얼굴색이 볼그레하면 묻지 않아도 몸에 기쁜 일이 임한 것을 안다.
- 귤색 노란 것이 마치 살구씨 같으면 결국 재물로 인하여 분주하다.
- 얼굴이 푸르고 흰 것이 마치 재와 같다면 반드시 재해가 많다.

## 3) 관두발觀頭髮(머리털을 살피다)

- 머리털 검은 것이 검은 칠한 것 같으면 먹는 것과 입는 것이 모자라지 않다.
- 머리털이 두텁고 노란 색깔을 띄었으면 이 사람은 운이 좋지 않다.
- 머리털이 억세고 엉성하고 조잡하면 일생 분주하고 고생이 많다.
- 여자의 머리털이 황금실 같으면 반드시 지위가 높은 집의 귀부인이 된다.
- 머리털이 엉성하고 억센 것은 사람이 정직하고 솔직하며 곧다.
- 머리털이 푸른실 같으면 마음이 따스하고 온화하다.
- 앞머리가 위로 자라면 남편을 극하고 뒷머리가 그물처럼 총총하면 노모老母를 극한다.

### 4) 간두골看頭骨(두상을 살피다)

- 머리꼭지가 둥글고 넓으면 어질고 덕이 있다.
- 머리꼭지 가운데가 튀어나왔거나 오목하게 들어가면 마음이 간사하다.
- 머리가 뾰족한 사람은 원활하다.
- 머리 가운데가 볼록 튀어나오면 성질이 악하다.
- 뒤통수가 평평하고 넉넉한 사람은 마음이 선하고 뒤통수가 반골反骨이면 반드시 수완과 능력이 있다.
- 머리가 큰 사람은 일찍 죽고 이마가 넓은 사람은 총명하다.

### 5) 관전액觀前額(앞이마를 살피다)

- 천정天庭이 포만飽滿한 사람은 귀하게 된다.
- 지각地閣이 모지고 둥근 사람은 조업祖業을 지킨다.
- 이마가 작고 잘린 자국이 있으면 고생과 어려움이 많다.
- 이마가 넓고 볼그스레하면 관록이 있다.
- 앞이마가 어둡고 주름이 어지럽게 나 있으면 위험과 어려움이 많고 재난이 있다.

### 6) 간미모看眉毛(눈썹을 살피다)

- 눈썹이 조잡하고 엉성하고 짧으면 형제가 비교적 적으며 외롭고 고독하다.
- 눈썹이 꼬불하고 다시 꼬불하면 형제가 둘이나 셋이다.
- 눈썹이 눈 모서리로 나오면 형제가 넷이다.
- 눈썹이 마치 눈을 흩어보는 듯 하면 형제가 넷이나 다섯 아니면 여섯이다.
- 눈썹이 수염처럼 길게 자라 있으면 집안에 손자·손녀가 가득하다.
- 눈썹이 마치 가운데가 쪼개져 있는 듯 하면 형제가 반드시 인연이 없다.
- 양 눈썹이 서로 가까이 연결되어 있으면 사람이 간사하고 위험하다.
- 눈썹이 위로 굽고 휘면 성격이 강하다.
- 눈썹이 조금 밑으로 드리운 듯 하면 약고 간사하다.
- 눈썹이 맑고 눈이 수려하면 귀인의 상이며, 눈썹이 八자로 갈라지면 화류계와 주색을 탐한다.

- 남자는 눈썹이 짙으면 영리하고 재주가 있으며, 여자는 눈썹이 짙으면 깨끗하지 못하거나 똑똑하지 못하다.
- 눈썹이 엉성하고 가지런하지 못하고 짙은 사람은 웅건하고 씩씩한 사람이다.
- 눈썹이 곱슬곱슬하고 굽은 사람은 민감하다.

### 7) 관인당觀印堂(인당을 살피다)

- 인당印堂의 색이 붉으면 상서롭지 못하고, 인당이 피부와 같으면 순조롭다.
- 인당이 백색이면 재산을 탕진한다.
- 인당이 청색이면 슬픈 일이 생긴다.

### 8) 간안목看眼目(눈을 살피다)

- 눈이 길면 귀하게 되며, 눈이 둥글면 재물이 많아진다.
- 눈동자가 마치 까마귀 눈동자처럼 생긴 사람은 총명하다.
- 눈빛이 어둡고 선명하지 않으면 마음이 선하지 못하다.
- 큰 눈동자의 사람은 마음이 넓고, 눈이 작은 사람은 마음이 내향적(내성적)이다.
- 시선을 밑으로 까는 사람은 마음이 간사하다.
- 시선을 높이 치켜 보는 사람은 교만하다.
- 여자가 사람을 흘겨보듯 하면 모든 행동면에 결점이 있다.
- 삼각눈은 점(흔적)이 많다.
- 가는 눈은 마음이 화평하고 선하다.
- 용의 눈동자는 부귀의 상이다.
- 뱀의 눈동자는 간사하고 교활하다.
- 왼쪽 눈이 높고 오른쪽 눈이 낮으면 평생동안 여러 명의 처를 거느린다.

### 9) 간비자觀鼻子(코를 살피다)

- 코가 납작하고 평평하여 높지 않으면 좋지 않다.
- 코가 큰 사람은 장수하고 코가 작으면 빈천한 상이다.
- 콧구멍이 앞에서 드러나 보이면 집안이 가난하고 풍상을 만나 고생을 한다.
- 보아서 콧구멍이 보이지 않으면 집안에 재물이 있고 반드시 모든 일이 순조

롭다.
- 코가 하늘을 향해 들어져 있으면 복기福氣가 적다.
- 코가 갈고리 모양처럼 굽어있으면 사귀기가 가장 어려우며, 코가 마늘모양이면 거칠고 포악하다.
- 코가 술통처럼 생겼으면 신경이 무디거나 머리가 둔한 사람이 많다.
- 코에 땀이 나고 맺히는 사람은 마음의 근심과 병이 있다.
- 콧구멍이 팽창하고 부풀어 있으면 격하고 흥분을 잘 한다.
- 콧대가 길고 바르면 정직하다.
- 마음이 자상하고 선하면 복록이 많다.

## 10) 간인중看人中(인중을 살피다)

- 인중이 깊고 길면 자손이 반드시 집안에 가득하다.
- 인중에 하나의 선이 나 있으면 아들은 있으나 만나지 못한다.
- 인중이 소굴처럼 움푹 들어가면 아들이 있어도 많지 않다.

## 11) 관구순觀口脣(입과 입술을 살피다)

- 남자가 입이 크면 먹을 복이 있고, 여자가 입이 크면 재산을 말아먹는다.
- 입이 작으면 의식에 성공과 실패가 따르며, 입이 사각형으로 생겼으면 의식을 모두 갖추었다.
- 입술이 두터운 사람은 충직하고 온후하며, 입술이 얇으면 덕행이 천하다.
- 입술이 붉은 사람은 가장 귀함을 예시한다.
- 입이 하얀 사람은 신세가 외롭고 쓸쓸하다.
- 입술이 어두운 사람은 스스로 비천하다.
- 입술이 검은 사람은 위태로움을 암시한다.
- 입가에 쌍주름이 입으로 통하면 감옥에서 고생하며 불길하다.
- 입을 다물 때 활모양이 되면 그 사람은 내심 악독하고 경솔하다.
- 입술이 이를 덮지 못한 사람은 일이 많고 입술의 면이 백분 바른 듯 하면 색色을 탐하는 광狂이다.

## 12) 간호수看胡鬚 (수염을 살피다)

- 수염이 두 갈래로 갈라지면 후반이 좋지 않다.
- 一字 수염이면 복이 있다.
- 수염이 세 가닥으로 난 사람은 문장이 뛰어나다.
- 얼굴 가득히 수염이 난 사람은 거칠고 예의가 없다.
- 뺨이 길고 수염이 한 줄이면 귀한 사람이다.
- 수염이 검은 사람은 정직하다.
- 수염이 흰 사람은 자비롭고 선하다.
- 수염이 붉은 사람은 흉하고 사납다.
- 수염이 누런 사람은 나약하고 약하다.
- 꽃수염인 사람은 성정이 용맹하다.

## 13) 관하파觀下巴 (턱을 살피다)

- 천정天庭이 둥글고 가득하면 귀인의 상이다.
- 지각이 둥글면 모든 일이 순조롭고 원만하다.
- 지각이 하늘을 안은 듯 하면 복이 많다.
- 하늘이 지각을 안은 듯 하면 운명이 강하지 못하다.
- 턱의 살이 없으면 빈천하다.
- 아래턱이 살이 두둑하면 재물이 왕성하다.
- 아래턱이 뾰족하면 빈한하다.
- 아래턱이 비뚤어진 사람은 고생과 어려움이 많다.
- 이마와 턱이 서로 조화가 안되면 고생할 명이다.
- 아래턱이 짧고 평평하면 말년이 가난하다.

## 14) 간윤곽看輪郭 (귀를 살피다)

- 귀가 넓고 밑으로 드리우면 귀인의 상이다.
- 귀가 평평하고 둥글게 드리우면 의식주가 왕성하다.
- 남자의 귀가 이어져 드리우면 고관에 봉직하게 된다.
- 여자의 귀가 이어져 드리우면 큰 영화를 누린다.

- 남녀의 귀가 꼭 가지 같으면 일생 빈천하고 여유가 없고 바쁘다.
- 귀가 작으면서 키가 크면 마음이 영민하지 못하고, 귀가 크면서 키가 작으면 단명한다.
- 여자의 귀가 크면 장수하고, 남자의 귀가 크면 복이 집안에 가득 이른다.

### 15) 관수상觀手相(수상을 살피다)

- 남자의 손이 크면 높은 지위를 맡는다.
- 여자의 손이 크면 장수한다.
- 남자의 손이 부드러우면 능히 돈을 번다.
- 여자의 손이 부드러우면 여성적이다.
- 손가락이 짧고 거친 사람은 노동하는 사람이다.
- 손바닥이 예쁘고 부드러운 사람은 조용하다.
- 손바닥 살이 비대하면 부귀를 암시한다.
- 손가락이 마치 대나무 마디 같으면 빈천하다.
- 손가락이 고르게 모아지고 드러나게 꿰맨 듯 드러나지 않으면 일생동안 재물을 모으고 궁색함을 받지 않는다.

### 16) 간족형看足型(발의 모양을 살피다)

- 엄지발가락이 길면, 일생 수고롭고 바쁘다.
- 둘째 발가락이 길면, 고단하고 지쳐 일을 담당하지 못한다.
- 발이 작으면 수명이 길다.
- 다리가 활처럼 굽으면 각지로 떠다닌다.
- 발이 짧고 거칠면 지모가 많고, 정강이의 살이 두툼하면 재물이 많고 귀상貴相이다.

### 17) 부귀상

- 천정이 넉넉하고 가득한 경우.
- 지각이 둥글고 모진 경우.
- 귀에 가는 털이 있는 경우.
- 양쪽 귀가 어깨로 길게 드리운 경우.

제29장 관상학 개요  697

- 눈썹이 맑고 눈이 수려한 경우.
- 눈이 길고 눈동자가 둥근 경우.
- 눈동자가 마치 까마귀 눈처럼 생긴 경우.
- 코가 마치 높은 산처럼 생긴 경우.

### 18) 빈천한 상

- 양쪽 볼이 불룩하게 솟아 있거나, 입이 뾰족하고 고양이 볼처럼 생긴 경우.
- 코가 갈고리 모양이며, 눈동자가 삼각형인 경우.
- 지각(턱)에 살이 없거나 머리가 가운데가 오목하게 들어가고 정수리가 뾰족한 경우.
- 눈썹이 밑으로 드리웠거나 음흉한 눈길인 경우.
- 눈빛을 밑으로 깔아 보거나, 말의 얼굴과 낙타의 얼굴처럼 생긴 경우.
- 인중이 실처럼 되었거나 수염이 두 갈래로 나누어진 경우.
- 말을 하기 전에 먼저 웃거나, 두 눈을 곁눈질하거나 흘겨보는 경우.

## 제4절 관인팔법觀人八法

### 1. 위맹지상威猛7之相

위威란 형상이 존엄하여 가히 두려운 것을 일컬어 위威라 하는 것이니 주로 권세를 누리는 상이다. 마치 날쌘 매가 토끼를 잡는 것을 보고 기세에 눌려 무리 새들이 놀라는 것과 같고, 성난 호랑이가 산 속에 나타나서 온갖 짐승들이 스스로 벌벌 떠는 것과 같다. 이러한 사람은 신색神色이 엄숙하여 모든 사람들이 스스로 위압한다.

### 2. 후중지상厚重之相

후厚란 체격과 모양이 도탑고 중후重厚한 것을 말하며, 복록의 상이다. 마음의 크기가 푸른 바다와 같고 사람의 그릇이 만곡萬斛을 싣는 큰 배와 같아서 소신과 중심이 있어 타인에게 끌려가지 않고 요지부동搖之不動이니라.

## 3. 청수清秀之相

　청淸이라는 것은 정신이 속되지 않고 또한 기상이 화락하고 빼어난 것을 청淸이라고 하나니 재주와 학문이 뛰어나고 곤륜崑崙의 옥처럼 아름답고, 깨끗하고 고아하여 티끌 하나도 물들지 않은 것을 淸이라 하나 두텁지 않으면 박약薄弱한 쪽에 가까우니라.

## 4. 고괴지상古怪之相

　古라는 것은 골기骨氣, 즉 얼굴을 형성한 뼈대의 기세가 바위의 모서리처럼 울퉁불퉁 나온 것을 고古라 하며 맑지 못하면 속된 것에 가깝다.

## 5. 고한지상孤寒之相

　고孤라는 것은 얼굴의 생김새와 뼈대가 외로운 듯 빈한貧寒하게 생기고 목이 길고 어깨가 오그라든 듯 짧고, 다리가 기울고 체구가 한쪽으로 쏠려 기우뚱하여 그 앉음새가 흔들리는 듯 하고, 그 걸어가는 모습은 마치 움켜지듯 구불하고 불안정하고 또 물가에 홀로 서 있는 학과 같으며, 빗속에 처량한 해오라기 같이 고독하게 생긴 것을 말한다.

## 6. 박약지상薄弱之相

　박薄이란 생김새와 신체가 허약하고 빈약하며, 형상이 가볍고 소심하여 기색이 혼미하고 어두워 정신을 안에 모으지 못하고 허하여 밖으로 드러나니 마치 일엽편주一葉片舟가 사나운 풍랑 위에 떠 있는 형상이다. 그 누가 보아도 하잘 것 없고 박약하게 보이니 빈천하고 하천한 것이다. 설사 의식을 갖추었어도 필경 수명이 길지 못하다.

## 7. 악완지상惡頑之相

　악惡이란 생김새와 신체가 흉하고 편굴하게 생겨 마치 뱀과 쥐의 형상이며 승냥이와 이리의 목소리이고 혹은 성정이 폭악하여 놀란 듯 하고, 신체의 부위가 성한 부분이 없고 뼈마디가 파상破傷되어 모두 흉폭하고 사납게 보이며 징그럽게 생겼다.

## 8. 속탁지상俗濁之相

속俗이란 형체와 생김새가 혼탁하여 마치 먼지 속에 물건과도 같아 천박하고 속된 상이다. 비록 의식을 갖출지라도 어려움과 장애가 많다.

# 제5절 십이궁十二宮 간법看法에 대해

### 1. 명궁命宮 : 인당印堂 부위

명궁이란 두 눈 사이에 있는 산근山根의 바로 윗 부분을 말한다. 다른 말로 인당印堂이라 부르기도 하며, 상학에서 중시하는 부위이다. 명궁의 밝기가 마치 거울과 같이 맑으면 총명하고 학문에 두루 통하고 산근이 평평하고 두둑하면 장수하고 토성土星이 곧게 높이 솟으면 재물운이 좋다. 눈빛이 맑고 밝으면 재백財帛이 풍성하다. 이마가 마치 천자川字같은 주름이 있으면 운명학적으로 역마驛馬를 만나는 상이요 이마가 마치 과일처럼 둥글면 부귀쌍전하며 가업家業을 능히 보존할 수 있고, 이마가 침몰하면 반드시 빈한한 상이로다. 두 눈썹이 서로 붙어서 상교相交하면 하천下賤한 상이요 눈썹이 산만하여 어지럽게 흩어져 있으면 고향을 떠나거나 처궁이 불안하고 극처剋妻하며, 인당이 좁고 눈썹이 시든 듯 구불하면 파재破財하고 모든일에 장애와 지체가 많다.

명궁시결命宮詩訣

眉眼中央是命宮, 光明瑩淨學須通.
미안중앙시명궁, 광명영정학수통

若還紋理多迍濟, 破盡家財及祖宗.
약환문리다둔체, 파진가재급조종

눈썹과 눈의 중앙을 명궁이라 하는데
옥빛처럼 밝고 깨끗하면 학문에 통하니

만약 주름이 많고 막힌 듯 빠지면
가산이 파하고 가문이 쇠퇴하니라

## 2. 재백궁財帛宮 : 코 부위

코는 재물의 성星이며 재물의 유무와 주거住居의 안정 유무를 보는 곳이다. 천창天倉, 지고地庫, 금갑金甲, 이음二陰, 정조井竈 등을 포함하여 모두 재백궁財帛宮이라 하며 모름지기 이곳이 풍만하여 밝고 윤택하여야 재물이 풍족하고 여유로우며 반대로 이곳이 마르고 어둡고 침침하며 깎인 듯 낮으면 재물에 어려움이 많고 늘 적자 생활을 하며 궁핍한 상이다.

대롱을 끊어 놓은 듯 하고 쓸개를 달아 놓은 듯 하면 모든 창고에 재물이 가득히 쌓여 있는 상이요 코가 곧고 높직이 솟아 풍성하고 두터우면 일생 재물이 왕성하고 부귀한 상이다. 중정中正이 편벽되지 않고 치우치지 않으면 모름지기 오래도록 재물이 고갈되지 않고 넘쳐흐를 것이며, 솔개 주둥이처럼 콧등이 뾰족하면 파재破財하고 빈한貧寒한 상이다. 콧구멍이 위로 향하여 드러나 보이지 않게 하라. 마치 주인이 없는 곡식의 창고요 주방 안에 아무것도 없이 텅 빈 것과 같은 것이니 반드시 집안에 재물이 쌓이는 바가 없다.

시결詩訣

鼻主財星瑩若隆, 兩邊廚竈莫敎空.
비주재성영약융, 양변주조막교공
仰露家無財與粟, 地閣相朝甲匱豊.
앙로가무재여속, 지각상조갑궤풍

코는 재성을 주관하니 밝기가 풍성해야 하고
양편 주조부위는 비지 않게 잘 감싸야 한다
코가 위로 드러나면 집안에 재산과 곡식이 없으며
지각과 서로 조공하는 듯 하면 재물이 풍성하리라

## 3. 형제궁兄弟宮 : 눈썹 부위

형제궁은 두 눈썹을 말하며 형제자매의 유무와 관계를 관장하는 곳이다. 눈썹이 적당하며 눈썹이 길게 눈을 덮으면 3~4형제가 있고 형제들이 우애가 있어 화목하고 단결하며 서로 불협하거나 다투지 않고, 눈썹이 청수하고 밝게 트여 눈썹의 가지와 줄기가 자연 단정하여 마치 초생달 같으면 화목하고 서로 협동하며 영원히 남보다 뛰어나리라. 만약에 짧고 거칠면 형제·동기간에 서로 흩어지고, 눈썹이 고리모양으로 성긴 듯 하면 필시 형제간이 소원疎遠할 것이다.

눈썹이 두 가지 모양 즉 짝짝이 눈썹이면 모름지기 두 부모를 모실 것이며, 양 눈썹이 서로 붙거나 누렇고 성긴 듯 얇으면 자신이 타향에서 스스로 몸을 상하거나 객사할 위험이 있고, 눈썹이 감은 듯 엉겨있으면 형제가 서로 반목한다.

시결詩訣

眉爲兄弟軟輕長
兄弟生成四五强
兩角不齊須異母
交連黃薄喪他鄕

눈썹은 형제궁이니 부드럽고 담백하여 길면
형제가 4~5명으로 모두 강성하여 성공하고
양 눈썹 앞부분이 고르지 못하면 이복 형제가 있고
눈썹이 서로 맞붙고 노랗고 엷으면 타향에서 단명하리라


## 4. 전택궁田宅宮 : 두 눈과 눈꺼풀 부위

전택이란 두 눈과 눈꺼풀 부위를 말하며 가장 두려운 것은 붉은 줄기가 눈동자에 나타나는 것인데 이렇게 되면 초년에 가문이 파산하고 몰락하며 늙을 때까지 양식을 경작할 그루터기가 없다. 눈동자가 마치 옻칠 한 것처럼 검으면 평생 가업과 재산이 번창하고 봉황의 눈과 눈썹이 높으면 재물과 땅이 삼주오현三州五縣에 가득 넘쳐흐를 것이요, 눈이 수척하고 앙상하면 전답을 보전키 어렵고 눈동자가 붉고 희미하면 가산이 파재하고 집안이 쇠퇴한다.

詩訣

眼爲田宅主其宮
淸秀分明一樣同
若是陰陽枯更露
父母家財總是空

눈은 전답과 주택을 살피는 곳이니
청수하여 분명하면 편안함이 한결같고
만약 흑백의 생기가 없어 보이면
부모가 물려준 가산을 탕진하리라

### 5. 남녀궁男女宮 : 와잠臥蠶 부위(눈두덩)

남녀궁은 두 눈 바로 아래를 말하며, (누당)淚堂이라고도 한다. 三陽(눈동자)이 평평하고 넉넉하면 자손에게 복록이 있고 영화와 창성함을 누릴 것이요, 와잠이 은은하면 자식은 모름지기 깨끗하고 귀하며 淚堂이 움푹 들어가면 자녀와 인연이 없고, 검은 사마귀나 주름이 비스듬히 나 있으면 늙어서 자손으로 인한 근심이 있다. 입이 불을 부는 것처럼 뾰족하면 자식과 인연이 없이 고독할 것이며, 만약 인중이 평평하면 자손과 함께 말년을 보내기가 어렵다.

詩訣

男女三陽起臥蠶
瑩然光彩好兒郞
懸針理亂來侵位
宿債一生不可當

남녀궁은 삼양 아래 와잠에서 일어나니
밝고 광채가 나면 좋은 자식을 두고
침을 단 듯 주름이 현란하게 나면
숙세에 묵은 빚을 일생 감당키 어려우리라

## 6. 노복궁奴僕宮 : 지각地閣 전 부위

노복궁은 턱의 전체를 말하는데 입(水星)과 중첩하고, 얼굴이 둥글고 풍만하면 만인이 무리지어 시립하는 상이요, 보필성輔弼星이 조응하듯 하면 一呼에 백명이 대답하듯 높은 지위에 오를 것이요, 입이 넉사자(四字) 모양이면 재물과 권세를 잡게 되며, 턱이 뾰족하고 비뚤어지면 깊은 은혜를 받고도 도리어 원한을 맺을 것이요, 흉터나 주름이 있고 턱이 함몰되고 빠지면 아랫사람들을 거느리지 못하고 남 밑에서 생활하며, 턱의 담벽이 낮고 기울면 은혜를 배반하고 도리어 원수가 되어 틈이 생긴다.

詩訣

奴僕還須地閣豊
水星兩角不相容
若言三處都無應
傾陷紋痕總不同

노복궁은 모름지기 지각이 풍만함을 말함이니,
입의 양쪽 모서리가 얼굴과 어울리지 않고,
말한 것처럼 세 곳이 모두 조응하지 못하면,
기울고 빠지고 흠이나 주름져 모두가 제각기다.

## 7. 처첩궁妻妾宮 : 어미魚尾 또는 간문奸門

처첩궁이란 어미魚尾(눈꼬리)에 위치하며 간문奸門이라고도 한다. 이곳이 빛나고 윤택하며 주름이 없으면 반드시 처첩을 잘 보존하고 사덕四德이 온전할 것이요, 간문이 풍성豊盛하고 평평하고 두둑하면 아내를 얻고 재백이 창고에 가득할 것이며, 관골이 위로 솟으면 처로 인하여 녹을 얻을 것이며, 간문이 깊이 패이면 여러 번 장가를 드는 상이요, 눈꼬리에 주름이 많으면 처가 흉사할 것을 방비하고, 간문이 어둡고 검으면 부부가 생이별이 있으며 검은 사마귀나 주름이 비끼어 서면 외간 남녀와 통정을 좋아하고 음욕淫慾한 마음으로 가득 차 있다.

詩訣

奸門光澤保妻宮
財帛盈箱見始終
若是奸門生黯黷
斜紋黑痣蕩淫奔

간문이 빛나고 윤택하면 처를 보전하고,
재물이 일생동안 창고에 가득하나,
만약 간문에 어둡고 검은 색이 피고,
주름과 검은 사마귀가 나면 음탕하여 패가한다.

## 8. 질액궁疾厄宮 : 산근山根과 년수年壽

질액궁은 인당 바로 아래 산근山根에 위치하며 융기隆起하고 풍만하면 조상과 부모의 녹이 무궁하며, 복서伏犀(인당부분)와 중첩하면 문장에 뛰어난다. 밝고 광채가 나면 복록을 온전히 구비하고 콧등이 높고 평평하면 화평하고 조화를 이룬다. 이곳에 상처나 주름이 있고 낮고 움푹 꺼지면 매년 오랜 숙질과 병고로 고생하고, 이곳이 마르고 뼈가 족하게 기울면 종신토록 고생을 면하기 어렵다. 이곳의 기색이 마치 연기나 안개처럼 희미하면 재액이 몸을 떠나지 않는다.

詩訣

山根疾厄起平平
一世無災禍不生
若値紋痕幷枯骨
平生辛苦却難成

산근은 질액궁이니 평평하게 일어나면,
일생 재앙이 없고 재화가 나지 않으며,
만약 주름이나 흉터가 있고 뼈가 마르면,
평생 고생하며 성공하기 어렵다.

## 9. 천이궁遷移宮 : 천창天倉과 역마驛馬

천이궁은 눈썹 모서리인 미각眉角에 위치하고 일명 천창天倉이라고도 한다. 이곳이 두텁고 풍성하면 영화롭고 찬란하여 근심이 없고, 魚尾(눈꼬리) 부위가 평평하면 늙어서 남의 부러움과 존경을 받게 되며, 역마驛馬가 등등하게 솟으면 모름지기 고귀한 신분으로 타향에서 벼슬을 하며 액각額角(이마 중간의 中正 바로 위에 있는 司空의 양 옆부분)이 낮고 움푹 꺼지면 나이 들어서 주거가 불안정하며, 양 눈썹이 서로 붙거나 좁으면 이 사람은 조업을 탕진하고 고향이나 집을 떠난다. 천이궁이 치우치고 기울면 불안정하여 주거를 자주 옮기고, 타고난 상이 이와 같으면 살아서 門戶를 옮기지 않으면 죽어서 반드시 개묘改墓를 당한다.

詩訣

遷移宮分在天倉
低陷平生少住場
魚尾末年不相應
定囚遊宦却尋常

천이궁은 좌우 天倉에 나뉘어 있으니,
낮고 움푹 꺼지면 평생 머무를 곳이 적고,
어미가 말년에 천이궁과 상응하지 않으면,
반드시 타관 벼슬로 인해 오히려 평범하다.

## 10. 관록궁官祿宮 : 중정中正 부위

관록궁은 중정에 위치하니 위로는 이궁離宮과 합하고, 복서伏犀로부터 이마 끝까지 통관通貫한 듯 하면, 평생 법정에 서지 않고, 역마驛馬쪽으로 돌아가면 소송으로 인해 요란하게 관직에서 물러나고, 이곳이 광채가 있고 밝고 깨끗하면 무리에서 뛰어나 현달할 것이요, 額角이 당당하면 소송을 당해도 귀하게 일이 풀릴 것이요, 이곳에 주름과 흉터의 결이 깨져 있으면 늘 횡액의 일을 초래하고, 눈이 마치 붉은 잉어의 눈과 같으면 형액刑厄으로 숙게 된다.

詩訣

官祿榮宮仔細詳
山根倉庫要相當
忽然瑩淨無痕點
定主官榮久貴長

관록은 영화를 관장하니 자세히 살필지며
산근과 창고는 서로 균형된 배열을 요한다
홀연히 밝고 깨끗하여 흠이나 점이 없으면
반드시 관직의 영화와 귀함이 장구하리라

## 11. 복덕궁福德宮 : 천창天倉과 지각地閣 부위

복덕궁이란 천창에 위치하며 지각地閣을 연결하여 보고, 五星(이마·코·좌우 귀·입)이 조공한 듯 하면 평생 복록이 가득할 것이며 天地(이마와 턱)가 서로 마주보듯 조응하면 덕행으로 모름지기 五福이 온전할 것이요, 턱이 둥글고 이마가 좁으면 모름지기 초년에 고생함을 알 것이요, 이마가 넓고 턱이 뾰족하면 초년은 여의하나 나이 들어가면서 점차 운이 침체되고 막히는 상이요, 눈썹이 높고 눈이 솟으면 운세가 더욱 평탄하고, 눈썹은 처져서 누른 듯 하고 귀가 번쩍 들리면 복덕을 말하지 말라.

詩訣

福德天倉地閣圓
五星光照福綿綿
若還缺陷竝尖削
衣食平平更不全

복덕은 천창과 지각으로 이곳이 둥글고,
오성이 조림하면 복록이 끊이지 않는다,
만약 이곳이 결함이 있고 뾰족하거나 깎이면,
의식이 평평하다가 다시 온전치 못하게 되리라.

## 12. 부모궁父母宮 : 일각日角과 월각月角 부위

부모궁은 일각日角과 월각月角을 말하며, 모름지기 이곳이 높고 원만해야 한다. 밝고 깨끗하면 부모가 장수하고 건강하며, 낮고 꺼지면 어려서 양친을 여의고, 이곳이 어둡고 흐리면 부모에게 질병이 있다. 좌각左角, 즉 일각日角이 치우치거나 기울면 부친을 방해하고 우각右角, 즉 월각月角이 치우치거나 기울면 모친을 방해한다. 혹은 같은 아버지에 다른 어머니며 혹은 모친이 개가한 의부를 따르고 조업을 떠나 일가一家를 이룬다. 첩첩이 재화와 이변이니 다만 마땅히 잠시 쉬면서 휴양을 해야 형액과 몸이 다치는 것을 면한다.

나후(왼쪽 눈썹)와 계도計都(오른쪽 눈썹)가 이중눈썹이면 두 부모를 섬길 것이요, 혹 부친이 음란하거나 모친이 음란하여 외부인과 간통을 하며, 이 부분은 주로 부모를 방해한다. 머리가 기울고 이마가 좁으면 서자 출신이거나 혹은 간통으로 인해 얻어진 것이다.

왼쪽 눈썹이 높고 오른쪽 눈썹이 낮으면 부모 중에 어머니가 먼저 돌아가시고(모선망母先亡), 오른쪽 눈썹이 높고 왼쪽 눈썹이 낮으면 아버지가 먼저 돌아가시고(부선망父先亡), 어머니는 개가改嫁할 것이다. 이마가 깎인 듯 하고 양눈썹이 서로 붙으면(상접相揍) 부모를 일찍 여읜다 이것을 격각隔角이라 하니 반면에 무정無情이라 한다. 양각兩角(일각日角·월각月角)이 머리로 들어가면 부모가 영화롭고 더욱이 조상의 음덕을 받아 부모의 이름이 세상에 알려진다. 이곳의 기색氣色이 푸르면 주로 부모에게 우환이 있고, 또 구설과 형액과 몸을 다치는 불상사가 있으며, 검거나 희면 주로 양친 모두 사망하고, 이곳이 홍색이나 황색을 띠면 주로 부모님에게 기쁘고 경사스런 일이 있다.

## 13. 상모궁相貌宮 : 삼정三亭=얼굴 전체

얼굴의 상을 볼 때는 먼저 오악五岳(이마·코·좌우관골·턱)을 살피는데, 이곳이 그득하고 충만하면 부귀와 영화가 많고, 다음으로 삼정三停이 균형을 이루면 평생을 길이 보전하고 현달한다.

오악五嶽이 서로 조용朝聳(서로 벗어나지 않고 조화롭게 솟은 모양)하듯 솟으면 관록을 얻어 영화로운 자리에 임하고, 걸음걸이와 앉음새가 위엄하면 사람됨이 높고 무게가 있다.

이마는 주로 초년운을 보고, 코는 주로 중년운을 보며, 턱(지고地庫)과 입(수성水星)은 주로 말년운을 보니 만약 이곳이 극을 받거나 꺼지거나 결함이 있으면 흉악한 상이라 간주할 수 있다.

詩訣

相貌須教上下停
三停平等更相生.
若還一處無均等
好惡中間有改更.

상모는 모름지기 삼정을 연계함이니,
삼정이 균등하고 상생해야 함이다,
만약 한 곳에 치우쳐 고르지 못하면,
好惡의 중간에 변화가 있을 것이다.

## 제6절 마의상법 각궁의 이해

### 1. 오관五官

오관이란 첫째로 귀·눈썹·눈·코·입을 말한다. 첫째로 귀는 채청관採聽官이요, 둘째로 눈썹은 보수관保壽官이요, 세 번째로 눈은 감찰관監察官이요, 넷째로 코는 심변관審辨官이요, 다섯째로 입은 출납관出納官이다. 大總賦에 이르기를 1官이 10년의 貴顯함을 이루고, 1府가 또한 10년의 풍부함을 이룩한다 했으니, 단지 五官중에 혹, 1관이라도 얻으면 10년의 부귀함을 누릴 것이다. 만약 오관이 모두 격을 이루면 그 富貴함을 평생토록 누리리라.

귀는 모름지기 그 색이 선명할지니 높게 솟아 눈썹을 넘어야 하고, 윤곽輪郭이 완전히 이루어져야 하며, 살집이 붙어 돈후敦厚하고 명문命門이 넓은 것을 채청관採聽官이 이루어졌다고 하는 것이다.

눈썹은 모름지기 넓고 청수하고 길어야 하며, 양눈썹이 귀밑쪽으로 들어간 듯 해야 하고, 혹은 마치 쇠뿔을 달아놓은 듯 하며, 마치 초생달 모양 같고 머리와 꼬리부분이 풍성하여 이마의 중간쯤에 높이 거하면 이에 보수관이 제대로 이루어졌다고 하는 것이다.

　눈은 모름지기 드러나지 않고 머금은 듯 감추어져야 하며 흑백이 분명하며 눈동자가 단정하고 광채가 사람을 쏘는 듯 하며 혹은 눈의 모양이 가늘고 길면 감찰관이 이루어졌다고 하는 것이다.

　코는 모름지기 교량의 기둥처럼 곧고 단정해야 하며, 인당印堂이 평만하여 탁 트이고, 산근山根이 인당과 연수年壽를 연결하여 높이 솟고, 토성土星이 둥글고 두툼하게 융기해서 형체가 마치 쓸개를 달아놓은 듯 해야 하며, 가지런한 것이 마치 대롱을 쪼갠 듯 하고 색이 선명하여 누런 듯 밝으면 신변관審辨官이 이루어졌다고 하는 것이다.

　입은 모름지기 모지고 커야하며 입술은 붉고 단정하고 풍후하여 코끝 부분이 활을 당긴 듯 해야하며, 그 모양새가 입을 벌리면 크고 입을 다물면 작게 되어야 출납관出納官이 이루어졌다고 하는 것이다.

## 2. 오악五嶽

　이마(액額)를 동악東嶽 혹은 형산衡山이라 하고, 턱을 북악北嶽 혹은 항산恒山이라 하고, 코를 중악中嶽 또는 숭산嵩山이라 하며, 왼쪽 관골顴骨을 동악東嶽 혹은 태산泰山이라 하고, 오른쪽 관골을 서악西嶽 혹은 화산華山이라고 한다.

　중악中嶽은 높이 솟아야 하고, 동악東嶽은 모름지기 솟아서 조응朝應하는 듯 해야 하며, 풍성하고 높지 않으면 세력이 없으므로 소인이 되고, 또한 장수하지 못한다. 중악中嶽이 얇고 세력이 없으면 사악四嶽이 주인이 없는 격이니 다른 곳이 좋은 곳이 있을지라도 크게 귀함에는 이르지 못하고 위엄과 무게가 없으며 수명도 그렇게 길지 못하다.

　중악이 길게 미치지 못하면 중수中壽에 그치고, 중악이 얇고 뾰족하면 나이 들어 패가敗家하여 망치게 되고, 닥치는 일이 마음대로 되는 일이 적으며, 이마, 즉 남악南嶽이 기울면 쇠패衰敗하여 집안을 지키고 떠맡기에는 마땅치 않다. 북악, 즉 턱이 뾰족하고 빠지면 말년에 이루어지는 일이 없으며 평생 귀하지 못하다. 동악과 서악, 즉 왼쪽 관골과 오른쪽 관골이 기울면 세력이 없고 마음이 독하여 자애로운 마음이 없나니 오악五嶽은 모름지기 서로 조응朝應해야 한다.

## 3. 사독四瀆

귀는 강독江瀆이며, 눈은 하독河瀆이며, 입은 회독淮瀆이고, 코는 제독濟瀆이다. 사독四瀆은 흐르는 물에 비교하여 깊고 멀리 흐르듯 하고, 물의 흐름이 급히 달아나지 않으면 재물과 곡식이 풍성하여 재물이 줄지 않고 재산이 늘어나고 쌓인다. 귀는 강독이니 구멍이 넓고 깊어야 하니 성곽은 두텁고 견고하면 총명하고 가업家業이 파산하지 않고 보전한다. 눈은 하독이니 깊고 장수하고 작고 길면 귀하게 되며 광채가 나면 총명하다. 눈이 얕으면 단명하고 혼탁하면 발전이 없고 막혀서 장애가 따르며, 둥글면 수명이 짧으니, 크지도 작지도 않아야 한다. 입은 회독이니 모지고 넓어야 하며 입술은 서로 이가 보이지 않고 다물어져야 한다. 윗입술이 얇은즉 이를 덮지 못하고, 아랫입술이 얇은즉 이를 감싸지 못하는 상이니 이렇게 되면 수명이 짧고 늦복도 없다. 입술이 다물어지지 않으면 가산이 파한다. 코는 제독이니 풍성하고 광채가 나고 둥글어야 하는데 이렇게 되면 재산을 패하지 않고 콧구멍이 위로 드러나지 않으면 반드시 부귀하리라.

## 4. 삼주삼주三主三柱

이마가 뾰족하면 초년에 재앙이 있고, 코가 뾰족하면 중년에 도피하나니 말년의 일을 알고자 하면 지각(턱)이 모지고 높으면 좋은 것이다. 머리는 수명을 관장하는 수주壽柱요 코는 교량에 속하는 양주梁柱요 발은 마룻대에 속하는 동주棟柱다.

## 5. 오성육요五星六曜

화성火星, 즉 이마는 모름지기 모난 것이니 방方이란 것은 금장金章에 있고, 자기紫氣, 즉 인당의 상서로운 기운은 모름지기 원圓을 얻어야 하니 둥글다는 것은 높은 관직에 있는 것이며, 토성土星, 즉 코는 모름지기 두터운 것을 요하며 두텁다고 하는 것은 장수長壽한다는 것이다.

목성木星, 즉 왼쪽 귀는 모름지기 조응朝應해야 하나니 오복五福이 아울러 서로 넉넉하고, 금성金星, 즉 오른쪽 귀는 모름지기 흰 것을 얻으면 관직에 올라 지위를 얻고, 나후羅睺, 즉 왼쪽 눈썹은 모름지기 길어야 하나니, 길다고 하는 것은 천창天倉을 지나야 하고, 계도計都, 즉 오른쪽 눈썹은 모름지기 가지런해야 하나니 가지런하면 처와 자식이 있음이라. 월패月孛, 즉 산근山根은 모름지기 곧아야 하나니 곧으면 의식이 풍부하다는 것이다. 오른쪽 눈, 즉 태음은 모름지기 검어야 하나니 검으면 관직에 오른다는 것이고, 왼쪽 눈, 즉 태양은 모름지기 빛이 나야 하므로 빛이 나면은 복록이 강하다는 것이고, 수성水星, 즉 입은 모름지기 붉어야 하나니 붉은 것은 반드시 삼공三公에 오르리라.

화성火星은 이마를 말하는데, 만약 이마가 광윤하고 머리가 융기하고 깊으면 녹을 얻어 의식이 풍부하고 자식도 4~5명이 된다. 그 사람됨이 예술과 학문에 뛰어나고 부모가 존귀하다. 이것은 생명궁生命宮이라 화성火星, 즉 이마의 기氣를 얻으면 인명人命이 전택을 잘 구비하고 오래도록 장수를 누릴 것이며, 이마가 좁고 뾰족하고 주름이 많으며 이마가 함몰陷沒되면 인명이 귀하지 못하고 자식도 없으며 혹은 1~2명이나 평생 늙도록 힘을 얻지 못하고 의식은 보통이며, 또 형제의 힘을 얻지 못하고 三方이 주인이 없는 상이니 수명이 줄어들고 파재한다. 자기성紫氣星은 인당 아래를 말하니 인당이 분명하고 주름이 없고 둥글기가 마치 구슬 같으면 이 사람은 반드시 부귀하리라. 또 흰 빛이 마치 은빛 모양이면 대부귀大富貴하며 색이 누런 자는 의식이 풍족하고 좁거나 평평치 못하고 안에 주름이 숨어 있으면 불길하며 자식은 3명 정도이나 힘을 얻지 못하고 녹이 두텁지 않고 선택노 줄어든다.

나후羅睺와 계도計都 즉, 양쪽 눈썹이 빽빽하지 않고 검으며 눈을 지나 귀옆머리까지 닿은 사람은 의록이 풍부한 상이며 자식과 부모가 모두 귀貴하며 육친 또한 귀하다. 이것은 양 눈썹이 명궁을 침입하여 마치 서로 붙은 듯 하고 황적색黃赤色이면 단명하고 골육이나 자식이 형액이 많고 흉사하는 경우가 많다.

태음·태양은 눈을 가리키니 흑백이 분명하고 길고 가늘며 양쪽이 귀옆머리까지 닿고 검은창이 많고 흰 창이 적으며 광채가 나는 사람은 평생 음양 이성二星인 태극이 명에 조림하는 격이니 부귀할 것이요, 두 눈이 순하면 골육이 모두 귀하고 검은 창이 적고 흰 창이 많아 색이 황적색이면 음양 이성二星이 함몰된 상이니 부모를 상하고 처와 자식을 극하여 전택이 파패하고 재앙이 많아 단명하는 상이다.

월패月孛는 산근을 말하니 인당으로부터 곧게 뻗어내려가면 월패月孛성을 만난 것으로 명명에 조림한 상이라 길격을 말하고, 산근이 함몰되면 자손이 불길하고 재앙이 많다. 학문을 닦아도 이루어지지 않고 가업을 파산하고 처와 자식을 극한다.

　토성土星은 코를 말하니 모름지기 코가 높고 풍후해야 하며 양쪽의 콧구멍이 위로 드러나지 않아야 하고, 연상年上과 수상壽上이 평만하고 곧아 한쪽으로 쏠리지 않고 함몰하지 않았으면 토성이 바르게 입명한 것이요, 아울러 얼굴 중심에 조화되어 三方이 조응하면 복록과 수명을 길게 누린다. 중악中嶽인 토성이 만약 바르지 않고 콧구멍이 위로 환히 드러나 보이고, 콧마루가 뾰족하면 중악인 토성土星이 함몰된 것이니 빈천하고 가업이 줄어들고 심성도 곧지 못하다.

　금목金木은 양쪽 귀를 가리키니 모름지기 윤곽이 분명하여야 하며, 그 빛이 홍백색紅白色이고 대소에 관계없이 마치 이문耳門이 넓어야 하고, 단정하고 뒤로 젖혀지거나 뾰족하지 않고 크고 작음이 균형을 이루어야 한다. 귀가 높아 눈썹과 눈을 지나고 백색이 마치 은빛 같으면 크게 길한 것이다. 이렇게 되면 금목金木 이성二星이 명에 조림한 상이라 복록이 일찍 찾아오고 만약 귀가 좁거나 기울고 혹은 너무 크거나 너무 작으면 금목金木 이성二星이 함몰된 상이라 전택과 재물이 줄어들고 학식도 없을 것이다.

　수성水星은 입을 가리키니 내학당內學堂이라고도 한다. 모름지기 입술은 붉고 넓어 네모지고 인중이 깊어 입과 치아가 단정하면 문장에 뛰어나고 관록과 식록이 풍부할 것이다. 만약 입술과 입이 조잡하거나 거칠면 입가가 늘어지거나 황색이면 빈천한 상이다.

## 6. 육부六府 · 삼재三才 · 삼정三停

　삼정三停이란 얼굴을 상·하로 3등분하여 상정上停·중정中停·하정下停의 3부위로 나누어, 상정은 초년운을 보고, 중정은 중년운을 보고, 하정은 말년운을 보는 것이다.

　삼정이 균형을 이루고 원만하게 조응하듯 잘 발달되어 있으면 운세는 순조롭고 성공발전하여, 균형을 이루지 못하고 편협되거나 그렇지 못하면 일에 지체가 많고 운세가 박약하다.

　육부六府라는 것은 이마의 양쪽 보골輔骨과 양쪽 권골顴骨, 턱의 양쪽 이골頤骨을 말한다. 육부가 충실하고 서로 보좌하여야 하고 가지가 흩어지거나 낮게 보이지 않아야 한다.<영대비결靈臺秘訣>에 다음과 같이 말하고 있다.

　상이부上二府는 좌우 보각輔角에서 천창天倉까지를 말하고, 중이부中二府는 명문命門에서 호이虎耳까지를 말하고, 하이부下二府는 이골頤骨에서 지각地閣

까지를 말하니 이것을 육부六府라 한다. 육부가 살이 충실하고 곧으며 결함이 없고 흉터나 상처가 없으면 재물이 풍성하다. 천창이 높이 솟으면 재물과 녹이 많고, 지각이 모지고 바르면 전답이 많고, 이곳이 결함이 있거나 조응하지 못하면 그러하지 못하다.

삼재三才라는 것은 천지인天地人을 의미하며, 이마는 천天이니 모름지기 이마는 윤택하고 둥글어야 하니 천天을 가진 것은 귀하고, 코는 인人을 말하는데 바르고 가지런하면 인人을 가진 것이라 장수長壽를 누리고, 턱은 지地라 하여 모름지기 윤택하고 넓어야 하며 지地를 가진 것을 부富라고 하는 것이다.

삼정三停이란 이마의 머리털 난 부분에서 인당까지를 상정이라 하고, 산근에서 준두까지를 중정이라 하고, 인중에서 지각까지를 하정이라고 한다. 다시 말하면 이마의 머리부분에서 눈썹까지를 말하고, 눈썹에서 준두까지를 말하고, 준두에서 지각까지를 말한다.

상정이 길면 창달하고 길한 것이 보통이요, 중정이 길면 군왕의 지위에 가깝고, 하정이 길면 노년이 편하고 길하다 했으니 삼정이 고루 평등하면 부귀영달하고 삼정이 균형을 이루지 못하면 고독하고 단명하며 빈천하다 했다.

詩訣

面上三亭仔細看, 額高須得耳門寬.
學堂三部奚勘定, 空有文章恐不官.

얼굴의 삼정을 자세히 살필지니,
모름지기 이마는 높고 넓어야 한다.
학당 삼부는 어찌하여 살피는가?
문장과 관직의 유무를 알기 위함이다.

## 7. 사학당四學堂

사학당이란 첫째로 눈, 즉 관학당官學堂이니 모름지기 눈은 길고 맑아야 관직에 오를 수 있고, 두 번째로 이마는 녹학당祿學堂이니 모름지기 이마는 탁 트이고 길어야 관록과 수명이 길고, 세 번째로 당문양치當門兩齒를 내학당內學堂이라 하는데 두루 바르고 조밀해야 충직하고 믿음이 있으며 효도하고 공경한다.

반대로 치아가 드문드문하고 비뚤고 삭으면 사람됨이 광폭하거나 망령됨이 많고, 네 번째로 이문耳門, 즉 명문命門의 앞을 외학당外學堂이라고 하는데 귀 앞이 풍만하고 빛나고 윤택해야 하는데 만일 혼침昏沈하고 윤택함이 없으면 어리석고 미련한 사람이다.

## 8. 팔학당八學堂

첫 번째는 고명부학당高明部學堂이니 머리가 둥글고 혹은 이골異骨이 솟은 것이요.

두 번째는 고광부학당高廣部學堂이니 액각額角이 밝고 윤택하며 뼈가 모지게 솟은 것이요.

세 번째는 광대부학당光大部學堂이니 인당이 평평하고 밝으며 상처나 흠이 없어야 할 것이요.

네 번째는 명수부학당明秀部學堂이니 눈빛이 밝고 눈동자가 검은 것이 많으면 사람됨이 속이 깊고 실속이 있음이요.

다섯 번째는 총명부학당聰明部學堂이니 귀가 윤곽이 있고 색이 홍·백·황을 띄어야 할 것이요.

여섯 번째는 충신부학당忠信部學堂이니 치아가 고르고 조밀하고 하얀 것이 마치 서릿발같아야 할 것이요.

일곱 번째는 광덕부학당廣德部學堂이니 혀는 길고 코 끝을 닿을 듯 하고, 붉은 주름이 길어야 할 것이요.

여덟 번째는 반순부학당斑笋部學堂이니 눈썹은 길어서 활처럼 굽어 잘 쌍합해야 할 것이다.

## 9. 오행형五行形

목형木形은 마르고, 금金형은 모지고, 수水형은 살찌고, 토土형은 돈후하여 마치 거북이의 등과 같고, 위는 뾰족하고 아래는 넓은 상을 화火형이라 한다. 이 다섯 가지 사람의 형상을 자세히 살펴 추정해야 한다.

## 제7절 기색氣色에 대하여

　기氣는 피부 안에 있고, 색色은 피부 밖에 있다. 기색의 허실을 잘 살펴야 한다. 기氣는 밝고 온화한 것이며, 색色은 광윤光潤하고 윤택한 것이며 기氣가 흩어지거나 색이 혼미하면 이것은 모두가 기산氣散이요 허색虛色인 것이다.
　기색은 오장육부의 정기精氣가 밖으로 표출된 것이며 외부로 표출되는 것은 색色이고, 내부에 맺히는 것은 기氣다. 피부 안에 있는 기氣는 장차 미래의 일을 암시하고, 피부 밖에 있는 색色은 과거의 일이다. 기색은 천지天地의 기氣와 합하여 상생상극의 이치로 사시四時로 나뉘어 생기니 13부위, 즉 130부위로 분별하여 진퇴간의 길흉을 판단하는 것이다.
　그러므로 색色은 있으나 기氣가 없으면 부광浮光이라 하여 기색氣色으로 삼지 않고, 기氣는 있으나 색色이 없으면 명량明亮이라 하여 기색氣色으로 논하지 않는다. 기색은 아침에 얼굴에 나타났다가 저녁에는 폐부로 들어가는데, 기색이 나타나고 들어가는 것은 마음의 희로애락에 있는 것이 아니고 자연의 감응에 의해서 홀연 나타나 미래의 결과로 다가오는 것이다. 이러한 이치는 모두가 자신을 감싸고 있는 신명神明이 먼저 감지하고 먼저 느끼는 영靈의 작용이다. 처음에 기氣가 맺히고 그 다음 색色이 되므로 기의 심천深淺을 살펴서 색色의 동정을 보면 장차 일어날 길흉을 감지할 수 있는 것이다. 조석朝夕간에 기색이 변화를 일으키니 사악한 마음을 먹으면 흉색이 돌고, 선한 마음을 먹고 음덕陰德을 행하면 차차 길색吉色으로 변하는 것이다. 선한 마음을 쓰면 흉한 것도 길한 운으로 변화해 가는 것이다. 마음이 상相을 바꾸는 것이니 수신修身하고 선덕善德을 쌓아간다면 불원간에 길운이 도래할 것이다.

### 1. 육기六氣에 대하여

#### 1) 1氣 : 청룡지기靑龍之氣

　금회잠명錦繪蠶明, 즉 자기紫氣를 띠고 황명黃明한 색깔이 선명하게 나타난 색을 말한다. 吉運의 발동은 대개 準頭, 즉 코끝에서 피어나서 모든 부위로 퍼지게 된다.

### 2) 2氣 : 주작지기朱雀之氣

노을이 물위에 잠긴 것처럼 선명하지 못한 붉은 색으로 官災와 口舌을 예고하는 불길한 色이다.

### 3) 3氣 : 구진지기句陳之氣

바람에 어지럽게 흩어지는 먹구름과 같은 색이며 이 구진의 색이 나타나면 재산이 흩어지고 業이 敗하는 불길한 운을 예고한다.

### 4) 4氣 : 등사지기螣蛇之氣

등사의 색은 불이 타고 난 후의 죽은 잿빛과 같으며 장차 도적盜賊과 火災의 액난을 예고하는 불길한 색이다.

### 5) 5氣 : 백호지기白虎之氣

피부에 기름을 바른 것처럼 나타난 색인데 이 백호색이 돌면 질병이 찾아오거나 부모형제 등 혈육간에 횡액이나 죽음을 예고하는 불길한 색이다.

### 6) 6氣 : 현무지기玄武之氣

아침에 피어나는 연기와 안개가 혼합되어 나타난 색깔로 이 색이 나타나면 돌연 병난을 만나거나 악질惡疾로 사망을 예고하는 불길한 색이다.

## 제8절 기색氣色의 동정에 대하여

편안할 때 준두에 악색惡色이 나타나면 1년 안에 재액이 따르고, 근심할 때 인당에 황색이나 자색이 감돌면 오래지 않아 좋은 吉事가 따른다. 일점 검푸른 색이 돌면 슬픈일과 우환이 생길 징조이며 멀게는 100일 안에 가깝게는 10일 안에 불길한 일이 찾아옴을 예고하는 것이다. 검푸른 색이 자연히 사라지면 곧 길한 일이 찾아오는 징조이다.

봄에는 三陽(왼쪽 눈)아래 와잠부위에 선명하고 푸른색이 임하면 좋고, 여름에는 紅色이 山根과 印堂에 임하면 좋다. 가을에는 황자색黃紫色이 좋고 코의 난대蘭臺와 정위廷尉에 나타나면 좋다. 겨울에는 흑색에 흰색을 겸한 것이 좋고 지각地閣(턱부위)을 보는 것이 가장 합당하다.

## 1. 오행색찰법五行色察法

삼라만상은 제각기 색을 가지고 있다. 그것은 오행색을 근간으로 하여 착종하여 색이 나오는 것이다. 대자연의 일부인 인간의 기색 또한 하늘의 기후와 같아서 오색을 두루 갖추어 날씨의 변화처럼 시시각각 그 모양을 달리하며 삶의 조건과 氣의 흐름이 서로 어울리면서 맑은 가운데 흐림이 있고 흐림 가운데 맑음이 있듯이 기색의 변화를 관찰한다면 운명의 길흉을 감지할 수 있는 것이다. 이처럼 천지자연의 신묘한 변화의 이치는 임의로 인간이 지어 만들 수 없는 것이니 더불어 기색을 잘 살펴 판단한다면 운세의 길흉판단에 있어서 착오가 없을 것이다.

### 1) 청색靑色 : 푸른 색

청색은 동방東方의 색이며 계절은 봄이고 오행으로는 목木이다. 오장육부로는 간장과 담낭이며 맛은 신맛이다. 청색의 길흉은 경중輕重과 농담濃淡으로 판단해야 한다. 청색은 우환과 우울한 색으로 불의에 변을 당하거나 근심과 걱정과 놀랄 일이 일어날 징조로 본다. 즉 검푸른 색은 사색死色이다. 그러나 파아란 녹음의 색깔과 맑은 가을 하늘의 색은 길吉하다. 청기靑氣는 취색翠色으로 살아있는 색이며, 남색藍色은 죽은 색으로 검푸른 색이다. 같은 청색이라도 사색死色과 생색生色을 잘 구별해야 한다.

### 2) 적색赤色 : 붉은 색

적색은 남방南方의 색이며, 계절은 여름이고 오행으로는 화火에 속하고, 오장육부로는 심장과 소장이며 맛은 쓴맛이다. 적색은 관재·구설과 쟁송爭訟을 관장하며 노색怒色으로 쟁투하거나 관재·구설·송사·재난·파재·사고·흉액 등이 일어날 징조이다. 그러나 붉은 옥구슬, 빨간 불꽃처럼 윤기있는 색은 길색吉色이며 죽은 생선의 피처럼 퇴색하고 검붉은 불색은 사색死色이다. 적색은 계관鷄冠, 즉 닭의 갓처럼 나는 색을 살아있는 생색生色이고, 물고기의 검붉은 혈색血色은 죽은 색, 즉 사색死色이라고 한다. 화기火氣와 자기紫氣를 잘 구별하는 것이 묘법妙法이다.

### 3) 백색白色 : 흰 색

백색은 서방西方의 색깔이며, 계절로는 가을이고 오행은 금金에 속하며 맛은 매운맛이다. 오장육부는 폐장과 대장이다. 백색은 죽거나 다치는 횡액의 색이요, 슬픈색이라 하며 사람이 죽어 상복을 입거나 슬프고 불행한 일이 생길 징조이다. 석회나 마른 뼈, 흰 밀가루를 뿌린 것 같은 어두운 색은 흉색이며, 하얀 눈이나 서리처럼 깨끗한 빛깔은 길색이다. 백색은 돼지기름과 같은 색깔을 생색生色이라 하고, 마른 뼈색과 같은 것을 사색死色이라 한다.

### 4) 흑색黑色 : 검은 색

흑색은 북방北方의 색이며, 계절로는 겨울이고 오행은 수水이다. 오장육부는 신장과 방광에 속하고 맛은 짠맛이다. 흑색은 뇌옥牢獄과 사망의 액이 이르는 색이며, 죽은 색이라 하며 재물의 손실과 질병·형벌·사망·횡사 등의 불길한 일이 생길 징조이다. 그러나 까마귀 날개빛이나 깊은 물 속의 색은 길색이며 연기의 그을음 같은 축축하고 회색빛의 흑색은 불길한 색이다. 흑색은 새의 깃털과 같은 색을 생색生色이라 하고, 연탄 색깔 같은 것을 사색死色이라 한다.

### 5) 황색黃色 : 노란 색

황색은 중앙의 색이며, 계절과 계절을 이어주는 중앙방위로 사시四時의 중심을 이루고 있다. 오장육부는 비장과 위장이며 맛은 단맛이다. 길색吉色에 속하며 개운開運의 진행을 도와주고 생활의 활기를 길러주는 좋은 색이다. 그러나 노란 병아리나 구리빛같은 색은 길하지만 낙엽이나 배 껍질강은 색은 불길한 색이다. 기타 홍색紅色, 자색紫色, 황색黃色의 삼색三色은 희색喜色이라 하여 좋은 일이 다가올 상서로운 색이다. 황색은 거위나 병아리의 색깔과 같은 것을 생색生色이라하고, 낙엽같은 색을 사색死色이라고 한다.

## 제9절 십이궁 기색찰법

  십이궁의 기색을 관찰하기에 앞서 사전에 기색의 변별辨別을 많이 연습해야 한다. 기색의 변별은 본장에서 생략하기로 하고 다음 기회에 논하고자 한다. 변별법은 동색動色·수색守色·취색聚色·산색散色·성색成色·변색變色·이색利色·해색害色·건체색蹇滯色·활염색滑艷色·광부색光浮色을 잘 살피는 법이다. 마의麻衣선생도 오색五色중에서 적색赤色의 분별이 가장 어렵다고 했으므로 홍紅·자紫·적赤 이 삼색三色을 잘 구분하는 것이 묘법 중에 묘법이다.

### 1. 명궁命宮(산근과 중정 중간인 인당부분)

  명궁의 위치는 산근과 중정 사이인 인당을 말한다. 상학에서 인당의 기색을 중시하는데, 명궁에 실날같은 죽은 적색을 띠면 관재소송 및 형옥刑獄에 관한 일이 생기고, 잿빛같이 암울한 기색을 띠면 사망하거나 중병으로 신음하고, 어둡고 죽은 청색을 띠면 재앙이 닥치거나 뜻밖의 우환이 따르고, 빛이 없고 죽은 백색을 띠면 부모의 효복孝服, 즉 상복을 입고(부모가 안 계시면 형제나 처자), 광윤하고 황명黃明한 기색이 나타나면 모든 일이 순조롭고 불원간 경사스런 일이 찾아온다.

### 2. 부모궁父母宮(이마의 日月角과 輔骨부분)

  부모궁의 위치는 이마의 좌우 일日·월각月角 및 좌우 보골輔骨부분을 말한다. 색이 어둡고 암울한 청색을 띠면 부모에게 질병이나 우환이 따르고, 죽은 흑색을 띠면 부모가 사망하거나 중병을 예고하고, 빛이 없고 마른 뼈처럼 죽은 백색을 띠면 효복孝服(상복)을 입게 되고, 색이 어둡고 검붉은 적색을 띠면 소송과 관재구설이 일어나거나 뜻밖의 화재수火災數를 만나 액난을 당하고, 퇴색한 낙엽처럼 죽은 황색을 띠면 부모에게 질병이 이르고, 윤택하고 홍황紅黃한 기색이 나타나면 부모에게 좋은 일이 생긴다.

### 3. 형제궁兄弟宮(좌우 눈썹)

형제궁의 위치는 좌우의 눈썹을 말한다. 이 부분에 어둡고 죽은 청색을 띠면 형제자매에게 슬픈일이나 질병·재액이 따르고, 어둡고 죽은 적색을 띠면 형제 간에 불화하고, 관재구설이 따르며, 백색은 소송이나 횡액 등이 일어나거나 수족手足을 크게 다치는 일이 발생하고, 죽은 흑색을 띠면 형제·자매에게 손재나 큰 재액이 따르고, 광윤하고 황명黃明한 기색이 나타나면 형제·자매에게 좋은 일이나 경사가 이른다.(왼쪽 눈썹은 토지를 확장하고 오른쪽 눈썹은 기타 재물이나 좋은 배우자를 얻는다).

### 4. 처첩궁妻妾宮(奸門 = 어미魚尾부분)

처첩궁의 위치는 눈꼬리 부분, 즉 어미魚尾와 간문奸門이다. 죽은 청색, 어둡고 검푸른 색을 띠면 처첩에게 질병이나 우환이 있거나 기타의 재앙이 이르고, 죽은 적색, 즉 죽은 생선의 어혈색魚血色을 띠면 부부가 불화하거나 아내에게 관재·구설 혹은 산액産厄이 따르고(적색이 짙으면 아이를 낳다가 죽는다), 마른 뼈색처럼 죽은 백색을 띠면 아내가 죽거나 횡액을 당하고, 죽은 흑색을 띠면 처자의 죽음으로 슬픔이 있거나 손재損財하고, 또는 자신이 몸에 상처를 입거나 부상당하며, 선명하고 황명黃明한 빛깔을 띠면 아내에게 좋은 일이 생긴다(결혼 전이라면 좋은 배필을 만날 징조다).

### 5. 남녀궁男女宮(자녀궁 : 와잠부위)

남녀궁의 위치는 눈 아래 와잠臥蠶(눈두덩)이다. 검푸른 청색을 띠면 생남생녀生男生女하는데 빛이 밝고 윤택하지 못하면 오히려 자녀에게 우환이나 질고疾苦가 있고, 죽은 청색이 짙으면 자녀를 잃거나 슬픈일이 따른다. 남녀궁이 죽은 적색(죽은 고기의 어혈魚血색)을 띠면 아내에게 산액이 있거나 자녀로 인한 구설과 관재가 따르고, 마른 백색을 띠면 자녀를 잃거나 자녀에게 횡액이 따르고, 죽은 흑색을 띠면 자녀에게 슬픈일이 있고, 윤택하고 선명한 황색을 띠면 자손의 경사가 있다.

## 6. 재백궁財帛宮(코 전체)

재백궁의 위치는 년상年上·수상壽上·준두準頭·난대蘭臺·정위廷尉, 즉 토성土星(코)이며 재물의 유무를 나타내는 중요한 곳이다. 이곳에 검푸른 청색이 나타나면 손재로 인한 슬픔과 우환이 따르고, 건강에도 문제가 생기어 질병으로 인한 어려움이 따르며, 기색이 윤택하고 황명黃明한 색이 출연하면 재물이 흥왕하고, 죽은 어혈魚血같은 검붉은 적색을 띠면 재산상의 관재로 손재損財하거나 혹은 부모의 상복을 입게 되고, 죽은 흑색을 띠면 토지로 인한 손해나 형옥수刑獄數가 이르고 파재破財하며, 코끝에 흑색이 짙게 나타나면 가업이 파산하고 망하는 불길함을 예고한다.

## 7. 관록궁官祿宮(이마의 중심과 좌우 전체)

관록궁의 위치는 이마의 중심선인 천정·사공·중정 및 좌우 이마 전체를 포함한 것이다. 관록궁에 검푸른 청색이 나타나면 직장에서 좌천되거나 관직을 잃거나 명예에 이상이 생기고, 소송 및 관청의 일로 손재損財하거나 관액이 따르고, 검붉은 적색을 띠면 관재구설로 직장을 잃거나 좌천하고 기타 놀랄 일이 생기며, 백색을 띠면 소송이 일어나거나 관직을 잃거나 혹은 직장을 잃을 염려가 있고, 흑색을 띠면 건강에 이상이 생겨 질병이 생기고 흑색이 매우 짙으면 옥사獄死하거나 형액을 당한다. 천정과 중정에 선명하고 광윤한 홍황紅黃의 기색을 띠면 명예가 상승하거나 관직에서 승진되며 비록 송사訟事에 관한 일로 소송중인 경우라도 승소勝訴하는 길사吉事가 생긴다.

## 8. 전택궁田宅宮(눈두덩 부분과 지각부분)

전택궁의 위치는 눈썹 밑으로부터 위 눈두덩까지를 말하는데 지각도 연계하여 포함된다. 천창天倉과 지고地庫가 풍만하고 광윤하여 황명黃明하면 전택과 재물에 대길하다. 전택궁이 검푸른 청색을 띠면 토지로 인해 관재시비가 일어나거나 근심이 생기고, 선명하고 윤택한 황색을 띠면 전답을 사들이거나 토지로 인하여 기쁜 일이 발생하고, 검붉은 적색을 띠면 관재구설이나 소송으로 관액을 당하여 토지가 줄어들고, 마른 백색을 띠면 뜻밖의 재난이나 집안에 우환과 실물수가 있고, 죽은 흑색을 띠면 주거의 불안정이 야기되고 재산이 줄게 된다.

## 9. 천이궁遷移宮(역마驛馬와 변지邊地)

천이궁의 위치는 이마의 양옆으로 변지와 역마 부분이다. 천이궁이 윤택하고 황명黃明하면 출행중 혹은 우연히 귀인을 만나 도움을 얻게 되고 재리와 명리名利를 얻게 되며, 검푸른 청색을 띠면 주위사람으로부터 인덕이 없고 매사에 장애와 곤란이 따라 순조롭지 못하며, 검붉은 적색을 띠면 관재시비가 일어나 곤경에 처하고, 퇴색한 백색을 띠면 노비나 식속 및 육축六畜을 손실하고, 죽은 흑색이 일어나면 객지에서 뜻밖의 횡액이나 죽음을 당한다. 흑색이 너무 짙으면 노상객사하거나 흉사하는 불길한 색이다.

## 10. 질액궁疾厄宮(산근山根)

질액궁의 위치는 인당 바로 아래 양눈사이인 산근山根이다. 질액궁에 검푸른 청색을 띠면 건강에 이상이 생겨 질병이 따르고, 죽은 어혈瘀血같은 검붉은 적색을 띠면 관재시비와 관액으로 인한 재앙과 농혈병濃血病으로 곤액을 당하고, 마른 뼈 같은 퇴색한 백색을 띠면 가정내에 처자의 우환이 중중하거나 본인의 신체상에 수족手足의 상처를 입고, 죽은 흑색을 띠면 병이 중하고 환자인 경우는 회생의 기미가 없으며, 또는 매사에 불리하고 일이 중도에 막히고 좌절되며, 만약 이곳에 홍紅·황黃·자색紫色의 상서로운 기색이 감돌고 윤택하면 비록 중병이라도 곧 치료되고 쾌차한다.

## 11. 복덕궁福德宮(액각額角과 천창天倉)

복덕궁의 위치는 이마의 액각額角 및 천창天倉 부근이다. 검푸른 청색을 띠면 가정에 근심과 우환으로 질고疾苦가 따르고, 주변이 불안한 가운데 매사 장애가 따르고 계획을 이루지 못하고, 백색을 띠면 뜻밖의 횡액이나 재난이 생기고, 적색을 띠면 관재구설혹은 재물관계나 골육간의 일로 시비가 발생하고, 흑암색을 띠면 가정에 우환과 손재수가 발생하고, 홍황紅黃한 기색이 감돌면 장차 좋은 일이 따르고 복록이 따른다.

## 12. 노복궁奴僕宮(지각地閣부분)

노복궁의 위치는 지각(턱)부근이며 턱 전체를 말한다. 검푸른 청색을 띠면 노복, 즉 현대적 의미로 말하면 거느리고 있는 식솔이나 회사체의 하부직원 및 육축의 손실이 있거나 건강에 이상이 생겨 질병을 얻고, 물고기 혈색血色인 검붉은 적색을 띠면 노복 및 육축으로 인한 구설과 관액이 따르고, 마른뼈처럼 퇴색한 백색을 띠면 노비·우마를 손실하고, 황색을 띠면 충성스런 부하직원이나 식솔의 즐거운 소식을 얻거나 육축이 왕성하고, 자색과 홍색을 띠고 윤택하고 광명하면 금전상의 이익과 재물이 따르고 식솔과 육축이 온전하고 왕성하다.

# 제10절 월별月別 기색氣色 시결詩訣(12개월 찰색察色도 참고)

12월 소속

| 寅 | 卯 | 辰 | 巳 | 午 | 未 | 申 | 酉 | 戌 | 亥 | 子 | 丑 |
|---|---|---|---|---|---|---|---|---|---|---|---|
| 1월 | 2월 | 3월 | 4월 | 5월 | 6월 | 7월 | 8월 | 9월 | 10월 | 11월 | 12월 |

### (1) 인월寅月(정월) 詩訣

正月寅宮白滯靑, 錢財積聚喜重重.
정월인궁백체청, 전재적취희중중
黑色一來防火盜, 黃須失脫黑官刑.
흑색일래방화도, 황수실탈흑관형

### (2) 묘월卯月(2월) 詩訣

卯宮木月最宜靑, 明故紅黃喜自生.
묘궁목월최의청, 명고홍황희자생.
一赤一黃東岳界, 須知此月有災厄.
일적일황동악계, 수지차월유재액.

(3) 진월辰月(3월) 詩訣

　　三月天倉只取黃, 紅來相應是榮昌.
　　삼월천창지취황, 홍래상응시영창.
　　白色帶傷是孝服, 靑來自己有災厄.
　　백색체상시효복, 청래자기유재액.

(4) 사월巳月(4월) 詩訣

　　巳宮火旺只宣紫, 靑色多侈與犯刑.
　　사궁화왕지선자, 청색다치여범형.
　　黑至五朝暗滯死, 黃防災破白傷親.
　　흑지오조암체사, 황방재파백상친.

(5) 오월午月(5월) 詩訣

　　午月之宮只要紅, 紫還見喜赤平平.
　　오월지궁지요홍, 자환견희적평평.
　　苦生暗色及靑色, 不破家事定犯刑.
　　고생암색급청색, 불파가사정범형.

(6) 미월未月(6월) 詩訣

　　未月炎炎火氣衰, 黃光紫氣必生財.
　　미월염염화기쇠, 황광자기필생재.
　　靑暗來侵成阻滯, 弱火逢金定有災.
　　청암래침성조체, 약화봉금정유재.

(7) 신월申月(7월) 詩訣

　　七月申宮氣最强, 只宜明潤又宜黃.
　　칠월신궁기최강, 지의명윤우의황.
　　黑暗赤靑多寒滯, 爲官破職士民厄.
　　흑암적청다한체, 위관파직사민액.

(8) 유월酉月(8월) 詩訣

　　酉月秋金只愛明, 苦還暗滯有災刑.
　　유월추금지애명, 고환암체유재형.
　　不獨本宮有黃色, 滿面俱宜一樣同.
　　불독본궁유황색, 만면구의일양동.

(9) 술월戌月(9월) 詩訣

　　戌宮土旺要黃明, 內外紅光在火星.
　　술궁토왕요황명, 내외홍광재화성.
　　苦是赤紅俱在外, 貨耗財散主虛驚.
　　약시적홍구재외, 능모재산주허경.

(10) 해월亥月(10월) 詩訣

　　亥宮水位氣宜明, 色要光華一片明.
　　해궁수위기의명, 색요광화일편명.
　　一點黃光一點白, 苦非官刑主大病.
　　일점황광일점백, 고비관형주대병.

(11) 자월子月(11월) 詩訣

　　一陽子位春須眞, 各宮禁界要分明.
　　일양자위춘수진, 각궁금계요분명.
　　子位獨嫌黃赤暗, 如珠如黑壽元終.
　　자위독혐황적암, 여주여흑수원종.

(12) 축월丑月(12월) 詩訣

　　五庫須黃方門成, 白光一見便相侵.
　　오고수황방문성, 백광일견편상침.
　　苦還赤滯如煙霧, 三七之間必有刑.
　　고환적체여연무, 삼칠지간필유형.

# 제30장
# 내공팔단금좌

命理學原理大全

제1절 내공도인술

# 제30장 내공팔단금좌 內功八段錦坐

## 제1절 내공도인술 內功導引術

1. 고치집신 叩齒集神
2. 미요천주 微搖天柱
3. 적룡교해 赤龍攪海
4. 마운신당 摩運腎堂
5. 단관전로 單關輾轤
6. 쌍관전로 雙關輾轤
7. 차수안정 叉手按頂
8. 수족구반 手足鉤攀

### 1. 팔단금 八段錦 정좌행공 靜坐行功 구결 口訣

| | | | |
|---|---|---|---|
| 垂簾冥心坐 | 握固靜思神 | 叩齒三十六 | 兩手抱崑崙 |
| 수렴명심좌 | 악고정사신 | 고치삼십육 | 양수포곤륜 |
| 左右鳴天鼓 | 二十四度聞 | 微擺撼天柱 | 赤龍攪水津 |
| 좌우명천고 | 이십사도문 | 미파감천주 | 적룡교수진 |
| 漱津三十六 | 神水滿口勻 | 一口分三嚥 | 龍行虎自奔 |
| 수진삼십육 | 신수만구균 | 일구분삼연 | 용행호자분 |
| 閉氣搓手熱 | 掌摩後精門 | 盡此一口氣 | 想火燒臍輪 |
| 폐기차수열 | 장마후정문 | 진차일구기 | 상화소제륜 |
| 左右輾轤轉 | 兩脚須舒伸 | 叉手雙虛托 | 捲手按頭頂 |
| 좌우전로전 | 양각수서신 | 차수쌍허탁 | 권수안두정 |
| 低頭攀足頻 | 以候逆水上 | 津來三口嚥 | 再漱再嚥吞 |
| 저두반족빈 | 이후역수상 | 진래삼구연 | 재수재연탄 |

如此三度畢　神水九還津　嚥下汨汨響　百脈自調勻
여차삼도필　신수구환진　연하루루향　백맥자조균
河水搬運訖　發火遍燒身　邪魔不敢近　夢寐不昏驚
하수반운흘　발화현소신　사마불감근　몽매불혼경
寒暑不能入　疾病不能侵　子後午前作　造化合乾坤
한서불능입　질병불능침　자후오전작　조화합건곤
循環次第轉　八卦是良因　誠意修身子　一日不可間
순환차제전　팔괘시양인　성의수신자　일일불가간

## 2. 팔단금八段錦 도인법導引法의 실제實際

팔단금이란 여덟절절로 이루어진 도인법의 훌륭함을 여덟필의 비단에 비유해서 붙여진 이름이다. 최초의 팔단금은 12세기 초인 北宋때 洪邁(홍매)가 편찬한 "夷堅志(이견지)"에 수록되었는데 그후 자세와 동작이 조금씩 다른 여러 가지 팔단금이 출현하여 南派와 北派, 文式과 武式, 坐式과 立式등의 유파가 형성되었으나 그 어느 것이나 의료체조로서의 가치가 뚜렷하여 오늘날에도 仙人氣功의 대표적 공법으로 많은 사람들에게 받아들여지고 있다.

아래 소개하는 "팔단금 도인법"은 문식 또는 좌식에 속하며 明나라때 나온 "遵生八箋(준생팔전)"과 "三才圖會(삼재도회)" 등에 수록된 것이다. 이 여덟가지 그림은 이퇴계 선생의 "活人心方(활인심방)" 도인법의 그림과 그 원형이 동일하지는 않다.

제1식 : 叩齒集神

1) 고치집신叩齒集神

양다리를 꼬고 앉아서, 눈을 감고 마음을 가라앉힌다. 정신을 집중하여, 아래 윗니를 딱딱 맞부딪치기를 36회 반복한다. 뒤이어 양손바닥으로 뒤통수를 감싸쥐고 9회 숨을 들이쉬고 내쉰다. 양손을 조금 앞쪽으로 이동시켜 양쪽 귀를 덮고 집게손가락을 가운데 손가락에 겹쳤다가 미끄러뜨리며 뒤통수 뼈를 탁탁 퉁기는데 좌우 각각 24회씩 반복한다.

제2식 : 미요천주

2) 미요천주微搖天柱

양다리를 꼬고 편안한 자세로 앉아 허리를 펴고 양손을 맞잡고서 좌우로 고개를 각각 24회씩 돌린다. 목운동에 따라 어깨도 함께 움직인다. 눈은 하늘을 쳐다보고 어깨는 반대쪽 어깨가 올라간다.

제3식 : 적룡교해

3) 적룡교해赤龍攪海 = 설고수인舌攪漱咽

붉은 용이 바다에서 조화를 부릴 때 파도를 휘젓듯이 한 형상을 나타낸 말로 즉, 혀로 입안을 양치질하듯 위아래를 고루 문지르는 것을 말하고 이렇게 하여 고인 침을 세 번으로 나누어 널름 삼키는 것을 말한다.

양다리를 꼬고 앉아서 주먹은 쥔다. 양손을 머리 위로 뻗어 올린 채 입안에서 혀를 좌우상하로 움직여 구개(입천장)와 아래·위 잇몸, 아래윗니 안팎을 문지른다. 입안에 침이 가득 고이면 꿀꺽 꿀꺽 양치질을 한 후 세 번으로 나누어 삼킨다. 비록 혀의 동작은 36회 하는 것으로 되어 있지만 횟수에 구애됨이 없이 타액이 그득 찰 때까지 하면 된다.(즉 여기서는 龍(용)은 타액을 말하고 氣(기)는 虎를 말한다)

제4식 : 마운신당

4) 마운신당摩運腎堂

숨을 길게 들이마신 다음, 잠시 숨을 멈추고 양손바닥이 뜨거워지도록 맞비빈 후 그 손으로 허리 뒤쪽으로 가져가서 숨을 서서히 내쉬면서 신장부위(신당)를 아래위로 천천히 36회 마찰한다.

다음에는 숨을 들이마신 다음 잠시 숨을 멈추고 양손을 비벼서 열이 나면 양손을 무릎위로 거두어 주먹을 쥔 채 호흡과 함께 하복부 단전이 점점 뜨거워지는 것으로 의념한다.

제5식 : 단관녹로

## 5) 단관녹로單關轆轤

고개를 숙이고 왼손을 허리에 댄 채 왼쪽 어깨 관절을 회전시키면서 흔들기를 36회 반복한다. 다음에는 좌우 손을 바꾸어 오른손을 허리에 댄 채 어깨를 회전시키면서 흔들기를 36회 한다. 녹로는 도르래를 뜻하는데 도르래바퀴 돌리듯 어깨를 돌린다는 뜻이다.

제6식 : 쌍관녹로

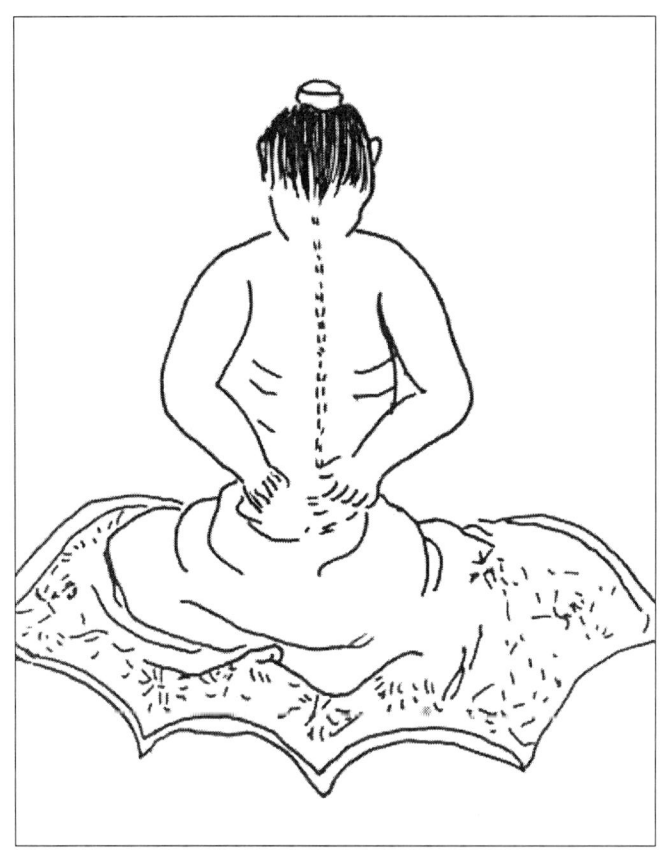

6) 쌍관녹로雙關轆轤

양손을 허리에 댄 채 양쪽 어깨를 동시에 회전시키면서 흔들기를 36회 한다. 이때 단전의 뜨거운 기운이 어깨관절을 거쳐 뒤통수로 들어가는 것을 상상한다. 코로 맑은 기를 들이마신 후 양다리를 앞으로 쭉 뻗는다.

제7식 : 차수안정

7) 차수안정叉手按頂

양다리를 뻗고 앉은 자세로 해도 되고 다리를 꼬고 앉은 자세로 해도 된다. 양손을 맞비비면서 "커허" 소리를 내며 숨을 토해내기를 5회 반복한다. 다음에는 양손을 맞잡거나 깍지를 끼고 양팔을 뻗어 올려 손바닥을 위로 향하는데 마치 하늘을 떠받쳐 올리는 기분으로 3회에서 9회까지 반복한다.

제8식 : 수족구반

8) 수족구반手足鉤攀

고개를 숙이고 양손으로 발바닥을 거머쥐고서 끌어당기기를 12회 한다. 뻗었던 양발을 거두어 양다리를 꼬고 단정하게 앉아서 입안에 고인 침을 꿀쩍거려 양치질을 한 후 세 번으로 나누어 삼킨다. 다음에는 제5식과 제6식의 녹로(어깨 돌리기)를 각각 24회씩 한다. 마지막으로 잠시 호흡을 정지한 채 단전의 뜨거운 기운이 온몸으로 퍼지는 것을 상상한다.

# 제31장

## 길신과 각종 흉살표

命理學原理大全

# 제31장 길신吉神과 각종 흉살표凶殺表

## 길신표 1

| 貴人＼生月 | 寅 | 卯 | 辰 | 巳 | 午 | 未 | 申 | 酉 | 戌 | 亥 | 子 | 丑 | 참 고 |
|---|---|---|---|---|---|---|---|---|---|---|---|---|---|
| 天德貴人<br>천덕귀인 | 丁 | 申 | 壬 | 辛 | 亥 | 甲 | 癸 | 寅 | 丙 | 乙 | 巳 | 庚 | 공망이 아니면 육친덕이 있다. 선조의 덕과 천지신명의 은혜를 입어 재난이 감소되고 해소됨. |
| 月德貴人<br>월덕귀인 | 丙 | 甲 | 壬 | 庚 | 丙 | 甲 | 壬 | 庚 | 丙 | 甲 | 壬 | 庚 | 정도 강하며, 부부덕이 있다. 선조의 덕과 천지신명의 은혜를 입어 재난이 감소되고 해소됨. |
| 進神<br>진신 | 甲子 | 甲子 | 甲子 | 甲午 | 甲午 | 甲午 | 己卯 | 己卯 | 己卯 | 己酉 | 己酉 | 己酉 | 모든 계획이 진취적으로 장애없이 순조롭게 풀려감. |
| 天赦星<br>천사성 | 戊寅 | 戊寅 | 戊寅 | 甲午 | 甲午 | 甲午 | 戊申 | 戊申 | 戊申 | 甲子 | 甲子 | 甲子 | 재난이나 질병으로 몰살당하기 일보직전 구사일생. 흉신이 길신으로 바뀜. |
| 天喜神<br>천희신 | 未 | 午 | 巳 | 辰 | 卯 | 寅 | 丑 | 子 | 亥 | 戌 | 酉 | 申 | 흉한 일이 자연히 길하게 변함. |
| 紅鸞星<br>홍란성 | 丑 | 子 | 亥 | 戌 | 酉 | 申 | 未 | 午 | 巳 | 辰 | 卯 | 寅 | 흉한 일은 면제되고 길신이 연출됨 여자의 경우 미인 |
| 皇恩大赦<br>황은대사 | 戌 | 丑 | 寅 | 巳 | 酉 | 卯 | 子 | 午 | 亥 | 辰 | 申 | 未 | 중한 죄일지라도 특사 등으로 방면되는 길성 |

## 길신표 2

| 貴星\日柱 | 상대 | 甲 | 乙 | 丙 | 丁 | 戊 | 己 | 庚 | 辛 | 壬 | 癸 | 참고 |
|---|---|---|---|---|---|---|---|---|---|---|---|---|
| 十干祿 십간록 | 柱中 | 寅 | 卯 | 巳 | 午 | 巳 | 午 | 申 | 酉 | 亥 | 子 | 將祿富貴가 임한다는 길성 |
| 天乙貴人 천을귀인 | 柱中 | 丑未 | 子申 | 亥酉 | 亥酉 | 丑未 | 子申 | 丑未 | 午寅 | 巳卯 | 巳卯 | 귀인인 사주는 길하다. 고귀한 출생으로 흉신이 길신으로 변함. |
| 太極貴人 태극귀인 | 年支 | 子午 | 子午 | 卯酉 | 卯酉 | 辰戌 | 辰戌 | 寅卯 | 寅卯 | 巳申 | 巳申 | 횡재수가 있다. 복과 길성이 집중한 사주. 부귀영화 |
| 天廚貴人 천주귀인 | 月支 | 巳月 | 午月 | 巳月 | 午月 | 申月 | 酉月 | 亥月 | 子月 | 寅月 | 卯月 | 재산복이 많다. 일생동안 의식주가 풍부 |
| 官貴學館 관귀학관 | 柱中 | 巳 | 巳 | 申 | 申 | 亥 | 亥 | 寅 | 寅 | 申 | 申 | 관직생활. 높은 지위 |
| 文昌貴人 문창귀인 | 柱中 | 巳 | 午 | 申 | 酉 | 申 | 酉 | 亥 | 子 | 寅 | 卯 | 학문에 성공한다. 교직자·예술가. 문학 |
| 文曲貴人 문곡귀인 | 柱中 | 亥 | 子 | 寅 | 卯 | 寅 | 卯 | 巳 | 午 | 申 | 酉 | 문인으로 출세. 업적이 후세에 전해짐. |
| 學堂貴人 학당귀인 | 月時 | 亥 | 午 | 寅 | 酉 | 寅 | 酉 | 巳 | 子 | 申 | 卯 | 문학에 성공, 十二운 성길. 凶유무. 학문이 높고 문장에 뛰어난 소질 |
| 金與祿 금여록 | 柱中 | 辰 | 巳 | 未 | 申 | 未 | 申 | 戌 | 亥 | 丑 | 寅 | 처가 미인이고 영리함. 妻家 재물의 덕으로 출세 |
| 暗祿 암록 | 柱中 | 亥 | 戌 | 申 | 未 | 申 | 未 | 巳 | 辰 | 寅 | 丑 | 평생 금전에 걱정이 없고 금전이 없어도 금전이 생김. |
| 夾祿 협록 | 柱中 | 丑卯 | 寅辰 | 辰午 | 巳未 | 辰午 | 巳未 | 未酉 | 申戌 | 戌子 | 亥丑 | 친척·친구·타인의 도움을 받고 일생동안 재산 풍부 |
| 交祿 교록 | 他柱 | 甲申/庚寅 | 乙酉/辛卯 | 丙子/癸巳 | 丁亥/壬午 | 戊子/癸巳 | 己亥/壬午 | 庚寅/甲申 | 辛卯/乙酉 | 壬午/丁亥 | 癸巳/戊子/丙子 | 무역법 등 무역에 관계하는 사업을 하면 발전. 상호거래에서 복성이 옮겨옴. |

## 각종 흉살표 1

| 殺名 \ 生月 | 寅 | 卯 | 辰 | 巳 | 午 | 未 | 申 | 酉 | 戌 | 亥 | 子 | 丑 |
|---|---|---|---|---|---|---|---|---|---|---|---|---|
| 急刻殺 소아마비, 신경병, 추락, 부상 등 질병 | 子 | 子 | 子 | 未 | 未 | 未 | 戌 | 戌 | 戌 | 辰 | 辰 | 辰 |
| | 亥 | 亥 | 亥 | 卯 | 卯 | 卯 | 寅 | 寅 | 寅 | 丑 | 丑 | 丑 |
| 斷橋關殺 넘어지고 떨어지고 팔다리 흉터, 병신, 불구자. | 寅 | 卯 | 申 | 丑 | 戌 | 酉 | 辰 | 巳 | 午 | 未 | 亥 | 子 |
| 天轉殺 매사 일이 안됨. 직업 변동. 破家 실패 | 乙 | 乙 | 乙 | 丙 | 丙 | 丙 | 辛 | 辛 | 辛 | 壬 | 壬 | 壬 |
| | 卯 | 卯 | 卯 | 午 | 午 | 午 | 酉 | 酉 | 酉 | 子 | 子 | 子 |
| 地轉殺 사사건건 조석으로 실패. 노력해도 허사. 불의의 재변 | 辛 | 辛 | 辛 | 戊 | 戊 | 戊 | 癸 | 癸 | 癸 | 丙 | 丙 | 丙 |
| | 卯 | 卯 | 卯 | 午 | 午 | 午 | 酉 | 酉 | 酉 | 子 | 子 | 子 |
| 斧劈殺 실패, 파산, 재난, 이별, 질병 | 酉 | 巳 | 丑 | 酉 | 巳 | 丑 | 酉 | 巳 | 丑 | 酉 | 巳 | 丑 |

## 각종 흉살표 2

| 殺 | 日柱 혹은 時間 |
|---|---|
| 湯火殺<br><br>20세 이전 불이나 더운물에 상처. 화상자국. 총탄환, 파편 부상. 수면제 복용, 식중독 경험 | 子午卯酉일생 : 주중에 午가 탕화살<br>辰戌丑未일생 : 주중에 未가 탕화살<br>寅申巳亥일생 : 주중에 寅이 탕화살 |

## 각종 흉살표 3

| 殺名 \ 地支 | 子 | 丑 | 寅 | 卯 | 辰 | 巳 | 午 | 未 | 申 | 酉 | 戌 | 亥 | 四柱의 대비관계 |
|---|---|---|---|---|---|---|---|---|---|---|---|---|---|
| 孤辰(鸞)殺<br>이혼, 이별, 첩을 보고<br>(여자는 독수공방) | 寅 | 寅 | 巳 | 巳 | 巳 | 申 | 申 | 申 | 亥 | 亥 | 亥 | 寅 | 年支主動<br>月·日·<br>時柱 |
| 寡宿殺<br>부부이별, 여자는 喪夫하여 과부됨 | 戌 | 戌 | 丑 | 丑 | 丑 | 辰 | 辰 | 辰 | 未 | 未 | 未 | 戌 | 年支主動<br>月·日·<br>時柱 |
| 桃花殺<br>주색으로 망하고 풍류 즐기고 남자는 남을 무시하는 마음 있고 여자는 바람끼. 년주에 있으면 소실의 태생, 일주에 있으면 연애결혼, 시주에 있으면 화류계 기생 직업 | 酉 | 午 | 卯 | 子 | 酉 | 午 | 卯 | 子 | 酉 | 午 | 卯 | 子 | 年·月柱<br>(주로 年柱)<br>主動 日柱 |
| 囚獄殺<br>경찰관, 형무관, 수사기관등 직업. 납치·구금등의 일을 당함. 위의 직업을 가지면 면함 | 午 | 卯 | 子 | 酉 | 午 | 卯 | 子 | 酉 | 午 | 卯 | 子 | 酉 | 日支主動<br>年·日·時 |
| 鬼門關殺<br>정신이상, 신경쇠약, 귀신이 몸에 붙어 다닌다는 살. 변태성 성격의 소유자. 여자가 이 살이 있으면 남편이 정신이상 | 子 | 丑 | 寅 | 卯 | 辰 | 巳 | 午 | 未 | 申 | 酉 | 戌 | 亥 | 日支主動<br>年·日·時 |
| | 酉 | 午 | 未 | 申 | 亥 | 戌 | 丑 | 寅 | 卯 | 子 | 巳 | 辰 | |

## 각종 흉살표 4

| 殺名 \ 生日 | 적요 | 甲 | 乙 | 丙 | 丁 | 戊 | 己 | 庚 | 辛 | 壬 | 癸 |
|---|---|---|---|---|---|---|---|---|---|---|---|
| 落井殺<br>우물, 강물, 화장실, 연못 등에 빠짐. | 日域時 | 巳 | 子 | 申 | 戌 | 卯 | 巳 | 子 | 申 | 戌 | 卯 |
| 白虎大殺<br>혈광사. 최고의 악살. 부친 또는 처나 첩이 흉망 | 柱中 | 甲辰 | 乙未 | 丙戌 | 丁丑 | 戊辰 | | | | 壬戌 | 癸丑 |
| 魁罡殺<br>강렬한 살기. 횡폭, 재앙, 살생, 고집, 길흉이 극단으로 작용 | 日主 | | | | | 戊戌 | | 庚辰 | 庚戌 | 壬辰 | |
| 陰錯殺<br>처가의 고독. 외삼촌 고독, 처남이 고독, 여자에겐 부모나 형제가 고독. 유명무실 | 日域時 | | | | 丁丑 | 丁未 | | | 辛酉<br>辛卯 | | 癸亥<br>癸巳 |
| 陽差殺<br>처가의 고독. 외삼촌 고독, 처남이 고독, 여자에겐 부모나 형제가 고독. 유명무실 | 日域時 | | | 丙子<br>丙午 | | 戊寅<br>戊申 | | | | 壬辰<br>壬戌 | |
| 孤鸞殺<br>여자에게 해당. 이혼, 이별, 독수공방 | 日主 | 甲寅 | 乙巳 | | 丁巳 | 戊申 | | | 辛亥 | | |
| 羊刃殺<br>남자는 부모, 처 재산 극하고, 여자는 남편을 극함. | 柱中 | 甲卯 | 乙辰 | 丙午 | 丁未 | 戊午 | 己未 | 庚酉 | 辛戌 | 壬子 | 癸丑 |
| 載路空亡<br>흉신도 길신도 오지 않는 살 | 時 | 申酉 | 午未 | 辰巳 | 寅卯 | 子丑 | 申酉 | 午未 | 辰巳 | 寅卯 | 子丑 |
| 梟神殺 | 日主 | 子 | 亥 | 寅 | 卯 | 午 | 巳 | 辰戌 | 丑未 | 申 | 酉 |

## 삼살방·대장군방·삼재출입법

| 운행법 | | | | |
|---|---|---|---|---|
| | 인오술년 | 사유축년 | 신자진년 | 해묘미년 |
| 삼살방 | 해자축 | 인묘진 | 사오미 | 신유술 |
| | 북방 | 동방 | 남방 | 서방 |
| 대장군방 | 해자축년 | 인묘진년 | 사오미년 | 신유술년 |
| | 유방 | 자방 | 묘방 | 오방 |
| | 정서 | 정북 | 정동 | 정남 |

| 삼재출입범 | | | | |
|---|---|---|---|---|
| 해년생 | 신자진생 원숭이·쥐·용 | 인오술생 범·말·개 | 해묘미생 돼지·토끼·양 | 사유축생 뱀·닭·소 |
| 들어오는해 | 인년 범 | 신년 원숭이 | 사년 뱀 | 해년 돼지 |
| 묵는해 | 묘년 토끼 | 유년 닭 | 오년 말 | 자년 쥐 |
| 나가는해 | 진년 용 | 술년 개 | 미년 양 | 축년 소 |

- 삼살방 : 이사·집수리 불리(삼합오행과 대칭되는 방위)
- 대장군방 : 이사불리·동토(태세의 이전 방향이 대장군방)
- 상문·조객방 : 해당 띠(년지)를 중심으로 전·후 두칸째 지지
- 고신·과숙(사주 감정시) : 해당 띠(년지)를 중심으로 전·후 한칸째 지지

## 고신・과수(사주활용)와 상문・조객방

| 과수 | 띠 | 고신 |
|---|---|---|
| 축 | 인묘진 | 사 |
| 진 | 사오미 | 신 |
| 미 | 신유술 | 해 |
| 술 | 해자축 | 인 |

| | | | | | | | | | | | | |
|---|---|---|---|---|---|---|---|---|---|---|---|---|
| 해 | 자 | 축 | 인 | 묘 | 진 | 사 | 오 | 미 | 신 | 유 | 술 | 해 |
| 상문방 | 술 | 해 | 자 | 축 | 인 | 묘 | 진 | 사 | 오 | 미 | 신 | 유 |
| 조객방 | 인 | 묘 | 진 | 사 | 오 | 미 | 신 | 유 | 술 | 해 | 자 | 축 |

# 제32장
# 십이천성과 구궁도 연습

命理學原理大全

## 제32장 십이천성十二天星과 구궁도 연습

### 1) 십이천성 소속

12지지에 하늘의 별들의 성질을 부합시킨 것으로, 다만 참고용이다.

1. 자천귀子天貴    2. 축천액丑天厄    3. 인천권寅天權    4. 묘천파卯天破
5. 진천간辰天奸    6. 사천문巳天文    7. 오천복午天福    8. 미천역未天驛
9. 신천고申天孤    10. 유천인酉天刃    11. 술천예戌天藝    12. 해천수亥天壽

### 2) 십이천성 설명

- **자천귀** : 총명하고 조기 출세하며 인생이 귀하게 된다.
- **축천액** : 조실부모, 어려서 고향을 떠나고, 일복과 고생이 많다.
- **인천권** : 國祿之客(공무원)이 좋고, 아니면 농업과 상업에 유리하고, 권력을 쥐거나 격식이 불리한 경우 무녀가 되기도 한다.
- **묘천파** : 파재와 실패수가 있으며, 부모의 업을 탕진하는 실패수가 있다.
- **진천간** : 지모과 계략에 능하고 고집이 있으며, 언변이 좋고 변호사, 중개업, 기술자 등이 좋다.
- **사천문** : 학문에 유리하고 그렇지 않으면 고생을 한다. 예민하고 신경질이 많으며 학예에 발달하여 문장력이 좋다.
- **오천복** : 경제적인 여유로 의식이 족하며, 식복과 활동성이 좋다. 대인관계를 잘하고 또한 잘 헤어지기도 한다.
- **미천역** : 객지를 떠돌며 풍파와 고생이 많고 주거의 불안과 변화수가 많다.
- **신천고** : 일신이 고독하며 형제·부모 덕이 없어 분리되며 흩어져 산다.
- **유천인** : 군인과 경찰, 의사 등이 좋으며, 몸에 흉터가 있고, 기타 업에 종사하는 경우는 발복이 늦다.

- **술천예** : 재주가 많고 예술과 기술 등에 다재다능하며 인내력이 부족하다.
- **해천수** : 인내력이 있으며 몸도 건강하여 수명장수하고 은연자중하여 성품이 온화하다.

### 3) 십이천성 보는 방법

처음으로 출생년 자리를 찾고, 다음으로 생년자리를 1월로 하여 출생월까지 짚어나가고, 다시 생월 자리를 1일로 하여 해당 생일수까지 돌려짚어서 머문 자리에 시간의 처음인 子시를 붙여서 출생시까지 돌려짚는 것이다.

가령 甲子生 2월 16일 午시생이 있다고 간주하면, 먼저 甲子생 쥐띠는 子生이니까 子자리 즉 자천귀子天貴가 되고, 생월이 2월이니 자천귀子天貴 자리에 1월을 붙여 2월까지 돌려 짚으면 축천액丑天厄이 닿고, 축천액丑天厄 자리에 1일을 붙여 16일까지 돌려 짚으면 진천간辰天奸이 닿고, 진천간辰天奸 자리에 子시를 붙여 午時까지 돌려 짚으면 술천예戌天藝에 닿는다. 그러므로 年에 자천귀子天貴, 月에 축천액丑天厄, 日에 진천간辰天奸, 時에 술천예戌天藝가 된다.

### 십이천성의 사주별 작용

| 子天貴(자천귀) | |
|---|---|
| 년 | 인물이 준수하고 총명하며, 귀인의 기상이 있으며 자손이 창성한다. |
| 월 | 자수성가하고 여색을 경계하고 낭비벽이 있고 대체적으로 성공한다. |
| 일 | 일찍 명성을 날리고 만인에게 존경을 받으며 여자를 조심해야 한다. |
| 시 | 재물이 풍부하고 자손이 창성하며 격식이 나쁘면 고생을 하기도 한다. |

## 丑天厄(축천액)

| | |
|---|---|
| 년 | 조실부모하거나 고향을 일찍 떠나며 일신이 곤궁하여 고생한다. |
| 월 | 일찍 고향을 떠나 자수성가하며 육신이 골달프고 몸에 신병도 따른다. |
| 일 | 관록이 있으면 좋으나 그렇지 않으면 일신이 고달프고 신병이 따른다. |
| 시 | 중병으로 신음하며 일신이 고독하고 자손덕이 없으나 천액이 둘이면 길하다. |

## 寅天權(인천권)

| | |
|---|---|
| 년 | 공직에서 권세를 누리거나 아니면 사업이나 장사를 하면 길하다. |
| 월 | 명진사해하여 이름을 떨치나 인·인이 나란히 오면 불길하다. |
| 일 | 준수하고 하는 일마다 길하다. 말년이 길하고 그릇이 크면 관록에 길하다. |
| 시 | 명진사해하며 만인의 우두머리격이며 재물이 풍성하여 장수한다. |

## 卯天破(묘천파)

| | |
|---|---|
| 년 | 초년에 고생수와 실패수가 많고, 용두사미격이며 결단심이 부족하다. |
| 월 | 낭비벽과 실패수가 있으며 부부불화하여 이별수가 있다. |
| 일 | 각지를 정처없이 떠도는 운이며 실패수가 있고 분수를 지키면 좋아진다. |
| 시 | 자손이 속을 썩히며 한명 정도는 효자이고 대체로 무난하며 말년에 성공. |

| 辰天奸(진천간) | |
|---|---|
| 년 | 꾀와 계략이 많고 관공서 등에서 성공하며 아니면 기술계통에서 두각을 낸다. |
| 월 | 구설수와 신액이 따르고 형벌의 우려가 있고 기술직으로 성공하는 편이다. |
| 일 | 언변이 좋고 지혜로우며 사업 등에서 크게 성공하는 운이다. |
| 시 | 화술로 크게 성공하며 소개업도 좋고 자손이 창성하고 상업으로 성공한다. |

| 巳天文(사천문) | |
|---|---|
| 년 | 학문으로 벼슬하며 학문이 아니면 신수가 곤고하고 신경성 질환으로 고생 |
| 월 | 학문을 많이 하면 좋고 그렇지 않으면 풍파를 당하고 신경성 질환으로 고생한다. |
| 일 | 용모가 단정하고, 문예에 소질이 있으며, 공부를 중단하면 기술자 팔자이고, 신경성 질환과 색욕을 조심해야 한다. |
| 시 | 대체로 좋으나 말년에 신경성 질환을 조심하고, 천예와 동주하면 술주정이 있고 때로 발광한다. |

| 午天福(오천복) | |
|---|---|
| 년 | 의식과 재물이 풍족하고 사람과 쉽게 사귀고 쉽게 헤어지며 사치를 즐기고 사업이나 기술계통으로 성공한다. |
| 월 | 지구력이 부족하고 권태를 빨리 느껴 중도에 포기가 많으나, 관운으로 출세하는 귀인의 운명이다. |
| 일 | 재물덕과 처덕이 좋고 주변에서 귀인이 도와주는 운이라 길하다. |
| 시 | 큰 재물을 만지고 자손이 창성하는 길한 운이다. |

| 未天驛(미천역) ||
|---|---|
| 년 | 객지를 떠도는 운이나 학업에 몰두하여 대성하는 사람도 있고 기술자가 많다. |
| 월 | 항상 분주하며 객지에서 풍파를 겪고 재산을 탕진하며 관재구설을 조심한다. |
| 일 | 일찍 고향을 떠나고 관록운도 있으나 실패수가 있고 상업은 길하나 주거불안이 있고 부부이별수가 있다. |
| 시 | 사업은 크게 성공하나 실패가 잦고 자손이 흩어지고 기술인은 대성한다. |

| 申天孤(신천고) ||
|---|---|
| 년 | 형제 이별하고 신액이 있으며 일신이 고독하다. 재주가 있고 일찍 가정을 꾸리는 사람도 있다. |
| 월 | 이사를 자주하고 일신이 고독한 팔자이며 인덕이 없어 풍파가 있고, 해외로 나가는 이도 있다. |
| 일 | 일신이 고독하고 육친무덕이며 부부의 인연이 약하여 스스로 개척하는 운이며, 부부이별수, 바다에 나가 일하는 사업은 길하나 방생을 많이 해야 한다. |
| 시 | 자식과 부부의 연이 약하고 말년은 일신이 고단하다. 불심이 깊으면 길하다. |

| 酉天刃(유천인) ||
|---|---|
| 년 | 성격이 조급하고 매정하며 대체로 몸에 흉터가 있으며, 싸움을 조심하고 군인, 경찰, 의사 등의 직업이 길하다. |
| 월 | 용두사미격이며 조급하게 일을 서두르다가 실패수가 많고 몸에 흉터가 없으면 중병을 앓아본다. |
| 일 | 성격이 꼼꼼하고 강직하며 남과 어울리지 못하여 실패수 있다. 군인, 의사, 법관은 대길하며 그렇지 않으면 기술자나 목수가 좋고 몸에 흉터가 있다. |
| 시 | 객지를 떠돌며 몸에 흉터나 불구자인 경우가 있고 자손을 잃는 액도 있으니 늘 조심한다. |

| 戌天藝(술천예) ||
|---|---|
| 년 | 남달리 재능이 뛰어나고 손재주가 있으며, 사치를 좋아하고 성격이 급하며, 남을 시키기 좋아한다. |
| 월 | 초년에 출세하고 예술방면이나 기술계통으로 성공하고, 수단이 좋고 신경질적인 성격만 개선하면 모든 것이 좋아진다. |
| 일 | 예술이나 기술방면에서 혹은 의원으로 성공하나 승려나 종교인도 많다. 대체로 중년 이후가 좋다. |
| 시 | 자손이 재능이 있고 신경통으로 고생하며 종교인으로 귀의하여 명산을 찾는 이도 있다. |

| 亥天壽(해천수) ||
|---|---|
| 년 | 도덕성과 결백한 마음의 소유자다. 진취의 기상이 있어서 성공하나 고집으로 실패하는 경우도 있다. |
| 월 | 진취적인 기상도 있으나 객지풍파가 따르며 한곳에 꾸준히 있으면 대성한다. |
| 일 | 천상에서 죄를 짓고 인계에 하강했으나 초반 20대는 좋으나 30대에는 곤란을 겪고, 중년이후에 점차로 좋아진다. 천파나 천액이 있으면 고생이 많고 단명하는 수가 있다. |
| 시 | 의식이 족하고 장수하며 천수성이 둘 이상이면 고독하고 신기가 있으며 몸이 아프다. 만약 농사를 크게 하여 재산을 모으면 장수할 수 있다. |

## 구궁순행연습

| 9 | 5 | 7 |
|---|---|---|
| 8 | 1 | 3 |
| 4 | 6 | 2 |

| 1 | 6 | 8 |
|---|---|---|
| 9 | 2 | 4 |
| 5 | 7 | 3 |

| 3 | 8 | 1 |
|---|---|---|
| 2 | 4 | 6 |
| 7 | 9 | 5 |

| 2 | 7 | 9 |
|---|---|---|
| 1 | 3 | 5 |
| 6 | 8 | 4 |

| 4 | 9 | 2 |
|---|---|---|
| 3 | 5 | 7 |
| 8 | 1 | 6 |

| 5 | 1 | 3 |
|---|---|---|
| 4 | 6 | 8 |
| 9 | 2 | 7 |

| 7 | 3 | 5 |
|---|---|---|
| 6 | 8 | 1 |
| 2 | 4 | 9 |

| 6 | 2 | 4 |
|---|---|---|
| 5 | 7 | 9 |
| 1 | 3 | 8 |

# 7궁수행도

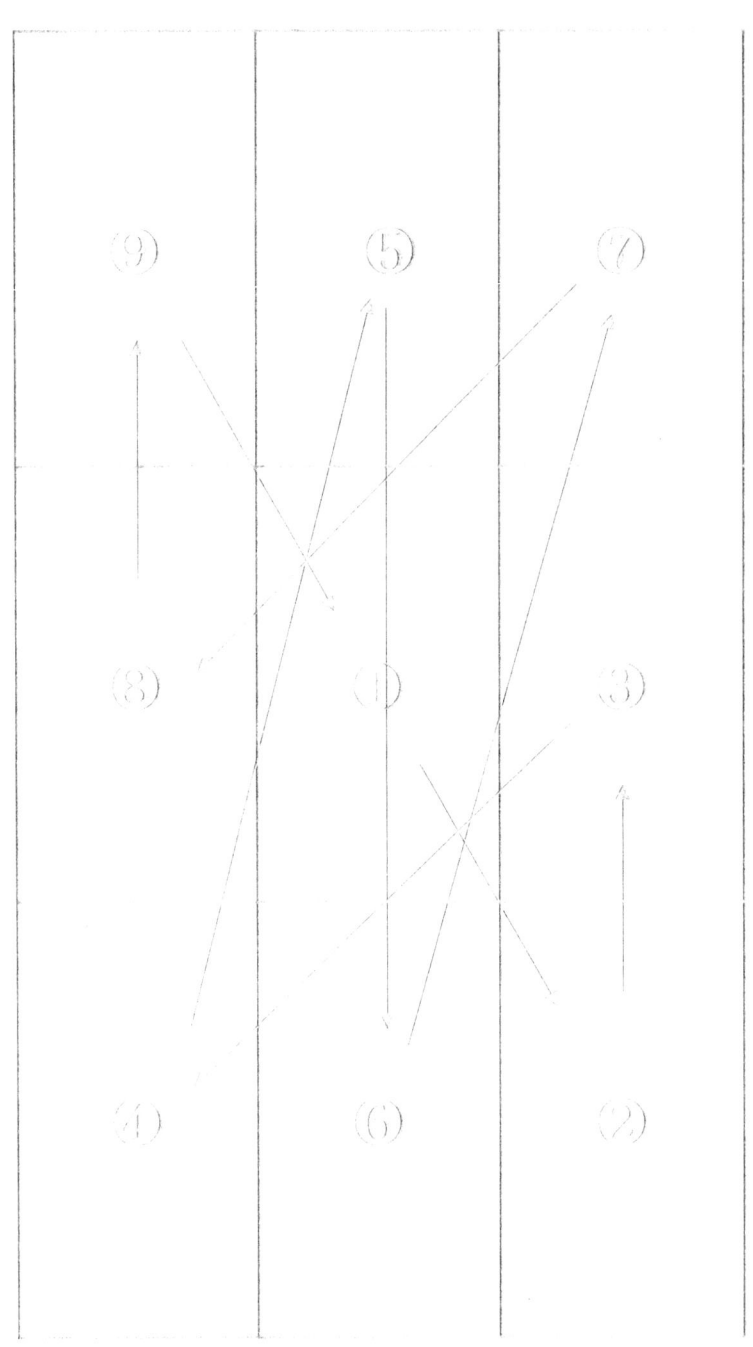

# 제33장
# 이사방위 및 생기복덕법

命理學原理大全

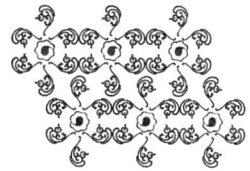

# 제33장 이사방위 및 생기복덕법

이사방위표

| 남자(乾) 연령 | 방위 ||||||||| 여자(坤) 연령 |
|---|---|---|---|---|---|---|---|---|---|---|
| | 정동 | 동남 | 정남 | 서남 | 중앙 | 정서 | 서북 | 정북 | 동북 | |
| 9 18 27 36 45 54 63 72 81 | 퇴식 | 천록 | 합식 | 관인 | 안손 | 증파 | 식신 | 진귀 | 오귀 | 10 19 28 37 46 55 64 73 1 |
| 8 17 26 35 44 53 62 71 80 | 관인 | 퇴식 | 오귀 | 진귀 | 천록 | 식신 | 안손 | 합식 | 증파 | 9 18 27 36 45 54 63 72 81 |
| 7 16 25 34 43 52 61 70 79 | 진귀 | 관인 | 증파 | 합식 | 퇴식 | 안손 | 천록 | 오귀 | 식신 | 8 17 26 35 44 53 62 71 80 |
| 6 15 24 33 42 51 60 69 78 | 합식 | 진귀 | 식신 | 오귀 | 관인 | 천록 | 퇴식 | 증파 | 안손 | 7 16 25 34 43 52 61 70 79 |
| 5 14 23 32 41 50 59 68 77 | 오귀 | 합식 | 안손 | 증파 | 진귀 | 퇴식 | 관인 | 식신 | 천록 | 6 15 24 33 42 51 60 69 78 |
| 4 13 22 31 40 49 58 67 76 | 증파 | 오귀 | 천록 | 식신 | 합식 | 관인 | 진귀 | 안손 | 퇴식 | 5 14 23 32 41 50 59 68 77 |
| 3 12 21 30 39 48 57 66 75 | 식신 | 증파 | 퇴식 | 안손 | 오귀 | 진귀 | 합식 | 천록 | 관인 | 4 13 22 31 40 49 58 67 76 |
| 2 11 20 29 38 47 56 65 74 | 안손 | 식신 | 관인 | 천록 | 증파 | 합식 | 오귀 | 퇴식 | 진귀 | 3 12 21 30 39 48 57 66 75 |
| 1 10 19 28 37 46 55 64 73 | 천록 | 안손 | 진귀 | 퇴식 | 식신 | 오귀 | 증파 | 관인 | 합식 | 2 11 20 29 38 47 56 65 74 |

## 생기 · 복덕간법

| 연령 \ 구분 | | 생기 ○ | 천의 ○ | 절체 × | 유혼 △ | 화해 × | 복덕 ○ | 절명 × | 귀혼 △ |
|---|---|---|---|---|---|---|---|---|---|
| 남자의 연령 | 1 8 16 24 32 40 48 56 64 72 | 묘 | 유 | 자 | 미신 | 축인 | 진사 | 술해 | 오 |
| | 越坤 9 17 25 33 41 49 57 65 73 | 축인 | 진사 | 술해 | 오 | 묘 | 유 | 자 | 미신 |
| | 2 10 18 26 34 42 50 58 66 74 | 술해 | 오 | 축인 | 진사 | 자 | 미신 | 묘 | 유 |
| | 3 11 19 27 35 43 51 59 67 75 | 유 | 묘 | 미신 | 자 | 진사 | 축인 | 오 | 술해 |
| | 4 12 20 28 36 44 52 60 68 76 | 진사 | 축인 | 오 | 술해 | 유 | 묘 | 미신 | 자 |
| | 5 13 21 29 37 45 53 61 69 77 | 미신 | 자 | 유 | 묘 | 오 | 술해 | 진사 | 축인 |
| | 6 14 22 30 38 46 54 62 70 78 | 오 | 술해 | 진사 | 축인 | 미신 | 자 | 유 | 묘 |
| | 7 15 23 31 39 47 55 63 71 79 | 자 | 미신 | 묘 | 유 | 술해 | 오 | 축인 | 진사 |
| 여자의 연령 | 1 8 16 24 32 40 48 56 64 72 | 진사 | 축인 | 오 | 술해 | 유 | 묘 | 미신 | 자 |
| | 2 9 17 25 33 41 49 57 65 73 | 유 | 묘 | 미신 | 자 | 진사 | 축인 | 오 | 술해 |
| | 3 10 18 26 34 42 50 58 66 74 | 술해 | 오 | 축인 | 진사 | 자 | 미신 | 묘 | 유 |
| | 4 11 19 27 35 43 51 59 67 75 | 축인 | 진사 | 술해 | 오 | 묘 | 유 | 자 | 미신 |
| | 5 12 20 28 36 44 52 60 68 76 | 묘 | 유 | 자 | 미신 | 축인 | 진사 | 술해 | 오 |
| | 6 13 21 29 37 45 53 61 69 77 | 자 | 미신 | 묘 | 유 | 술해 | 오 | 축인 | 진사 |
| | 7 14 22 30 38 46 54 62 70 78 | 오 | 술해 | 진사 | 축인 | 미신 | 자 | 유 | 묘 |
| | 越艮 15 23 31 39 47 55 63 71 79 | 미신 | 자 | 유 | 묘 | 오 | 술해 | 진사 | 축인 |

남자 나이 세는 법(순행)

| | | |
|---|---|---|
| 7세 | 1세<br>40세<br>80세 | 9세<br>越 |
| 6세<br>30<br>70세<br>110세 | | 2세<br>10세<br>50세<br>90세 |
| 5세 | 4세<br>20세<br>60세<br>100세 | `3세 |

여자 나이 세는 법(역행)

| | | |
|---|---|---|
| 6세 | 5세<br>20세<br>60세<br>100세 | 4세 |
| 7세<br>30세<br>70세<br>110세 | | 3세<br>10세<br>50세<br>90세 |
| 越 | 1세<br>8세<br>40세<br>80세 | 2세<br>9세 |

팔괘방위 괘卦를 만들어 가는 순서

- 일상생기 → 이중천의 → 삼하절체 → 사중유혼 → 오상화해
  → 육중복덕 → 칠하절명 → 팔중귀혼
- 상(검지) : 상효, 중(중지) : 중효, 하(약지) : 하효

## 생기 · 복덕 택일법 8궁의 의미 해설

1. **生氣(생기)** : 생동하는 기운의 의미. 불길한 운기를 제거하고, 살아 있는 기운으로 모든 일을 활력으로 유도한다.

2. **天宜(천의)** : 天醫와 같은 의미. 하늘의 혜택으로 행운과 좋은 기를 받아 건강해지고 모든 일이 순조롭게 진행된다. 특히 약을 복용하거나 입원환자는 병의 치료에 좋고 각종 질병과 지병의 회복이 빠르다.

3. **絶體(절체)** : 건강에 불리하며 몸에 좋은 운기가 차단되는 형상으로 상승하던 운기가 서서히 하강하는 불운을 조장함. 매사에 불리하다. 일진이 길하다면 사용해도 무방하다고는 하나 가급적이면 운용치 않음이 좋다.

4. **遊魂(유혼)** : 혼령이 정신을 괴롭히는 상으로 정신적으로 불안하며, 마음이 흔들리고 안정치 못함. 일진이 길하다면 사용해도 무방하나 부득이한 상황이 아니면 가급적 사용치 않음이 좋다.

5. **禍害(화해)** : 모든 것이 나를 괴롭히고 방해하는 상이며, 크게 흉하다. 일진이 길하더라도 사용하면 안 된다.

6. **福德(복덕)** : 복덕과 행운을 주재하는 가장 좋은 길성으로 매사에 사용하면 좋다. 모든 일이 순조롭고 번창의 기운을 유도하는 기운이다.

7. **絶命(절명)** : 생명력이 끊어지는 형상으로 크게 흉하다. 주위의 원조나 도움이 모두 끊기고 고독하며 홀로 사막을 걷는 상이니 일진이 좋더라도 사용하면 안 된다.

8. **歸魂(귀혼)** : 혼령이 방해하고 괴롭히다가 자신의 자리로 돌아가는 형상으로 흉한 것 중에서 가장 약하지만 마지막으로 방해하고 가는 심술이 남아있으므로 조심해야 하고 일진이 길하면 사용해도 무방하다.

운용방법

일상생기, 이중천의, 삼하절체, 사중유혼, 오상화해
육중복덕, 칠하절명, 팔중귀혼

※ 이사, 고사, 약혼, 결혼, 출행, 공사, 원행 등에 사용

- 먼저 나이를 구궁도에서 세고, 나이가 떨어지는 궁의 괘를 손으로 만들어 그때부터 일상생기, 이중천의... 하고 만들어간다. 해당 괘의 위치에서 손이 떨어져 있으면 붙이고, 붙어 있으면 떨어뜨려 변화된 괘의 이름을 해당 궁을 찾아서 배치한다.

| 손巽 ☴ | 이離 ☲ | 곤坤 ☷ |
|---|---|---|
| 진震 ☳ | ☯ | 태兌 ☱ |
| 간艮 ☶ | 감坎 ☵ | 건乾 ☰ |

## 오행의 상생·상극 응용

| 剋 | (를·을) 我 (가·이) | 剋 |
|---|---|---|
| 정관·편관 | 六神 | 정재·편재 |
| 金 | 木 | 土 |
| 水 | 火 | 金 |
| 木 | 土 | 水 |
| 火 | 金 | 木 |
| 土 | 水 | 火 |

| 生 | (를·을) 我 (가·이) | 生 |
|---|---|---|
| 정인·편인 | 六神 | 식신·상관 |
| 水 | 木 | 火 |
| 木 | 火 | 土 |
| 火 | 土 | 金 |
| 土 | 金 | 水 |
| 金 | 水 | 木 |

| 比 | (를·을) 我 (가·이) |
|---|---|
| 비견·겁재 | 六神 |
| 木 | 木 |
| 火 | 火 |
| 土 | 土 |
| 金 | 金 |
| 水 | 水 |

1. 克我者(극아자) : 나를 극하는 것
2. 我克者(아극자) : 내가 극하는 것
3. 生我者(생아자) : 나를 낳는 것
4. 我生者(아생자) : 내가 낳는 것
5. 比我者(비아자) : 나와 같은 오행

# 제34장

## 인명용 한자

命理學原理大全

# 제34장 인명용 한자

(대법원 추가고시 1994.9.1)

| 가 | 家 | 佳 | 街 | 可 | 加 | 價 | 架 | 暇 | 嫁 | 稼 | 賈 | 駕 | 伽 |
|---|---|---|---|---|---|---|---|---|---|---|---|---|---|
| 각 | 各 | 角 | 脚 | 閣 | 覺 | 刻 | 珏 | 恪 | | | | | |
| 간 | 干 | 間 | 看 | 刊 | 幹 | 簡 | 姦 | 懇 | 艮 | 杆 | 諫 | 玕 | |
| 갈 | 渴 | 葛 | | | | | | | | | | | |
| 감 | 甘 | 減 | 感 | 敢 | 監 | 鑑 | 勘 | 邯 | | | | | |
| 갑 | 甲 | 鉀 | | | | | | | | | | | |
| 강 | 江 | 降 | 講 | 强 | 康 | 剛 | 鋼 | 綱 | 堈 | 岡 | 崗 | 彊 | 槓 |
| 개 | 改 | 皆 | 開 | 介 | 慨 | 蓋 | 价 | 凱 | 愷 | 箇 | | | |
| 객 | 客 | | | | | | | | | | | | |
| 갱 | 更 | | | | | | | | | | | | |
| 거 | 去 | 巨 | 居 | 車 | 擧 | 距 | 拒 | 據 | 渠 | 鉅 | | | |
| 건 | 建 | 乾 | 件 | 健 | 巾 | 虔 | 楗 | 鍵 | | | | | |
| 걸 | 傑 | 杰 | | | | | | | | | | | |
| 검 | 儉 | 劍 | 劒 | 檢 | | | | | | | | | |
| 겁 | 怯 | | | | | | | | | | | | |
| 게 | 憩 | 揭 | | | | | | | | | | | |
| 격 | 格 | 擊 | 激 | | | | | | | | | | |
| 견 | 犬 | 見 | 堅 | 肩 | 絹 | 遣 | 牽 | 鵑 | | | | | |
| 결 | 決 | 結 | 潔 | 缺 | | | | | | | | | |
| 겸 | 兼 | 謙 | 鎌 | | | | | | | | | | |
| 경 | 京 | 景 | 輕 | 經 | 庚 | 耕 | 敬 | 驚 | 慶 | 競 | 竟 | 境 | 鏡 | 頃 | 傾 | 警 | 徑 |
| | 卿 | 俓 | 倞 | 硬 | 儆 | 徑 | 坰 | 憬 | 擎 | 暻 | 更 | 璟 | 瓊 | 耿 | 莖 | 鯨 | 冏 |
| 계 | 癸 | 季 | 界 | 計 | 溪 | 鷄 | 系 | 係 | 戒 | 械 | 繼 | 契 | 桂 | 啓 | 階 | 繫 | 誡 | 稽 |
| 고 | 古 | 故 | 固 | 苦 | 考 | 高 | 告 | 枯 | 姑 | 庫 | 孤 | 鼓 | 稿 | 顧 | 敲 | | |
| 곡 | 谷 | 曲 | 穀 | 哭 | | | | | | | | | |

## 제34장 인명용 한자

| | | | | | | | | | | | | | |
|---|---|---|---|---|---|---|---|---|---|---|---|---|---|
| 곤 | 困 | 坤 | 昆 | 崑 | 琨 | 錕 | | | | | | | |
| 골 | 骨 | | | | | | | | | | | | |
| 공 | 工 | 功 | 空 | 共 | 公 | 孔 | 供 | 恭 | 攻 | 恐 | 貢 | 珙 | |
| 과 | 果 | 課 | 科 | 過 | 戈 | 瓜 | 誇 | 寡 | 菓 | | | | |
| 곽 | 郭 | 廓 | | | | | | | | | | | |
| 관 | 官 | 觀 | 關 | 館 | 管 | 貫 | 慣 | 冠 | 寬 | 串 | 款 | 琯 | 灌 | 瓘 |
| 괄 | 括 | | | | | | | | | | | | |
| 광 | 光 | 廣 | 鑛 | 侊 | 匡 | 曠 | 洸 | 珖 | 桄 | 眖 | | | |
| 괘 | 掛 | | | | | | | | | | | | |
| 괴 | 塊 | 愧 | 怪 | 壞 | | | | | | | | | |
| 굉 | 宏 | | | | | | | | | | | | |
| 교 | 交 | 校 | 橋 | 教 | 郊 | 較 | 巧 | 矯 | 僑 | 喬 | 嬌 | | |
| 구 | 九 | 口 | 求 | 球 | 究 | 久 | 句 | 舊 | 具 | 俱 | 區 | 驅 | 鷗 | 玖 | 拘 | 狗 | 丘 | 懼 |
| | 龜 | 構 | 球 | 坵 | 玖 | 矩 | 邱 | 銶 | 鳩 | 耉 | | | |
| 국 | 國 | 菊 | 局 | 鞠 | | | | | | | | | |
| 군 | 君 | 郡 | 軍 | 群 | | | | | | | | | |
| 굴 | 屈 | | | | | | | | | | | | |
| 궁 | 弓 | 宮 | 窮 | 躬 | | | | | | | | | |
| 권 | 權 | 勸 | 卷 | 券 | 拳 | | | | | | | | |
| 궐 | 厥 | 闕 | | | | | | | | | | | |
| 궤 | 軌 | | | | | | | | | | | | |
| 귀 | 貴 | 歸 | 鬼 | | | | | | | | | | |
| 규 | 叫 | 規 | 閨 | 圭 | 奎 | 揆 | 珪 | 葵 | | | | | |
| 균 | 均 | 菌 | 昀 | 鈞 | | | | | | | | | |
| 귤 | 橘 | | | | | | | | | | | | |
| 극 | 極 | 克 | 劇 | 剋 | | | | | | | | | |
| 근 | 近 | 勤 | 根 | 斤 | 僅 | 謹 | 槿 | 瑾 | 墐 | 漌 | 劤 | | |
| 금 | 金 | 錦 | 今 | 琴 | 禁 | 禽 | 吟 | | | | | | |
| 급 | 及 | 級 | 給 | 急 | | | | | | | | | |
| 긍 | 肯 | 亘 | 兢 | 矜 | | | | | | | | | |

| | | | | | | | | | | | | | | | |
|---|---|---|---|---|---|---|---|---|---|---|---|---|---|---|---|
| 기 | 其 | 基 | 期 | 旗 | 己 | 紀 | 記 | 起 | 奇 | 寄 | 騎 | 器 | 旣 | 技 | 企 | 氣 | 祈 | 幾 |
| | 機 | 畿 | 杞 | 忌 | 飢 | 棄 | 欺 | 洪 | 琪 | 琪 | 棋 | 祺 | 錤 | 騏 | 麒 | 玘 | 崎 |
| | 琦 | 綺 | 錡 | 箕 | 岐 | 汽 | 沂 | 圻 | 耆 | 璣 | 磯 | 冀 | 驥 | 嗜 | 嘰 | 伎 | |
| 긴 | 緊 |
| 길 | 吉 | 佶 | 桔 | 姞 |
| 나 | 那 | 娜 | 拏 |
| 낙 | 諾 |
| 난 | 暖 | 難 |
| 날 | 捺 |
| 남 | 南 | 男 | 楠 | 湳 |
| 납 | 納 |
| 낭 | 娘 | 囊 |
| 내 | 乃 | 內 | 奈 | 耐 | 柰 |
| 녀 | 女 |
| 년 | 年 | 秊 |
| 념 | 念 |
| 녕 | 寧 |
| 노 | 奴 | 努 | 怒 |
| 농 | 農 | 濃 |
| 뇌 | 腦 | 惱 |
| 눌 | 訥 |
| 뉴 | 紐 | 鈕 |
| 능 | 能 |
| 니 | 泥 | 尼 |
| 다 | 多 | 茶 |
| 단 | 旦 | 但 | 丹 | 單 | 短 | 團 | 端 | 段 | 斷 | 壇 | 檀 | 鍛 |
| 달 | 達 |
| 담 | 談 | 淡 | 潭 | 擔 | 譚 | 澹 | 覃 |
| 답 | 答 | 畓 | 踏 |
| 당 | 堂 | 當 | 唐 | 糖 | 黨 | 塘 |
| 대 | 大 | 代 | 待 | 隊 | 帶 | 對 | 貸 | 臺 | 垈 | 玳 | 戴 |

## 제34장 인명용 한자

| 덕 | 德 | 悳 | | | | | | | | | | | | | |
|---|---|---|---|---|---|---|---|---|---|---|---|---|---|---|---|
| 도 | 道 | 導 | 度 | 島 | 都 | 途 | 到 | 徒 | 稻 | 跳 | 陶 | 刀 | 倒 | 盜 | 逃 | 挑 | 堵 | 渡 |
| | 塗 | 掉 | 濤 | 燾 | 禱 | 鍍 | 桃 | 圖 |
| 독 | 獨 | 督 | 篤 | 讀 | 毒 |
| 돈 | 豚 | 敦 | 墩 | 惇 | 暾 | 焞 | 頓 |
| 돌 | 突 | 乭 |
| 동 | 東 | 凍 | 同 | 洞 | 桐 | 銅 | 動 | 童 | 冬 | 棟 | 董 | 潼 | 垌 | 曈 |
| 두 | 斗 | 豆 | 頭 | 杜 | 枓 |
| 둔 | 鈍 | 屯 |
| 득 | 得 |
| 등 | 登 | 燈 | 等 | 藤 | 騰 | 鄧 |
| 라 | 羅 | 螺 |
| 란 | 卵 | 亂 | 蘭 | 爛 | 欄 | 瀾 | 鸞 |
| 람 | 藍 | 覽 | 濫 |
| 랑 | 郎 | 浪 | 朗 | 廊 | 琅 | 瑯 |
| 래 | 來 | 崍 | 萊 |
| 랭 | 冷 |
| 략 | 略 | 掠 |
| 량 | 良 | 凉 | 兩 | 梁 | 量 | 糧 | 諒 | 亮 | 倆 | 樑 | 粮 |
| 려 | 旅 | 麗 | 勵 | 呂 | 侶 | 黎 | 盧 |
| 력 | 力 | 歷 | 曆 |
| 련 | 連 | 蓮 | 聯 | 練 | 鍊 | 戀 | 憐 | 煉 | 璉 |
| 렬 | 列 | 烈 | 裂 | 劣 | 冽 |
| 렴 | 廉 | 濂 | 簾 | 斂 |
| 령 | 令 | 領 | 嶺 | 零 | 靈 | 伶 | 玲 | 鈴 | 齡 | 怜 |
| 례 | 禮 | 例 |
| 로 | 老 | 勞 | 路 | 露 | 爐 | 魯 | 盧 | 鷺 |
| 록 | 祿 | 綠 | 錄 | 鹿 | 氯 |
| 론 | 論 |
| 롱 | 弄 | 瀧 | 瓏 | 籠 |
| 뢰 | 雷 | 賴 | 瀨 |
| 료 | 料 | 了 | 僚 |

| | | | | | | | | | | | |
|---|---|---|---|---|---|---|---|---|---|---|---|
| 룡 | 龍 | | | | | | | | | | |
| 루 | 淚 | 屢 | 樓 | 漏 | 累 | | | | | | |
| 류 | 柳 | 留 | 流 | 硫 | 琉 | 劉 | 瑠 | 類 | | | |
| 륙 | 六 | 陸 | | | | | | | | | |
| 륜 | 倫 | 輪 | 侖 | 崙 | 綸 | | | | | | |
| 률 | 律 | 栗 | 率 | | | | | | | | |
| 륭 | 隆 | | | | | | | | | | |
| 름 | 凜 | | | | | | | | | | |
| 릉 | 陵 | 綾 | 菱 | 稜 | | | | | | | |
| 리 | 利 | 梨 | 里 | 理 | 裏 | 離 | 吏 | 履 | 李 | 璃 | 莉 | 裡 | 凶 | 悧 |
| 린 | 隣 | 潾 | 璘 | 麟 | | | | | | | |
| 림 | 林 | 臨 | 琳 | 霖 | 淋 | | | | | | |
| 립 | 立 | 笠 | 粒 | | | | | | | | |
| 마 | 馬 | 麻 | 磨 | 瑪 | | | | | | | |
| 막 | 莫 | 漠 | 幕 | | | | | | | | |
| 만 | 萬 | 滿 | 晩 | 慢 | 漫 | 蠻 | 曼 | 蔓 | 鏋 | | |
| 말 | 末 | 茉 | | | | | | | | | |
| 망 | 亡 | 妄 | 忘 | 忙 | 望 | 罔 | 茫 | 網 | | | |
| 매 | 每 | 梅 | 妹 | 埋 | 枚 | 賣 | 買 | | | | |
| 맥 | 麥 | 脈 | | | | | | | | | |
| 맹 | 孟 | 猛 | 盟 | 盲 | 萌 | | | | | | |
| 면 | 面 | 免 | 勉 | 綿 | 眠 | 冕 | 棉 | | | | |
| 멸 | 滅 | | | | | | | | | | |
| 명 | 明 | 名 | 銘 | 命 | 鳴 | 冥 | 溟 | | | | |
| 모 | 模 | 某 | 謀 | 慕 | 募 | 母 | 矛 | 貌 | 冒 | 摸 | 牟 | 謨 | 暮 |
| 목 | 木 | 沐 | 牧 | 目 | 睦 | 穆 | | | | | |
| 몰 | 沒 | | | | | | | | | | |
| 몽 | 夢 | 蒙 | | | | | | | | | |
| 묘 | 卯 | 妙 | 苗 | 墓 | 廟 | 描 | 錨 | 畝 | | | |
| 무 | 戊 | 無 | 茂 | 務 | 霧 | 貿 | 拇 | 珷 | 畝 | 懋 | 撫 | 舞 |

## 제34장 인명용 한자

| 묵 | 墨 | 默 | | | | | | | | | | | | |
|---|---|---|---|---|---|---|---|---|---|---|---|---|---|---|
| 문 | 文 | 門 | 問 | 聞 | 汶 | 紋 | 炆 | | | | | | | |
| 물 | 勿 | 物 | | | | | | | | | | | | |
| 미 | 美 | 未 | 味 | 米 | 尾 | 眉 | 微 | 迷 | 渼 | 彌 | 媄 | 嵋 | 薇 | |
| 민 | 民 | 敏 | 憫 | 玟 | 旻 | 閔 | 珉 | 岷 | 忞 | 敃 | 慜 | 頤 | 啓 | |
| 밀 | 密 | 蜜 | | | | | | | | | | | | |
| 박 | 朴 | 博 | 泊 | 拍 | 迫 | 薄 | 珀 | 撲 | 璞 | 鉑 | | | | |
| 반 | 半 | 班 | 般 | 反 | 返 | 叛 | 飯 | 伴 | 潘 | 畔 | 磐 | 頒 | | |
| 발 | 發 | 拔 | 髮 | 鉢 | 渤 | 潑 | | | | | | | | |
| 방 | 方 | 傍 | 芳 | 放 | 倣 | 訪 | 防 | 房 | 邦 | 坊 | 彷 | 昉 | 龐 | 榜 |
| 배 | 倍 | 培 | 拜 | 配 | 杯 | 背 | 排 | 輩 | 湃 | 陪 | 裵 | 盃 | | |
| 백 | 白 | 伯 | 百 | 栢 | 佰 | 帛 | | | | | | | | |
| 번 | 番 | 飜 | 繁 | 煩 | 蕃 | | | | | | | | | |
| 벌 | 伐 | 罰 | 閥 | | | | | | | | | | | |
| 범 | 凡 | 汎 | 犯 | 範 | 帆 | 氾 | 范 | 梵 | 机 | | | | | |
| 법 | 法 | | | | | | | | | | | | | |
| 벽 | 壁 | 碧 | 璧 | 闢 | | | | | | | | | | |
| 변 | 變 | 辨 | 辯 | 邊 | 卞 | 介 | | | | | | | | |
| 별 | 別 | | | | | | | | | | | | | |
| 병 | 丙 | 兵 | 幷 | 屛 | 病 | 炳 | 柄 | 昞 | 昺 | 秉 | 棅 | 抦 | 鉼 | 騈 | 倂 |
| 보 | 保 | 報 | 步 | 普 | 補 | 寶 | 堡 | 甫 | 輔 | 菩 | 潽 | 譜 | | |
| 복 | 福 | 復 | 腹 | 複 | 卜 | 伏 | 服 | 馥 | 僕 | 鍑 | | | | |
| 본 | 本 | | | | | | | | | | | | | |
| 봉 | 奉 | 鳳 | 封 | 逢 | 峰 | 蜂 | 俸 | 捧 | 琫 | 棒 | 烽 | 蓬 | 鋒 | |
| 부 | 富 | 副 | 付 | 符 | 附 | 夫 | 扶 | 部 | 浮 | 簿 | 婦 | 赴 | 賦 | 父 | 膚 | 負 | 否 | 腐 |
|   | 孚 | 芙 | 溥 | 敷 | 傅 | | | | | | | | | |
| 북 | 北 | | | | | | | | | | | | | |
| 분 | 紛 | 分 | 粉 | 賁 | 憤 | 墳 | 奮 | 汾 | 芬 | 盆 | 奔 | | | |
| 불 | 不 | 弗 | 佛 | 拂 | | | | | | | | | | |
| 붕 | 崩 | 朋 | 鵬 | | | | | | | | | | | |
| 비 | 比 | 批 | 非 | 悲 | 妃 | 備 | 肥 | 秘 | 飛 | 費 | 鼻 | 卑 | 婢 | 碑 | 丕 | 枇 | 琵 | 扉 |
|   | 庇 | 毗 | 譬 | | | | | | | | | | | |

| 빈 | 貧 | 賓 | 頻 | 彬 | 斌 | 濱 | 嬪 | 璸 | 儐 | | | | | | |
|---|---|---|---|---|---|---|---|---|---|---|---|---|---|---|---|
| 빙 | 聘 | 氷 | 憑 | | | | | | | | | | | | |
| 사 | 士 | 四 | 仕 | 寺 | 社 | 思 | 事 | 史 | 使 | 私 | 司 | 詞 | 巳 | 祀 | 師 | 絲 | 舍 | 査 |
| | 射 | 謝 | 寫 | 似 | 斯 | 斜 | 賜 | 詐 | 捨 | 死 | 蛇 | 邪 | 泗 | 娑 | 斯 | 徙 | 赦 | 奢 |
| 삭 | 朔 | 削 | | | | | | | | | | | | | | |
| 산 | 産 | 山 | 算 | 散 | 酸 | 珊 | | | | | | | | | | |
| 살 | 薩 | 殺 | | | | | | | | | | | | | | |
| 삼 | 森 | 衫 | 三 | 參 | 衫 | 杉 | 蔘 | | | | | | | | | |
| 삽 | 揷 | 挿 | | | | | | | | | | | | | | |
| 상 | 相 | 上 | 想 | 霜 | 祥 | 床 | 尙 | 常 | 裳 | 賞 | 償 | 象 | 像 | 狀 | 嘗 | 桑 | 商 | 傷 |
| | 喪 | 庠 | 湘 | 箱 | 翔 | 塽 | 祥 | 詳 | 霜 | | | | | | | |
| 쌍 | 雙 | | | | | | | | | | | | | | | |
| 새 | 塞 | | | | | | | | | | | | | | | |
| 색 | 色 | 索 | 嗇 | 穡 | | | | | | | | | | | | |
| 생 | 生 | | | | | | | | | | | | | | | |
| 서 | 西 | 序 | 書 | 緖 | 敍 | 庶 | 暑 | 署 | 恕 | 抒 | 瑞 | 栖 | 棲 | 曙 | 婿 | 誓 | 諝 | 悇 |
| | 舒 | 墅 | | | | | | | | | | | | | | |
| 석 | 夕 | 石 | 昔 | 惜 | 析 | 釋 | 碩 | 奭 | 汐 | 淅 | 晳 | 錫 | 鉐 | 祏 | | | | |
| 선 | 善 | 仙 | 先 | 宣 | 鮮 | 船 | 線 | 旋 | 禪 | 扇 | 渲 | 瑄 | 羨 | 嬋 | 銑 | 墡 | 愃 | 珗 |
| | 膳 | 繕 | 璿 | 璇 | 選 | | | | | | | | | | | |
| 설 | 說 | 雪 | 設 | 舌 | 卨 | 楔 | 薛 | | | | | | | | | |
| 섬 | 暹 | 蟾 | 纖 | | | | | | | | | | | | | |
| 섭 | 涉 | 燮 | 攝 | 葉 | | | | | | | | | | | | |
| 성 | 城 | 成 | 誠 | 盛 | 省 | 聖 | 聲 | 星 | 性 | 惺 | 晟 | 珹 | 醒 | 珹 | 聖 | 娍 | | |
| 세 | 歲 | 世 | 洗 | 勢 | 細 | 稅 | 貰 | | | | | | | | | |
| 소 | 少 | 小 | 召 | 昭 | 所 | 素 | 笑 | 訴 | 掃 | 疎 | 蘇 | 蔬 | 消 | 燒 | 騷 | 沼 | 紹 | 邵 |
| | 韶 | 巢 | 疏 | 柖 | 玿 | 溯 | | | | | | | | | | |
| 속 | 速 | 束 | 俗 | 續 | 屬 | 粟 | 贖 | | | | | | | | | |
| 손 | 孫 | 損 | 遜 | 巽 | | | | | | | | | | | | |
| 솔 | 率 | 帥 | | | | | | | | | | | | | | |
| 송 | 送 | 宋 | 松 | 訟 | 頌 | 誦 | 淞 | | | | | | | | | |
| 쇄 | 鎖 | 刷 | | | | | | | | | | | | | | |

| | | | | | | | | | | | | | | |
|---|---|---|---|---|---|---|---|---|---|---|---|---|---|---|
| 쇠 | 衰 | 釗 | | | | | | | | | | | | |
| 수 | 殊 | 水 | 守 | 秀 | 壽 | 數 | 樹 | 修 | 須 | 首 | 受 | 授 | 收 | 帥 | 手 | 隨 | 遂 | 需 |
| | 輸 | 誰 | 愁 | 睡 | 雖 | 囚 | 獸 | 洙 | 琇 | 銹 | 垂 | 粹 | 繡 | 隋 | 袖 | 搜 | 穗 | 髓 |
| 숙 | 淑 | 叔 | 肅 | 宿 | 孰 | 熟 | 塾 | 琡 | 璹 | 橚 | | | | | | | | |
| 순 | 順 | 純 | 旬 | 瞬 | 巡 | 盾 | 循 | 脣 | 殉 | 洵 | 珣 | 荀 | 筍 | 舜 | 淳 | 諄 | 錞 | 醇 |
| 술 | 戌 | 述 | 術 | | | | | | | | | | | | | | | |
| 숭 | 嵩 | 崇 | | | | | | | | | | | | | | | | |
| 슬 | 瑟 | 膝 | 璱 | | | | | | | | | | | | | | | |
| 습 | 拾 | 習 | 濕 | 襲 | | | | | | | | | | | | | | |
| 승 | 承 | 勝 | 昇 | 升 | 乘 | 僧 | 丞 | 陞 | 繩 | | | | | | | | | |
| 시 | 時 | 始 | 是 | 市 | 侍 | 詩 | 示 | 視 | 施 | 屍 | 柴 | 試 | | | | | | |
| 식 | 式 | 植 | 識 | 食 | 飾 | 息 | 埴 | 殖 | 湜 | 軾 | 寔 | 栻 | | | | | | |
| 씨 | 氏 | | | | | | | | | | | | | | | | | |
| 신 | 新 | 信 | 臣 | 伸 | 神 | 身 | 辛 | 晨 | 愼 | 紳 | 莘 | 薪 | 迅 | 訊 | | | | |
| 실 | 室 | 實 | 失 | 悉 | | | | | | | | | | | | | | |
| 심 | 心 | 深 | 審 | 尋 | 甚 | 沁 | 沈 | | | | | | | | | | | |
| 십 | 十 | 什 | 拾 | | | | | | | | | | | | | | | |
| 아 | 亞 | 兒 | 阿 | 牙 | 芽 | 雅 | 我 | 餓 | 娥 | 蛾 | 衙 | 妸 | 峨 | | | | | |
| 악 | 岳 | 惡 | 樂 | 堊 | 嶽 | | | | | | | | | | | | | |
| 안 | 案 | 安 | 眼 | 岸 | 雁 | 顔 | 晏 | 按 | 鴈 | | | | | | | | | |
| 압 | 壓 | 鴨 | 押 | | | | | | | | | | | | | | | |
| 앙 | 央 | 仰 | 昂 | 殃 | 鴦 | | | | | | | | | | | | | |
| 애 | 愛 | 涯 | 哀 | 厓 | 崖 | 艾 | | | | | | | | | | | | |
| 액 | 額 | 厄 | 液 | | | | | | | | | | | | | | | |
| 앵 | 鶯 | 櫻 | | | | | | | | | | | | | | | | |
| 야 | 野 | 夜 | 也 | 耶 | 冶 | | | | | | | | | | | | | |
| 약 | 約 | 藥 | 若 | 弱 | 躍 | | | | | | | | | | | | | |
| 양 | 陽 | 楊 | 揚 | 羊 | 洋 | 養 | 樣 | 讓 | 壤 | 襄 | 孃 | 漾 | | | | | | |
| 어 | 魚 | 漁 | 語 | 御 | 於 | | | | | | | | | | | | | |
| 억 | 億 | 憶 | 抑 | 檍 | | | | | | | | | | | | | | |

| | | | | | | | | | | | | | | | |
|---|---|---|---|---|---|---|---|---|---|---|---|---|---|---|---|
| 언 | 焉 | 言 | 諺 | 彦 | | | | | | | | | | | |
| 엄 | 嚴 | 奄 | 俺 | 掩 | | | | | | | | | | | |
| 업 | 業 | 嶪 | | | | | | | | | | | | | |
| 여 | 予 | 余 | 餘 | 與 | 如 | 汝 | 興 | | | | | | | | |
| 역 | 易 | 亦 | 役 | 域 | 譯 | 驛 | 疫 | 逆 | 睗 | | | | | | |
| 연 | 延 | 研 | 硯 | 沿 | 鉛 | 演 | 然 | 燃 | 煙 | 宴 | 燕 | 緣 | 軟 | 衍 | 淵 | 烟 | 姸 | 娟 |
| | 涓 | 筵 | 瑌 | | | | | | | | | | | | |
| 열 | 悅 | 熱 | 閱 | 說 | | | | | | | | | | | |
| 염 | 炎 | 染 | 琰 | 艷 | 鹽 | | | | | | | | | | |
| 엽 | 葉 | 燁 | 曄 | | | | | | | | | | | | |
| 영 | 永 | 泳 | 詠 | 英 | 營 | 映 | 迎 | 影 | 暎 | 楹 | 渶 | 瑩 | 盈 | 鍈 | 穎 | 瓔 | 煐 | 要 |
| | 濚 | 榮 | 咏 | 瑛 | | | | | | | | | | | |
| 예 | 乂 | 豫 | 藝 | 譽 | 銳 | 叡 | 睿 | 預 | 裔 | 芮 | | | | | |
| 오 | 五 | 吾 | 誤 | 梧 | 悟 | 娛 | 午 | 烏 | 嗚 | 傲 | 汚 | 伍 | 吳 | 旿 | 晤 | 奧 | 珸 |
| 옥 | 玉 | 屋 | 沃 | 鈺 | 獄 | | | | | | | | | | |
| 온 | 溫 | 瑥 | 媼 | 穩 | | | | | | | | | | | |
| 옹 | 翁 | 雍 | 壅 | 擁 | | | | | | | | | | | |
| 와 | 瓦 | 臥 | | | | | | | | | | | | | |
| 완 | 完 | 玩 | 宛 | 垸 | 琬 | 莞 | 浣 | 緩 | 婠 | 婉 | 琓 | | | | |
| 왈 | 曰 | | | | | | | | | | | | | | |
| 왕 | 王 | 旺 | 往 | 汪 | 枉 | | | | | | | | | | |
| 왜 | 倭 | | | | | | | | | | | | | | |
| 외 | 外 | 畏 | | | | | | | | | | | | | |
| 요 | 要 | 搖 | 夭 | 姚 | 堯 | 耀 | 饒 | 僥 | 腰 | 瑤 | 樂 | 謠 | 遙 | 曜 | |
| 욕 | 欲 | 浴 | 慾 | 辱 | | | | | | | | | | | |
| 용 | 用 | 勇 | 容 | 甬 | 埇 | 涌 | 溶 | 蓉 | 庸 | 茸 | 埔 | 踊 | 榕 | 瑢 | 鎔 | 鏞 |
| 우 | 于 | 宇 | 雨 | 友 | 又 | 牛 | 右 | 羽 | 佑 | 玗 | 旴 | 迂 | 祐 | 禹 | 釪 | 偶 | 愚 | 寓 |
| | 隅 | 優 | 堣 | 遇 | 郵 | 瑀 | | | | | | | | | |
| 욱 | 昱 | 旭 | 煜 | 郁 | 項 | 彧 | | | | | | | | | |
| 운 | 運 | 雲 | 云 | 夽 | 沄 | 耘 | 澐 | 暈 | 韻 | | | | | | |
| 울 | 蔚 | | | | | | | | | | | | | | |

## 제34장 인명용 한자

| 웅 | 雄 | 熊 | | | | | | | | | | | | | |
|---|---|---|---|---|---|---|---|---|---|---|---|---|---|---|---|
| 원 | 元 | 沅 | 院 | 原 | 源 | 願 | 垣 | 怨 | 袁 | 員 | 苑 | 媛 | 嫄 | 園 | 圓 | 援 | 瑗 | 愿 |
| | 遠 | 轅 | 洹 | | | | | | | | | | | | | |
| 월 | 月 | 越 | | | | | | | | | | | | | |
| 위 | 位 | 危 | 委 | 威 | 胃 | 韋 | 偉 | 尉 | 爲 | 圍 | 暐 | 渭 | 僞 | 瑋 | 緯 | 慰 | 衛 | 謂 |
| | 違 | 魏 | | | | | | | | | | | | | |
| 유 | 有 | 幼 | 由 | 酉 | 攸 | 侑 | 乳 | 柚 | 幽 | 油 | 宥 | 柔 | 兪 | 釉 | 洧 | 唯 | 悠 | 喩 |
| | 釉 | 庾 | 惟 | 猶 | 裕 | 愈 | 愉 | 楡 | 猷 | 維 | 誘 | 瑜 | 儒 | 遊 | 濡 | 遺 |
| 육 | 肉 | 育 | 堉 | | | | | | | | | | | | | |
| 윤 | 允 | 尹 | 玩 | 胤 | 鈗 | 阮 | 閏 | 奫 | 潤 | | | | | | | |
| 융 | 融 | | | | | | | | | | | | | | | |
| 은 | 恩 | 銀 | 垠 | 珢 | 殷 | 激 | 誾 | 隱 | | | | | | | |
| 을 | 乙 | | | | | | | | | | | | | | | |
| 음 | 音 | 陰 | 吟 | 飮 | 淫 | | | | | | | | | | | |
| 읍 | 邑 | 泣 | | | | | | | | | | | | | |
| 응 | 應 | 凝 | 膺 | 鷹 | | | | | | | | | | | | |
| 의 | 義 | 議 | 儀 | 衣 | 矣 | 宜 | 依 | 倚 | 意 | 疑 | 儀 | 誼 | 毅 | 醫 | 擬 | 懿 |
| 이 | 二 | 已 | 耳 | 以 | 而 | 弛 | 伊 | 夷 | 易 | 怡 | 移 | 異 | 貳 | 爾 | 頤 | 彝 | 彛 |
| 익 | 翊 | 益 | 翌 | 謚 | 翼 | 瀷 | | | | | | | | | | |
| 인 | 寅 | 姻 | 忍 | 認 | 人 | 刃 | 仁 | 引 | 印 | 因 | | | | | | |
| 일 | 一 | | 日 | 佾 | 壹 | 溢 | 馹 | 逸 | 鎰 | | | | | | | |
| 임 | 壬 | 任 | 賃 | 妊 | 姙 | 稔 | 賃 | | | | | | | | | |
| 입 | 入 | | | | | | | | | | | | | | | |
| 잉 | 剩 | | | | | | | | | | | | | | | |
| 자 | 藉 | 子 | 字 | 者 | 資 | 姿 | 姊 | 玆 | 自 | 雌 | 恣 | 刺 | 仔 | 磁 | 紫 | 瓷 | 慈 |
| 작 | 作 | 昨 | 爵 | 酌 | 灼 | 芍 | 雀 | 鵲 | | | | | | | | |
| 잠 | 暫 | 箴 | 潛 | 蠶 | | | | | | | | | | | | |
| 잡 | 雜 | | | | | | | | | | | | | | | |
| 장 | 丈 | 場 | 長 | 章 | 張 | 壯 | 障 | 暲 | 漳 | 樟 | 腸 | 墻 | 璋 | 將 | 蔣 | 牆 | 薔 | 藏 |
| | 臟 | 庄 | 匠 | 杖 | 帳 | 奬 | 粧 | 掌 | 裝 | 莊 | 奬 | 葬 | | | | |
| 재 | 在 | 再 | 財 | 才 | 材 | 宰 | 栽 | 梓 | 裁 | 載 | 滓 | 縡 | 齋 | | | |
| 쟁 | 錚 | 爭 | | | | | | | | | | | | | | |

| 저 | 底 | 低 | 抵 | 沮 | 貯 | 苧 | 邸 | 楮 | 著 | | | | | | |
|---|---|---|---|---|---|---|---|---|---|---|---|---|---|---|---|
| 적 | 的 | 赤 | 寂 | 迪 | 笛 | 跡 | 賊 | 摘 | 敵 | 績 | 積 | 適 | 籍 | 蹟 | |
| 전 | 全 | 錢 | 田 | 旬 | 典 | 佺 | 前 | 展 | 栓 | 專 | 奠 | 筌 | 電 | 詮 | 銓 | 傳 | 塡 | 殿 |
| | 戰 | 轉 | 琠 | 顓 | 專 | 雋 | | | | | | | | | |
| 절 | 折 | 切 | 哲 | 絶 | 節 | | | | | | | | | | |
| 점 | 占 | 店 | 漸 | 点 | 點 | | | | | | | | | | |
| 접 | 接 | 蝶 | | | | | | | | | | | | | |
| 정 | 丁 | 井 | 汀 | 正 | 町 | 廷 | 呈 | 玎 | 征 | 政 | 定 | 埏 | 亭 | 貞 | 訂 | 庭 | 挺 | 釘 |
| | 停 | 涏 | 挺 | 頂 | 偵 | 桯 | 程 | 幀 | 晸 | 情 | 品 | 淨 | 淀 | 理 | 鼎 | 渟 | 綎 | 錠 |
| | 靖 | 楨 | 綎 | 渟 | 精 | 鋥 | 禎 | 鋌 | 靚 | 錠 | 靜 | 整 | 鄭 | 湞 | | | | |
| 제 | 制 | 提 | 題 | 帝 | 齊 | 濟 | 堤 | 弟 | 第 | 製 | 際 | 諸 | 除 | 祭 | 悌 | 梯 | 瑅 | |
| 조 | 兆 | 弔 | 早 | 造 | 組 | 助 | 祖 | 租 | 祚 | 晁 | 釣 | 條 | 窕 | 彫 | 曺 | 曹 | 烏 | 眺 |
| | 措 | 朝 | 趙 | 照 | 肇 | 潮 | 燥 | 操 | 遭 | 調 | 詔 | | | | | | | |
| 족 | 足 | 族 | | | | | | | | | | | | | | | | |
| 존 | 尊 | 存 | | | | | | | | | | | | | | | | |
| 졸 | 拙 | 卒 | | | | | | | | | | | | | | | | |
| 종 | 宗 | 綜 | 從 | 終 | 棕 | 倧 | 琮 | 種 | 縱 | 璁 | 鍾 | 鐘 | | | | | | |
| 좌 | 佐 | 左 | 座 | 坐 | | | | | | | | | | | | | | |
| 죄 | 罪 | | | | | | | | | | | | | | | | | |
| 주 | 主 | 州 | 周 | 住 | 舟 | 朱 | 注 | 柱 | 宙 | 炷 | 走 | 奏 | 姝 | 株 | 洲 | 晝 | 酒 | 肘 |
| | 珠 | 註 | 湊 | 週 | 疇 | 鑄 | 駐 | 妵 | 逎 | | | | | | | | | |
| 죽 | 竹 | | | | | | | | | | | | | | | | | |
| 준 | 俊 | 準 | 埈 | 峻 | 准 | 浚 | 晙 | 焌 | 埻 | 竣 | 雋 | 畯 | 儁 | 駿 | 遵 | 濬 | 隼 | |
| 줄 | 茁 | | | | | | | | | | | | | | | | | |
| 중 | 中 | 仲 | 重 | 衆 | | | | | | | | | | | | | | |
| 즉 | 卽 | | | | | | | | | | | | | | | | | |
| 즐 | 櫛 | | | | | | | | | | | | | | | | | |
| 즙 | 汁 | | | | | | | | | | | | | | | | | |
| 증 | 曾 | 增 | 烝 | 症 | 憎 | 贈 | 甑 | 證 | | | | | | | | | | |
| 지 | 之 | 地 | 支 | 指 | 止 | 池 | 紙 | 知 | 至 | 旨 | 芝 | 持 | 志 | 枝 | 誌 | 祇 | 址 | 趾 |
| | 智 | 祉 | 鋕 | 摯 | 遲 | | | | | | | | | | | | | |

## 제34장 인명용 한자

| 직 | 直 稷 稙 職 織 |
| 진 | 進 鎭 眞 振 晉 晋 辰 津 秦 軫 震 瑱 禛 盡 塵 溱 診 縝 珍 瑨 |
| 질 | 質 疾 秩 姪 瓆 |
| 집 | 集 什 執 輯 潗 楫 |
| 징 | 澄 徵 懲 |
| 차 | 次 車 叉 借 差 此 瑳 且 |
| 착 | 着 捉 錯 |
| 찬 | 贊 讚 粲 攢 燦 澯 璨 纂 瓚 纘 鑽 |
| 찰 | 察 札 |
| 참 | 參 慘 憯 |
| 창 | 昌 創 倉 唱 窓 敞 滄 暢 彰 菖 廠 蒼 昶 |
| 채 | 採 彩 菜 債 埰 寀 綵 蔡 采 |
| 책 | 責 冊 策 |
| 처 | 處 妻 悽 |
| 척 | 斥 拓 尺 坧 戚 陟 |
| 천 | 川 千 天 仟 泉 阡 淺 踐 賤 薦 遷 |
| 철 | 鐵 哲 喆 撤 澈 徹 轍 綴 |
| 첨 | 添 尖 僉 瞻 |
| 첩 | 捷 帖 妾 |
| 청 | 靑 淸 淸 聽 廳 請 晴 請 |
| 체 | 體 遞 諦 締 替 |
| 초 | 草 初 招 肖 抄 艸 焦 超 楚 蕉 礎 樵 |
| 촉 | 促 燭 觸 |
| 촌 | 村 寸 |
| 총 | 銃 聰 總 叢 寵 |
| 최 | 最 崔 催 |
| 추 | 秋 推 追 楸 樞 錐 錘 醜 鄒 |
| 축 | 築 畜 祝 軸 逐 縮 丑 築 |
| 춘 | 椿 春 瑃 賰 |
| 출 | 出 |

| | | | | | | | | | | |
|---|---|---|---|---|---|---|---|---|---|---|
| 충 | 蟲 | 冲 | 忠 | 沖 | 衷 | 衝 | 虫 | 珫 | | |
| 췌 | 萃 | | | | | | | | | |
| 취 | 取 | 吹 | 臭 | 翠 | 就 | 聚 | 趣 | 醉 | | |
| 측 | 側 | 測 | | | | | | | | |
| 층 | 層 | | | | | | | | | |
| 치 | 致 | 治 | 峙 | 値 | 恥 | 稚 | 雉 | 馳 | 置 | 齒 | 熾 |
| 칙 | 則 | 勅 | | | | | | | | |
| 친 | 親 | | | | | | | | | |
| 칠 | 七 | 漆 | | | | | | | | |
| 침 | 侵 | 針 | 沈 | 枕 | 浸 | 琛 | 寢 | | | |
| 칩 | 蟄 | | | | | | | | | |
| 칭 | 稱 | 秤 | | | | | | | | |
| 쾌 | 快 | 夬 | | | | | | | | |
| 타 | 他 | 打 | 墮 | 妥 | | | | | | |
| 탁 | 卓 | 拓 | 托 | 度 | 託 | 晫 | 琢 | 琸 | 濯 | 鐸 | 擢 | 倬 |
| 탄 | 炭 | 彈 | 灘 | 呑 | 歎 | 誕 | | | | |
| 탈 | 奪 | 脫 | | | | | | | | |
| 탐 | 探 | 耽 | 貪 | | | | | | | |
| 탑 | 塔 | | | | | | | | | |
| 탕 | 湯 | | | | | | | | | |
| 태 | 太 | 泰 | 台 | 怠 | 殆 | 汰 | 邰 | 兌 | 態 | 胎 |
| 택 | 宅 | 澤 | 擇 | | | | | | | |
| 토 | 土 | 討 | 兎 | 吐 | | | | | | |
| 통 | 通 | 統 | 痛 | 桶 | | | | | | |
| 퇴 | 退 | 堆 | | | | | | | | |
| 투 | 投 | 鬪 | 透 | | | | | | | |
| 특 | 特 | | | | | | | | | |
| 파 | 波 | 派 | 破 | 頗 | 播 | 巴 | 把 | 芭 | 琶 | 杷 |
| 판 | 判 | 坂 | 板 | 版 | 販 | 阪 | | | | |
| 팔 | 八 | | | | | | | | | |
| 패 | 敗 | 霸 | 貝 | 佩 | 牌 | 浿 | | | | |

| | | | | | | | | | | | | | |
|---|---|---|---|---|---|---|---|---|---|---|---|---|---|
| 팽 | 彭 | 澎 | | | | | | | | | | | |
| 편 | 片 | 便 | 編 | 篇 | 遍 | 扁 | 偏 | | | | | | |
| 평 | 評 | 平 | 坪 | 泙 | 枰 | | | | | | | | |
| 폐 | 弊 | 廢 | 閉 | 肺 | 蔽 | 陛 | | | | | | | |
| 포 | 浦 | 包 | 布 | 抱 | 胞 | 飽 | 捕 | 葡 | 褒 | 鋪 | | | |
| 폭 | 暴 | 爆 | 輻 | 幅 | | | | | | | | | |
| 표 | 表 | 票 | 杓 | 构 | 豹 | 漂 | 驃 | 標 | | | | | |
| 품 | 品 | 稟 | | | | | | | | | | | |
| 풍 | 豊 | 楓 | 風 | 豐 | | | | | | | | | |
| 피 | 皮 | 被 | 彼 | 避 | 疲 | | | | | | | | |
| 필 | 必 | 弼 | 筆 | 泌 | 匹 | 苾 | 秘 | 鉍 | 佖 | 畢 | | | |
| 하 | 下 | 河 | 何 | 夏 | 昰 | 霞 | 廈 | 荷 | 厦 | | | | |
| 학 | 學 | 鶴 | | | | | | | | | | | |
| 한 | 韓 | 漢 | 汗 | 寒 | 限 | 閑 | 恨 | 旱 | 澣 | 瀚 | 翰 | 閒 | |
| 할 | 割 | 轄 | | | | | | | | | | | |
| 함 | 咸 | 含 | 函 | 陷 | 涵 | 艦 | | | | | | | |
| 합 | 合 | | | | | | | | | | | | |
| 항 | 港 | 抗 | 恒 | 航 | 姮 | 沆 | 項 | 巷 | 亢 | | | | |
| 해 | 亥 | 海 | 解 | 害 | 該 | 諧 | 奚 | 解 | 楷 | | | | |
| 핵 | 核 | | | | | | | | | | | | |
| 행 | 行 | 幸 | 杏 | | | | | | | | | | |
| 향 | 向 | 香 | 享 | 珦 | 響 | 鄕 | | | | | | | |
| 허 | 許 | 虛 | 墟 | | | | | | | | | | |
| 헌 | 軒 | 憲 | 櫶 | 獻 | | | | | | | | | |
| 헐 | 歇 | | | | | | | | | | | | |
| 험 | 驗 | 險 | | | | | | | | | | | |
| 혁 | 革 | 赫 | 爀 | 奕 | | | | | | | | | |
| 현 | 現 | 鉉 | 賢 | 玄 | 見 | 弦 | 呟 | 泫 | 炫 | 眩 | 昡 | 玹 | 睍 | 絢 | 現 | 鉉 | 縣 | 顯 |
| | 懸 | | | | | | | | | | | | |
| 혈 | 血 | 穴 | | | | | | | | | | | |
| 협 | 協 | 脅 | 峽 | 挾 | 俠 | 浹 | | | | | | | |

| 형 | 形 | 兄 | 刑 | 亨 | 型 | 炯 | 洞 | 珩 | 邢 | 熒 | 瑩 | 螢 | 濴 | 馨 | 衡 |
|---|---|---|---|---|---|---|---|---|---|---|---|---|---|---|---|
| 혜 | 惠 | 慧 | 蕙 | 兮 | 憓 | 譓 | | | | | | | | | |
| 호 | 好 | 五 | 戶 | 乎 | 胡 | 虎 | 昊 | 呼 | 浩 | 晧 | 匢 | 祜 | 豪 | 毫 | 壺 | 號 | 湖 | 瑚 |
| | 淏 | 琥 | 鎬 | 顥 | 灝 | 護 | 濠 | 濩 | 滈 | 壕 | 澔 | | | | |
| 혹 | 惑 | 或 | | | | | | | | | | | | | |
| 혼 | 混 | 婚 | 昏 | 魂 | 渾 | | | | | | | | | | |
| 홀 | 忽 | 惚 | | | | | | | | | | | | | |
| 홍 | 洪 | 弘 | 虹 | 紅 | 泓 | 烘 | 鉷 | 鴻 | | | | | | | |
| 화 | 化 | 和 | 花 | 火 | 禾 | 華 | 畵 | 禍 | 話 | 樺 | 嬅 | 貨 | | | |
| 환 | 煥 | 環 | 換 | 患 | 還 | 桓 | 歡 | 驩 | 鐶 | 渙 | 晥 | 喚 | 幻 | 丸 | |
| 활 | 活 | 闊 | 潤 | | | | | | | | | | | | |
| 황 | 黃 | 況 | 皇 | 晃 | 荒 | 滉 | 媓 | 堭 | 煌 | 璜 | 凰 | 榥 | 皇 | | |
| 회 | 會 | 灰 | 回 | 廻 | 悔 | 懷 | 繪 | 晦 | 檜 | 澮 | 誨 | 恢 | | | |
| 획 | 獲 | 劃 | | | | | | | | | | | | | |
| 횡 | 橫 | 鐄 | | | | | | | | | | | | | |
| 효 | 孝 | 效 | 曉 | 爻 | 涍 | 斅 | 驍 | 効 | | | | | | | |
| 후 | 后 | 侯 | 厚 | 後 | 垕 | 候 | 逅 | 喉 | | | | | | | |
| 훈 | 勳 | 訓 | 焄 | 勛 | 熏 | 壎 | 燻 | 塤 | 鑂 | 薰 | | | | | |
| 훤 | 喧 | 暄 | 萱 | | | | | | | | | | | | |
| 훼 | 毁 | | | | | | | | | | | | | | |
| 휘 | 揮 | 輝 | 彙 | 徽 | 煇 | 暉 | | | | | | | | | |
| 휴 | 休 | 烋 | 携 | | | | | | | | | | | | |
| 흉 | 凶 | 胸 | | | | | | | | | | | | | |
| 흑 | 黑 | | | | | | | | | | | | | | |
| 흔 | 欣 | 炘 | 昕 | | | | | | | | | | | | |
| 흘 | 屹 | | | | | | | | | | | | | | |
| 흠 | 欽 | | | | | | | | | | | | | | |
| 흡 | 吸 | 洽 | 恰 | 翕 | | | | | | | | | | | |
| 흥 | 興 | | | | | | | | | | | | | | |
| 희힐 | 熙 詰 | 喜 | 嬉 | 希 | 稀 | 僖 | 熙 | 姬 | 晞 | 禧 | 戲 | 羲 | 熹 | 憙 | 曦 | 爔 | 噫 |

# 제35장
# 관상도

命理學原理大全

1. 마의상법 13부위 소속궁도
2. 남자흑점길흉도
3. 여자흑점길흉도
4. 12궁도
5. 오관도
6. 오악도
7. 사독도
8. 오성육요
9. 육부 · 삼재 · 삼정도
10. 사학당도
11. 팔학당도
12. 연령유년기색행운도

# 제35장 관상도

## 1. 마의상법麻衣相法 13부위部位 소속궁도所屬宮圖

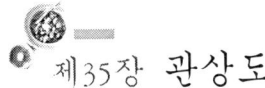

## 2. 남자흑점길흉도 男子黑點吉凶圖

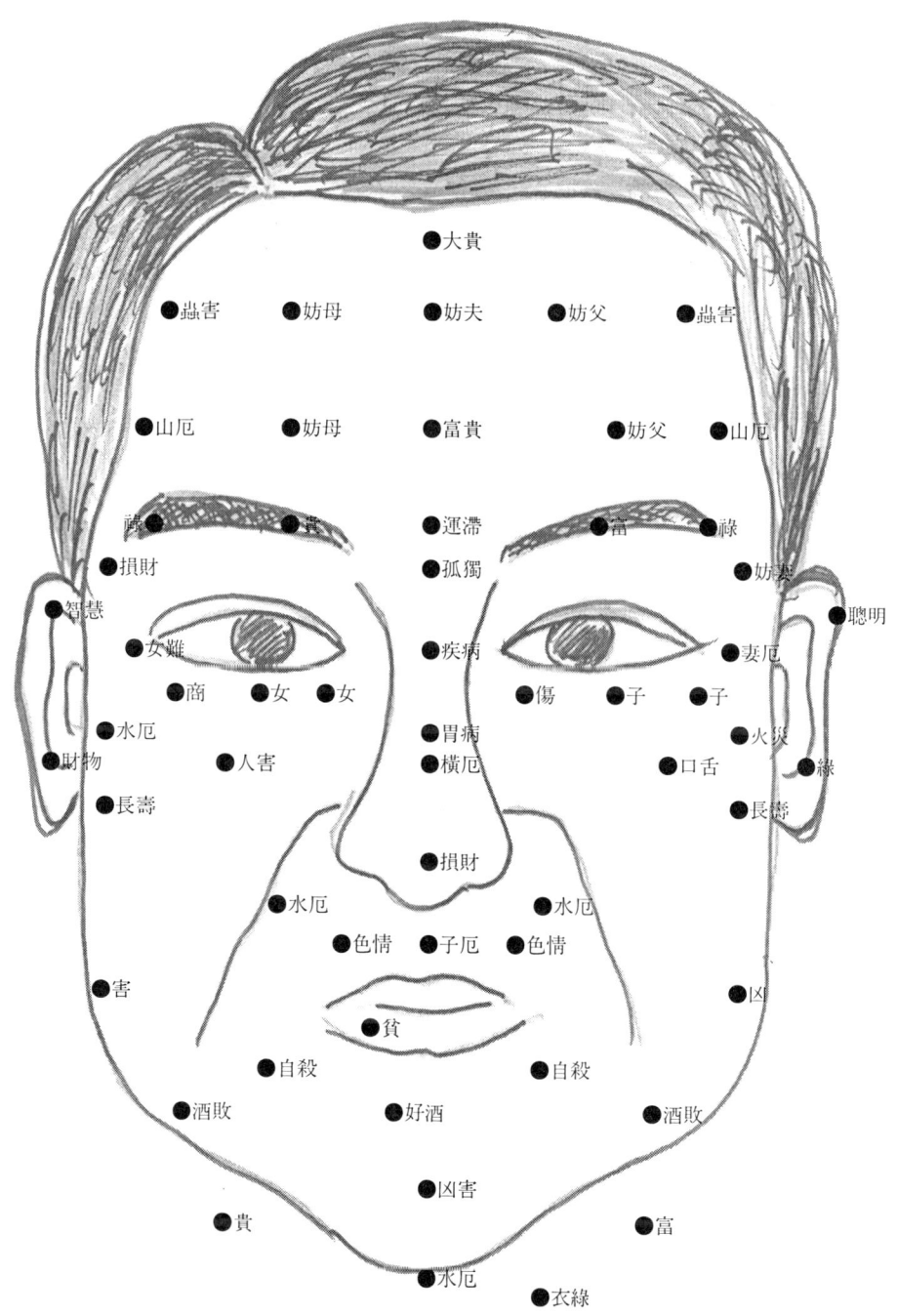

## 3. 여자흑점길흉도 女子黑點吉凶圖

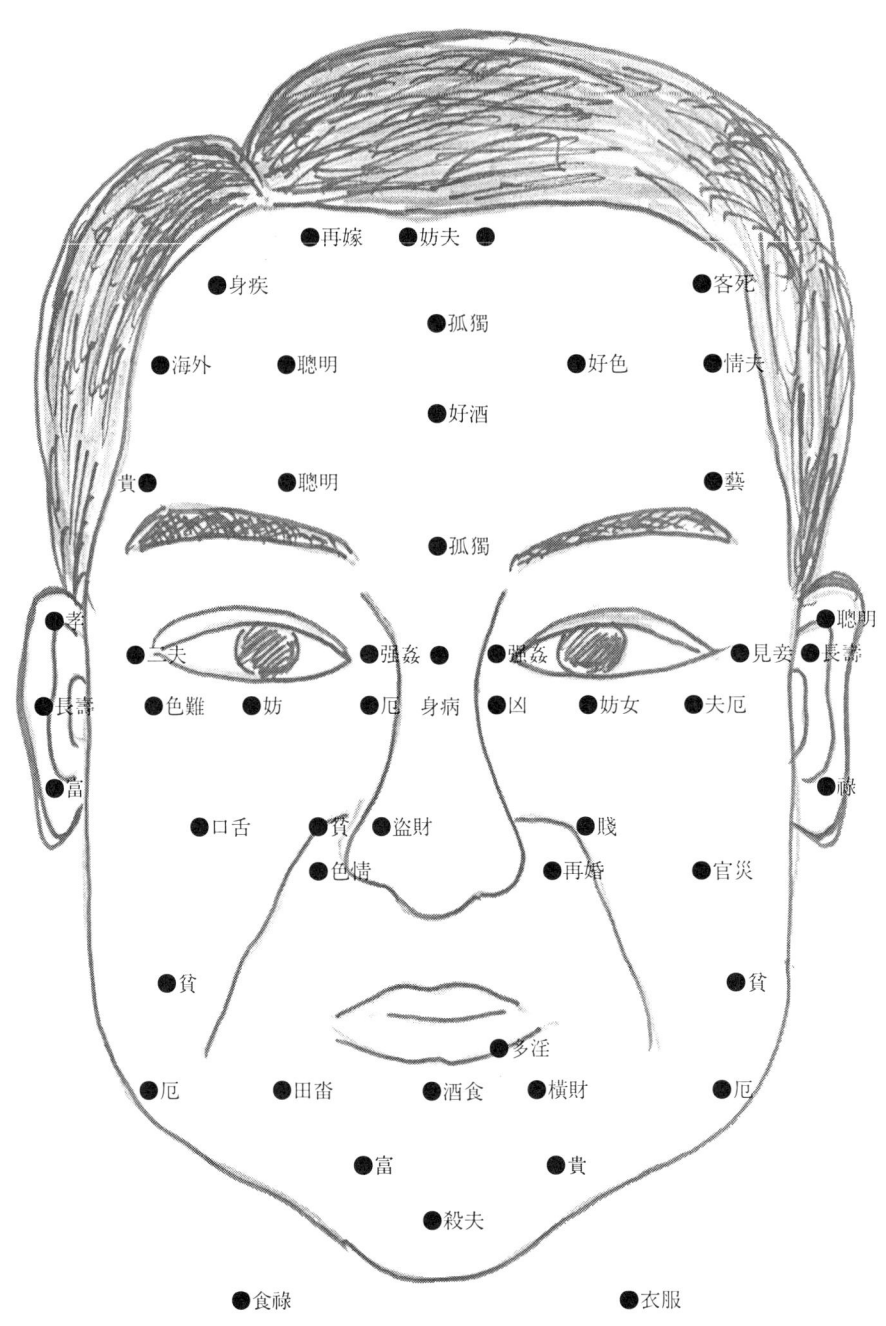

## 4. 12궁도宮圖

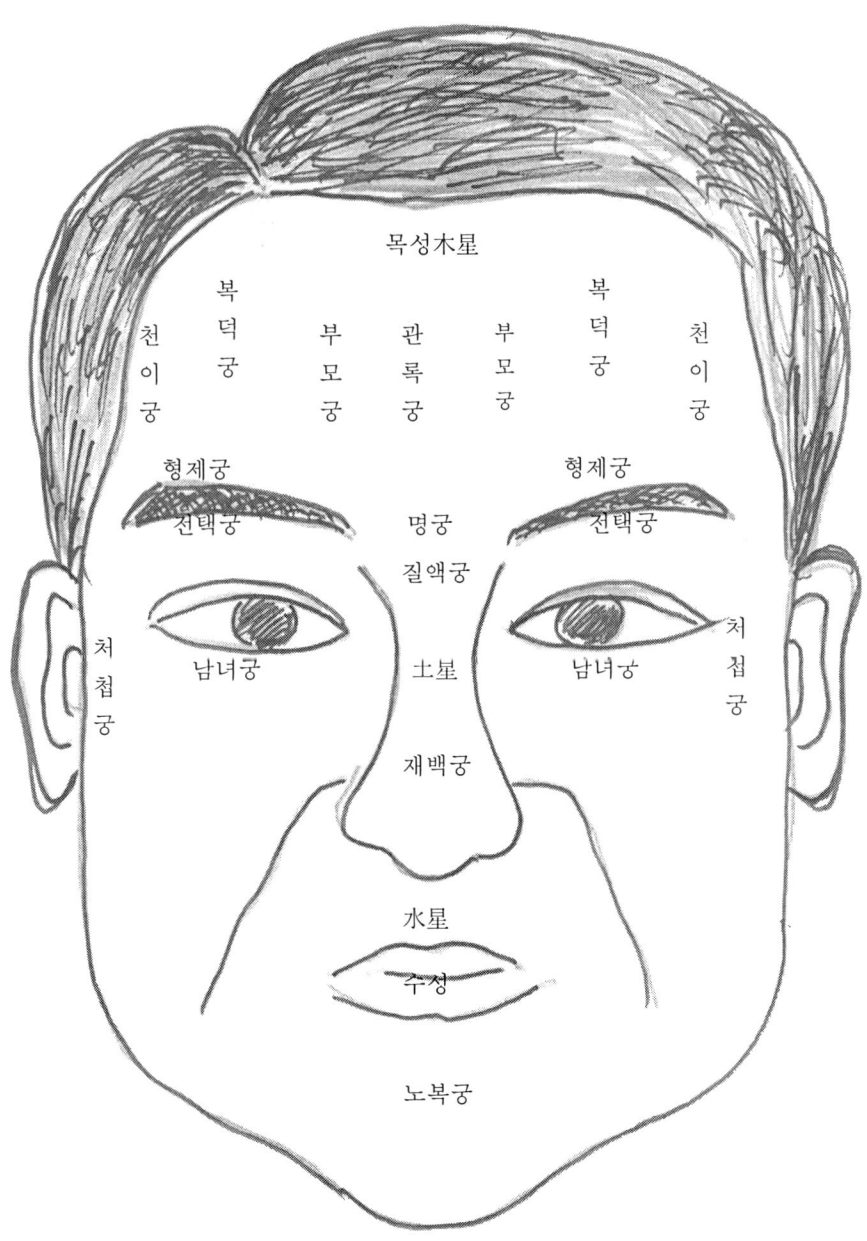

## 5. 오관도五官圖

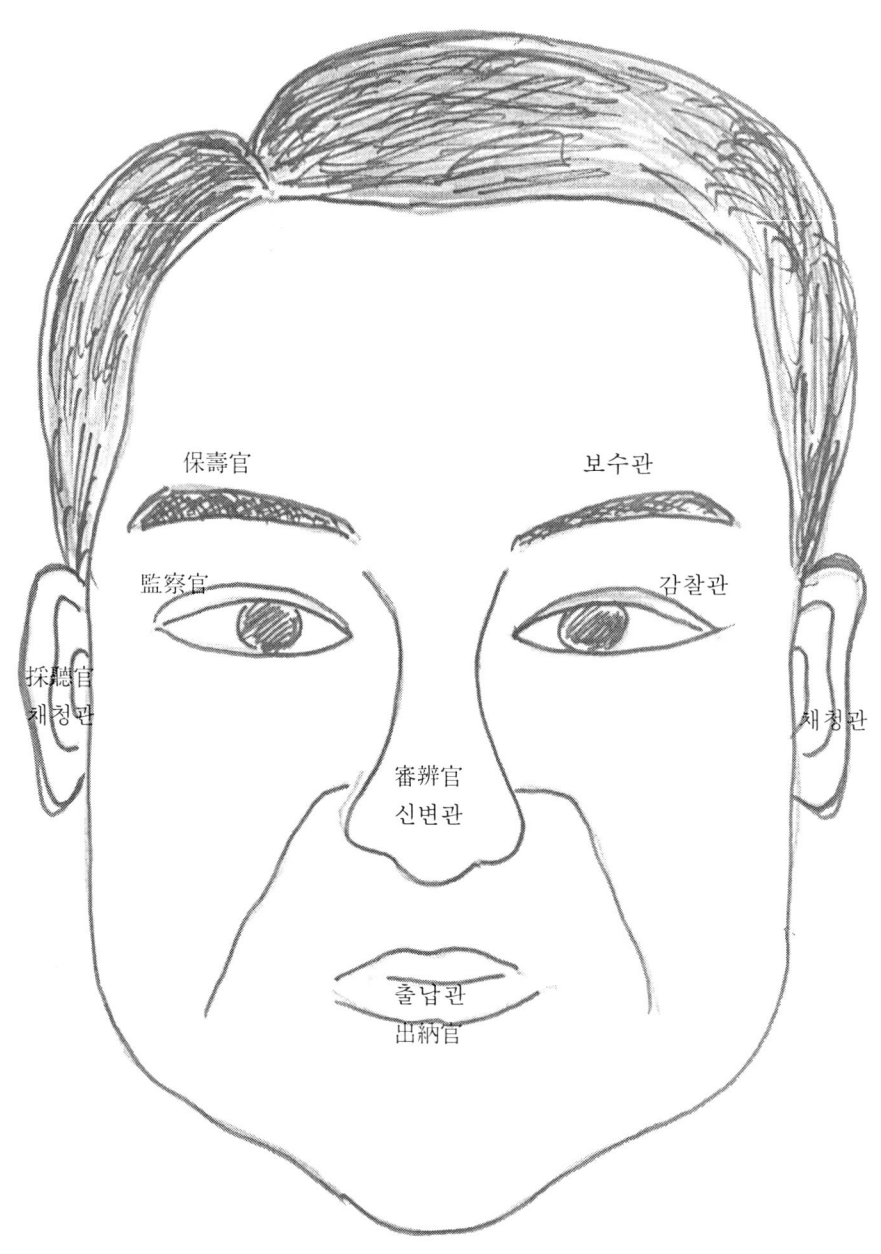

## 6. 오악도五嶽圖

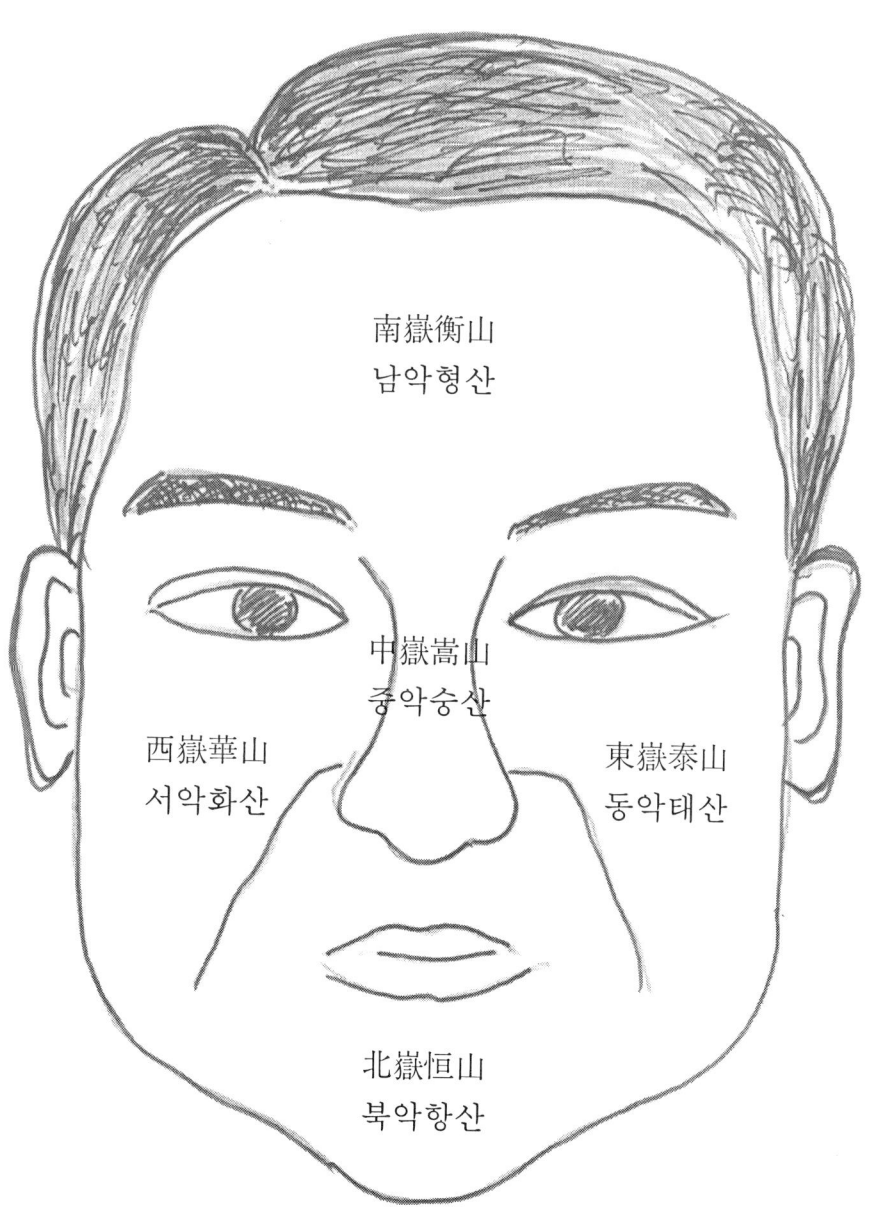

## 7. 사독도四瀆圖

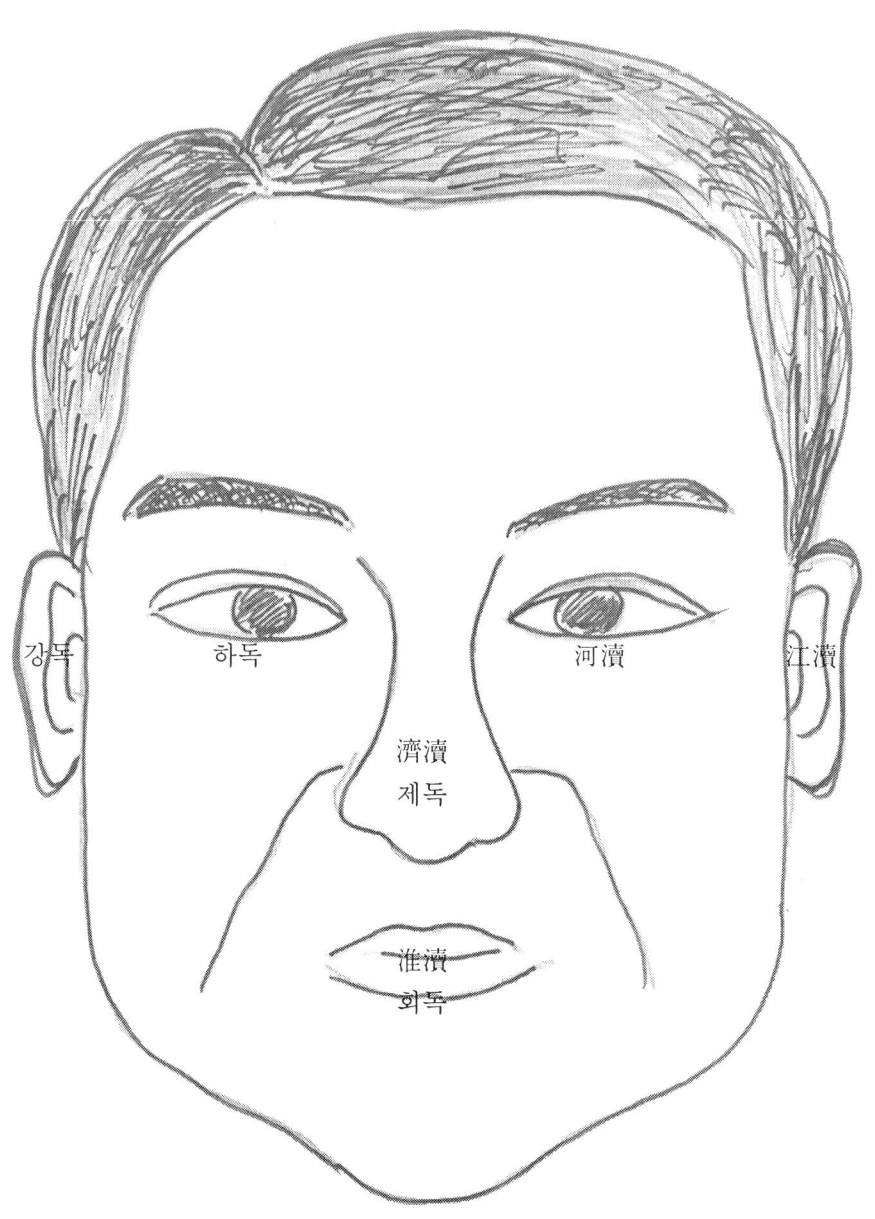

## 8. 오성육요五星六曜

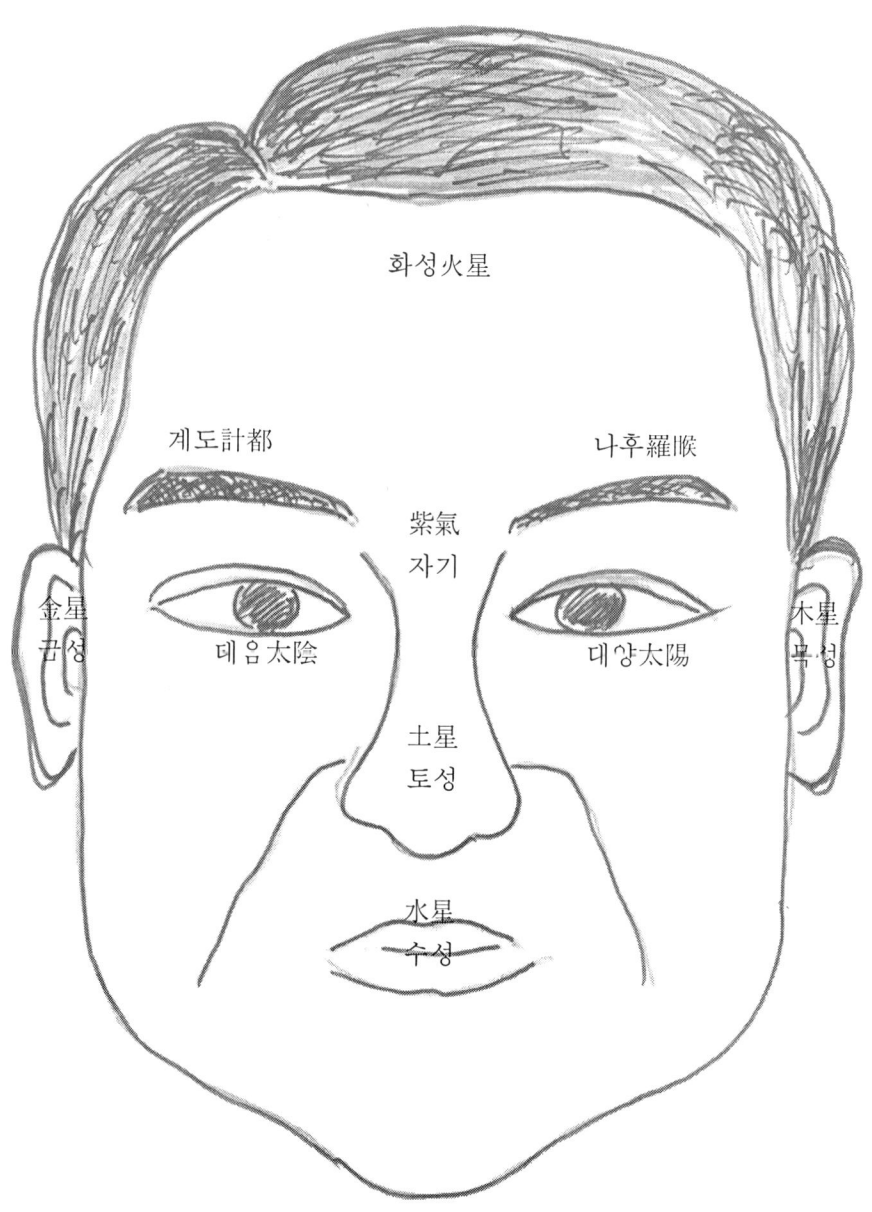

## 9. 육부六府 · 삼재三才 · 삼정도三停圖

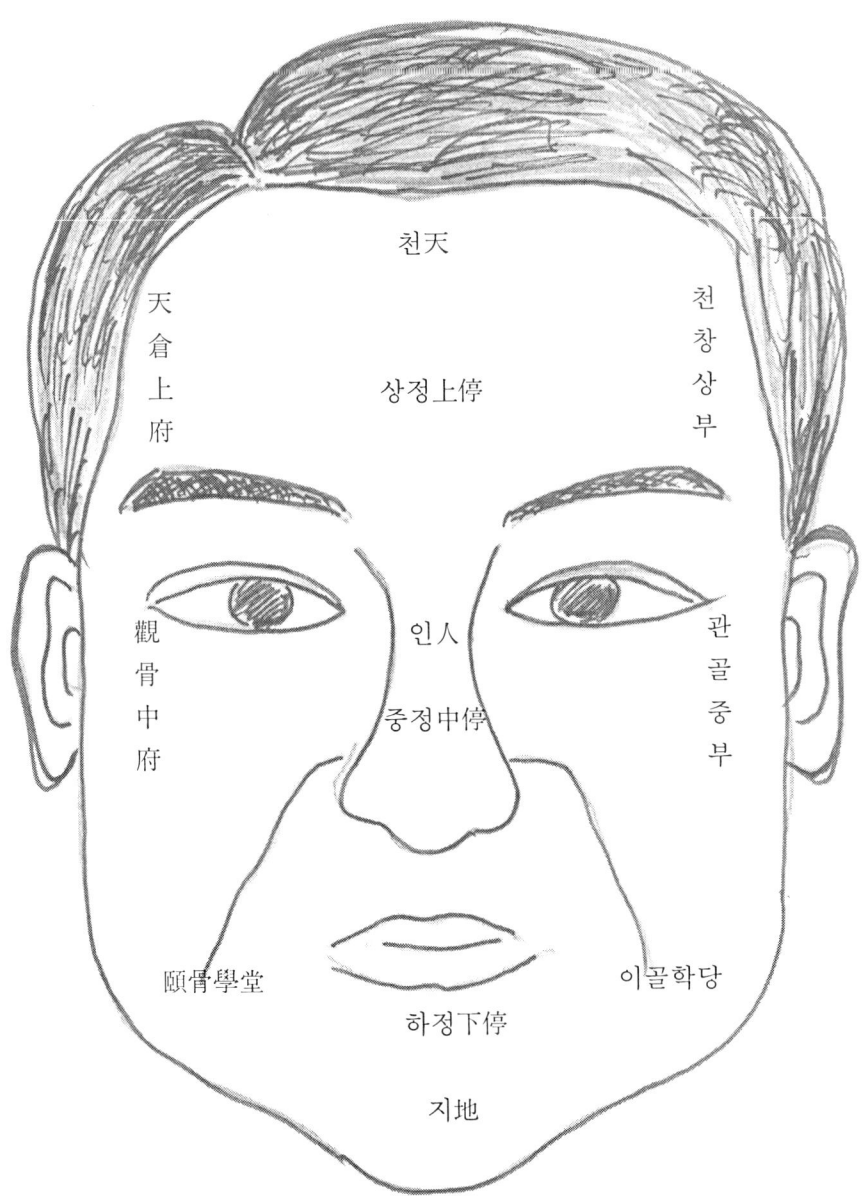

## 10. 사학당도四學堂圖

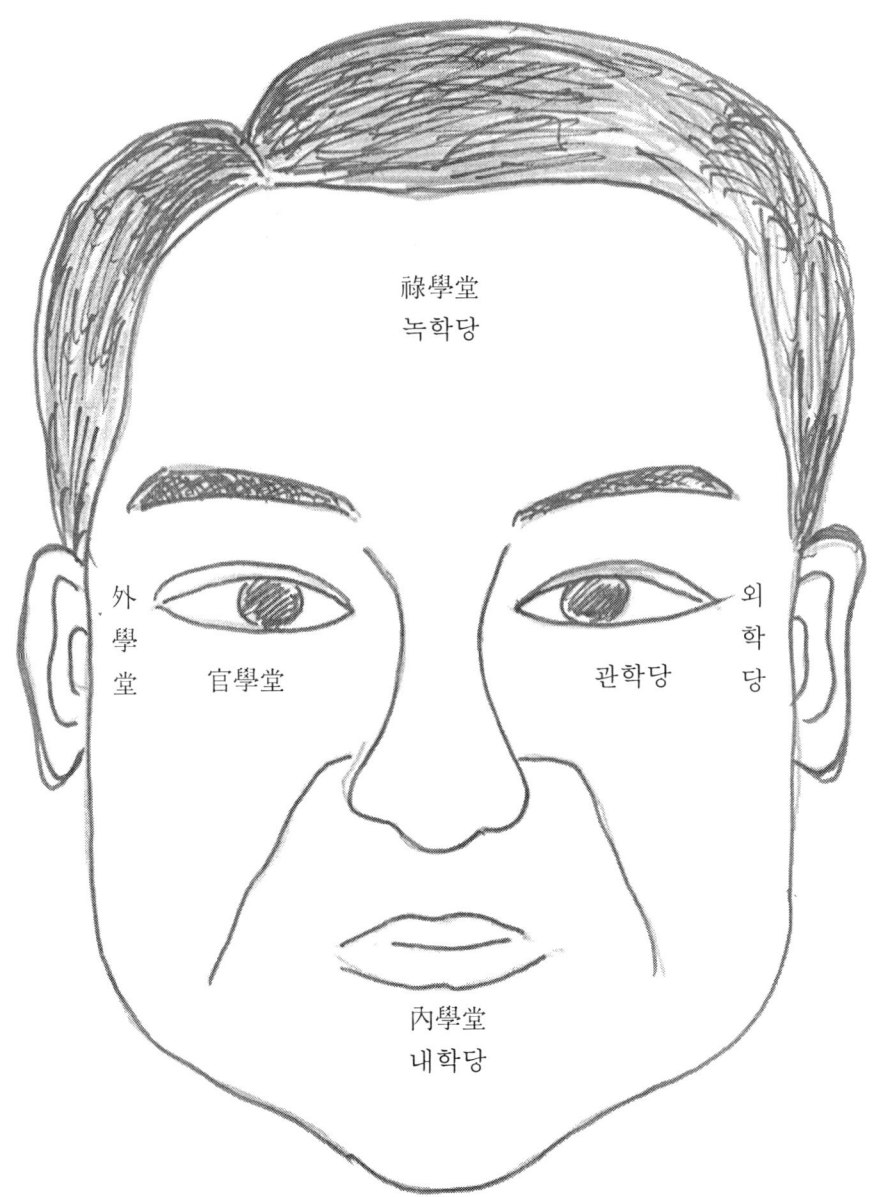

## 11. 팔학당도 八學堂圖

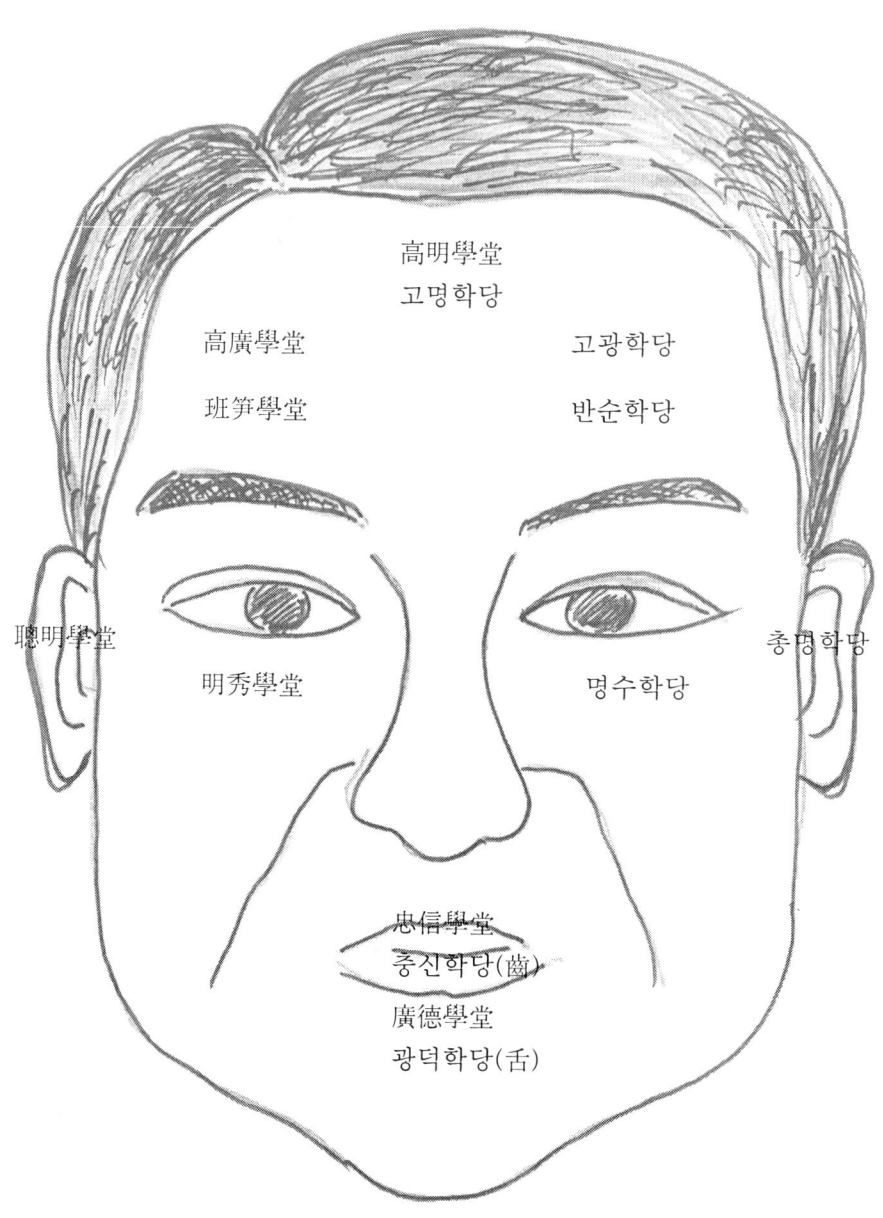

## 12. 연령유년기색행운도 年齡流年氣色行運圖

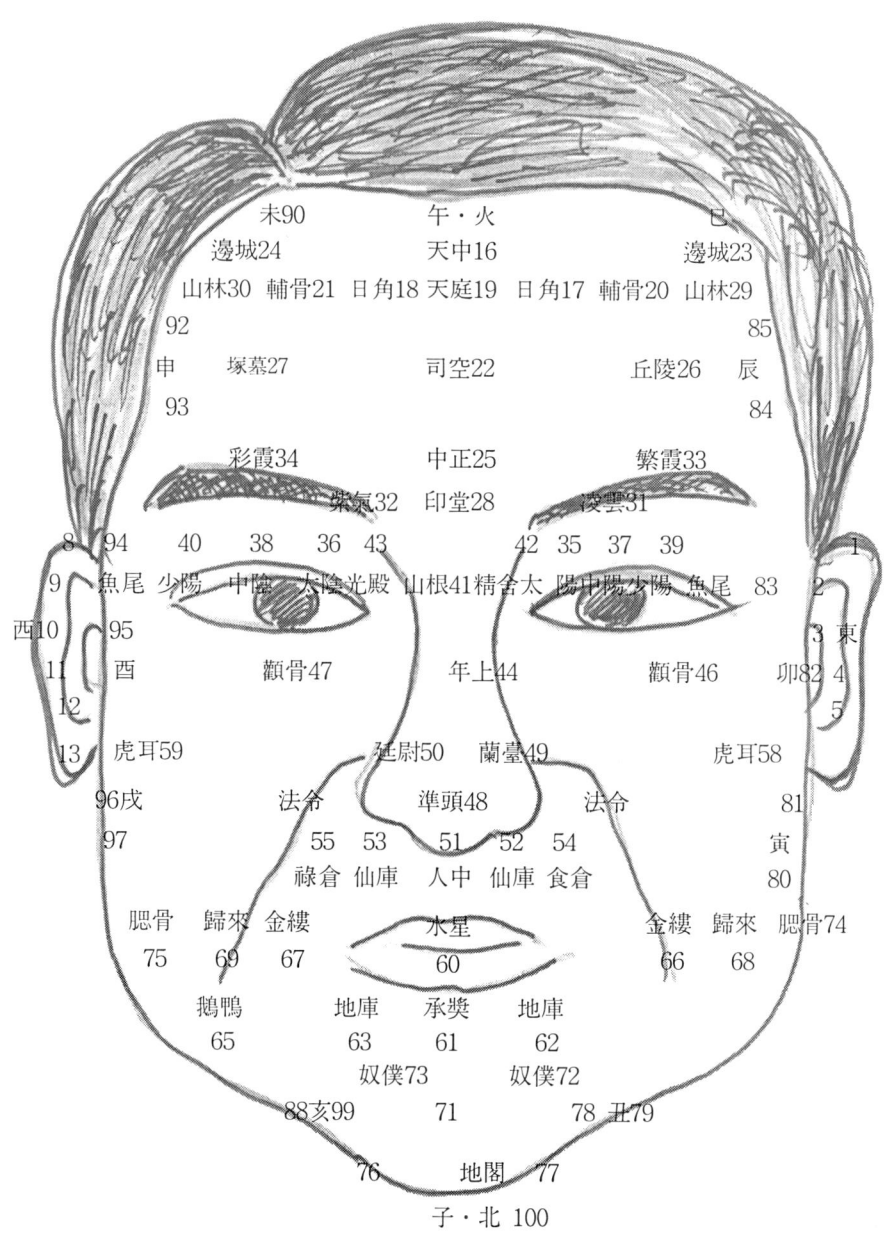

# 참고문헌 參考文獻

劉正 ≪中國易學豫測學≫, 紅旗出版社, 北京.
朱駿聲(淸) ≪六十四卦經解≫, 中華書局出版, 北京.
宋祚胤 ≪周易經傳異同≫, 湖南師範大學出版社, 長沙.
徐雍 ≪張三豊道術匯宗≫, 眞善美出版社, 臺北, 民國六十四年.
黃壽祺, 張善文 撰 ≪周易譯注≫, 上海古籍出版社, 上海.
張吉良 ≪周易通演≫, 齊魯書社, 濟南.
靳極蒼 ≪周易卦辭詳解≫, 山西古籍出版社, 太原.
吳世彩, 張衛軍 ≪周易與經營之道≫, 四川人民出版社, 成都.
張凡 ≪周易演說≫, 湖南文藝出版社. 湖南省.
周山 ≪解讀周易≫, 上海書店出版社, 上海.
沈持衡 ≪易理新研≫, 文津出版社.
範克平 ≪陰陽吸壁功≫, 內蒙古人民出版社, 內蒙古.
費秉勛 ≪奇門遁甲新述≫, 時代文藝出版社, 吉林省.
馬振彪 遺著, 張善文 整理 ≪周易學說≫, 花城出版社, 廣東省.
金斯大 ≪古老智慧的源泉周易≫, 雲南人民出版社, 雲南.
宋會群 ≪周易與中國文化≫, 河南大學出版社, 河南省.
(淸)李光地 纂, 劉大鈞 整理 ≪周易折中≫, 巴蜀書社, 四川省.
劉玉平 ≪周易與人生之道≫, 四川人民出版社, 四川省成都.
常秉義 ≪周易與漢字≫, 新疆人民出版社, 新疆.
唐明邦 ≪周易評注≫, 中華書局, 北京.
陳光林 ≪周易經傳與易學史新論≫, 齊魯書社, 濟南.
章關鍵 ≪周易新義與日用≫, 華文出版社, 北京.
常秉義 ≪周易與曆法≫, 中國華僑出版社, 北京.
吳新楚 ≪導文校證≫, 廣東人民出版社, 廣東省.
汪學群 ≪王夫之易學≫, 社會科學文獻出版社, 北京.
張其城 ≪神妙的周易智慧≫, 中國書店, 北京.
蕭漢明, 郭東升 ≪周易參同契研究≫, 上海文化出版社, 上海.
張吉良 ≪周易哲學和古代社會思想≫, 齊魯書社, 山東省.
林忠軍 ≪象數易學發展史≫, 齊魯書社, 山東省.
劉大鈞 ≪象數易學研究≫, 齊魯書社, 山東省.
徐志銳 ≪宋明易學槪論≫, 遼寧書籍, 遼寧省.
≪新易學≫, 華夏出版社.
釋本光 ≪周易禪觀頓悟之要≫, 巴蜀書社, 四川省 成都.
李蘭芝 ≪周易與卦象≫, 南開大學出版社, 天津.

如斌 ≪如易系統易學≫, 上海三聯出版社, 上海.
朱伯昆 ≪易學基礎教程≫, 九州圖書.
傅雲龍 ≪易學的四維≫, 沈陽出版, 沈陽.
王仲堯 ≪易學與佛教≫, 中國書店, 北京.
劉大鈞 ≪周易古經白話解≫, 山東友誼出版, 山東省.
鄭萬耕 ≪易學源流≫, 沈陽出版, 沈陽.
高亨 ≪周易大傳今注≫, 齊魯書社, 山東省.
孫振聲 ≪易經入門≫, 文化藝術出版社.
明, 萬民英 ≪白話評注本-三命通會≫, 內蒙古文化出版社.
趙京生 ≪三命通會≫, 中州古籍.
徐大升(宋) ≪淵海子平≫.
張楠(明) ≪命理正宗≫.
(宋)≪窮通寶鑑(欄江網)≫.
任鐵樵(淸) ≪滴天髓闡微≫.
劉伯溫(明) ≪滴天髓≫.
李錫英 ≪四柱捷徑≫.
沈孝瞻(淸) ≪子平眞詮≫.
萬育吾(明) ≪三命通會≫.
陳夷希・邵康節(宋) ≪河洛理數≫.
徐樂吾(民國初) ≪滴天髓徵義≫.
徐樂吾(民國初) ≪滴天髓補註≫.
徐樂吾(民國初) ≪子平粹言≫.
徐子宏 ≪周易全譯≫, 貴州人民出版社, 貴陽市.
徐雍 ≪張三豊道術匯宗≫, 眞善美出版社, 臺北, 民國六十四年.
田口眞堂 ≪仙術入門≫, 株式會社 大陸書房, 東京, 昭和418.
≪麻衣相觀測秘訣≫, 中原古今文化硏究所. 少林寺.
宋乙山 ≪天乙眞經≫, 天乙堂.
雷仲康 譯註 ≪莊子≫, 武漢出版社, 武漢.
梁海明 譯註 ≪老子≫, 武漢出版社, 武漢.
魏伯陽(後漢・東漢) ≪周易參同契≫.
葛洪(晋) 顧久 譯註≪抱朴子≫, 貴州人民出版社.
徐子平(宋) ≪命理歌賦≫.
袁樹珊(民國初) ≪命理探源≫.
陳素庵(淸) ≪子平約言≫.
韋千里 ≪命學講義≫≪八字提要≫.
李虛中 ≪鬼谷子≫.

/저/자/소/개/

## ■ 景巖 申榮大(경암 신영대)

- 충북 음성군 감곡면 문촌리에서 출생
- 일여제 문하·도학 한학 및 단학 사사
- 한국연정원 봉우선생(우학도인) 문하 제1기생 단학 사사
- 사단법인 한국역술인협회 및 한국역리학회 정회원
- 사단법인 한국역리학회 중앙학술위원
- 제주대학교 일반대학원 중어중문학과 석사졸업
- 부산대학교 대학원 중어중문학과 박사졸업
- 중국산동성 청도우슈협회 왕민강 선생으로부터 태극권 사사
- 제주도 우슈협회 이사·대한우슈협회 전국심판 역임
- 대한우슈협회 우슈공인4단, 사회생활체육 우슈지도자 자격
- 동양수맥파 연구협회 수맥진단 전문과정 수료
- 경암동양역리연구회 회장
- 사단법인 영주연묵회(한시회) 이사
- 한라일보 한라산학술대탐사기간 풍수분야 전문탐사위원 활동
- 월간 시사문단 한시로 시인 등단 및 빈여백 동인
- 월간 시사문단 <한시의 이해와 감상> 연재 중
- 월간 시사문단 제1회북한강문학제 풀잎문학상 수상
- 중국청도 국제태극권 대회 2개부문 금상 획득
- 제주도 오름 오랜 기간 풍수적 답사조사 활동
- 현재) 제주관광대학 한국어학당 원장
  제주관광대학 평생교육원 교원연수「오름과 풍수지리」담당교수
  제주관광대학 한국어비즈니스과 주임교수

### ■ 저서 및 논문

- 《정통사주명리학》 도서출판 고금, 2001
- 《명리학원리대전》 백산출판사, 2003
- 《풍수지리학 원리》 경덕출판사 2004
- 《카지노 중국어》 백산출판사 공저 2003
- 《배우기 쉬운 카지노 중국어》 백산출판사 공저 2004
- 《생활 중국어》 형설출판사 2006
- 한라산총서《구비전승·지명·풍수》편에서 제3장《제주의 오름과 풍수》
- 《애송 당시감상》 2008 (출판예정)
- 《제주의 풍수와 오름》 2008(출판예정)

### ■ 기 타

- 제41회 탐라문화제 기념 한시백일장 입상(2002)
- 사적 제380호 제주목관아 준공 기념행사 한시 백일장 차상 입상(2003)
- 제1회 한국문화예술종합대상전 특선(1986)
- 제2회 한국문화예술서예종합대전 특별상(1987)
- 제3회 한국문화예술서예종합대전 금상(1988)
- 국제서화종합대상전 은상(1988)

E-mail : ydshin@ctc.ac.kr

## 命理學原理大全

2003년 7월 15일 초판발행
2008년 9월 10일 재판발행

著　者　　(景巖) 申　榮　大
發行人　　(寅製) 秦　旭　相

저자와 합의
인지첩부 생략

發行處　　백산출판사
서울시 성북구 정릉3동 653-40
등록 : 1974. 1. 9. 제1-72호
전화 : 914-1621, 917-6240
FAX : 912-4438
http://www.baek-san.com
edit@baek-san.com

이 책의 무단복사 및 전재는 저작권법에
저촉됨을 알립니다.

값 40,000원